FRANKLIN MARTINS

QUEM FOI QUE INVENTOU O BRASIL?

A música conta a história do Império e do começo da República (1822-1906)

\>\> VOLUME ZERO \<\<

Copyright ©Franklin Martins, 2022

Direitos reservados e protegidos pela lei 9.610 de 19.02.1998.
É proibida a reprodução total ou parcial sem autorização, por escrito, da editora.

Coordenação editorial: Sálvio Nienkötter, Nicodemos Sena
Editor-executivo: Daniel Osiecki
Editora-assistente: Franciele Cunico
Produção: Cristiane Nienkötter
Capa: Cintia Belloc (a partir de gravura de Johann Moritz Rugendas, Festa de Nossa Senhora do Rosário, Padroeira dos Negros. Gravura da lombada: O Batuque, de Von Martius).
Design editorial: Carlos Garcia Fernandes
Revisão: Daniel Osiecki
Preparação de originais: O Autor

Dados Internacionais de Catalogação na Publicação (CIP)
Angelica Ilacqua CRB-8/7057

Martins, Franklin
  Quem foi que descobriu o Brasil? : a música conta a história do Império e do começo da República (1822-1906) / Franklin Martins. – Curitiba : Kotter Editorial, 2022.
  616 p.

ISBN 978-65-5361-080-4 (Kotter)
ISBN 978-65-89841-04-3 (Letra Selvagem)

1. Música popular - Brasil - História e crítica I. Título

CDD 782.421

22-2721

Kotter Editorial Ltda.
Rua das Cerejeiras, 194
CEP: 82700-510 - Curitiba - PR
Tel. + 55(41) 3585-5161
www.kotter.com.br | contato@kotter.com.br

Feito o depósito legal
1ª Edição
2022

Letra Selvagem
Rua Cônego de Almeida, 113
Centro – Taubaté-SP. CEP: 12080-260
Tel. +55(12)3426-8783
www.letraselvagem.com.br
editoraelivrarialetraselvagem@gmail.com

FRANKLIN MARTINS

QUEM FOI QUE INVENTOU O BRASIL?

A música conta a história do Império e do começo da República (1822-1906)

>> VOLUME ZERO <<

Sumário

Agradecimentos   17
Introdução   21

1
Primeiro Reinado e Regências
(1822-1840)

Introdução   41
   1. "Hino da Independência" (1822)   49
   2. "Hino ao 2 de julho" (1823).   51
   3. "Moça baiana" ou "Soldado" (1823)   52
   4. "Como canta o papagaio?" (s.d.)   53
   5. "Cantigas báquicas" (1826)   54
   6. "Cabra gente brasileira" (s.d.)   57
   7. "Hino da Abdicação de D. Pedro I" (1831)   58
   8. "Deus! Salve a Pedro!" (1835)   60
   9. "Senhor Neto, vá-se embora" (1836)   61
   10. "Garibaldi foi à missa"   63
   11. "Hino Farroupilha" (1838)   64
   12. "Fora farrapos, fora" (s.d.)   65
   13. "Lá no Largo da Sé" (1837)   66
   14. "Graças aos céus" (1839)   68

Anexos Capítulo 1
   1. "Marotos com pão" (1822/1823)   70
   2. "Piolhos, ratos e leões". Décima por ocasião da quebra
     do primeiro Banco do Brasil. (1829)   70
   3. "Passa fora, pé de chumbo" (1831)   71
   4. "História do Pai João" (1832)   72
   5. "Lundunzinho dos Quindins dos Moderados"   75
   6. "O lundu dos dois Cândidos" (1834)   76

2
Era de progressos
(1840-1865)

Introdução	83
1. "Hino da coroação de Dom Pedro II" (1841)	91
2. "As muié dos guabiru" (s.d.)	92
3. "As barbas do baronista" (1841-1842)	92
4. "A guabirua e o matuto" (1847)	94
5. "Fora o regresso" (1844).	96
6. "Lundu dos Lavernos" (1844)	99
7. "Tarantella dei Laverni naturalisti" (1844)	100
8. "O Telles carpinteiro"	102
9. "Hino a Osório" (1859)	103
10. "Estamos no século das luzes" (1857)	104
11. "Já não há trocos miúdos" (1864).	107
12. "Não há troco miúdo" (1864).	109
13. "As comendadeiras" (s.d.)	110
14. "Je suis brésilien" (1866).	112
Anexos Capítulo 2	
1. "Petit maitre à polca" (1846)	114
2. "Guarda Nacional" ou "Espanta o grande progresso" (1860)	116
3. "O progresso" (185--)	118
4. "Conversação do Pai Manoel com Pai José e um inglês, na estação de Cascadura sobre a questão anglo-brasileira" (1862).	120
5. "A quebra dos bancos" (1864)	125
6. "As notas do Tesouro" (1866)	127

3
Escravidão, racismo e resistência

Introdução	133
1. "Pai João" (s.d.).	141
2. "Pai João" ("Orfeu na cidade", 1870).	144
3. "Lundu do Escravo" (s.d.)	145
4. "Mãe Maria Camundá" (s.d.)	147
5. "Preto forro alegre" (s.d.)	148
6. "Ei ê lambá" (s.d.)	149
7. "Trabaiá até morrê" (s.d.)	150
8. Jongo de "Os noivos" (1877/1880).	150
9. "Os escravos de Jó" ("Os escravos de nzó")	151
10. "Tava chovendo" (s.d.)	152
11. "Pai Luís" (lundu) (s.d.)	153
12. "Catarina, minha nêga" ("Ora, fia o fuso") (s.d.)	154
13. "Tango de Ali Babá" (1872)	156
14. "Embaúba é coroné" (s.d.)	157
15. "Batuque (dança do Quilombo dos Palmares)"	157
16. "Samba da sanzala"	159
17. "Jongo africano" ("Jongo dos pretos")	159
18. "Muriquinho piquinino" (s.d.)	161
19. "Caruru" (s.d.),	161
20. "A baiana" (s.d.)	164
21. "Gosto da negra" (s.d.)	165
22. "Quando vejo da mulata" (1855-1862)	167
23. "Eu gosto da cor morena" ("Mulatinha do caroço no pescoço") (1862)	168
24. "Às clarinhas e às moreninhas" (1869)	170
25. "A cascata" (ou "Chula carioca") (s.d.)	171
26. "Vem cá, meu anjo" (s.d.)	172
27. "A mulata" (1870)	174
28. "A crioula" (s.d.)	175
29. "A mulata vaidosa" ("A mulata") (1884)	176
30. "Preta mina" (s.d.)	178
31. "A Tapuia" (1868)	180
32. "A mulata cearense" (1900).	182
33. "A cabocla" (1903)	183

Anexos Capítulo 3
1. "Insurreição do Queimado" (s.d.) — 184
2. "Do Brasil, a mulatinha" (s.d.) — 185
3. "Eu quisera oh! mulatinha" (1870) — 187
4. "A crioula" (s.d.) — 188

4
Guerra do Paraguai
(1864-1870)

Introdução — 193
1. "Saludo a Paysandú" (1884) — 202
2. "Hino de guerra" (Guerra do Paraguai) (1865) — 204
3. "Canto de guerra do voluntário baiano" (1865). — 205
4. "Os voluntários cachoeiranos" (1865). — 206
5. "O canto do veterano" (1865) — 208
6. "O Lopez" (1865) — 209
7. "O primeiro voluntário da Pátria: hino dedicado à S. M. O Imperador" (1865). — 210
8. "O Guaicuru" (1865). — 212
9. "Campamento Cerro León" (1865) — 213
10. "Aos Zuavos baianos" (1866) — 215
11. "Terço da Imaculada Conceição dos Militares" (1866) — 216
12. "Mamãe, vai dizer ao papai" (s.d.) — 218
13. "A vivandeira" (1850-1856) — 219
14. "Sordado de Minas" (congo) — 222
15. "A morte de um soldado brasileiro" (s.d.) — 224
16. "O anjo da saudade". — 225
17. "Morreu no Paraguai" (s.d.) — 226
18. "Capenga não forma" (1866) — 226
19. "Marcha dos voluntários" (Atibaia) (1867) — 230
20. "Voluntários da Pátria (Bananal)". — 230
21. "O século do progresso" (1866-1867) — 231
22. "O progresso do país" (s.d.) — 234
23. "Cançoneta do soldado rio-grandense" (1867) — 235
24. "Hino da Vitória" (1868) — 236

25. "Beira Mar" (s.d.)	237
26. "Tororó" (1869)	238
27. "Hino a Osório" (1869)	239
28. "Hino de Vitória" (1870)	240
29. "O Lopez comeu pimenta" (1870)	241
30. "O soldado que perdeu a parada" (s.d.)	242
31. "Nenia" ou "Llora, llora, urutaú" (1871)	244
32. "Romance da Paraguaia" (187--)	247
33. "Tango do Vinte-Nove" (1887)	248

Anexos Capítulo 4

1. "O recrutamento" (1867-1868)	251
2. "Dê-se baixa nos cartões" (1867-1868)	253
3. "Caí, Yaguá, Jha Mbopí" ("O macaco, o cão e o morcego") (1867)	254
4. "Cielito" (1867)	256
5. "Aregueñas" (1867)	257
6. "Bate palmas, minha gente!" (s.d.)	258

5

O Império se acaba
(1870-1889)

Introdução	263
1. "O pinto pinica o velho" (s. d)	271
2. "Minha terra tem palmeiras" (1871)	272
3. "Tanta mudança me faz confuso" (1875)	274
4. "Camaleão" (1887)	276
5. "El Rei Dom Caju" (1880)	277
6. "Imposto do Vintém" (1880)	278
7. "Na chegada do Imperador" (1881)	287
8. "Serenata do Mandarim" (1884)	288
9. "Para a cera do Santíssimo" (1884)	289
10. "Mataram Zé Mariano" (1884)	291
11. "Salve a Federação" (1885)	292
12. "Barão de Vila Rica" (1886)	293
13. "Lundu do Poli Poli" (1886)	294
14. "A rua dos preto jê vai se acabá" (1887)	296

15. "Tango do Arredondo, Sinhá" (1887) — 296
16. "Lundu do pescador" (1887) — 298
17. "Ai, quem tiver seu vintém" (1889) — 299
18. "Muqueca, sinhá" (1889) — 300
19. "Cabeça de Porco" (1889) — 302
20. "O baile do ministro" (1904-1907) — 303

Anexos Capítulo 5
1. "Palavrório" (s.d.) — 305
2. "O quebra-quilos" (1875) — 306
3. "O imposto do vintém" (1880) — 307
4. "Por causa do vintém" — 308
5. "Sêo Zé Povinho" (1880) — 309
6. "Imposto do Vintém" (1880) — 310

6
Me deu cama, mas não deu banco

Introdução — 315
1. "O filho da lavandeira" (1861) — 325
2. "O africano e o poeta" (1872) — 326
3. "A cativa" (1875) — 328
4. "O escravo" (s.d.) — 330
5. "Hino Abolicionista" (1884) — 332
6. "Canção da escrava" (1885) — 333
7. "Canto do africano" (1885) — 334
8. "Jongo dos sexagenários" (1886) — 334
9. "Ai, ai, sinhô!" (Jongo dos Sexagenários) (1886) — 337
10. "Dança dos Negros" ("Toca zumba") (1886) — 339
11. "Ma Malia" (lundu de negro velho) (s.d.) — 341
12. "Mãe Maria" ("Lundu de preto"). — 342
13. "Batuque na cozinha" (s.d.) — 344
14. "Negro forro" — 345
15. "Cangoma me chamou" (s.d.). — 347
16. "Pisei na pedra" (s.d.) — 347
17. "Canoa virada" (1888) — 348
18. "Não temos mais sinhô" (s.d.) — 350

19. "Hino da Redenção" (1888) — 350
20. "Missa Campal (1889). — 351
21. "A rainha me deu cama, mas não deu banco" — 353
22. "Seu negro agora tá forro" — 354
23. "Na panhação de café" — 354
24. "Pai José" (s.d.) — 355
25. "O entusiasmo do negro mina" ("Pai João") — 356
26. "Mestre Domingos e sua patroa" — 359
27. "Pai João (pot-pourri)". — 362

Anexos Capítulo 6
1. "Hino Abolicionista" (1885) — 364
2. "Coplas do escravocrata" (1884) — 365
3. "Pai João" ("Deus primita que chegue sabro") — 365

7
Ganhadores, autônomos, assalariados

Introdução — 371
1. "O caranguejo" (s.d.) — 378
2. "O vendedor d'água" (s.d.) — 379
3. "A lavadeira" (1865) — 381
4. "O cocheiro de bonde" (1883) — 382
5. "Trabalhou, mas não ganhou" (s.d) — 384
6. "Coro dos caixeiros" (1889) — 385
7. "O condutor de bonde" (1900) — 386
8. "Coro dos garis" (1900) — 388
9. "O bombeiro" — 389
10. "O cocheiro do bonde" (s.d.) — 390
11. "Aqui vai quitanda boa" (s.d.) — 391
12. "Sorvete, iaiá!" ("O sorveteiro") — 391
13. "Me compra, ioiô" (1901) — 393
14. "A doceira" (1902) — 396
15. "A doceira" (s.d.) — 397
16. "A quitandeira" (1902) — 398
17. "Iaiá Fazenda Etc. E ... Tal" (1904) — 399
18. "A baiana dos pastéis". (s.d.) — 401

19. "Cozinheira" (1897) — 402
20. "Tecelona "(1902) — 403
21. "A engomadeira" (1905) — 404
22. "A cozinheira" (s.d.) — 405
23. "A lavadeira" (1905) — 406
24. "Vá saindo" (1903-1904) — 407
25. "O Crioulo" (1900) — 408

Anexos Capítulo 7
1. "Pai Supriço, Pai Zuão e Pai Bunito, turo zelle camrada" (1850) — 411
2. "Conversa entre Pai Joaquim e Pai João,
   condutores de carroças" (1850) — 415
3. "Imbernizate, engraxate, à la mode de Paris"(s.d.) — 419
4. "O guarda urbano" (1869) — 419
5. "Iaiá, me diga adeus" (s.d.) — 421
6. "Ê, cuê ..." (s.d.) — 422

8
Nasce a República
(1889-1898)

Introdução — 427
1. "As laranjas da Sabina" (1890) — 435
2. "A Sabina, baiana dengosa" (1889) — 436
3. "Polca das libras esterlinas" (1890) — 437
4. "Chegou! Chegou! Chegou!" (1891) — 438
5. "Deodoro e a mulata" (1891) — 441
6. "Tango do Tribofe" (1892) — 442
7. "Coro das mulheres políticas" (1891) — 443
8. "En revenant de la legalité" (1891) — 445
9. "Todos nós somos Queiroz" (1891) — 447
10. "Pé espalhado" (1894) — 448
11. "O Bombardeio" ("Pif! Paf! Olha a granada!") — 450
12. "Triunfo da legalidade" (no dia 13 de março de 1894). — 452
13. "Lundu da Revolta" (1895) — 453
14. "Saldanha da Gama" (s.d.) — 454
15. "Nada de lei! Fora o divórcio!" (1896) — 455

16. "En revenant de la chambre" (1896) 456
17. "Canção do padeiro" (1896) 459
18. "Rosa" (1897) 459
19. "Sinhô Moreira César" (1897) 460
20. "Coronel Moreira César" ou "Pra dar carne aos urubu" (1897) 461
21. "Zô Moreira Césa" ou "Moreira César e seu baiano" (1897) 462
22. "Moreira César, quem foi que te matou?" (1897) 462
23. "Uma velha bem velhinha" (1897) 463
24. "Cinco de novembro" ou "A morte do Marechal Bittencourt" (1897) 464
25. "Eu vi a fumaça da pólvora" (s.d.) 465
26. "Lundu do Açaí" (1896) 467
27. "América e Espanha" (1898) 469

Anexos Capítulo 8
1. "Os sétimos das patentes" (1890) 471
2. "Coplas da candidata" (1903) 473
3. "Rondó de O tribofe" (1892) 473
4. "Canto do encilhamento" (1892) 475
5. "Pum!" (1894) 475
6. "Tem uma flor no princípio" (1895) 476
7. "O marechal de ferro" (1895) 477
8. "Coplas do Manifesto Restaurador" (1896) 478
9. "A Guerra de Canudos" (1897) 479
10. "A morte do coronel Moreira César" (1897) 481
11. "Recitativo de O Jagunço" (1898) 482

9
Capoeiras e Caipiras

Introdução 487
1. "Sou do Partido Conservador" (1880) 493
2. "Os capoeiras" (1888) 493
3. "Tango dos capoeiras" (1889) 495
4. "Capanga Eleitoral" 496
5. "Cabra da Saúde" 498
6. "O capoeira" ("O vago-mestre") 499

7. "Com a navalha"	501
8. "Mulato de arrelia"	502
9. "Tango da quitandeira" (1903)	504
10. "O Zeca Brazurura" (1905)	505
11. "Tango dos caipiras" (1890)	506
12. "Seu Anastácio" ("Impressões de um matuto") (1895)	507
13. "O matuto na cidade" (1903)	509
14. "Fui ver o Roca" (1899)	510
15. "Apreciações de Nhô Juca" (1906-1907)	512
16. "O caipira"	514

Anexos Capítulo 9

1. "A torre em concurso" (1861)	515
2. "Coro de capangas" (1882)	516
3. "Forte em duplicatas" (1882)	516

10
Tão jovem, tão velha
(1898-1906)

Introdução	521
1. "Imposto do selo" (1899/1900)	529
2. "3%"	530
3. "Coplas da nota de X" (1899)	531
4. "O aumento das passagens" (1898)	532
5. "Tango do malandrismo" (1899)	535
6. "O jogo dos bichos"	536
7. "Schottisch da Opinião Pública" (1899)	538
8. "Homenagem a Santos Dumont" (1902)	539
9. "Questão do Acre" (1903)	540
10. "Cearenses" (1906)	542
11. "Trio de lamentações" (1905)	543
12. "O eixo da Avenida" ou "A menina do eixo" (1904)	544
13. "O caso do dia" (1904)	546
14. "Bolimbolacho" (s.d.)	548
15. "Rato, rato" (1904)	550
16. "Rato, rato" (1904)	551

17. "Rato, rato" ("Avança!") (1904) — 552
18. "Vacina obrigatória" (1904) — 553
19. "Carnaval Carioca" — 555
20. "Febre amarela" (1903-1904) — 556
21. "Os mosquitos" — 558
22. "Decreto 422" (1903) — 559
23. "Cabala eleitoral" — 560
24. "O pai de toda a gente" (1907-1912) — 561
25. "Todos comem" (1902-1904) — 564
26. "Cavando" (s.d.) — 565
27. "As eleições de Piancó" (s.d.) — 566
28. "Mestre Pena vai ao Norte" (1906) — 568

Anexos Capítulo 10
1. "Eleição de presidente" (1898) — 571
2. "O selo" (1899/1900) — 572
3. "Coplas do Boaventura" (1899) — 573
4. "Morra, morra a companhia" (1902) — 574
5. "A carne fresca" (1899) — 575
6. "A carne verde" (1902) — 576
7. "Sou a borracha, a goma valiosa" (1904) — 578
8. "Bota, bota, bota, bota!" (1906) — 580

Siglas e abreviaturas — 583

Bibliografia

Cancioneiros — 591
Livros — 594
Artigos e Teses — 607
Portais e sites — 613

Agradecimentos

Meu primeiro agradecimento vai para o músico João Nabuco. Com grande talento e criatividade, ele decifrou antigas partituras, escolheu caminhos e gravou cerca de 130 canções para este "Volume Zero". Como elas jamais tinham sido objeto de qualquer registro fonográfico, estavam perdidas no tempo.

Agradeço também a Alberone Rabequeiro pela gravação do cordel "O Imposto do Vintém", do "pequeno poeta" João Maria de Sant'Anna. O registro só foi possível graças ao apoio de Gabriel Lira e Djalma Félix de Carvalho.

Meu muito obrigado a Ana Maria Kieffer, Luiza Sawaya e Maria Martha, que liberaram para o site deste livro suas interpretações de vários lundus e modinhas.

Sou grato às professoras Martha Abreu, Martha Ulhôa, Silvia Cristina Martins de Souza, Eurides de Souza Santos e aos professores Luiz Costa Lima Neto, João José Reis e Jonas Arraes não só pelas críticas e contribuições como pelo auxílio no garimpo de canções.

Envio um especial agradecimento para Gilmar de Carvalho (in memoriam). Abriu-me trilhas e sendas que me levaram à enorme riqueza da cultura e da música do Nordeste e, em especial, do Ceará na virada do século XIX para o século XX.

Meu reconhecimento ao mestre Miguel Ângelo de Azevedo (Nirez) e ao cordelista Maviael Melo. Roberto de Azevedo, meu parceiro na trilogia sobre a República, deu-me dicas preciosas sobre a permanência e o reflexo das canções dos tempos do Império na música brasileira do século XX.

Agradeço aos historiadores e pesquisadores Carlos Sandroni, Edinha Diniz, Heloísa Starling e Bruno Viveiros pelas reflexões sobre a vida cultural no Império e no início da República.

Meu muito obrigado aos funcionários da Biblioteca Nacional – em especial, à diretora da Divisão de Música e Arquivo Sonoro, Elizete Higino, cujas sugestões e apoio foram de enorme valia para a pesquisa.

Sou gratíssimo também a Terezinha Osório Machado Pimental (Associação das Bandas de Congo da Serra), Paulo Dias (Associação Cultural Cachuêra), Luciana Rabello e Pedro Aragão (Casa do Choro), Edson Marçal de Assis (Centro Cultural São Paulo), Reinaldo Santos Neves (Estação Capixaba), Rita de Cássia Barbosa de Araújo, Elizabeth Maria Carneiro da Silva e Evaldo Donato (Fundação Joaquim Nabuco), Flavia Toni (Instituto de Estudos Brasileiros), Lúcia Guimarães (Instituto Histórico e Geográfico do Brasil), Alexandre Dias (Instituto Piano Brasileiro), Bia Paes Leme e Fernando Krieger (Instituto Moreira Salles), Luís Antônio de Almeida (Museu da Imagem e do Som - RJ), Aline Montenegro e Daniella Gomes (Museu Histórico Nacional) e Raquel Chagas dos Santos (Museu da Universidade Federal do Pará).

As pesquisas deste livro contaram ainda com a colaboração preciosa dos funcionários de numerosas instituições, como a Biblioteca Nacional de Portugal (Lisboa), o Arquivo Distrital do Porto, o Instituto Ricardo Brennand (Recife), a Funarte (Rio de Janeiro), a Biblioteca do Centro Cultural do Banco do Brasil (Rio de Janeiro), o Museu da Inconfidência (Ouro Preto) e a Discoteca Pública Natho Henn (Porto Alegre). Registro também meu reconhecimento ao Núcleo de Estudos Musicais (Nemus), da Universidade Federal da Bahia, cujo site foi de extraordinária valia para o garimpo à distância da enorme riqueza da produção musical baiana do século XIX.

Não poderia deixar de mencionar a especial contribuição de Carlos Lamartine e João Belisário, que, desde Angola, ajudaram-me na tradução para o português de trechos de canções em quicongo, quimbundo e umbundo.

Por fim, agradeço a meus filhos Cláudio, Julia e Miguel pelo apoio recebido. A Cláudio devo a nova versão do site, que reúne as canções deste livro e da trilogia anterior; a Miguel, a revisão do texto do "Volume Zero".

A todos, meu reconhecimento. Eventuais erros e falhas são de minha inteira responsabilidade.

Introdução

"Este não é um livro sobre música, mas um livro com música. É uma obra para ser lida e escutada".

Estas palavras, que abrem os três volumes de "Quem foi que inventou o Brasil – a música popular conta a história da República", publicados em 2015, valem igualmente para este "Volume Zero". Esta também é uma obra com música, para ser lida e escutada. Reúne gravações de canções sobre fatos, personalidades e processos políticos, econômicos e sociais do Império e do começo da República, compostas e cantadas no calor dos acontecimentos. Os textos dos verbetes, além dos dados técnicos e das letras das canções, trazem informações sobre seu contexto histórico e autores. As gravações podem ser ouvidas no site quemfoiqueinventouobrasil.com.

Desde o início estava claro que não seria fácil reproduzir neste volume sobre o Império o mesmo modelo adotado na trilogia sobre a República – ou seja, reunir na mesma obra textos e gravações. Afinal, a indústria fonográfica no Brasil somente surgiu em 1902, treze anos depois do fim da monarquia.

É verdade que a Casa Edison, nos seus anos iniciais, chegou a fazer registros sobre acontecimentos políticos do Império. Mas foram poucos. É verdade também que, mais tarde, músicos e intérpretes, apoiando-se em antigas partituras, gravaram alguns lundus e modinhas cantados no século XIX. Posteriormente, pesquisadores e folcloristas lograram ainda recolher, através da transmissão oral, cantos do período da escravidão.

Mas, tudo somado, a maioria das canções sobre política dos tempos do Império e do começo da República jamais havia sido objeto de registros fonográficos. Assim, para que fossem ouvidas, teriam de ser gravadas – pela primeira vez. Portanto, seria indispensável garimpar não só os versos mas também um grande número de partituras do século XIX. Quantas teriam chegado até os nossos dias? Quantas teriam se extraviado ao longo do tempo?

O resultado de quase cinco anos de pesquisa superou as expectativas mais otimistas. Foram coletadas 296 canções, das quais 237 com letras e partituras (ou indicações de música). Desse total, 102 já haviam sido gravadas – a maioria nos primórdios da indústria fonográfica ou em depoimentos colhidos mais tarde por pesquisadores, muitas vezes em condições precárias. Cento e trinta e cinco foram gravadas agora. A quantidade, a qualidade e a diversidade das canções são impressionantes.

Este "Volume Zero" enriquece a resposta para a pergunta "Quem foi que inventou o Brasil?", feita por Lamartine Babo na marchinha "História do Brasil", extraordinário sucesso do carnaval de 1934. Ele mesmo respondeu: foi seu Cabral, foram Ceci e Peri, foram Ioiô e Iaiá – os europeus, os indígenas, os africanos. Ou seja, foi o povo brasileiro.

A trilogia publicada em 2015, com cerca de 1100 canções sobre a República, mostrou como Lamartine estava coberto de razão. Durante todo o século XX, o povo cozinhou no caldeirão da música popular as novidades políticas, culturais e comportamentais, geralmente com bom humor, espírito crítico e esperança. E assim inventou o Brasil.

Este novo trabalho de pesquisa mostra que a invenção do Brasil pela música é ainda mais antiga. Vem pelo menos desde a nossa formação como nação independente. Algumas das canções deste período foram produzidas nos palácios e instituições oficiais, mas a maioria nasceu nas ruas, ou seja, nos circos, barracas, senzalas, teatros, salões, rodas de boêmios, cafés-cantantes e chopes berrantes. Também no Império nossa música popular, cantando e brincando, buscou os caminhos para registrar os fatos do momento e expressar insatisfações e esperanças, muitas vezes trombando com os donos do poder.

***

José Bonifácio por Benedito Calixto de Jesus

Poucos dias depois do Grito do Ipiranga, Pedro I compôs a música do "Hino da Independência", comemorando o surgimento do novo país nas Américas. Em 1826, José Bonifácio de Andrada e Silva, então exilado na França, escreveu a letra das "Cantigas báquicas", com críticas à falta de rumo do Primeiro Reinado.

O fato de que as duas principais figuras da vida nacional da época – o Imperador e o Patriarca da Independência – tenham produzido obras musicais com intenções políticas não é uma simples coincidência. Revela o papel que a música desempenhava nas disputas pelo poder. Tanto isso é verdade que José Bonifácio não se limitou a escrever os versos de sua paródia do "Himno del Riego", marcha militar espanhola contra o absolutismo. Preocupou-se também em fazer com que a letra e a partitura chegassem às mãos dos "bons patriotas do Equador" – seus seguidores no Brasil. Apostava que, graças à música, às rimas e ao ritmo, os versos das "Cantigas báquicas" seriam escutados, memorizados e cantados no Brasil. E, assim, sua mensagem chegaria mais longe e alcançaria mais gente.

José Bonifácio estava certo. No início do século XIX, o Brasil era um país marcado pela transmissão oral, onde a palavra escrita atingia um público extremamente restrito. Nem poderia ser de outra forma. Afinal, na época da Independência, poucos brasileiros sabiam ler e escrever[1]. Muitas pessoas somente tinham acesso a textos escritos através

---

[1] Não há estimativas confiáveis sobre a taxa de analfabetismo no Brasil na época da Independência. Segundo o Censo de 1872, o primeiro realizado em todo o país com bons padrões técnicos, 84% dos brasileiros ainda eram analfabetos meio século após a

de leituras em voz alta em tavernas, praças, esquinas e teatros. Até a chegada da família real não havia faculdades na colônia. Também era terminantemente proibida a existência de tipografias. Tampouco se podia publicar periódicos. Apenas em 1808 foi dada a autorização para o funcionamento da primeira gráfica no Brasil: a Impressão Régia. No mesmo ano, veio ao mundo o primeiro jornal editado no país, a "Gazeta do Rio de Janeiro" – na prática, um diário oficial.

Gráficas e jornais independentes somente surgiram no Brasil por volta de 1821, em meio à agitação política que conduziu ao Grito do Ipiranga. Esse processo ganhou intensidade no final da década de 1820, com o agravamento das tensões que levaram à abdicação de Pedro I, acentuando-se nos anos 1830, com as rivalidades e revoltas do período regencial.

Mesmo assim, por um bom tempo, os relatos dos acontecimentos, o debate de ideias e as disputas políticas continuaram a depender principalmente da transmissão oral para chegar à maioria da população. Quando se ancoravam em rimas e ritmos, como nos poemas e cordéis, podiam chegar mais longe. Quando, além disso, apoiavam-se também em melodias, como no caso das canções, logravam atingir mais gente ainda e se espraiavam com maior rapidez.

Não havia então no país produção cultural significativa. Na cena musical, as trocas entre a elite e o povo eram quase nulas. Cada um vivia na sua cuia – a expressiva imagem é do jornalista, escritor, compositor e diplomata Araújo Porto-Alegre, um dos mais importantes intelectuais do Império.

Essa situação começou a mudar a partir da metade da década de 1830.

Em 1834, o francês Pierre Laforge iniciou a impressão regular de partituras no Rio de Janeiro. Outras oficinas seguiram o mesmo caminho nos anos seguintes, ampliando a circulação musical no país. Datam dessa época lundus como "Lá no Largo da Sé" e "Graças aos céus", que fizeram muito sucesso. Os pianos, antes raríssimos, começaram a chegar às casas das famílias ricas.

Nessa mesma década, o Brasil subiu aos palcos, até então um espaço restrito às peças de autores estrangeiros. Em 1838, estrearam no Rio de Janeiro as primeiras obras teatrais nacionais: a tragédia "Antônio José

Independência. Entre os escravizados, a percentagem dos que sabiam ler e escrever era de 0,1%. Entre as pessoas livres, cerca de 19%.

ou O poeta e a Inquisição", de Gonçalves de Magalhães, e a comédia "O juiz de paz da roça", de Martins Penna.

Também nessa época, o Brasil passou a se encontrar nos picadeiros. As companhias equestres ou circos de cavalinhos tornaram-se uma fonte de diversão imperdível para o grande público. Viajando pelo país, os circos disseminavam e recolhiam canções, histórias e brincadeiras oriundas da criatividade popular. Junto com as barracas das festas populares e os teatrinhos de bairros ajudaram a captar e a formar o gosto do público pelos espetáculos que mesclavam cenas cômicas, números musicais, interações com a plateia e esquetes sobre acontecimentos do cotidiano. Os "espetáculos de feiras", como seriam chamados mais tarde, logo passaram a fazer parte também da programação de alguns teatros do país. Assim, aos poucos, formou-se um circuito cultural de massas, que bebia na tradição popular e dialogava com ela.

Em 1843, pela primeira vez, foram publicados no Brasil romances escritos por brasileiros: "Um roubo na Pavuna", de Luís da Silva Alves de Azambuja Susano, e "O filho do pescador", de Teixeira e Souza[2]. "A moreninha", de Joaquim Manuel de Macedo, saiu em 1844.

Com o início do ciclo do café na década de 1840, que injetou grandes recursos na economia, e o fim do tráfico negreiro em 1850, que liberou vultosos capitais para investimentos em outras áreas, o Brasil ingressou na chamada "era dos progressos". As atividades culturais multiplicaram-se e, pela primeira vez em nossa história, pudemos contar com algo semelhante a um mercado cultural – incipiente num primeiro momento, mas bastante dinâmico a partir da metade dos anos 1850.

A imprensa ganhou impulso, cresceu e se diversificou. Surgiram muitos jornais e semanários, voltados para diferentes públicos e com distintas inclinações, tanto na Corte como nas províncias. Novas editoras e livrarias abriram as portas. Mais obras literárias, como "Memórias de um sargento de milícias" (1854), de Manoel Antônio de Almeida, e "O guarani" (1857), de José de Alencar, vieram ao mundo. Cresceu o número de teatros – grandes, pequenos e médios – em todo o país.

----

[2] Rodrigo Camargo de Godoi, no livro "Um editor no Império: Francisco de Paula Brito (1809-1861)", informa que, segundo anúncios nos jornais da época, Paula Brito lançou o romance "Um roubo na Pavuna", de Luís da Silva Alves de Azambuja Susano, em maio de 1843, e o "O filho do pescador", de Teixeira e Souza, em setembro do mesmo ano.

A cena musical também passou por grandes transformações. Foram criadas instituições oficiais de ensino, voltadas para a música erudita. Em 1844, as óperas, suspensas desde 1832 devido ao ambiente político carregado e às dificuldades econômicas do período regencial, voltaram ao centro do ambiente musical mais refinado da Corte. Mas as mudanças não se limitaram ao andar de cima. Novas casas de impressão de partituras foram abertas – não só no Rio, mas também na Bahia e em Pernambuco. A circulação de lundus, modinhas, polcas e valsas deixou de depender exclusivamente da transmissão oral. Tocar piano virou uma febre – toda família com recursos tinha um. O Rio de Janeiro passou a ser conhecido como "a cidade dos pianos".

Em 1859, começou a funcionar na rua da Vala, atual Uruguaiana, o Alcazar Lyrique. O café-cantante, inspirado nos luxuosos cabarés de Paris, dividiu opiniões. Exemplo de licenciosidade ou insubstituível local de diversão? Seja como for, ele mudou os hábitos da Corte. O Rio de Janeiro, que costumava dormir cedo, passou a ter uma vida noturna alegre e agitada.

O Alcazar desempenhou um papel importantíssimo nas mudanças da cena musical e teatral. Trouxe da França para o Brasil a cançoneta, gênero que faria enorme sucesso até os primeiros anos do século XX. E deu extraordinário impulso ao teatro musicado ligeiro, especialmente depois da apresentação de "Orfeu nos Infernos", de Offenbach, em 1865. As operetas – espetáculos mais curtos e leves, que mesclavam música, diálogos e bom humor, buscando atingir públicos amplos – viraram moda na Corte.

Num primeiro momento, prevaleceram as adaptações de peças francesas com motivos nacionais. "Orfeu na Roça", escrita pelo ator Francisco Correa Vasques, que estreou em 1868, fez um sucesso espetacular: cerca de 500 apresentações, número superior ao alcançado pela opereta original francesa no Alcazar. Nos anos seguintes, outras paródias foram encenadas, como "Barba de milho" ("Barbe bleu") e "A Baronesa de Caiapós" ("La Grande-Duchesse de Gérolstein"), sempre obedecendo à mesma fórmula: temas, ambientes e personagens nacionais, músicas alegres francesas, um ou outro número musical brasileiro, linguagem irreverente e muito bom humor.

Assim, a música leve e as cenas cômicas, que desde meados dos anos 1840 andavam de mãos dadas nos locais populares de diversão, como os circos, as barracas e os teatrinhos, chegaram na virada da década de 1860 para 1870 ao público dos principais teatros da Corte. O Rio estava entrando na era do teatro musicado ligeiro. Esse movimento, com raízes nos padrões populares de entretenimento, mas impulsionado pelo sucesso das operetas e mágicas de origem francesa, criaria as condições para o surgimento nas décadas seguintes de uma expressiva indústria de espetáculos no país.

Muito importante: mais ou menos nessa época, surgiram também periódicos especializados na divulgação das letras de canções populares e foram publicados os primeiros cancioneiros no Brasil.

No fim da década de 1870, o jovem Artur Azevedo, que logo se afirmaria como o maior nome do teatro musicado no Brasil, ainda seguia a fórmula das paródias das operetas francesas: "A filha de Maria Angu" ("La fille de Madame Angot", de Lecocq), "A casadinha de fresco" ("La petite marriée", também de Lecocq) e "Abel, Helena" ("La Belle Hélène", de Offenbach). Em 1877, levou aos palcos "Nova Viagem à Lua", com música de Lecocq, que contou também com dois números musicais compostos por Henrique Alves de Mesquita, o jongo do primeiro ato e a barcarola do segundo.

Logo Azevedo deu um passo à frente. Passou a escrever suas próprias óperas-cômicas, com roteiros e músicas originais. Em 1880, encenou "Os noivos" e a "A princesa dos cajueiros". Nesta última, inovou bastante. Fez subir ao palco – cantando, diga-se de passagem – um personagem que se confundia com o próprio Imperador, a quem batizou de El Rei Caju. Prognata, Pedro II tinha a ponta do queixo ligeiramente levantada, como a castanha. Daí o apelido.

A brincadeira com o Imperador era um sinal dos tempos. Desde a Guerra do Paraguai, a monarquia ingressara num processo de desgaste e desalento. Nos anos 1880, a campanha abolicionista ganhou corpo em todo o país, tornando-se o primeiro movimento de massas nacional de nossa história. Assim, nada mais natural que os temas da atualidade – políticos, econômicos, sociais e comportamentais – entrassem na ordem do dia da cena musical e teatral.

Em 1884, Artur Azevedo que, anos antes havia escrito, sem grande repercussão, sua primeira revista de acontecimentos – "O Rio de Janeiro em 1877" –, voltou à carga. Em parceria com Moreira Sampaio, encenou

"O Mandarim". A peça foi um sucesso espetacular, com "enchentes" diárias de público no Teatro Príncipe Imperial. "Ficou conhecida como a gargalhada que abalou o Rio", resumiu Neyde Veneziano[3].

Depois do sucesso de "O Mandarim", Azevedo levou aos palcos, na segunda metade da década, "A cocota", "O bilontra", "O carioca", "Mercúrio", "O homem" e "Fritzmac". O público reagiu com entusiasmo às revistas, lotando os teatros e dando grande retorno aos empresários que bancavam as produções. Resultado: os investimentos aumentaram, as montagens sofisticaram-se, os espetáculos multiplicaram-se. Mais atores, cenógrafos, figurinistas, músicos, maestros e diretores tiveram de ser contratados. Os espetáculos, muitas vezes, adquiriam contornos de superproduções. "O bilontra", por exemplo, foi apresentado por 30 atores, com três atos, 17 quadros, três apoteoses e nada menos de 53 números musicais.

Outros autores começaram a escrever revistas do ano, como Moreira Sampaio, Valentim Magalhães, Filinto Almeida e Oscar Pederneiras. Músicos como Abdon Milanez, Chiquinha Gonzaga, Henrique de Magalhães, J. Alves Pinto, Assis Pacheco e Costa Junior vieram somar-se a Henrique Alves de Mesquita, Francisco de Sá Noronha, Carlos Cavalier e Gomes Cardim, que já compunham para o teatro musicado ligeiro. Os jornais passaram a dedicar grandes espaços às revistas. Faturavam também com seu sucesso, exibindo diariamente anúncios dos espetáculos – os "reclames", na linguagem afrancesada da época.

Para se ter uma ideia de como as revistas tornaram-se populares nos últimos anos do Império, basta lembrar que, em 1886, "O bilontra" ultrapassou a marca das cem apresentações – o "centenário", como se dizia então. A revista "A mulher-homem", de Valentim Magalhães e Filinto de Almeida, lançada semanas antes, também atraiu plateias gigantescas: mais de 50 mil espectadores – número impressionante para uma cidade que, embora em forte crescimento, ainda não tinha 500 mil habitantes.

O sucesso das duas peças foi tamanho que o empresário português Sousa Bastos decidiu surfar na onda. "Colocou em cena no Teatro Príncipe Imperial uma brincadeira chamada 'O casamento do bilontra

---

[3] Neyde Veneziano. *Sistema Vedete*. Em Repertório: Teatro & Dança, Ano 14, no 17, 2011.

com a mulher-homem', selando com muito bom humor uma falsa união que demonstrava na verdade o final feliz de outro flerte: a revista do ano conquistara a cidade", registrou Fernando Antônio Mencarelli[4].

Assim, nos últimos anos do Império e no início da República, o teatro de revista firmou-se como eixo de um mercado cultural de massas em franca ascensão, em sintonia com o forte crescimento populacional das maiores cidades do país. Em 1872, o Rio tinha 275 mil habitantes; saltou para 527 mil em 1890 e 747 mil em 1900. De 1872 a 1900, São Paulo passou de 31 mil para 240 mil habitantes; Salvador, de 129 mil para 205 mil; Belém, de 60 mil para 97 mil; Porto Alegre, de 44 mil para 73 mil[5].

O crescimento das principais cidades do país no final do século XIX estimulou também o surgimento de romances urbanos de excepcional qualidade, talvez os primeiros do gênero nas Américas, como "Memórias póstumas de Brás Cubas" (1881), "Quincas Borba" (1891) e "Dom Casmurro" (1899), de Machado de Assis, e "O mulato" (1881) e "O cortiço" (1890), de Aluísio Azevedo.

O mesmo fenômeno teve forte impacto no mercado editorial. No final do século XIX, a Livraria do Povo, adquirida em 1879 por Pedro da Silva Quaresma, converteu-se na primeira grande editora popular do país. Voltou-se para a produção de livros baratos, muitas vezes em formato de bolso, com grandes tiragens. Lançou, é claro, romances, novelas, peças de teatro e antologias de contos e poesias. Mas, em compasso com a rápida formação de um mercado de massas com interesses variados, publicou também cancioneiros de modinhas e lundus, cordéis, livros de modas e culinária, coletâneas de pensamentos, manuais de namorados, arsenais de gargalhadas, interpretações de sonhos, instruções para o ensino da fala aos papagaios, obras de história e religião, livros sobre agricultura e destilação, coleções de "causos" de roceiros. A Livraria Quaresma, como ficou mais conhecida, também foi pioneira na edição de livros infantis no Brasil, com inúmeros títulos de autores nacionais e estrangeiros.

---

[4] Fernando Antonio Mencarelli. *Cena aberta: a absolvição de um bilontra e o teatro de revista de Arthur Azevedo*. Campinas, SP: Editora da Unicamp / Centro de Pesquisa em História Social da Cultura, 1999, pg. 135.

[5] Os números são dos censos de 1872, 1890 e 1900.

A circulação musical também acelerou-se fortemente no período. Em duas ou três semanas, as gráficas lançavam as partituras dos lundus, cançonetas, coplas, árias, modinhas, jongos, tangos e quadrilhas de maior sucesso nos palcos. Tornou-se comum também que as companhias de teatro, depois de se apresentarem no Rio de Janeiro, excursionassem pelo Brasil afora. Mas, as províncias – ou estados, depois da proclamação da República – não se limitavam a assistir os espetáculos vindos do Rio de Janeiro. Autores e grupos locais começaram a escrever e encenar obras de teatro musicado ligeiro – operetas, dramas musicados e revistas de acontecimentos.

Em 1885, quando a campanha abolicionista tomou conta do país, foi encenado em Salvador o drama musicado "Cenas da escravidão", de Germano Limeira, regente da orquestra do Teatro S. João (ver canções no capítulo 6). Em 1891, Porto Alegre assistiu no Teatro S. Pedro à primeira revista gaúcha – "Dr. Quim-Quim Francio" –, obra de um grupo de alunos da escola militar, muito bem-recebida pelo público. No mesmo ano, em Fortaleza, teve grande repercussão a revista "A política é a mesma", igualmente escrita por cadetes da escola militar. Uma de suas canções, "Todos nós somos Queiroz" (ver capítulo 8), desancava o clientelismo e o empreguismo do presidente do estado. Em 1898, estreou em Belém a revista "O seringueiro", obra dos paraenses João Marques de Carvalho e Frederico Rhossard. Em 1899, subiu ao palco em São Paulo a primeira revista paulista de acontecimentos, "O boato", obra do jornalista e dramaturgo Arlindo Leal.

Esses exemplos evidenciam que o crescimento do mercado cultural de massas em torno do teatro musicado ligeiro e, em especial, das revistas do ano não era um fenômeno restrito ao Rio de Janeiro. Tinha caráter nacional. Tampouco se restringia aos teatros, embora eles fossem seu epicentro. Pois os cafés-cantantes, chopes-berrantes, circos de cavalinhos e teatrinhos de bairros viveram nesse período o mesmo clima de efervescência dos grandes palcos. Atraíam um grande número de espectadores e fregueses. Lançavam boa parte das canções apreciadas pelo povo.

Palhaços-cantores como Veludo, Bahiano, Mário Pinheiro, Geraldo Magalhães, Benjamin de Oliveira, Cadete e Eduardo das Neves, tornaram-se popularíssimos. O "Crioulo Dudu", em particular, compunha e cantava lundus e cançonetas sobre os fatos do momento, atraindo multidões. "É o que se chama bater o malho enquanto o ferro está quente", dizia ele.

O cronista João do Rio, embora tivesse uma certa implicância com Eduardo das Neves, deu um depoimento no artigo "A musa das ruas" que mostra como era intensa a ligação do artista-cantor com o público: "Hei de lembrar sempre certa vez que, passando pelo café-cantante, ouvi o barulho da apoteose e entrei. Estava o Dudu das Neves, suado, com a cara de piche a evidenciar trinta e dois dentes de uma alvura admirável, no meio do palco, e em todas as outras dependências do teatro a turba aclamava. O negro já estava sem voz"[6].

Foi dentro desse ambiente que, em 1902, nasceu a indústria fonográfica no Brasil. A Casa Edison, do tcheco Fred Figner, desde o primeiro momento apostou suas fichas no mercado popular. Quase não fez registros de músicas eruditas ou líricas. Para gravar modinhas, lundus e cançonetas, contratou palhaços-cantores e atrizes do teatro de revista, como Pepa Delgado e Nina Teixeira. Já as músicas instrumentais foram entregues ao flautista Patápio Silva, à Banda do Corpo de Bombeiros, regida pelo maestro Anacleto de Medeiros, ou à Banda da Casa Edison, cujos integrantes também eram, em sua maioria, soldados do fogo.

Atestando a pujança do mercado musical que se formara no país nas décadas anteriores, somente no primeiro ano de funcionamento a Casa Edison gravou mais de 200 discos em seus estúdios na Rua do Ouvidor, no Rio de Janeiro. Nos anos seguintes, o número de registros manteve-se num patamar semelhante. Em pouco tempo, o país ocuparia a terceira posição no ranking mundial de discos gravados, atrás apenas dos Estados Unidos e da Alemanha.

Assim, o Brasil passou a contar com uma indústria cultural moderna, semelhante às dos países mais desenvolvidos do mundo, mas com uma diferença notável: ela nasceu estreitamente ligada à transmissão oral. Esse processo se consolidaria definitivamente no final da década de 1910, quando o carnaval, até então um desfile relativamente bem-comportado de carros e foliões, ganhou um caráter mais popular com a chegada do samba e da marchinha.

---

[6] João do Rio. *A alma encantadora das ruas*. São Paulo: Companhia das Letras, 1997, pp. 393-394.

"A festa do carnaval – comemoração anual, com data marcada, reunindo multidões – funcionou como uma gigantesca e fragmentada revista, parente daquela que se encenava nos teatros, só que dançada e cantada a céu aberto, sem a obrigação de se prender a um enredo e sem as divisões rígidas entre atores e plateia. Abordava sempre os fatos, costumes, modismos, novidades do ano anterior, marcando em cima os acontecimentos que haviam bulido com a sociedade no passado recente, apelando usualmente para o deboche, a malícia e a brincadeira"[7].

Tudo somado, impressiona no caso brasileiro a rapidez da transição de uma sociedade baseada na transmissão oral para uma sociedade dotada de uma moderna indústria cultural. Enquanto os países da Europa e mesmo das Américas levaram séculos para fazer esse trajeto – muitos séculos no velho continente, poucos no novo –, no Brasil ele foi percorrido em algumas décadas.

Na área musical, esse fenômeno teve duas consequências, estreitamente ligadas. Primeira: a tradição oral desaguou na indústria cultural com muito mais força do que nos países mais desenvolvidos. Na Europa, como assinalou Peter Burke[8], "a impressão (gráfica) minou a cultura oral tradicional", o que exigiu posteriormente um esforço de recuperação de boa parte desse mundo perdido. Segunda consequência: as ruas pesaram mais do que os palácios e as instituições oficiais na criação do nosso ambiente musical. O popular chegou mais forte no erudito do que o erudito no popular.

Assim, nossas raízes musicais de origem africana, indígena e cabocla, embora transmitidas quase exclusivamente pela oralidade, não ficaram perdidas no passado ou restritas ao folclore, como ocorreu na maioria dos países da Europa. Ainda que esmaecidas aqui e ali, elas chegaram vivas – e com força – ao conjunto da sociedade na virada do século XIX para o século XX, gerando um ambiente complexo e rico, capaz de dialogar de forma madura e inventiva com nossas raízes europeias, importantíssimas também. Desse caldeirão nasceu nossa identidade musical e, de certa forma, nossa identidade cultural.

---

[7] Franklin Martins. *Quem foi que inventou o Brasil? – a música popular conta a história da República*. Rio de Janeiro: Ed. Nova Fronteira, 2015, vol. 1, pp. 19-20.

[8] Peter Burke. *Cultura popular na Idade Moderna: Europa 1500 – 1800*. São Paulo: Companhia das Letras, 2010, pg. 13.

***

Esta obra contou com o talento do músico João Nabuco. Durante um ano, ele leu, reduziu ou decifrou as partituras garimpadas. Desatou nós cegos, resolveu quebra-cabeças e escolheu caminhos de interpretação. Gravou lundus, cantigas, cançonetas, jongos, tanguinhos, modinhas, hinos, coplas, árias, baiões, cocos etc. O resultado é impressionante. Viaja-se no tempo ao ouvir canções que pareciam perdidas no passado, compostas e cantadas há 150 anos, às vezes há quase dois séculos. Certamente são possíveis outras interpretações e viagens. Por isso, sempre que possível, os verbetes trazem indicações de onde podem ser encontradas cópias das partituras das canções. Assim, quem fizer leituras diferentes ou apostar em interpretações distintas poderá trilhar seus próprios caminhos.

Num primeiro momento, a ideia era adotar como data final desta obra o ano de 1902, quando foram gravados os primeiros discos no Brasil, e não 1889, quando caiu o Império. Dessa forma pretendia-se recuperar também a riquíssima produção da música popular brasileira no intenso e tumultuado início da República. Como quase todas as canções desse período não haviam sido gravadas, corriam o risco de permanecer esquecidas.

Mas, no decorrer da pesquisa, constatou-se também que muitas canções compostas entre 1902 e 1906 não haviam sido incluídas na trilogia sobre a República, porque não foram gravadas pela Casa Edison ou devido a falhas no levantamento anterior. Assim, o garimpo foi estendido até o final do governo Rodrigues Alves, responsável pela consolidação da República Oligárquica, e a eleição de Afonso Pena, símbolo do início da "política do café com leite".

Como adiantei, não foi possível localizar as partituras ou indicações de música de 59 composições. Muitas delas são verdadeiras preciosidades. Daí a decisão de publicar suas letras nos anexos dos capítulos. Algumas talvez não tenham melodia. É o caso da décima "Piolhos, ratos e leões", sobre a quebra do Banco do Brasil em 1829, e das quadrinhas da "História do Pai João", sobre as trapalhadas da Regência Trina Permanente em 1832 – talvez os primeiros versos em "língua de preto" publicados no Brasil. É o caso também do cordel "Pai Supriço, Pai Zuão e Pai Bunito, turo zelle camrada", igualmente em "língua de preto", que conta as aventuras e desventuras de três escravos carregadores de "tigres" – tonéis de excrementos – no Rio de Janeiro, em 1850.

Mas, fora algumas poucas exceções, as composições existentes nos anexos dos capítulos não só foram musicadas como tiveram partituras impressas, como dão conta os catálogos das gráficas da época. Apenas não se logrou localizar as notações. É o caso, por exemplo, de "O quebra-quilos", recitativo sobre as revoltas no sertão do Nordeste contra as mudanças nos padrões de pesos e medidas em 1875, e de vários lundus sobre a Revolta do Vintém, ocorrida no Rio de Janeiro em 1880. Quem sabe a publicação dos versos não ajudará outros pesquisadores a recuperar os registros musicais? Nos próximos anos, com os recursos da digitalização e da internet, é provável que se possa avançar bastante na localização de materiais históricos aparentemente perdidos. Quanto mais pistas houver para nortear a busca, melhor.

Na época, nem sempre as canções recebiam títulos de seus autores. Frequentemente, eram conhecidas pelo primeiro verso. Em contrapartida, às vezes tinham mais de uma denominação. Para restringir a confusão, quando as canções não receberam nomes, atribuiu-se a elas um título, sempre deixando claro o procedimento. No segundo caso, optou-se pelo nome dado pelo autor ou aceito pela maioria dos cancioneiros e impressoras.

As letras das canções foram transcritas tal como aparecem nos cancioneiros, partituras e gravações antigas, ainda que apresentem erros gramaticais. Nesses casos, para preservar o clima, preferiu-se não recordar a norma culta com o tradicional *sic*. Por outro lado, para evitar ruídos desnecessários, optou-se por seguir os padrões ortográficos atuais.

Nas canções em "língua de preto", que simulava a fala dos escravos nascidos na África, com adulterações do português e palavras em idiomas bantos, evitou-se qualquer interferência nos versos, mesmo quando não ficou claro o significado de alguma palavra ou expressão. As letras mais extensas e complexas foram objeto de tentativas de tradução para o português atual.

Sempre que possível, os verbetes trazem explicações sobre palavras que deixaram de ser usadas.

Neste "Volume Zero" adotou-se o mesmo critério empregado na trilogia sobre o período 1902-2002: não foram incluídas composições somente instrumentais, mesmo quando motivadas por temas políticos. É o caso, por exemplo, das polcas "Gentes! O imposto pegou?", de Ernesto Nazareth, e "Pindahyba", de Frederico Mallio. Os dois jovens compositores, ambos com 17 anos na época da Revolta do Vintém, viram com simpatia os protestos populares e desaprovaram os excessos do chefe de polícia, Eduardo Pindahyba de Matos. A campanha abolicionista também estimulou a produção de polcas, valsas e mazurcas. Vários dobrados foram compostos durante a Guerra do Paraguai. Quando estourou a Revolta da Armada, "Queimou a Lage!", "Queimou a Santa Cruz", "Abaixa! Que lá vem ameixa!" e "Os tiros da Vovó 550" registraram com bom humor os canhoneios entre rebeldes e legalistas. Em 1896, o tanguinho "Amapá", de Costa Junior, comemorou a derrota das tropas francesas que haviam invadido o norte do Pará no ano anterior. São composições muito interessantes, mas, por serem apenas instrumentais, foram descartadas.

***

No levantamento das canções, começou-se pelo exame dos cancioneiros publicados no Brasil a partir dos anos 1870, reunindo as letras dos lundus, modinhas, hinos, árias e recitativos cantados na época e nas décadas anteriores. A pesquisa também se debruçou sobre livros e artigos de musicólogos, historiadores e folcloristas que estudaram a música popular brasileira do período. Mergulhou ainda nos textos de teatro musicado das décadas de 1870, 1880, 1890 e 1900, especialmente nas obras de Artur Azevedo.

Foram pesquisados fisicamente cerca de 20 arquivos com partituras da época, não só no Brasil, mas também em Portugal, devido à importante troca musical entre os dois países no século XIX. Um bom número de registros de melodia foi recolhido em cancioneiros e livros que, na virada do século XIX para o século XX, passaram a trazer as notações musicais das canções. Graças à internet, foi possível coletar em bibliotecas de outros países algumas partituras inexistentes nas instituições brasileiras e portuguesas.

Realizou-se também uma minuciosa repescagem nas gravações da Casa Edison. Nesse caso, especial atenção foi dada ao repertório dos palhaços-cantores Eduardo das Neves, Bahiano, Campos e Mário Pinheiro, que fizeram a ponte entre a difusa produção musical anterior das ruas e a nascente indústria fonográfica. Graças a esse pente-fino, foi possível coletar cerca de duas dezenas de canções sobre a escravidão, o racismo e a resistência ao cativeiro e ao preconceito.

Por último, cabe registrar a importância da hemeroteca digital da Biblioteca Nacional para a pesquisa realizada. Ao permitir o acesso à distância a muitos dos principais jornais brasileiros do século XIX, com a utilização de modernas ferramentas de reconhecimento de caracteres, a hemeroteca possibilitou checar datas aproximadas de composição de canções, tirar dúvidas sobre autorias, recolher informações sobre fatos históricos, descobrir paródias e garimpar letras e indicações de músicas. Trata-se de uma base de dados de enorme importância para a pesquisa histórica.

***

As canções reunidas nesta obra mostram que não foi fácil enfrentar o regime escravagista, as desqualificações do racismo, os privilégios e as hipocrisias dos donos de tudo, bem como as violências seletivas de juízes, policiais, feitores e paus-mandados. Mas muitos resistiram, criticaram e cantaram. Não se submeteram. E assim ajudaram a inventar o Brasil.

Como o jovem indignado diante do tratamento desigual dado pelas autoridades aos cidadãos: "Tudo isto a quem devemos?/ Eu pergunto – me diz, não sei/ Os ricos não sofrem penas/ Os pobres têm dura lei!".

Como os cativos que comparavam o senhor de escravos à árvore imponente por fora e podre por dentro: "Ô, ô, com tanto pau no mato/ Embaúba é coroné".

Como o Pai João desnudando com ironia devastadora os dois pesos, as duas medidas e as duas cores dos sistemas policial e judicial: "Nosso preto quando fruta/ Vai pará na correção/ Sinhô baranco quando fruta/ Logo sai sinhô barão".

Mestre Câmara Cascudo tinha toda razão. O melhor do Brasil é o brasileiro.

Rio de Janeiro, janeiro de 2022

1

Primeiro Reinado e Regências

(1822-1840)

Introdução

Ao se tornar um país independente, o Brasil logrou algo que parecia impossível: a manutenção da unidade nacional e da integridade territorial. Não foi pouca coisa. Que o digam os nossos vizinhos. Na transição do período colonial para a independência, a América Espanhola viveu extrema fragmentação. Onde havia quatro vice-reinados subordinados a Madri, surgiram nada menos de 16 jovens repúblicas – isso sem contar importantes colônias espanholas no Caribe, como Cuba, Santo Domingo e Porto Rico.

No Brasil, em pouco mais de um ano, todas as províncias apoiaram a independência ou reconheceram a autoridade do Imperador. Com poucas exceções, a adesão foi pacífica e imediata. Mas na Bahia, as tropas portuguesas ofereceram resistência significativa, sendo derrotadas nos campos de batalha pelo povo baiano e pelos reforços enviados por Pedro I. No Maranhão, no Pará e no Piauí, setores ligados a Lisboa também se opuseram à nova realidade. Mas logo foram obrigados a recuar, seja pela chegada da esquadra comandada pelo almirante Cochrane, seja pela reação dos brasileiros que lutaram pela independência. O fato é que, no final de 1823, o Império do Brasil estendia-se do "Amazonas até o Prata", como se dizia na época.

Isso não quer dizer que o país em formação tenha vivido a partir daí uma era de tranquilidade. Ao contrário, os anos seguintes à Independência foram marcados por intensa turbulência institucional, grandes dificuldades econômicas e fortes rivalidades políticas. A Assembleia Constituinte, instalada em maio de 1823, funcionou por pouco tempo. O Imperador dissolveu-a em novembro, incomodado com suas inclinações liberais. Mandou prender e exilou importantes personalidades políticas, como José Bonifácio de Andrada, o Patriarca da Independência. Somente em 1826, o parlamento voltaria a se reunir.

Assim, em março de 1824, Pedro I outorgou ao país uma Constituição preparada por juristas indicados por ele. Acima dos três poderes previstos na divisão clássica do liberalismo político – Executivo, Legislativo e Judiciário –, passou a pairar o Poder Moderador, encarnado pelo próprio Imperador, que tudo podia e tudo decidia em última instância, inclusive a nomeação dos presidentes das províncias. A questão da escravidão não foi tocada.

A reação foi imediata. Meses depois, eclodiu em Pernambuco a revolta que levou à formação da Confederação do Equador. Liderada por Frei Caneca, ela defendia a República e o federalismo, em padrões semelhantes aos vigentes nos Estados Unidos. Após quatro meses, o movimento foi brutalmente esmagado. Seus principais líderes foram fuzilados.

No ano seguinte, em 1825, a tensão deslocou-se para a fronteira sul do Brasil, com o início da Guerra Cisplatina, contra uruguaios e argentinos, que defendiam a independência do Uruguai, então dominado pelo nosso país. O conflito terminou com a derrota do Brasil na batalha de Ituzaingó (ou Passo do Rosário), em 1827. O Império teve de reconhecer a independência da República Oriental do Uruguai (ver "Saludo a Paysandu", no capítulo 4).

Com a Guerra Cisplatina, as finanças públicas, que já se encontravam em situação delicada desde a volta de D. João VI para Portugal, debilitaram-se mais ainda. É bom lembrar que o rei havia levado com ele para Lisboa as reservas de ouro do Banco do Brasil. Resultado: nos anos seguintes, o governo imperial foi obrigado a emitir moeda sem lastro em metais preciosos, o que provocou desvalorização do dinheiro e inflação. A conta chegou em 1829. Não houve outra saída senão decretar a liquidação do primeiro Banco do Brasil.

Às dificuldades econômicas, à instabilidade institucional e aos conflitos nas fronteira do Prata veio somar-se outro ingrediente, que, aos poucos, deu forma política à insatisfação crescente contra Pedro I: a rivalidade entre os brasileiros e os portugueses radicados no Brasil. Para muitos, o Imperador, além de ter um comportamento autoritário, costumava privilegiar, nas nomeações e nos favores, funcionários e comerciantes de origem lusitana em detrimento dos brasileiros. O sentimento nacionalista entrou em ascensão.

Em março de 1831, quando Pedro I retornou de uma viagem a Minas Gerais, onde havia sido alvo de protestos, a colônia portuguesa no Rio organizou, como desagravo, uma grande festa em sua homenagem. O "partido brasileiro", liderado por jornalistas e políticos liberais, considerou a iniciativa uma ofensa à nacionalidade. Os conflitos, tumultos e agressões que tomaram conta da Corte em 13 de março passaram à história como a "Noite das Garrafadas".

Imediatamente deputados e senadores exigiram a punição dos portugueses. Pedro I fez algumas concessões para tentar contornar a crise, mas o clima tinha azedado de vez. No dia 6 de abril, uma multidão de 4 mil pessoas tomou o centro do Rio gritando palavras de ordem contra o monarca. No dia seguinte, incapaz de retomar o controle da situação, o Imperador abdicou do trono em favor do filho. Pedro II tinha, então, seis anos incompletos.

Assim, chegou ao fim o Primeiro Reinado. Começou o período regencial, também marcado por intensa instabilidade política. As regências se sucederam. Em pouco tempo ficou evidente que não havia uma clara liderança política, com apoio suficiente na Corte e nas províncias, para conduzir o país. Em nove anos, o Brasil teve quatro governos distintos, de curta duração e autoridade política precária.

Parecia que todos esperavam que o imperador-menino chegasse à maturidade para que os problemas se resolvessem naturalmente. Mas, os problemas, ao contrário, continuavam a se agravar. Eclodiram revoltas em várias províncias, que se queixavam da excessiva centralização das decisões no Rio de Janeiro e exigiam mais autonomia: a Cabanada em Pernambuco (1832-1835), a Cabanagem no Pará (1835-1840), a Revolução Farroupilha no Rio Grande do Sul e Santa Catarina (1835-1845), a Sabinada na Bahia (1837-1838) e a Balaiada no Maranhão (1838-1841). Em 1835, estourou a

Revolta dos Malês, em Salvador. A população escrava, que antes buscava a liberdade nas cartas de alforrias, nas fugas e nos quilombos, começava a bater à porta das elites também nas cidades.

Todos esses movimentos foram sufocados em meio a guerras sangrentas e repressões impiedosas. A unidade nacional foi mantida, mas a um preço altíssimo.

Dividido, exausto, sem lideranças reconhecidas e aceitas, o país parecia à deriva. No parlamento, as disputas entre conservadores e liberais não tinham fim. No início de 1840, os liberais, em ascensão em todo o país, lançaram à mesa uma carta decisiva: pediram a antecipação da maioridade de Pedro II, então com 15 anos, com o consequente fim do período regencial. Por que esperar até 1843?

Na defensiva, o regente conservador Pedro de Araújo Lima achou por bem consultar o rapaz-imperador. Há várias versões sobre a conversa, mas a que passou para a história foi a de que Pedro II não apenas concordou com a proposta como pediu urgência na sua implementação. "Quero já!", teria afirmado.

Em três tempos, o parlamento aprovou a Declaração da Maioridade. E, assim, em 1840, teve início o Segundo Reinado. Duraria 49 anos.

* *

*

Foram coletadas 14 canções com letras e partituras, sobre os temas políticos, sociais e econômicos desses anos tumultuados: sete cantigas de rua ou de bebedeira (entre elas, algumas paródias), cinco hinos e dois lundus.

De certa forma, a amostragem expressa as condições e as contradições da cena musical da época. De um lado, existia uma produção musical de caráter erudito, concentrada nos palácios e em algumas poucas instituições mantidas com recursos públicos. De outro, aflorava uma criação musical popular nascida nas ruas ou ancorada em raízes folclóricas, muitas vezes apenas cantada ou, no máximo, apoiada na viola de algum trovador.

Embora houvesse trocas entre esses dois mundos, eles caminhavam paralelamente, cada qual com interesses, linguagens e públicos específicos. Nas décadas posteriores, a circulação musical entre essas duas esferas cresceria progressivamente, mas os obstáculos ao intercâmbio ainda eram significativos nos anos seguintes à Independência. Pelo menos até a metade da década de 1830, não havia no Brasil oficinas que imprimissem regularmente partituras. Fora dos palácios, pouquíssimas eram as casas, mesmo entre as famílias ricas, que tinham pianos, quadro que se alteraria de forma espetacular na década de 1850. Tampouco existia algo que se pudesse denominar de indústria cultural.

O "Hino da Independência", que abre as canções deste capítulo, nasceu nos palácios. Sua música foi composta pelo próprio Pedro I, em cima de versos escritos pelo jornalista Evaristo da Veiga. Já o "Hino ao 2 de julho" teve origens híbridas, fruto da comoção cívica que impulsionou a luta pela independência na Bahia. A letra veio da tropa, escrita pelo alferes Ladislau Titara; a música, de um profissional de orquestra, o professor José Dantas Barreto.

As duas canções seguintes tiveram origem nas ruas da Bahia. "Moça baiana" (título atribuído), quadrinha da época da luta pela independência, chegou ao século XX graças à transmissão oral. Foi recolhida por Mário de Andrade que, curiosamente, não se deu conta do imenso valor da pepita garimpada. "Como canta o papagaio?" (título atribuído), canção de mesa ou bebedeira, também nasceu na Bahia e igualmente chegou aos nossos dias por transmissão oral, tendo sido registrada em micropartitura no início do século passado pelo musicólogo Guilherme Theodoro Pereira de Melo. "Papagaio verdadeiro/ Até na cor é brasileiro/ Donde vem toda essa gente?/ Vem do Brasil independente", proclamam seus versos.

"Cantigas báquicas", de autoria de José Bonifácio de Andrada e Silva, também é uma canção de bebedeira. Escrita no exílio pelo Patriarca da Independência, convocava os brasileiros a reagir com firmeza e serenidade à bronca dos absolutistas e dos portugueses agrupados em torno de Pedro I. O interessante é que o Patriarca da Independência usou como base musical para os versos o "Himno del Riego", adotado como Hino da Espanha entre os anos de 1820 e 1823, quando o país foi governado pelos liberais. Mais tarde, já no século XX, a mesma marcha militar se transformaria no Hino da Segunda República espanhola, de 1931 a 1939. Como se vê, os mundos da música e da política dão muitas voltas ...

"Cabra gente brasileira", paródia de um trecho do Hino da Independência, cantada pelos caramurus, pés de chumbo ou marotos, como eram chamados pejorativamente os portugueses no Brasil na década de 1820, dá o troco nos brasileiros.

Segue-se o "Hino da Abdicação" ou "Hino ao 7 de abril", fruto de um casamento – sem papel passado – entre palácios e ruas. A melodia, de Francisco de Carvalho, hoje conhecida por todos os brasileiros no Hino Nacional, sequer tinha letra nos primeiros anos do Império. Chamava-se "Marcha Triunfal" e costumava ser tocada em cerimônias e saraus. Só caiu no gosto do povo depois da "Noite das Garrafadas", quando o desembargador Ovídio Saraiva de Carvalho escreveu para ela versos visceralmente antilusitanos e ardentemente liberais, comemorando a abdicação de Pedro I.

Vem em seguida outro hino, "Deus! Salve a Pedro", em homenagem ao décimo aniversário de Pedro II. Leva a assinatura de João Francisco Leal, compositor de modinhas e lundus.

As quatro canções seguintes reportam-se à Guerra dos Farrapos. Todas referem-se a eventos ocorridos nos primeiros anos da revolta. Na maioria dos casos, os versos nasceram nos campos de batalhas, aproveitando melodias já existentes. "Senhor Neto, vai-se embora", por exemplo, cantada em tom de provocação pelas tropas legalistas, gozava o general farroupilha Antônio de Souza Neto. Sua música veio lá do outro lado do oceano: a "ária italiana" de Mozart. Os farroupilhas recorreram à mesma música para dar o troco nos legalistas.

A paródia que vem a seguir festejava o italiano Giuseppe Garibaldi, que lutou ao lado da República de Piratini e, no Brasil, conheceu a mulher Anita. Uma de suas quadrinhas é cantada até hoje em todo o país: "Garibaldi foi à missa/ A cavalo, sem espora/ O cavalo tropicou/ Garibaldi saltou fora". A música não é nem gaúcha, nem italiana, mas portuguesa. Na versão original, quem pulava do cavalo para evitar o tombo iminente era São Gonçalo do Amarante, o santo casamenteiro.

O "Hino Farroupilha", hoje hino oficial do Rio Grande do Sul, veio ao mundo em 1838. Curiosamente, sua música foi composta por um oficial legalista, o maestro Joaquim José Mendanha, feito prisioneiro na Batalha do Rio Pardo.

Depois da maioridade e da subida ao trono de Pedro II, o governo, aos poucos, reconquistou o apoio da maioria dos brasileiros. Assim, a rebelião do Rio Grande do Sul e de Santa Catarina terminou isolada.

Reflexo disso são as quadrinhas de "Fora, farrapos, fora", cantadas em cima de música do nosso folclore, recolhidas no Espírito Santo.

Fecham as canções deste capítulo dois lundus que marcaram época, sendo muito cantados nos salões e nas ruas: "Lá no Largo da Sé" e "Graças aos céus". O primeiro foi composto pelo músico Cândido Ignácio da Silva e pelo poeta, pintor e jornalista Manuel de Araújo Porto-Alegre. Denuncia os modismos e malandragens que tomaram conta das ruas da Corte, fazendo a fortuna dos espertalhões vindos do exterior. "Bravo à especulação/ São progressos da nação", debochava o lundu.

Já em "Graças aos céus", Gabriel Fernandes Trindade, um dos principais compositores de modinhas daqueles anos, agradece ao chefe de polícia por ter limpado as ruas do Rio de mendigos e vadios, mandando-os para a "casa de correção".

Nos anexos, poderão ser encontradas as letras de cinco composições muito interessantes das quais, infelizmente, não se conseguiu localizar partituras ou indicações de música. "Marotos com pão" (título atribuído) foi bastante cantada na Ilha de Itaparica, na Bahia, durante as lutas pela Independência. "Piolhos, ratos e leões" é o título atribuído à décima escrita por um autor anônimo, ridicularizando os nomes dos membros da comissão de liquidação do Banco do Brasil, que faliu em 1829. Em "Passa fora, pé de chumbo", talvez uma paródia do estribilho do Hino da Independência", os brasileiros comemoravam a abdicação de Pedro I e pediam aos portugueses que voltassem para sua terra natal. Os versos da "História de Pai João" talvez sejam os primeiros impressos no Brasil em "língua de preto", que simulava o português com erros falado pelos africanos escravizados. Publicados em 1832 no jornal "A Mulher do Simplício ou A Fluminense Exaltada", foram escritos pelo editor, jornalista e poeta Francisco de Paula Brito, ele próprio descendente de escravos. As quadrinhas fazem uma crítica bem-humorada à Regência Trina Permanente.

A canção seguinte, o "Lundunzinho dos quindins dos moderados", goza as correntes "exaltada" e "moderada" dos liberais. Já o "Lundu dos dois Cândidos" foi cantado durante o entrudo de 1834, no bairro do Flamengo, no Rio. Nele, o ministro da Fazenda, Cândido José de Araújo Viana, o Marquês de Sapucaí, reclama do inspetor geral do Tesouro Nacional, Cândido Batista de Oliveira, pelos maus conselhos que ele lhe teria dado.

Vale a pena fazer ainda o registro de uma canção da qual não se localizou nem a melodia nem a letra: o "Lundu do cobre chimango de meia cara". Segundo o "Diário do Rio de Janeiro" de 28 de setembro de 1833, o lundu havia sido publicado dias antes no número 20 de "A Mulher do Simplício", dirigido por Paula Brito. Infelizmente, nenhum exemplar do jornal com os versos chegou até os nossos dias. A descoberta deve-se a Luiz Costa-Lima Neto[9].

A canção abordava "a lei para inglês ver". Promulgada em 7 de novembro de 1831, ela proibiu a entrada de escravos no Brasil a partir daquela data, mas nunca foi cumprida. Estima-se que, nas duas décadas seguintes, apesar da "lei para inglês ver", ingressaram no Brasil 750 mil africanos escravizados – o equivalente a algo entre 10% e 15% da população do país na época. Somente em 1851, com a aprovação da Lei Euzébio de Queiroz, após fortíssimas pressões do Reino Unido, o tráfico negreiro seria definitivamente extinto.

Os moderados que governaram o Brasil nos primeiros anos do período regencial também eram chamados de "chimangos"; os escravos africanos contrabandeados, de "meia cara".

---

[9] Luiz Costa-Lima Neto. *Entre o lundu, a ária e a aleluia: música, teatro e história nas comédias de Luiz Carlos Martins Penna (1833-1846)*. Rio de Janeiro: Folha Seca, 2018.

1. "Hino da Independência" (1822)

Letra: Evaristo da Veiga.
Música: D. Pedro I.
Gravação: Exército Brasileiro.
Disponível em https://www.youtube.com/watch?v=W-GCpz4I0CM

O "Hino da Independência", ao ser composto, não tinha este nome. Tampouco sua música era a mesma de hoje. Os versos originais, cantados até os nossos dias, foram escritos pelo jornalista Evaristo da Veiga antes do Grito do Ipiranga – mais precisamente, em 16 de agosto de 1822 –, sendo publicados com o nome de "Hino Constitucional Brasiliense". Após a proclamação da Independência, o poema recebeu uma primeira música, composta pelo maestro Marcos Portugal, professor do príncipe Dom Pedro.

Pouco depois, Pedro I compôs ele próprio uma nova música para os versos de Evaristo da Veiga e assim nasceu o "Hino da Independência" como o conhecemos hoje. Não se sabe ao certo a data em que a melodia foi composta, mas oficialmente só em 1824 ela substituiu a obra original de Marcos Portugal.

Nos anos seguintes, não foram poucos os que atribuíram também a letra ao Imperador. Foi preciso que, em 1833, Evaristo da Veiga reivindicasse publicamente a autoria dos versos para que ela fosse reconhecida. Além do estribilho, o poema original continha, além do refrão, dez estrofes, e não apenas quatro, como o hino oficial. As estrofes que permanecem até hoje no hino estão marcadas com asterisco.

Dom Pedro I

Já podeis, da Pátria filhos, (*)
Ver contente a mãe gentil;
Já raiou a liberdade
No horizonte do Brasil.

Brava gente brasileira! (*)
Longe vá temor servil:
Ou ficar a pátria livre
Ou morrer pelo Brasil.

Os grilhões que nos forjava (*)
Da perfídia astuto ardil.
Houve mão mais poderosa:
Zombou deles o Brasil.

Brava gente brasileira! ...

O Real Herdeiro Augusto
Conhecendo o engano vil,
Em despeito dos tiranos
Quis ficar no seu Brasil

Brava gente brasileira! ...

Revoavam sombras tristes
Da cruel Guerra Civil
Mas fugiram apressadas
Vendo o Anjo do Brasil

Brava gente brasileira! ...

Mal soou na serra ao longe
Nosso grito varonil;
Nos imensos ombros logo
A cabeça ergue o Brasil.

Brava gente brasileira! ...

Filhos chama, caros filhos,
E depois de afrontas mil,
Que a vingar a negra injúria
Vem chamar-vos o Brasil

Brava gente brasileira! ...

Não temais ímpias falanges, (*)
Que apresentam face hostil;
Vossos peitos, vossos braços
São muralhas do Brasil.

Brava gente brasileira! ...

Mostra Pedro a vossa fronte,
Alma intrépida e viril,
Tende nele o Digno chefe
Deste Império do Brasil.

Brava gente brasileira! ...

Parabéns, ó brasileiro, (*)
Já com garbo varonil,
Do universo entre as nações
Resplandece a do Brasil.

Brava gente brasileira! ...

Parabéns, já somos livres,
Já brilhante e senhoril,
Vai juntar-se em nossos lares
A Assembleia do Brasil.

Brava gente brasileira! ...

2. "Hino ao 2 de julho" (1823).

Letra: Ladislau dos Santos Titara.
Música: José dos Santos Barreto.
Intérprete: Tatau (canto) com Orquestra Sinfônica Juvenil 2 de Julho do Projeto Neojibá, regência de Yuri Azevedo. Gravação no Teatro Castro Alves em maio de 2010.
Produção: Larty Mark Convergência Digital para a Secretaria de Educação do Estado da Bahia.
Vídeo disponível em https://www.youtube.com/watch?v=M7gkpWjKUzk

Em praticamente todo o país, não houve reação das tropas portugueses à Declaração da Independência. Na Bahia, porém, o general Madeira de Melo manteve-se leal a Lisboa e partiu para a repressão aos patriotas brasileiros, que organizaram então um poder paralelo na cidade de Cachoeira, com representantes das vilas do Recôncavo e do interior.

Semanas depois, Pedro I enviou tropas para a Bahia sob o comando do general francês Labatut, que derrotaram Madeira de Melo na Batalha de Pirajá em 8 de novembro de 1822, obrigando-o a recuar para o centro de Salvador.

A luta pela independência da Bahia teve forte participação popular – em especial, das mulheres. A freira Joana Angélica foi morta a golpes de baioneta por soldados portugueses ao tentar impedir a invasão de seu convento. Maria Quitéria vestiu-se como homem para lutar sob as ordens de Labatut. E Maria Felipa, negra, liderou a luta contra os portugueses na ilha de Itaparica – ver "Marotos com pão" (título atribuído) nos anexos.

Em maio de 1823, uma esquadra brasileira sob o comando do almirante Cochrane iniciou o bloqueio marítimo de Salvador, já sitiada por terra. No dia 2 de julho, Madeira de Melo abandonou a cidade e seguiu para Portugal.

Ladislau dos Santos Titara

A letra do "Hino ao 2 de julho", hoje hino oficial da Bahia, foi escrita por Ladislau dos Santos Titara, alferes do Exército brasileiro. Cita as localidades de Campinas, Cabrito e Pirajá, hoje bairros de Salvador, onde foi travada a mais importante batalha da Guerra da Independência.

Nasce o sol a 2 de julho
Brilha mais que no primeiro
É sinal que neste dia
Até o sol, até o sol é brasileiro

Nunca mais, nunca mais o despotismo
Regerá, regerá nossas ações
Com tiranos não combinam
Brasileiros, brasileiros corações

Salve, oh! Rei das Campinas,
De Cabrito e Pirajá
Nossa pátria hoje livre
Dos tiranos, dos tiranos não será

Nunca mais, nunca mais o despotismo ...

Cresce, oh! filho de minha alma
Para a pátria defender
O Brasil já tem jurado
Independência, independência ou morrer

Nunca mais, nunca mais o despotismo ...

3. "Moça baiana" ou "Soldado" (1823)

Letra e música: autores desconhecidos.
Intérprete: João Nabuco (piano e canto).
Gravação independente.
Letra e partitura em OA.

Garimpada por Mário de Andrade, esta cantiga foi publicada com o nome de "Soldado" na obra "Melodias registradas por meios não-mecânicos", organizada por Oneyda Alvarenga. Pelo comentário a seguir, fica claro que Mário de Andrade não tinha maiores informações sobre a quadrinha: "Peça em manuscrito meu pertencente à minha coleção. Infelizmente perdi todas as referencias a ela e nem sequer me recordo se fui eu mesmo que a colhi. Se liga à melódica nordestina preferentemente. Não sei se é romance, se é dobrado de marcha em ternário. De resto, se a registro, é mesmo por causa da ternaridade, tão rara no Brasil".

Tudo indica que a canção remonta ao período da luta pela independência do Brasil na Bahia. Na época, os portugueses eram chamados pejorativamente de "marotos" pelos baianos (ver "Marotos com pão" nos anexos).

O título "Moça baiana" é atribuído.

Moça baiana,
Saia na janela
Venha ver maroto
Que lá vai pra guerra

4. "Como canta o papagaio?" (s.d.)

Letra e música: autores desconhecidos.
Intérprete: João Nabuco (piano e canto).
Gravação independente.
Letra e partitura em GTPM.

Esta canção báquica surgiu na Bahia pouco depois da Independência. Nela, o papagaio – verde e amarelo como o pavilhão nacional –, é saudado como símbolo do novo país: "Até na cor, ele é brasileiro". Na época, as canções de bebida ou de mesa, entoadas para puxar brindes em homenagem a alguém, eram chamadas de "báquicas".

A letra e a partitura de "Como canta o papagaio?" (título atribuído) foram publicadas pelo musicólogo baiano Guilherme Teodoro Pereira de Melo no livro "A música no Brasil desde os tempos coloniais até o primeiro decênio da República", em 1908. Versos muito semelhantes também foram ouvidos na Bahia pela escritora Anna Ribeiro de Góes Bittencourt, ainda criança, na década de 1840, como ela relata na obra "Longos serões no campo"[10]. Bem mais tarde, a pesquisadora Alexina Magalhães Pinto coletaria em Minas Gerais um "coreto de mesa" semelhante.

Como canta o papagaio (bis)
O papagaio (3 vezes) canta assim
Papagaio verdadeiro (bis)
Até na cor (3 vezes) é brasileiro
Donde vem toda esta gente (bis)
Vem do Brasil (3 vezes) independente
Viva o sr...
Hip ... hip ... hip ... hurrah!

---

[10] São os seguintes os versos em "Longos serões do campo", vol. II, pg. 44. Rio de Janeiro: Nova Fronteira, 1992: "Como canta o papagaio?/ O papagaio canta assim:/ Papagaio verdadeiro/ Até na cor é brasileiro/ Donde é toda esta gente?/ É do Brasil independente/Amigos, bebamos/ Sem esmorecer/ Que a glória dos bravos/ É sempre vencer./ Que livre nasceu,/ Que livre será;/ E jamais escravo se tornará!/ Mas quando a chamada/ Tocar o tambor/ Corramos a Glória/ Deixemos o amor".

5. "Cantigas báquicas" (1826)

Letra: José Bonifácio de Andrada e Silva.
Música ("Himno del Riego"): José Melchor Gomis.
Intérprete: João Nabuco (piano e canto).
Gravação independente.
Letra em ACB e no folheto "Cantigas bacchicas", de José Bonifácio de Andrada e Silva (BN).

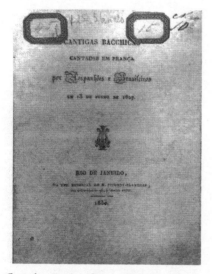

Capa da primeira edição no Brasil de "Cantigas báquicas", de José Bonifácio

A letra das "Cantigas báquicas", também conhecida como "A Baco e a amor", foi escrita por José Bonifácio de Andrada e Silva, o Patriarca da Independência, em 1826, quando ele se encontrava exilado perto de Bordeaux, na França.

Os versos devem ser cantados com a música do "Himno del Riego", composto em 1816 por José Melchor Gomis e Evaristo San Miguel, em homenagem ao tenente-coronel Rafael del Riego, que lutou contra o absolutismo na Espanha. Durante o governo dos liberais (1820-1823), a marcha militar foi adotada como o Hino Nacional da Espanha, mas por pouco tempo. Com o retorno do absolutismo, Riego foi enforcado em Madri em 1823.

Em carta de 26 de dezembro de 1826 para o amigo Antônio Meneses Vasconcelos de Drummond, exilado em Paris, José Bonifácio escreveu com bom humor: "Eu, que não sou Noé, espero que o novo Dilúvio não tarde; e para o celebrar aí os convido a todos que, no dia assinalado de Reis, façam um bródio e cantem essas cantigas báquicas que envio, feitas no mesmo metro e ritmo do hino de Riego, que devem ser cantadas na mesma música, que creio poderão obter de algum patriota espanhol".

Num adendo, ele avisou que encontrara um registro da melodia do "Himno del Riego". Um mês e meio depois, em outra carta, José Bonifácio pediu a Meneses Drummond um favor: "Quero que se informe o quanto custará litografar com a música as Canções Báquicas para remetê-las aos bons

Patriotas do Equador" – ou seja, aos amigos no Brasil.

Mais tarde, as "Cantigas báquicas" receberiam duas edições no Rio de Janeiro. A primeira, em 1830, da Tipografia Imperial de Émile Seignot-Plancher, traz na capa a informação de que elas haviam sido cantadas na França por brasileiros e espanhóis em 15 de junho de 1827. A edição posterior, da Tipografia Imparcial, de Paula Brito, não menciona o episódio.

O "Himno del Riego" fez muito sucesso na época, inclusive em Portugal. Na Espanha, a marcha militar ganhou nas décadas seguintes contornos subversivos. Mais tarde, entre 1931 e 1939, se converteria no Hino da Segunda República espanhola.

Na versão brasileira, em meio a vivas a Baco, deus do vinho, e ao Amor, José Bonifácio levanta brindes ao Brasil e aos que lutaram pela independência. Mostra-se confiante de que, mais cedo ou mais tarde, ele e os demais exilados voltariam para a pátria. No estribilho, propõe que os brasileiros não se deixem intimidar pelo "redobrado furor" dos corcundas, entrincheirando-se no amor. Na época, os absolutistas eram chamados de corcundas pelos liberais.

A rivalidade entre brasileiros e portugueses manteve-se como uma questão política de primeira grandeza durante os anos seguintes, tanto na Corte quanto nas províncias, perdendo força somente a partir da abdicação de Pedro I.

Jose Bonifácio e Pedro I tiveram uma relação intensa, mas complicada. Foram muito próximos até 1823, quando Pedro I demitiu-o do ministério. O Patriarca da Independência foi preso e, em seguida, exilado. Só voltou ao Brasil em 1829. Apesar disso, quando Pedro I abdicou do trono em 1831, indicou-o como tutor de seus filhos. Dois anos depois, José Bonifácio foi suspenso do cargo pelo regente Diogo Antônio Feijó.

"Bródio", "rábido" e "moafa" são sinônimos de "farra", "raivoso" e "bebedeira".

(coro)
A Baco brindemos,
Brindemos a amor;
Embora aos corcundas
Se dobre o furor.

(voz)
Em bródio festivo
Mil copos retinam,
Que a nós não nos minam
Remorsos cruéis.
Em júbilo vivo
Juremos constantes
De ser, como d'antes,

À pátria fiéis.

A Baco brindemos etc ...

Consócios amados,
Se a pátria afligida
Por nós clama e lida,
Pois longe nos vê;
Jamais humilhados
Ao vil despotismo,
No seio do abismo
Fiquemos em pé.

A Baco brindemos etc ...

Gritemos unidos
Em santa amizade:
"Salve, ó liberdade!
E viva o Brasil!"
Sim, cessem gemidos,
Que a pátria adorada
Veremos vingada
Do bando servil.

A Baco brindemos etc ...

A nau combatida
Da tormenta dura
Furores atura
Do rábido mar;
Já quase sumida,
Ressurge, e boiando,
Lá vai velejando,
Sem mais soçobrar!

A Baco brindemos etc ...

Bem prestes, amigos,
Vereis vossos lares;
Tão tristes azares
Jamais voltarão.
Os vis inimigos
Só colhem vergonha;
E negra peçonha
Destilam em vão.

A Baco brindemos etc ...

Se a pátria nos ama,
Amá-la sabemos;
Por ela estivemos
O sangue a verter.
Se a pátria nos chama,
Iremos contentes
Com peitos ardentes
Por ela morrer.

A Baco brindemos etc ...

Patrícios honrados
Aos ternos meus braços
Em mútuos abraços
A unir-vos correi.
C'os copos alçados
De novo juremos,
Que amigos seremos...
Já bebo, e bebei.

A Baco brindemos etc ...

A Vênus fagueira,
A Baco risonho,
Ninguém, por bisonho,
Se esqueça brindar:
Moafa ligeira
Tomemos agora;
Amigos, vão fora
Tristeza e pesar.

A Baco brindemos etc ...

6. "Cabra gente brasileira" (s.d.)

Letra: autores desconhecidos.
Música (estribilho do "Hino da Independência"): Pedro I.
Intérprete: João Nabuco (piano e canto).
Gravação independente.
Letra em "Dicionário da terra e da gente do Brasil".

Os anos seguintes à Independência foram marcados por fortes disputas entre os brasileiros e os portugueses radicados no Brasil, chamados pejorativamente pelos filhos da terra de pés de chumbo, marotos ou caramurus. Já os lusitanos referiam-se aos brasileiros como "cabras". Segundo o historiador João José Reis, o termo "significava, no vocabulário racial da época, alguém de pele mais escura que um mulato e mais clara que um negro"[11].

As rivalidades entre brasileiros e portugueses só cessariam depois da abdicação de Pedro I em 1831 (ver próximo verbete). "Cabra gente brasileira" (título atribuído), paródia do estribilho do Hino da Independência, recolhida pelo historiador Bernardino José de Souza[12], buscava diminuir os brasileiros. Eles seriam escuros (cabras) e pagãos (gentios), vindos da África (Guiné). Além disso, teriam cometido o sacrilégio de trocar as cinco chagas de Cristo, existentes simbolicamente no escudo e no pavilhão de Portugal, pelos ramos de fumo e café que adornavam a bandeira do Império do Brasil.

----

[11] João José Reis. "O jogo duro do Dois de Julho: o 'Partido Negro' na Independência da Bahia", em João José Reis e Eduardo Silva, "Negociação e conflito: a resistência negra no Brasil escravista". São Paulo: Companhia das Letras, 1989, pg. 85

[12] Bernardino José de Souza. "Dicionário da terra e da gente do Brasil: onomástica geral da geografia brasileira". Companhia Editora nacional, 1939, 4a edição. pg 74-75. O "Diário de Pernambuco" de 20 de abril de 1830, em artigo com fortes críticas aos portugueses, reproduziu versos bem semelhantes aos recolhidos por Bernardino José de Souza: *"Cabra gente brasileira/ Descendente de Guiné/ Trocaram as cinco chagas/ Pelos ramos de café"*.

*Cabra gente brasileira
Do gentio de Guiné
Que deixou as cinco chagas
Pelos ramos de café.*

7. "Hino da Abdicação de D. Pedro I" (1831)

Música: Francisco Manuel da Silva.
Letra: Ovídio Saraiva de Carvalho e Silva.
Intérprete: João Nabuco (piano e canto).
Gravação independente.
Letra (seis estrofes) e música em CMP.
Letra com doze estrofes no jornal "Ao Sete d'Abril" (23/02/1833) e no artigo "O Hino Nacional Brasileiro", de Odilon Nogueira de Matos, na "Revista do Instituto Histórico e Geográfico de São Paulo, volume 78 (1982).

A música deste hino, composta pouco após a Independência por Francisco Manuel da Silva com o título de "Marcha Triunfal", foi muito tocada nos anos seguintes, em festas e cerimônias, ainda sem letra. Mais tarde, seria adotada no "Hino Nacional Brasileiro".

Quando Dom Pedro I abdicou do trono em 7 de abril de 1831, o poeta, jornalista, advogado e político Ovídio Saraiva de Carvalho escreveu a letra do "Hino ao 7 de abril" ou "Hino da Abdicação" com base na música da marcha. Seus versos de nítido viés liberal e antilusitano foram cantados nas ruas, comemorando o embarque de Pedro I para Lisboa.

"Hino da Abdicação", de Ovídio Saraiva de Carvalho e Silva, publicado em 1844 no jornal "Sete d'Abril"

Nos anos anteriores, o imperador tinha sido acusado de privilegiar os portugueses em detrimento dos cidadãos nascidos no Brasil. Durante os primeiros anos do período regencial, a tensão entre lusitanos e brasileiros ainda permaneceria viva na economia, na política e na imprensa. Mas, com o tempo, desapareceria.

O fato é que o "Hino ao 7 de abril" popularizou-se. E, ao popularizar-se, tornou muito conhecida a antiga "Marcha Triunfal", de Francisco Manuel da Silva. Dez anos mais tarde, ela seria usada como base para o "Hino da Coroação" (capítulo 2).

Posteriormente, à medida em que os enfrentamentos entre lusitanos e brasileiros tornaram-se menos agudos, o "Hino ao 7 de abril", que tinha doze estrofes, perdeu metade delas – as mais agressivas contra os portugueses. No "Cancioneiro de Músicas Populares", de César Nunes, editado no Porto em 1893, a partitura vem acompanhada apenas pelos versos menos rudes. O nome do autor tampouco é citado.

O musicólogo baiano Guilherme Theodoro Pereira de Mello, no livro "A música no Brasil desde os tempos coloniais até o primeiro decênio da República", registrou que o documento número 7.473, com a letra original do "Hino ao 7 de abril", teria desaparecido da Biblioteca Nacional.

A versão abaixo contém as doze estrofes originais, publicadas no jornal "Ao Sete d'Abril" de 23 de fevereiro de 1833. As que estão marcadas com asterisco sumiram ao longo do tempo.

Os bronzes da tirania (*)
Já no Brasil não rouquejam
Os monstros que nos escravizam
Já entre nós não vicejam.

(Refrão)
Da pátria o grito
Eis se desata
Desde o Amazonas
Até o Prata.

Ferros e grilhões e forças (*)
De antemão se preparavam;
Mil planos de proscrição
As mãos dos monstros gizavam.

Da pátria o grito ...

Amanheceu finalmente
A liberdade no Brasil...
Ah! Não desça sepultura
O dia Sete de Abril.

Da pátria o grito ...

Este dia portentoso
Dos dias seja o primeiro.
Chamemos Rio de Abril
O que é Rio de Janeiro.

Da pátria o grito ...

Arranquem-se aos nossos filhos (*)
Nomes e ideias dos lusos
Monstros que sempre em tradições
Nos envolveram, confusos.

Da pátria o grito ...

Ingratos a bizarria, (*)
Invejosos de talentos,
Nossas virtudes, nosso ouro,
Foi seu diário alimento.

Da pátria o grito ...

Homens bárbaros, gerados (*)
De sangue judaico e mouro,
Desenganai-vos, a pátria
Já não é vosso tesouro.

Da pátria o grito ...

Neste solo não viceja
O tronco da escravidão
A quarta parte do mundo
As três dá melhor lição

Da pátria o grito ...

Avante, honrados patrícios
Não há momento a perder
Se já tendes muito feito
Ide, mais resta fazer.

Da pátria o grito ...

Uma prudente regência
Um monarca brasileiro
Nos prometiam venturosos
O porvir mais lisonjeiro.

Da pátria o grito ...

E vós donzelas brasileiras (*)
Chegando de mães ao estado
Dai ao Brasil tão bons filhos
Como vossas mães têm dado.

Da pátria o grito ...

Novas gerações sustentam
Do povo a soberania
Seja isto a divisa deles
Como foi de abril de um dia.

8. "Deus! Salve a Pedro!" (1835)

Letra e música: João Francisco Leal.
Intérprete: João Nabuco (piano e canto).
Gravação independente.
Letra e partitura na BN e no IPB.

Nos primeiros anos do Império, João Francisco Leal tornou-se conhecido como compositor de modinhas e lundus. É dele a "Coleção de modinhas de bom gosto". Editada em 1830 em Viena, a obra, que reunia dez modinhas e dois lundus, circulou entre os amantes da música de salão no Rio de Janeiro.

Em 1835, quando Pedro II completou dez anos de idade, Leal compôs este hino em homenagem ao futuro imperador. Na Corte, era corriqueira a prática de tocar e cantar hinos para abrilhantar as festas de aniversário dos membros da família real.

Deus Salve a Pedro
Nosso imperante
E do Brasil
O faça amante

Seja imortal
Pedro Segundo
Suas virtudes
Brilhem no mundo

Deus Salve a Pedro
Nosso imperante
E do Brasil
O faça amante

Ditoso jovem,
Caro penhor,
É teu escudo
O nosso amor.

Excelso Pedro,
Prenda querida
Por ti daremos
A própria vida

Deus lhe conceda
Raro talento,
E o faça firme
No régio assento.

Seja imortal
Pedro Segundo
Suas virtudes
Brilhem no mundo

9. "Senhor Neto, vá-se embora" (1836)

Letra: autores desconhecidos.
Música ("Ária italiana"): Wolfgang
Amadeus Mozart. Intérprete: João
Nabuco (piano e canto).
Gravação independente.
Letra em CG. Partitura no "Método de
piano forte", de Franz Hünten (BNP) e
no "Almanaque do Rio Grande do Sul"
de 1893.

Em setembro de 1835, os liberais gaúchos tomaram a cidade de Porto Alegre e depuseram o novo presidente da província, Antônio Rodrigues Fernandes Braga. Ato contínuo, enviaram carta ao regente Antônio Feijó pedindo a nomeação de outra pessoa para o cargo. No Império, os chefes dos governos locais não eram escolhidos pelos eleitores, mas indicados pelo governo central.

A reação de Feijó foi duríssima. Não só nomeou como presidente da província um político alinhado com ele, como enviou para o Sul tropas e navios com ordens de esmagar qualquer reação. Pouco depois, Bento Gonçalves foi afastado do comando da Guarda Nacional e começaram as prisões dos líderes e militares liberais considerados suspeitos. Em pouco tempo, a província estava conflagrada. A revolta, antes focada na reivindicação de maior autonomia política, adotou ideais republicanos e tomou um caráter separatista com a fundação da República Rio-Grandense. A Guerra dos Farrapos durou dez anos.

Nos primeiros meses de conflito, as tropas imperiais costumavam cantar quadrinhas provocando os farroupilhas, às quais os revoltosos respondiam com quadrinhas depreciando os chefes legalistas. Augusto Meyer recolheu várias delas em seu "Cancioneiro gaúcho", entregando também informações preciosas para o garimpo das melodias.

No caso de duas quadras de "Senhor Neto, vá-se embora", Meyer citou um artigo de José Gabriel Teixeira, publicado no "Almanaque do Rio Grande do Sul para 1911", onde se lê que a música delas seria uma simples cópia "da primeira parte da marcha de Mozart, que, simplificada para estudo de principiantes, se acha sob o nº 2 a fl. 50 do muito vulgar método para estudo de piano de Francisco Hünten".

Efetivamente, na página 50 das edições da época do "Método de piano-forte de Franz Hünten" há duas partituras: a da "Marcha de Alexandre" e a da "Ária de Mozart". A parte inicial da "Ária de Mozart" – na verdade, a "ária italiana" do compositor austríaco – casa perfeitamente com a letra de "Senhor Neto, vá-se embora".

Augusto Meyer também informou que o "Almanaque do Rio Grande do Sul" de 1893 continha a partitura da canção. De fato, na página 183, há um registro manuscrito da melodia de "Sinhô Netto, vá s'imbora". Trata-se de uma versão simplificada da "ária italiana" de Mozart.

Pelo tom confiante e desafiador dos soldados imperiais, tudo indica que as quadrinhas legalistas são anteriores à Batalha de Seival, travada em 10 de setembro de 1836. Neste combate, as tropas do Império, sob o comando do coronel Silva Tavares, foram derrotadas pelos soldados farroupilhas liderados pelo General Antônio de Souza Neto. Poucos dias depois da vitória de Neto em Seival, seria proclamada a República Rio-Grandense.

Antonio Neto e Silva Tavares

A menção aos parelheiros brincava com o gosto de Souza Neto pela criação de cavalos.

As quadras de resposta cantadas pelos soldados farroupilhas, usando a mesma música de "Senhor Neto, vá-se embora", estão no "Cancioneiro da Revolução de 1835", de Apolinário Porto Alegre. Elas zombam dos coronéis legalistas Silva Tavares e Antônio Medeiros da Costa e também do caudilho gaúcho Bento Manuel Ribeiro, que depois de ter apoiado a revolta do Rio Grande do Sul, bandeou-se para o lado do Império.

(Quadras das tropas imperiais)
Senhor Neto, vá-se embora,
Não se meta a capadócio;
Vá cuidar dos parelheiros,
Que fará melhor negócio.

Já vem o Silva Tavares
Com sua gente armada,
Perguntando pelo Neto
Mais a sua farrapada.

(Quadras das tropas farroupilhas)
Senhor Neto, não precisa
De cuidar de parelheiros:
Já lá tem Silva Tavares,
Faltando só o Medeiros.

Senhor Neto, não precisa
De cavalo parelheiro
Que tem para seu andar
Bento Manuel Ribeiro.

O Neto não deixa o povo,
Nem cuida dos parelheiros,
Porque tem pra seu andar
Um Tavares, um Medeiros.

Senhor Neto não emigra,
Nem tampouco roubos faz;
Há de mostrar à canalha
O poder dos liberais.

10. "Garibaldi foi à missa"

Letra e música: autores desconhecidos.
Intérprete: João Nabuco (piano e canto).
Gravação independente.
Letra recolhida em diversos cancioneiros.
Música em AMP.

Provavelmente a canção mais popular da Guerra dos Farrapos é a que celebra o revolucionário italiano Giuseppe Garibaldi. Até hoje ela é cantada em todo o Brasil. Garibaldi somou-se à revolta em 1838, tendo sido o responsável pela organização da marinha farroupilha. Em Santa Catarina, conheceu Anita, com quem se casou. Os dois lutariam juntos na Itália depois.

A música de "Garibaldi foi à missa" não tem nada de brasileira ou italiana. É portuguesa, de uma velha cantiga sobre São Gonçalo do Amarante, o santo casamenteiro. A letra originária de Portugal é praticamente igual a que se popularizou no Sul do Brasil durante a Revolução Farroupilha: "São Gonçalo foi à missa/ Num cavalo sem espora/ O cavalo deu um tope/ São Gonçalo pulou fora".

O "balão" da terceira estrofe é uma referência à "saia balão". Bem rodada e cheia de armações, era usada pelas mulheres em dias de festa.

Durante muito tempo o Rio Grande do Sul foi chamado de Continente de São Pedro do Rio Grande do Sul – ou simplesmente, Continente.

Garibaldi foi à missa
A cavalo, sem espora ...
O cavalo tropicou ...
Garibaldi saltou fora

Garibaldi saltou fora
Do cavalo pangaré
Mas não espichou de lombo
Saiu caminhando a pé

A mulher de Garibaldi
Foi à missa, sem balão
Garibaldi, quando soube,
Quase morreu-se de paixão.

Na Itália Garibaldi
Comia o bom macarrão
Mas chegando ao Brasil
Carne seca com feijão

Garibaldi ia passando
No Continente parou
Sua espada foi puxando
E ao combate se atirou.

11. "Hino Farroupilha" (1838)

Letra: Francisco Pinto da Fontoura.
Música : Joaquim José Mendanha.
Intérprete: Banda da Brigada Militar.
Gravadora independente. CD Lions Clube.

Na Batalha de Rio Pardo, em 1838, os farroupilhas derrotaram as tropas do exército imperial, fazendo um grande número de prisioneiros – entre eles, o maestro da banda musical do 2º Batalhão, o mineiro Joaquim José Mendanha. Nas semanas seguintes, ele foi convencido a compor a música de um hino para os revoltosos. O capitão farroupilha Serafim José de Alencastre escreveu a letra, que, no entanto, não emplacou. Um ano depois, o jornal "O Povo", porta-voz da República Rio-Grandense, publicou novos versos para a música de Mendanha. Embora cantada em algumas cerimônias, ela tampouco se firmou.

A letra que caiu no gosto popular foi escrita poucos anos depois por Francisco Pinto da Fontoura, apelidado de Chiquinho da Vovó. Em 1966, durante a ditadura militar, a versão de Mendanha e Pinto da Fontoura foi oficializada como o Hino do Rio Grande do Sul. Mas – sinal dos tempos –, suprimiu-se a segunda estrofe, que falava sobre o "assombro dos tiranos". Foram mantidos, porém, versos que, de certa forma, legitimavam o regime do cativeiro ao dizer que "povo que não tem virtude acaba por ser escravo".

20 de setembro é a data do início da Revolução Farroupilha.

Como a aurora precursora
do farol da divindade,
foi o Vinte de Setembro
o precursor da liberdade.

(estribilho)
Mostremos valor, constância,
nesta ímpia e injusta guerra,
sirvam nossas façanhas
de modelo a toda terra.

Entre nós, reviva Atenas,
para assombro dos tiranos,
sejamos gregos na glória
e na virtude, romanos.

Mostremos valor, constância ...

Mas não basta pra ser livre
ser forte, aguerrido e bravo,
povo que não tem virtude
acaba por ser escravo

Mostremos valor, constância ...

12. "Fora farrapos, fora" (s.d.)

Letra e música: autores desconhecidos.
Intérprete: João Nabuco (piano e canto).
Gravação independente.
Letra recolhida por Afonso Cláudio em "História da Literatura Espirito-Santense".
Partitura em AMP.

Fora das províncias do Sul, praticamente não houve apoio à Republica Rio-Grandense. As quadrinhas abaixo, muito cantadas no Espírito Santo, batiam palmas para Pedro II e criticavam os farrapos. A primeira estrofe, com variações, foi muito popular em todo o país na época. Geralmente o que se lançava n'água não era o pendão da liberdade, mas algo mais prosaico, como um cravo ou um limão verde.

O pendão da liberdade,
Caiu n'água, foi ao fundo
Os peixinhos estão dizendo:
Viva Dom Pedro Segundo

Fora farrapos, fora
Não mais venham competir
Pedro Segundo não quer
Os Farrapos no Brasil.

13. "Lá no Largo da Sé" (1837)

Música: Candido Ignácio da Silva.
Letra: Manuel de Araújo Porto-Alegre.
Intérprete: Tereza Pineschi.
Gravadora: Por do Som. CD: "Teu
gramophone é bão".
Intérprete: Ana Maria Kieffer.
Gravadora independente. CD: "Viagem
pelo Brasil".
Intérpretes: Marcelo Fagerlande (direção
e cravo), Luciana Costa e Silva (meio-
soprano), Marcelo Coutinho (barítono),
Paulo da Mata (flauta), Marcus Ferrer
(viola). Gravadora: Biscoito Fino. CD:
"Modinhas Cariocas".
Letra e partitura na Biblioteca Nacional
e no IPB.
Letra em ACB e Trovador.

"Lá no Largo da Sé" nasceu de uma
parceria extremamente bem suce-
dida entre dois grandes nomes da
música brasileira da época: o compositor Cândido Inácio da Silva
e o pintor, poeta, jornalista e caricaturista Araújo Porto-Alegre. Há
controvérsias sobre a data da composição. Mas sem dúvida ela é posterior a 1834. Somente nesse ano os
sorvetes, mencionados nos versos,
passaram a ser produzidos na Corte
com gelo importado dos Estados
Unidos. Provavelmente o lundu foi
composto em 1837, quando Porto-
Alegre regressou da Europa, onde
havia estudado pintura na Escola
Nacional de Belas Artes de Paris.

Os versos fazem uma crítica
bem-humorada aos progressos,
invenções e novidades que invadiram o Rio de Janeiro naqueles
anos: cosmoramas, sorvetes, animais amestrados, bailes, festas,
artigos importados. Enquanto os
incautos e deslumbrados torravam
dinheiro, ficavam ricos os estrangeiros que para cá traziam os novos modismos.

Para Mário de Andrade, as
frequentes síncopes da música de
"Lá no Largo da Sé" representa-
ram uma inovação em relação aos
lundus anteriores – um claro "brasileirismo", na sua definição. A novidade seria largamente incorpora-
da ao gênero a partir daí. Candido
Inácio morreu bem jovem, em
1838. Araújo Porto-Alegre voltaria
mais tarde ao tema dos espertalhões que abusavam da boa fé das
pessoas em "Tarantella dei Laverni
Naturalisti" (capítulo 2).

Lá no largo da Sé Velha,
Stá vivo um longo tutu;
N'uma gaiola de ferro
Chamado surucucu.

Cobra feroz
Que tudo ataca;
Té d'algibeira
Tira a pataca.

Bravo à especulação
São progressos da nação.

Elefantes beberrões
Cavalos em rodopios,
Num curro perto d'Ajuda
Com macacos e bugios.

Tudo se vê,
Misericórdia!
Só por dinheiro
Há tal mixórdia.

Bravo à especulação ...

Garatujas mal cortadas,
Cosmoramas triplicados,
Fazem vermos toda a Europa
Por vidrinhos mal pintados.

Roma, Veneza,
Londres, Paris,
Tudo se chega
Cá ao nariz.

Bravo à especulação ...

Os estrangeiros dão bailes
Pra regalar o Brasil;
Mas a rua do Ouvidor
É de dinheiro um funil.

Lindas modinhas,
Vindas de França
Nossos vinténs
Levam na dança.

Bravo à especulação ...

Água em pedra vem do Norte
Pra sorvetes fabricar;
De que nos servem os cobrinhos
Sem a gente refrescar?

A pitanguinha,
Caju, cajá,
Na goela fazem
Taratatá!

Bravo à especulação ...

14. "Graças aos céus" (1839)

Letra e música: Gabriel Fernandes da Trindade.
Intérpretes: Marcelo Fagerlande (direção e cravo), Luciana Costa e Silva (meio-soprano), Marcelo Coutinho (barítono), Paulo da Mata (flauta), Marcus Ferrer (viola).
Gravadora: Biscoito Fino. CD: "Modinhas Cariocas".
Letra e partitura na BN e no IPB.

O lundu chama a atenção para um problema muito abordado por escritores, cronistas, viajantes e jornalistas durante o Império: a insegurança nas ruas do centro do Rio de Janeiro. Devido à forte presença de escravos, negros livres, migrantes pobres, capoeiras, vendedores ambulantes, mendigos e crianças de rua, os ricos não se sentiam à vontade para passear pela cidade. Dividiam-se entre a casa e o local de trabalho. Quando muito, visitavam residências de amigos. As ruas eram um território disputado entre os pobres e a polícia.

Em 1838, a Câmara Municipal do Rio de Janeiro aprovou um novo Código de Posturas, que estabelecia punições contra "negócios fraudulentos de vadios, de tiradores de esmola, de rifas, de ganhadores e de escravos". Também proibia a existência de zungus (cortiços pobres habitados por negros), limitava os batuques e fixava multas para as tavernas que atendessem a mais de quatro escravos de uma vez[13].

Em "Graças aos céus", Gabriel Fernandes da Trindade agradece ao chefe de polícia por limpar as ruas dos pobres, mandando-os para a prisão – a casa de correção. Embora não cite o nome da autoridade, trata-se de Euzébio de Queirós, que nos anos seguintes seria um dos principais líderes do Partido Conservador. Em 1850, foi o responsável pela lei que proibiu o tráfico negreiro no Brasil.

Fica evidente no refrão "Fora vadios, vão trabalhar" que para o compositor a miséria e o desemprego eram problemas individuais a serem reprimidos, e não males sociais a serem superados. Parece até que na sociedade escravista da época, havia empregos e espaços para o trabalho livre. O Rio de Janeiro era então a cidade do mundo com maior número de escravizados. Segundo o Censo realizado no Município Neutro em

---

[13] MARTHA ABREU. *O Império do Divino: festas religiosas e cultura popular no Rio de Janeiro (1830-1900)*. Rio de Janeiro: Nova Fronteira, 1999, pp. 196-197.

1849, dos seus 206 mil habitantes, quase 79 mil – ou seja, 38% da população – viviam sob o regime de cativeiro[14].

Gabriel Fernandes da Trindade, músico da Capela Imperial e um dos principais autores de modinhas da época, foi dos primeiros compositores, junto com Cândido Inácio da Silva e o Padre Telles, a produzir lundus satíricos, não se limitando aos temas românticos. Provavelmente "Graças aos céus" data de 1839. Ao menos, teve sua partitura publicada nesse ano, segundo reclame do "Jornal do Commercio" de 30 de outubro, que anunciava a venda do "lundum novo, de três quadras".

Graças aos céus, de vadios
As ruas limpas estão.
Deles a casa está cheia,
A casa da correção.

Já foi-se o tempo
De mendigar.
Fora, vadios,
Vão trabalhar!

Senhor chefe da polícia,
Eis a nossa gratidão.
Por mandares os vadios
À casa da correção.

Já foi-se o tempo ...

Sede exato, pois, Senhor,
Em tal deliberação
Que muita gente merece
A casa de correção

Já foi-se o tempo ...

---

[14] LUIZ FELIPE DE ALENCASTRO. *História da vida privada no Brasil (volume 2): a corte e a modernidade nacional.* São Paulo, Companhia das Letras, 1997, pg. 24.

Anexos
Capítulo 1

1. "Marotos com pão" (1822/1823)

Letra e música: autores desconhecidos.
Letra em "O Sargento Pedro", de Xavier Marques.

No livro "O Sargento Pedro", publicado em 1910, o escritor baiano Xavier Marques lembra os versos cantados pelo povo da ilha de Itaparica, na Bahia, nos enfrentamentos com os portugueses durante a luta pela independência do Brasil. Nessas mobilizações, as mulheres, lideradas pela negra Maria Felipa, estiveram na linha de frente.

Na Bahia, os portugueses eram chamados de marotos. Cansanção é uma variedade de urtiga.

Na cidade não se usa
Santo com seu resplandor,
Essa tropa lusitana
Olhou viu e mão andou.[15]

----

[15] Pereira da Costa, em "Folk-Lore pernambucano", pg. 447, registra outra versão dessa quadrinha: "Na Bahia não se usa/ Mais roupa no quaradô/ Por

(coro)
Pois sim, pois não
Havemos de comer
Marotos com pão
Dar-lhes uma surra
De bem cansanção
Fazer as marotas
Morrer de paixão.

2. "Piolhos, ratos e leões". Décima por ocasião da quebra do primeiro Banco do Brasil. (1829)

Letra e música: autores desconhecidos.
Letra na BN (Acervo de manuscritos).

Criado em 1808, pouco depois da chegada da família real ao Rio de Janeiro, o Banco do Brasil enfrentou sérias dificuldades com o retorno de D. João VI para Portugal, pois o ouro nele depositado foi levado para a Lisboa. Após a Independência, Pedro I autorizou a emissão de papel moeda sem lastro em metais preciosos, o que causou desvalorização da moeda e inflação.

Em 1829, o Banco do Brasil encontrava-se contabilmente falido. O governo determinou então sua liquidação e nomeou os três

----

causa da tropa lusitana/ Olho viu e mão andou". Segundo ele, a expressão "olho viu e mão andou" significava furtar.

integrantes da comissão encarregada de fechar as portas da instituição: Ignacio Ratton, deputado da Junta da Caixa de Amortização, Manoel Joaquim de Oliveira Leão, Contador Geral da Primeira Repartição do Tesouro Nacional, e José Antônio Lisboa, membro do conselho de ministros. Este último também era conhecido pelo apelido de "Piolho Viajante" – uma referência ao livro "Piolho viajante – divididas as viagens em mil e uma carapuças", de Manoel Antônio Policarpo da Silva, publicado em Portugal em 1802.

Nesta décima de heptassílabos, o Banco do Brasil lamenta sua sorte. De "foco de riqueza" passou a "páteo de bixos": piolhos, ratos e leões. O original com os versos encontra-se no acervo de manuscritos da Biblioteca Nacional. O título da décima é atribuído. Manteve-se a ortografia original.

Lá vão no Banco opinar
Piolhos, ratos, leões;
Hão de talentos mostrar,
Mas no fim das discussões
Morder, roer, devorar.
Não há destinos prefixos;
Fui o foco da riqueza,
Porém sujeito a caprixos,
Depois de tanta grandeza,
Vim a ser páteo de bixos.

3. "Passa fora, pé de chumbo" (1831)

Letra: autores desconhecidos.
Letra recolhida por Pedro Calmon.

Segundo o historiador Pedro Calmon, nos dias que seguiram ao 7 de abril circulavam pelo Rio de Janeiro os versos abaixo, "em clima tão ao sabor da Independência". Calmon não deixa claro se a quadrinha era cantada ou apenas declamada nas ruas. É bastante possível que ela tenha sido cantada com a música do estribilho do "Hino da Independência", composto quase dez anos antes por Pedro I, como uma resposta à paródia "Cabra gente brasileira" (verbete neste capítulo).

Na época, os portugueses eram chamados de pés de chumbo, marotos ou caramurus pelos filhos da terra.

Passa fora, pé de chumbo
Vai-te do nosso Brasil
Que o Brasil é brasileiro
Depois do 7 de Abril!

4. "História do Pai João" (1832)

Letra: Francisco de Paula Brito.
Letra parcial em "A Mulher do Simplício", de 4/9/1832.

Talvez sejam de "História de Pai João" os primeiros versos impressos no Brasil em "língua de preto", que simulava o português falado pelos africanos escravizados, com consoantes trocadas, palavras truncadas, erros de concordância e palavras em línguas bantas[16]. Suas quadrinhas, publicadas em 1832 pelo jornal "A Mulher do Simplício ou A Fluminense Exaltada", do editor, jornalista e poeta Francisco de Paula Brito, provavelmente não foram musicadas.

"História do Pai João" é um primor de duplo sentido. Parece registrar uma conversa entre negros idosos sobre fatos banais do cotidiano. Mas, na verdade, faz uma crítica bem-humorada à Regência Trina Permanente, dominada pelos liberais moderados, também chamados de chimangos. Paula Brito, nessa época, era adepto dos liberais exaltados.

---

[16] Em Portugal, há inúmeros registros em "língua de preto" em publicações do século XVIII, como assinala José Ramos Tinhorão em "As origens da canção urbana", São Paulo: Editora 34, 2011, pp. 150-158.

O Pai João dos versos é o deputado João Bráulio Muniz, um dos três regentes; o Pai José é outro regente, o deputado José da Costa Carvalho. Os dois reclamam dos limites que enfrentam no exercício do poder: "Pra que nô qué essa cosa/Que xama Cutituição?".

Pai Riogo é o poderoso ministro da Justiça, padre Diogo Antônio Feijó, que em 1835 assumiria a Regência Una. Sob o apelido de senhor Perneira esconde-se o liberal moderado Bernardo Pereira de Vasconcelos, ministro da Fazenda até meses antes. Os "permanentes" citados na segunda quadrinha são os integrantes da Guarda Municipal Permanente, criada em 1831 por Feijó. Chamava-se "cofre dos órfãos" o fundo com recursos das heranças recebidas por crianças que haviam perdido seus pais, administrado pelas autoridades.

A metáfora do mundéu armado por Pai Riogo provavelmente refere-se à tentativa de golpe parlamentar de 30 de julho de 1832, quando parte dos liberais moderados pretendia transformar por alguns dias a Câmara dos Deputados em Assembleia Constituinte. Na hora H, recuaram. Assim, "ficaram todos mamados" – ou seja, "ficaram chupando o dedo".

Infelizmente não foi possível recuperar a íntegra da "História do Pai João", publicada nas edições de agosto, setembro e outubro de "A Mulher do Simplício". Apenas a edição de setembro, cujos versos são reproduzidos abaixo, existe na Biblioteca Nacional. Em 1833 e 1834, segundo anúncios no "Jornal do Commercio" e no "Diário do Rio de Janeiro", "A Mulher do Simplício" publicou várias cartas e histórias do Pai João "em sua própria língua". Ao que tudo indica elas se perderam no tempo.

Fac simile de "História do Pai João", em "A Mulher do Simplício ou A Fluminense Extalda", de Francisco de Paula Brito, 1832

"A Mulher do Simplício ou A Fluminense Exaltada" marcou época. Suas oito páginas eram todas escritas em versos. Tinha periodicidade mensal e existiu de 1832 a 1844. Costumava publicar letras de canções, provavelmente escritas por Paula Brito, como o "Lundu do cobre chimango da meia cara", o "Lundu do vidraceiro e de sua mulher cantando glórias", o "Lundu do rapé com mofo" e o lundu "Eu não sei como há de ser". Dessas canções não se conhecem nem músicas nem versos. Paula Brito deixou registrada a letra do malicioso e popularíssimo "Lundu da Marrequinha de Iaiá", composto em 1853, com música do Francisco Manuel da Silva, autor do Hino Nacional. Também escreveu os versos dos lundus "Viva São João" e "Ponto final", cujas partituras chegaram até os nossos dias.

As canções e os textos em "língua de preto" tornaram-se extremamente populares a partir dos anos 1830. Nas décadas de 1840 e 1850, os teatrinhos e as barracas nas festas populares costumavam apresentar lundus, modinhas, árias, óperas cômicas e jograis em "língua de preto". Em 1850, o jornal "O Despertador Municipal" publicou várias histórias e diálogos no português falado pelos africanos escravizados (ver "Pai Supriço, Pai Zuão e Pai Bunito, turo zelle camrada" e "Conversa de Pai Joaquim e Pai João, condutores de carroças" nos anexos do capítulo 7). Nos anos 1860, pelo menos três cordéis tiveram os velhos pais negros como protagonistas (ver "Conversação sobre a questão anglo-brasileira" nos anexos do capítulo 2).

(continuação da *História do Pai João*, publicada no N. antecedente)

Pae João cú Pae Iosé[17]

---

[17] Segue-se uma tentativa de tradução para o português atual: "Pai José com Pai João/ Fizeram rezingação/ Pra que nós queremos essa coisa/ Que se chama Constituição// Pai José pediu dinheiro;/ Pai João não está contente,/ Porque dinheiro é preciso/ Pra pagar os permanentes// Pai Diogo que tem medo/ De seu grande senhor/ Armou seu mundeuzinho/ Porém a caça escapou.// Botou isca cobiçoso/ E armou o seu lacinho/ Foi preparar as gaiolas/ Pra botar os passarinhos;// Porém os mundéus caíram .../ Que estavam bem segurados!!!/ Todos os seus companheiros/ Agora ficaram mamados.// Eu como não sou cativo/ Fiquei me rindo do fato/ Porque nosso Pai José/ Agora ficou mamado!// Seu amigo com os parentes/ Andam todos envergonhados/ Senhor doutor, com perneira/ Agora ficou mamado!// Os cofres dos orfãozinhos/ Que estavam bem recheados!!!/ Pra mode do Senhor Perneira/ Agora ficou

Fizeram resingação,
Pro que, nô qué essa côsa
Que xama Cutituição

Pae José, periu dinheiro;
Pae João, nô tá contente,
Pro que, dinhero, he preciso
Pra pagá, zi premamente.

Pae Riogo, qui tem mêro
De sua grande sinhô,
Armou sua mundeozinho;
Porem caça sicapou ...

Botou isca cubiçoso
E armou sua lacinho,
Foi prepara zi gaiora
Pra botá zi passarinho;

Porem zi mundeo cahio ...
Qui tava bem siguraro!!!
Turo sua cupanhêro
Angora ficou manmaro.

Iô como no sô cativo
Ficou cirindo do faro
Pro que nosso Pae Iosé
Angora, ficou manmaro!

---

mamado!// Essa gente vira vira/ Que andava esbravejando/ Com os narizes bem caídos/ Agora ficou mamado.// As gentes barafundosas/ Já estão todas escapadas/ Os novos Republicanos// Agora ficaram mamados".

Sua amigo, cú parente
Anda turo vrengonharo
Sinhô Doutô, cu pernêra
Angora ficou manmaro!

Zi cofra dis Orfainho
Qui tava bem rixiaro!!!!
Pro more sinhô pernera
Angora ficou manmaro!

Esse gente vira vira,
Qui andava zibravejaro,
Cu narisse bem cahiro,
Angora ficou manmaro,

Os gente barafundoso
Já tão turo sicaparo ...
Zi novo Repunbricano
Angora ficou manmaro.

(Continuar-se-ha)

5. "Lundunzinho dos Quindins dos Moderados"

Letra e música: autores desconhecidos. Letra disponível em "O Simplício da Roça" de 4 de março de 1832.

Neste lundu, "cantado por um roceira de espírito no dia do banquete dado pelos Simplícios", de acordo com a informação jocosa que precede os versos, a moça critica os homens que se exaltam no amor

e enaltece aqueles cujo comportamento é moderado. Na verdade, a "roceira" está brincando com as duas alas do Partido Liberal: os exaltados (ou farroupilhas) e os moderados (ou chimangos).

O "lundunzinho" parece elogiar os moderados, mas também é possível que estivesse ironizando as supostas qualidades dos chimangos: negaças, paciência, cuidado com a aparência, cautela, lentidão.

"Fosquinha" é sinônimo de "dissimulação".

Farroupilhas não me xinguem
Se não gosto de Exaltados
Tem rompantes que não valem
Os quindins dos Moderados.

Ai lé lé, Moderadinhos,
Levam tudo aos bocadinhos:
Tem fosquinhas, tem agrados
Os quindins dos Moderados.

As moças morrem por eles,
Porque vestem bela farda,
E trazem sempre com graça
Patrona, espada, espingarda.

Exaltado é mui selvagem,
E fala em sangue, e carnagem,
Não tem no gesto, e nos brados
Os quindins dos Moderados.

Exaltado quer de assalto
Tomar logo a fortaleza:
Moderado a toma sempre
Pouco a pouco com destreza.

As moças não querem logo
A panela por ao fogo:
Acham menos apressados
Os quindins dos Moderados.

Moderado nunca diz
Quero isto, quero aquilo
Vai levando o que lhe dão
E o chucha muito tranquilo.

Tem a arte de fazer
Que lhe deem o que ele quer
São por isso afortunados
Os quindins dos Moderados.

Qualquer brinquedo com eles
Leva horas de prazer
O exaltado impaciente
Não sabe a gente entender.

Possível seja, ou não seja,
Quer já já o que deseja,
Por isso são mais amados
Os quindins dos Moderados.

Amor não é perereca
Que anda a saltos pelo prado;
Andando devagarzinho
Anda menos arriscado.

Com os pés e co'as mãozinhas
Anda Amor por escadinhas;
Ao mesmo são costumados
Os quindins dos Moderados.

Amor que arde em lavaredas
Queima os cabelos da gente;
Quem deseja amor gostoso
Ama moderadamente.

O furor da Exaltação
Não dá gosto ao coração,
Como o dão, (mais) sossegados,
Os quindins dos Moderados

Viva pois eternamente
A branda Moderação;
Quem quer amar como gente
Vá dela tomar lição.

Ai le lé os meus beijinhos
São para os Moderadinhos;
São doces dos meus pecados
Os quindins dos Moderados.

6. "O lundu dos dois Cândidos" (1834)

Letra: autores desconhecidos.
Música: Mr. Mingoti.
Letra no CPB.

Segundo o "Cancioneiro Popular Brasileiro," de José Maria Pinto Vaz Coelho, o "Lundu dos dois Cândidos" foi cantado durante o entrudo de 1834 nas ruas do bairro do Flamengo, no Rio de Janeiro.

A canção báquica, como se dizia na época, publicada na edição de 15 de fevereiro de 1834 do jornal "O Sete de Abril", editado pelo liberal Bernardo Pereira de Vasconcelos, simula um diálogo entre duas autoridades que haviam estado à frente da área da economia na Regência Trina Permanente. Cândido José de Araújo Viana, ministro da Fazenda de 1832 a 1834, mais tarde Marquês de Sapucaí, é o Queluz. Cândido Batista de Oliveira, seu subordinado, inspetor geral do Tesouro Nacional, é o Procópio. Queluz reclama dos conselhos dados pelo parceiro. Segundo ele, iriam custar-lhe o cargo. Procópio reage com ironia, dizendo que o ex-ministro parecia um bebê chorão.

À frente do ministério, Sapucaí havia recolhido a antiga moeda de cobre e dado os primeiros passos para o estabelecimento de novos padrões monetários.

Segundo Mercedes Dias Pequeno, no livro "Exposição Rio Musical", de 1965, trata-se do "mais antigo documento (musical) encontrado, glosando dois políticos da época". Não se logrou descobrir a melodia da canção.

Uma última observação: na gozação aos dois Cândidos, o lundu recorre aos nomes de duas importantes autoridades da área econômica do Primeiro Reinado. Em 1827, chefiou o Ministério da Fazenda o Marquês de Queluz. Durou poucos meses no cargo. Na mesma época, José Procópio da Costa exerceu o cargo de conselheiro tesoureiro do Tesouro Nacional.

Queluz – *Meu Procópio, a pasta vai-se;*
E eu fico a olhar pras estrelas!
Procópio – *Agora sobra-lhe o tempo*
Pode a seu gosto cantar!

E quer por isso chorar?
Não seja côdea!
Toca a brincar:
A Amor e a Baco
Vamos brindar.

Q. – *Em cada conselho seu*
Encontrei um precipício!
P. – *Cuide agora doutro ofício*
Vá crianças desmamar.

E quer por isso chorar? ...

Q. – *E você trata-me assim*
Com tão grande desamor?
P. – *Menino leva rumor:*
Quer maminha ou quer papar?

E quer por isso chorar? ...

Q. – *A maldita bancarrota*
Foi do Diabo lembrança
P. – *Custa a perder a pitança!*
Mas não se deite a afogar.

E quer por isso chorar? ...

Q. – *Que lucrei? Lucrei o nome*
De Queluz ressuscitado!
P. – *E eu Procópio encabelado!*
Que tal acha? Quer trocar?

E quer por isso chorar? ...

Q. – *Nem da minha Santa Rita*
Escapou o registinho!
P. – *Nem a mim o cavalinho*
Que me mandam engordar

E quer por isso chorar? ...

Q. – *Qual será o meu destino*
Se a trovoada não góra
P. – *Sai da Pastinha pra fora*
Vai logo liboriar

E quer por isso chorar? ...

Q. – *Se estivesse ao menos feito*
Aquele troquinho amado?
P. – *Meu Queluz, bico calado*
Que pode a caça abalar.

E quer por isso chorar? ...

Q. – *E você fica-se rindo*
Enquanto eu choro pitanga?
P. – *E a beca? Que tal a zanga?*
É bem ruim de contentar?

E quer por isso chorar? ...

Q. – *Se me vê com ar de côdea*
Sou nas Armas chibantão.
P. – *Ai, que deu em valentão!*
Pega nele pra capar.

E quer por isso chorar?....

2

Era de progressos

(1840-1865)

Introdução

A ascensão de Pedro II ao trono foi um ponto de inflexão na história do Império. É claro que os problemas acumulados no Primeiro Reinado e no período regencial não desapareceram de uma hora para outra. Mas, com a coroação de Pedro II, aos poucos, o ambiente no país foi desanuviando. As intensas rivalidades políticas entre conservadores e liberais amainaram, as revoltas nas províncias perderam força e a figura do jovem Imperador – culto, razoável e aberto ao diálogo – firmou-se.

Na metade da década de 1840, terminou a Guerra dos Farrapos, sinalizando que a unidade nacional tinha sobrevivido às tempestades posteriores à Independência. É verdade que, na virada de 1847 para 1848, estourou em Pernambuco a Insurreição Praieira, a última revolta provincial. Mas ela foi derrotada em menos de cinco meses. A partir daí o Império teria décadas de tranquilidade e estabilidade.

Boa notícia puxa boa notícia. Mais ou menos na mesma época, a economia brasileira ingressou num período de forte crescimento, com o início do ciclo do café. Os preços internacionais do produto, estimulados pelo consumo crescente da bebida entre os trabalhadores europeus, deram um salto espetacular nos anos 1850. Recursos extraordinários foram injetados na economia, promovendo o surgimento de grandes fortunas e estimulando a formação de uma cadeia de serviços em torno da cafeicultura, especialmente no financiamento, no transporte e na comercialização do produto. Para que se tenha uma ideia da intensidade do crescimento econômico no período, a receita pública simplesmente triplicou em termos reais de 1840 a 1862.

Outro fator de extrema relevância veio se somar ao quadro positivo assentado na estabilidade política e na expansão da cafeicultura: o fim do tráfico negreiro. Em 1850, com a aprovação da Lei Euzébio de Queiroz, proibiu-se o tráfico transatlântico de escravos por navios que aportassem no Brasil. Desta vez, a lei não foi, como a de 1831, só "para inglês ver". Foi para valer, "para inglês acreditar". Afinal, após a promulgação da Bill Aberdeen, em 1845, a rainha Vitória havia dado ordens à Marinha britânica para capturar todos os navios brasileiros que insistissem em fazer o tráfico negreiro.

Resultado: em pouco tempo, os capitais antes imobilizados no comércio de escravizados buscaram outras atividades. O país passou então por grandes transformações. Modernizou-se e teve acesso a serviços que antes só existiam no exterior. Em 1852, inaugurou-se a primeira ferrovia no Brasil. Muitas outras seriam construídas nos anos seguintes. Logo chegaram os navios a vapor. Em 1853, as ruas da Corte começaram a ser calçadas com paralelepípedos. Um ano mais tarde, a iluminação à gás substituiu os antigos lampiões de azeite. Em 1857, inaugurou-se a primeira linha telegráfica no Brasil, unindo o Rio a Petrópolis. Em 1862, os bairros centrais da Corte passaram a contar com serviços de esgotamento sanitário. Poucos anos depois, foram abertas as primeiras linhas de bonde à tração animal.

O fortalecimento da figura do Imperador, os avanços no quadro institucional, a criação de um ambiente de estabilidade política e as melhorias na situação econômica tiveram forte impacto na atividade cultural. No Rio de Janeiro, apareceram novos jornais, alguns deles jogando importante papel na formação da opinião pública e na ativação do debate cultural, como "A Lanterna Mágica" (1844) e "A marmota (1849-1864)".

Várias livrarias e editoras foram abertas nesse período. Deve-se destacar o trabalho do impressor, editor e jornalista negro Francisco de Paula Brito, responsável, inclusive, pelo lançamento em 1843 dos primeiros romances brasileiros: "Um roubo na Pavuna", de Luís da Silva Alves de Azambuja Susano, e "O filho do pescador", de Teixeira e Souza. Outras obras importantes vieram à luz no período, como "A moreninha" (1844), de Joaquim Manuel de Macedo, "Memórias de um sargento de milícias" (1852/1853), de Manuel Antônio de Almeida, e "O guarani" (1857), de Jose de Alencar. Jovens autores, como Martins Pena, escreveram peças teatrais sobre temas brasileiros.

Araújo Porto-Alegre, retrato da década de 1830.

Na livraria de Paula Brito, criou-se a Sociedade Petalógica – o nome vem de peta, mentira –, ponto de encontro de escritores, poetas, músicos e artistas como Domingos Gonçalves de Magalhães, Araújo Porto-Alegre, Gonçalves Dias, Joaquim Manuel de Macedo, Rafael Coelho Machado, Laurindo Rebelo e, mais tarde, Machado de Assis. Nos fins de tarde, eles se reuniam para bater papo, trocar ideias ou jogar gamão. Importantes parcerias na música popular nasceram ali.

A área musical experimentou transformações marcantes no período. A publicação regular de partituras, iniciada de forma tímida em 1834 pelo francês Pierre Laforge, expandiu-se acentuadamente na década seguinte, com a abertura de várias casas de impressão. Em pouco tempo, a circulação de canções, lundus, modinhas e polcas deixou de depender quase exclusivamente da transmissão oral. Novas composições passaram a ser impressas, atingindo públicos mais amplos.

O ensino de música – em particular de piano – deu um salto. Na década de 1850, tocar piano, especialmente entre as mulheres jovens, virou sinônimo de boa educação e refinamento cultural. Os saraus tornaram-se corriqueiros na vida social da Corte. Atribui-se a Araújo-Porto Alegre a frase, dita em 1856: "O Rio é a cidade dos pianos". A casa de toda família abastada tinha um.

Em 1841, fundou-se o Liceu de Música; em 1846, o Conservatório de Música e Dança; em 1857, a Academia Imperial de Música. Os teatros também se multiplicaram nas décadas do progresso. Ao São Pedro de

Alcântara e ao São Januário, vieram se somar o Tivoli em 1847, o Lírico Fluminense em 1854 e o Ginásio Dramático em 1855.

Dois anos depois, outra novidade veio mexer com a vida social e cultural do Rio. Começou a funcionar na rua da Vala (hoje Uruguaiana) o café-cantante Alcazar Lyrique. Para alguns, a casa de espetáculos, onde lindas francesas dançavam o *cancan*, levando a plateia masculina ao delírio, era um símbolo da degradação dos costumes; para outros, um ambiente delicioso de diversão, novidade e aventuras. Junto com o Alcazar, chegou ao Brasil a *chansonette* francesa. A cançoneta, maliciosa e de duplo sentido, logo foi adotada e nacionalizada pelo público. O gênero faria enorme sucesso até os primeiros anos do século XX.

Na área popular, as companhias equestres, também conhecidas como circos de cavalinhos, formaram um público fiel, com números de malabarismo, piruetas sobre animais, mágica, humor, música e esquetes cômicos. Apresentavam-se não só na Corte, mas também nas províncias. No início dos anos 1840, as companhias eram, em sua maioria, estrangeiras. Mas logo tiveram de enfrentar a concorrência dos circos nacionais, sendo suplantadas por eles.

As barracas, instaladas nas praças durante as festas de grande apelo popular, como a Festa do Divino, no Rio de Janeiro, também ofereciam diversão e lazer a multidões. Ficavam a meio caminho entre os circos e os teatros populares, oferecendo uma programação variada, que ia de leilões, jogos e sorteios a teatrinhos de bonecos, exibições de ginástica, números musicais e apresentações de palhaços. A mais famosa era a Barraca do Teles, muito apreciada tanto pelo povão como pelos intelectuais.

Com frequência, as barracas apresentavam modinhas, polcas e lundus em "língua de preto", simulando o português com erros falado pelos africanos escravizados. Aliás, nessa época, a produção cultural recorreu bastante à "língua de preto", seja em jornais como "A mulher

BARRACA DO BOM GOSTO

O proprietario da barraca denominada — Bom Gosto, — aonde exiite a companhia dos hercules italianos, corpo de baile executados por meninas, e cantorias em lingua de preto, tem a honra de participar ao respeitavel publico, que abrirá a sua barraca na noite do dia quarta feira, 10 do corrente, ás 6 horas da tarde, com os divertimentos que se annunciar pelos jornaes e cartazes, assim como tambem abrirá na tarde e noite do dia quinta feira do Corpo de Deus ás 5 horas da tarde, asseverando aos concurrentes que os divertimentos d'estas duas noites serão todos variados e novos dos que se aqui tem havido, os quaes todos em geral muito tem agradado, não só pelo seu bem desempenhado, como tambem pelo gosto com que as companhias em geral trabalhão, para que sejão bem recebidos e applaudidos, e esperão continuar a receberem, pois que farão todo o possivel para que assim aconteça.

De novo se roga a todas as pessoas que honrarem a barraca, que é prohibido gritaria e assuadas; e sim permittido toda a decencia e ordem: assim como as varandas são unicamente para Sras. e crianças.

Anúncio da Barraca do Bom Gosto publicado no "Diário do Rio de Janeiro" em 9/6/1846

do Simplício" e "O Despertador Municipal", seja em canções ("Petit-maitre à polca", nos anexos deste capítulo, e "Pai João", capítulo 3) ou em cordéis ("Conversação do Pai Manoel com o Pai José e um inglês", nos anexos deste capítulo, e "Pai Supriço, Pai Zuão e Pai Bunito, turo zelle camrada" e "Conversa entre Pai Joaquim e Pai João, condutores de carroças", nos anexos do capítulo 7).

Estabilidade política, prosperidade econômica, movimentação cultural – a convergência desses três fatores teve forte impacto na música produzida no período. Os lundus e as modinhas ganharam espaço, os letristas mostraram-se mais críticos, as paródias multiplicaram-se. De um modo geral, a abertura para o novo suplantou a reiteração do velho. Muitos compositores, como José Maurício Nunes Garcia (filho), José Joaquim Goyanno, Luiz Amat, Francisco de Sá Noronha e Januário da Silva Arvellos buscaram fazer a ponte entre o mundo erudito e o gosto das ruas. Esta mudança de clima, ainda que contida nas composições românticas, ficou muito nítida nas canções comportamentais, brejeiras e sobre temas do momento.

Catorze canções sobre assuntos políticos, econômicos e sociais, com suas partituras ou indicações de música, foram garimpadas neste capítulo. Sinal dos tempos: os lundus já dominam a cena. São nada menos de sete, seguidos por três paródias de cantigas folclóricas, dois hinos, uma modinha e uma ária de ópera-bufa. A produção musical ganhou nitidamente um caráter mais popular no período.

Abre a seleção o "Hino da Coroação de Pedro II". Na verdade, trata se da mesma "Marcha Triunfal", de Francisco Manuel da Silva, apenas instrumental, composta no ano da Independência, usada anteriormente como base musical para o "Hino ao 7 de abril" (capítulo 2). Em 1841, ela ganhou novos versos para comemorar a coroação do jovem imperador.

As três canções seguintes referem-se às intensas disputas políticas em Pernambuco entre conservadores e liberais, que atravessaram quase toda a década de 1840, desaguando na Insurreição Praieira, a última grande revolta do Império. Suas músicas vêm do folclore. "As muié dos guabirus" apoiou-se na melodia de "Atirei um cravo n'água", enquanto "As barbas de um baronista" e "A guabirua e o matuto de Una" recorreram a "Balaio, meu bem, balaio". Os três títulos são atribuídos.

"Fora o Regresso", de Araújo Porto-Alegre e José Maurício Nunes Garcia (filho), igualmente aborda os enfrentamentos entre os partidos Conservador e Liberal, então chamados na Corte de partidos do "Regresso" e do "Progresso". Porto-Alegre era liberal. Daí o refrão: "Tudo agiganta o Amor/ Viva Amor, fora o Regresso". O lundu faz também uma dura crítica aos espertalhões existentes no jornalismo, no parlamento, na Igreja, na medicina e no Judiciário.

As duas canções seguintes, igualmente compostas por Porto-Alegre e Nunes Garcia, focam em questões sociais. No "Lundu dos Lavernos", o aproveitador justifica seu comportamento. Segundo ele, o mundo está dividido em duas cuias. Numa bebem os espertos; noutra, as pessoas comuns. Já os deliciosos versos da "Tarantella dei Laverni Naturalisti", escritos em português macarrônico, descrevem como os malandros que infestavam o centro do Rio de Janeiro enganavam os incautos, oferecendo todo tipo de atrações pelo módico preço de uma pataca.

O lundu seguinte, "O Telles carpinteiro", também é sobre um pilantra. O sujeito pede contribuições para a Igreja, mas, na verdade, esmola em causa própria. Pilhado por um fiscal, entra em pânico. Só escapa da cadeia graças à intervenção de Santa Filomena.

O "Hino a Osório", encomendado por amigos quando ele chegou a general, celebra os feitos militares do oficial gaúcho – inclusive sua participação na Guerra contra Rosas, em 1852. Em Monte Caseros, nas cercanias de Buenos Aires, Osório tomou as posições da artilharia do inimigo, ação decisiva para o desfecho da batalha. Derrotado, o presidente argentino Juan Manuel Rosas asilou-se no Reino Unido.

Nenhuma outra canção reflete melhor o período de estabilidade e progresso que vai da Declaração da Maioridade à Guerra do Paraguai do que o lundu "Estamos no século das luzes", de Castro Leal e Boaventura Fernandes do Couto. Lançado em 1857, ele fez grande sucesso e ensejou muitas paródias. Ressalta os grandes progressos do país, especialmente do Rio de Janeiro, durante a década de 1850: iluminação a gás, estradas de ferro, calçamento de ruas, recolhimento de lixo, fornecimento de água, abertura de novos teatros e cabarés e ações de combate a incêndios.

O lundu saúda os avanços civilizatórios, mas sem perder a ironia. Afinal, a expressão "século das luzes" surgira na Europa quase cem anos antes, com a ascensão dos valores do iluminismo e do liberalismo político. Os progressos chegavam ao Brasil, portanto, com monumental atraso e óbvias sequelas.

Faustino Xavier de Novaes

Tais mudanças, no entanto, não lograram alterar comportamentos sociais arraigados. Disso dá conta a modinha "As comendadeiras", com versos de Faustino Xavier de Novaes, poeta português radicado no Brasil. Avançadíssima para seu tempo, a canção critica a invisibilidade social da mulher. A jovem reclama que sabia fazer tudo o que a sociedade de então exigia de uma mulher refinada: cantar, tocar piano, bordar, receber em casa, falar línguas estrangeiras. "Digo já yes e oui", completa. Mas e daí? Ela continuava a ser tratada como se fosse inferior aos homens. Por que eles podiam receber comendas e ela não? "Seja nobre a terra inteira/ Quero ser comendadeira/ Da Ordem da Criação", reivindica.

Seguem-se duas canções de nomes semelhantes, "Já não há troco miúdos" e "Não há troco miúdo" – paródias, respectivamente, dos popularíssimos lundus "Estamos no século das luzes" e "Eu gosto da cor morena". Ambas abordam a quebra da Casa Souto, um dos principais estabelecimentos bancários do país, em 1864. A falência semeou o pânico na Corte, fazendo sumir da praça as moedas de menor valor e, por tabela, gerando inflação.

Já os brasileiros ricos, especialmente os que faziam fortunas com a exportação do café, aproveitando os tempos de bonança, torravam rios de dinheiro com festas e farras no exterior. É o que nos conta a ária *"Je suis brésilien"*, da ópera-bufa *"La vie parisienne"*, estrondoso sucesso na França em 1866. Na peça, um *nouveau riche*, recém-chegado do Rio de Janeiro, transborda de felicidade e diz à cidade de Paris: "Venho para que você me roube/ Tudo aquilo que eu lá em baixo (no Brasil) roubei".

Nos anexos podem ser encontradas as letras de cinco canções muito interessantes, cujas melodias não foram localizadas: "Petit-maitre à polca", "Guarda Nacional" (ou "Espanta o grande progresso), "O progresso" e "A quebra dos bancos" e "As notas do tesouro". A primeira, cantada em "língua de preto", goza os dândis que usavam perucas. Na segunda, um membro da Guarda Nacional reclama da carestia e bota a culpa no governo conservador. A terceira canção critica os políticos por só se lembrarem dos cidadãos nas vésperas das eleições. Já "A quebra dos bancos" e "As notas do tesouro" voltam ao tema da falência da Casa Souto.

Além das canções acima mencionadas, também se incluiu nos anexos o interessantíssimo cordel "Conversação do Pai Manoel com Pai José e um inglês, na estação de Cascadura sobre a questão anglo-brasileira". Escrito na chamada "língua de preto", ele faz uma aguda análise sobre a "Questão Christie", que levou ao rompimento das relações diplomáticas entre o Brasil e a Grã-Bretanha em 1862. Curiosamente, Pai Manoel e Pai José – supostamente escravos ou ex-escravos – não dizem no cordel uma palavra sobre a escravidão.

O brasileiro "nouveau riche", no libreto da opera-bufa "La vie parisienne", encenada em Paris, 1866

1. "Hino da coroação de Dom Pedro II" (1841)

Letra: autor desconhecido.
Música: Francisco Manoel da Silva.
Intérprete: João Nabuco (piano e canto).
Gravação independente.
Letra em GTPM.

Coroação de D. Pedro II. François-René Moreaux, 1842

A letra deste hino é de autor desconhecido. Já a música, com o nome de "Marcha Triunfal", foi composta por Francisco Manoel da Silva pouco depois da Independência. Por ocasião da abdicação de Dom Pedro I, ela foi usada no "Hino ao 7 de Abril", com versos de Ovídio Saraiva de Carvalho (capítulo anterior). Popularizou-se bastante a partir daí.

Em 1841, um ano após a declaração da maioridade de Pedro II, o hino recebeu esta nova versão, cantada nas ruas durante a coroação do jovem imperador D. Pedro II. Agradou muito e, pelo uso contínuo, converteu-se mais tarde no Hino Nacional. Após a Proclamação da República, a música de Francisco Manoel da Silva receberia novos versos de Osório Duque Estrada.

Quando vens faustoso dia
Entre nós raiar feliz
Vemos só na liberdade
A figura do Brasil

(Refrão)
Da Pátria o grito
Eis que se desata
Desde o Amazonas
Até o Prata

Negar de Pedro as virtudes
Seu talento escurecer
É negar como é sublime
Da bela aurora, o romper

Da Pátria o grito ...

Exultai brasileiro povo
Cheio de santa alegria
Vede de Pedro o exemplo
Festejado neste dia

Da Pátria o grito ...

2. "As muié dos guabiru" (s.d.)

Letra: autores desconhecidos.
Música folclórica.
Intérprete: João Nabuco (piano e canto).
Gravação independente.
Letra em CdN.
Música: domínio público.

A mesma música de "Fora, farrapos" (capítulo anterior) foi usada em Pernambuco pelos liberais para zombar das mulheres ligadas ao Partido Conservador em "As muié dos guabiru" (título atribuído). Na acirrada disputa política entre os dois partidos que marcou a província na década de 1840, os conservadores eram chamados pelos adversários de "guabirus", sinônimo de ratazanas ou ladrões. Já os liberais ficaram conhecidos como praieiros, porque seu jornal, o "Diário Novo", estava sediado na Rua da Praia.

Canga-pé é uma corruptela de cambapé, o mesmo que rasteira ou pernada.

As muié dos guabiru
Quando sai a passeá.
Parece um bando de ema
Quando vão comê juá

Atirei um limão n'água
De pesado foi ao fundo
Os peixinhos tão dizendo
Viva Dom Pedro Segundo[18]

Eu entrei de mar adentro
Dei um canga-pé no fundo
Tomei as portas do vento
Dei um balanço no mundo

Morreu Dom Pedro Primeiro
Ficou Dom Pedro Segundo
Batendo com as pestanas
Governando sempre o mundo.

3. "As barbas do baronista" (1841-1842)

Letra: autores desconhecidos.
Música ("Balaio, meu bem, balaio): autores desconhecidos.
Intérprete: João Nabuco (piano e canto).
Gravação independente.
Letra recolhida em FLP.

Francisco de Rego Barros governou Pernambuco de 1837 a 1844. Ligado ao partido conservador, foi agraciado em 1841 pelo imperador Pedro II com o título de Barão da Boa Vista.

------

[18] Segundo Pedro Calmon, em História do Brasil na poesia do povo, na Corte cantavam-se versos ligeiramente diferentes: "Atirei um cravo n'água/ De mimoso foi ao fundo/Os peixinhos responderam/ Viva Dom Pedro Segundo".

Barão da Boa Vista

É dessa época a paródia que seus adversários em Pernambuco cantavam com a música de "Balaio, meu bem, balaio". Embora Rego Barros não fosse citado nominalmente em "As barbas do baronista" (título atribuído), os versos zombavam dele. Baronista, justamente por causa do Barão da Boa Vista, era um dos nomes dos adeptos do partido conservador.

Rego Barros era estreitamente ligado à família Cavalcanti, proprietária de boa parte dos engenhos de açúcar de Pernambuco. Uma quadrinha da época resumia em poucas linhas seu poder: "Quem viver em Pernambuco/ Deve estar desenganado/ Que ou há de ser Cavalcanti/ Ou há de ser cavalgado". Em 1844, quando Pedro II formou um gabinete com ministros liberais, o Barão de Boa Vista foi afastado da presidência de Pernambuco.

Não é possível afirmar com certeza, mas as últimas estrofes da cantiga parecem ecoar as revoltas da Balaiada e da Cabanagem, ocorridas poucos anos antes no Maranhão e no Pará. A Balaiada durou de 1838 a 1841 e a Cabanagem de 1835 a 1840.

Sobre a música de "Balaio, meu bem, balaio", muito popular em todo o Brasil durante o século XIX, há controvérsias. No Rio Grande do Sul, alguns autores atribuíram sua origem a imigrantes dos Açores. Não é essa, porém, a opinião de Augusto Meyer, renomado estudioso do folclore gaúcho. "O *balaio* é brasileiro da gema e procede do Nordeste; chula baiana ou lundu pernambucano, entrou nos fandangos do Sul sem perder a marca original", afirma ele em seu "Cancioneiro gaúcho".

Reforça essa apreciação um delicioso artigo publicado em 1847 no "Diário Novo", porta-voz dos liberais de Pernambuco, sobre um sarau onde se cantaram lundus e modinhas que evocavam as rivalidades entre praieiros e guabirus, inclusive outra paródia de "Balaio, meu bem, balaio". Mas isso é assunto para o próximo verbete.

Mandei fazer um balaio
Das barbas de um baronista
Para embarcar o balaio,
    Meu bem,
Daqui para a Boa Vista.

(estribilho)
Balaio, meu bem, balaio,
Balaio do coração,
Quem tiver o seu balaio,
Não saia com ele não.
Balaio, meu bem, balaio,
Balaio do coração,
Que os rapazes são travessos
Botam o balaio no chão.

Mandei fazer um balaio
Das barbas de um camarão
Pra embarcar o balaio,
    Meu bem,
Daqui para o Maranhão

Balaio, meu bem, balaio ...

Mandei fazer um balaio
Das cascas de um cajá,
Pra embarcar o balaio
Meu bem,
Daqui para o Pará

Balaio, meu bem, balaio ...

4. "A guabirua e o matuto" (1847)

Letra: autores desconhecidos.
Música ("Balaio, meu bem, balaio):
autores desconhecidos.
Intérprete: João Nabuco (piano e canto).
Gravação independente.
Letra recolhida no "Diário Novo"
(8/3/1847).

No "Diário Novo" de 8 de março de 1847, um interessante artigo assinado pelo "Matuto de Una" mostra como eram intensas as paixões políticas que dividiam Pernambuco entre guabirus e praieiros. O autor conta que, num sarau na casa de uma família no Recife, tudo transcorria bem até que uma senhora — "se me não engano a mais gordinha do rancho", alfineta — se pôs a falar de sua paixão pelos guabirus.

Ela interpretou então uma canção da qual não se tem indicação da música: "Eu cá não tenho partido/ Porém o meu coração/ Sente pelos guabirus/ Uma doce inclinação// Em matéria de partido/ Mulher não pode ter voto/ Porém nos homens de pera/ Certas gracinhas eu noto// Os cabelinhos no beiço/ No meu modo de pensar/ Fazem que a gente por eles/ Se ponha logo a chorar// Eu posso querer bem/ A todo o mundo;/ Mas o meu partido/ Isto é cá do fundo (apontando para o coração)".

Palmas no salão. Em seguida, a senhora entoou algumas modinhas. Logo alguém lhe pediu algo mais animado: um lundu, um fadinho, uma chula. Ela não se fez de rogada. "Toda buliçosa assim cantou", lembra o matuto, brindando a plateia com um "balaio" cheio de amor pelos guabirus:

Mandei fazer um balaio
Das barbas de um camarão
Balaio saiu pequeno
Não quero balaio, não

Balaios, meu bem, balaios,
Não quero balaios, não

Por pera de guabiru
Eu tenho grande paixão
Balaios da Mariquinhas,
Não quero balaios, não

Balaios, meu bem, balaios, ...

De peras dos guabirus
Quero bordar um roupão
Oh! Que linda vestidura ...
Não quero balaios, não

Balaios, meu bem, balaios, ...

Depois dos aplausos, a senhora foi alertada de que "o matuto de Una", um praieiro, estava presente no sarau. Preocupada, buscou distender o ambiente. "Levantou-se, correu té onde eu estava, abraçou-me, beijou-me, disse-me mil cousas para que não referisse o nome dela e nem contasse este facto com todas as circunstâncias", relatou o jornalista. Ele respondeu, versejando: "Este seu desembaraço/ Té me causa convulsão/ Vá pra lá com seu balaio/ Não quero balaios, não/ Se você é guabirua/ Porque abraça um praieiro?/ Pode ser que alguém a veja/ Que de ciúme em braseiro/ Não a queira mais por sua".

Menos de um ano depois do sarau, o ambiente político radicalizou de vez em Pernambuco. O presidente da província, Antônio Pinto Chichorro da Gama, liberal, foi afastado pelo novo gabinete conservador que assumiu o poder no Rio. Inconformados, os praieiros pegaram em armas. Tomaram Olinda e várias cidades do interior, mas não tiveram sucesso na tentativa de controlar o Recife. Em seu "Manifesto ao mundo", os revoltosos pediram, entre outras coisas, o voto livre e universal, o fim do poder moderador, a reforma do Judiciário, a liberdade de imprensa, a adoção do regime federativo e a proibição da atividade comercial varejista por estrangeiros. A abolição da escravidão não entrou no programa.

A Insurreição Praieira foi sufocada em poucos meses, sendo a última grande revolta do conturbado período das regências e do início do Segundo Reinado. A partir de então, o Império viveria um longo período de tranquilidade e progresso, que só teria fim com a Guerra do Paraguai.

O título "A guabirua e o matuto de Una" é atribuído. Una é o nome de um rio de Pernambuco, quase na fronteira com Alagoas.

5. "Fora o regresso" (1844).

Letra: Manuel de Araújo Porto-Alegre.
Música: José Maurício Nunes Garcia (filho).
Intérprete: Ana Maria Kieffer.
Gravadora independente. CD do livro "Comédia musical urbana".
Letra e partitura em "A Lanterna Mágica" (BN).

Manuel de Araújo Porto-Alegre foi um dos intelectuais mais brilhantes do Império. Nascido em 1806 numa família de poucos recursos em Rio Pardo, no Rio Grande do Sul, mudou-se para o Rio de Janeiro em 1827 com a intenção de cursar a Escola Militar. Ao chegar ao Rio, porém, mudou de ideia. Matriculou-se na Academia Imperial de Belas Artes, onde foi aluno de Jean Baptiste Debret.

Nos 50 anos seguintes, notabilizou-se não apenas como pintor, mas também como escritor, teatrólogo, jornalista, caricaturista, arquiteto, crítico de artes, historiador, professor e diplomata. Em 1837, Porto-Alegre desenhou e publicou a primeira caricatura publicada no Brasil. Nela, o jornalista Justiniano José da Rocha aparece recebendo uma bolsa de dinheiro para apoiar o governo do Regresso, como era chamada então a corrente conservadora. Os liberais, pelos quais Porto-Alegre nutria simpatia, eram o Progresso.

Primeira caricatura publicada no Brasil, de Araújo Porto-Alegre, 1837

Em 1844, os conservadores, afastados do governo em 1840 na famosa "Eleição do Cacete", assumiram novamente as rédeas do poder. Porto-Alegre lançou então o lundu "Fora o Regresso", num dos primeiro números da revista satírica "A Lanterna Mágica", que editou em colaboração com seu aluno Rafael Mendes de Carvalho. Inspirou-se numa publicação francesa cujo personagem principal, Robert Macaire, era um misto de fanfarrão e trambiqueiro, exatamente como Laverno, criado por Porto-Alegre em "A Lanterna Mágica".

Ilustração de "Fora o Regresso", em "A Lanterna Mágica", 1844

O lundu, com música de José Maurício Nunes Garcia (filho), faz uma crítica impiedosa aos espertalhões nas diversas profissões. Jornalistas, juristas, juízes, padres, médicos, deputados, senadores, políticos em geral, ninguém escapa das zombarias da canção que, como estribilho, proclama seguidamente: "Tudo agiganta o Progresso/ Viva o amor, fora o Regresso". Ou seja, fora conservadores, que venham novamente os liberais.

Aprender artes, ofícios,
Estudar anos inteiros,
Enriquecer os livreiros,
Só o faz rombo sandeu ...
Pra ser rico, nobre e sábio
Com mil outros galardões,
Basta só nas eleições
Fazer papel de judeu...

Cartinhas amáveis,
Chapinhas estáveis,
Troquinhas notáveis
Urninhas mudáveis

E os manganões,
Espertalhões,
Com mangações,
Aos toleirões!

Tudo agiganta o progresso;
Viva Amor! Fora o Regresso!

Mil Mirabôs de enfiada (Mirabeaus)
Por vapor fazem discursos,
E vencem nestes concursos
Empregos e carachás.
Modesto patriotismo
Hoje em dia não faz vaza;
Escrever jornais à rasa
É caminho dos Baichás.

Juristas de capa,
Legistas de chapa,
Tretistas da lapa,
Chupistas de rapa.

Seu monarquismo,
Brasileirismo,
Patriotismo,
Sem egoísmo

Tudo agiganta o progresso;
Viva Amor! Fora o Regresso!

Padres, carolas, coveiros,
Vão todos plantar batatas.
Já temos homeopatas,
Já não morre mais ninguém.
Sangrias, bichas cautérios,
Em bolinhas se mudaram,
Os farmácios se acabaram,
E o brusselismo também.

Ascite bojuda,
Bronquite pontuda,
Gastrite aguda,
Raquite que muda ...

E os humoristas,
E os solidistas,
E os organistas,
E os razoristas.

Tudo agiganta o progresso;
Viva Amor! Fora o Regresso!

Modernos operadores
Fazem queixos de tarracha,
Põe corações de borracha,
Curam vesguelha e surdez.
Mudam as línguas aos gagos,
Trocam tripas, pernas, braços,
Cortam a gente em pedaços
E cozem-na um'outra vez.

Entranhas viradas,
Com banhas lavadas,
Façanhas cortadas,
Patranhas curadas ...

Litotomias,
Litotricias,
Patologias,
Frenologias.

Tudo agiganta o progresso;
Viva Amor! Fora o Regresso!

Nova carreira se abriu
Além das tretas e ronha!
Um pelintra, um sem vergonha
Se improvisa redator.
Unidos a outros ciganos,
A pena imunda vendendo
Calúnias mil escrevendo
Quer campar por grão senhor.

Rabisca ladrando,
Faísca bramando,
Marisca ganhando,
Lambisca trepando.

Os publicistas,
Os estadistas,
Os moralistas,
Idealistas

Tudo agiganta o progresso;
Viva Amor! Fora o Regresso!

Decora um rapaz seis frases,
De um autor ou libelista,
Ei-lo já com longa vista,
Novo regenerador.
Prometendo o Sol e a Lua,
Cabala, sai deputado.
Vende o voto, é magistrado.
E já visa a Senador.

Que moço de tino!
É um poço de fino!
Menino de troço!
Caroço ladino!

Chegou a idade
Da liberdade;
Que felicidade
Pra humanidade!

Tudo agiganta o progresso;
Viva Amor! Fora o Regresso!

6. "Lundu dos Lavernos" (1844)

Letra: Manuel de Araújo Porto-Alegre.
Música: José Maurício Nunes Garcia (filho).
Intérprete: Ana Maria Kieffer.
Gravadora independente.
CD do livro "Comédia musical urbana".
Letra e partitura em "A Lanterna Mágica" (BN).

Em outro lundu lançado em "A Lanterna Mágica", o espertalhão Laverno expõe sua visão de mundo para o companheiro de aventuras, o simplório Belchior: o mundo não é o mesmo para todos, pois é cortado em duas cuias. "Numa bebem os Lavernos, noutra bebem os Tapuias", explica. Os primeiros vivem nos palácios; os últimos, nos corredores. Uns podem tudo. Os outros não têm direito a nada.

Este mundo, este mundo,
É um grão cabaço cortado,
Cortado, dá duas cuias
Numa bebem os Lavernos
Noutra bebem os tapuias

Se tu tens, ó minha vida,
Duas cumbucas de amor
Sou Laverno, sou Tapuia
Sou um grande bebedor

Este mundo é cosmorama
Com vistinhas de mil cores

Nos palácios estão Lavernos
Tapuias nos corredores.

Se tu tens, ó minha vida
Um cosmorama gostoso
Sou Laverno, sou Tapuia
Sou de tudo curioso

Este mundo é loteria
De pretas e brancas sortes,
Aos Tapuias cabem fracas
Aos Lavernos cabem fortes.

Se tu tens ó minha vida
Um bilhetinho d'amor
Quero ter a sorte grande
Eu já sou seu comprador.

7. "Tarantella dei Laverni naturalisti" (1844)

Letra: Manuel de Araújo Porto-Alegre.
Música: José Maurício Nunes Garcia (filho).
Gravadora independente.
Intérprete: Ana Maria Kieffer e outros.
CD do livro: "Comédia musical urbana".
Letra em "A Lanterna Mágica".
artitura na BN.

Escrita em português macarrônico, a "Tarantella dei Laverni Naturalisti" faz uma sátira divertidíssima ao charlatanismo que dominava o centro do Rio de Janeiro nos primeiros anos da década de 1840.

Segundo Pires de Almeida, em "Brazil-Theatro", muitos italianos desembarcaram no Rio em 1842. Ao deixarem a terra natal, pretendiam migrar para os Estados Unidos. Mas, enganados pela companhia de navegação, vieram parar na América do Sul, e não na América do Norte.

Para sobreviver, os italianos percorriam as ruas da cidade como vendedores ambulantes, mascates, tocadores de realejo, saltimbancos e exibidores de animais amestrados.

Em 1843, ganhou destaque o caso do charlatão Camoletti, que, depois de ter passado muita gente para trás, terminou preso.

Tudo isso deu munição para a deliciosa gozação de Araújo Porto-Alegre em cima dos espertos que ofereciam maravilhas de todas as origens e para todos os gostos pelo módico preço de uma pataca.

Vengão vere miei signori
Tuti questi meravilhie,
Tengo bestie straordinari
D'Asie, Europe e delle Antilhie ...
  Borbolete, gafanhote
  Crocodile, ximia informe
  Popistrelli, vespe note,
  Una pulga, fato enorme ...
  Tre merluxe e un canario
  Qui toca bene il trombone,

E parla vinte sei lingue,
Un siberio macacone
   Una aranha
   Que sbasbaca ...
   Tuto questo
   Una pataca.

Toca, toca rialeja
Quiama gente di quatrini;
Qui se vede maravilha!
Il nasso del Paganini,
   Un sapato di Mosé,
   La barba del Faraó,
   I capelli di Voltér,
   Lo scudo di Mirabó,
   Una bota di Pilato,
   La gorga del Tamburini,
   La casaca di Alessandro,
   E la spada del Rossini.
    Di Platone
    La matraca ...
    Per niente
    Una pataca.

Signore, in questo vidrace
Sta il badegio qui canta,
La lacraia inamorata
D'um picapao elefante ...
Il somaro versatore,
Il porco naturalista,
L'arara que suona trompa
Ed un macuco stadista ...
La paca que dansa polka,
Il sapo gran violino,
Il cane coll'officlide
Ed un rato concertino

Cose rare!
Sol la paca ...
Vale bene
La pataca.

Ecco ancora la gran vara
Que corto il Mar Vermelho,
Ecco, qui, del padre Adano
Un osso del suo artelho:
   La trompe de Jericó,
   La queixada de Sansone,
   La funda del rei David,
   Il chapeo de Salomone;
   Ecco di Bruto e de Cezare
   Lo orologio e lo cachimbo,
   La seringa de Noé,
   E qui um'alma del limbo
    Toca, toca,
    Non ti staca,
    Quiama, quiama
    La pataca

Questa gambá di Archimede
Mi há custato tre milhione;
Ecco il bigode terribili
Del grande Napoleone!
   Nel tavolino vedete
   Sigarrando Cicerone
   El il profeta Maometo
   C'um piato di macarrone;
   Carlo Magno in paletó,
   Il Camoens nella sua gruta
   Col Dante bebendo birra,
   Facendo la faccia bruta.
    Al Tamoio
    Nella maca!

E por niente! ...
Una pataca.

Ecco l'anta batizata.
Il quati predicatore,
Un capello califórnia;
E un macaco gran pittore...
  Vedete qui la spingarda
  Del grande Caramuru
  La statua de Xenofonte
  Il bronzo d'uno urubu;
  Manuscriti botocudi,
  Una balena que canta,
  Un tatu maestro di spada,
  E un burro, burro qu'ispanta ...
    Tengo giá
    La voce fiaca ...
    Date, date
    La pataca ...

8. "O Telles carpinteiro"

Letra: autor desconhecido.
Música: Januário da Silva Arvellos.
Intérprete: João Nabuco (piano e canto).
Gravação independente.
Letra e partitura na Biblioteca da
Universidade do Kansas.
Letra em Trovador.

O carpinteiro Telles dá uma de malandro. Trajando uma opa – capa sem mangas –, pede doações nas ruas para uma ordem religiosa. Na verdade, porém, está esmolando em proveito próprio. Surpreendido por um fiscal da Câmara Municipal, ele entra em pânico, mas é salvo por Santa Filomena.

O lundu, provavelmente composto no fim dos anos 1850 ou no início dos anos 1860, fez muito sucesso, tanto que sua música foi usada em paródias sobre a Guerra do Paraguai ("O progresso do país", capítulo 4).

Algumas estrofes publicadas no cancioneiro "Trovador" são diferentes das que estão na partitura, transcritas abaixo, mas guardam o mesmo sentido.

Vinte anos mais tarde, Artur de Azevedo e Chiquinha Gonzaga voltariam ao tema da pilantragem dos irmãos da opa com a cançoneta "Para a cera do Santíssimo" (capítulo 5).

Não sabem o que aconteceu?
O Telles carpinteiro
Para Santa Filomena
Andava a pedir dinheiro

Mas não tinha, não, licença
Da Câmara Municipal
Eis que encontra o pobre Telles
Com a guarda e com o fiscal

Fica o bicho atrapalhado
De opa e bacia na mão
Quando o fiscal disse aos guardas
"Peguem aquele ermitão" (irmão)

O Telles mui apertado
No coração sente dor
E dando azeite nas pernas
Meteu-se num corredor

Sacou a opa às carreiras
A bolsa nela envolveu
E disse todo assustado
Quem vai se embora sou eu.

Nada, nada, meu Tellinhos,
Não torno noutra a cair;
Sem tirar a tal licença
Pra santa não vou pedir.

Mas a Santa fez milagre
Pela minha devoção.
Ai, livrou-me de ser preso
E pagar condenação.

Esta Santa Filomena
É uma santa muito bela;
Mas sem tirar a licença
Nada mais peço pra ela.

Puxando pela boceta
O Telles toma tabaco;
E vai fugindo dos guardas
Oh! Que cara de macacos!

Mui padece quem é pobre
Neste mundo de ilusão,
Quando mal a gente pensa
Vai cair na correção.

9. "Hino a Osório" (1859)

Letra e música: autores desconhecidos.
Intérprete: João Nabuco (piano e canto).
Gravação independente.
Letra e partitura no IHGB.

Em junho de 1859, Manuel Luís Osório foi promovido a "brigadeiro efetivo" – ou seja, a general. Seus amigos gaúchos ofereceram-lhe então este hino. O prestígio de Osório cresceria mais ainda nos anos seguintes, especialmente durante a Guerra do Paraguai, mas na década de 1850 ele já era respeitadíssimo no Rio Grande do Sul.

Liberal na política, simples no trato, corajoso em combate, brilhante nos campos de batalha, Osório era muito querido pelos soldados. Mais do que um chefe, era visto como um exemplo.

O estribilho do hino celebra a participação de Osório na Batalha de Monte Caseros, que decidiu a chamada "Guerra contra Rosas", travada em 3 de fevereiro de 1852 a trinta quilômetros de Buenos Aires. As manobras rápidas e corajosas do 2º Regimento de Cavalaria, comandado por Osório, que tomaram uma bateria de canhões inimigos, foram determinantes para o desfecho da batalha. Derrotado, Rosas refugiou-se num navio inglês, partindo em seguida para o Reino Unido.

Rio-grandense faz timbre
Pela pátria em dar a vida
Pobre herói, ama o progresso
Não quer a pátria oprimida.

De Caseros na vitória
Foi Osório grão guerreiro,
Suas glórias, sua fama,
São do povo brasileiro

Do rei o trono defende
Fiel à Constituição
Sua espada triunfante
Da liberdade o brasão

De Caseros na vitória ...

Do regresso no cinismo
No embuste dos traidores,
Pisa avante, recebendo
Patrióticos louvores

De Caseros na vitória ...

10. "Estamos no século das luzes" (1857)

Letra: A. F. Castro Leal.
Música: Boaventura Fernandes do Couto.
Intérprete: Tereza Pineschi.
Gravadora: Por do Som.
CD: "O teu gramofone é bão".
Letra em Trovador e ACB.
Partitura no IPB.

A ironia já começa no título. Na Europa, o século das luzes havia sido o século XVIII, marcado pelo iluminismo e pelo fortalecimento dos valores do liberalismo político, como a Razão, o direito à vida, à liberdade de expressão e à escolha de governantes e representantes. Essas ideias desembocaram na Revolução Francesa e tiveram forte influência na independência dos Estados Unidos. No Brasil, portanto, as luzes chegavam com quase cem anos de atraso.

O lundu lista uma série de progressos ocorridos no Brasil e, em especial, no Rio de Janeiro durante a década de 1850: iluminação à gás, estradas de ferro, calçamento e alargamento de ruas, recolhimento de lixo, fornecimento de água, novos teatros, equipes de combate a incêndios, chegada de imigrantes etc. De certa forma, esses avanços eram frutos da liberação de capitais antes imobilizados no tráfico negreiro, que passaram a ser investidos em outros negócios depois de 1850.

O lundu deixa claro também que havia um preço a pagar pelas novidades: "Hoje tudo são progressos/ Da famosa ladroeira". A maior circulação de dinheiro produzia carestia e deixava os pobres mais pobres, beneficiando principalmente os estrangeiros e os ricos.

O estribilho reforçava a contradição entre o século das luzes atrasado, limitado e relativamente inculto do Brasil com o século das luzes liberal, progressista e questionador da Europa: "A, E, I, O, U/ Já não custa aprender/ Já se ensina de repente/ Sem as letras conhecer".

"Estamos no século das luzes" ou "Século das luzes" fez muito sucesso em salões, ruas e cafés. Nos anos seguintes, sua melodia seria usada em várias paródias, especialmente no episódio da quebra do Banco Souto (adiante neste capítulo).

Estamos no século das luzes
Já não há que duvidar;
Temos gás por toda a parte
Para nos alumiar

A, E, I, O, U,
Já não custa aprender,
Já se ensina de repente
Sem as letras conhecer.

Temos estradas de ferro
Para mais depressa andar,
Todos hão de correr tanto
Que por fim hão de cansar.

Ba, be, bi, bo, bu, etc

Já com novo calçamento
Vejo as ruas se calçar;
De fino sapato e meia
Já se pode passear.

Ça, ce, ci, ço, çu, etc.

Já se alargam bem as ruas,
A do Carmo é a primeira;
Hoje tudo são progressos
Da famosa ladroeira.

Da, de, di, do, du, etc.

Água suja, cisco e tudo
Já se não deve ajuntar;
É só lançar-se nas ruas
Que as carroças vêm buscar.

Fa, fe, fi, fo, fu, etc.

Já se seguram as vidas,
Já se não deve morrer;
Quem tem sua creoulinha
Não tem medo de a perder.

Ga, gue, gui, go, gu, etc,

Temos água pelos cantos,
Que sempre estão a correr;
E sujo por falta de água
Ninguém mais deve morrer.

Ja, je, ji, jo, ju, etc.

Já temos grandes teatros,
E a empresa quer crescer;
Estamos – num céu aberto,
Isso sim, é que é viver.

La, le, li, Io, lu, etc.

Quando há fogo na cidade
São Francisco dá o aviso;
O Castelo corresponde
Com três tiros do Gabizo.

Ma, me, mi, mo, mu, etc.

Os estrangeiros s'empregam
Nessa nova exploração;
Nada tendo de fortuna
Vem ganhar um dinheirão.

Na, ne, ni, no, nu, etc.

Nacionais de boca aberta
Nada tendo que comer,
Vivem como o boi de canga
Caladinho até morrer.

Pa, pe, pi, po, pu, etc.

Com a carestia dos gêneros,
Como o pobre há de viver?
Com tão pequeno salário
Como honrado pode ser?

Ra, re, ri, ro, ru, etc.

Os poderosos não querem
Co'a pobreza s'importar;
O pobre cheira a defunto
Pois só sabe importunar.

Sa, se, si, so, su, etc.

Eis o que é o país natal
Dos filhos que viu nascer;
Qualquer estrangeiro à toa
Vem aqui enriquecer.

Ta, te, ti, to, tu, etc.

Já temos por felicidade,
Melhor colonização;
Felizmente se acabou
A negra especulação.

Va, ve, vi, vo, vu, etc.

Os transportes são imensos,
Quer por terra, quer por mar;
Até se pode seguro
Já navegar pelo ar.

Xa, xe, xi, xo, xu, etc

Enfim ninguém já duvida
De tamanha perfeição;
Que não ha século como este
De maior ilustração.

Za, ze, zi, zo, zu, etc.

11. "Já não há trocos miúdos" (1864).

Letra: Gualberto Peçanha.
Música ("Estamos no século das luzes"):
Boaventura Fernandes do Couto.
Intérprete: João Nabuco (violão e canto).
Gravação independente.
Letra em Trovador. Partitura no IPB.

No dia 11 de setembro de 1864, poucos meses antes do início da Guerra do Paraguai, a Casa Souto, um dos principais estabelecimentos bancários do Rio, anunciou sua falência. Foi um "Deus nos acuda!".

Machado de Assis, em sua crônica no "Diário do Rio de Janeiro" do dia 19, fez um relato impressionante do pânico que tomou conta do Rio: "Crise! Crise! Tal foi o grito angustioso que se ouviu, durante a semana passada, de todos os peitos da população e de todos os ângulos da cidade. A fisionomia da população exprimiu sucessivamente o espanto, o terror, o desespero, conforme cresciam as dificuldades e demorava-se o remédio. Era triste o espetáculo: a praça em apatia, as ruas atulhadas de povo, polícia pedestre a fazer sentinela, polícia equestre a fazer correrias, vales a entrarem, dinheiro a sair, vinte boatos por dia, vinte desmentidos por noite, ilusões de manhã, decepções à tarde, enfim uma situação tão impossível de descrever como difícil de suportar, tal foi o espetáculo que se apresentou no Rio de Janeiro durante a semana passada".

Com mais de 20 anos de operação, a Casa Souto, de propriedade do português Antônio José Alves de Souto, era considerada sólida e confiável. Tinha como clientes grandes empresários e trabalhava em estreita relação com outros bancos. Sua falência, portanto, ameaçou gerar um efeito cascata sobre outros estabelecimentos de crédito. Com receio de não honrar os compromissos assumidos, eles preferiram suspender as atividades durante um tempo.

Muitas empresas passaram por sérias dificuldades e arcaram com fortes prejuízos. Já o povo teve de enfrentar uma experiência terrível: o desaparecimento dos trocos miúdos. Como as notas de dinheiro estavam sob suspeita, as moedas tornaram-se muito procuradas. Logo começaram a escassear. Imediatamente surgiram cambistas que trocavam notas por moedas – com forte deságio, é claro. Lojas e casas de pasto, alegando que não tinham troco, arredondaram os preços para cima. Resultado: os preços subiram e os pobres pagaram o pato.

Os versos de "Já não há trocos miúdos" foram escritos por Gualberto Peçanha, um dos organizadores do cancioneiro "Trovador: coleção de modinhas, recitativos, árias, lundus, etc". Ele informa que "Já não há troco miúdos" era uma paródia de "Estamos no século das luzes" (verbete anterior). Os versos casam perfeitamente com a música do lundu, sem o estribilho que começa com "A, E, I, O, U". Pela primeira vez na cidade os "miúdos" tinham sido mais valorizados do que os "graúdos", registra a paródia ao final, com bom humor.

Gualberto, poeta e tipógrafo, escreveu outra paródia sobre o mesmo tema, chamada "A quebra dos bancos", recorrendo à música de "Espanta o grande progresso", também conhecida por "Guarda Nacional", de J. J. Goyanno, da qual infelizmente não se obteve a partitura (letra nos anexos).

Já não há trocos miúdos
Nesta nossa capital,
Os cambistas são os grandes
Nesta época fatal.

Os pobres é que se veem
Em assados e apuros,
Pois desejando miúdos
Hão de pagar grandes juros.

Um gasto de três mil réis
Não é nada, ainda é pouco,
Pra uma nota de dez
Dizem logo: – Não há troco.

Até nas casas de pasto
As listas têm um letreiro,
Dizendo que pra comer
Levem trocado dinheiro.

Já se vê pelas vidraças
Letreiros sobre papéis
Dizendo não haver troco
Mesmo pra cinco mil réis.

De maneira que o pobre
Mesmo tendo algum dinheiro,
Não trazendo os tais miúdos
Passará por caloteiro.

Correm anúncios com letras
De palmo de comprimento
Dizendo que os tais miúdos
Vendem a doze por cento.

E não sabemos até onde
Tudo isso vai parar,
O certo é que o pobre
Há de sofrer e calar.

Houve há pouco uma assembleia
Já se sabe, de graúdos,
Para ver se decidiam
A questão dos tais miúdos.

Ainda agora se espera
Pela tal resolução
Não admira pois tudo
É assim nesta nação.

As cousas estão mudadas
Já se despreza os graúdos,
Pois agora só imperam
Como é sabido, os miúdos.

E quem há de nos valer
Em momento tão sinistro?
Ah! Já sei, corramos todos
Ao palácio do ministro.

12. "Não há troco miúdo" (1864).

Letra: Adeodato Sócrates de Mello.
Música: J. S. Arvellos ("Eu gosto da cor morena").
Intérprete: João Nabuco (piano e canto).
Gravação independente.
Letra no Trovador. Partitura na BN.

O jovem Adeodato Sócrates de Mello costumava escrever paródias sobre os fatos do momento. Assim, logo entrou no debate sobre a quebra da Casa Souto, que provocou o sumiço das moedas de menor valor e gerou carestia instantânea no Rio de Janeiro. Recorrendo à música de um dos grandes sucessos da década anterior, o lundu "Eu gosto da cor morena", também conhecido como "Mulatinha do caroço" (capítulo 3), Adeodato compôs os versos de "Não há troco miúdo". Perguntou quem era o responsável pela confusão: A Justiça? O poder? E concluiu: "Queira o povo lastimar/ Esperar/ Mundo novo aparecer".

Anda o povo em multidão,
Que confusão!
Lastimando o duro fado,
Sem poder comprar mais nada,
Ai! Caçoada,
Ter dinheiro desprezado.

Quer seus doces bons comer
E beber,
O deus Baco queridinho,
Há de só os adorar,
Sem tocar,
Pois não há mais trocozinho.

Quanto é triste nesta vida
Esta lida,
De confusa andar as leis
Sem saberem sustentar,
Bem mandar,
Haver troco aos pontapés.

Se lá querem aceitar,
Destrocar,
Nota grande aos moçozinhos
Bem janotas e trajados,
Afamados
Do Tesouro empregadinhos.

Estes são bem garantidos,
São servidos
De miúdos a fartar.
Só não tem os pobrezinhos,
Coitadinhos,
Quem há de a nota cambiar!

Tudo isto a quem devemos,
Nem sabemos,
Se à Justiça, se ao Poder;
Queira o povo lastimar,
Esperar,
Mundo novo aparecer.

13. "As comendadeiras" (s.d.)

Letra: Faustino Xavier de Novaes.
Música: Belmiro Soler.
Intérprete: João Nabuco (piano e canto).
Gravação independente.
Letra (parcial) e partitura na BN.
Letra integral em ACB.

Faustino Xavier de Novaes, jornalista e poeta português, migrou para o Brasil em 1858. Em Portugal, suas sátiras em versos, aplaudidas por intelectuais, escritores e estudantes, valeram-lhe muitos inimigos. Ao chegar ao Rio de Janeiro, foi saudado entusiasticamente por vários poetas brasileiros. Casimiro de Abreu, de quem se tornou parceiro e amigo, publicou um saboroso poema em sua homenagem. Numa das estrofes, proclamou: "Venha a sátira mordente/ Brilhe viva a tua veia/ Já que a cidade está cheia/ Desses eternos Manéis/ Os barões andam às dúzias/ Como os frades nos conventos/ Comendadores aos centos/ Viscondes a pontapés".

O poeta português fez razoável sucesso por aqui. Luiz Gama, por exemplo, no livro "Primeiras trovas burlescas", que assinou com o pseudônimo de Getulino, usou como epígrafes vários versos de Faustino Xavier de Novaes. Na segunda metade dos anos 1860, Faustino adoeceu gravemente. Para cuidar dele, sua irmã caçula, Carolina, veio então de Portugal para o Brasil. O poeta morreu em 1869. No mesmo ano, Carolina casou-se com Machado de Assis.

"As comendadeiras" critica dois problemas da época. O primeiro era o comércio das comendas, herança portuguesa muito disseminada no Império. Comerciantes, fazendeiros e homens ricos em busca de prestígio e reconhecimento social recebiam condecorações e títulos em troca de doações a instituições honoríficas, as chamadas "ordens".

O segundo problema abordado pela modinha era o da invisibilidade social da mulher. Mesmo nas famílias ricas e influentes, os homens podiam tudo. Às mulheres estavam reservadas apenas as tarefas domésticas e a recatada participação em saraus e reuniões fechadas.

Na canção, a filha do comendador protesta. Por que estava condenada a bordar, cozer, tocar piano, cantar, dizer *oui* e *yes*? Se os homens podiam ser comendadores, por que ela também não poderia ser comendadeira? Sugere que, no caminho da igualdade, seja criada uma ordem exclusiva para as mulheres, a Ordem da Criação: "Manda assim a natureza:/ O marquês tem marquesa/ Tem baronesa o barão/ Seja nobre a terra inteira/ Quero ser comendadeira/ Da Ordem da Criação".

Meu pai tenha paciência
Mande sangrar a algibeira
Preciso de uma excelência
Quero ser comendadeira
Deus não quis fazer somente
Do mundo os homens senhores
Nós apenas somos gente
E eles são comendadores

Isto, papai, não tem jeito!
Não vai bem o mundo assim
Tanta falta de respeito
É mister que tenha fim (bis)
Tem papai quatro comendas
E vejo-o sempre em contendas
Porque um vizinho tem seis
E a sua filha, coitada,
Não tem comendas nem nada
Por causa de trinta réis (bis)

Eu já sei que o papai trata
De casar-me, e é bem preciso;
Mas assim, tão lisa e chata,
Só marido, só marido chato e liso.
Eu tenho nobreza em saias,
E nas calças tenho renda;
Faltam no dote as alfaias,
E é rica alfaia a comenda.

Sou cantora de alta monta
No piano sem rival
Canto Orfeu de ponta a ponta
Toco o Hino Nacional (bis)

Sem picar as mãos na agulha
Na educação faço bulha
Tudo o que é belo aprendi
Estudando as línguas vivas
Domino-as como cativas
Digo já yes e oui (bis)

Comendas não se consomem,
Riquezas botam-se fora.
E comendador e homem
São, são sinônimos agora,
De Deus a lei nos ensina
Dos dois sexos a tendência,
Comenda só masculina
Não pode ter descendência.

Se um rasgo de bom juízo
Comenda macha nos deu
Comenda fêmea é preciso,
Que propaga o que nasceu.
Manda assim a natureza:
O marquês tem a marquesa,
Tem baronesa o barão.
Seja nobre a terra inteira:
Quero ser comendadeira,
Da Ordem da Criação.

14. "Je suis brésilien" (1866).

Letra: Henri Meilhac e Ludovic Halévy.
Música: Offenbach.
Gravação recolhida na internet.
Intérprete: Dario Moreno (1957).

Fecha este capítulo a ária "*Je suis brésilien*", cantada em francês, da famosa ópera-bufa "*La vie parisienne*", de Offenbach, sucesso espetacular na Europa na segunda metade da década de 1860. Nela, um milionário brasileiro, misto de malandro e *nouveau riche*, conta vantagens e torra rios de dinheiro com mulheres e festas na capital da França. Ele diz a Paris: "Venho (aqui) para que você me roube/ Tudo aquilo que lá em baixo (no Brasil) eu roubei". Na ópera-cômica, a Cidade Luz não se faz de rogada.

A ária reflete indiretamente um período de progresso e bonança no Brasil, em que surgiram algumas grandes fortunas, graças especialmente ao cultivo do café no Estado do Rio. Na época, os *nouveaux riches* brasileiros costumavam passar boa parte de seu tempo na Europa, ostentando riqueza.

Je suis brésilien, j'ai de l'or
Et j'arrive de Rio de Janeiro.
Plus riche aujourd'hui que naguère,
Paris, je te reviens encore.

Deux fois, je suis venu déjà,
J'avais de l'or dans ma valise
Des diamants à ma chemise,
Combien a duré tout cela ?
Le temps d'avoir deux cent amis,
Et d'aimer quatre ou cinq maîtresses.
Six mois de galantes ivresses,
Et plus rien! ô Paris! Paris!
En six mois, tu m'as tout raflé.
Et puis vers ma jeune Amérique
Tu m'as, pauvre et mélancolique.
Délicatement remballé.
J'ai brûlé de revenir
Et là-bas, sous mon ciel sauvage.
Je me répétais avec rage :
Une autre fortune ou mourir.
Je ne suis pas mort, j'ai gagné
Tant bien que mal des sommes folles.
Et je viens pour que tu me voles
Tout ce que là-bas, j'ai volé.
Tout ce que là-bas, j'ai volé.
Tout ce que là-bas, j'ai volé.

Oh ! Je suis brésilien, j'ai de l'or
Et j'arrive de Rio de Janeiro.
Plus riche aujourd'hui que naguère,
Paris, je te reviens encore.
Je suis brésilien, j'ai de l'or
Et j'arrive de Rio de Janeiro.
Paris, Paris, Paris, Paris,
Je te reviens encore!
Hourrah, hourrah, hourrah.
Je viens de débarquer.
Mettez vos beaux cheveux, cocottes.
Hourrah, hourrah, hourrah.
J'apporte à vos quenottes

Toute une fortune à croquer.
Le pigeon bien plumé, plumé.
Prenez mes dollars, mes banknotes.
Ma montre, mon chapeau, mes bottes.
Mais dites-moi que vous m'aimez.
À moi les jeux et les rires
Et les danses cavalières.
À moi les nuits de Paris,
Qu'on m'amène au bal d'Asnières.
Sachez-le bien seulement,
Car c'est là ma nature.
J'en prendrai pour mon argent,
Je vous le jure!
J'en prendrai pour mon argent,
J'en prendrai pour mon argent.
Venez, venez, venez, venez![19]

----

[19] Segue-se a tradução:
"*Eu sou brasileiro, tenho ouro/ E venho do Rio de Janeiro/ Mais rico hoje do que antes/ Paris, retorno para você.// Duas vezes, eu já vim,/ Tinha ouro na minha mala/ Diamantes na minha camisa/ Quanto tudo isso durou?/ O tempo de ter duzentos amigos/ E de amar quatro ou cinco amantes/ Seis meses de galantes bebedeiras/ E mais nada, ô Paris, Paris!/ Em seis meses, você me tirou tudo/ E assim para minha jovem América/ Você, pobre e melancólico/ Delicadamente me remeteu/ Eu ardia para retornar/ E lá em baixo, sob meu céu selvagem/ Eu repetia com raiva:/ Uma outra fortuna ou morrer/ Eu não morri, ganhei/ Bem ou mal somas incríveis/ E venho, para que você me roube/ Tudo que lá em baixo eu roubei/ Tudo que lá em baixo eu roubei/ Tudo que lá em baixo eu roubei// Eu sou brasileiro, tenho ouro/ E venho do Rio de Janeiro/ Mais rico hoje do que antes/ Paris, retorno para você/ Sou brasileiro, tenho ouro/ E venho do Rio de Janeiro/ Paris, Paris, Paris, eu retorno para você!/ Hourrah, hourrah, hourrah./ Acabei de desembarcar/ Façam seus belos cabelos, cocotes./ Hourrah, hourrah, hourrah./ Trago*

Anexos
Capítulo 2

1. "Petit maitre à polca" (1846)

Letra: Antônio Gonçalves Teixeira e Sousa.
Música: José Joaquim Goyanno.
Letra (parcial) no Correio Mercantil de 22/2/1851.

Em 31 de março de 1846, um anúncio no "Jornal do Commercio" informou que o espetáculo do dia seguinte no Teatro Santa Teresa ofereceria, entre outras atrações, uma apresentação do ator Martinho Vasques cantando a ária do "Petit-maitre à polca". O reclame não trazia maiores informações sobre a canção, que fez muito sucesso. Nos anos seguintes, além de Martinho, outros atores e atrizes bastante populares, como Jovita José Marques e João Antônio Costa, incluiriam a ária em seus repertórios. Na época, era comum os espetáculos teatrais mesclarem a apresentação de farsas, comédias e dramas com números musicais, como "O capitão mata-mouros", "O meirinho e a pobre" e o dueto "O mestre de música".

Em 2 de fevereiro de 1847, o "Jornal do Commercio" anunciou

para seus dentinhos uma fortuna mastigar/ A pomba bem emplumada, emplumada/ Peguem meus dólares, minhas notas bancarias/ Meu relógio, meu chapéu, minhas botas/ Mas digam que me amam/ A mim, aos jogos, aos risos/ E às danças cavaleiras/ À mim, as noites de Paris/ Que me levem ao baile das Asnières/ Saibam bem somente/ Que essa é minha natureza/ Garanto com meu dinheiro, eu juro!/ Garanto com meu dinheiro/ Garanto com meu dinheiro/ Venham, venham, venham, venham!'

que estava à venda a partitura de "Petit-maitre à polca": "Esta linda e engraçada peça de música, que foi cantada várias vezes no Teatro S. Francisco, acaba-se de imprimir, arranjada para canto e piano pelo seu autor José Joaquim Goyanno; a poesia é do Ilmo. Sr. A. G. Teixeira e Souza, tem várias e lindas quadras sobre os amantes da polka; acha-se na imprensa de música de P. Laforge, rua da Cadea, 89, preço 800 rs". Infelizmente não se conseguiu localizar um exemplar da partitura.

Goyanno era um dos mais renomados compositores da época; Antônio Gonçalves Teixeira e Sousa, escreveu "O filho do pescador", talvez o primeiro romance brasileiro. Poucos anos depois, ambos assinariam juntos outra canção de grande sucesso, "Guarda Nacional", também conhecida como "Espanta o grande progresso", da qual tampouco se logrou garimpar a música (próximo anexo).

A expressão francesa "petit maitre" – literalmente, "pequeno mestre" – era sinônimo de "dândi". Nos jornais e livros da época, era comum o uso da forma aportuguesada "petimetre".

Com frequência, os versos da polca com o dândi eram cantados em "língua de preto", não se sabe se por causa do texto original ou devido à criatividade dos atores. Um anúncio, publicado pelo "Correio Mercantil" de 22 de fevereiro de 1851, trouxe parte da letra da ária cantada pelo ator Costa, reproduzida abaixo.

Anúncio da programação do Teatro de Santa Tereza, com letra da polca do petit-maitre, 1851

Quem qui qué anda ri poruca
Precisa tem be rinhero
Pra não passa venconha
Com fama ri caundiro
E quem não tivé rinhero
Vá cabá no fusilero.
Esse moda ri a poruca que disse
Só na home be cuplido
Tu qui quere andari à poruca
Tasse ahi tasse mundiro
E quando não te rinhero
Mossa disse esse é bregero.[20]

2. "Guarda Nacional" ou "Espanta o grande progresso" (1860)

Letra: Antônio Gonçalves Teixeira e Souza.
Música: J. J. Goyanno.
Letra em Trovador, ACB, CB, SS, "Diário do Rio de Janeiro" (06/08/1860) e "A marmota" (10/08/1860)

Este lundu tem como mote os progressos e as mudanças que ocorriam na época no Rio de Janeiro (ver "O século das luzes" no capítulo 2). Critica a carestia

---

[20] Tradução para o português corrente: *"Quem que quer andar de peruca/ Precisa ter bem dinheiro/ Pra não passar vergonha/ Com fama de escondido/ E quem não tiver dinheiro/ Vai acabar no fuzileiro.// Essa moda da peruca que disse/ Só no homem bem cumprido (?)/ Tu que quer andar de peruca/ Tá aí, tá mordido?/ E quando não tem dinheiro/ Moça diz que é brejeiro".*

desenfreada e lamenta a insegurança na cidade. Ladrões, ratoneiros e gatunos faziam a festa em cima de escravos de ganho e trabalhadores humildes.

De quem era a culpa? Dos conservadores, depreende-se do lundu. Seus últimos versos citam o refrão final de "Fora o Regresso" (capítulo 2), de 1844: "Viva quem vive/ Morra o regresso/ Viva a nação/ Viva o progresso!".

A letra do lundu foi publicada na íntegra pelo "Diário do Rio de janeiro" de 6 de agosto de 1860, com a seguinte apresentação: "A esta hora corre impressa uma canção popular, escrita por um poeta nacional e posta em música pelo sr. Goyanno. Chistosa e adequada, basta ser lida para ser apreciada". Poucos dias depois, "A Marmota", de Paula Brito, também publicou os versos da canção.

Embora o autor da letra não tenha sido identificado pelo jornal, trata-se de Antônio Gonçalves de Teixeira e Sousa – para muitos, o autor do primeiro romance brasileiro, "O filho do pescador", publicado em 1843. Teixeira e Sousa, filho de um português e de uma negra, nasceu em uma família humilde em Cabo Frio (RJ). Carpinteiro de profissão no início da vida adulta, mudou-se para o

Rio, onde trabalhou como tipógrafo, tornando-se um intelectual bastante ativo nas décadas de 1840 e 1850. Morreu em 1861.

A canção aparece com nomes diferentes nos cancioneiros. Nos mais antigos, como "Trovador: collecção de modinhas, recitativos, árias, lundus, etc.", de 1876, e "A Cantora Brasileira", de 1878, o título é igual ao primeiro verso: "Espanta o grande progresso". Em cancioneiros posteriores, lançados nos primeiros anos do século XX – "Cantares Brasileiros: cancioneiro fluminense" e "Serenatas e Saraus", ambos coletados por Melo Moraes Filho –, o lundu tem o nome de "Guarda Nacional". Nos catálogos de partituras, também aparece com o título de "Guarda Nacional".

Tudo é sofrer
Para pobreza;
Só a riqueza
Vive contente.
Mortal que vive
Do seu trabalho,
Não tem um canto
Para agasalho.

Meu bem, não me peça dinheiro,
Qu'eu não tenho pra te dar;
Pois ando sempre de guarda,
Quando folgo, vou rondar.

A carne seca tão cara!
Cada vez o preço cresce,
O monopolista à custa
Da pobreza se enriquece.
Nos açougues carne podre,
Nas ruas leite com água,
Causa dor e causa mágoa
O pão, de tão pequenino.

Espanta o grande progresso
Desta nossa capital,
Decresce o bem por momento,
Cresce a desgraça e o mal:
A carestia de tudo
De grande já não tem nome,
O pobre morre de fome,
De miséria e de trabalho.

Em belos carros
O rico corre,
O pobre morre
Sem que comer;

A dez tostões
Pinto gosmento,
Feijão bichento
A peso d'ouro;
Toucinho couro
E já tocado,
Café torrado
Com milho podre;
Todos os meses,
Por aluguéis,
Quatro paredes
Trinta mil réis.

Meu bem, não me peças dinheiro ...

Pejam as ruas mendigos,
Há ladrões por toda a parte!
Em breve nos darão leis
A faca e o bacamarte.
Por altas horas da noite
Invadem nossos poleiros,
E nos levam os ratoneiros
A criação dos quintais.

> *Té as torneiras*
> *Já não escapam,*
> *Pois tudo rapam*
> *De um modo estranho,*
> *Pretos do ganho*
> *São espreitados,*
> *Após roubados*
> *Pelos gatunos.*
> *Em grandes festas,*
> *Bailes, passeios,*
> *Sempre acham meios*
> *De ratonar.*

Meu bem, não me peças dinheiro ...

Feijão, milho e açúcar
Carne e peixe já cozidos,
Nos vem das terras da Europa,
Vem dos Estados Unidos.
Enquanto o monopolista
O seu negócio equilibra,
Vendendo à pataca a libra
Vai o pobre à carne seca.

> *Quatro pimentas*
> *Por um vintém,*
> *Só quem o tem*
> *Pode gozar;*
> *Quem quer comprar*
> *Alguns limões*
> *Dá dois tostões*
> *Por um somente.*
> *Viva quem vive,*
> *Morra o regresso.*
> *Viva a nação,*
> *Viva o progresso!*

Meu bem, não me peças dinheiro ...

3. "O progresso" (185--)

Letra e música: autores desconhecidos.
Letra em T.

Este lundu, publicado em 29 de agosto de 1869 pelo "Trovador: jornal de modinhas, recitativos para piano, lundus, romances, árias, canções, etc., etc.", deve ser sido composto bem antes dessa data, pois se refere às multas cobradas aos que lançavam "águas sujas" – ou seja, excrementos – nas ruas. Até a década de 1850, as autoridades municipais exigiam que os cubos ou cabungos com fezes e urina fossem despejados em locais previamente determinados, geralmente no mar. Os tonéis ganharam o apelido de "tigres" e os escravos que os transportavam eram chamados de "tigreiros" (ver o cordel "Pai Supríço, Pai Zuão e Pai Bunito, turo zelle camrada" nos anexos do capítulo 7). Somente a partir de 1862, o centro do Rio de Janeiro passou a contar com serviços de esgotos ("O progresso do país" no capítulo 4).

Além de fazer críticas às ruas esburacadas, à imundície e às sarjetas empoçadas, a canção denuncia o tratamento diferenciado dado pelos agentes da lei aos cidadãos em função do patrimônio do infrator: "A justiça não se faz/ Ao rico ou ao barão/ Só pra o pobre a justiça/ Para o rico a posição".

Também mostra que ter um bom padrinho era decisivo para obter uma colocação: "Só tem emprego/ Os afilhados/ Os protegidos/ Dos magistrados/ Mas se for pobre/ Sem proteção/ Pedindo emprego/ Dizem que não".

As últimas quadras deixam claro que já nos tempos do Império os políticos só reparavam nos pobres na época das eleições: "Pergunta o pobre/ O que deseja?/ Responde o cujo/ Que um voto almeja./ Depois de finda/ Essa eleição/ O que prometem/ Eles não dão".

Anda tudo à revelia,
As ruas esburacadas;
Em cada canto imundície
As sarjetas empoçadas.

É de tal modo
A tal limpeza,
As águas sujas
Pagam à empresa.

São dez mil réis,
De multa justa;
Se não m'engano
É muito injusta.

Quem não tiver
O seu quintal;
Paga essa multa
Municipal.

Pois se puser
À rua água;
Lá vai o pobre
Cheio de mágoa.

Mas se for rico,
Dizem: – este não,
Porque me pode
Dar demissão.

A justiça não se faz
Ao rico ou ao barão;
Só pra o pobre a justiça,
Para o rico a posição.

Quem não tiver
Um bom padrinho;
Não passará
D'um biscainho.

Só tem emprego
Os afilhados,
Os protegidos
Dos magistrados.

Mas se for pobre
Sem proteção;
Pedindo emprego
Dizem que não.

Não tem lugar,
Sinto bastante;
Eis a resposta
Do tal tratante.

Mas se é dos tais
De proteção;
Um bom emprego
Eles lhe dão.

Eis o que é patriotismo
Neste Rio de Janeiro:
Mas quando chega a eleição
Pra o pobre correm primeiro.

Vão à carreira
Os tais bichinhos;
C'o nome impresso
N'um cartãozinho.

Na porta batem,
Quem está aí?
Um seu criado
Sôr Moricy.

Pergunta o pobre,
O que deseja?
Responde o cujo
Que um voto almeja.

Depois de finda
Essa eleição;
O que prometem
Eles não dão.

Desse sujeito
Vejo eu aos mil;
No malfadado
Nosso Brasil.

4. "Conversação do Pai Manoel com Pai José e um inglês, na estação de Cascadura sobre a questão anglo-brasileira" (1862).

Letra: autores desconhecidos.
Letra na BN.

Em junho de 1861, o navio britânico "Prince of Wales" naufragou próximo ao Farol do Albardão, a cerca de 90 quilômetros de Chuí, no extremo sul do Brasil. Onze marinheiros morreram na tragédia. Os sobreviventes dirigiram-se até a cidade de Rio Grande em busca de socorro. Quando voltaram ao navio, a carga havia sido saqueada. O embaixador da Inglaterra, William Christie, exigiu que o governo brasileiro punisse os culpados e indenizasse seu país. Os pleitos não foram atendidos.

A partir daí as relações entre o Brasil e a Grã-Bretanha, país mais poderoso do mundo na época, entraram num período de fortes turbulências.

Em 1862, marinheiros ingleses tomaram uma bebedeira no Rio de Janeiro e se meteram numa briga, sendo detidos pela polícia. O embaixador Christie reagiu imediatamente. Exigiu a prisão dos brasileiros envolvidos no incidente e um pedido formal de desculpas das autoridades do Império. De quebra, voltou a cobrar o pagamento da indenização pelo saque do "Prince of Wales". Advertiu que, caso não fosse atendido, a marinha britânica bloquearia o porto do Rio de Janeiro. No final do ano, a ameaça se concretizou.

A escalada de tensões acabou provocando o rompimento das relações diplomáticas entre o Brasil e a Inglaterra em 1863. Ainda neste ano, o rei da Bélgica, Leopoldo

I, escolhido para arbitrar o contencioso, deu ganho de causa ao Brasil. Os dois países somente reatariam relações em 1865, depois do início da Guerra do Paraguai.

Boa parte dos incidentes que passaram à história como "A questão Christie" são relatados no delicioso cordel chamado "Conversação do Pai Manoel com Pai José e um inglês, na estação de Cascadura sobre a questão anglo-brasileira", que circulou em 1862, sendo publicado três anos depois num folheto junto com outras duas "conversações" sobre a Guerra do Paraguai.

O cordel foi escrito em "língua de preto", como se chamava então o português falado por muitos africanos escravizados, em que consoantes eram trocadas, concordâncias suprimidas, gêneros misturados e palavras truncadas. Isso não significa que o autor do cordel fosse um cativo. Nas décadas de 1830, 1840, 1850 e 1860, intelectuais, artistas e jornalistas recorriam com frequência à "língua de preto" nas falas, poesias e canções.

Na "conversação" abaixo, Pai José, habitante do centro do Rio, encontra-se com Pai Manoel, morador em Cascadura, primeira estação de trem da zona rural. Com notável sensibilidade política, ele

explica para o amigo os bastidores da "Questão Christie": a nação
mais poderosa do mundo estava
fazendo pressão para arrancar do
Brasil a assinatura de um novo
tratado comercial, favorável aos
interesses ingleses, tornando nosso país ainda mais dependente de
Londres. A solução, segundo Pai
José, era não se deixar intimidar e
falar grosso com os ingleses.

Dois esclarecimentos:
a) Lorde Beresford tomou Buenos
Aires em 1806, mas meses depois
os portenhos levantaram-se, derrotaram os marinheiros britânicos
e puseram Beresford atrás das grades. Levou seis meses preso, fugindo mais tarde para Londres; b)
Em 1849, o militar francês Claude
Etienne Minié desenvolveu um
projétil de chumbo que podia ser
carregado pela boca em carabinas
de cano raiado, garantindo maior
precisão no disparo.

Ora viva, sinhô Zuzé,
Vossocé ven do cidáre;
Mi conta zi novidáre,
Conta turo cumo é.
Não é nata, Pay Manoé,
Turo tá accomodáro;
Uma ingrèze renegáro,
Qui si sâma sinhô Crito,
Inventó uma confrito;
Massi turo tá acabaro.

Voce dize: tá acabaro!
Massi cumo é isso então?
Cuverno compra canhão
Desse qui sâma raiáro;
Qué navio coraçáro,
Pingata di Minié.
Pra qué isso, Pay Zuzé?
Arsená fundido bára,
Tá frutificando o barra,
Turo isso pra que é?

Cuverno tá si prontando
Pâra ôtro caziáo.
Zêre no si quéce, não,
Si tá sempre maquinando;
Zêre, di quando in quando.
Cú Brazi ven tirá búia.
Hum ria áre toma no cúia.
Brazirèro tá cançáro;
No quero sê cuvernáro.
Por esse zente tô suia.

Poren, dize, Pay Zuzé,
Cumo foi o tá cufrito;
Iô ta cu curação frito;
Qué sabê cumo isso é.
Iô te conta, Pay Manoé.
Paréce que ano passáro
Morreu zingrêze afogáro,
Na praia di Labradão.
Dúm barco dêsse nação.
Que tinha ali nofragáro.

Zêre qué que Brazi páca
No só carca cumo fréte,
Purquê Brazi não cupéte

Cu zêre, que é nação fraca.
E que tá sitá o matráca!
Brazi é seguradó
Pra pacà sêza qui fó
Qui si préde no seu costa!
Zêre que precisa é cóssa;
Diabo de zisto pô.

Na Tizuca treze ingrêze
Tomáro uma caberêra.
Fizéro lá munto asnêra
Cumo faze muitos vêze.
Fôro prêzo turos trêze,
Pru brigá eu sintinéra.
Zêre no disse quen éra,
Tava vestido á paisana,
Turos en frasco di cana
Pra moiá ozinguéra.

Sinhô Crito, pruvetando
Esse circuntançasinha,
Dice, son effciá de marinha
Que Brazi tá insurtando.
Quen é que nó tá cherêcando
Que isso nêre é um ardi
Pra cupremetê Brazi.
Quen nó sabe o que êre qué!
Sucúta você Pay Manoé
O que eu dize agora aqui.

Zêre o que qué é dinhêro;
E, cumo o cuverno nô deu,
O que fêze o tá zudêu?
Botô no barra um cruzêro;
Tomô marco brazilêro

Pra pacá pro sua mão,
Insurtando assim nação.
Zêre o que qué é guerra,
Prá toma conta do terra;
Nô are sé assim, não.

Oh! Oh! No dezesperra;
Min senôr star enganada;
Si Brazi quer faz tratáda
De commerce, no ten guerra.
Este Brazi stá bom terra;
Tem mui belles móletines,
Excelentes creoulines;
Ten sucre, muite coffi;
Ten rone de Paraty;
Ten munte óre em seus mines.

Onten star com William,
No hotél tinhe de lunche,
Tinhe trez pipes de punche,
E otres trez de Porwin.
William star entlemen;
Elle me dá segurance
Que tude este contredance
Fique de tudi acabada,
Se Brazi quer faz tratada
De commerce e aliance.

Brazi no qué tratada.
Quen tivé sua fazenda
Que traca e ponha á venda,
Pacando os direto de entráda
Com ingrêze no toma nada;
En tratado é caviróso;
Cumo é nação poderoso
De turo faze questão;

Depôze decide a canhão,
Inda que não fique êroso.

Qué sabê minha pinhão?
Brazi no póre cu guerra;
Vite rugodáo do terra,
Nó conpra nata êre, não;
É guerra de coração,
Atraza sua comerço,
Poen zére fazendo vérço.
Toma isso munto a pêto;
Omenta ben zi direto
Pra insiná zésse preverso.

Godêmi Mistris Jósé
Nada disse ten precise,
Govérne ten munte size
Pra não nos faltar ao fé.
Nos compra godão, coffe,
Compra sucre, compra corro
Tira dos mines o ourro,
Vem faz estradas de fér,
Empresta dinêrro que quer,
Mas nô sufre desafórro.

Você é ben confiáro!
Esse terra não é sua,
Te bota os tripa na rua,
Te dá zá uma cabeçaro.
Si tá cu cabeça esquentáro,
Vai pra cassa drumi.
Sinão óia, tá aqui
O que paca disafôro,
No séxa você cassórro,
Dêssa o terra de Brazi.

Mim senór star zangade;
Min retira o expressão;
No quer offender nação;
Nós tem medo de acade,
Tambem bo quer cabeçade.
En Bones Arres eu vio
Dessa guerra o que surtio.
Nés tomames o cidade;
Mas morreu tudo a pedrade.
Lord Baresford fugio.[21]

----

[21] Segue uma tentativa de tradução para o português corrente hoje no Brasil:
"Ora viva, senhor José/ Você vem da cidade/ Me conta as novidades/ Conta tudo como é/ Não é nada, Pai Manoel/ Tudo tá acomodado/ Um inglés renegado/ Que se chama senhor Christie/ Inventou um conflito/ Mas tudo está acabado.// Você diz: está acabado!/ Mas como é isso então?/ Governo compra canhão/ Desse que chama raiado/ Quer navio couraçado/ Espingarda de Minié/ Para que isso, Pai José/ Arsenal fundindo bala/ Está fortificando a barra/ Tudo isso para que é?// Governo está se aprontando/ Para outra ocasião/ Eles não se esquecem, não/ Está sempre maquinando/ Eles, de quando em quando/ Com o Brasil vem tirar bulha/ Um dia vai tomar na cuia./ Brasileiro está cansado/ Não quer ser governado/ Por essa gente tão suja.// Porém, diz, Pai José/ Como foi o tal conflito/ Eu estou com o coração aflito/ Quer saber como isso é/ Eu te conto, Pai Manoel/ Parece que ano passado/ Morreu inglés afogado/ Na praia de Albardão/ Dum barco dessa nação/ Que tinha ali naufragado.// Eles querem que o Brasil pague/ Não só a carga como o frete/ Porque o Brasil não compete/ Com eles, que é nação fraca/ E que se está à matraca!/ Brasil é segurador/ Para pagar seja o que for/ Que se perde na sua costa!/ Eles precisam de coça/ Diabo de estupor// Na Tijuca, treze ingleses/ Tomaram uma bebedeira/ Fizeram lá muita asneira/ Como fazem muitas

vezes./ Foram presos todos os treze/ Por brigar com o sentinela/ Eles não disseram quem eram/ Estavam vestidos à paisana/ Todos com frasco de cana/ Para molhar as goelas// Senhor Christie, aproveitando/ Essa circunstanciazinha/ Disse: são oficiais da Marinha/ Que o Brasil está insultando./ Quem é que não está enxergando/ Que isso neles é um ardil/ Para comprometer o Brasil/ Que nós sabemos o que eles querem/ Escuta você, Pai Manoel/ O que eu digo agora aqui// Eles o que querem é dinheiro/ E como o governo não deu/ O que fez o tal judeu?/ Botou na barra um cruzeiro/ Tomou barco brasileiro/ Para pagar por sua mão/ Insultando assim a nação/ Eles o que querem é guerra/ Para tomar conta da terra/ Não vai ser assim, não// Oh! Oh! Não desespera/ Meu senhor está enganado/ Se o Brasil quer, faz tratado/ De comércio, não tem guerra/ Este Brasil tem boa terra/ Tem muitas belas mulatinhas/ Excelentes crioulinhas/ Tem açúcar, muito coffee/ Tem rum de Parati/ Tem muito ouro em suas minas// Ontem estive com William/ No hotel tinha lanche/ Tinha três pipas de ponche/ E outras três de vinho do porto/ William estava entre homens/ Ele me deu segurança/ Que toda esta contradança/ Fique de todo acabada/ Se o Brasil quer, faz tratado/ De comércio ou aliança// Brasil não quer tratado/ Quem tiver sua fazenda/ Que traga e ponha à venda/ Pagando os direitos de entrada/ Os ingleses não tomam nada/ Em tratado é caviloso/ Como é nação poderosa/ De tudo faz questão/ Depois decide a canhão/ Ainda que não fique êroso (?)// Quer saber minha opinião?/ Brasil não pode com guerra/ Vende algodão da terra/ Não compra nada deles não/ É guerra de coração/ Atrasa seu comércio/ Põe eles fazendo verso/ Toma isso muito a peito/ Aumenta bem os direitos/ Para ensinar esses perversos// God damn Mister José/ Nada disso é preciso/ Governo tem muito siso/ Para não nos faltar a fé/ Nós compramos algodão, coffee/ Compra açúcar, compra couro/ Tira das minas o ouro/ Vem, faz estradas de ferro/ Empresta o dinheiro que

5. "A quebra dos bancos" (1864)

Letra: Gualberto Peçanha.
Música ("Espanta o grande progresso" ou "Guarda Nacional"): J. J. Goyanno
Letra em Trovador.

Esta paródia do lundu "Espanta o grande progresso", também conhecido como "Guarda Nacional", descreve a enorme confusão que convulsionou o Rio de Janeiro em 1864 após a quebra da Casa Souto, um dos principais estabelecimentos bancários do país (ver "Já não há trocos miúdos" no capítulo 2).

Tudo anda em reboliço
Cá pela nossa cidade,
Há cousinhas que amedrontam,
Temos grande novidade:
Corre aí de boca em boca
Que o nosso grande banqueiro
Fez ciente a seus credores
Que não tinha mais dinheiro.

quer/ Mas não sofre desaforo// Você é bem confiado!/ Essa terra não é sua/ Te boto as tropas na rua/ Te dou já uma cabeçada/ Se está com a cabeça esquentada/ Vai para casa dormir/ Se não, olha, está aqui/ O que paga desaforo/ Não seja você cachorro/ Deixa a terra do Brasil// Meu senhor estar zangado/ Eu retiro a expressão/ Não quero ofender a nação/ Nós temos medo de queda/ Também não queremos cabeçada/ Em Buenos Aires, eu vi/ Nós tomamos a cidade/ Mas morreu tudo a pedrada/ Lord Beresford fugiu."

Todos lastimam
Em cada canto,
Vertendo pranto
Amargurado;
Por ter guardado
O seu dinheiro
Com o banqueiro
Tão conhecido,
Vivem agora
Em agonias,
Chorando suas
Economias.

Tenham calma e paciência,
O medo desvanecendo,
Porque se vai proceder
A um total dividendo.

Apenas se divulgou
Tal notícia na cidade,
Ficou quase que maluca
Da população — metade:
Viu-se grandes e pequenos
Andar em passo de cão,
Tudo falava e gritava,
Houve grande confusão.

Todos lastimam ... etc

Tenham calma e paciência, ... etc.

Viu-se na rua Direita,
Em frente à casa bancaria,
Gente bem e mal vestida,
Podendo chamar-se vária;
Os soldados da polícia
D'espadas desembainhadas,
Iam dispersando o povo
A poder de cutiladas.

Todos lastimam ... etc

Tenham calma e paciência, ... etc.

Chorava o pobre carreiro,
Chorava o negociante,
Grande alarido fazia
Das ruas o mendicante;
Pois até mesmo os mendigos
Sem o que comer — exauridos,
Diziam, para se ouvir,
Que tinham vales perdidos.

Todos lastimam ... etc

Tenham calma e paciência, ... etc.

Já se deixa ver então
Que no mundo não há pobre,
Pois os mais necessitados
Tinham juntos bem bons cobres;
Mudaram então as cenas,
Os ricos ficaram pobres,
Os pobres são ricos hoje,
Pois trazem consigo os cobres.

Todos lastimam ... etc

Tenham calma e paciência, ... etc.

6. "As notas do Tesouro" (1866)

Letra: M. C. Tupinambá. Música: J. S. Arvellos

Este lundu deve ter sido composto em 1866, pois faz seguidas referências à Guerra do Paraguai e um de seus versos menciona "a exposição" – provavelmente a Segunda Exposição Nacional, realizada no Rio de Janeiro em 1866.

Anos após a falência da Casa Souto, ocorrida em 1864, o povo continuava a sofrer com a falta de trocos miúdos. Como os ricos beneficiavam-se com a situação, o trovador faz planos para abrir uma casa bancária especializada em notas de baixo valor. Acreditava que assim chegaria ao parlamento e se tornaria nobre: "Viva, viva o progresso/ Da nossa civilização/ Que um banco de miúdos/ Já faz – Senador – Barão".

Fugiram desta cidade
As notas de dez tostões,
Com medo dos paraguaios!
A culpa tem-na os mandões.

Velhos, tortos, aleijados,
Judeu, cristão, mouro,
Tem maná de frigideira,
Nas notas do Tesouro.

Lá se foram os miúdos,
Babau, senhor ministro,
É preciso remediar-nos
Neste caso tão sinistro.

Velhos, tortos, aleijados ... etc

Pede-se de porta em porta
Qual esmola pede o pobre,
Não há miúdos para cinco,
O que há é muito cobre.

Velhos, tortos, aleijados ... etc

Não há troco nas boticas,
Nas tabernas, sapateiros,
Nos açougues e lojistas,
Nem na mão dos boleeiros.

Velhos, tortos, aleijados ... etc

Quem quiser ir ao Tesouro
Seu papelinho selar,
Vá munido de miúdos
Se os tiver para levar.

Velhos, tortos, aleijados ... etc

Nesta casa de dinheiro
Não há troco miúdos,
Assim como a mim me faltam
Os pequenos e os graúdos.

Velhos, tortos, aleijados ... etc

Com letras cor das escritas
As notas do Tesouro estão
Nos anúncios do Jornal
Servindo de especulação.

Velhos, tortos, aleijados ... etc

A nossa Dona Polícia
Sua vista já perdeu,
E cega no seu cantinho
Esses anúncios não leu.

Velhos, tortos, aleijados ... etc

O rico não dá cavaco
Tem crédito, come fiado,
Mas o pobre, coitadinho,
É quem fica atropelado.

Velhos, tortos, aleijados ... etc

Eu já vi uma excelência,
Que tem muito dinheiro,
Vendendo notas miúdas,
Na casa de um banqueiro.

Velhos, tortos, aleijados ... etc

Excelentíssimo senhores
Representantes da nação,
Tende piedade de nós,
Para o povo compaixão.

Velhos, tortos, aleijados ... etc

Já vai cheirando mal
A tal história dos miúdos,
A culpa é do mesmo povo
Sustentar certos pançudos.

Velhos, tortos, aleijados ... etc

Choremos, povo, choremos,
A miséria de nossa terra,
Que até as notas miúdas
Voluntárias foram à guerra.

Velhos, tortos, aleijados ... etc

Vou mandar imprimir
Quinhentos mil cartões
Que tenham o mesmo valor
Da nota de dez tostões.

Velhos, tortos, aleijados ... etc

Com eles eu vou abrir
Uma casa de banqueiro,
Como prêmio bem pequeno
Hei de ganhar muito dinheiro.

Velhos, tortos, aleijados ... etc

Esta tão feliz ideia,
Parto da imaginação
Há de ter em outubro
Um prêmio na exposição.

Velhos, tortos, aleijados ... etc

O governo agradecido
Com este serviço prestado,
Me há de dar uma tetéia
E uma pensão de cruzado.

Velhos, tortos, aleijados ... etc

Fico rico, muito nobre,
O comércio penhorado,
Com este grande serviço
Me faz logo deputado.

Velhos, tortos, aleijados ... etc

E tendo uma cadeira
No seio da representação,
Não custa ser senador,
Sou logo senhor barão.

Velhos, tortos, aleijados ... etc

Viva, viva o progresso
Da nossa civilização
Que um banco de miúdos
Já faz – Senador – Barão.

Velhos, tortos, aleijados ... etc

3

Escravidão, racismo e resistência

Introdução

*F*oi uma das maiores tragédias da história da humanidade. Durante mais de três séculos, cerca de 12 milhões e 500 mil pessoas foram capturadas, escravizadas e deportadas da África para as Américas e o Caribe. Cerca de 1 milhão e 800 mil homens, mulheres e crianças morreram na travessia do Atlântico, feita em condições extremamente precárias e insalubres. Chegaram com vida às Américas e ao Caribe 10 milhões e 700 mil africanos.

O Brasil foi o principal destino desse tráfico. Entraram nos portos brasileiros aproximadamente 4 milhões e 850 mil escravizados, segundo as estimativas do Trans-Atlantic Slave Trade Database[22], apoiadas nos registros oficiais da época. Ou seja, 46% do total. Em seguida aparecem as colônias britânicas no Caribe (22%), a América Espanhola (12%) e os domínios franceses no Novo Mundo (10,4%). Os Estados Unidos da América receberam cerca de 470 mil africanos (4,4%), números possivelmente subestimados. Não incluem os escravizados que passaram por

----

[22] Dados do TASTD disponíveis em www.slavevoyages.org/assessment/estimates

baldeações em colônias britânicas no Caribe antes de chegar à América do Norte.

A grande maioria dos africanos trazidos para o Brasil veio dos atuais territórios de Angola, República Democrática do Congo, República do Congo e Gabão: 3 milhões e 400 mil. A segunda região de onde foram deportados mais escravizados para nosso país foi o Golfo do Benim, que compreende a maior parte da Nigéria e o atual Benim: 887 mil. Seguem-se pela ordem: Moçambique, com 288 mil; Senegâmbia (Senegal, Gâmbia e Guiné-Bissau), com 178 mil; o Golfo de Biafra (Leste da Nigéria e Camarões), com 123 mil; e a Costa do Ouro (Gana e Togo), com 62 mil.

Cerca de 80% dos escravizados que chegaram às Américas eram adultos e 20% crianças, com idade presumida inferior a 13 ou 14 anos. As estimativas são de que 65% dos escravos eram homens e 35%, mulheres.

Ao lado de nossas raízes ameríndias, temos fortíssimas raízes africanas. Estima-se que em 1500 habitavam os atuais territórios do Brasil cerca de 2 milhões 430 mil indígenas. Alguns avaliam que esse número pode ter sido maior, quase 4 milhões. De 1500 a 1850, ingressaram no Brasil, como já vimos, 4,8 milhões de africanos. No mesmo período, o número de portugueses que atravessou o Atlântico foi bem inferior. Segundo o historiador Luiz Felipe de Alencastro, teriam migrado para o Brasil cerca de 750 mil portugueses entre 1500 e 1850.[23]

Negros vendendo perus e galinhas. Debret.

Na maioria dos países das Américas e do Caribe, o trabalho escravo concentrou-se em atividades altamente rentáveis, voltadas para a exportação. Limitou-se a poucas regiões. É o caso, por exemplo, dos Estados Unidos, onde os cativos trabalhavam basicamente nas lavouras de algodão e tabaco do Sul. Já no Brasil, os escravizados movimentavam a economia de Norte a Sul do país. Trabalhavam

---

[23] "África, números do tráfico atlântico", de Luiz Felipe de Alencastro, em "Dicionário da Escravidão e da Liberdade: 50 textos críticos/Lilia Moritz Schwarz e Flávio dos Santos Gomes (orgs.)". São Paulo: Companhia das Letras, 2018."

em todas as áreas: nos canaviais e engenhos de açúcar, nas plantações de algodão, tabaco e café, nas charqueadas, nas minas de ouro e nos garimpos de diamantes. Executavam os serviços domésticos, desde a limpeza e a cozinha até o cuidado com as crianças e a amamentação. Nas ruas das cidades, eram os escravos e escravas de ganho que carregavam, transportavam, vendiam, limpavam, remendavam e trabalhavam em oficinas e lojas.

Ter escravos não era um privilégio dos ricos. Era algo disseminado por toda a sociedade. Os ricos tinham muito mais escravos, é claro, mas a classe média e os pequenos proprietários também tinham escravos. Era comum que ex-escravos comprassem cativos.

Tudo somado, o trabalho escravo não estava limitado a enclaves altamente produtivos da economia, mas movia o conjunto da sociedade, de Norte a Sul do país e de cima a baixo nas classes sociais. Por isso, até o fim do tráfico negreiro em 1850, o escravismo contou com uma base social ampla, sendo aceito por boa parte da sociedade não-escravizada como algo natural.

***

Este capítulo reúne 37 canções sobre a escravidão, o racismo e a resistência ao preconceito. Ele não esgota os temas relacionados com o cativeiro. No capítulo 6 ("Me deu cama, mas não deu banco"), poderão ser encontradas canções sobre o movimento abolicionista e as limitações da Lei Áurea; no capítulo 7 ("Ganhadores, autônomos e assalariados), sobre a transição do trabalho urbano na segunda metade do século XIX; no capítulo 9 ("Capoeiras e caipiras"), sobre a violência eleitoral e a participação dos capoeiras nos tumultos políticos.

Abre a coletânea de canções deste capítulo uma obra seminal: "Pai João". Não se sabe quem são seus autores nem a data da sua composição, mas ela é bem antiga. As quadrinhas de "Pai João", escritas em "língua de preto", que simulava o português com erros falado pelos africanos no Brasil, denunciam a escravidão, o racismo e o preconceito. A primeira delas diz: "Quando iô tava na minha tera/ Iô chamava Capitão/ Chega na tera dim baranco/ Puxa enxada – Pai João". Já a última estrofe critica a frouxidão moral dos senhores de escravos: "Nosso preto quando fruta/ Vai pará na correção/ Sinhô baranco quando fruta/ Logo sai sinhô barão". O lundu teve ampla circulação em todo o país, estimulando o surgimento de um ciclo musical do Pai João.

As quatro canções seguintes – "Pai João" ("Orfeu na Cidade"), "Lundu do escravo", "Mãe Maria Camundá" e "Preto forro alegre" – fazem parte desse ciclo. Têm músicas semelhantes à do lundu original, às vezes com versos e estribilhos distintos, às vezes sem refrões. A primeira foi cantada nos palcos da Corte, a segunda veio do interior de São Paulo, a terceira de Pernambuco e a quarta provavelmente do Estado do Rio. Todas elas referem-se a situações vividas pelos escravos no cotidiano, como o trabalho extenuante, os preconceitos, os castigos, o casamento e a alforria.

Muitos folcloristas notáveis, como Arthur Ramos, associaram a figura do nosso "Pai João" ao "Uncle Tom" da literatura norte-americana. Como o personagem do romance de Harriet Beecher Stowe, ele seria um velho escravo que aceitava com resignação a opressão de que era vítima. As cinco canções mencionadas acima, assim como outras posteriores, enfraquecem essa interpretação.

Escravos na colheita de café. Marc Ferrez. Vale do Paraíba (RJ), 1882. Acervo IMS

Nosso Pai João, longe de se vergar submisso diante da exploração e do racismo, buscava resistir com os meios a seu alcance à opressão e à desqualificação do cativeiro. Tudo bem, ele não era um Zumbi, disposto a fugir para um quilombo e a pegar em armas para lutar pela liberdade. Mas tampouco era subserviente. Não adotava os pontos de vista de seus algozes. Fazia críticas, recorria à ironia, expunha a hipocrisia, desnudava o racismo e repelia o discurso desqualificador de que os negros eram inferiores aos brancos. Ou seja, resistia como podia.

As sete canções que se seguem abordam as difíceis condições do trabalho escravo. "Ei, ê lambá", "Trabaiá até morrê" e o jongo da opereta "Os noivos" mostram como era pesado o trabalho na mineração, nos engenhos de açúcar e na colheita do café, respectivamente. "Escravos de Jó", "Tava chovendo", "Pai Luís" e "Catarina, minha nega" ecoam cenas do cotidiano dos escravos domésticos. Em tempo: na maioria das línguas bantas, faladas na África Central e Austral, "nzó" significa casa. Quase não se pronuncia o "n" inicial.

"Tango do Ali Babá" e "Embaúba" mostram relações contraditórias entre os cativos e os sinhôs e sinhás. No tango, com belíssima música de Henrique Alves Mesquita, os escravos, nos versos do português Eduardo Garrido, saúdam respeitosamente a senhora: "A mãe siora/ Que jura amar/ Vem pleto agora/ Complimentar". Em compensação, no jongo, os cativos zombam do senhor: "Ô, ô, com tanto pau no mato/ Embaúba é coroné". A embaúba é uma árvore que não vale grande coisa. Por fora, tem boa aparência. Por dentro, sua madeira é podre.

As quatro canções seguintes referem-se direta ou indiretamente aos quilombos, às fugas de escravos e à resistência nas senzalas. "Batuque dos Palmares" veio do Nordeste. "Samba na sanzala", de Minas Gerais. "Jongo africano", do Estado do Rio. "Muriquinho piquinino", também teve origem em Minas. Quando um familiar do molequinho pequenino pergunta para onde ele está indo, o garoto responde: "Ô parente, pro quilombo de Dumbá!".

***

Desqualificar e desumanizar o escravizado era essencial para legitimar a escravidão, tanto aos olhos dos senhores quanto dos cativos.

Os primeiros, ao não reconhecerem os negros como seus semelhantes, sentiam-se à vontade para tratá-los apenas como força de trabalho e mercadoria. Já os escravos, ao terem sua inferioridade reiteradamente proclamada, eram induzidos a aceitar com resignação a opressão e a exploração.

"Caruru" é um exemplo de como o racismo praticamente não conhecia limites na sociedade escravocrata. O lundu estabelece uma hierarquia entre as mulheres a partir de critérios de cor. No alto, estavam as branquinhas; depois, vinham as mulatinhas, em seguida as cabrinhas[24] e, por último, as negras. Diz uma de suas quadrinhas: "As branquinhas bebe champanhe/As mulatinhas vinho do porto/ Cabrinha bebe cachaça/ E negra mijo de porco". O miudinho "A baiana" não chega a ir tão longe, mas também é preconceituoso.

Se a desqualificação e a desumanização eram essenciais para manter a escravidão, a resistência ao racismo era fundamental para debilitá-la. A música foi uma importante cena dessa disputa. Inúmeras canções foram compostas não apenas exaltando as belezas das negras e mulatas, como também registrando o ciúme que despertavam nas mulheres brancas.

É o caso de "Gosto da negra", "Quando vejo da mulata", "Eu gosto da cor morena" e "Às clarinhas e às moreninhas", que remontam às décadas de 1850 e 1860. Cantadas por toda parte, elas ensejaram diversas paródias e contribuíram para elevar o amor próprio das escravizadas e das mulheres afrodescendentes. Em "A cascata", talvez um pouco posterior, a mulata vangloria-se das paixões que desperta nos homens e dos ciúmes que causa nas mulheres brancas.

Anúncio de escravo fugido. Rio de Janeiro. 1854

---

[24] Na época, os mulatos e mulatas mais escuros eram chamados de "cabras" pelos brancos (ver "Cabra gente brasileira", capítulo 1).

"Vem cá, meu anjo" foi mais longe. A mulher negra não se deixa seduzir pelos elogios do rapaz branco, que a chama de "rosa", "santa" e "estrela". Pergunta ao galanteador: "Meu caro amigo, por ventura você quer casar comigo?". Surpreso, o rapaz diz que só se fosse louco ou se ela fosse mais alva um pouco. A negra, então, dispensa-o em grande estilo: "Também declaro/ Já que é tão franco/ Que eu não desejo/ Casar com branco".

"A mulata", com versos de Gonçalves Crespo, talvez tenha sido uma das canções mais populares do fim do Império. A morena "de olhar azougado", por quem o feitor estava enamorado, apaixona-se por um mascate "que, em noites de lua, cantava modinhas, lundus magoados". Foge com o rapaz. E o feitor, ao descobrir na senzala o catre da bela mucama vazio, "se foi definhando, perdido de amor".

"A crioula", de autor desconhecido, usa a música de "A mulata", para denunciar os abusos e maus tratos que sofriam as escravas. Na paródia, o feitor não só obriga a negra a trabalhar o tempo todo como a espanca com frequência. Um dia, com falsas promessas, "colhe sua flor". Mas a escrava consegue escapar do algoz.

As duas canções seguintes, "A mulata", também conhecida como "Mulata vaidosa", e "Preta Mina", fizeram um sucesso espetacular na década de 1880. Ambas receberam música de Xisto Bahia, o cantor e ator mais popular da época. A letra da primeira canção é de Melo Morais Filho, importantíssimo intelectual do final do Império e início da República. Nela, a mulata diverte-se com os ciúmes das sinhás: "Minhas iaiás da janela/ Me atiram cada olhadela/ Ai, dá-se? Mortas assim .../ E eu sigo mais orgulhosa/ Como se a cara raivosa/ Não fosse feita pra mim".

Em "Preta mina" quem canta as belezas da negra é seu namorado, a quem ela trata com muito carinho: "Ai, quando ao longe me vê/ Grita logo: Acugelê!/ Vem cá, dengoso, vem cá/ Me diz ao ouvido: Acubabá!". O charme da negra é tamanho que desperta o interesse de um senhor importante: "Um dia um senador/ Quis se fazer de bonito/ Mas a preta que é só minha/ Foi-lhe às ventas com um palmito".

Mas não eram apenas as negras e as mulatas que sofriam o assédio dos brancos. As índias também, como dá conta a canção "A Tapuia", composta no Pará em 1868. Impressionado com a beleza da indígena, o "cariua", ou seja, o branco, oferece-lhe dinheiro, vestidos e joias para ela deixar a selva e viver com ele. Ela recusa: "Não quero, cariua, aonde se

Trabalho de lavagem do cascalho na mineração de diamantes. Serro Frio (MG).
Carlos Julião

nasce/Deus manda que a vida com gosto se passe".

De Fortaleza, vieram "A mulata cearense" e "A cabocla", compostas por Raimundo Ramos Cotoco. Ambas as canções retomam o mote da inveja das sinhás diante da beleza das mestiças. Diz a mulata: "As brancas todas de mim não gostam/ Voltam-me o rosto se vou passando/ E eu nem reparo na raiva delas/ Passo sorrindo, cantarolando/ Todos os moços me chamam linda/ E a muitos deles vou namorando". Confirma a cabocla: "As brancas de mim não gostam/ E só me olham com desdém/ Eu nem lhes presto atenção/ E creio que faço bem".

Nos anexos, podem ser encontradas as letras de quatro importantes canções sobre a escravidão, o racismo e a resistência. Delas não se conseguiu coletar as músicas. A primeira, "Insurreição do Queimado", é uma preciosidade, recolhida pelo historiador e político capixaba Afonso Cláudio em seu livro homônimo, publicado em 1884. A obra resgata a rebelião dos escravos na localidade de São José do Queimado, no município da Serra, em 1849. Os cativos sublevaram-se quando não foram alforriados pela construção de uma igreja, como lhes havia sido prometido. A insurreição foi duramente reprimida e seus líderes enforcados.

As outras três modinhas e lundus falam sobre as belezas das negras e das morenas e sobre pressões e assédios. "Do Brasil, a mulatinha" é bem antiga. Nela, a mulata é comparada às melhores frutas e doces do nosso país. Suscitou a paródia "Eu quisera oh mulatinha", onde a mulher é assediada na rua por um ioiô branco. Ela responde na lata: "Se sou cará com melado/ Tire-me do cativeiro/ Que a mulata do Brasil/ Sendo boa custa dinheiro!". Em "A crioula", mais uma vez a mulher negra diverte-se com a raiva que desperta nas brancas e nas mulatas.

1. "Pai João" (s.d.).

Letra e música: autores desconhecidos.
Intérprete: João Nabuco (piano e canto).
Gravação independente.
Letras e partituras na peça "Punição", no
CMP, em JBM e na BN.
Letra em Trovador.

Não são conhecidos os autores do lundu "Pai João". Tampouco se sabe exatamente quando ele foi composto. O "Cancioneiro de Músicas Populares", de César das Neves, editado no Porto em 1898, registra: "Essa cantiga era dos pretos no Brasil, no tempo da escravatura. Foi recolhida em 1870. É muito conhecida em Portugal". Em 1864, algumas de suas quadras foram cantadas no prólogo do drama "Punição", de Francisco Pinheiro Guimarães, que estreou no Teatro do Ginásio, no Rio de Janeiro, em 7 de maio daquele ano[25].

----

[25] São os seguintes os versos da primeira quadra cantada na abertura do prólogo de "Punição": *"Quando eu vim da minha terra/ Me chamavam capitão/ Agora em terra de branco/ Puxa enxada Pai João// Tra, lá, lá, lá, lá, lá, lá/ Tra, lá, lá, lá, lá, lá, lá/ Agora em terra de branco/ Puxa enxada Pai João"*. E esses são os versos da segunda quadra, cantada mais adiante: *"Desde que nasce até que morre/ Leva o negro a trabalhar/ Só depois no cemitério/ É que pode descansar// Tra, lá, lá, lá, lá, lá, lá/ Tra, lá, lá, lá, lá, lá / Só depois no cemitério/ É que pode descansar"*. Na abertura da peça, ao ouvir a cantoria,

O mais provável é que Pinheiro Guimarães não tenha sido o autor da melodia e dos versos. Afinal, a peça traz apenas duas estrofes do lundu e Pinheiro Guimarães não era músico, mas médico, jornalista e dramaturgo. Mário de Andrade, ao fazer uma cópia manuscrita da partitura impressa em 1864 no livro da peça "Punição", deu-lhe o título de "Fado de Pretos".[26] Mas trata-se do lundu "Pai João".

Tudo indica que as partituras de "Pai João" do "Cancioneiro de Músicas Populares" e do drama "Punição" reproduziram a primeira notação musical do lundu, existente na coleção "Lundus para piano e canto", lançada por Isidoro Bevilacqua no final da década de 1850 e início da década de 1860. Infelizmente, seu original foi perdido. Os anúncios da coleção de 18 lundus nos jornais da época deixam claro que os autores de "Pai João" e de outras cinco composições, como "O Caranguejo" (ver

----

o personagem João Manuel, pergunta: *"Oh! Mana Madalena, que berraria é essa?"*. Ela responde: *"São os escravos da fazenda do Turvo, que estão de fado na Ingaba Grande"*. João Manuel se espanta: *"Pois o Comendador deixa-os cantar e dançar, quando tem ainda tanto café a recolher?"*.

[26] Mário de Andrade. *Dicionário Musical Brasileiro*, p. 212.

capítulo 7), eram desconhecidos. Tudo indica que esses lundus tenham sido recolhidos do domínio público.

Em 1870, outra versão de "Pai João" foi cantada na opereta "Orfeu na cidade", escrita pelo ator Francisco Correa Vasques (próximo verbete).

Como costuma acontecer nos casos de forte transmissão oral, "Pai João" recebeu muitas letras diferentes. Foi cantado em circos de cavalinhos, barracas, cafés-cantantes, chopes-berrantes e teatros, nas ruas e nas fazendas, em diferentes regiões do país, chegando até os primórdios da indústria fonográfica. Algumas de suas quadras foram gravadas em 1907 por Eduardo das Neves no disco chamado "Preto forro alegre" (verbete mais à frente). A pesquisadora mineira Alexina Magalhães Pinto registraria em 1911 uma "cantiga de palhaço" em que o preto velho atendia pelo nome de Pai Francisco. Em 1928, em artigo na revista "Antropofagia", Mário de Andrade publicaria seis estrofes distintas do que chamou de "Lundu do escravo" (verbete mais à frente), disseminadas por palhaços-cantores nas últimas décadas do século XIX. Em 1928, Stefana de Macedo gravaria "Mãe Maria

Camundá", cuja estrofe de abertura é praticamente igual à de "Pai João", embora o personagem, mudando mais uma vez de nome, seja chamado de Pai José (verbete neste capítulo). Bem mais tarde, Rossini Tavares de Lima recolheria no interior de São Paulo uma versão de "Pai João" muito semelhante à original.

Como o lundu atravessou e refletiu momentos distintos, suas temáticas foram se alterando, embora todas lidassem com aspectos da escravidão. Mas enquanto Eduardo das Neves cantava a alegria do escravo que recebeu a carta de alforria, as variantes coligidas por Mário de Andrade retratavam cenas do cotidiano do cativeiro. Já a versão original, cuja letra segue abaixo, mostrava a desumanização imposta ao escravo trazido à força da África. Na sua terra, ele era livre, capitão e comia galinha. Na terra de branco, foi transformado no Pai João: obrigado a trabalhar de dia e de noite, a aturar desaforos, a ser desqualificado o tempo todo, chamado de bêbado e ladrão.

Vários estudiosos associam a figura do Pai João, bastante presente no folclore brasileiro, ao negro idoso, submisso, incapaz de se revoltar. Não é isso que mostra o lundu. Os versos deixam claro que, apesar de tudo, o escravizado não se dobra e tampouco adota os pontos de vista dos senhores. Não só não se considera inferior aos brancos como responde com ironia aos preconceitos que pretendem naturalizar o cativeiro. O lundu, cantado no que se denominava então de "língua de preto", aborda um tema recorrente na música popular durante o Império: o negro, quando rouba, vai para a prisão; já o branco ganha o título de barão.

No lundu, Pai João é apresentado ora como escravo de eito, trabalhando no campo, ora como escravo de ganho, vivendo na cidade. O verso "puxa enxada, Pai João" aponta para a primeira situação. A ordem dada pelo senhor – "pega o cesto e vai ganhar" – para a segunda.

O estribilho existente nos primeiros registros do lundu desapareceu nas versões posteriores, seja nas letras dos cancioneiros do final dos anos 1870, seja nas partituras reimpressas mais tarde. Os versos das estrofes, porém, são idênticos.

Já o cancioneiro "Lira de Apolo", publicado em 1898, traz algumas quadrinhas bem diferentes de "Pai João", embora com a mesma embocadura de crítica ao cativeiro e à hipocrisia dos senhores de escravos.[27]

Quando iô tava na minha tera,
Iô chamava Capitão
Chega na tera dim baranco,
Puxa enxada – Pai João.

(Le, le, le, la, la,
Ri, la, la, la, ro,
Chega na tera dim baranco,
Puxa enxada – Pai João.)

Quando iô tava na minha tera,
Comia muita garinha,
Chega na tera dim baranco,
Carne seca com farinha

(Le, le, le, la, la...)

---

[27] Segue a versão do cancioneiro "Lira de Apolo: álbum de modinhas, recitativos, lundus e canções", organizado por João de Souza Conegundes (Rio de Janeiro: Editora Quaresma, 1898): *"Quando vim da minha terra/ Era um grande capitão/ Cheguei na terra de branco/ Só me chamam de Pai João.// O desaforo de branco/ Não se pode aturar/ Branco só está deitado/ E bota o negro a ganhar// O branco está repimpado/ Comendo boa galinha/ O negro está no fogão/ Come carne seca e farinha.// O branco bebe bom vinho/ E se apanha um pifão!/ Todo povo logo grita/ Que ele teve indigestão.// Senhor branco quando morre/ É o luxo que se vê/ E o negro quando morre/ Os urubus têm que comer!"*.

Quando iô tava na minha tera
Iô chamava generá,
Chega na tera di baranco,
Pega o cêto vai ganhá.

(Le, le, le, la, la...)

Dizofôro dim baranco
Nô si póri aturá.
Tá comendo, tá drumindo,
Manda negro trabaiá.

(Le, le, le, la, la...)

Baranco – dize quando móre
Jezuchrisso que levou,
E o pretinho quando móre,
Foi cachaça que matou.

(Le, le, le, la, la...)

Quando baranco vai na venda
Logo dizi tá 'squentáro,
Nosso preto vai na venda,
Acha copo, tá viráro.

(Le, le, le, la, la...)

Baranco dizi – preto fruta,
Preto fruta cô rezão
Sinhô baranco também fruta
Quando panha casião.

(Le, le, le, la, la...)

Nosso preto fruta garinha,
Fruta saco de feijão,
Sinhô baranco quando fruta
Fruta prata e patacão

(Le, le, le, la, la...)

Nosso preto quando fruta
Vai pará na correção
Sinhô baranco quando fruta
Logo sai sinhô barão.

(Le, le, le, la, la...)

2. "Pai João" ("Orfeu na cidade", 1870).

Letra: Francisco Correa Vasques.
Música: autores desconhecidos.
Intérprete: João Nabuco (piano e canto).
Gravação independente.
Letra na peça "Orfeu na cidade".
Partitura em JBM e na BN.

Em dezembro de 1870, "Pai João" voltou a subir aos palcos do Rio de Janeiro em "Orfeu na cidade", paródia da opereta "Orfeu nos infernos", de Offenbach, escrita pelo ator e comediante Francisco Correa Vasques. No final do terceiro ato, um velho africano entoava quatro quadrinhas em "língua de preto" – três delas, originais – denunciando a violência da escravidão. Na terra em que nasceu, ele "era sinhô dotô". Aqui só servia "pra vendê correspondença". Uma parente sua, embora na África fosse princesa do reino de Benguela, era chamada no Brasil de "diabo di nigrinha" pela "sinhá moça". Já um príncipe do reino do Congo, capturado e trazido à força para nosso país, virou no Rio de Janeiro "escravo din ganho".

"Orfeu na cidade" não fez muito sucesso. Sequer alcançou 20 apresentações, número bem inferior ao de "Orfeu na roça", também escrita pelo ator Vasques, que beirou as 500 exibições – um dos maiores sucessos do teatro musicado nos tempos do Império. Talvez isso explique por que suas quadrinhas tenham caído no esquecimento.

Quando eu vim da mia *terra*
Mi *chamava capitão*
Mas hoje em terra di *branco* ...
Puxa enxada, pai João

Eu era sinhô dotô
Home di *grande sabença,*
Hoje Pai João só servi
Pra vendê correspondença! ...

A princesa de Benguela
Qu'inda *é parenta minha*
Sinhá moça stá *chamando*
Oh! Diabo di nigrinha!

Sinhô *príncipe* rê *Congo*
Co sua *nome tamanho,*
Veio pra terra di branco
Si chamá negro din ganho.

3. "Lundu do Escravo" (s.d.)

Letra e música: autores desconhecidos.
Intérprete: João Nabuco (violão e canto).
Gravação independente.
Letra e partitura recolhidas por Mário de Andrade ("Revista da Antropofagia nº 5").

Em artigo publicado no nº 5 da "Revista da Antropofagia", em 1928, Mário de Andrade relata como reuniu as diferentes estrofes e o estribilho do "Lundu do Escravo", nome atribuído por ele à canção que emergiu de sua pesquisa – na verdade, uma coletânea de desdobramentos de "Pai João", composto pelo menos sete décadas antes do garimpo feito pelo escritor (verbete anterior).

Embora com música muito semelhante à de "Pai João", o "Lundu do Escravo" traz uma novidade: o refrão "Eu fiquei todo sarapantado/ Como gambá que caiu no melado". Segundo Mário de Andrade, o estribilho teria sido incorporado à canção pelos palhaços-cantores, como Veludo, muito ativos nos circos no interior de São Paulo, Minas Gerais e Rio de Janeiro no final do século XIX.

O lundu lidava com os temas do cotidiano da escravidão. Diz Mário de Andrade no mesmo artigo:

"Os passos principais da vida do escravo vêm aí todos. (Aliás a última estrofe interpretei por mim como alforria). Trabucou, recolheu os criolinhos, levou bacalhau que não foi vida mas porém, na sanzalaria se arregalou tirando uma linha com as boas, lavou o pé, cortou a unha, casou, casou, casou! Casou por três estrofes dando tempo prá velhice chegar. Pois então depois duma quarta-feira em que geou na cabeça dele, Francisco virou Pai Francisco e o dono o alforriou. E essa vida os palhaços eternizavam no circo pra divertir filho de branco. 'Fio dim baranco', os Pais Franciscos falavam...".

Cada estrofe traz a indicação do local onde foi recolhida.[28]

I (Araraquara)
Quando mia sinhô me disse:
— Pá (i) Francisco, venha cá;
Vá lá na sanzalaria
Zicuiêra (recolher) us criurinho.

(refrão)
Eu fiquei todo espantarado
Como gambá que caiu no laço!
Seu bem me dizia (3x)
Que eu havia de pagá!

II (S. Paulo)
Quando mia sinhô me disse:
— Pai Francisco, venha cá;
Vai chama sua feitô
Que tu tá para apanhá,

---

[28] Oneyda Alvarenga, que trabalhou em estreita ligação com Mario de Andrade, recolheu mais tarde outras duas versões do que também chamou de "Lundu do escravo", publicadas em "Melodias registradas por meios não-mecânicos". Na primeira, o cativo canta: "Quando mia sinhô me disse:/ Pai Francisco, venha cá,/ Vai tirá essa rôpa suja,/ Que tu tem de se casá// Eu fiquei tôro contente/ Que saí purano de ponta de pé (bis)/ Eu bem que rizia, eu bem que rizia/ Eu bem que rizia que havia de casá (bis)." Segue-se o seguinte esclarecimento de Oneyda: "Colhido de d. Ismênia Santos, senhora fluminense residente em Varginha há muitos anos. Minha informante ouviu esta versão do Lundu do Escravo quando menina de uns dez anos, em Lage do Muriaé (Estado do Rio), cantada por um palhaço que não se lembrava do nome".

É a seguinte a segunda versão: "Quando mia sinhô me disse:/ Pai Francisco, venha cá./ Traga papel e tinta/ Que tu tá pra se casá.// Eu ficô tudo sarapantaro/ Nariz de bezêro, caracanhá racharo/ Eu bem te rizia, eu bem te rizia/ Quebla am bico, Jeremia". Oneyda conta o que ouviu da depoente: "Colhido de minha mãe, que ouviu o Lundu do Escravo, entre os 12 e 13 anos (1887-1888), em Muzambinho (Sul de Minas), cantado pelo célebre palhaço Veludo. Não se lembra do texto completo".

(refrão)
Eu fiquei todo espantarado ...

III (S. Paulo)
Quando mia sinhô me disse:
— Pai Francisco, venha cá;
Vai cortá as tuas unha
Que tu tá para casá.

E eu fiquei todo contentado
Como gambá que saiu do laço!
Seu bem me dizia (ter)
Que eu havia de casá!

IV (Minas)
Quando meu sinhô me disse:
— Pai Francisco, venha cá;
Vá lava tua zipé
Que tu tá pra te casá,

(refrão)
Eu fiquei todo espantarado ...

V (Araraquara)
Quando mia sinhô me disse:
— Pai Francisco, venha cá;
Vai lá na sanzalaria
Que tu tá para casá.

(refrão)
Eu fiquei todo espantarado ...

VI (Tietê)
Quando mia sinhô me disse:
— Pai Francisco, venha cá;
Vai buscá papé e tinta,

Pra você se escrevinhá,

(refrão)
Eu fiquei todo espantarado ...

4. "Mãe Maria Camundá" (s.d.)

Letra e música: autores desconhecidos.
Intérpretes: Stefana de Macedo, com
João Pernambuco e Zezinho.
Gravadora: Columbia 5.157-B (1930).

"Mãe Maria Camundá", batuque gravado em 1930 pela cantora e folclorista Stefana de Macedo, retoma na primeira estrofe o sentido geral do "Pai João": "Pai José em sua terra/ Ele era capitão/ Hoje em terra de branco/ Escravo chapinha, Pai José é ladrão". Mostra também um Pai José aguerrido. Em outra estrofe, ele diz que quer matar o feitor, num tom de aberta confrontação com a escravidão e seus agentes.

Stefana nasceu em 1903 em Pernambuco, onde passou a infância. Foi a primeira cantora folclorista brasileira a gravar discos e uma das primeiras violonistas da nossa música popular. Ao lançar "Mãe Maria Camundá", deixou claro que a composição não era sua. Apenas fizera arranjos para o batuque, que ouvira, ainda criança, cantado por ex-escravos.

Muitos escravos trazidos para o Brasil pertenciam à nação camundá, da região central de Angola.

Pai José em sua terra
Ele era capitão
Hoje em terra de branco
Escravo chapinha
Pai José é ladrão

Sinhá moça que tá escutando
Que tá na jinela
Que tá maginando
É olá, o batuque na cozinha
Mãe Maria Camundá

Pai José em sua terra
Ele tinha su amô
Hoje em terra de branco
Escravo chapinha
Pai José mata feitô

Sinhá moça que tá escutando ...

Pai José em sua terra
Ele tinha sua muié
Hoje em terra de branco
Escravo chapinha
Pai José dorme em pé

Sinhá moça que tá escutando ...

5. "Preto forro alegre" (s.d.)

Letra e música: autores desconhecidos. Intérprete: Eduardo das Neves. Gravadora: Casa Edison. Disco Odeon 120.351 (1913).

"Preto forro alegre" tem praticamente o mesmo refrão do "Lundu do Escravo". Suas duas primeiras estrofes referem-se a temas semelhantes aos recolhidos por Mário de Andrade. O clima igualmente é leve, para cima. Já as últimas estrofes recuperam o tom de desafio e de crítica, quase de confrontação, dominante em "Pai João". De certa forma, "Preto forro alegre" é uma confluência entre "Pai João" e "Lundu do escravo".

A interpretação é entrecortada por frases de humor e brincadeiras, algo comum nas apresentações dos palhaços-cantores do fim do século XIX, também presentes em muitas das primeiras gravações da indústria fonográfica.

Quando minha sinhô me disse
Pai Francisco, venha cá
Vai buscar papel e tinta
Que você vai se forrá

E iô ficô tudo sarapantado
Como uma gambá quando cai no merado
(melado)

Uiaiuê, uiaiuauá, minha senhora, ve-
nha, venha, venha cá

— Nossa Senhora, olha a crioula como tá
assanhada!

Quando minha sinhô me disse
Pai Francisco, venha cá
Vai buscar tua roupa branga
Que você vai se casá

E iô ficô tudo sarapantado ...

Quando iô vim da minha terra
Iô comia bom peru
Chega na terra de brango
Carne seca com angu

E iô ficô tudo sarapantado ...

— Ui, minha nega, he, he, he, he, he.
Olha a nega como tá assoviando pra
mim, meu Deus!

Brango disse que negro fruta
Negro fruta com rezão
Mas o brango também fruta
Com unha de gavião

E iô ficô tudo sarapantado ...

— Uia, uia, uia, uiauá, minha senhora,
minha senhora, venha cá

Brango disse que não bebe
Nem vinho nem mel de cana
Mas vai ver a garrafinha
Que tá embaixo da cama

E iô ficô tudo sarapantado ...

— Uia, uia, uia, uiáuá, minha senhora,
venha cá (bis)

— Ah, ah, ah, ah, ah! Ô crioula sem vre-
gonha, tá olhando pra mim, hein. Está
com um olho fiaco, fiaco, jararaca, feito
um sapo na lagoa, hein, negra ...

6. "Ei ê lambá" (s.d.)

Letra e música: autores desconhecidos.
Intérprete: Geraldo Filme.
LP: "O canto dos escravos – Clementina
de Jesus, Doca e Geraldo Filme".
Gravadora: Eldorado (1982)
Letra e música em "O negro e o garimpo
em Minas Gerais", de Aires da Mata
Machado Filho.

Neste vissungo, recolhido por
Aires da Mata Machado Filho em
São João da Chapada, nas proximidades de Diamantina, o escravo
reclama do "lambá", palavra que
tanto significa "trabalho duro"
como "desgraça, infelicidade". O

trabalho era tão duro e o sofrimento tão grande que o cativo preferia morrer ("quero me acabá no sumidô"). A ideia da morte como libertação, em oposição ao suplício da escravidão, seria um tema recorrente em canções e poemas escritos por intelectuais durante o abolicionismo (capítulo 6).

Ei ê lambá,
Quero me acabá no sumidô
Quero me acabá no sumidô
Lambá de vinte dias,
Ei ê lambá,
Quero me acabá no sumidô
Ei ei ererê

7. "Trabaiá até morrê" (s.d.)

Letra e música: autores desconhecidos.
Intérprete: João Nabuco (violão e canto).
Gravação independente.
Letra e partitura recolhidas por Mário de Andrade (em "Música Popular Brasileira", de Oneyda Alvarenga).

Em viagem de pesquisa pelo Nordeste entre 1928 e 1929, Mario de Andrade recolheu no Rio Grande do Norte uma antiga cantiga de cortejo do congo. Nela, os escravos queixavam-se das duríssimas condições de trabalho nos engenhos de açúcar.

(Solo)
Ingenho novo istá pra muê!
(Coro)
Trabaiá até morrê!
(Solo)
Ôh trabaiá, ôh trabaiá, olê!
(Coro)
Trabaiá até morrê!

8. Jongo de "Os noivos" (1877/1880).

Letra: Artur Azevedo.
Música: Henrique Alves de Mesquita.
Intérprete: João Nabuco (piano e canto).
Gravação independente.
Letra e partitura na BNP.
Redução da partitura: João Nabuco

No final do primeiro ato da opereta "Os noivos," com texto de Artur Azevedo e música do compositor português Francisco de Sá Noronha, encenada no Teatro Fênix Dramática em 1880, um coro de escravos cantava um jongo sobre as duras condições de trabalho numa fazenda de café no interior do Estado do Rio.

Seus versos são muito semelhantes aos do jongo da opereta "Nova Viagem à Lua", de Artur Azevedo e Frederico Severo, que subira ao palco três anos antes. Embora a maioria das músicas de "Nova Viagem à Lua" fosse do francês Charles Lecocq, o jongo havia sido composto pelo maestro Henrique Alves de Mesquita, como registra uma nota no manuscrito da peça.[29] Tudo indica que o jongo de "Os noivos" foi cantado sobre a mesma música, até porque o regente da orquestra do Teatro Fênix Dramática em 1880 era o próprio Mesquita.

(Coro de escravos e escravas)

Trabaia, nego, trabaia
Na roça do teu sinhô!
(Com um movimento de braços e ombros)
Um... um... um... um...
Passarinho já não canta;
O só não tarda a se pô!
Um... um... um... um..
Dá-lhe de enxada,

----

[29] No início do primeiro ato de "Nova viagem à Lua", os escravos, trabalhando no eito, cantam: "Trabaia, negro, trabaia/ Na roça de teu sinhô!/ O dia já vai bem arto .../ Trabaia té o só se pô...". Na última cena do primeiro ato, o jongo volta a ser cantado pelo coro de negros, mas com outros versos: "O vento no cafezá/ É forte cum'ele só/ A gente fica afogada/ No meio de tanto pó". Uma nota de pé de página no manuscrito da peça informa: "A música deste jongo, bem como a da barcarola do segundo ato, foi composta, por obséquio aos autores, pelo eminente professor, Doutor Henrique Mesquita". Não se conseguiu localizar a partitura do jongo de "Nova viagem à Lua".

Panha café;
De teu trabaio
Não reda pé!
Trabaia, negro,
Trabaiadô
Pro teu sinhô!

9. "Os escravos de Jó" ("Os escravos de nzó")

Letra e música: autores desconhecidos.
Intérprete: João Nabuco (piano e canto).
Gravação independente.
Letra e música: domínio público

Praticamente todos os brasileiros já cantaram e ouviram a cantiga "Escravos de Jó". Poucos, entretanto, conhecem sua origem. A versão corrente é a de que, na canção, o senhor de escravos seria o personagem da Bíblia — aquele que tudo tinha, tudo perdeu e tudo recuperou, sempre aceitando a vontade de Deus.

A hipótese é, no mínimo, estranha. Afinal, a cantiga é tipicamente brasileira e não existe em outras culturas onde a influência da Bíblia também é significativa. Como teria saído da Terra de Uz, na atual Jordânia, onde vivia Jó, e vindo parar no Brasil?

Outra possibilidade é de que Jó seja uma palavra modificada

pelo uso. Para a etnolingüista Yeda Pessoa de Castro, Jó é uma corruptela de "nzó".[30] Na maioria das línguas bantas, predominantes na África Central e na África Austral, "nzó" significa "casa". Em quimbundo e quicongo, idiomas falados pela maior parte dos escravos trazidos da região de Congo-Angola para o Brasil, quase não se pronuncia o "n" inicial. Diz-se apenas "zó". Já em Moçambique a forma mais corrente é "inzó". Em outras regiões da África, diz-se "njó".

Assim, os "escravos de Jó" seriam os escravos domésticos, aqueles que trabalhavam dentro da casa do senhor. Faz todo sentido.

"Zambelê" ou "zabelê" é o nome de uma ave pequena da família das perdizes, muito comum em todo o país, também chamada de inhambu. Mas também pode ser uma corruptela de "zimbelê". Na "língua de preto", muito falada no Brasil pelos africanos de origem banta, "zi" indicava plural, substituindo os artigos do idioma português "os" e "as". "Zingana" (zi + ngana), por exemplo, queria dizer "os senhores". "Mbêle" em

quimbundo significa "criados", "pessoas da casa", "familiares", "pessoas que trabalham para o mesmo patrão".[31]

Em versões posteriores de "Escravos de Jó", "zambelê" cedeu lugar ao personagem português "Zé Pereira", que passou a animar as brincadeiras dos blocos de sujos nos carnavais do Rio no final do século XIX.

Escravos de Jó jogavam caxangá.
Escravos de Jó jogavam caxangá.
Tira, bota, deixa o zambelê ficar...
Guerreiros com guerreiros fazem zig zig zá,
Guerreiros com guerreiros fazem zig zig zá.

10. "Tava chovendo" (s.d.)

Letra e música: autores desconhecidos.
Intérprete: João Nabuco (piano e canto).
Gravação independente.
Letra e partitura em RTL.

Em "Tava chovendo" (título atribuído), a sinhá manda o escravo comprar uma "garrafinha de cachacinha" na venda. Mas, como a rua estava molhada, ele escorregou

---

[30] Yeda Pessoa de Castro. *Marcas de africania nas Américas: o exemplo do Brasil.* Uneb: Revista Africanias, número 6, 2014.

[31] Antonio de Assis Junior. *Dicionário Kimbundu – Português.* Luanda: Argente, Santos & Cia. Ltda, s.d., pg. 20.

e a garrafa quebrou. Sinhazinha não perdeu tempo. Pegou a palmatória e bateu no cativo, que lamentou: "Tô caindo/ Sinhá tá me dando".

O lundu foi colhido pelo folclorista Rossini Tavares de Lima em 1949, em depoimento de um ex-escravo com cerca de 90 anos, procedente de Iguatu, no Ceará.

Tava chovendo,
Tava chuviscando,
Sinhazinha mandou comprá
Uma garrafinha
De cachacinha.
Eu dei um escorrego,
Dei um escorreguinho,
E quebrei a boquinha
Da garrafinha
Na minha.

Quando cheguei em casa,
Muito desconfiado,
Sinházinha entrou pra dentro,
Trouxe uma coisinha compridinha,
De cabinho redondinho,
Chamada palmatória.

Tá chovendo,
Tá chuviscando,
Tô caindo,
Sinhá tá me dando.

11. "Pai Luís" (lundu) (s.d.)

Letra e música: autores desconhecidos.
Intérprete: João Nabuco (piano e canto).
Gravação independente.
Letra e partitura em "Lundum x Lundu",
de Baptista Siqueira.

"Pai Luís", segundo o maestro e musicólogo Baptista Siqueira em seu livro "Lundum x lundu", é "um autêntico lundu do tempo da escravidão no Brasil". Recolhido da tradição oral no Estado do Rio de Janeiro, ele registra os maus tratos sofridos pelo cativo por tocar viola e cantar na porta da casa do "sinhô", a pedido da "mulatinha". Tudo indica que se tratava de um escravo doméstico.

Bastou ele começar a dedilhar o instrumento, para receber as chicotadas: "Bruduada *bateu* ni mi *cara/* Pru *causa disso/ Pai Luís* num *fala/* Bruduada *bateu* ni mi zóio/ Pru *causa disso/ Pai Luís* tá zarôio".[32]

---

[32] Numa cantiga de roda até hoje muito popular em todo o Brasil, Pai Francisco, também por tocar violão, sofre nas mãos da polícia sevícias semelhantes às enfrentadas por Pai Luís: "Pai Francisco entrou na roda/ Tocando seu violão/ Dararão! Dão! Dão!/ Dararão! Dão! Dão/ Vem de lá seu delegado/E Pai Francisco foi pra prisão// Como ele vem/ Todo requebrado/ Parece um boneco/ Desengonçado".

Tava ni porta de mia sinhô (bis)
Diabo de mulatinha vêi logo mi tentô (bis)
Pai Luís você toca bocadinho (bis)
Eu te dá uma coisa graçadinha (bis)

Eu pegô da viola pra tocá
Logo cantô um lundum de Prutugá
Inda num tinha feito cri ... cri ... ti ...
(nas cordas)
Vergaio de sinhô tava ni riba de mi

Bruduada bateu ni mi cara
Pru causa disso, Pai Luís num fala
Bruduada bateu ni mi zóio
Pru causa disso, Pai Luís tá zarôio

(interlúdio)
Pancada tá batendo em Pai Luís ...
Camondonga tá dando corda ni relógio
Barata tá subindo ni parede ...
Ê! ..... Ê! .....

Tentação de diabo de mulatinha
Agora tá se rindo ni porta de cozinha
— Por isso mesmo já fiz o juramento:
Nunca mais pegá no instrumento.

Maestro Henrique Alves de Mesquita

12. "Catarina, minha nêga" ("Ora, fia o fuso") (s.d.)

Letra e música: autores desconhecidos.
Interprete: Banda de Congo de São Pedro de Jacaraípe.
Gravação independente.
Letra e partitura em EC.

Em 1951, o folclorista Guilherme Santos Neves gravou diversas toadas cantadas pelos integrantes da Banda de Congo de São Pedro de Jacaraípe, localidade à beira mar no município da Serra, no Espírito Santo. Entre elas, "Catarina, minha nega", que vem dos tempos do cativeiro.

Na primeira estrofe, a escrava recebe o aviso: "Teu senhor te qué vendê/ Pra mandá pro rio Doce/ Para nunca mais te vê". Quadras semelhantes, segundo Santos Neves, foram recolhidas no Nordeste por outros pesquisadores, como Theo Brandão e Gustavo Barroso. A diferença é que, nesses casos, Catarina era enviada para o Rio de Janeiro, e não para o Rio Doce.

O refrão da toada retrata uma cena na casa-grande: a senhora manda Catarina fiar o fuso e a escrava responde que já está fiando.

A Serra, município da Grande Vitória, recebeu grande número de escravos, em sua maioria originários do Congo e de Angola. Foi palco da Insurreição do Queimado, em 1849, quando dezenas de cativos se revoltaram exigindo a alforria que lhes havia sido prometida pela construção de uma igreja. O levante foi duramente reprimido e quase todos seus líderes, executados. Afonso Cláudio, advogado, político e historiador capixaba, resgatou ainda no século XIX a história do episódio e recolheu uma canção da época da qual só se conhecem os versos (ver "Insurreição do Queimado" nos Anexos).

Numa das estrofes de "Catarina, minha nega" há menção ao "presidente". No Império, os governantes das províncias eram chamados de presidentes.

Catarina, minha nega
Teu sinhô te qué vendê,
Pra mandá pro rio Doce
Para nunca mais te vê (bis)

- Ora fia o fuso!
- Ô Iaiá, tô fiando...
- Ora fia o fuso!
- Ô Iaiá, tô fiando...

Quando eu aqui cheguei
Que eu olhei para as filêra
Viva o nosso presidente
E a bandeira brasileira (bis)

- Ora, fia o fuso! ...

Sem a luz pra me acendê
Sem a amada me querê
Quando o generá quisé
(..............) eu vô morrê (bis)

- Ora, fia o fuso! ...

Atrás de suas passadas,
Meus olhos chorando vão
É como soldado na praça
Atrás do seu capitão! (bis)

- Ora, fia o fuso! ...

Catarina, minha nega,
Me fia esse algodão
Que esse rapazes de agora
Só prometem mas não dão (bis)

- Ora, fia o fuso! ...

Catarina, minha nega
Teu sinhô te qué vendê,
Pra mandá pro rio Doce
Para nunca mais te vê. (bis)

- Ora, fia o fuso! ...

13. "Tango de Ali Babá" (1872)

Letra: Eduardo Garrido.
Música: Henrique Alves de Mesquita.
Intérprete: João Nabuco (piano e canto).
Gravação independente.
Letra e partitura na CdC e IPB.

Em outubro de 1872, estreou no Teatro Fênix Dramática, no Rio de Janeiro, a mágica "Ali Babá ou Os quarenta ladrões", do autor português Eduardo Garrido, ambientada no Oriente Médio. O número musical da peça que mais agradou o público foi o "Tango do Ali Babá", dançado e cantado por atores que representavam africanos escravizados. Em 16 de dezembro, a casa impressora Viúva Canongia anunciava no "Jornal do Commercio" a venda da partitura da "música do maestro Mesquita".

No tango, os escravos, ao cumprimentar a senhora, parecem felizes com o cativeiro. Talvez por isso, com o crescimento da campanha abolicionista, os versos caíram no esquecimento. Já a belíssima música de Henrique Alves Mesquita até hoje é muito tocada.

A mãe siora
Que jura amar
Vem pleto agora
Vem pleto agora
Vem pleto agora
Complimentar
Vem pleto agora
Vem pleto agora
Vem pleto agora
Complimentar

De ter escravos
Como os que tem,
Siora, dar-vos,
Siora, dar-vos,
Siora, dar-vos,
Mil parabéns
Siora, dar-vos,
Siora, dar-vos,
Siora, dar-vos,
Mil parabéns

Atchi! Atchi!
Ohé! Poder dizer,
Atchi! Atchi!
Ohé! Poder dizer,

Pletos não ter
Melhor Guiné,
Olé!

Zig, zig, zig, ton
Zig, zig, zig, ti
(8x)

Zig, zig, zig, ti

14. "Embaúba é coroné" (s.d.)

Letra e música: autores desconhecidos.
Intérprete não identificado.
Gravação independente.
CD: "Memória do jongo" (2007).

Este jongo, gravado pelo pesquisador americano Stanley J. Stein em 1949 no município de Vassouras, no Estado do Rio (ver capítulo 6), remonta aos tempos do cativeiro. Em meio aos batuques, os escravos, de forma velada, zombam do senhor, que não valia grande coisa.

A explicação é do próprio Stein: "De acordo com um ex-escravo, a embaúba era uma árvore comum, inútil por ser podre por dentro. Muitos fazendeiros eram conhecidos como coronéis porque ocupavam este posto na Guarda Nacional. Combinando os dois elementos, embaúba e coronel, os escravos produziam o superficialmente inócuo, mas sarcástico comentário".[33]

Ó, ô, com tanto pau no mato
Embaúba é coroné
Com tanto pau no mato, ê, ê
Com tanto pau no mato
Embaúba é coroné

----

[33] Stanley J. Stein. *Vassouras: um município brasileiro de café*, 1850-1900. Rio de Janeiro: Nova Fronteira, 1990. p. 248.

15. "Batuque (dança do Quilombo dos Palmares)"

Letra e música: autores desconhecidos.
Intérprete: Stefana de Macedo.
Gravadora: Columbia.
Disco 5.093-A (1929).

Pelo menos desde o início do século XIX, os folguedos do quilombo eram comuns no interior de Alagoas. Incomodavam bastante as autoridades, como atesta uma resolução de 11 de julho de 1839 da cidade de Alagoas, que dizia em seu artigo 11: "Fica prohibido o barbaro e immoral espectaculo denominado – Quilombo. Os contraventores soffrerão a pena de oito dias de prisão e multa de dous mil réis, e sendo pessoas escravas serão seus senhores obrigados a multa somente".[34]

Stefana de Macedo, cantora, violonista e folclorista que fez carreira no Rio de Janeiro, mas viveu em Pernambuco até os nove anos, gravou "Batuque (dança do Quilombo dos Palmares)" em

----

[34] Citado em "Folga negro, branco não vem cá: o quilombo como arte da memória negra sobre Palmares", de Danilo Luiz Marques, texto apresentado no 7o Encontro Escravidão e Liberdade no Brasil Meridional, Curitiba (UFPR), de 13 a 16 de maio de 2015.

1929. Esclareceu que apenas fizera o arranjo da canção, que ouvira de ex-escravos quando menina. Arranjo, aliás, que trouxe uma novidade para a música brasileira na época: o batuque na caixa do violão.

Vários autores e folcloristas publicaram obras sobre a festa do quilombo, como Alfredo Brandão (1911), Renato Mendonça (1933), Amadeu Amaral (1940), Arthur Ramos (1935) e Théo Brandão. A maioria deles recolheu o mesmo refrão que aparece na gravação de Stefana: "Folga nego, branco num vem cá/ Se vié, pau há de leva". Versos quase idênticos estão no "Samba de sanzala", cantado pela Irmandade do Rosário de Jatobá, de Belo Horizonte (próximo verbete). Versos bastante semelhantes também surgem no samba-enredo "A epopeia de Zumbi" (1983), de Nei Lopes.

Folga nego, branco num vem cá
Se vié, pau há de levá

O Sinhô já tá drumindo
Nego qué é batucá
Nego tá se divertindo
De menhã vai trabaiá (2x)

Folga nego, branco num vem cá ...

Nego geme todo dia,
Nego panha de sangrá
Dando quase seis da noite
Foi pra nego batucá (2x)

Folga nego, branco num vem cá ...

As corrente tão batendo,
As grieta chocaiando
Sangue vivo tá correndo,
E nego tá batucando (2x)

Folga nego, branco num vem cá ...

Negos racharam os pé
De tanto sapatiá
Tão cantando, tão gemendo,
Nego qué é batucá (2x)

Folga nego, branco num vem cá ...

Quando rompe a madrugada
Geme tudo nos açoite
Nego pega nas enxada
Que o batuque é só de noite (2x)

Folga nego, branco num vem cá ...

16. "Samba da sanzala"

Autores desconhecidos.
Intérprete: João Lopes e Irmandade do Rosário do Jatobá.
Gravação independente: Associação Cultural Cachuêra.
CD: Batuques do Sudeste 2 (1993).

"Samba da sanzala" tem o mesmo refrão de "Batuque" (verbete anterior), mas traz uma segunda estrofe que reforça a ideia de que, no tempo da escravidão, os cativos não queriam saber da presença dos brancos nas suas festas e cantorias: "Na festa de preto/Branco lá num vai/ Branco lá num entra/ Se entra, ele não sai".

O candombe marcou fortemente a cultura negra no Uruguai. No Brasil, teve maior presença em Minas Gerais. Cantado pela Irmandade do Rosário de Jatobá, de Belo Horizonte, "Samba da Sanzala" foi registrado no CD "Batuques do Sudeste 2", em 1993, pela Associação Cultural Cachuêra.

Samba, crioula
Que o branco não vem cá
Ai, se ele vié
Pau vai levá

Na festa de preto
Branco lá num vai
Branco lá num entra
Se entra, ele num sai
Auê

Êh, mamãe, êh, mamãe
Êh, pede licença, papai,
Auê
Se ele chega, num entra
Se ele entra, num sai

17. "Jongo africano" ("Jongo dos pretos")

Autor: Freire Jr.
Intérprete: Eduardo das Neves e o pessoal da Casa Edison.
Gravadora: Casa Edison.
Disco: Odeon 120.985 (1914).
Partitura e letra na BN.

Antes de se firmar como um dos principais autores e compositores do teatro de revista do Brasil, Freire Jr. escreveu "Jongo africano" para a burleta "O famoso Vidigal", de Oscar Mota, apresentada no Clube 24 de Maio, segundo informações do jornal "O Imparcial", do Rio de Janeiro, em 24 de outubro de 1913. A peça não fez grande sucesso, mas a canção chamou a atenção da Casa Edison, que meses depois lançou-a com o nome de "Jongo dos pretos", com interpretação de Eduardo das Neves.[35]

Freire Jr. tinha então 32 anos. Nasceu em 1881 em Santa Maria Madalena, no interior do Estado do Rio, onde passou a infância na fazenda dos pais. Embora composto depois da abolição da escravatura, "Jongo Africano" retrata a época do cativeiro, que Freire Jr. conheceu bem de perto. Quando dançavam nas festas promovidas pelos senhores, os negros tinham direito à folga.

Para o Brasil vieram muitos escravos cabindas e congos, duas nações da África Central Ocidental. Calunga significa mar, infinito ou morte em quimbundo e quicongo.

Vamo dançá pra forgá, auê
Com licença de Sinhô, auê
Vamo dançá prá forgá, auê
Com licença de Sinhô
 Auê, auá, auê, auá,
 Auê, auá, auê, auá,

Cabinda ou congo
É turo iguá
Macaco no má
Não sabe nadá

---

[35] No rótulo do disco, o título é "Jongo dos pretos", mas no anúncio feito pelo locutor da Casa Edison é "Jongo africano"

Quem guererê
Oia congo no má
Gira calunga
Manu, quem vem lá?

Terra de preto, auê
A candomblé, auê
Canta de noite, auê
 Saci-Pererê
 ele faz cá cá rá cá
 ele faz cá cá rá cá
 uhá
 ele faz cá cá rá cá
 ele faz qué qué ré qué
 ele faz qué qué ré qué
 ohé
 Ele faz qué qué ré qué

Terra de preto, auê ...

Se neglo chama Zumbi, auê
Deplessa ele tá hi, auê
Se neglo chama Zumbi, auê
Deplessa ele tá hi
 Auê, auá, auê, auá,
 Auê, auá, auê, auá,

Passy-pa-kalê
Oh! Acalê
Pra pongo acendê
E ciderê
O mama ... ô
E mama ... uá
Ganga, rubá
Siderê, iacê.

Terra de preto auê ....

18. "Muriquinho piquinino" (s.d.)

Letra e música: autores desconhecidos.
Intérprete: Clementina de Jesus.
LP: "O canto dos escravos – Clementina de Jesus, Doca e Geraldo Filme".
Gravadora: Eldorado (1982).
Letra e música em "O negro e o garimpo em Minas Gerais", de Aires da Mata Machado Filho.

Em 1928, o professor e folclorista Aires da Mata Machado Filho começou a coleta de músicas de origem africana em São João da Chapada, distrito de Diamantina. A pesquisa se estenderia por mais de dez anos, dela resultando o precioso livro "O negro e o garimpo em Minas Gerais", que reuniu 65 vissungos – cantos de trabalho dos escravos oriundos de Benguela, na região central de Angola. Muitas das canções referiam-se também a situações do cotidiano, à atração que os quilombos exerciam sobre os cativos e à saudade difusa da África. A maioria era cantada em umbundo, idioma falado pelos ovimbundos, nação predominante em Benguela. Algumas canções misturavam umbundo e português.

Em 1982, no LP "O Canto dos Escravos", Clementina de Jesus, Tia Doca da Portela e Geraldo Filme gravaram 14 vissungos garimpados por Aires da Mata Machado Filho. "Muriquinho piquinino", interpretado por Clementina, é um deles. O parente do moleque pergunta para onde ele vai. O garoto responde que está fugindo para o quilombo do Dumbá, nome de uma serra da região de Diamantina.

Muriquinho piquinino, muriquinho piquinino,
Parente de quissamba na cacunda
Purugunta aonde vai, purugunta aonde vai
Ó parente, pro quilombo do Dumbá.

É chora, chora gongo, ê devera, chora gongo chora,
É chora, chora gongo, ê cambada, chora gongo chora

19. "Caruru" (s.d.),

Letra e música: autores desconhecidos.
Intérprete: Mário Pinheiro.
Gravadora: Odeon 40.070 (1904-1907).

Muitas foram as quadrinhas, versos soltos e aforismas que cumpriram o papel de desqualificar os escravizados e, dessa forma, naturalizar a escravidão. Mas talvez nenhuma canção tenha ido tão longe nesse propósito odioso como "Caruru". Gravado pela primeira vez entre 1904 e 1907, o lundu é bem mais antigo, remontando aos tempos do cativeiro. Algumas de suas estrofes já haviam sido recolhidas por Rodrigues de Carvalho no "Cancioneiro do Norte", cuja primeira edição é de 1903, no poema intitulado "Sobre as qualidades", que destilava preconceito da primeira à última linha.

Como "Caruru", a poesia fazia comparações pejorativas entre brancos, mulatos, cabras e negros: "Branco é filho de Deus/ E mulato é enteado/ O cabra não tem parente/ Negro é filho do diabo// (...) Todo branco é filho de Deus/ Todo mulato é pimpão/ Todo negro é feiticeiro/ Todo caboclo é ladrão// O branco bebe champanha/ Mulato, vinho do Porto/ Caboclo bebe aguardente/ E negro bosta de porco."

Pereira da Costa, em "Folk-Lore pernambucano", recolheu cerca de dez quadrinhas preconceituosas contra os negros. Uma delas dizia: "Negro preto cor da noite/ Tem catinga de xexéu/ Tomara Nossa Senhora/ Que negro não vá ao céu...". Os exemplos são inúmeros.

"Caruru", no entanto, não desqualificava os negros de um modo geral. Rebaixava especificamente as mulheres que não eram brancas. Em todas as estrofes, diminuía as negras, as mulatas e as cabrinhas. Nos próximos verbetes, será possível ver o contraponto que a música popular fará na segunda metade do século XIX e no início do século XX a essa discriminação. Progressivamente, se tornarão cada vez mais numerosas as canções de afirmação das mulheres negras, mulatas, índias e caboclas.

É interessante registrar que o refrão "Caruru arrenegado/ Que toda noite me atentou/ Mas quando foi de madrugada/ Foi-se embora e me deixou" não é exclusivo do lundu "Caruru". Ele aparece em canções de várias regiões do país. Está, por exemplo, entre as quadrinhas reunidas no Rio Grande do Sul por Sílvio Romero, em "Cantos Populares do Brasil". Ainda no Sul, três de seus versos aparecem em "Prenda Minha", uma das mais tradicionais canções gaúchas. Também foi recolhido em São Paulo por Florestan Fernandes, em "Folclore e mudança social".

Há duas gravações de "Caruru" – a primeira, com o selo Odeon, entre 1904 e 1907, a segunda, da Victor, em 1912 –, ambas interpretadas por Mario Pinheiro. Há pequenas diferenças entre elas. A letra que se segue é a da primeira gravação. Os versos modificados no segundo registro, que também tem uma estrofe que não consta da gravação de 1904, estão entre parêntesis.[36]

Meus senhores, me dispensem
Um momento de atenção
Vou bulir com as crioulinhas
Por meio de uma canção[37]

Caruru arrenegado
Que toda noite me atentou
Mas quando foi de madrugada
Foi-se embora e me deixou

As branquinhas são prata fina
As mulatinhas cordão de ouro
Cabrinha é cobre falso
É negra é surrão de couro

Caruru arrenegado ...

As branquinhas bebe champanhe
As mulatinhas vinho do porto
Cabrinha bebe cachaça
E negra sangue de porco (mijo de porco)

Caruru arrenegado ...

----

[36] Seguem os versos apenas existentes na gravação de 1912: "As branquinhas comem em prato fino/ As mulatinhas enche na tigela/ Cabrinha come na cuia/ E negra come na panela".

[37] A quadra de introdução não existe na segunda gravação.

As branquinhas quando morre
Foi Jesus Cristo quem levou
Mas a negra quando morre
Foi cachaça que matou

Caruru arrenegado ...

As branquinhas quando morre
Vai na tumba de Mauê
Mas a negra quando morre
Urubu tem que comê[38]

Caruru arrenegado ...

Pequena moenda de cana-de-açucar. Debret, 1835

----

[38] A última estrofe é semelhante a trechos da "Cantiga do Preto Mina", da comédia "O Dote", de Artur de Azevedo, encenada em 1907. O personagem Ângelo, triste porque seu casamento estava se desfazendo, pede ao velho Pai João que cante a cantiga que o fazia dormir quando menino. Seguem-se seus versos: "*Pleto*-mina quando *zeme*/ No *zemido* ninguém *clê*/ Os *palente* vai dizendo/ Que não tem do que *zemê*/ *Pleto*-mina quando *çola*/Ninguém sabe *ploque* é/ Os *palente* vai dizendo/Que *cicote* é que ele qué/ *Pleto*-mina quando *mole*/ E começa *apodlecê*/ Os *palente* vai dizendo/ Que *ulubu* tem de comê". É possível que essas quadras tenham sido cantadas com a mesma música de "Caruru", sem o estribilho.

20. "A baiana" (s.d.)

Letra e música: autores desconhecidos.
Intérprete: João Nabuco (piano e canto).
Gravação Independente.
Letra e partitura em CMP.

Esclarece César das Neves no "Cancioneiro das Músicas Populares", editado no Porto em 1893: "Este lundum que no Brasil tinha designação de *miudinho* foi trazido para Portugal pelos nossos marinheiros, nos tempos da navegação à vela". A canção seria, portanto, anterior a 1851. Nesse ano teve início a navegação a vapor entre o Brasil e Portugal.

No miudinho, uma "dança inspirada dos negros", segundo registrou um contrabandista inglês na Bahia em 1803, o casal bailava sem mexer as pernas, meneando-se em ondulações licenciosas, enquanto os espectadores cantavam e batiam palmas. O relato do comerciante britânico, recuperado por José Ramos Tinhorão, registra que o ápice da dança era a umbigada, o "contato estranhamente imodesto" entre o homem e a mulher, saudado com gritos e aplausos por todos. Completa Tinhorão: "Era esse aproximar dos ventres que permitia a aplicação quase imperceptível da umbigada, traduzida na espécie de choque elétrico simulado, ao contato dos corpos, e que levava os dançarinos a pularem para trás, em salto simultâneo".[39]

Embora a maioria das estrofes de "A baiana" cantem as graças das "mulatinhas da Bahia", seus versos também reproduzem preconceitos, como o de que elas, ao se lavarem no mar, deixavam turvas as águas, antes cristalinas.

Mulatinha da Bahia,
  Ai, seu bem,
Já não come bacalhau;
Come belo limão doce,
  Ai, seu bem,
Bela farinha de pau.

Já fui à Bahia,
Também ao Pará.
Quem não tem carapinha
Que não venha cá;
Mas eu que a tenho
Por isso cá venho.

Mulatinhas da Bahia,
  Ai, seu bem,
Foram-se lavar ao mar;
Deixaram as águas turvas,
  Ai, seu bem,
Sendo elas um cristal.

----

[39] JOSÉ RAMOS TINHORÃO. *Os sons dos negros no Brasil: cantos, danças, folguedos: origens.* São Paulo: Editora 34, 2008, pp. 66-67

Eu fui à Bahia
Também ao Pará,
Meu bem foi-se embora;
- Psiu, psiu, venha cá.
Meu bem foi-se embora;
- Psiu, psiu, venha cá.

Mulatinhas da Bahia
*   Ai, seu bem,*
Foram passear à praia;
Com sapatinhos de seda,
*   Ai, seu bem,*
Vestidinhas de cambraia.

Eu fui a São Paulo
Eu fui ao Goiás
Cheguei à Bahia,
Voltei para trás.
Cheguei à Bahia,
Voltei para trás.

21. "Gosto da negra" (s.d.)

Letra e música: autores desconhecidos.
Intérprete: João Nabuco (piano e canto).
Gravação independente.
Partitura e letra recolhidas por Mario de Andrade em "Ensaio sobre a música brasileira". Letra recolhida por Hildegardes Vianna em "Um velho lundu".

No livro "Ensaios sobre a música brasileira", Mário de Andrade apresenta duas quadrinhas de "Gosto da negra", recolhidas em Bragança, no estado de São Paulo. O homem, apaixonado, deixa claro estar pouco se lixando para o que dizem os preconceituosos: "Que me importa/ Que falem de mim/ Eu gosto da negra/ Mesmo assim".

Anos depois, o autor de "Macunaíma" garimparia em Taubaté outras duas quadras do mesmo lundu (estrofes 3 e 4).[40] Posteriormente, a folclorista Hildegardes Vianna reuniria mais quatro estrofes (5, 6, 7 e 8) na Bahia.[41]

O lundu teve, portanto, ampla circulação no país. O mote das quadras recolhidas inicialmente por Mário de Andrade é a paixão pela negra. Mas nos versos coligidos mais tarde, a ênfase está nos preconceitos que buscam diminuir a mulher negra – segundo Hildegardes Vianna, para "arreliar lusitanos apaixonados por reluzentes crioulas".

Em outra versão, coletada no estado de São Paulo, na região de Botucatu, pelo folclorista Rossini

---

[40] Mário de Andrade. "Melodias registradas por meios não mecânicos". Arquivo folclórico da Discoteca Pública Municipal, 1946, pg. 36.

[41] Hildegardes Vianna. "Um velho lundu", em "Folclore", revista da Comissão Espírito-Santense de Folclore, no. 85, julho-dezembro 1968, pp. 5-6.

Tavares de Lima, o objeto da paixão (e do preconceito) já não era mais a mulher, mas o homem negro.[42]

1 (MdA)
Eu gosto da negra
Cor de carvão
Eu tenho por ela
Grande paixão

2 (MdA)
Que bem m'importa
Que falem de mim
Eu gosto da negra
Mesmo assim!

3 (MdA)
Orelha grande,
Escavalada,
Toda riscada,
Toda ensebada

----

[42] Segue a versão recolhida por Rossini Tavares de Lima ("Da conceituação do lundu", São Paulo, s/ed., 1953, documento 16): "Amei um negro/ Cor de carvão/Por este negro/ Tive paixão// Que bem m' importa/ Que falem de mim/ Gostei do negro/ Mesmo assim// Nariz chato/ Que nem batata/ Cada buraco/ Cabe um rato// Que bem m' importa ...// Cabeça grande/ Que nem repolho/ Cada fiapo/ Cada repolho// Que bem m'importa ...// Orelhas grossas/ Todas rachadas/ Encereiadas/ E catingadas// Que bem m' importa ...// Dedinho bonitinho/ Delicadinho/ Cada pontinha/ Trinta bichinhos// Que bem m' importa ..."

Que bem m'importa ...

4 (MdA)
Tem um pezinho
De veludinho
Em cada dedinho
Tem dois bichinho

Que bem m'importa...

5 (HV)
Ela reside
Em Nazaré
Gosto da negra
Porque tem chulé

Que bem m'importa ...

6 (HV)
Sovaco sujo,
Fedendo a cebola
Eu gosto da negra
Porque é boa crioula.

Que bem m'importa ...

7 (HV)
Ela nasceu
Lá no Taboão
Eu gosto da negra
Nariz de porrão

Que bem m'importa ...

8 (HV)
Cabelo duro
Dedo escalavrado
Eu gosto da negra
Olho sapocado.

Que bem m'importa ...

22. "Quando vejo da mulata" (1855-1862)

Letra e música: autores desconhecidos.
Intérprete: João Nabuco (piano e canto).
Gravação independente.
Letra integral em Trovador e ACB.
Partitura e letra parcial na Biblioteca da
Universidade do Kansas.

O trovador proclama as qualidades
da mulata. Diante de suas belezas
e atributos, ele não faz por menos:
"Perco os sentidos de todo/ Não
fico mais gente, não".
    O lundu é bem antigo. Sua
partitura foi publicada no Rio de
Janeiro entre 1855 e 1862 pela
Casa Filippone & Tornaghi, na
"Coleção de modinhas brasileiras
e portuguesas". As estrofes marcadas com asterisco não constam
da partitura, mas estão nos cancioneiros "O Trovador" e "A Cantora
Brasileira", editados em 1876 e
1878, respectivamente, nos quais
o lundu aparece com o título de
"Feitiços da mulata".

Quando vejo da mulata
Um reverendo bração
Cabelo liso e bem negro
Largo e chato cadeirão

Eis-me já todo rendido
Já cativo de paixão
Perco os sentidos de todo
Não fico mais gente, não

Se brilham dentes de prata
Entre um beiço arrebitado
E se este tem bigodinho
Bem compacto e azulado

Eis-me já todo rendido ... etc

Se um nariz arrebitado
Com um olhar desdenhoso
Se seus gestos são sintomas
De ter um peito amoroso

Eis-me já todo rendido ... etc

Se vejo pomos de Vênus (*)
Entre as vestes empurrar,
Se tem pulso feito a torno
Cinturinha de matar.

Eis-me já todo rendido ... etc

Mais que o corpo, escurecido, (*)
Se o sovaquinho diviso,
Todo bom, todo cheiroso,
Bem cor do céu, por bem liso.

Eis-me já todo rendido ... etc

Se acaso o vento estampa (*)
Nas vestes certo retrato,
Por quem suspiro morrendo
Por quem morrendo me mato.

Eis-me já todo rendido ... etc

Com um andar meigo – gingando, (*)
Se me faz certos tremidos,
Aformoseando o rodaque
Com compassados bulidos.

Eis-me já todo rendido ... etc

Se afinal a gozar venho
Tão subida formosura
Me torno divinizado
Deixo de ser criatura

Eis-me então mais que rendido
Mais cativo da paixão
Entre soluços expiro
Não fico mais gente, não

Barbeiros ambulantes. Rio de Janeiro. 1826.
Debret

23. "Eu gosto da cor morena" ("Mulatinha do caroço no pescoço") (1862)

Letra: autor desconhecido.
Música: Januário da Silva Arvellos.
Intérprete: João Nabuco (piano e canto).
Gravação independente.
Letra e partitura no CMP e JBM.

A canção "Eu gosto da cor morena", também conhecida como "Mulatinha do caroço no pescoço", fez muito sucesso durante décadas. Em 25 de fevereiro de 1862, o jornal "Hospital dos Loucos", que funcionava num sobrado da rua do Hospício, no Rio, publicou sua letra. A música prestou-se a muitas paródias (ver "Não há troco miúdo" no capítulo 2).

Nos versos, o autor deixa claro que gosta mesmo é da mulata, a mulher da "cor morena", como a pipoca "na parte que não arrebenta". Como se verá nos próximos verbetes, não serão poucos os compositores que manifestarão preferência pela mulata. Mas não haverá unanimidade. Muitos proclamarão sua queda pela negra, índia ou cabocla. Seja como for, essas canções tinham algo em comum: desconstruíam a ideia de que o padrão de beleza era a sinhá. Davam voz a mulheres vítimas do racismo, que, com charme e gosto, falavam sobre seus atributos e se divertiam com o ciúme que despertavam nas branquinhas.

Na comédia "O tipo brasileiro", de França Junior, de 1872, um dos personagens, o britânico John Read, canta com enorme entusiasmo, em "língua de inglês", algumas estrofes da "Mulatinha do caroço no pescoço".[43]

Eu gosto da cor morena
Sempre amena,
Que mimosa me arrebata;
Essa cor é tão faceira,
Feiticeira,
Mulatinha que me mata!

Eu gosto dos olhos dela,
Ai! Quando ela
Para mim os quer volver;
Esses olhos luminosos,
Tão formosos,
Dizem sim até morrer.

---

[43] São os seguintes os versos cantados com forte sotaque britânico pelo súdito da rainha Vitória: "Mulatines da caroce/ Na pescoce,/ Aqui está tua cambau,/ Mete ferra do gilhadau,/ Minha amada,/ No teu dengue cachorrau. // Mim gosta de cor morena,/ Muite amena,/ Das bolhinhas de mãe benta,/ Desse cor que se coloca/ No pipoca/ Do lada que non rebenta".

Não gosto da cor do lírio,
Que delírio
Me causa já de repente;
Nem também da cor noturna,
Que da furna
O letargo traz patente.

Amo a cor que se coloca
Na pipoca,
Na parte que não rebenta;
Essa cor assim querida,
Conhecida
Nos bolinhos da Mãe Benta.

Mulatinha do caroço
No pescoço,
Eis aqui o teu cambão:
Mete o ferro d'aguilhada,
Minha amada,
No teu dengue cachorrão.

Oh! Que sim, por essa cor
Do meu amor,
Me derreto, me espatifo;
Tenho febre, tenho frios,
Calafrios,
Tenho gosma, tenho tifo.

Fura, fura, minha bela,
Na costela
Do teu grato camafeu.
Dar-te-ei o que quiseres,
Se o fizeres ...
Meu amor do teu nasceu

Dar-te-ei o que quiseres
Se fizeres
O que trago em minha mente,
Nos meus braços, meus cuidados,
Oh! Pecados ...
Vai-te embora, que vem gente.

24. "Às clarinhas e às moreninhas" (1869)

Letra e música: Joaquim Antônio da Silva Callado Junior.
Intérprete: João Nabuco (piano e canto).
Gravação independente.
Letra e partitura na BN e em JBM.
Letra em LdA e T.

Joaquim Antônio Callado, um dos músicos mais populares do seu tempo no Rio de Janeiro, nasceu em 1848 e morreu muito cedo, em 1880, aos 32 anos de idade. Grande flautista, foi um dos pais do choro. Criou o conjunto Choro Carioca, já com a formação básica de dois violões, cavaquinho e flauta. Deixou um grande número de composições – entre elas, "Às clarinhas e às moreninhas", onde se soma àqueles que declaram preferência incondicional pelas mulatas.

Não é que não gostasse das "branquinhas": "Amo-as por gosto/ Brinco, namoro/ Mas seriamente/ Não as adoro". Já com as "moreninhas" era diferente.

Simplesmente perdia a cabeça: "Fazem-me tolo!/ Elas me tiram/ Todo o miolo!".

Os versos do lundu foram publicados no jornal de modinhas, recitativos e lundus "O Trovador" de 8 de agosto de 1869. Callado tinha então 21 anos.

Babo-me todo
Vendo mocinhas
Quer sejam claras
Quer moreninhas (Bis)

Gosto das claras
Falo a verdade
Mas não lhes tenho
Grande amizade (Bis)

Amo-as por gosto,
Brinco, namoro;
Mas seriamente
Não as adoro. (Bis)

Jamais por claras
Senti paixão
Eu nunca amei-as
De coração. (Bis)

Mas as morenas!
Jesus! ... Daquelas
Que são da gema
Morro por elas! (Bis)

Ao vê-las, fico
De amor aceso,
E pelo beiço
Me sinto preso. (Bis)

As moreninhas
Fazem-me tolo!
Elas me tiram
Todo o miolo! (Bis)

Desmaio ... choro
Se chego a vê-las
É meu destino
Morrer por elas. (Bis)

25. "A cascata" (ou "Chula carioca") (s.d.)

Letra e música: autores desconhecidos.
Intérprete: Bahiano.
Gravação: Casa Edison.
Disco Odeon 10.319 (1912).
Letra em CB.

Esta canção tem o nome de "A cascata" no cancioneiro "Cantares Brasileiros", de Melo Moraes Filho, publicado em 1900. Mas na gravação da Casa Edison, em 1912, recebeu a denominação de "Chula carioca". Há ligeiras diferenças entre os versos do disco e os do cancioneiro, reproduzidos abaixo.

A morena, toda prosa, vangloria-se do sucesso que faz entre os homens de todas as idades.

O refrão do lundu cita versos de outras canções que também exaltaram as belezas da mulata, como "Eu gosto da cor morena" (capítulo 3) e "Eu quisera oh mulatinha" (anexo capítulo 3).

No Império, a atual Praça da República, no centro do Rio de Janeiro, era chamada de Campo da Aclamação.

Quando eu vim lá da cascata
Do Jardim da Aclamação
Os velhos: oh que mulata!
Os moços: oh que peixão!

(refrão)
Quisera ser mulatinha
Dessa cor que me arrebata
Qual será essa branquinha
Que não queira ser mulata?

Me chamam da cor de jambo
A razão não sei por quê
O certo é que fica bambo
Todo moço que me vê

Quisera ser mulatinha ...

As brancas ficam malucas
Se passam junto de mim
Machuca, meu bem, machuca,
Machuca, mulata, assim!

Quisera ser mulatinha ...

Me rendo à delicadeza,
Que nunca a ninguém faz mal,
E tanto danço à francesa
Como à moda nacional.

Quisera ser mulatinha ...

Não há cousa mais faceira
Que a mulata do Brasil,
Tem um olhar feiticeiro
Que ilude a mais de mil.

Quisera ser mulatinha ...

26. "Vem cá, meu anjo" (s.d.)

Letra e música: autores desconhecidos.
Intérprete: João Nabuco (piano e canto).
Gravação independente.
Letra e partitura em JBM.

Nesta canção de autores desconhecidos — composta em data incerta, mas bem antiga —, o rapaz
branco, depois de confessar que
estava encantado com o requebra-
do da crioula, começa a paquerá-la,
cumulando-a de elogios: "rosa",
"santa", "estrela". Mas a mulher
não entra no jogo.

Ele insinua que está disposto
a lhe dar algo em troca da companhia. Ela pergunta com ironia:
"Meu caro amigo/ Quer por ven-
tura/ Casar comigo?". Quando o

rapaz bota os preconceitos para
fora e diz que só casaria com ela
se fosse louco ou se ela fosse mais
alva um pouco, é a vez da negra
despachá-lo: "Também declaro/
Já que é tão franco/ Que eu não
desejo/ Casar com branco".

E estamos conversados.

(Ele)
Vem cá, meu anjo
Crioula ingrata
Que o teu requebro
Me prende e mata!

(Ela)
Não vou, não vou
Deixe dançar
E não me amole
Com seu falar

(Ele)
Não dance, ó bela
Que esse quebrado
Faz qualquer homem
Por ti babado

(Ela)
Não paro agora
Comigo mangas
Vai lá pra fora
Chorar pitangas

(Ele)
Tu és a rosa
Fresca orvalhada
Tu és a estrela
Da madrugada

(Ela)
Tu não me engrossas
Com suas petas
No céu não luzem
Estrelas pretas

(Ele)
És mais ainda
Que uma estrela
És uma santa
Formosa e bela!

(Ela)
De santo preto
Sem ser bonito
Conheço apenas
São Benedito

(Ele)
Pois olha, escuta
Quero falar-te
Tenho uma cousa
Para ofertar-te

(Ela)
Franqueza dessas
Me causam medo
Pra dar-se um mimo
Tanto segredo

(Ele)
Antes não visse,
Meu Deus, tal fado
Ai, triste vida
De apaixonado

(Ela)
Pois se console,
Meu caro amigo!
Quer por ventura
Casar comigo?

(Ele)
Ai, não, crioula,
Não sou tão louco ...
Só se tu fosses
Mais alva um pouco.

(Ela)
Também declaro
Já que é tão franco,
Que eu não desejo
Casar com branco

(Ele)
Pois nestes casos,
Crioula amiga
Pode ir saindo,
Já de barriga

(Ela)
Ora, meu branco
Deixe eu dançar
Que eu não sou bela
Para engrossar!

27. "A mulata" (1870)

Letra: Gonçalves Crespo.
Música: autor desconhecido.
Intérprete: Geraldo Magalhães.
Gravadora: Casa Edison 40.568 (1906).

"A mulata" talvez tenha sido uma das modinhas de maior sucesso nas últimas décadas do Império. O autor da música não é conhecido, mas a letra é do poema "A Canção", escrito em 1870 pelo poeta Gonçalves Crespo. Nascido no Rio de Janeiro em 1846, filho de um rico comerciante português e de uma mulher negra, Antônio Cândido Gonçalves Crespo deixou o Brasil com os pais aos 14 anos. Embora tenha feito carreira e constituído família em Portugal, jamais perdeu as raízes brasileiras, como fica claro em "A mulata", que também aparece com o título de "A mucama" em alguns cancioneiros e "A mestiça" em gravações posteriores.

Na belíssima canção, a "mestiça formosa de olhar azougado", por quem o feitor, apaixonado, "chorava na sombra, perdido de amor", enamora-se de um mascate que "em noite de lua, cantava modinhas e lundus magoados". Foge com ele, deixando para trás a fazenda e o feitor, que "se foi definhando, perdido de amor".

Mostraram-me um dia na roça, dançando,
Mestiça formosa de olhar azougado,
Com um lenço de cores nos seios cruzado,
Nos lóbulos da orelha, pingentes de prata.
Que viva a mulata!
Por ela o feitor
Diziam que andava perdido de amor.

De em torno dez léguas da vasta fazenda
A vê-la corriam gentis amadores.
E aos ditos galantes de finos amores,
Abrindo seus lábios de viva escarlata,
Sorria a mulata,
Por quem, o feitor
Nutria quimeras e sonhos de amor.

Um pobre mascate, que em noites de lua
Cantava modinhas, lundus magoados,
Amando a faceira dos olhos rasgados,
Ousou confessar-lhe com voz timorata...
Amaste-o, mulata.
E o triste feitor
Chorava na sombra, perdido de amor.

Um dia encontraram na escura senzala
O catre da bela mucama vazio,
Embalde recortam pirogas o rio;
Embalde procuram na sombra da mata ...
Fugira a mulata,
Por quem o feitor
Se foi definhando, perdido de amor.

28. "A crioula" (s.d.)

Letra e música ("A mulata"): autores desconhecidos.
Intérprete: João Nabuco (piano e canto).
Gravação independente.
Letra em TdM e SS.

"A Crioula", paródia de "A mulata" (verbete anterior), denuncia as violências cometidas pelo feitor contra a escrava: gritos, espancamentos, surras de chicote e abusos sexuais. "E chora a crioula/ Porque sua flor/ Com muitas promessas colhera o feitor", dizem os versos.

Mas um dia a escrava consegue fugir da fazenda, deixando seu carrasco a bufar de raiva e calor.

Há pequenas diferenças entre as letras existentes no "Trovador da Malandragem" e em "Serenatas e Saraus".

Na roça eu já vi, formosa crioula,
Tristonha e sozinha de enxada na mão.
De saia vermelha, já quase em farrapos,
Chorando, coitada, plantando feijão.
   E chora a crioula,
   Porque o feitor
De suas costelas fazia tambor.

Um dia a preguiça lhe deu muito forte.
E a pobre coitada não foi trabalhar;
Então o tratante, com voz tenebrosa,
Com uivos de fera, se pôs a ralhar.
   Tremia a crioula,
   Porque o feitor
Armado de relho, fazia furor.

Um pobre diabo, que andava a nenhum,
Cantava modinhas no seu violão,
E a bela crioula, tristonha, escutava,
Mas sem fazer caso do tal toleirão.
   E chora a crioula,
   Porque sua flor
Com muitas promessas colhera o feitor.

E quando surgira formosa a manhã
O quarto da bela se achava vazio,
A linda crioula já tinha azulado,
E lá na fazenda ninguém mais a viu.
   Fugira a crioula,
   E o negro feitor
Bufava danado, de raiva e calor.

Feitor castigando escravo. Debret, 1835

29. "A mulata vaidosa" ("A mulata") (1884)

Letra: Melo Moraes Filho.
Música: Xisto Bahia.
Intérprete: Mário Pinheiro.
Gravadora: Victor Record 98.971 (1910).
Letra e partitura em CB e JBM.

Xisto Bahia foi um dos principais nomes da cena musical e teatral dos Brasil no último quartel do século XIX. Ator, compositor e cantor, apresentou-se com grande sucesso nas principais casas de espetáculo da Corte e excursionou durante anos pelo Norte e Nordeste (ver "Preta Mina" mais adiante e "Camaleão" e "Lundu do pescador" no capítulo 5).

Já o médico, poeta, historiador, cronista e folclorista Melo Moraes Filho destacou-se como um dos mais importantes intelectuais das últimas décadas do Império e do início da República. Além de escrever várias obras sobre festas populares, artistas da época, costumes, ciganos, mendigos e malandros, organizou dois cancioneiros indispensáveis para o estudo da música popular do período: "Cantares Brasileiros" (1900) e "Serenatas e saraus" (1901).

Da parceria entre Xisto e Melo Moraes, ambos baianos de nascimento, mas cariocas por adoção, nasceu "A mulata vaidosa", que canta as belezas da morena baiana. Vaidosa, linda, faceira, sensual, cheirosa, ela despertava paixões entre os homens, que esnobava, seguindo em frente e dizendo: "Adeus, ioiô, adeus". Já as sinhás não conseguiam esconder a inveja diante de tanto sucesso: "Minhas iaiás da janela/ Me atiram cada olhadela/ Ai, dá-se? Mortas assim .../ E eu sigo mais orgulhosa/ Como se a cara raivosa/ Não fosse feita pra mim".

Os versos foram publicados no livro "Mitos e Poemas", de Melo Moraes, de 1884. A gravação de Mário Pinheiro, de 1910, traz apenas seis das quatorze estrofes da canção. Afinal, havia um limite de tempo – pouco mais de três minutos – nos discos de 78 RPM que começavam a chegar ao mercado.

"A mulata vaidosa" recebeu posteriormente várias gravações, como as de Clara Petraglia, do Conjunto Anticália e de Luiza Sawaya.

Alguns esclarecimentos: 1) Tafula, feminino de taful, significa enfeitada; 2) Torço é um xale para enrolar na cabeça, como um turbante; 3) Cassa é um tecido bem fino, de linho ou algodão.

Eu sou mulata vaidosa
Linda, faceira, mimosa
Linda, faceira, mimosa
Quais muitas brancas não são
Tenho os requebros mais belos
Se a noite são meus cabelos (bis)
O dia é meu coração

Sob a camisa bordada,
Fina, tão alva, rendada, (bis)
Treme-me o seio moreno.
É como jambo cheiroso,
Que pende ao galho frondoso (bis)
Coberto pelo sereno.

Nos bicos da chinelinha,
Quem voa mais levezinha (bis)
Mais levezinha do que eu?
Eu sou mulata tafula.
No samba, rompendo a chula, (bis)
Jamais ninguém me venceu.

Ao afinar da viola,
Quando estalo a castanhola, (bis)
Ferve a dança e o desafio.
Peneiro num mole anseio
Vou mansa num bamboleio (bis)
Qual vai a garça no rio.

Aos moços todos esquiva,
Sendo de todos cativa. (bis)
Demoro os olhares meus;
Mas se murmuram: "Maldita
Bravo! Mulata bonita! (bis)
Adeus, meu ioiô, adeus!"

Minhas iaiás da janela
Me atiram cada olhadela, (bis)
Ai, dá-se? Mortas assim ...
E eu sigo mais orgulhosa,
Como se a cara raivosa (bis)
Não fosse feita pra mim.

Na fronte, ainda que baça,
Me assenta o torço de cassa (bis)
Melhor que coroa gentil.
E eu posso dizer ufana
Que, qual mulata baiana, (bis)
Outra não há no Brasil

Nos meus pulsos delicados
Trago corais engrazados, (bis)
Contas de ouro e coralinas;
Prendo meu pano à cintura
Que mais realça a brancura (bis)
Das saias de rendas finas.

Se eu tenho um desejo agora,
De meus afetos senhora, (bis)
Sei encontrá-lo no amor.
Minha alma é qual borboleta!
Que voa e voa inquieta (bis)
Pousando de flor em flor

Meus brincos de pedraria
Tombam, fazendo harmonia (bis)
Com meu cordão reluzente.
Na correntinha de prata
Tem sempre e sempre a mulata (bis)
Figuinhas de boa gente.

Eu gosto bem desta vida,
Que assim se passa esquecida (bis)
De tudo que é triste e vão!
Um dito repinicado,
Um mimo, um riso, um agrado, (bis)
Cativam meu coração.

Nos presepes da Lapinha
Só a mulata é rainha, (bis)
Meiga a mostrar-se de novo.
De minha face ao encanto
Vai-se o fervor pelo santo, (bis)
Pra o santo não olha o povo!

Minha existência é de flores,
De sonhos, de luz, de amores, (bis)
Alegre como um festim!
Escrava, na terra um dono,
Outro no céu sobre um trono, (bis)
Que é meu Senhor do Bonfim!

Na fronte, ainda que baça,
Me assenta o torço de cassa (bis)
Melhor que c'roa gentil.
E eu posso dizer ufana
Que, qual mulata baiana, (bis)
Outra não há no Brasil

Senhora na liteira e dois escravos. Bahia, 1860.

30. "Preta mina" (s.d.)

Letra e música: Xisto Bahia.
Intérprete: Mário Pinheiro.
Gravadora: Casa Edison.
Disco Odeon 40.406 (1907).
Letra em SS, CB e CMB.
Partitura disponível em gálica.bn.fr.

Muitos africanos escravizados e trazidos à força para o Brasil vieram da Costa da Mina, denominação dada na época à região que compreende os atuais territórios de Gana, Togo, Benim e parte da Nigéria. Até hoje, a Fortaleza de São Jorge da Mina, construída pelos portugueses no final do século XV, domina as águas da baía de Elmina, em Gana.

No lundu, a preta trata o namorado, também negro, com muito carinho. Não só lhe dá frutas e quitutes de graça, como, nas noites de frio, protege-o com seu pano da Costa. E recebe-o sempre com palavras amorosas: "Acugelê/ Vem cá, dengoso, vem cá/ Acubabá". Nessas saudações em iorubá, deseja-se vida longa para alguém amado ou respeitado.

Segundo a canção, a preta mina era muito popular na Praça do Mercado, que existia então no centro do Rio de Janeiro, próxima à atual Praça XV. Certo dia um senador assanhou-se para o lado dela. Quis se fazer de gostoso, de bonito. Ela não titubeou: "Foi-lhe às ventas com um palmito".

Cecília Meireles, no livro "Olhinhos de gato", recorda que ouvia frequentemente "Preta mina" em casa, quando criança, no começo do século XX. O lundu, composto provavelmente na década de 1880, ganhou diversas versões, com mais ou menos estrofes, às vezes com ligeiras diferenças na letra. Todas elas, entretanto, conservam a mesma abertura, os mesmos estribilhos, as mesmas saudações e o mesmo encontro entre o senador e o palmito.

Eu tenho uma namorada
Que é mesmo uma papa fina
Lá na Praça do Mercado
Digo logo: é preta mina!

Laranja, banana
Maçã, cambucá,
Eu tenho de graça,
Que a preta me dá.
Nas noites de frio,
O que mais ela gosta
Me estende por cima
Seu pano da Costa.

Ai, quando ao longe me vê,
Grita logo: Acugelê !
Vem cá, dengoso, vem cá ...
Me diz ao ouvido:
        – Acubabá!

Agugelê, acubabá, aaai....

Quando a menina penetra
Nas sedas do coração
Ela me arranja um quitute
Que dá vida ao coração

Que cheiro que exala
Sua pele está boa
Seu corpo se escala
Cantiga tão boa
Magoada soluça
Se come ao deitar
Requinte de bronca
Se põe a chorar

Ai, quando ao longe me vê ....

Um dia um senador
Quis se fazer de bonito ...
Mas a preta não gostou (que é só minha)
Foi-lhe às ventas c'um palmito.

Moqueca gostosa
Morango, caju
Galinha cheirosa
Costela de angu
Arroz, rapadura
Goiaba, araçá
As vezes uns cobres
A preta me dá

Ai, quando ao longe me vê ...

31. "A Tapuia" (1868)

Letra original: Severiano Bezerra de Albuquerque.
Música: autor desconhecido.
Intérprete: Dona Caçula.
Gravação: Vicente Sales (1974).
Letra em "A modinha no Grão-Pará", de Vicente Salles.

A canção "A Tapuia" ou "Formosa Tapuia" teve ampla circulação no país. Como era bastante cantada no Nordeste, muitos acreditavam que ela seria originária da região. Mas o excepcional trabalho "Tapuia, um caso de irradiação cultural", do musicólogo e historiador Vicente Salles, não deixa margem para dúvidas. A canção nasceu no Pará, a partir de poemas do emigrante português Francisco Gomes Amorim, o "poeta-operário", e de Severiano Bezerra de Albuquerque, que, embora nascido no Ceará, mudou-se ainda pequeno para Belém.

Salles realizou um minucioso trabalho de coleta de diferentes versões da canção pelo Brasil afora – ao todo 24, em sete estados. O conjunto do trabalho de campo indicou que a maioria delas teve como matriz o poema "A Tapuia", de Severiano Albuquerque, publicado no livro "Lira das Selvas", em 1868, cuja letra é reproduzida abaixo. A poesia recebeu música de autor desconhecido no Pará, migrando mais tarde para outros estados.

Entre as gravações, escolheu-se a que foi cantada por Dona Caçula, em Sergipe, por ser a que mais se aproxima do texto original.

Em "A Tapuia", o homem branco, impressionado com a beleza da índia, tenta convencê-la a deixar a floresta para se casar com ele. Promete-lhe dinheiro, vida tranquila, roupas finas, joias, escravos, doces e vinhos. Ela responde: "Não quero, cariua, aonde se nasce/ Deus manda que a vida com gosto se passe". Em nheengatu, língua franca tupi-guarani, "cariua" significa homem branco.

Diante da firmeza da tapuia, o forasteiro pede para fumar. A índia lhe oferece mais do que tabaco. Dá-lhe peixe, farinha e rede. Sua atitude impressiona o branco, que muda de comportamento e decide viver na floresta com ela.

É interessante registrar que o final feliz na selva desaparece nas versões cantadas pelo Brasil afora. Geralmente, elas terminam com o branco partindo e a tapuia permanecendo na mata. Outra mudança significativa: também some o termo "cariua". É substituído pela palavra "carinho".

- Formosa tapuia, que fazes perdida
Nas matas sombrias de agreste sertão?
As matas são frias, são tristes e frias,
Não temes, tapuia, morrer de sezão?

- Não temo, cariua, nas matas nasci ...
Se delas não gostas, não ficas aqui ...

- As matas são próprias somente pras feras
Eu peço, deveras, que saias daqui ...
Eu tenho, dinheiros, escravos, engenho ...
Riquezas eu tenho, tudo isso pra ti ...

- Não quero, cariua, não tenho ambição,
De nada preciso no agreste sertão.

- És simples, tapuia, não percas fortuna,
Eu tenho uma escuna de velas de linho ...
Vem já para o porto tomar um conforto:
Três latas de doce e um copo de vinho.

- Não quero, cariua, que a pobre tapuia
Não bebe no copo, só bebe na cuia.

- Se fores comigo pra minha cidade,
Será, tapuinha, de certo feliz;
Vestido de seda, botinas de couro,
Adereços de ouro, não são coisas vis!

- Não quero, cariua, teus ouros são falsos ...
Meus pés não se estragam andando descalços ...

- Mas, antes, tu queres vestir uma saia
De fina cambraia, com lindo balão?
Tapuia dengosa, teu corpo é bem feito,
Mas fica mal feito vestindo algodão ...

- Que branco teimoso! Nós, pobres roceiras,
Fazemos serviços com saias grosseiras ...

- É pena, tapuia, não digo mais nada,
Não fiques zangada, não tenhas maldade,
Preferes trabalhar nas matas, na roça,
Podendo tão moça, viver na cidade! ...

- Não quero, cariua, aonde se nasce,
Deus manda que a vida com gosto se passe.

- Não sabes que os matos estragam a saúde ...
Serviço tão rude não quero passar.
Vou prestes pra bordo, de lá pra cidade ...
Por tua bondade, me dá que fumar!

- Espera, cariua, costume assim é:
Se dar o cachimbo, depois o café ...

- Que belas coisinhas me estás of'recendo;
Que rede macia, que belo açaí!
Que peixe gostoso, gostosa farinha ...
Pois estes petiscos são todos daqui?

- Duvida, cariua? É muito ignorar ...
Quem dera que tudo pudesse gozar!

- Não é desairoso ao homem que é probo,
Qual seja o trabalho, qual seja o lugar ...
Eu vendo a canoa, eu compro uma roça
E como és tão moça podemos casar ...

- Depressa, cariua, mudaste a tenção:
Já queres trabalhos no agreste sertão?!

32. "A mulata cearense" (1900).

Letra e música: Raimundo Ramos "Cotoco".
Intérprete: Luciana Gifoni.
Gravadora independente: Laboratório de Estudos da Oralidade / Museu do Ceará.
CD: "Cantares Bohêmios".

Compositor, cantor, pintor, boêmio, cronista de sua cidade e de seu tempo, Raimundo Ramos marcou a vida de Fortaleza no final do século XIX e no início do século XX. Talentosíssimo, compôs sobre os mais variados temas, de modinhas românticas a cançonetas políticas, sociais e econômicas, passando por valsas, tanguinhos e paródias sobre costumes, migrações e secas. Cantou o cotidiano e criticou o preconceito, sempre com leveza e bom humor. Sentia-se à vontade nas ruas, bem mais do que nos salões, e não escondia sua predileção pelas pessoas simples.

Nasceu em 1871. Veio ao mundo com um defeito físico no antebraço direito e, por isso, recebeu o apelido de "Cotoco", que carregou por toda a vida. Isso não o impediu de pintar, entre outras obras, os tetos do foyer do Teatro José de Alencar e da Igreja da Nossa Senhora do Carmo. Sua primeira canção data de 1888. Em 1906, publicou o livro "Cantares Bohêmios", com quase 120 composições, muitas delas acompanhadas de partituras simplificadas, o que permitiu às melodias chegarem até os dias atuais.

No início do século XX, a Casa Edison gravou oito cançonetas de "Cotoco", interpretadas por Mário Pinheiro, quase todas maliciosas e de duplo sentido, como "Pela porta de detrás", "O diabo da feia", "A cozinheira", "A engomadeira" e "A sogra e o genro".

Em "Mulata cearense", a jovem, depois de realçar seus encantos – porque eles "não são fingidos, são naturais" –, diverte-se com o incômodo que provoca nas rivais: "As brancas todas de mim não gostam/ Voltam-me o rosto se vou passando/ E eu nem reparo na raiva delas/ Passo sorrindo, cantarolando/ Todos os moços me chamam linda/ E a muitos deles vou namorando".

Eu sou da terra de um sol de brasa,
Seus raios trago nos olhos meus;
Na trança negra trago reflexos
Das estrelinhas lindas dos céus;
Meus alvos dentes lembram os toques
Da branca lua, pura sem véus.

Estes encantos que em mim se notam
Não são fingidos, são naturais;
Meu garbo altivo lembra a sublime
E verde copa dos coqueirais;
Onde a jandaia seus cantos solta,
Notas plangentes, doridos ais.

No peito eu sinto um vulcão de amores
E na alma sinto o gênio arfar;
O peito diz-me que a vida é flores
A alma murmura: Gozar! Gozar!
Meu céu é lindo! Que lua bela!
Que sol tão quente! Que verde mar!

As brancas todas de mim não gostam,
Voltam-me o rosto se vou passando,
E eu nem reparo na raiva delas ...
Passo sorrindo, cantarolando;
Todos os moços me chamam linda
E a muitos deles vou namorando.

Vou desfrutando essa mocidade,
Sendo querida, querendo bem!
Ser cearense – é felicidade,
Quanta alegria minha alma tem!
Adoro a pátria – meu berço róseo,
Não volto o rosto, caminho além.

Compositor e pintor Raimundo Ramos "Cotoco". Fortaleza

33. "A cabocla" (1903)

Letra e música: Raimundo Ramos "Cotoco".
Intérprete: Luciana Gifoni.
Gravadora independente: Laboratório de Estudos da Oralidade / Museu do Ceará.
CD: "Cantares Bohêmios".

Na valsa "A cabocla", Raimundo Ramos "Cotoco" retoma o tema de "A mulata cearense" (verbete anterior): riqueza não é sinônimo da beleza. As mulheres simples podem não seguir os requintes da moda e tampouco usar roupas caras e joias, mas seus dotes naturais muitas vezes são imbatíveis. É o que proclama, orgulhosa, a cabocla. No final da canção, ela não esconde a satisfação pelo ciúme que desperta nas "moças ricas da praça": "As brancas de mim não gostam/ E só me olham com desdém!/ Eu nem lhes presto atenção/ E creio que faço bem".

A gravação da valsa feita em 2006 não traz duas das oito estrofes originais, a terceira e a quarta.

Ninguém me vence em beleza,
Pois sou formosa também
Sem possuir a riqueza
Que a moça da praça tem.

Não invejo os requintes da moda,
Fantasias que o instante desfaz
  É bastante a beleza (bis)
  Dos meus dotes naturais

Quando eu passo em qualquer parte
Todos ficam a me olhar,
E dizem: que primor d'arte!
Que formosura sem par!

No entanto minha veste é tão simples,
É de chita de azul cor do céu
  E sob ela a beleza (bis)
  Que a natureza me deu

Nenhuma rica da praça
Envolta na fantasia
Tem mais beleza, mais graça,
Mais meiguice e poesia.

Eu sou pobre, não tenho essas sedas,
Nem brilhantes, nem rubros corais
  Tenho só a beleza (bis)
  Dos meus dotes naturais

As brancas de mim não gostam
E só me olham com desdém!
Eu nem lhes presto atenção,
E creio que faço bem.

Não invejo os requintes da moda,
Fantasias que o instante desfaz
  É bastante a beleza (bis)
  Dos meus dotes naturais.

Anexos
Capítulo 3

1. "Insurreição do Queimado" (s.d.)

Letra e música: autores desconhecidos. Letra em "Insurreição do Queimado", de Afonso Cláudio.

Em 1849, escravos da localidade de São José do Queimado, no atual município da Serra, no Espírito Santo, sublevaram-se exigindo a liberdade prometida pelo frei italiano Gregório José Maria de Bene em troca da construção de uma igreja. Concluída a obra, o padre não cumpriu a promessa de dar-lhes a alforria. Revoltados, os escravos, sob a liderança de Eliziário Rangel, Chico Prego e João Monteiro invadiram o templo durante a missa, aos gritos de "liberdade".

O movimento, que durou cinco dias, foi duramente reprimido. Muitos escravos foram mortos e seus líderes, presos e enforcados, à exceção de Eliziário, que conseguiu fugir da cadeia, provavelmente com a ajuda de um carcereiro.

Deve-se ao historiador e político capixaba Afonso Cláudio o resgate da história do movimento no livro "A insurreição do Queimado", publicado em 1884. Apoiando-se em documentos oficiais e contando com testemunhos de participantes do movimento que escaparam à repressão – supõe-se que ele tenha colhido o depoimento de Eliziário –, Afonso Cláudio, republicano e abolicionista, escreveu uma obra importantíssima.

Ela traz os versos de uma canção da época, mostrando como os escravos, com suas melhores roupas, prepararam-se para a alforria que não veio. Seu título é atribuído.

Hoje, uma estátua na Serra homenageia Chico Prego. Afonso Cláudio descreve o comportamento do líder dos escravos na prisão: "Impassível, frio, sem trair uma comoção de susto sequer, o rebelde parecia interiormente satisfeito com a sorte que o aguardava. Se o movimento insurrecionário não o fizesse herói, a coragem da morte sagrá-lo-ia. O insurgente tinha um conhecimento nítido do seu valor; ele sabia que conspirando ofendia a ordem, mas também sabia que conspirava para ser livre".

Chapéu de "lemar" ou de remar é um chapéu de marinheiro com a aba levantada. "Ulanda" possivelmente é uma corruptela de Luanda – já naquela época a principal cidade

de Angola. "Alforria" vem de "al huriya", "liberdade" em árabe.

Os pretos cativos
Querendo ser forros
Usavam cabelos
D'altura dos morros.

Pomada de Ulanda
Fazia murrinha
Em cima do couro
Da carapinha.

Camisa engomada
Chapéu de lemar
Diziam que os negros
Iam se acabar.

Sapatos de sola
Que faz ringidô
Andavam na roça
Como os dotô.

2. "Do Brasil, a mulatinha" (s.d.)

Letra e música: autores desconhecidos. Letra em Trovador, ACB, JA, SS, CB e LdT.

"Do Brasil, a mulatinha" fez enorme sucesso. Seus versos podem ser encontrados em praticamente todos os cancioneiros lançados no Brasil a partir dos anos 1870, quando as editoras se deram conta do grande apelo comercial desse tipo de publicação. Infelizmente nenhum deles traz qualquer indicação sobre a música e os autores do lundu. Seguramente a canção é anterior a março de 1870, porque naquele mês o jornal "Lira do Apolo" publicou a letra de "Eu quisera oh! mulatinha" (anexo seguinte), paródia de "Do Brasil, a mulatinha".

No lundu, a "mulatinha" é comparada a inúmeras delícias da mesa brasileira da época: o cambucá, o vatapá, o melado com cará, o maracujá, o caju, a manga, o quibebe, o favo de mel, os fios de ovos, o doce de coco e o quindim.

A Casa Edison chegou a fazer duas gravações do lundu "Do Brasil, a mulatinha" para o selo Columbia, com o cantor Luiz de Freitas, uma em 1910, outra em 1912. Infelizmente nenhuma delas foi encontrada.

Do Brasil a mulatinha
É do céu doce maná,
Adocicada frutinha,
Saboroso cambucá!

É quitute apetitoso,
É melhor que vatapá,
É néctar delicioso,
É boa como não há

É manjar bem delicado,
É melado com cará,
Agradável bom-bocado,
Gostoso maracujá.

É caju açucarado,
E tem de manga o sabor,
É quibebe apimentado
Pelas mãozinhas do amor

É doce licor de rosa,
É melhor do que melado,
Delicado e melindroso,
Vinho velho engarrafado.

É manguinha da Bahia,
É doce favo de mel,
Não é clara como dia,
Nem alva como o papel.

A mulatinha mimosa,
Fios d'ovos com canela,
É morena, cor de rosa,
Tem uma cor muito bela.

É faceira, tem candura,
Tem do coco o paladar,
Tem meiguice, tem ternura,
Tem quindins de enfeitiçar.

Quando eu meigo vejo ela,
Tão terna, tão moreninha,
Logo exclamo: como é bela
Do Brasil a mulatinha!

Os olhos sabe volver
Tão ternos a namorar,
Que eu quisera só poder
Junto dela sempre estar,

3. "Eu quisera oh! mulatinha" (1870)

Letra: Araújo Pinheiro Junior.
Música: autor desconhecido.
Letra em LdA em 6/3/1870.

A letra de "Eu quisera oh mulatinha" foi publicada na "Lira de Apolo", "jornal de modinhas, recitativos, lundus, canções, fadinhos brasileiros, romances, fadinhos portugueses, etc" em 1870. Seu autor, Araújo Pinheiro Junior, era dramaturgo.

"Eu quisera oh! mulatinha" é uma paródia de "Do Brasil, a mulatinha". Cita vários elogios feitos à morena no lundu original, como a comparação com o cambucá, o cará com melado, o maná e o caju (ou cajuí). Mas, na paródia, a escrava deixa claro que não quer ser apenas elogiada – e muito menos seduzida. Se o ioiô deseja-a tanto assim, que lhe compre a liberdade e case com ela: "Se sou cará com melado/ Tire-me do cativeiro/ Que a mulata do Brasil/ Sendo boa custa dinheiro".

E arremata: "Se você gosta de mim/ Se isso tudo é verdade/ Vá à casa de meu senhor/ Comprar minha liberdade".

Trunfa é sinônimo de turbante ou vasta cabeleira.

Negra vendendo caju. Rio de Janeiro. Debret, 1827

Eu quisera oh mulatinha
O teu amor possuir
Ainda que em breve tempo
Eu deixasse de existir.

RESPOSTA

Ioiô você é um demônio
Que está me enfeitiçando
Deixe-me que sou cativa
Não me esteja namorando.

Leve o demo a tentação
De um ioiô tão feiticeiro
Vá se embora, deixe-me só
Cumprir o meu cativeiro.

Acaso será minha trunfa
Que lhe faz tanta influência
Ioiô não seja assim
Veja bem, tome tenência.

Não queira por uma mulata
Pra sempre ficar perdido
Que a muito moço bonito
Isso tem acontecido.

Se sou cará com melado
Tire-me do cativeiro;
Que a mulata do Brasil,
Sendo boa custa dinheiro!

Se sou fruto saboroso
Ou do céu doce maná
Ioiô, traga dinheiro
Pra comprar o cambucá.

Se sou manga da Bahia,
Ou saboroso cajuí
Ioiô, traga dinheiro
Se me quiser para si.

Se você gosta de mim,
Se isso tudo é verdade,
Vá à casa de meu senhor
Comprar minha liberdade.

Se a mulata do Brasil
Lhe cativa o coração
Também é de muita gente
A única consolação.

Que a mulata do Brasil
Sempre grata a seu senhor
Não quer ficar perdida
Por causa do seu amor.

4. "A crioula" (s.d.)

Letra e música: autores desconhecidos.
Letra em SS.

A mulher negra diverte-se com os ciúmes que provoca nas mulatas e nas brancas. Ela diz que faz sucesso tanto na rua como na casa em que trabalha: "Mesmo a boa/ Da senhora/ Xinga o amo/ Que me adora!". Não fica claro se a mulher é escrava ou livre.

A vendedora de café torrado. Rio de Janeiro.
Debret, 1826

Não faz-me inveja a mulata
Nem a branca brasileira,
Porque não têm mais encantos
Do que a crioula faceira.

*Quando caio
Num fadinho,
Trago o branco
No beicinho.*

*Meus olhos também desprendem
A luz que os peitos maltrata;
Por isso a branca me odeia,
Me odeia a fátua mulata.*

*Esses ódios,
Não sou tola!
São inveja
Da crioula.*

*Eu ando por essas ruas
Com toda a seriedade,
Picantes ditos ouvindo
Dos lábios da mocidade!*

*Homens velhos,
Graves, sérios,
Me sacodem
Seus ditérios.*

*Pois sendo preta retinta,
Mais preta que a escuridão,
Conheço os castos amores...
Sou branca de coração!*

*Mesmo a boa
Da senhora,
Xinga o amo
Que me adora!*

*Se valso, sou qual gaivota
Que à flor dos mares desliza,
Pois meu pesinho mimoso
O chão da sala mal pisa.*

*Geme a flauta,
Soluçando,
Já não danço...
Vou voando.*

*Eu canto as minhas modinhas
E disso muito me ufano,
Melhor que a dona prendada
Cantando ao som do piano.*

*Geme e chora,
Coração,
Nos quebrantos
Do violão.*

*Escrava babá com criança.
1874. Pernambuco*

4

Guerra do Paraguai

(1864-1870)

Introdução

A Guerra do Paraguai pôs fim a quase três décadas de estabilidade política, marcadas pelo fortalecimento do poder central e pela afirmação da figura de Dom Pedro II.

Contrariando as expectativas de que o Brasil conquistaria uma vitória fácil e rápida sobre Solano Lopez, o esforço de guerra estendeu-se por mais de cinco anos, com altíssimos custos humanos, econômicos, políticos e sociais. Deixou evidente o despreparo das instituições do Estado para enfrentar situações de crise e sua incapacidade para liderar o país na solução de problemas estruturais.

É verdade que o fervor patriótico despertado pela guerra consolidou, tanto nas elites quanto no povo, a ideia de Nação. Ao mesmo tempo, o conflito fixou as fronteiras no Sul e no Centro-Oeste meridional, até então gelatinosas e instáveis. Nesses dois aspectos importantíssimos, viramos a página.

Os problemas e traumas gerados pela guerra, porém, criaram no país um ambiente político carregado, especialmente quando ficou claro que os enfrentamentos teriam longa duração e o inimigo não seria derrotado facilmente. O entusiasmo inicial desidratou-se. A adesão espontânea aos corpos de Voluntários da Pátria desapareceu. As autoridades tiveram, então, de apelar para o recrutamento forçado, semeando o pânico entre os jovens, especialmente os mais pobres. Foram obrigadas também a alforriar os escravos que partissem para o Paraguai – indenizando seus senhores, é claro.

Solano Lopes sobre uma montanha de caveiras. Charge de Angelo Agostini, em "A Vida Fluminense"(6/11/1869)

Todos os países envolvidos no conflito sofreram enormes baixas. As estimativas sobre o número de vítimas são controversas, mas acredita-se que cerca de 50 mil brasileiros morreram de bala, fome e doença nos campos de batalha. Três mil uruguaios tombaram no *front*, enquanto a Argentina perdeu cerca de 18 mil homens, entre mortos e feridos.

No caso do Paraguai, os números foram ainda mais terríveis. Alguns, com lentes otimistas, acreditam que o país perdeu na guerra cerca de 60 mil pessoas, ou seja, perto de 15% da população. Mas a maioria dos estudiosos trabalha com projeções bem mais elevadas. Entre 200 mil e 250 mil paraguaios – ou seja, 50% a 60% dos habitantes do país antes da guerra – teriam morrido durante o conflito. A população masculina adulta quase foi extinta.

Para as finanças públicas brasileiras, o custo da guerra foi altíssimo. Gastou-se com armamento, alimentação e manutenção das tropas o equivalente a onze anos do orçamento total do Império. Tal sangria de recursos obrigou o país a aumentar significativamente seu endividamento externo, diminuindo a iniciativa do Estado e tornando-o ainda mais dependente da banca inglesa.

Tudo isso, é claro, gerou um ambiente carregado de incertezas e pessimismo, do qual não escapou nem o próprio Imperador. Sua popularidade, altíssima no primeiro ano da guerra, especialmente depois da libertação de Uruguaiana, declinou sensivelmente com o prolongamento do conflito. As críticas, antes contidas, espalharam-se e ganharam intensidade.

Esse fenômeno refletiu-se com força na área cultural. A imprensa, o teatro, a literatura e a música entraram num período de agitação e efervescência. Novos jornais, mais críticos e irreverentes, foram lançados naqueles anos, como "O Diabo Coxo", "O Cabrião", "O Arlequim" e "A Vida Fluminense". A produção musical também se tornou mais ousada. Se nos primeiros anos da guerra predominaram os hinos e cantos patrióticos, a partir de 1867 não foram poucos os lundus, modinhas e paródias que criticaram o recrutamento forçado, choraram as mortes dos soldados e reclamaram da incompetência das autoridades.

A produção musical sobre o conflito foi extraordinariamente ampla, na Corte e nas províncias, nos salões e nas ruas, tanto que foram coletadas 39 canções, das quais 33 com partituras ou indicações de melodia. Como não poderia deixar de ser, os hinos e cantos de guerra são numerosos, mas impressiona o fato de que praticamente todos os gêneros musicais da época estão presentes no garimpo: lundus, modinhas, polcas, paródias, cantigas de rua, canções de ninar, toadas de congo, pontos de umbanda, hinos católicos.

Capa da partitura do "Canto de Guerra do Voluntário Baiano", 1865

As canções abarcam as cinco fases da guerra, contando ou ecoando de alguma maneira o desenrolar do conflito. Abre a série uma preciosidade em castelhano: "Tributo a Paysandu", composta e cantada por um dos maiores *payadores* (repentistas) argentinos, *El Negro* Ezeiza. Ela veio ao mundo vinte anos depois da tomada da cidade uruguaia de Paissandu pelo Brasil, durante as preliminares da Guerra do Paraguai.

As oito canções seguintes referem-se à primeira fase do conflito, que teve início em dezembro de 1864, com a invasão de Mato Grosso, do Rio Grande do Sul e da província argentina de Corrientes. Sem encontrar resistência significativa, as tropas de Solano Lopez colheram sucessivas vitórias. Só foram detidas em setembro de 1865, com a retomada de Uruguaiana, sendo obrigadas então a recuar para seu território.

Quase todas as canções dessa fase refletem a indignação dos brasileiros diante da agressão paraguaia, a começar pelo "Hino de Guerra", de

Francisco Manoel da Silva, autor da música do Hino Nacional. O "Canto de guerra do voluntário baiano", "Os voluntários cachoeiranos" e "O Veterano", todas compostas na Bahia no primeiro semestre de 1865, expressam o fervor patriótico que tomou conta do país. Saúdam os jovens que se alistavam espontaneamente nos corpos de Voluntários da Pátria e partiam para o front. "O Lopez", cantiga popular da mesma época — recolhida em Minas, mas também originária da Bahia —, sintetiza bem o clima de mobilização nacional. "Peguei na bala, pra balear", proclama um brasileiro.

Capa da partitura de "O primeiro voluntário da pátria", 1865

Também nos palácios o ambiente era de efervescência. Em julho, surpreendendo a todos, o Imperador Pedro II partiu para o Rio Grande do Sul. Muitos dos seus conselheiros julgaram a viagem uma temeridade, mas o monarca seguiu em frente. Com sua presença no teatro de guerra, queria deixar claro que a prioridade naquele momento era expulsar os invasores. A iniciativa deu certo. Em setembro, Uruguaiana foi libertada pelas tropas da Tríplice Aliança. Sete mil paraguaios renderam-se. Resultado: Pedro II voltou para a Corte vitorioso. "O primeiro Voluntário da Pátria" e "O guaicuru", hinos compostos nesse momento, derramam-se em elogios ao Imperador.

Fecha essa fase da guerra uma preciosidade: a polca guarani "Campamento Cerro Leon". Na sua versão apenas instrumental, ela é bastante popular até hoje no Paraguai. Mas na época da guerra, pouco depois da batalha de Uruguaiana, a polca foi muito cantada com versos que criticavam duramente o comandante das tropas paraguaias, major Estigarribia. Sem oferecer resistência significativa, ele rendeu-se aos exércitos da Tríplice Aliança. "Será possível, Major, que entreguemos a bandeira do Paraguai?", pergunta indignado um sargento que se insurge contra a decisão do oficial.

A segunda fase do conflito, que começa com a retomada de Uruguaiana, durou cerca de um ano. Esteve marcada pelo recuo das tropas paraguaias, que, voltando para seu território, passaram a oferecer encarniçada resistência aos exércitos aliados. Num primeiro momento, a Tríplice Aliança colheu vitórias importantes, notadamente em Tuiuti, a maior batalha da guerra, em maio de 1866. Mas pouco depois, em setembro, brasileiros, argentinos e uruguaios foram derrotados em Curupaiti. Não havia triunfo fácil à vista. O conflito entrou num período de estagnação.

Um soldado da companhia dos Zuavos baianos, 1866

Referem-se à segunda fase da guerra as canções "Aos Zuavos baianos (A Lopez irei esmagar)", "Terço da Imaculada Conceição dos Militares", "Mamãe, vai dizer ao papai", "Canção da vivandeira" e "Sordado de Minas". O terço foi cantado às vésperas da batalha de Tuiuti.

Na segunda metade de 1866, o Brasil, a Argentina e o Uruguai compreenderam que o Paraguai, lutando em seu território, não seria um adversário fácil. Enquanto as tropas aliadas combatiam longe de seus países, não conheciam o teatro de guerra e enfrentavam enormes problemas de abastecimento e reposição de tropas, o exército de Solano Lopez estava em casa. Sabia como tirar vantagem do terreno e resistir com base num eficaz sistema defensivo de trincheiras e fortalezas.

Praticamente não houve combates na terceira fase da guerra, que durou quase dois anos. Nesse período, as maiores baixas foram provocadas pela fome, pelas doenças – especialmente o cólera – e pelas deserções. No Brasil, o entusiasmo patriótico, predominante no início do conflito, cedeu lugar ao desânimo e ao medo do recrutamento forçado.

Sintomaticamente, as canções desta fase não prometem mais "esmagar o Lopez". Ao contrário, choram mortes, lamentam perdas, sentem saudades, expõem privações. Muitas vezes, trazem críticas às autoridades. O clima é de tristeza e desconcerto, como se pode constatar em "A morte de um soldado brasileiro", "O anjo da saudade", "Morreu no Paraguai", "Capenga não forma", "Marcha dos voluntários (de Atibaia)" e "Voluntários da Pátria (de Bananal)". Nesta última canção, o lamento do soldado negro que parte para o *front* resume bem a mudança do clima: "As mulhé ficô chorando/ Chorando pur seus marido/ E as mãi pur seus filho/ Ai meu Deus, que eu vô morrê". Duas paródias ("O século do progresso" e "O progresso do país"), compostas no Rio de Janeiro na mesma época, refletem o medo do recrutamento e o clima pesado nas ruas da cidade.

Charge sobre a paralisia da guerra publica no jornal "Ba-ta-clan", editado em francês no Rio em 19/19/186

No entanto, embora a guerra atravessasse um período de calmaria, ambos os lados preparavam-se para retomar os combates. Em meados de 1867, Osório, que havia passado os meses anteriores organizando um novo corpo do exército no Rio Grande do Sul, retornou ao Paraguai à frente de milhares de soldados. Disso dá conta a "Cançoneta do soldado rio-grandense". Nos meses seguintes, os exércitos aliados fecharam o cerco sobre a Fortaleza de Humaitá, dando início à quarta e decisiva fase do conflito. O "Hino da Vitória", que homenageia Caxias e o Visconde de Inhaúma, é dessa época.

Em 24 de julho de 1868, depois de vários enfrentamentos preliminares, as tropas aliadas finalmente tomaram o coração das linhas de defesa paraguaias, quebrando a espinha dorsal do exército de Solano Lopez. O ponto de umbanda "Beira Mar", cantado com muita força por Clementina de Jesus, marca a vitória na batalha decisiva da guerra: "Ogum já jurou bandeira/ Nas portas do Humaitá/ Ogum já venceu demanda/ Vamos todos, saravá".

A partir daí os aliados colecionariam sucessivas vitórias na chamada Dezembrada, que culminou com a tomada de Assunção em janeiro de 1869. Uma paródia da cantiga popular "Tororó" registrou a vitória na batalha de Itororó. O "Hino a Osório" comemorou a entrada das tropas brasileiras na capital paraguaia: "Sobre Assunção já flutua/ Nosso pendão vencedor".

Militarmente, a guerra estava terminada. Caxias propôs então ao Imperador a abertura de negociações de paz. Mas Pedro II não concordou. Decidiu que a guerra só teria fim com a rendição ou a morte de Solano Lopez. Agastado, o general deixou o Paraguai em 16 de janeiro de 1869, voltando para o Brasil. Em março, o Imperador nomeou seu genro, o Conde D'Eu, para o lugar antes ocupado por Caxias, promovido a duque.

A Guerra do Paraguai (ou a Guerra Guazu) entrou então na sua quinta e última fase: a da caçada a Solano Lopez. Durante um ano, ele logrou fugir das tropas brasileiras, mas sua morte era uma questão de tempo. No dia 1º de março de 1870, tombou em Cerro Corá. Um segundo "Hino da Vitória" foi composto – desta vez em homenagem ao Conde D'Eu –, para ser cantado em festas e solenidades. Nas ruas, o povo preferiu comemorar a vitória com a cantiga "O Lopez comeu pimenta". Uma de suas quadrinhas dizia: "O Lopez subiu ao céu/ Para a Deus pedir perdão/ Os anjos deram-lhe pedras/ E São Pedro um bofetão".

Quatro canções fecham esta seleção. "O soldado que perdeu a parada" aborda um problema nascido no conflito, mas que chegou até os nossos dias: a burocracia das forças armadas e das autoridades imperiais, inclusive D. Pedro II. Gravado nos primeiros anos da nossa indústria fonográfica, o lundu ensejaria posteriormente várias paródias, inclusive uma versão com críticas bem-humoradas a Getúlio Vargas.

Nas duas canções seguintes, compostas pouco depois do fim da guerra e cantadas em espanhol, jovens paraguaias choram as perdas terríveis sofridas pelo seu povo no conflito. Os versos de "Nenia" são do argentino Carlos Guido y Spano, preso por Bartolomeu Mitre por se opor à Tríplice Aliança. O poema "Romance da paraguaia" é do espanhol Victorino Abente, que migrou para Assunção durante o conflito.

A última canção, "Vinte-Nove", baseia-se na história real de um ex-soldado brasileiro. Depois de ter conquistado várias medalhas na Guerra do Paraguai, passou as décadas seguintes vagando pelo centro do Rio de Janeiro. Dormia nas ruas, vivia de esmolas e favores, sofria com as zombarias dos moleques. Costumava reagir às provocações com palavrões, escandalizando as senhoras que passeavam pela rua do Ouvidor. Volta e meia, acabava preso. Para ele, a guerra jamais terminou.

O Vinte-Nove. Desenho de Raul Pederneiras em "O Rio de Janeiro do meu tempo", de Luiz Edmundo

Vista interna do Curuzú vista do montante. Candido Lopez

Nos anexos, podem ser encontrados os versos de seis interessantes canções sobre a Guerra do Paraguai, das quais não se conseguiu garimpar a partitura. "Recrutamento" fala sobre o "tempo endiabrado" que o Brasil viveu por causa do conflito. "Dê-se baixa nos cartões" retoma a questão da falta de moedas de cobre, agravada com a autorização para que vales emitidos por companhias privadas pudessem circular como dinheiro. Muito popular entre as tropas paraguaias, "O macaco, o cão e o morcego", em guarani, satiriza Pedro II, Bartolomeu Mitre e Venancio Flores. "Cielito" vai na mesma linha. Mesclando versos em espanhol e em guarani, debocha dos soldados brasileiros. Já a marcha "Aregueñas" presta homenagem às mulheres da cidade de Areguá, que pediram para ser alistadas no exército. A toada "Bate palmas, minha gente!", das bandas de congos do Espírito Santo, comemora a tomada de Humaitá.

Três cordéis interessantíssimos sobre a Guerra do Paraguai merecem ser mencionados. Como são longos e foram republicados recentemente, não constam dos Anexos. Podem ser encontrados nos livros citados nas notas de pé de página abaixo.

Dois deles, publicados em 1865, foram escritos em "língua de preto" por autores anônimos: "Conversação do Pai Manoel com Pai José, na estação de Cascadura, por ocasião da vitória de Ihataí, no Passo dos Livres, pelo exército aliado" e "Conversação de Pai Manoel com Pai José, na estação de Cascadura, por ocasião da rendição de Uruguaiana". Ao que tudo indica, não tinham qualquer base musical.[44]

Já a "Poesia dedicada à Guerra do Paraguai" costumava ser cantada pelo autor, João Sant'Anna de Maria, com o acompanhamento de sua rabeca, carinhosamente chamada de "Sombrinha". Os versos fizeram muito sucesso e circularam por todo o Brasil, desde o Ceará, onde Santaninha iniciou sua carreira, até o Rio de Janeiro, para onde o "pequeno poeta" mudou-se no final da década de 1870 e em cujas praças costumava apresentar-se diariamente, reunindo entusiasmadas plateias.[45]

---

[44] DINIZ, Alai Garcia e OLIVEIRA, Gilvan Müller de (org.). *Conversação: cordel de cultura afro-brasileira*. Florianópolis: Universidade Federal de Santa Catarina, Núcleo de Estudos Portugueses, 1999.

[45] VIANNA, Arievaldo e LIMA, Stélio Torquato. *Santaninha: um poeta popular na capital do Império*. Fortaleza: Editora IMEPH, 2017.

1. "Saludo a Paysandú" (1884)

Letra e música: Gabino Ezeiza (El Negro Ezeiza).
Intérprete: Idem.
Gravação: 1913.

Quando começou a Guerra do Paraguai? A resposta é controversa.

Para os brasileiros, em 12 de novembro de 1864. Nessa data, Solano Lopez ordenou a captura do navio brasileiro "Marquês de Olinda", que acabara de passar por Assunção rumo a Cuiabá, levando a bordo o novo presidente da província de Mato Grosso, Frederico Carneiro de Campos. Encarcerado, ele morreria na prisão três anos depois devido à fome e aos maus-tratos. No final de dezembro, ainda sem declaração formal de guerra, tropas paraguaias invadiram o território brasileiro e ocuparam o sudoeste de Mato Grosso.

Gabino Ezeiza,

Para os paraguaios, o conflito teve início um mês antes do apresamento do "Marquês de Olinda" – mais precisamente em 12 de outubro de 1864, quando tropas brasileiras invadiram o Uruguai com o objetivo de depor o presidente ***blanco*** Antonio Aguirre e instalar em Montevidéu um governo simpático ao Brasil, ligado ao caudilho ***colorado*** Venancio Flores. Solano Lopez, aliado de Aguirre, interpretou a invasão do Uruguai como o primeiro passo para sufocar o Paraguai, pois abriria o caminho para controlar a navegação do Rio da Prata e impedir o livre acesso de seu país ao Oceano Atlântico.

A canção "Saludo a Paysandu" – também conhecida como "Heroico Paysandu" – refere-se ao cerco da cidade oriental, situada às margens do Rio Uruguai, iniciado em 2 de dezembro. Durante um mês, aproximadamente mil soldados e civis uruguaios, entrincheirados nos quarteirões centrais da cidade, resistiram aos canhões dos navios comandados pelo almirante Tamandaré e às investidas de quase 15 mil homens do Brasil e das tropas de Venancio Flores. Paissandu rendeu-se a 2 de janeiro. A maioria dos oficiais da guarnição – entre eles, seu comandante, o coronel Leandro Gomez – foi fuzilada. No início de fevereiro, a frota brasileira bloqueou Montevidéu. Em março, Flores assumiu a presidência do Uruguai. Pouco depois, aliou-se à Argentina e ao Brasil para formar a Tríplice Aliança contra o Paraguai.

"Saludo a Paysandu" foi composta em 23 de julho de 1884 durante uma histórica disputa entre dois famosos *payadores* – cantadores que improvisam canções em desafios – no Teatro Artigas, em Montevidéu. De um lado, o argentino Gabino Ezeiza, originário do bairro de San Telmo, em Buenos Aires, habitado na época por um grande número de afrodescendentes. De outro, o oriental Juan Nava, popularíssimo em seu país. Com a homenagem à cidade de Paissandu, que chamou de "Troia americana", *El Negro* Ezeiza venceu a peleja.

A gravação, na voz do próprio *payador* argentino, é bem posterior, de 1913. Mais tarde, a canção seria interpretada por vários cantores argentinos e uruguaios, inclusive Carlos Gardel. Em 1950, também fez sucesso no cinema argentino com o filme "El ultimo payador", direção do francês Ralph Pappier e do compositor Homero Manzi, protagonizada por Hugo Del Carril no papel do payador José Bottinotti. Gabino Ezeiza foi interpretado pelo ator Marino Seré.

Alguns esclarecimentos:

1) Os "bravos 33" mencionados na canção são os "33 orientales" – uruguaios provenientes de Buenos Aires que, em fevereiro de 1825, desembarcaram na Província Cisplatina, então dominada pelo Brasil, dando início ao movimento que levaria meses depois à proclamação da independência do Uruguai, consolidada nos anos seguintes durante a Guerra Cisplatina;

2) Em fevereiro de 1827, argentinos e uruguaios, de um lado, e brasileiros, do outro, travaram no Rio Grande do Sul a última e mais importante batalha da Guerra Cisplatina – Ituzaingó ou Passo do Rosário. O Brasil foi derrotado. Teve de abandonar suas pretensões sobre a Província Cisplatina e reconhecer a República Oriental do Uruguai.

Heroico Paysandú, yo te saludo
Hermanos de la Patria en que nací
Tus glorias y tus triunfos esplendentes
Se cantan en mi Patria como aquí

Los bardos que tenemos en El Plata
Que escalan en el Olimpo su canción
Dedican a este pueblo de valientes
Su grande y más sublime inspiración

Hermanos en las luchas y en las glorias
Lo mismo de que allá en Ituzaingó
Y en hechos nacionales que la historia
En uno y otro pueblo mencionó

Heroico Paysandú yo te saludo
La Troya americana porque lo es
Saludo yo a esta cuna de valientes
Y cuna de los bravos 33[46]

---

[46] Tradução dos versos para o português: "Heroico Paissandu, eu te saúdo/ Irmãos da Pátria em que nasci/ Tuas glórias e teus triunfos esplendorosos/ Se cantam na minha Pátria como aqui/ Os bardos que temos no Rio da Prata/ Que escalam no Olimpo sua canção/ Dedicam a este povo de valentes/ Sua grande e mais sublime inspiração/ Irmãos nas lutas e nas glórias/ Do mesmo modo que lá em Ituzaingó/ E em fatos nacionais que a história/ Num e noutro povo mencionou/ Heroico Paissandu, eu te saúdo/ A Tróia americana, porque o és/ Eu saúdo este berço de valentes/ E berço dos bravos trinta e três".

2. "Hino de guerra" (Guerra do Paraguai) (1865)

Letra: Antônio José Araújo.
Música: Francisco Manoel da Silva.
Intérprete: Geraldo Flach (maestro).
Gravadora: Instituto Cultural GBOEx.
LP: "Amor febril" (1990).
Letra e Partitura no MHN.

Este hino foi uma das últimas composições do maestro Francisco Manoel da Silva, autor da música do Hino Nacional. Ele faleceu no fim de 1865, menos de um ano depois do início da Guerra do Paraguai. Os versos refletem a indignação que tomou conta do país depois da invasão de Mato Grosso.

Segundo Mercedes Dias Pequeno, em "Música no Rio de Janeiro Imperial (1822-1870)", o hino foi "executado pela primeira vez em 5 de fevereiro de 1865, na Escola Politécnica, na presença de D. Pedro II, em cerimônia comemorativa das vitórias na Guerra do Prata" – ou seja, das vitórias ocorridas durante as preliminares do conflito, em Paissandu e Montevidéu, no Uruguai.

Guerra, brada o Ipiranga
Às armas, o Brasil chama
Ao som do clarim da fama
Vingança jura o Brasil!

Temido como um gigante
O Amazonas bradou
Guerra a quem fero pisou
Nossas terras do Brasil!

Como anjo da vitória,
Nos guia Pedro II:
Mostremos a todo mundo
O quanto pode o Brasil

Brasileiros! Guerra! Guerra!
Desagrave-se a nação
Dos antros da escravidão
Fez-se afrontas ao Brasil

Temido como um gigante
O Amazonas bradou
Guerra a quem fero pisou
Nossas terras do Brasil!

3. "Canto de guerra do voluntário baiano" (1865).

Letra e música: Domingos de Faria Machado. Intérprete: João Nabuco (piano e canto). Gravação independente. Letra e partitura no Nemus.

O apresamento do navio "Marquês de Olinda" e a invasão de Mato Grosso pelas tropas paraguaias provocaram grandes indignação no Brasil. A rapidez e a facilidade com que o exército de Solano Lopez penetrou no território nacional, tomando colônias militares e cidades, impactaram o país, que se descobriu despreparado para enfrentar um inimigo ousado e agressivo num teatro de guerra distante dos centros de decisão do Império.

De Norte a Sul, o Brasil foi tomado por intenso fervor patriótico. Em toda parte, exigiu-se uma resposta contundente à agressão. Em 21 de janeiro de 1865, o governo imperial convocou 15 mil guardas nacionais para reforçar o Exército brasileiro. Mas logo se deu conta de que a Guarda Nacional, formada em grande parte pelos apaniguados das elites locais, não era uma força militar confiável.

Para contornar o problema e, ao mesmo tempo, mobilizar e organizar a indignação popular contra a agressão, as autoridades criaram, ainda em janeiro, os Voluntários da Pátria. Nesses corpos, poderia se alistar espontaneamente qualquer cidadão entre 18 e 50 anos. Além do soldo, cada voluntário habilitava-se a receber, ao final da guerra, cerca de 49 mil metros quadrados de terra (um alqueire mineiro ou dois alqueires paulistas). Poderia ser promovido por bravura e, em caso de morte, seus herdeiros receberiam pensões. A iniciativa foi um sucesso. Em poucas semanas, milhares de jovens alistaram-se, sendo dez mil selecionados para marchar para os campos de batalha.

A Bahia foi a província que enviou o maior número de voluntários para o *front*. Tanto em Salvador como em Cachoeira hinos e cantos saudaram os batalhões que partiram para o Sul nos primeiros meses de 1865.

O "Canto de guerra do voluntário baiano", de Domingos Ferreira Machado, foi um deles. Infelizmente, segundo registra o Núcleo de Estudos Musicais da UFBA, perderam-se algumas páginas da partitura impressa pouco depois do fim da guerra. Sua capa mostra o desenho de um voluntário da pátria, fardado, com fuzil e mochila, ao lado de um canhão. Ao fundo, vê-se uma cidade com as muralhas semidestruídas pelos disparos, sobre a qual tremula a bandeira brasileira. Trata-se de Paissandu, cidade uruguaia sitiada em dezembro de 1864 e tomada nos primeiros dias de janeiro de 1865.

Brasileiros, meu canto de guerra
É feroz, é medonho, escutai
Vos inspire este canto solene
Só desprezo ao vilão Paraguai

Sou soldado na pátria aguerrido
Muito embora nascido na paz
Nasci livre qual águia no ninho
Ser escravo outra vez não me apraz

Ao bramir do gigante que acorda,
A princesa do monte se ergue!
Minha terra foi ela a primeira,
Da vanguarda o soldado sou eu![47]

4. "Os voluntários cachoeiranos" (1865).

Música: José de Souza e Aragão. Letra: Aristide Augusto Milton. Intérprete: João Nabuco (piano e canto). Gravação independente.
Letra e Partitura no Nemus.

Em abril de 1865, o batalhão dos Voluntários da Pátria formado pelos habitantes de Cachoeira deixou a cidade, localizada às margens do rio Paraguaçu, que desagua na baía de Todos os Santos. Na ocasião, foi composto este hino com melodia de José de Souza Aragão, o *Cazuzinha,* músico de renome, e letra de Aristides Augusto Milton, "distinto acadêmico de Olinda". O comércio local bancou a impressão da partitura.

----

[47] Quadra registrada por Pedro Calmon em *História do Brasil* na poesia do povo, pg. 227.

O hino começa lembrando que Cachoeira é o berço da brasilidade. Foi lá que o português Diogo Alvares Correia, mais conhecido como Caramuru, ao escapar de um naufrágio em 1509, travou contato com os índios tupinambás. Depois casou-se com Paraguaçu, filha do cacique Itaparica. Da união entre ambos, simbolicamente, surgiram os brasileiros.

A canção recorda também o papel de Cachoeira na luta pela independência do Brasil, quando a cidade converteu-se no quartel-general dos baianos em confronto com as tropas do general português Madeira de Melo ("Hino ao 2 de Julho", no capítulo 1).

O hino resgata ainda a vitória brasileira em Paissandu, cidade uruguaia sitiada, bombardeada e tomada pelas tropas brasileiras nas preliminares da Guerra do Paraguai ("Saludo a Paysandu", neste capítulo).

Nós, herdeiros dum nome subido
Que bebemos no berço o valor
Ante o Céu afrontar, oh juramos
Das batalhas o fero estridor
Sim, tiranos, tremei! Descendemos
Da heroica, invencível cidade
Onde um canto primeiro entoou-se
À da pátria vital liberdade
À da pátria vital liberdade

(Coro)
Oh marchemos ao campo da luta
O clarim já começa a troar
Cara pátria, tem fé, que seus filhos
Saberão os teus brios vingar
Saberão os teus brios vingar

Ao terrível clangor dos combates
Se cairmos sem forças no chão
Morreremos ainda abraçados
Ao brasílio, querido pendão
E será nosso canto de morte
A tiranos cruel maldição
E nas asas da glória ergueremos
Dos Impérios o rei o Titão

Oh marchemos ao campo da luta ...

Beijará nossos pés o inimigo
Como já os beijou Paissandu
Não desdouram gigantes memórias
Os teus filhos, gentil Paraguaçu,
Não tememos a rija metralha
Não nos faz recuar o canhão
Eia, às armas! O céu abençoa
Nossos feitos em pró da Nação.

Oh marchemos ao campo da luta...

5. "O canto do veterano" (1865)

Letra: Ildefonso Lopes da Cunha.
Música: Manoel Thomé de Bittencourt e Sá.
Intérprete: João Nabuco (piano e canto).
Gravação independente.
Partitura e letra no Nemus e na BAN.

Um veterano soldado, que sobrevive de esmolas, chora por não ter mais vigor para lutar em defesa da pátria. Recorda que seu corpo traz quatro cicatrizes de outras campanhas – "todas na frente", faz questão de dizer – e deixa claro seu maior desejo: combater os "sicários" de Solano Lopez.

Apesar de tudo, o veterano confia que o Brasil está em boas mãos, citando Osório e Tamandaré, então à frente do Exército e da Marinha no Sul. Aconselha-os a terem sempre em mente o exemplo do general francês Labatut, que, durante a luta pela Independência na Bahia, comandara as tropas brasileiras na Batalha de Pirajá.

A canção provavelmente foi composta no primeiro semestre de 1865, pois cita as batalhas de Salto e Paissandu (ver "Saludo a Paysandu" neste capítulo), travadas no Uruguai no ano anterior, mas não menciona a retomada de Uruguaiana, que ocorreu em agosto.

Capa da partitura de "O canto do veterano", 1865

Que rotas vestes te cobrem!
Por que tens descalços os pés?
Por que suspiras e choras?
Dize, bom velho, quem és?

Quem sou a pátria que o diga
Por que estou pobre, humilhado
Q'importa que boa ou má
Seja a sorte de um soldado

Q'importa que na velhice
Mendigue o soldado o pão
Q'importa que na velhice
Mendigue o soldado o pão

Que descarnado de fome
Estenda pedinte a mão?
As honras cá deste mundo
Parecem ser só dos vis
É dever de todo homem
Defender a seu país

Choro porque já estou velho
Ouço da pátria o chamado
E como velho não posso
Acudir da tuba o brado

Choro porque sem ter forças
Ouço da guerra o clamor
Que solta por toda a parte
O brasileiro tambor

Choro sim por esse tempo
Que na guerra combati
Pois já não posso ser útil
Nesta terra em que nasci

Veterano fiz campanhas
Era então moço valente
Tenho aqui as cicatrizes
São quatro, todas na frente

Com setenta anos de idade
Que posso agora fazer
Desejos dum pobre velho
Já não sou pra combater

Mas lá está o nosso Osório
Esse soldado valente
Para pisar a soberba
Desse Lopes insolente

Lá está Tamandaré
O bravo do Paissandu
Não desmentes nunca os brios
Do General Labatut

Se no Salto e Paissandu
Já caiu o povo ousado
Deixando após sua queda
O meu país celebrado

Cairá para glória nossa
A gente vil de Lopez
Esse sicário que ostenta
Sobre os roubos altivez

Qu'importa pois que me arraste
Pobre velho sempre assim
Se a causa do meu cruzeiro
Há de ter sempre bom fim (bis)

6. "O Lopez" (1865)

Letra e música: autores desconhecidos.
Intérprete: João Nabuco (piano e canto).
Gravação independente.
Letra e partitura em AMP.

A cantiga remonta aos primeiros meses da guerra, em 1865, quando o Paraguai estava na ofensiva e as tropas de Lopez faziam o que bem entendiam: guerreavam, prendiam, judiavam. Mas o último verso sugere que o clima começava a mudar, pois o brasileiro avisa: "Peguei na bala, pra balear".

Recolhida em Minas Gerais no final do século XIX por Alexina de Magalhães Pinto, a canção veio da Bahia. Conta a pesquisadora: "Esses versinhos, dos poucos que se referem a assuntos históricos, foram-me cantados em uma fazenda do sudoeste de Minas por uma mulata do Bonfim (Bahia). Olhar firme; desembaraçada, era-lhe um gozo a atenção que atraía. Falava aos visitantes brancos como iguais ('Vê a senhora como eu falo? Eu que fui criada no meio das sinhás--moças'). Via-se que do seu desembaraço, fazia-se a si mesma uma superioridade. Vendida para o sul de Minas, aos doze anos, trouxera na memória essa cantiga e uma infinidade de outras".[48]

Aí vem o Lopez do Paraguai,
Com um alferes e dois tenentes,
Fazendo guerra, prendendo gente;
Quando ele prende, não quer soltar;
Quando ele solta, é para judiar;
Peguei na bala, pra balear.

---

[48] Alexina de Magalhães Pinto. *Cantigas das crianças e do povo e danças populares.* Rio de Janeiro, Livraria Francisco Alves, 1911, pp. 182-183.

7. "O primeiro voluntário da Pátria: hino dedicado à S. M. O Imperador" (1865).

Letra e música: J. A. A. Albernaz.
Intérprete: João Nabuco (piano e canto).
Gravação independente.
Partitura e letra na BN.

Em junho de 1865, o Imperador Pedro II surpreendeu o país ao anunciar que viajaria para o Rio Grande do Sul, invadido pouco dias antes por soldados paraguaios. Em 10 de junho, tropas sob o comando do coronel Estigarribia, depois de cruzarem o Rio Paraná, ocuparem a província argentina de Corrientes e atravessarem o Rio Uruguai, haviam entrado no Rio Grande do Sul. Dois dias mais tarde, tomaram São Borja. Sem encontrar resistência significativa, conquistaram em agosto a importante cidade de Uruguaiana.

A rapidez e a facilidade do avanço paraguaio semearam o pânico na província e tiveram imensa repercussão na opinião pública nacional, que, depois da falta de resistência em Mato Grosso, via o quadro de incompetência e despreparo repetir-se no Sul. Ao perceber a gravidade da situação, o Imperador decidiu reagir e, simbolicamente, assumir ele próprio a liderança da luta contra a invasão.

Sua decisão não foi bem recebida por muitos integrantes do Conselho de Estado, que defenderam o cancelamento da viagem. "Se me podem impedir que siga como Imperador, não me impedirão que abdique e siga como voluntário da pátria", respondeu Pedro II. A ameaça resolveu a queda de braço.

O monarca partiu para o Sul no dia 10 de julho, a bordo do navio "Santa Maria", junto com os genros, o Marquês de Caxias e o ministro da Guerra, Ângelo Muniz da Silva Ferraz. Desembarcou no porto de Rio Grande e, por terra, passou por diversas cidades gaúchas, sendo recebido com festas e manifestações patrióticas no trajeto para o teatro de operações.

Logo as tropas da Tríplice Aliança, reorganizadas e reforçadas, retomaram a iniciativa. Em 9 de setembro, venceram a batalha de Jataí, posição situada na margem direita do Rio Uruguai, em solo argentino. No dia 18, na margem brasileira, fecharam o sítio sobre as tropas paraguaias em Uruguaiana. Estigarribia, julgando impossível resistir ao cerco, decidiu render-se, o que lhe valeria acusações de traição entre seus compatriotas (ver "Campamento Cerro León" neste capítulo). Cerca de 5 mil e 200 soldados paraguaios depuseram as armas diante de mais 17 mil brasileiros, argentinos e uruguaios. Uma semana depois, o imperador iniciou sua viagem de volta à Corte, consagrado como o "primeiro voluntário da pátria", como canta o hino.

A ofensiva paraguaia, que caracterizou a primeira fase da guerra, havia sido detida.

Viva! Viva!
Pedro venturoso!
Viva Pedro vencedor!
Viva! Viva!
Pedro venturoso!
Viva Pedro vencedor!
Eis que volta glorioso
Nosso bravo
Nosso bravo Imperador
Eis que volta glorioso
Nosso bravo
Nosso bravo Imperador
Eis que volta venturoso
Nosso bravo Imperador
Eis que volta venturoso
Nosso bravo Imperador
Vitória, vitória
Canta o Brasil
O Brasil já tem coragem
Com que possa se salvar
Não quis sangue nem carnagem
Quis a honra só vingar

Povo escravo
Insolente, insolente
Insolente, insolente
Povo escravo
Insolente
Povo escravo
insolente
Viva!

8. "O Guaicuru" (1865).

Letra e música: "Um brasileiro".
Intérprete: João Nabuco (piano e canto).
Gravação independente.
Gravação apenas instrumental: Geraldo
Flach (maestro).
Gravadora: Instituto Cultural GBOEx.
LP: "Amor febril" (1990).

O Rio Grande do Sul foi a província que mais forneceu soldados para o Exército durante a guerra – em sua maioria, oriundos da Guarda Nacional. Este hino, composto no começo do conflito por "um brasileiro", exalta o valor das pessoas que se alistavam espontaneamente para defender o país, ou seja, os Voluntários da Pátria. É interessante notar que, na marcha, os gaúchos dão vivas a Dom Pedro II. Os tempos da República de Piratini haviam ficado para trás.

Um esclarecimento: os guaicurus, índios guerreiros, habitavam o Pantanal brasileiro e o Chaco paraguaio. Exímios cavaleiros e combatentes de grande bravura, jamais foram derrotados por portugueses ou espanhóis.

Deus vos salve voluntários
Nesse empenho varonil
Correndo ao campo da honra
Em defesa do Brasil

(coro)
Nossa causa é justa e santa
Vossa glória é a do mundo
Morra o tirano estrangeiro
Viva Dom Pedro Segundo

O Brasil reconhecido
Mais se exalta do valor
Com que mostra de seus filhos
Da pátria o maior amor

Nossa causa é justa e santa ...

O premio de vossos feitos
É da honra da nação
Onde pulsa o generoso
Brasileiro coração.

Nossa causa é justa e santa ...

De honra vossas medalhas
Ornarão a peitos mil
Recordando os gloriosos
Voluntários do Brasil.

Nossa causa é justa e santa ...

9. "Campamento Cerro León" (1865)

Letra e música: autores desconhecidos. Letra em "Antologia de la Poesia culta y popular en guaraní", edición bilingüe. Rubens Bareiro Saguier y Carlos Villagra Marsal. Paraguai: ABC Color, 2007. Disponível em poesiasenguarani. blogspot.com/2009/09/campamento-cerro-leon-poesia-popular.html Música disponível em www.youtube. com/watch?v=cek4I8u5xr8

A polca guarani "Campamento Cerro Leon", de autor anônimo, surgiu na primeira fase do conflito, quando as tropas paraguaias, em junho de 1865, invadiram Corrientes e o Rio Grande do Sul. Sem encontrar grande resistência, tomaram São Borja e, pouco depois, Uruguaiana.

Logo, porém, as tropas aliadas reorganizaram-se e lançaram forte contraofensiva. No dia 18 de setembro, mais de 5 mil soldados paraguaios, sob o comando do major Estigarribia, renderam-se em Uruguaiana, depois de um mês de cerco. Em Assunção, a decisão do oficial, também conhecido como "Lakú" – "velho" em basco –, foi vista como um ato de alta traição.

Disso dá conta "Campamento Cerro Leon". Um dos sargentos paraguaios censura o comandante:

"Será possível que entreguemos a bandeira do Paraguai?". Depois de render-se, Estigarribia passou a viver no Rio de Janeiro.

Até hoje a polca "Campamento Cerro Leon", apenas instrumental, é popularíssima no Paraguai. Sua letra, no entanto, foi proibida por Solano Lopez, convencido de que ela afetava a moral das tropas durante a Guerra Guazu. Consta, entretanto, de vários cancioneiros.

Mesmo nos dias atuais, não foi possível encontrar nenhuma gravação da polca com letra. Optou-se assim por reproduzir em separado a letra e a versão instrumental de "Campamento Cerro Leon". Segue abaixo a letra em português. A versão em guarani está disponível em http://poesiasenguarani. blogspot.com/2009/09/campamento-cerro-leon-poesia-popular. html.

Campamento Cerro León,
ordenou o marechal Lopez,
permitam-me que lhes conte
daquele tempo de guerra.

Campamento Cerro León,
catorze, quinze, dezesseis,
no momento que saiu
o batalhão número seis,
à frente a corneta,
e a tropa um pouco atrás.

"Vamos, pois, Major Lakú,
Confio em ti mais que em ninguém
organize quatro batalhões
de soldados escolhidos."

Move-se o Major Lakú,
Escolhendo seus soldados:
quatorze mil escolhidos
Levou-os e vendeu-os.

No momento de partir,
todos juntos soluçaram:
"É possível que deixemos
a nação do Paraguai?

Adeus, pois, nossos irmãos,
já estamos marchando,
Já estamos marchando,
a oferecer nossos corpos."

Enquanto Robles invadia
a Província de Corrientes,
Majores Lakú e Duarte
se dirigiram ao Rio Grande.
Major Lakú se foi
ao leste de Uruguaiana.

Major Lakú, o mais ativo,
a Uruguaiana chegou,
e Duarte com sua tropa
foi cercado em Jataí.

Onze dias depois,
Duarte foi atacado
pelas forças inimigas
dos Três Aliados.

Lakú passou com sua gente
à costa de Yverá,
e então atravessou
o rio de Uruguaiana:
Desde aí se viam
os vinte e quatro vapores.

Disse o Major Lakú:
"Entreguem-se, sim, rapazes,
não existe remédio algum,
já se perdeu nossa pátria."

Disse o Major Duarte:
"Jamais irei entregar-me,
para isso tenho espada,
me defenderei com ela,
Defenderei minha pátria
e meus direitos também."

Disse o Major Lakú:
"Entreguem-se os soldados;
Não existe remédio algum,
vocês foram vendidos."

Disse já o Major Duarte:
"Jurei desde o começo
Que defenderei a minha pátria
ainda que a morte me alcance,
Inclusive se agora mesmo
Me arrebatam a existência."

E num curral enorme
sentaram-se a chorar:
"É verdade que perderemos
a nação do Paraguai?"

Disse o Cabo Torales:
"Consolem-se, camaradas:
Chegará o tempo
de ver outra vez a pátria."

I

O trem, meu modo de andar.
Paraguari, lugar da minha felicidade.
Assunção, minha perdição
São os galopes, minha diversão.
Cerro León, meu acampamento
O vinte e quatro, meu batalhão
A cada mês, meu pagamento.

II

O falcão: sobre meu teto.
O carcará: sobre o formigueiro.
Infantaria, fuzil no ombro
Cavalaria, em seus cavalos
Artilharia, no barranco
"Chapéus brancos", nas canoas.

Disse o Sargento Díaz:
"Será possível, Lakú,
será possível, Major,
que entreguemos a bandeira,
que entreguemos a bandeira,
a bandeira do Paraguai?"

10. "Aos Zuavos baianos" (1866)

Letra: Tito Lívio.
Música ("Gigante de pedra"): José de Souza Aragão.
Intérprete: João Nabuco (piano e canto).
Gravação independente.
Letra em "Raízes da música popular brasileira", de Ary Vasconcelos.
Partitura no Nemus.

Os Voluntários da Pátria tiveram forte participação da população negra. Até 1866, os soldados afrodescendentes que se apresentaram espontaneamente eram, em sua maioria, homens livres, contagiados pelo fervor patriótico em alta no país. Mais tarde, porém, quando se acentuaram as dificuldades de recrutamento, muitos escravos se alistariam em troca da liberdade.

Pelo menos em quatro oportunidades durante os anos de 1865 e 1866, a Bahia enviou para o teatro de guerra companhias em que todos os soldados e oficiais eram negros: os chamados Zuavos baianos — referência aos batalhões zuavos do Exército da França, integrados apenas por argelinos.

"Havia entre os voluntários um corpo, de uniforme estranho: largas bombachas vermelhas presas por polainas que chegavam à curva da perna, jaqueta azul, aberta, com bordados de trança amarela, guarda-peito do mesmo pano, o pescoço limpo sem colarinho nem gravata e um fez na cabeça. Eram todos negros. Tratava-se da companhia de Zuavos da Bahia", descreveu Dionísio Cerqueira em seu livro "Reminiscências da campanha do Paraguai".[49] Eles tiveram participação destacada na guerra, combatendo com grande heroísmo. "Gente forte e brava", resumiu Cerqueira. "A mais linda tropa do Exército", elogiou o Conde D'Eu.

"Aos Zuavos baianos" (título atribuído) é uma paródia de "Gigante de pedra", modinha sobre o Morro do Corcovado, no Rio de Janeiro. Com o início da Guerra do Paraguai e a formação das companhias de negros, o autor da modinha, o músico José de Souza Aragão, o *Cazuzinha*, e o poeta Tito Lívio, ambos nascidos na cidade de Cachoeira, fizeram a paródia para homenagear os Zuavos.

Lá naquele vilão Paraguai
A Lopez eu irei esmagar
Mas se acaso não for venturoso
Quero só minhas mágoas chorar

---

[49] General Dionísio Cerqueira. *Reminiscências da campanha do Paraguai (1865-1870)*. Rio de Janeiro: Edição da Biblioteca Militar, pp. 119-120.

De Henrique Dias, neto esforçado
Vou ao teu brado, pátria gentil,
Mais que o da França, ligeiro e bravo,
Seja o Zuavo cá do Brasil

Ao raiar esse dia de glória
Que Humaitá ante nós se prostrar
Esse dia de tantas venturas
Lenitivo ao meu pranto há de dar.

Deixarei essa vida tristonha
Vou aos brios da pátria vingar;
Defendendo a Nação brasileira
Hei de minha existência findar.

11. "Terço da Imaculada Conceição dos Militares" (1866)

Letra e música: autores desconhecidos.
Intérprete: Geraldo Flach (maestro).
Gravadora: Instituto Cultural GBOEx.
LP: "Amor febril" (1990)

Com a retomada de Uruguaiana pelas tropas da Tríplice Aliança, em 18 de agosto de 1865, o exército paraguaio foi obrigado a recuar. Deixou o Rio Grande do Sul e, nos meses seguintes, abandonou também a província argentina de Corrientes. Em novembro, retornou a seu país, onde passou a travar uma prolongada e cruenta guerra defensiva. Em abril de 1866, tropas brasileiras, argentinas e uruguaias entraram no

Paraguai. Em 24 de maio, travou-se a Batalha de Tuiuti, considerada a maior da guerra, envolvendo 32 mil soldados aliados e 24 mil paraguaios. Durou cinco horas e meia e terminou com a vitória aliada.

Às vésperas do combate, soldados e oficiais entoaram juntos o "Terço da Imaculada Conceição dos Militares". A cena é descrita pelo general Dionísio Cerqueira, no livro "Reminiscências da Guerra do Paraguai", uma das principais fontes primárias para o estudo do conflito:

> "Ao toque de recolher, às oito horas da noite, todos os corpos formaram. Depois da chamada os sargentos puxaram as companhias para a frente da bandeira e rezou-se o *Terço*. Algumas praças, os melhores cantores, entoaram com voz vibrante, sonora e cheia de sentimento, a velha oração do soldado brasileiro: 'Oh! Virgem da Conceição, Maria da Conceição, vós sois a advogada dos pecadores' (...). As músicas de quarenta batalhões acompanhavam impressivas aquela grande prece ao luar, rezada tão longe dos lares queridos".[50]

---

[50] General Dionísio Cerqueira, op. cit, p. 182.

A canção religiosa perdeu-se com o tempo, sendo recuperada mais tarde pelo maestro Francisco Braga, autor do "Hino à Bandeira". Ainda jovem, muito pobre, Braga estudou música no Asilo dos Meninos Desvalidos, obra social mantida pelo governo no Rio de Janeiro. Lá recolheu de alguns de seus instrutores, veteranos da Guerra do Paraguai, a música e a letra do Terço, que registrou em partitura.

Oh! Virgem da Conceição
Maria Imaculada
Vós sois a advogada dos pecadores
E a todos enchei de graça
Com a vossa feliz grandeza
Vós sois dos céus, princesa
E do Espirito Santo, esposa

Santa Maria, mãe de Deus
Rogai a Jesus, rogai por nós
Tende misericórdia de nós
Tende misericórdia de nós.

Maria, mãe de graça,
Mãe de misericórdia,
Livrai-nos do inimigo,
Recebei-nos na hora
De nossa morte, amem!

Senhor Deus, misericórdia
Senhor Deus, pequei senhor, misericórdia!
Senhor Deus, por nossa mãe,
Maria Santíssima, misericórdia!

12. "Mamãe, vai dizer ao papai" (s.d.)

Letra e música: autores desconhecidos.
Intérprete: Franklin Martins.
Gravação independente

Reproduzo trecho do verbete sobre esta canção que publiquei no primeiro volume de "Quem foi que inventou o Brasil? – a música popular conta a história da República":

"Em 'O carnaval carioca através da música', Edigar Alencar menciona marchinha recolhida por Marisa Lira, cantada no Rio durante a Guerra do Paraguai. E lamenta que a pesquisadora não tenha fornecido mais informações sobre a composição, limitando-se a registrar os seguintes versos: "Mamãe, vá acordar papai/ Que eu vou me embora/ Para o Paraguai".

Sua leitura me trouxe à memória, de golpe, uma canção que ouvi várias vezes, ainda bem criança, cantada por um dos meus tios. Além da estrofe acima, na qual o rapaz mandava o recado para o pai, havia outra em que a mãe revelava preocupação com o destino do filho. Não posso garantir que se trata da mesma composição, mas as chances são grandes. As pequenas diferenças nos versos são comuns nos casos de transmissão oral".

Mais tarde, quando preparava este "Volume Zero", tive acesso à obra "Brasil sonoro", em que Mariza Lira registra três quadrinhas da canção.[51]

No livro de Pedro Calmon "A história do Brasil na poesia do povo", deparei-me com uma versão ainda mais completa da cantiga. Lá estão, com pequenas diferenças, as quadrinhas que eu escutara em criança – e ainda outra, que arremata a história. Segundo o historiador baiano, todas haviam sido ouvidas "de um preto velho no Paraná".[52] Calmon cita ainda o historiador Francisco Martins dos Santos, que recolhera em Santos não só quadras semelhantes às garimpadas por ele no Paraná como também outra estrofe.[53]

----

[51] Mariza Lira. *Brasil sonoro: gêneros e compositores populares*. Rio de Janeiro: Editora A Noite, s.d., p. 170

[52] Pedro Calmon. *História do Brasil na poesia do povo*. Rio de Janeiro: Editora A Noite, 1941, pp. 224-225.

[53] Na obra de Pedro Calmon, as duas primeiras estrofes têm os seguintes versos: "Mamãe, / Vai chamar papai/ Que eu vou m'embora/ Pro Paraguai/ Meu filho/ Que vais fazer/ Tu ainda és pequeno/ Tu vais morrer". Já as

O título da canção é atribuído. Na versão abaixo, as duas primeiras quadras são aquelas que ouvi ainda criança. A terceira estrofe foi recolhida por Mariza Lira. A quarta, por Martins dos Santos. A última, por Calmon.

Mamãe,
Vai dizer ao papai
Que eu vou pra Guerra
Do Paraguai.

Meu filho,
O que vais fazer?
Tu vais pra guerra,
Tu vais morrer.

Mamãe,
Não tenha cuidado
Eu sou brasileiro,
Sou um bom soldado!

Meu filho ...

Mamãe,
Eu sou brasileiro
A Pátria me chama
Para ser guerreiro.

----

quadrinhas recolhidas por Francisco Martins dos Santos dizem: "Mamãe,/ Vá chamar o papai/ Que o vapor já vai/ Para o Paraguai/ Meu filho,/ O que vais fazer?/Numa terra estranha/ Onde vais morrer/ Mamãe,/ Eu sou brasileiro/ E a Pátria me chama/ Para ser guerreiro".

Meu filho ...

Mamãe,
(Não vou morrer)
Eu sou brasileiro
E não hei de sofrer.

13. "A vivandeira" (1850-1856)

Letra: Luiz Augusto Palmeirim.
Música: Antonio Luís Miró.
Intérprete: Geraldo Flach (maestro).
Gravadora: Instituto Cultural GBOEx.
LP: "Amor febril" (1990).
Intérprete: Poliana Amaral e Banda de Música do Comando Militar do Nordeste. Espetáculo Cultural "Pátria Brasil" no Teatro Guararapes, Recife (2000).
Disponível em: www.youtube.com/watch?v=XafJRXTy1_U
Letra e partitura recolhidas na BNP.

Até o século XIX era comum que as mulheres acompanhassem seus maridos ou companheiros nas marchas e mesmo nos campos de batalha – inclusive carregando filhos pequenos. As vivandeiras, como eram chamadas, faziam de tudo um pouco: cozinhavam, arranjavam comida, lavavam, costuravam, cuidavam dos feridos e, é claro, namoravam. Algumas vezes, os casais vinham juntos desde suas regiões de origem. Geralmente, porém, formavam-se durante o deslocamento e o acampamento das tropas.

Na Guerra do Paraguai, as vivandeiras foram muito numerosas, tanto junto às tropas brasileiras, como nos exércitos paraguaios, argentinos e uruguaios. Por exemplo, o corpo expedicionário formado às pressas no Brasil para tentar libertar o Sul de Mato Grosso contava em seu início com cerca de 1700 combatentes. Foi acompanhado por nada menos de 200 mulheres.

O mesmo ocorreu no teatro de guerra do Rio Grande Do Sul. Depois da retomada de Uruguaiana, durante a marcha rumo a Corrientes, o número de mulheres chegou a ultrapassar o de soldados.

Azevedo Pimentel, que seguiu para a Guerra do Paraguai como voluntário e mais tarde chegou ao generalato, deu um depoimento impressionante sobre uma vivandeira: "Vamos falar de uma heroína. Quem no exército não conheceu a intrépida *soldada*, que no 29° Corpo dos Voluntários da Pátria armava-se com a carabina do primeiro homem que era ferido, e entrava em seu lugar na fileira, sustentando o combate até o fim da luta, largando então a arma agressiva para tomar as da

caridade, e dirigir-se aos hospitais de sangue?.[54]

Em seguida, lamentou: "E, no entanto, quem hoje fala em Florisbela, ignorada, desconhecida, quando merecia uma epopeia? Sempre nos hospitais de sangue, marcava seu lugar à cabeceira dos doentes. Ela adotou o uniforme de vivandeira militar; único com que a vimos durante todo o nosso tirocínio de cinco anos de guerra. E com mágoa o diremos: outras passaram por heroínas, cantadas em romances e poesias variadas. E ela ... nem numa simples menção viu figurar seu nome! Todo o 2° Corpo de Exército, às ordens do Conde de Porto Alegre, viu-a, admirou-a, invejou-a. E a Pátria esqueceu-a."

Por que?

Azevedo Pimentel explica: "Florisbela tinha a desventura de ser uma *transviada,* sem nome, nem família; mas, se alguma mereceu o nome de heroína, ela deveria figurar também no primeiro plano – *cum laude*". E arremata: "Como a Madalena da Bíblia, merecia achar um Cristo que penhorado por tamanha dedicação a amasse e venerasse".

----

[54] General J. S. de Azevedo Pimentel. Episódios Militares. Rio de Janeiro: Biblioteca do Exército, 1978, pp. 19-20.

O visconde de Taunay, em seu relato sobre as condições dramáticas da Retirada da Laguna, registra com respeito e gratidão a ação de outra vivandeira, que chama apenas de "a preta Ana": "Colocada durante a ação no meio do quadrado do 17º, desvelara-se por todos os feridos que traziam, tomando ou rasgando das próprias roupas o que lhes faltava para pensar e ligar".[55]

A canção "A vivandeira" é bem anterior à Guerra do Paraguai. O autor dos versos sequer é brasileiro, mas português. Luís Augusto Palmeirim publicou-os em seu livro "Poesias", editado em Lisboa em 1851. O poema fez muito sucesso em Portugal e no Brasil. Recebeu música de Antonio Luís Miró, maestro e compositor português de origem espanhola, que em 1850 migrou para nosso país – mais especificamente para o Maranhão, onde dirigiu diversos espetáculos no Teatro São Luiz. Em 1853, muito enfermo, Miró decidiu voltar para Portugal, mas faleceu no Recife, durante a viagem.

Alguns autores atribuem equivocadamente a melodia de "A vivandeira" a Januário da Silva Arvellos. Ao que tudo indica o compositor brasileiro apenas registrou-a em partitura no Rio de Janeiro. A Biblioteca Nacional de Portugal possui cópia da partitura editada em Lisboa pelo Armazém de Música, Pianos, Instrumentos e Litografia de J. I. Canongia & Companhia, entre 1850 e 1856, com a informação de que a letra é de Palmeirim e a música de Miró.

Na gravação de "A vivandeira" do LP "Amor febril" constam apenas as estrofes marcadas com asterisco. As estrofes cantadas no espetáculo teatral "Pátria Brasil" estão assinaladas com dois asteriscos.

Ai! que vida que passa na terra (*) (**)
Quem não ouve o rufar do tambor,
Quem não canta na força da guerra
Ai amor, ai amor, ai amor.

Quem a vida quiser verdadeira (*)(**)
É fazer-se uma vez vivandeira.

Só na guerra se matam saudades (*)(**)
Só na guerra se sente o viver,
Só na guerra se acabam vaidades
Só na guerra não custa a morrer.

Ai que vida, que vida, que vida, (**)
Ai que sorte tão bem escolhida.

---

[55] Alfredo D'Escragnolle de Taunay. *A Retirada da Laguna*. São Paulo: História da Imprensa no Melhoramentos. 16a ed. , 1963, p. 85.

Ai que vida que passa na guerra (**)
Quem pequena na guerra viveu,
Quem sozinha passando na terra
Nem o pai nem a mãe conheceu.

    Quem a vida quiser verdadeira (**)
    É fazer-se uma vez vivandeira.

Ai que vida esta vida qu'eu passo
Com tão lindo gentil mocetão,
Si eu depois da batalha o abraço
Ai que vida pra meu coração.

    Que ternura cantando ao tambor
    Ai amor, ai amor, ai amor.

Que harmonia não tem a metralha
Derrubando fileiras sem fim,
E depois, só depois da batalha,
Vê-lo salvo, cantando-me assim:

    Entre as marchas fazendo trincheira
    Mais te amo, gentil vivandeira.

Não me assustam trabalhos da lida (**)
Nem as balas me fazem chorar,
Ai que vida, que vida, que vida. (*)
Esta vida passada a cantar.

    Qu'eu lá sinto no campo o tambor (*)(**)
    A falar-me meiguices de amor.

Mas deixemos os cantos sentidos (*)(**)
Estes cantos do meu coração,
E prestemos atentos ouvidos
Ao taplão, rataplão, rataplão.

    Ao taplão, rataplão, que o tambor (*)(**)
    Vai cadente falando de amor.

14. "Sordado de Minas" (congo)

Letra e música: autores desconhecidos.
Intérprete: João Nabuco (piano e canto).
Gravação independente.
Letra e partitura em EC.

Em "Sordado de Minas" (título atribuído), quem vai para a guerra já não é um voluntário, como em canções anteriores, mas um "sordado designado" – ou seja, um recruta. Ele não deseja partir para os campos de batalha, tanto que pede à mulata que lhe "compre a baixa". A toada reflete o clima predominante no país a partir de 1866, quando os brasileiros se deram conta de que a guerra contra o Paraguai não seria nem rápida nem fácil, como se acreditava no início do conflito. Ao contrário, seria longa, com pesadas perdas e sacrifícios para todos.

Tocada e cantada pela Banda de Congos de São Pedro, de Jacaraípe, localidade situada à beira mar, no município de Serra, no Espírito Santo, a canção foi gravada pelo renomado folclorista capixaba Guilherme Santos Neves na década de 1950. Posteriormente, foi registrada em partitura. Ela faz menção ao Rio Doce e ao porto de São Mateus, no norte do Espírito Santo, onde embarcavam não só muitos recrutas capixabas, mas também boa parte dos soldados vindos de Minas Gerais. São Mateus foi o mais importante porto do tráfico negreiro na região.

Na canção, não fica claro se o recruta é escravo ou forro, mas são nítidas as evocações do cativeiro. O escritor Rubem Braga, que acompanhou Santos Neves no momento da gravação, escreveu anos depois, em 1957, a crônica "Congo" em que pergunta e responde: "São cantigas de escravos? Parecem ser de escravos soldados que daqui, de São Pedro de Jacaraípe, doce praia do Espírito Santo, eram mandados para o Rio Doce ou o Paraguai".

Santos Neves gravou outra toada sobre a Guerra do Paraguai, cantada pela Banda de Congo de Manguinhos, praia do Espírito Santo, da qual infelizmente não se localizou a notação musical. Sua letra é a seguinte: "Eu vô pro sul, ai eu vô, /Ai, o Reis mandô chamá,/ Eu sô munto pequenino/ Eu não posso guerreá...// Valei-me Nossa Sinhora/ E a Virgem da Conceição,/ Valei-me os santos todo/ E também São Sebastião".[56]

Sordado de Minas
Passô por fora,
Não tema, mulata,
Que eu vô embora.

Sordado de Minas
Passô por dentro,
Não tema, mulata,
Que eu vô licenço.

Sordado designado
Choraaaai...
Vô pra guerra do Paraguai,
Não sei não, mulata, aaaaii...

O que será de mim,
Quando eu fô pra São Mateus,
Menina, compra-me a baixa,
Quero sê cativo seu.

O que será de mim,
Quando eu fô pro rio Doce
Comendo ração dos ôtro
Como cativo que eu fosse...

---

[56] GUILHERME SANTOS NEVES. *Coletânea de estudos e registros do folclore capixaba: 1944-1982.* Vitória: Centro Cultural de Estudos e Pesquisas do Espírito Santo. Vol. 2, pg. 66

15. "A morte de um soldado brasileiro" (s.d.)

Letra e música: autores desconhecidos.
Intérprete: João Nabuco (piano e canto).
Gravação independente.
Letra e partitura em AMP.

À medida em que a guerra do Paraguai se prolongava, os hinos, cantigas e paródias do primeiro ano do conflito, marcados pela exaltação patriótica e pela confiança na vitória próxima, desapareceram. Cederam lugar a composições que choravam o sacrifício dos soldados nos campos de batalha. É o caso da modinha "A morte de um soldado brasileiro", de autores desconhecidos, recolhida em Minas Gerais pela pesquisadora Alexina de Magalhães Pinto.

Essa inflexão, muito nítida a partir do segundo semestre de 1886, correspondia às mudanças no cenário da guerra. Depois da vitória aliada em Tuiuti em maio e da tomada de Curuzu em agosto, que pareciam apontar para um rápido avanço das tropas aliadas no Paraguai, a Tríplice Aliança sofreu uma grande derrota em Curupaiti em setembro. O conflito entrou na sua terceira fase, caracterizada pela estagnação e pela guerra de posições entre tropas entrincheiradas.

Tal situação favorecia os paraguaios. Ao lutarem em casa, dominando o terreno e próximos de suas linhas de abastecimento, eles puderam contrabalançar a vantagem numérica dos exércitos aliados. Assim, o ano de 1867 foi marcado pela ausência quase absoluta de combates e também pela reorganização dos dois lados. Os paraguaios fortaleceram seus perímetros defensivos. Já os aliados melhoraram o abastecimento, sanearam acampamentos, construíram hospitais e inovaram no reconhecimento do terreno, inclusive com o uso de balões. Além disso, promoveram importantes trocas nos comandos. Caxias assumiu a chefia dos soldados brasileiros e, pouco depois, de todas as tropas aliadas. Osório organizou um novo corpo de Exército no Rio Grande do Sul. A Marinha também passou por mudanças, com a substituição do Marquês de Tamandaré pelo Visconde de Inhaúma.

Não quero que na luta ninguém chore
A morte de um soldado brasileiro
Nunca olvidem que foi em prol da Pátria
Que eu dei meu suspiro derradeiro

Deixo pai, deixo mãe e deixo noiva
Que podem lastimar a minha sorte;
Também podem dizer cheios de glória
Que foi em prol da Pátria a minha morte.

As medalhas que ornam minha farda
Eu só peço entregar à minha noiva
Os martírios passados nas campanhas
Servirão de inscrição pra minha loisa.

Irmãos, o esquecimento não desejo
Amanhã vão findar os dias meus;
Quero de minha mãe sentidas lágrimas,
Ferventes orações por mim ... Adeus!

16. "O anjo da saudade".

Letra: Ribeiro de Sampaio.
Música: José de Almeida Cabral.
Intérprete: Luiza Sawaya.
CD: "Cabral, o último modinheiro".
Gravação independente.

"O anjo da saudade" também chorou os brasileiros que, em grande número, passaram a morrer – de bala, doença e fome – nos campos de batalha. "Dedicada aos Mártires da Pátria", como registra a partitura manuscrita, a canção foi tocada e cantada especialmente na Corte.

Os versos são do médico José Pinto Ribeiro de Sampaio, de Campos dos Goitacazes, no Estado do Rio, e a música de José de Almeida Cabral, modinheiro do Rio de Janeiro desde os anos 1840. Almeida Cabral casou-se com a famosa cantora lírica italiana Augusta Candiani, que chegou ao Brasil em 1843, aos 23 anos. A *prima donna*

fez tamanho sucesso que deu ensejo à fundação de um partido de fãs – *dilletanti*, como se dizia então –, os candianistas, que se opunham aos delmastristas, da *mezzosoprano* Clara Delmastro, também italiana.

Neste chão dos desenganos
Entre o pranto, a dor morreu
O silêncio sobre as campas
Seu denso crepe estendeu!
Aqui só há um passado,
Triste noite sem aurora,
E ao pé da cruz debruçada
Aflita a saudade chora.

Mas não choram combatentes
Aqui só há um passado
Da pátria filhos ardentes!
Triste noite sem aurora
E, ao pé da cruz, debruçada,
Aflita, a saudade chora!

(coro)
Avante ó bravos,
Filhos da glória
Para a vitória
Marchai contentes:
Vingais afrontas
De vis sicários
Sois voluntários !
Eia, ao combate !!!

Tantos sonhos cerceados
Nas flores da mocidade
Tanta esperança caída

No abismo da eternidade
O irmão, a mãe, a esposa
Os amigos dedicados
Nas campas dos voluntário
Rezam nênias de finados

Inda sonham combatentes
Aqui só há um passado
Da pátria filhos ardentes!
Triste noite sem aurora
E, ao pé da cruz, debruçada,
Aflita, a saudade chora!

Avante ó bravos, ...

17. "Morreu no Paraguai" (s.d.)

Letra e música: autores desconhecidos.
Intérprete: João Nabuco (piano e canto).
Gravação independente.
Letra e partitura em RTL.

O crescimento do número de baixas na guerra impactou fortemente a opinião pública no Brasil. Até as cantigas de ninar passaram a chorar as mortes dos soldados. Este "dorme neném", cujo título é atribuído, foi recolhido por João Dornas Filho,[57] em trabalho citado por Paulo de Carvalho Neto em

---

[57] João Dornas Filho. *Capítulos da Sociologia Brasileira*. Rio de Janeiro, Ed. Organização Simões, Coleção Rex, 1955, pp. 124-125.

"Folclore da Guerra do Paraguai". Com pequenas diferenças nos versos, a melodia foi coletada também por Rossini Tavares de Lima em 1948 em Pindamonhangaba, no interior de São Paulo.[58]

Na, na, na, na, na,
Que é feito do papai?
Na, na, na, na, na,
Morreu no Paraguai.
Na, na, na, na, na,
Na tropa se alistou,
Na, na, na, na, na,
E nunca mais voltou ...

18. "Capenga não forma" (1866)

Letra: Eduardo Villas Boas.
Música: Romualdo Pagani.
Intérprete: João Nabuco (piano e canto).
Gravação independente.
Letra em ACB.
Partitura e letra na BN.

No final de 1866, a Guerra do Paraguai já durava muito mais do que todos haviam imaginado. Seus

---

[58] Rossini Tavares de Lima. *Abecê do folclore*. São Paulo: Ricordi, 4a ed., 1968, pp. 291-292. Na obra, os versos são os seguintes: "Nana, nana/ Que é feito do papai/ Nana, nanana/ Morreu no Paraguai// Nana, nana/ Que foi o seu pai/ Nana, nanana/ Fazer no Paraguai?// Nana, ferido / Por bala de fuzil/ Nana, nanana/ Morreu pelo Brasil".

custos humanos, financeiros e políticos revelavam-se imensos. Pior: não havia nenhum sinal de vitória à vista. Com a mudança de clima na opinião pública, cessou a adesão espontânea aos batalhões de Voluntários da Pátria, levando o governo a apelar para o recrutamento forçado. Resultado: o pânico tomou conta dos jovens, enviados contra a sua vontade para os campos de batalha.

"Capenga não forma" captou com bom humor essa virada no ambiente nacional. A canção veio a público depois da fragorosa derrota dos exércitos da Tríplice Aliança em Curupaiti, em setembro de 1866. Já no final do ano, vários jornais faziam menção ao lançamento da polca-lundu, que teve sucesso imediato, detonando uma enxurrada de outras composições em resposta.

O jornalista e teatrólogo França Junior, em artigo publicado no "Correio Mercantil" de 6 de outubro de 1867 com o pseudônimo de Osíris, registrou com bom humor: "Os leitores, quando crianças, nunca atiraram uma pedrada em uma casa de marimbondos? Sai um primeiro, saem depois três, quatro, saem todos afinal; e ai daquele que tem a infelicidade de passar pelo lugar

depois do mandado obrigatório de despejo! Assim foram as polcas-lundus. Atrás do *Capenga não forma* veio *Careca não vai à missa* e em seguida, como uma dízima periódica contínua, *Maneta não puxa a espada, Corcunda não perfila, Gago não faz discurso, Dentuça não fecha a boca, e Só o diabo sabe o que virá ainda*".[59] Tudo indica que essas polcas-lundus não tinham letras, sendo apenas instrumentais. Carlos Sandroni identificou outras composições da mesma safra, como "Barrigudo não dança" e "Lamúrias do capenga e do careca".[60] Um anúncio no "Jornal do Commercio", de 7 maio de 1867, informava que estavam à venda na rua do Ingá, em Niterói, as partituras de "Capenga não forma", "Careca não vai à missa", "Rebola não vai ao Paraguai". "Piloto não faz pontaria", "Ponto de Ribeiro não dá passagem" e "Luso-holandês ne parle pas français".

O poeta Eduardo Villas Boas, autor da letra de "Capenga não forma", escreveu os versos de

---

[59] França Junior. *Política e costumes*. Rio de Janeiro: Civilização Brasileira, 1957. Pg. 119.

[60] Carlos Sandroni. *Feitiço decente*. Rio de Janeiro: Jorge Zahar Ed. : Ed. UFRJ, 2001, pp. 70-71.

várias modinhas e lundus, entre os quais o popularíssimo "Cafuné".

Alguns esclarecimentos: maçada ou massada era uma pessoa chata, inconveniente; sarambeque, uma dança alegre e movimentada, muito popular entre os escravos; taful, um sujeito metido a elegante.

Charge sobre as polcas-lundus que vieram na esteira de "Capenga não forma", publicada na "Semana Ilustrada" (1/9/1867)

Deram agora os massadas
Dos tais guardas nacionais,
Em fazerem caçoadas
Dos males que têm os mais:
   Mas que culpa tem a gente,
   Se a perna não se conforma,
   Para ouvir gritar somente
   O tal – "Capenga não forma!"

Por eu ser capenga
Me não incomodo,
A perna mendenga
Cá ponho a meu modo;
E se algum gaiato
Já toma por norma
Gritar sem recato:
"*Capenga não forma*",
Eu tomo a gracinha
Por grã mangação
Dou jeito à perninha
Mirando o ratão.

Essa troça começou,
Que corre por tanta gente,
Quando tudo aquartelou
Pra tirar-se o contingente:
   E foi tal o sarambeque
   Que houve na plataforma
   Que não houvesse um moleque
   Que não gritasse – "*Não forma!*"

Melhor, se não forma,
Não é escolhido;
Não teme a reforma,
Nem ser dissolvido;
A quem o comanda
Não faz grande arenga,
De trote não anda,
Porque é capenga,
Enquanto o lindinho
Janota ou taful,
Não tendo padrinho,
Lá marcha pra o Sul.

Se capenga fosse um vício
Vergonha teria eu ...
Mas se é defeito, – outro ofício.
Cada um cuide do seu.
 Eu sou capenga, mas quantos
 Ser capengas desejavam!
 C'o as perninhas dos encantos
 Pra o Paraguai não marchavam

 Enquanto o capenga
 Cá está divertido
 Sem medo na arenga
 De andar envolvido
 O bom, o bem feito,
 Na forma lá vai,
 Em pranto desfeito
 Para o Paraguai!
 E enquanto o perfeito
 Se faz aleijado,
 C'o a perna a meu jeito
 Cá fico deitado.

Enquanto muitos caçoam
De eu ser capenga e cambão,
Muitas belas abençoam
A quem fez-me este aleijão.
 Eu brinco e folgo com elas
 Com franqueza e demasia,
 Pois d'um capenga entre belas
 É tolo quem desconfia.

 Capengas não cantam,
 Não comem, não bebem?
 Cartinhas que encantam
 Não dão, não recebem?
 Capengas não andam,

Não dançam en avant
Fieiras que abrandam
Não puxam no cancan?
Assim como às pernas
Lá buscam dar jeitos,
Também paixões ternas
Abrigam nos peitos.

Embora eu seja capenga,
A perna me não deforma;
Pois possuo certa denga
Que comigo é só que forma.
 Ela é toda de manejos
 De estocadas, de galopes
 Eram, ó céus, os meus desejos
 Ver ela atacar o Lopez.

 O Lopez, quem disse?
 Ficava perdido!
 Se com ela se visse,
 Ficava rendido!
 Porém se não posso
 Ter esse prazer,
 De doce amor nosso
 Só devo viver.
 Ela é a patrona
 Do meu cartuchame
 Nos braços me abona,
 Me dá correame.

Dos males que à gente vêm
Ninguém se queixe, ou da sorte.
Talvez – se eu pisasse bem,
Já tivesse achado a morte.
 Assim, poupe a gengivre (gengiva)
 Quem boas pernas tem,

Porque ninguém está livre
De ser capenga também.

Por isso o capenga
Não anda escondido
Nem na lenga-lenga
Se vê mais metido.
Enquanto se aperta
Pra ir passear,
O bom lá deserta
Pra não ir marchar.
E viva o capenga
Que não se conforma
C'o a tal lenga-lenga
Capenga não forma!

19. "Marcha dos voluntários" (Atibaia) (1867)

Letra e música: autores desconhecidos.
Intérprete: João Nabuco (violão e canto).
Gravação independente.
Letra e partitura em RTL.

Esta marcha foi composta por ocasião da partida para o Paraguai dos voluntários da cidade de Atibaia, no interior de São Paulo, em 25 de agosto de 1867. É clara a mudança de clima em comparação com as marchas dos voluntários do início do conflito (ver "Canto de guerra do voluntário baiano" e "Os voluntários cachoeiranos"), marcadas pelo entusiasmo patriótico. Em

1867, devido à guerra prolongada, às pesadas baixas e à falta de perspectivas, o astral era outro.

A canção foi recolhida por Rossini Tavares de Lima,[61] já no século XX.

Aos vinte e cinco de agosto,
Às cinco pras seis da tarde,
Embarcaram os voluntários,
Ai, Meu Deus, que crueldade.

As mães choram pros seus filhos,
As mulheres pros seus maridos,
As irmãs pros seus irmãos,
As jovens pros seus queridos.

20. "Voluntários da Pátria (Bananal)".

Letra e música: autores desconhecidos.
Intérprete: João Nabuco (piano e canto).
Gravação independente.
Letra e partitura em OA.

As quadrinhas foram recolhidas por Mário de Andrade com um ex-escravo do Estado do Rio, que havia trabalhado nas fazendas de café e gado do Barão do Bananal, próximas a Angra dos Reis.

----

[61] Rossini Tavares de Lima. *ABC do Folclore*. São Paulo: Conservatório Dramático e Musical de São Paulo, pg. 82.

O comentário que se segue é do próprio Mário de Andrade, reproduzido no livro organizado por Oneyda Alvarenga "Melodias registradas por meios não-mecânicos": "Esta peça foi me cantada por Manuel, negro muito velho já, quase velhíssimo, sem saber da idade mais, que Fernando Mendes de Almeida mandou à minha casa. Manuel se dizia nascido em Angra dos Reis, mas era "negro da Costa", tendo vindo "encaixotado na barriga", como me disse, pra explicar que a mãe vinha grávida dele. O sinhô dele foi o Barão do Bananal, que mantinha banda de crioulos na fazenda, Manuel contou, com 24 figuras".

A canção reflete o clima predominante no Brasil a partir de 1866, quando ficou evidente que a guerra contra o Paraguai seria longa e penosa, com muitas vítimas de ambos os lados. A segunda quadra tem versos bem semelhantes aos da "Marcha dos voluntários" cantada em Atibaia, em São Paulo. As melodias também se parecem (verbete anterior).

Já lá vai os voluntáro,
Vai s'imbora para a guerra
Vai defendê sua nação;
Ai meu Deus (bis) *que eu vô morrê*

As mulhé ficô chorando,
Chorando pur seus marido,
E as mãi pur seus filho;
Ai meu Deus (bis) *que eu vô morre*

21. "O século do progresso" (1866-1867)

Letra: Adeodato Sócrates de Mello (letra).
Música: B. F. Couto ("Estamos no século das luzes").
Intérprete: João Nabuco (piano e canto).
Gravação independente.
Letra no Trovador. Partitura na BN.

O lundu "Estamos no século das luzes" (capítulo 2), que ridicularizava as novidades e os progressos na Corte, ensejou muitas paródias. Uma delas foi "O século do progresso", de Adeodato Sócrates de Melo, jovem poeta fluminense, que volta e meia escrevia versos sobre fatos da atualidade ("Não há troco miúdos", também no capítulo 2).

Na paródia, ele critica com bom humor o recrutamento forçado de soldados para a Guerra do Paraguai. As quadrinhas são posteriores a junho de 1865, pois há menção à troca do nome da rua de Mata Cavalos para Riachuelo – a batalha naval foi travada em 11 de junho daquele ano. Adeodato morreu em julho de 1868, de tuberculose, aos

28 anos. O mais provável é que a paródia seja de 1866 ou 1867.

O lundu alerta que os jovens já não podiam passear pelo centro do Rio de Janeiro, pois corriam o risco de serem abordados pelas autoridades que caçavam recrutas. Aqueles que não portassem documentos livrando-os da "praça" eram imediatamente recolhidos aos quartéis, a menos que fossem ricos. Nesse caso, eram poupados, como explica na paródia um dos responsáveis pelo recrutamento: "Com os ricos eu não mexo/ Tenho medo de sofrer/ De seus pais atrevimentos/ Que me podem ofender!".

Não é de hoje que, no Brasil, gente fina é outra coisa.

Hoje tudo neste mundo
Faz a gente admirar,
Cousas novas que aparecem
Que nem sei vos explicar!

   A, E, I, O, U
   Queiram todos conhecer
   Essas cousas que aparecem
   Para o povo se entreter.

Temos bailes sem cessar
Para o povo galopar,
E ruas novas se abrem
Para o povo passear.

   Bá, bé, bi, bé, bu ...

Cada dia só se vê
Novas ruas se calçar;
E baixado o ministério
Eis as ruas a chorar.

   Çá, cé, ci, çó, çu ....

A pedirem, coitadinhas,
Que não estejam só paradas,
Que assim entre o ministério
Para serem bem calçadas.

   Dá, dé, di, dó, du ...

Tantos entes pelas ruas
Com caixões a carregar
A gritarem que atormenta:
Oh! Freguês, quer engraxar?

   Fá, fé, fi, fó, fu ...

Uma rua tão antiga
Bem gravada na memória
Matacavallos já chamada
Riachuelo hoje é glória.

   Gá, gué, gui, gó, gu ....

Hoje tudo é caso novo
Faz a gente admirar,
Há também suas cousinhas
Que nos faz bem espantar.

   Já, jé, ji, jó, ju ...

Como seja dura a ordem,
Que se deu sem olvidar,
A nosso povo, coitadinho,
Para a guerra já marchar.

Lá, lé, li, ló, lu ...

Tudo isso só por causa
Do tirano do Lopez;
Que anda o povo tristemente
A chorar o seu revés.

Má, mé, mi, mó, mu ...

Deixa estar que este brinquedo,
Bem depressa há de acabar;
Hei de ter meu gostosinho
De ver o Lopes a chorar!

Ná, né, ni, nó, nu ...

Já não pode a humanidade,
Seu passeio desfrutar!
Pois encontra quem lhes diga
Tenha a bondade de escutar.

Pá, pé, pi, pó, pu....

O senhor traz seu documento,
Que ele livre assim da praça?
Se não traz responda já,
Pois nos serve bem a caça.

Rá, ré, ri, ró, ru ...

Diz o pobre, coitadinho,
Eu só vim a passear,
Não sabia se os senhores
Tinham ordem de caçar!

Sá, sé, si, só, su ....

Pois então, meu amiguinho,
Me desculpe o proceder;
Acompanhe-o, oh camarada,
Queira já o recolher.

Tá, té, ti, tó, tu ...

O governo assim me manda,
Vá cumprir o seu dever,
Recrutando os pobrezinhos
Que não tem de quem valer.

Vá, vé, vi, vó, vu ...

Cá os ricos eu não mexo,
Tenho medo de sofrer
De seus pais atrevimentos
Que me podem ofender!

Xá, xé, xi, xó, xu ....

Tudo isto a quem devemos?
Eu pergunto — me diz não sei,
Os ricos não sofrem penas,
Os pobres tem dura lei!

Zá, zé, zi, zó, zu
Corram todos a vencer
Em geral corram às armas
Quero o Lopez a tremer!

22. "O progresso do país" (s.d.)

Letra: Augusto Rodrigues Duarte.
Música ("O Telles carpinteiro"): J. S. Arvellos.
Intérprete: João Nabuco (piano e canto).
Gravação independente.
Letra em Trovador.
Partitura na Biblioteca da Universidade do Kansas.

A paródia começa registrando o avanço das redes subterrâneas de esgotos no centro do Rio: "O progresso do país/ Cada vez aumenta mais/ Temos por toda a cidade/ Encanamento pra fecais". No início da década de 1860, as obras de saneamento tomaram conta das principais ruas da cidade. Em 1868, quase 8 mil residências na Corte já se beneficiavam do serviço. Esse número dobraria nos dois anos seguintes.

A capital do país, que desde a década anterior vinha passando por importantes transformações, oferecia então muitas novidades para seus habitantes, algumas boas, outras más: refrescos gelados, tavernas, animais amestrados, exibições de músicos, engraxates, cambistas e punguistas.

"O progresso do país", paródia do lundu "O Telles carpinteiro", deve ter sido escrita no final de 1865 ou um pouco depois, pois menciona a mudança de nome da Rua da Vala para Rua Uruguaiana.

A Praia do Peixe e a Praça do Mercado ficavam nas imediações da atual Praça XV. Na época, a Praça Tiradentes chamava-se Largo do Rossio. Já o trecho da Rua Direita próximo a Confeitaria Carceller era conhecido como Boulevard Carceller. Depois do fim da Guerra do Paraguai, a Rua Direita seria rebatizada de Primeiro de Março, data da morte de Solano Lopez e do fim do conflito.

O progresso do país
Cada vez aumenta mais
Temos por toda a cidade
Encanamento pra fecais.

Já a Praça do Mercado
Está no século das lanternas
Pois abriu nos quatro cantos
Um botequim e três tabernas

Também na Praia do Peixe
Tem o negócio aumentado;
Com dous vinténs de refresco
O povo fica gelado.

Já a Rua do Catete
Está se pondo em grande gala,
Té mesmo a Uruguaiana
Mudou-se pra Rua da Vala.

Também o grande Rocio
Tem-se posto em grande luxo,
Pois sustenta em cada canto
Um formidável repuxo.

O Campo andou cercado
Por mais de um batalhão.
No Centro tomando ares
Os presos da Correção.

A Guarda Nacional
Anda toda aquartelada,
Fazendo rondas e guardas,
Tem-se visto atrapalhada.

Também se vê pelas ruas
Macacos a tocar pratos
E o Boulevard Carceler
Arrendado aos engraxatos.

Temos em todos os cantos
Cambistas de loterias,
Temos tocadores de harpas,
Pandeiros e cantorias.

Também temos um invento
Pra aliviar algibeiras,
E descuidar-se nas festas,
Dos bifadores de carteiras

Temos guerra lá no Sul
Que nos veio arrepiar.
Portanto faço aqui ponto
Té a guerra terminar.

23. "Cançoneta do soldado rio-grandense" (1867)

Letra e música: autores desconhecidos.
Intérprete: João Nabuco (piano e canto).
Gravação independente.
Letra e partitura no IHGB.

Em julho de 1866, bastante doente, Osório deixou o Paraguai e retornou ao Rio Grande do Sul. Durante os 12 meses seguintes, além de cuidar da saúde, dedicou-se à formação de um novo Corpo do Exército, para reforçar as tropas brasileiras no teatro de guerra. Em 25 de julho de 1867, já promovido a tenente-general, penúltimo posto da hierarquia militar, Osório voltou ao Paraguai, onde se apresentou a Caxias, comandante-em-chefe das forças brasileiras, com quem tinha boas relações.

Nos meses seguintes, os dois planejariam o cerco e o ataque a Fortaleza de Humaitá, centro do complexo defensivo dos exércitos de Solano Lopez, situada às margens do rio Paraguai. A batalha, que marcou o início da quarta fase da guerra e abriu caminho para a tomada de Assunção, seria decisiva para a vitória brasileira no conflito.

Os clarins chamam à guerra
Lá diviso o General
E nas linhas tremulando
O pavilhão nacional

Avante, meus camaradas,
Vamos ao campo da glória
Quem segue Osório na frente
Segue na frente à vitória
Quem segue Osório na frente
Segue na frente à vitória

A marche-marche partamos,
Desprezemos os perigos
Afrontemos a metralha
Dos selvagens inimigos

Avante, meus camaradas ...

Tantas traições, tantos insultos,
A ferro e fogo vinguemos,
Às feras insultas hostes
Morder a terra faremos.

Avante, meus camaradas ...

À marcha, eis que já tocam
Os tambores e cornetas.
Vamos saudar os traidores
A ponta de baionetas.

Avante, meus camaradas ...

Adeus pais, adeus parentes
Ó pátria de heróis, adeus
Felizes todos seremos

Por vossas preces aos céus.

Avante, meus camaradas ...

Depois que houvermos vingado
O pundonor nacional
Voltaremos triunfantes
Com o bravo Barão de Herval

Avante, meus camaradas ...

24. "Hino da Vitória" (1868)

Poesia: Augusto Emílio Zaluar.
Música: "De um alto personagem brasileiro".
Intérprete: João Nabuco (piano e canto).
Gravação independente.
Letra e partitura no MHN.

Anúncios da partitura deste hino foram publicados no "Jornal do Commercio" de 12 de abril de 1868. Os versos não esclarecem quais os "feitos guerreiros" do então Conde de Caxias, comandante das tropas brasileiras, e do Visconde de Inhaúma, comandante da Armada no Paraguai, teriam feito as "águias romanas" tremerem. É possível que se referissem à segunda vitória sobre as tropas de Solano Lopez em Tuiuti, em novembro de 1867, quando os paraguaios tentaram romper o cerco aliado. É possível também que o hino comemorasse a ultrapassagem de Humaitá por navios brasileiros e o bombardeio de Assunção nos primeiros meses de 1868.

A partitura recomendava: "Rogamos a V. Ex. tenha a bondade de mandar instrumentar este hino e fazê-lo executar pelas bandas de música, no mesmo tom em que está escrito, a fim de poder ser cantado nos passeios populares pelas ruas".

Hoje as águias de Roma tremeram
Do Brasil ante os feitos guerreiros!
Inhaúma e Caxias venceram!
São da pátria os heróis sobranceiros!
  (Estribilho)
  Eia! Avante! Marchemos! Avante!
  Entoando mil hinos de glória;
  E repitam os montes, as selvas
  Brasileiros! Vitória! Vitória!

Cada vez que empunhamos altivos
A bandeira auriverde imortal!
Nos curvamos aos pés semivivos
Dos contrários a sanha infernal!
  Eia! Avante! Marchemos! Avante! etc

Quanto é belo depois dos pelouros,
Triunfante, soberbo e audaz
Proclamar entre vivas e louros
O reinado solene da paz
  Eia! Avante! Marchemos! Avante! etc

Salve! Salve! Valentes guerreiros
Hoje a pátria de luz radiou;
E brademos com fé, altaneiros,
O Brasil, o Brasil triunfou!
  Eia! Avante! Marchemos! Avante! etc

25. "Beira Mar" (s.d.)

Letra e música: autores desconhecidos.
Intérprete: Clementina de Jesus.
Gravadora: Museu da Imagem e do Som.
LP: "Clementina, cadê você?" (1970)

A tomada de Humaitá, em julho de 1868, decidiu a guerra. Ao capturar o coração das linhas defensivas dos exércitos de Solano Lopez, as tropas brasileiras quebraram a espinha dorsal do inimigo, que, a partir daí, perdeu qualquer perspectiva de retomar a iniciativa das ações.

O ataque frontal à fortaleza teve início em 17 de julho. Os paraguaios resistiram durante uma semana, mas em 24 de julho abandonaram Humaitá, tomada no dia seguinte pelos soldados comandados pelo general Osório. Desde o ponto de vista militar, a guerra estava terminada, tanto que menos de um mês depois Caxias, em carta a D. Pedro II, defendeu o fim dos combates. Mas o Imperador insistiu: o conflito só teria fim com a rendição ou a morte de Solano Lopez.

O ponto de umbanda "Beira Mar" saúda o orixá e senhor da guerra: "Ogum já jurou bandeira/ Nas portas de Humaitá". Os soldados negros eram maioria entre os brasileiros que lutaram na batalha.

Beira mar, auê, Beira Mar
Beira Mar, auê, Beira Mar
Beira mar, ooooh, Beira Mar
Beira Mar, auê, Beira Mar

Ogum já jurou bandeira
Nas portas do Humaitá
Ogum já jurou bandeira
Vamos todos, saravá!

Beira mar, auê, Beira Mar ...

Ogum já jurou bandeira
Nas portas do Humaitá
Ogum já venceu demanda
Vamos todos, saravá!

Beira mar, auê, Beira Mar ...

26. "Tororó" (1869)

Letra e música: autores desconhecidos.
Intérprete: João Nabuco (piano e canto).
Gravação independente.

Quem não conhece a cantiga "Eu fui no Tororó/Beber água e não achei/ Achei bela morena/ Que no Tororó deixei"?

Ninguém sabe ao certo sua origem. Há quem acredite que ela se refira ao Dique de Itororó, em Salvador, mas tudo indica que a cantiga nasceu em Santos, no estado de São Paulo, junto à bica de Itororó – "rio barulhento" ou "pequena cachoeira" em tupi-guarani.

Em 1868, uma paródia da cantiga surgiu entre os soldados brasileiros envolvidos na batalha do rio Itororó, na chamada Dezembrada, ofensiva que se seguiu à tomada de Humaitá e culminou com a entrada em Assunção das tropas comandadas por Hermes da Fonseca em 1º de janeiro de 1869.

Para Caxias, depois da Dezembrada e da tomada de Assunção, o inimigo estava derrotado e não oferecia mais qualquer perigo. Não fazia sentido prosseguir com a guerra. Assim, em 19 de janeiro de 1869, ele deixou o Paraguai e se retirou para

Montevidéu. Semanas depois, chegou à Corte.

Para os conselheiros mais próximos, Pedro II não escondeu seu desagrado com a atitude do general, mas o prestígio de Caxias era tamanho que o Imperador preferiu dourar a pílula. Aceitou a demissão do comandante-em-chefe das tropas brasileiras, concedendo-lhe o título de duque, o mais alto da nobreza. E designou seu genro, o Conde d'Eu, para o comando das tropas brasileiras no Paraguai. A guerra entraria na sua quinta e última fase: a da caçada a Solano Lopez.

A paródia foi recolhida em Santa Catarina pelo escritor e folclorista Veríssimo de Melo. Moreno e Caballero, oficiais paraguaios, lutaram em Itororó. O major Moreno comandou a artilharia na batalha. O general Pedro Juan Caballero foi um dos principais chefes militares do país. O último verso da quadrinha seria uma citação livre da famosa frase de Júlio César: "Veni, vindi, vinci".

Eu fui no Tororó
Beber água e não achei,
Ver Moreno e Caballero,
Já fui, já vi, já cheguei.

27. "Hino a Osório" (1869)

Letra e música: José d'Almeida Cabral.
Intérprete: João Nabuco (piano e canto).
Gravação independente.
Letra e partitura no IHGB.

Manuel Luís Osório chegou ao final da Guerra do Paraguai como o mais popular general brasileiro. É verdade que Caxias, como comandante em chefe, também estava no auge de seu prestígio. Mas Osório era visto pelas tropas e pelo povo não apenas como um chefe militar, mas como um grande soldado e um homem de enorme coragem pessoal. Foi o primeiro brasileiro a pisar no solo paraguaio. Liderou a vitória em Tuiuti, quando a batalha parecia perdida. Comandou a tomada de Humaitá. Gravemente ferido em Avaí, em dezembro de 1868, retirou-se para tratamento, mas, seis meses depois, estava de volta ao teatro de operações.

Este hino, de 1869, comemora a tomada de Assunção, ocorrida no primeiro dia do ano, e a ofensiva final sobre as tropas paraguaias. Em janeiro de 1870, Pedro II concedeu a Osório o título de marquês de Herval.

Ao bravo invicto Osório
Cantemos hinos de glória!
E pela fama coroado
Brilhe seu nome na história.

Com intrépida coragem
Por entre balas rompendo
Os nossos brios salvou
Os caudilhos, os caudilhos abatendo

Vitória, Brasil, vitória
As nossas armas venceram!
Os caudilhos paraguaios
Nosso valor conheceram

Sobre Assunção já flutua
Nosso pendão vencedor
E todos tecem encômios
Ao brasileiro valor.

Os vossos filhos mostraram
Na bravura e na galhardia
Que a ninguém têm que invejar
Seus brasões de valentia!

Vitória, Brasil, vitória! ...

Vamos, pois, tecer, ó pátria!
De louro linda grinalda,
Para a frente do herói
Com ela ser coroada!

Com intrépida coragem
Por entre balas rompendo
Os nossos brios salvou
Os caudilhos, os caudilhos abatendo

Vitória, Brasil, vitória ...

28. "Hino de Vitória" (1870)

Letra: Augusto Emílio Zaluar.
Música: Arcangelo Fiorito.
Intérprete: João Nabuco (piano e canto).
Gravação independente.
Letra e partitura no IHGB.

No dia 1º de março de 1870, Solano Lopez foi morto em Cerro Corá. A Guerra do Paraguai (ou da Tríplice Aliança) chegou ao fim.

Compôs-se então um novo "Hino de Vitória", "para festejar os triunfos das armas brasileiras alcançadas no Paraguai". Os homenageados já não eram o Duque de Caxias e o Visconde de Inhaúma, mas o Conde d'Eu e o próprio Imperador.

A partitura esclarece: "Música expressamente composta, por ordem superior, para ser executada pelos alunos e alunas do Imperial Conservatório de Música, podendo também concorrer o povo desta Corte a tão solene ato de patriotismo".

Brasileiros, de novo rebrilham
Nossas armas de louros cingidas
Foram hostes inimigas vencidas
Ante os feitos do pátrio valor
Ante os feitos do pátrio valor

Mais que a luta o trabalho prefere
No momento em que vence perdoa
Se da guerra seus hinos entoa
Os remansos almeja da paz

Eia! Salve! Vencemos ufanos
Hoje é dia de eterna memória
Ao Conde d'Eu devemos a glória
Brasileiros, vitória, vitória
Brasileiros, vitória,
Viva, viva o Imperador!
Vivam os bravos da pátria!

Lava em sangue da honra as ofensas
Dos contrários não teme os furores
Mas ao brilho de márcios fulgores
Dos tiranos acurva a cerviz
Dos tiranos acurva a cerviz

Povo livre que livre campeia
Das batalhas ao sol fulgurante
O Brasil penetrou arrogante
Dos selvagens o antro fatal

Vitória! Brasil!

Eia! Salve! Vencemos ufanos
Hoje é dia de eterna memória
Ao Conde d'Eu devemos a glória
Brasileiros, vitória, vitória
Brasileiros, vitória,
Viva, viva o Imperador!
Vivam os bravos da pátria!
Vitória! Brasil! Vitória!

29. "O Lopez comeu pimenta" (1870)

Letra e música: autores desconhecidos.
Intérprete: João Nabuco (piano e canto).
Gravação independente.
Letra e partitura em AMP.
Letra em "A Guerra do Lopez", de
Gustavo Barroso.

Segundo Edigar Alencar, em "O carnaval carioca através da música", esta cantiga foi cantada nas ruas do Rio de Janeiro depois da morte de Solano Lopez, em 1º de março de 1870. Espraiou-se por todo o Brasil, tendo sido registrada em vários livros e cancioneiros. A partitura musical foi registrada por Alexina Magalhães Pinto, que também recolheu as duas primeiras estrofes. A terceira e a quarta quadrinhas aparecem no livro "A Guerra de Lopez", de Gustavo Barroso.

Alguns esclarecimentos:

1) Muito religiosa, Dona Maria I, que subiu ao trono de Portugal em 1777, foi chamada inicialmente de Maria Piedosa ou Maria Pia. Mais tarde, a mãe de D. João VI passou a dar sinais de desequilíbrio mental. Entrou para a história como Dona Maria, a Louca. Segundo Alexina, "o colar de Maria Pia" seria uma "alusão ao baraço de Tiradentes, mandado enforcar pelos ministros da Rainha".

2) O mais provável, porém, é que a Maria Pia mencionada na canção não seja a mãe de João VI, como supôs a pesquisadora mineira, mas a Rainha Consorte de Portugal na época da Guerra do Paraguai. Maria Pia de Saboia, filha do rei Vitor Emanuel II, da Itália, casou-se em 1862 com o rei D. Luís I, de Portugal. Embora fosse uma mulher generosa com os pobres, também apreciava as festas, os luxos e as joias. Ficou famoso seu "Colar de Estrelas", de diamantes.

Seja como for, em todo o Brasil o povo comemorou com entusiasmo o fim da Guerra do Paraguai. No Rio de Janeiro, a rua Direita, uma das mais importantes da cidade, mudou de nome. Passou a se chamar Primeiro de Março, dia em que Solano Lopez foi morto em Cerro Corá pelo cabo José Francisco Lacerda, o "Chico Diabo".

O Lopes foi à missa
Esbarrou no sacristão
Sacristão deu-lhe um sopapo
E o Lopes caiu no chão

(estribilho)
Careca o pai
Careca a mãe
Careca toda
sua geração (bis)

O Lopes comeu pimenta
Pensando que não ardia
Agora está se usando
O colar à Maria Pia

Careca o pai ...

O Lopez subiu ao céu
Para a Deus pedir perdão.
Os anjos deram-lhe pedras
E S. Pedro um bofetão

Careca o pai ...

O Lopez comeu pimenta
Pensando que não ardia.
Agora está se queixando
Toda noite e todo dia.

Careca o pai ...

30. "O soldado que perdeu a parada" (s.d.)

Letra e música: autores desconhecidos. Intérprete: Mário Pinheiro. Victor Record 98.932 (1910)

Segundo José Ramos Tinhorão, no livro "Os sons que vêm da rua", esta canção teria surgido durante a Guerra do Paraguai. Mas ela não evoca batalhas ou heróis. Tem a ver com a burocracia das instituições militares. Praticamente todas as patentes do Exército nos tempos do Império entram em cena: o anspeçada, o cabo, o furriel, o sargento, o alferes, o tenente, o capitão, o major, o marechal e o brigadeiro. Nenhum deles resolve o problema do soldado que perdeu a parada. Ao contrário, todos passam burocraticamente a decisão para o escalão superior, até que o caso chega às mãos do Imperador. Mas este tampouco toma posição. Prefere remeter a questão para o diabo, que, por sua vez, sai de fininho e deixa o pepino com a sogra. Mulher prática, ela toma uma providência imediata: bota o problema no caldeirão, mexe bem mexido e come tudo com pirão.

"O soldado que perdeu a parada" fez muito sucesso nas últimas décadas do Império, sendo cantada nos circos e nas ruas por palhaços-cantores, como Benjamin de Oliveira. Chegou até o século XX e recebeu várias gravações da nossa nascente indústria fonográfica. Em 1953, Alvarenga e Ranchinho fariam uma nova versão da canção, intitulada "História de um palhaço", atualizando as patentes militares para os padrões da República e colocando Getúlio Vargas no lugar antes destinado a Pedro II.

Mas a história não para por aí. Ainda no Império, surgiu uma paródia de "O soldado que perdeu a parada" chamada "Quando eu morrer", gravada em 1912 por Eduardo das Neves para a Casa Edison. Na paródia, o velho negro, com muito bom-humor, planeja seu funeral: "Quando eu morrê, quero ir em fralda de camisa/ Defunto pobre de luxo não precisa/ Cinquenta velhas desdentadas e carecas/ Hão de ir na frente tocando rabeca".

Trechos dessa paródia seriam gravados em 1977 pelos Originais do Samba no samba "Negro véio quando morre". Seu sucesso foi tão grande que provocou o surgimento de uma nova versão, até hoje cantada nos quartéis durante os exercícios físicos: "Quando morrer quero ir de FAL e de Bereta/ Chegar no inferno e dar um tiro no capeta!/ E o capeta vai gritar apavorado/ Meu Deus do céu, tira daqui esse soldado!".

Como se vê, o mundo dá voltas – e a canção popular também.

O soldado que perdeu sua parada
Pegou na pena e escreveu ao anspeçada
E o anspeçada, como homem do diabo,
Pegou na pena e escreveu para o cabo
O cabo como estava no quartel
Pegou na pena e escreveu ao furriel
O furriel, naquele momento
Pegou na pena e escreveu para o sargento

E o sargento que só anda com mulheres
Pegou na pena e escreveu ao seu alferes
O senhor alferes naquele repente
Pegou na pena e escreveu para o tenente
O tenente, para honrar o seu galão
Pegou na pena e escreveu ao capitão

(rindo e falando)
Ah! Ah! Que confusão danada ...

O capitão no Estado-Maior
Pegou na pena e escreveu para o major
E o major que não quis fazer mal
Pegou na pena e escreveu ao marechal
E o marechal como homem verdadeiro
Pegou na pena e escreveu ao brigadeiro

(rindo e falando)
Ah! Ah! Ó diabo!

O brigadeiro como homem de valor
Pegou na pena e escreveu ao Imperador
O imperador que de tudo quis dar cabo
Pegou na pena e escreveu para o diabo
O diabo que na velha sempre joga
Pegou na pena e escreveu para a sogra
A sogra que quis se livrar da confusão
Pegou na pena, botou no caldeirão
Mexeu bem mexido e comeu com pirão

31. "Nenia" ou "Llora, llora, urutaú" (1871)

Letra: Carlos Guido y Spano.
Música: Daniel Alomía Robles.
Disponível em: youtube.com/
watch?v=OePYQKjkIcs
Música e gravação de Enrique Elliott.
Disponível em: .youtube.com/
watch?v=X_57qdrPSjw
Música: autores desconhecidos.
Gravação de Marisa Santos e Fernando
Portas em "Canciones del Sur del Mundo
Full Album 2001.
Disponível em: youtube.com/
watch?v=B-58vWRKCsc
Música: autores desconhecidos.
Gravação de La Tribu de los Soares de
Lima em "Raiz del Guairá" (2003).
Disponível em: youtube.com/
watch?v=hQlH5ewo22Y

Os versos de "Nenia (canción fúnebre)", mais conhecida como "Llora, llora, urutaú", são do poeta argentino Carlos Guido y Spano, que se opôs frontalmente à decisão de Bartolomeu Mitre de integrar a Tríplice Aliança, junto com o Brasil e o Uruguai, contra o Paraguai. Por causa de suas críticas, Guido y Spano, filho do general Tomás Guido, companheiro de San Martin na luta pela Independência da Argentina, foi preso em 1866. O poeta tinha fortes ligações com o Brasil. Durante a adolescência e a juventude, viveu no Rio de Janeiro por mais de dez anos, quando seu pai serviu como embaixador em nosso país.

O poema "Nenia" foi escrito logo depois do fim da guerra, sendo publicado no livro "Hojas al viento", em 1871. Muito populares, os versos circularam pela Argentina, Paraguai, Uruguai, Chile e Peru. Eles deixam claro o saldo devastador da guerra para os paraguaios. A jovem chora porque perdeu o pai, a mãe, o noivo e três irmãos: "Eu era feliz na minha cabana/ Veio a guerra e sua sanha/ Não deixou nada em pé". E conclui: "Já não existe o Paraguai".

Não se sabe quando o poema "Llora, llora, urutaú" foi musicado pela primeira vez. O fato é que recebeu muitas melodias. A composição do maestro peruano Daniel Alomía Robles, autor de "El condor pasa", é do começo do século XX. A obra musical do compositor e cantor mexicano Enrique Elliott é de 1980. Em 2001, os argentinos Marisa Santos e Fernando Porta gravaram "Llora, llora, Urutaú". Em 2003, o conjunto uruguaio La Tribu de los Soares de Lima fez outra gravação. No caso desses dois últimos registros, há diferenças de arranjos e interpretações, mas a melodia é a mesma. É possível que tenha sido recolhida da transmissão oral no Norte da Argentina.

Em tempo: 1) Urutaú é uma ave noturna conhecida no Brasil como urutau, jurutaí ou mãe da lua; 2) Endechas são poemas melancólicos; 3) Yatai ou jataí é uma palmeira; 4) Lambaré é o nome de uma localidade próxima a Assunção; 5) ubirapitá é uma árvore frondosa e alta, com flores amarelas, bastante comum no Paraguai, no norte da Argentina e no Brasil. Em nosso país, é mais conhecida como cambuí; 6) Os paraguaios chamavam os negros e, por extensão, os soldados brasileiros de "cambás"; 7) a Fortaleza de Timbó fazia parte do quadrilátero defensivo de Humaitá; 8) Tipoy é um vestido longo, sem mangas, usado pelas mulheres paraguaias; 9) As batalhas de Curuzú e Humaitá foram vencidas pela Tríplice Aliança; a de Curupaiti, pelo Paraguai.

En idioma guaraní,
Una joven paraguaya
Tiernas endechas ensaya
Cantando en el arpa así,
En idioma guaraní:

¡Llora, llora, urutaú
En las ramas del yatay;
Ya no existe el Paraguay,
Donde nací como tú.
¡Llora, llora, urutaú!

¡En el dulce Lambaré
Feliz era en mi cabaña;
Vino la guerra y su saña
No ha dejado nada en pie
¡En el dulce Lambaré!

¡Padre, madre, hermanos! ¡Ay!
Todo en el mundo he perdido;
En mi corazón partido
Solo amargas penas hay
¡Padre, madre, hermanos! ¡Ay!

De un verde ubirapitá
Mi novio que combatió
Como un héroe en el Timbó,
Al pie sepultado está
¡De un verde ubirapitá!

Rasgado el blanco tipoy
Tengo en señal de mi duelo,
Y en aquel sagrado suelo
De rodillas siempre estoy,
Rasgado el blanco tipoy.

Lo mataron los cambá
No pudiéndolo rendir;
Él fue el último en salir
De Curuzú y Humaitá.
¡Lo mataron los cambá!

¡Por qué, cielos, no morí
Cuando me estrechó triunfante
Entre sus brazos mi amante
Después de Curupaití!
¡Por qué, cielos, no morí!

¡Llora, llora, urutaú
En las ramas del yatay;
Ya no existe el Paraguay,
Donde nací como tú.
¡Llora, llora, urutaú![62]

----

[62] *Tradução para o português:
"Em idioma guarani/ Uma jovem paraguaia/ Entoa ternas endechas/ Cantando com a harpa assim/ Em idioma guarani// Chora, chora, urutau/ Nas ramas do jataí/ Já não existe Paraguai/ Onde eu nasci como tu/ Chora, chora, urutau// No doce Lambaré/ Eu era feliz na minha cabana/ Veio a guerra e sua sanha/ Não deixou nada em pé/ No doce Lambaré// Pai, mãe, irmãos, ai/ Todo mundo eu perdi/ No meu coração partido/ Só há amargas penas/ Pai, mãe, irmãos, ai// De um verde ubirapitá/ Meu noivo que combateu/ Como um herói no Timbó/ Está sepultado ao pé/ De um verde ubirapitá// Rasgado o tipoy branco/ Tenho em sinal de luto/ E naquele solo sagrado/ De joelhos sempre estou/ Rasgado o tipoy branco// Foi morto pelos cambás/ Que não conseguiram rendê-lo/ Ele foi o último a sair de Curuzu e Humaitá/ Foi morto pelos cambás// Céus, por que não morri/ Quando me estreitou triunfante/ Entre seus braços o meu amante/ Depois de Curupaiti/ Céus, por que não morri// Chora, chora, urutau/ Nas ramas do jataí/ Já não existe Paraguai/ Onde eu nasci como tu/ Chora, chora, urutau".

32. "Romance da Paraguaia" (187--)

Letra: Victorino Abente y Lago.
Música: Diosnel Chase ou autores desconhecidos
Gravação: Dora del Cerro y Roberto Gonzalez.
Disponível em: youtube.com/watch?v=uSz7hAGiBK8

No "Romance da Paraguaia", a jovem também chora a perda do pai, da mãe e dos irmãos: "A guerra das três nações/ Que minha pátria desolou/ No mundo abandonada/ Sozinha e triste me deixou". Os versos foram escritos pelo poeta Victorino Abente, de origem espanhola, que migrou para o Paraguai durante o conflito.

O poema logo recebeu música de autores desconhecidos e, ao som de harpas e violões, tornou-se extremamente popular não só no Paraguai, mas também no Norte da Argentina. O folclorista Ismael Moya recolheu cerca de 30 variantes da canção nas províncias argentinas de San Juan, Salta, Catamarca, Tucumán e Santiago de Estero.

Na primeira metade do século XX, o cantor e compositor paraguaio Diosnel Chase fez o registro do "Romance da Paraguaia" com o nome de "En una noche de luna". A gravação, na voz de Dora del Cerro, está disponível na internet. Há diferenças entre os versos do poema original, que seguem abaixo,* e os da gravação.

Era una noche de luna.
Estando en el Paraguay,
Aspirando el grato aroma
De un frondoso naranjal,
Vi una joven paraguaya
De tierna y hermosa faz,
Sentada al pie de un naranjo,
Suspirando sin cesar.

—¿Porqué suspiras, le dije,
con tan profundo dolor?
—¡Ay!, suspiro, porque tengo
desgarrado el corazón.

La guerra de tres naciones
Que a mi patria desoló,
En el mundo abandonada
Sola y triste me dejó.

Mi padre, siguiendo a López,
Allá por Cerro-Corá,
Cayó cubierto de heridas
Al pasar el Aquidabán.

—¿No tienes algún hermano
que mitigue tu dolor?
—Tuve tres, pero yo sola
gimo en la desolación.

Uno murió en el Pilar,
Otro murió en Tuyutí,
Y el tercero defendiendo
Las trincheras de Humaitá.

—¿Acaso también tu madre
tuvo esa suerte infeliz?
—Después de tantas penurias
murió ella también allí.[63]

---

[63] Tradução para o português:
"Numa noite de lua/ Estando no Paraguai/ Aspirava doce aroma/ De um frondoso laranjal/ Vi uma jovem paraguaia/ De terna e formosa face/ Sentada ao pé da laranjeira/ Suspirava sem cessar// - Por que suspiras, lhe disse/ Com tão profunda dor?/ - Ai, suspiro porque tenho/ Desgarrado o coração// A guerra de três nações/ Ao meu povo desolou/ Pobre, triste e abandonada/ No mundo me deixou// Meu pai, seguindo Lopez/ Lá por Cerro Corá/ Caiu coberto de feridas/ Ao passar o Aquidaban// - Não tens nenhum irmão/ Que mitigue a sua dor?/ -Tive três, mas eu sozinho/ Gemo na solidão// Um morreu em Pilar/ Outro morreu em Tuiuti/ E o terceiro defendendo/ As trincheiras de Humaitá// - Por acaso sua mãe/ Também teve esta sorte infeliz?/ - Depois de tantos sofrimentos/ Também morreu ali."

33. "Tango do Vinte-Nove" (1887)

Letra: Oscar Pederneiras.
Música: J. A. Pinto.
Intérprete: João Nabuco (piano e canto).
Gravação independente.
Letra no folheto da revista de teatro "Zé Caipora" (IMS).
Partitura na BN.

A Guerra do Paraguai terminou no dia 1º de março de 1870, mas suas consequências ainda seriam sentidas durante décadas no Brasil. Terminado o conflito, o Império entrou numa agonia lenta, gradual e segura.

Desse processo de desgaste não escaparam nem os heróis da guerra, como o Vinte-Nove. Não se sabe muito sobre o personagem. Seu nome seria José do Couto Gouvêa, segundo boletim de ocorrência policial mencionado pela "Gazeta de Notícias" de 4 de abril de 1878. Lutou no Paraguai, deu provas de grande heroísmo e recebeu diversas condecorações. Ao voltar para o Brasil, não conseguiu viver em paz com as lembranças do conflito. Morador de rua, vagava pelo centro do Rio de Janeiro, pedindo esmolas e vivendo de favores.

Ganhou o apelido por causa da peça "Vinte Nove ou A Honra

e a Glória", do autor português José Romano, que estreou em Lisboa em 1858 e foi muito encenada no Brasil nas décadas seguintes. O drama de costumes militares narrava a história de um soldado, o 29 da 8ª Companhia do Batalhão de Caçadores. Já idoso, prestes a deixar a farda, teve de enfrentar grandes privações e humilhações para se manter fiel à palavra dada a seu antigo comandante, já morto.

A partir daí, Vinte-Nove transformou-se em sinônimo de velho soldado. Bem mais tarde, depois da Guerra do Paraguai, o apelido passou a perseguir nosso herói. Todos os dias os garotos que infestavam o centro do Rio implicavam com o Vinte-Nove, repetindo em coro seu apelido. Irritado, ele costumava responder às brincadeiras com palavrões, o que molestava as senhoras. Assim, o velho soldado passou a dividir opiniões. Para alguns, ele não passava de uma pessoa desagradável, sempre metida em confusões. Devia ser preso. Para outros, era alguém frágil. Merecia ser tratado com carinho e respeito, e não com chacotas.

No dia 5 de novembro de 1886, uma nota da "Gazeta de Notícias" informou: "O Vinte e Nove, um dos tipos mais populares do Rio de Janeiro e uma das maiores vítimas das assuadas dos moleques, foi ontem agredido e ferido na Rua Primeiro de Março. O agressor foi preso. Que a lição sirva àqueles que contundem com o Vinte e Nove".

Mas frequentemente o velho soldado era obrigado a engolir em seco as humilhações, como descreve Luís Edmundo, em seu clássico livro "O Rio de Janeiro do meu tempo".

Ouve-se o grito:

"– Ó Vinte-Nove!

Desta vez, porém, Vinte-Nove colhe o apelo e volta-se, buscando descobrir o atrevidaço autor da chufa. Tem a face congesta, o olho feroz, o cabelo em desordem. Sente-se a boca do homem que vai rebentar em calão. As senhoras, que conhecem, por tradição, a boca imunda do homem, debandam todas. Mas, quando se espera pelo despautério que escandalizará a frequência elegante da rua, sente-se que Vinte-Nove, mordendo a língua desaforada e suja, para um momento, sofrendo a represália terrível, como que a engolir as palavras que ele costuma arrancar ao seu torpe vocabulário, verdadeiros calhaus que vai buscar ao fundo da alma sofredora, a fim de apedrejar aqueles que o provocam.

Por que motivo, entretanto, o homem assim se domina, confundido?

É que Vinte-Nove, conhecedor das duras consequências das suas desenfreadas reações, traduzidas, geralmente, em semanas a fio passadas a pão e água nos xadrezes das delegacias distritais, afora os berros do delegado e as farpas agudas das gazetas, acaba de lobrigar, como um espeque, junto à esquina mais próxima, de mão tranquila no chanfalho garantidor da ordem pública, o anspeçada de serviço na zona...

Vinte-Nove, que foi soldado, como ele, Vinte-Nove, que, antes de merecer os apupos, as chufas da patuleia, trazia sobre o corpo um uniforme, que, por sinal, se enchera de medalhas ganhas com brilho e honra nas campanhas cruéis do Paraguai, Vinte-Nove, que conhece o respeito devido à autoridade e à lei, diante do vulto sereno do homem que veste farda, embora um tanto humilhado, embora um tanto

confuso, perfila-se, ergue a cabeça grisalha, onde repousa uma velha e desbotada barretina e bate, conciliador, a continência de estilo:

– Comandante, dá licença?...

O guarda, comovido, sorri do gesto e do imprevisto, enquanto que o pobre farrapo humano, de alma refeita ou conformada, mergulha na multidão onde se apaga, como uma sombra, como um pária, como um cão...".[64]

A revista de teatro "Zé Caipora", de Oscar Pederneiras, encenada em 1887 com grande sucesso no Teatro Príncipe Imperial, levou nosso herói para o palco, onde ele protestou contra a falta de respeito de que era vítima.

Lá porque sou homem pobre
Não vejo tanta razão
Pra gritarem Vinte-Nove
Já passa de mangação

Se a raiva um dia me move
Passo a desancar aquele
Que me chama Vinte-Nove
Vinte-Nove será ele

----

[64] Luiz Edmundo. *O Rio de Janeiro do meu tempo*. Rio de Janeiro: Semente, 1984, pg. 17.

Se a raiva um dia o move
Passa a desancar aquele
Que o chama Vinte-Nove
Vinte-Nove será ele

Não haverá quem não reprove
Ter um triste desgraçado
O alcunha de Vinte-Nove
Vinte-Nove mas honrado

Se a raiva um dia me move ...

Soldado negro retorna do Paraguai e vê a mãe sendo açoitada. Charge de Agostini em "A Vida Fluminense", 11/06/1870

Anexos
Capítulo 4

1. "O recrutamento" (1867-1868)

Letra: Araújo Sobrinho.
Música: autor desconhecido.
Letra em LT.

Este lundu é posterior a 1866, pois cita os "urbanos". A Guarda Urbana, criada em janeiro daquele ano para fazer o policiamento ostensivo no centro do Rio de Janeiro, logo se tornou muito temida pelo povo pobre.

A canção reflete o clima de pânico de boa parte da população por causa do recrutamento forçado a partir de 1867 e 1868. Nas ruas, capoeiras, escravos de ganho e vendedores tinham de estar com os papéis em dia. Caso contrário, eram levados para o Campo da Aclamação – hoje, Campo de Santana ou Praça da República. Dali seguiam para as unidades de treinamento e, depois, para o Paraguai.

Tudo anda em balbúrdia
Cá no Rio de Janeiro,
S. Francisco já não dobra,
Por ter falta de sineiro.

    Oh! que tempo endiabrado,
    Que nos traz atrapalhado!

O rapaz mesmo decente,
Deve andar com muito cuidado,
Pois d'um instante para outro,
E' sem demora agarrado!

    Oh! que tempo endiabrado, etc ...

Já não ha mais loterias
(Vigésimos quero dizer!)
Até os cartões de bond ...
Se mandaram recolher!

    Oh! que tempo endiabrado, etc ...

Os capoeiras não dançam
Em frente das procissões,
Pois temem serem levados
De urbanos a cachações.

    Oh! Que tempo endiabrado, etc ...

Os pobres pretos do ganho
São presos sem mais detença,
Si por acaso não trazem,
No pescoço a licença.

    Oh! que tempo endiabrado, etc ...

As beatas já não saem,
À rua pra pedir,
Temendo ir pra o asilo,
E de lá nunca sair!

    Oh! que tempo endiabrado, etc ...

Urbanos por toda a parte,
Policiais andam à toa:
Até chegam a filar
Os padrecos de coroa.

    Oh! que tempo endiabrado, etc ...

Nos pobres dos capoeiras
Tem feito seus farnéis,
Enchendo-se as estações,
Como as pulgas os quarteis.

    Oh! que tempo endiabrado, etc ...

Ninguém se livra por certo,
Quer seja casado ou não,
De logo ser remetido,
Para o Campo da Aclamação.

    Oh! que tempo endiabrado, etc ...

Não sei como explicar
A causa deste angu!
Será para irmos à China,
Ao Paraguai ou Peru.

    Oh! que tempo endiabrado, etc ...

Mas quem isso fará,
Quem será esse tutu?
Por certo que não o sabe
O autor deste lundu.

Oh! que tempo endiabrado, etc ...

2. "Dê-se baixa nos cartões" (1867-1868)

Letra: J. M. C. Tupinambá.
Música: autor desconhecido.
Letra em Trovador.

A falta de moedas de cobre, que afetou seriamente a população a partir da quebra do Banco Souto em 1864 (ver "Já não há trocos" e "Não há troco miúdo" no capítulo 2), estendeu-se por vários anos.

Com o passar do tempo, vales emitidos por comerciantes e bilhetes de empresas de transporte também passaram a ser usados como dinheiro, substituindo as emissões oficiais. Os cartões de passagens da poderosa Companhia Ferry, norte-americana, responsável pelo transporte marítimo entre o Rio de Janeiro e Niterói, estavam entre os de maior circulação.

Na edição de 21 de junho de 1868, o "Diário de Notícias" criticou as autoridades: "A falta de moeda de cobre continua a causar sérios embaraços. Durante algum tempo os vales têm circulado sem dificuldades, mas hoje recusam-nos porque há mais do que abuso. Certos cartões da Companhia Ferry já não são recebidos pela administração, muitos cartões de *Gondolas* já não tem valor, outros de emissões particulares ninguém os quer receber – e o resultado de tudo isso são graves prejuízos causados a toda uma população em benefício de alguns indivíduos".

No lundu "Dê-se baixa nos cartões", J. M. C. Tupinambá chama a atenção do presidente do Conselho de Ministros, o Visconde de Itaboraí, e critica a empresa norte-americana: "Os besuntados cartões/ Da Companhia Ferry/ Vão girando por aí/ A pontapés e trambolhões/ É porque a Companhia/ Riquíssima, sem igual/ Disputou a primazia/ Ao Tesouro Nacional".

Excelentíssimo Senhor
Do Conselho, Presidente,
Venho como requerente
Suplicar – um favor
O nosso Brasil de ouro
Está reduzido a cartão! ...
Por cobre – gire o couro
Mas não gire o papelão.

Tabernas, armarinhos,
A Ferry, os carvoeiros,
Hotéis e até meirinhos
Já tem nomes de banqueiros! ...
É uma chusma de cartões
Girando por toda a parte,
Até Pedro – o Bonaparte
Tem ganho os seus tostões! ...

Os besuntados cartões
Da Companhia Ferry,
Vão girando por aí
A pontapés e trambolhões!
É porque a Companhia
Riquíssima, sem igual
Disputou a primazia
Ao Tesouro Nacional.

Onde está nossa polícia
E o Governo Imperial
Que tolera esta malícia
Nesta grande capital?
Onde está – senhor Visconde
Do Conselho Presidente
Que ao povo descontente
A este abuso não responde?

Atenda, Sr. Ministro,
À súplica deste mortal,
Este caso é mui sinistro
E causa-nos grande mal;
Vossa Excelência profundo,
Em negócios financeiros
Não deixará esses brejeiros
Enganar a todo mundo.

3. "Caí, Yaguá, Jha Mbopí" ("O macaco, o cão e o morcego") (1867)

Letra: Natalício de Maria Talavera.
Música: autor desconhecido.
Letra em guarani "El Cabichuí"
(20/05/1867).
Disponível em na Biblioteca
Nacional do Paraguai: http://
bibliotecanacional.gov.py/hemeroteca/
coleccion-cabichui-del-n-1-al-n-55.

Não se conseguiu localizar a música desta canção em guarani, cujo título em português é "O macaco, o cão e o morcego". Segundo Carlos Centurión no livro "História das Letras Paraguaias", ela foi popularíssima no exército de Solano Lopez durante a guerra. Seus versos, publicados no jornal "El Cabichuí", são de autoria de Natalício de Maria Talavera, um dos editores do jornal bilíngue, em espanhol e guarani, impresso perto do front e distribuído entre as tropas paraguaias.

Cabichuí é o nome em guarani de uma abelha silvestre. O jornal, reunindo editoriais, artigos, charges, músicas, relatos jocosos e convocações patrióticas, propunha-se a mobilizar as tropas paraguaias e ridicularizar os inimigos.

Na canção, Pedro II é o macaco; Bartolomeu Mitre, o cão; e

Venancio Flores, o morcego. Os soldados brasileiros, tratados de forma pejorativa, são chamados de "cambás", ou seja, negros.

Em 1868, poucos meses depois de escrever "O macaco, o cão e o morcego", Natalício Talavera morreu vítima do cólera, uma das doenças que mais ceifou vidas entre os soldados dos dois lados. Tinha 28 anos.

Três animais do diabo
Dizem que andam sobre esta terra
Cujas imagens se parecem
Ao macaco, ao cão e ao morcego.

Pedro Segundo o macaco,
Bartolo Mitre o cão,
Venâncio Flores o morcego.
Os da Tríplice Aliança.

Os três se juntam
Estes feios animais
E fecham um contrato
Para tomar o Paraguai.

Trazem seus negros
E os fazem passar o Paraná,
Ao alcançar Bellaco
Ficam todos borrados.

Trazem os vapores
Os chamados encouraçados
E chegam a Curupaiti
Onde desembarcam em massa

Mas nosso presidente
Mostra-lhes esses lugares
E diz para eles:
"Negros, não passarão".

E não se envergonham esses diabos
São torpes essas pessoas.
Disseram, dizem, ao chegar:
"Tomaremos Assunção".

Nem se o diabo mandasse,
Velho macaco magro,
Assunção não verás
Negro sujo e porco.[65]

----

[65] *No original, em guarani:
"Mbojhapy aña rymbá/ Co yvy ári ndaye öi/ Oyaguá va jhaangá/ Caí, yaguá jha mbopi// Pedro Segundo el caí/ Bartolo Mitre el yaguá/ Venancio Flores mbopi/ La Triple Alianza guá// Mbojhapy vé oño moirü /A rymbá vaí-vaí/ Jha oyapó mí el contrato/ Oipjhyvo el Paraguay//Oguerú i cambá cuéra/ Ombo jhasá Paraná/ O jhupity vo Bellaco/ Opaité ma o ñe moná// Oguerú lo ygarata/ Aipó mentado coraza/ Jha o guaihê Curupayty-pe/ Oye oi igüype en massa// Pero ña ne Presidente/ O jhechaucá umi tendá/ Jha jhe i ichupé cuéra/ "Nda pejhasairi cambá!"// Jha no tíri co aña cuéra/ I pituvá co nación/ Jha jhe i ra e o jhuaeivo/ Yaipyjhyta la Asunción// Ni añá me re manda rô/ Carayá tuyá pirá:/ Asunción nda pe jhecháir,/ Cambá ky a tayasú".

4. "Cielito" (1867)

Letra: Natalício de Maria Talavera.
Música: autor desconhecido.
Letra em guarani "El Cabichuí"
(6/6/1867).
Disponível na Biblioteca
Nacional do Paraguai: http://
bibliotecanacional.gov.py/hemeroteca/
coleccion-cabichui-del-n-1-al-n-55

Este poema de Natalício de Maria
Talavera, publicado no número 8
do jornal "El Cabichuí", refere-
-se à Batalha de Curupaiti, vencida pelo exército de Solano Lopez
em setembro de 1866. Segundo
Carlos Centurión, em "História
das Letras Paraguaias", a canção
teria sido muito cantada pelos
soldados paraguaios. Os versos
tratam os combatentes brasileiros de modo extremamente
grosseiro.

"Acá Verá" em guarani significa "cabeça brilhante". Assim
era chamado um dos principais
regimentos de Solano Lopez, pois
seus soldados usavam capacetes
metálicos, que refulgiam ao sol.
Atualmente, o Acá Verá é responsável pela guarda presidencial em
Assunção.

Chichí é o nome de um lago
perto de Curupaiti. Ali estava situada uma das principais baterias do
perímetro defensivo da região.

Lá vai céu e mais céu,
Cielito de Curuipaiti;
Ao marchar o Acá Verá,
Os negros se urinam.
Defecam mal
Esses macacos
Até os faz urinar
O Acá Verá

Lá vai céu e mais céu,
Cielito do manso Chichí.
Mas como são medrosos
Contra os negros abrem fogo
Os enlouquece
Os dispersa
Os demole
O manso Chichí

Lá vai céu e mais céu
O último cielito
A coroa de Pedro Segundo
Dizem que rolou pelo chão.
No chão já está
A velha coroa
De Pedro Segundo,
Chefe dos negros.[66]

----

[66] No original, que mistura palavras
em guarani e espanhol: *"Allá va cielo y*
más cielo/Cielito de Curupaity/ Acä-verá
o córóró vo/ Umi camba o cuarú ky/ O
poti vai/ Umi carayá/ Opa o mbo cuarú/
El Acä-Verá// Allá va cielo y más cielo/
Cielito del manso Chichí/ Pero ipyaivi
rupivé/ Los cambá pe o moátati/ O mbo
tarová/ O mbo sarambí/ O mbo tavajhú/
El manso Chichí// Allá va cielo y más
cielo/Cielito ipajha ité!/ Pedro Segundo
corona/ Jho á maye yvype té/ Ybype ma

5. "Aregueñas" (1867)

Letra: Tristan Roca.
Música: autores desconhecidos
Letra em: www.portalguarani.com

Quando o território paraguaio foi invadido pela Tríplice Aliança, no início da segunda fase da guerra, as mulheres de Areguá, cidade às margens do Lago Ipacaraí, a 30 quilômetros da capital, dirigiram-se a Assunção para se alistar no Exército. O pedido não foi aceito por Solano Lopez, mas reforçou o entusiasmo patriótico dos paraguaios.

Em 1867, Tristan Roca escreveu o poema "Aregueñas". Pouco depois, os versos receberam música de autores desconhecidos. Os soldados costumavam entoar a canção enquanto marchavam. Infelizmente, não se conseguiu garimpar a melodia.

Tristan Roca, político, jornalista e político progressista boliviano, ex-prefeito de Santa Cruz de La Sierra, asilou-se no Paraguai em 1867, para escapar das perseguições da ditadura do coronel Melgarejo na Bolívia. Culto, experiente e preparado, tornou-se um dos principais conselheiros de Solano Lopez. Foi um dos responsáveis pela publicação dos jornais destinados a mobilizar a população e o exército, como "El Semanario", "El Centinela", "El Cabichuí" e "Cacique Lambaré".

Após a queda de Humaitá, Roca foi preso por Solano Lopez, junto com outros intelectuais, políticos e chefes militares. Acusado de conspiração, foi fuzilado em 12 de agosto de 1868.

Primeira página do jornal "Cabichuí", 24/7/1867

Marchemos, marchemos
Volando a la lid,
Y toda aregueña
Empuñe un fusil.

---

jhina/ Corona tuyá/ De Pedro Segundo/ Cambá ruvichá".

Dejemos las ruecas,
Que suena el clarín,
Y toda areagueña
Empuñe un fusil.

Que agite sus olas,
Ypacaray,
Y toda areagueña
Empuña un fusil.

Tiemblen las legiones
De cobardes mil,
Que ya la areagueña
Empuña un fusil.

Que vengan los negros
De inmundo redil,
Que ya la areagueña
Empuña un fusil.

Teja las coronas
Un gran serafín,
Que ya la areagueña
Empuña un fusil.

Y jurando todas:
Vencer o morir!
Diga la areagueña:
Al hombro el fusil!

6. "Bate palmas, minha gente!" (s.d.)

Letra e música: autores desconhecidos.
Possível música: "Aliança de ouro".
CD: "Congo, o canto da alma".
Gravação independente da Associação
das Bandas de Congo da Serra.
Letra em EC.

A toada "Bate palmas, minha gen-te!", cantada pela Banda de Congos de São Pedro de Jacaraípe, locali-dade à beira-mar no município da Serra (ES), comemora as vitórias das tropas brasileiras na Guerra do Paraguai: "A campanha está vencida/ Nós já podemos vortá/ Brasileiro venceu Paissandu/ Combateu Mato Grosso, Maetá (Humaitá)".

A canção foi recolhida pelo fol-clorista Guilherme Santos Neves em 1951. No artigo "História do Brasil na poesia do povo" ("A Gazeta", de 14/11/1957), ele publicou os versos abaixo. Infelizmente não se localizou o registro da música.

Talvez "Bate palmas, minha gente!" possa ser cantada com a música de "Aliança de ouro", grava-da há poucos anos pela Associação das Bandas de Congo da Serra. Há muitas semelhanças entre os ver-sos dessa última toada[67] e os da

---

[67] Versos de "Aliança de ouro": *"Minha aliança de ouro/ Caiu no tine e quebrou (bis)/ Eu vou chamar o governo/ Que é o*

segunda estrofe da canção sobre a
Guerra do Paraguai.

Bate palmas, minha gente,
Que lá vem o generá. (bis)
A campanha 'stá vencida,
Nós já podemos vortá.
Brasileiro venceu Paissandu,
Combateu Mato Grosso, Maetá.

Bate minha faca de oro,
Bateu no trilho e quebrô, (bis)
Pra fazê [palavra ininteligível]
e uma pro Imperadô.
Pra fazê ôtra de prata
que a de oro quebrô...

---

nosso protetor/ Pra comprar uma de prata/
Que a minha de ouro quebrou".

5

O Império se acaba

(1870-1889)

Introdução

Terminada a Guerra do Paraguai, o Império entrou numa agonia lenta e gradual, que só terminaria cerca de 20 anos mais tarde com a abolição da escravatura e a proclamação da República.

Não é por acaso que, em 1870, mal cessaram os combates, deu-se o lançamento do Manifesto Republicano. Aos poucos, o jogo político deixou de estar restrito às disputas entre liberais e conservadores, entre luzias e saquaremas. Novos atores entraram em cena, como os militares, que voltaram da guerra com críticas ao despreparo do Estado brasileiro e descrentes do jogo político tradicional. Paulatinamente, o protagonismo conquistado nos campos de batalha pelo Exército e pela Marinha se estenderia à atividade política.

Nas camadas populares, também ocorreram significativas mudanças de comportamento. Em muitos casos, o povo passou a se comportar como protagonista – e não mais como espectador ou coadjuvante –, como atestam a "Revolta do Quebra-Quilo", no sertão do Nordeste, em 1874 e 1875, e a "Revolta do Vintém", no Rio de Janeiro, na virada de 1879 para 1880.

Novas bandeiras entraram para valer no debate nacional, notadamente o abolicionismo. Estima-se que 10% dos soldados brasileiros no Paraguai eram ex-escravos alforriados para lutar

Anúncio dos cigarros "Aos Quebra Quilos", muito populares no Nordeste depois da revolta. Acervo da Fundação Joaquim Nabuco

na guerra. Como, segundo o Censo de 1872, os negros e pardos reuniam mais da metade da população livre do Brasil, pode-se dizer que os ex-escravizados e seus descendentes eram amplamente majoritários nas tropas que combateram no conflito. Nessas condições, finda a guerra, como justificar a manutenção do regime do cativeiro?

A mudança no ambiente político também atingiu a imagem de Dom Pedro II. Consolidou-se junto à opinião pública o sentimento

D. Pedro II cochilando. Charge de Angelo Agostini, Revista Ilustrada (5/2/1887)

de que o monarca não tinha mais entusiasmo pelos negócios do Estado. Passou a ser chamado de Pedro Banana, porque, segundo os caricaturistas da época, vivia a dormir sentado no trono. As três longuíssimas viagens internacionais que realizou nos anos seguintes só reforçaram essa percepção.

Na primeira, em 1871, que durou 11 meses, o Imperador visitou vários países da Europa e o Egito. Na segunda, iniciada em 1876, Pedro II levou um ano e meio percorrendo os Estados Unidos, a Europa, a Turquia, o Egito e o Oriente Médio. A terceira viagem circunscreveu-se aos países europeus. Mesmo assim, consumiu 14 meses. Tudo somado, entre 1870 e 1889, Pedro II levou três anos e sete meses fora do Brasil.

Como não poderia deixar de ser, a efervescência trazida pela chegada de novos atores e pela irrupção de novas bandeiras políticas, aliada à apatia do regime, incentivou fortemente a luta de ideias e a produção cultural no país. Importantes jornais foram fundados ou se consolidaram na década de 1870, dando grande impulso à circulação de informações e ao debate político, como a "Gazeta de Notícias", "A Província de São Paulo", mais tarde rebatizado como "O Estado de São Paulo", e a "Gazeta da Tarde". Semanários de tiragem mais limitada, porém de público fiel, como "O Mosquito" e "O Mequetrefe", também se firmaram. A "Revista Ilustrada", fundada em 1876 por Ângelo Agostini, conquistou posição relevantíssima. Com bom humor, traço revolucionário, enorme agilidade e grande coragem cívica, tornou-se uma referência na crítica à falta de rumo do Império e na denúncia do escravagismo. Teria papel crucial na crítica aos desmandos da polícia durante a "Revolta do Vintém".

A imprensa voltada para a música também passou por notável crescimento. A partir do final da década de 1860, surgiram diversos semanários especializados na difusão das letras de modinhas, lundus e recitativos, como "O Trovador" (1869), a "Lira de Apolo" (1869), a "Coleção de modinhas brasileiras" (1872) e "O Sorriso" (1872). Sua boa aceitação estimulou a edição dos primeiros cancioneiros brasileiros. Embora não trouxessem partituras, a "Lira de Apolo", em 1871, "O Trovador", em 1876, e "A Cantora Brasileira", em 1878, reuniram e divulgaram as letras de centenas de canções. Por outro lado, as casas de impressão de partituras, que já tinham uma posição consolidada desde os anos 1850, multiplicaram-se – não só na Corte, mas também na Bahia e em Pernambuco.

O teatro – em particular, o teatro musicado – passou a ocupar uma posição central na circulação de ideias, nos debates políticos e na formação da opinião pública. As comédias musicadas, as óperas cômicas, as operetas, os entremezes, as cenas cômicas e, na década de 1880, as revistas de acontecimentos conquistaram um público entusiasmado e fiel, que costumava lotar as casas de espetáculos – as "enchentes", como se dizia na época.

Recorrendo à música, em tom de brincadeira e pilhéria, as revistas propunham-se a fazer a crônica dos principais fatos, novidades e modas dos meses anteriores. Gozavam os poderosos, inventavam tipos

Artur de Azevedo

populares, expunham problemas. Na pasmaceira que se seguiu ao fim da Guerra do Paraguai e se acentuou na década de 1880, elas encontraram o clima de desencanto e de irreverência adequado para florescer na sociedade. "O teatro de revista põe o palco em contato com a rua", resumiu bem Edinha Diniz.[68]

Autores como Artur de Azevedo, Moreira Sampaio, Oscar Pederneiras, Valentim Magalhães e Filinto de Almeida conquistaram o público, contando com o talento e a criatividade de músicos como Henrique Alves de Mesquita, Francisco de Sá Noronha, Abdon Milanez, Gomes Cardim, Henrique de Magalhães, J. Alves Pinto e Chiquinha Gonzaga, que compuseram coplas, lundus, tanguinhos, maxixes, jongos e cançonetas sobre os assuntos do momento. Grandes teatros foram inaugurados na Corte, como o São Luiz, em 1870, e o Franco Brasileiro, em 1872, que anos depois passaria a ser conhecido como Santana (atual Carlos Gomes).

Chiquinha Gonzaga

Os circos de cavalinhos ou companhias equestres, assim como as barracas e teatros populares que divertiam o povo nas festas urbanas e nos bairros, também foram importantíssimos para a circulação cultural. Fizeram a ponte entre a produção mais sofisticada e a criatividade popular. No caso da música, cumpriram um papel inestimável os palhaços-cantores. Apresentando-se por todo o país, em estreito contato com as plateias mais variadas, recolheram lundus, modinhas, jongos e batuques, promovendo sua irradiação nacional. Graças a eles, parte dessa riquíssima produção cultural lograria chegar até a indústria fonográfica, nascida em 1902.

***

---

[68] Edinha Diniz. *Chiquinha Gonzaga: uma história de vida.*. Nova edição, revista e atualizada. Rio de Janeiro, Zahar, 2009. Pg. 135.

Este capítulo traz 26 canções, das quais 20 com partituras ou indicaçõcs de melodia, que abordam fatos políticos, econômicos e sociais entre o final da Guerra do Paraguai e a Proclamação da República. A elas poderiam se somar várias outras canções, também compostas e cantadas no período, que lidam com o crescimento da campanha abolicionista e o fim da escravidão, a entrada em cena de novas categorias de trabalhadores urbanos e a violência eleitoral. No entanto, por razões editoriais, optou-se por tratar esses temas em capítulos específicos.

Doze das canções deste capítulo foram produzidas ou adaptadas para espetáculos teatrais, o que atesta a importância do teatro musicado na cena cultural da época. Os gêneros predominantes foram o lundu, com oito ocorrências, e o tanguinho, com quatro, seguidos por três paródias de árias e duas cançonetas. Completam a lista um jongo, uma cantiga, um hino, uma paródia de música folclórica, um recitativo, uma copla, um cordel acompanhado por rabeca e uma cena cômica.

Abre a lista de canções uma paródia de "O pinto pinica o velho", que brincava com a bolinação nos bondes. Seus versos são quase iguais aos do lundu original, que fez muito sucesso no finalzinho dos anos 1860. Mas com uma diferença. Na paródia, o velho tem nome: tio Zacarias – uma referência a um dos principais políticos da época, o chefe do partido liberal, Zacarias de Góis e Vasconcelos.

Segue-se outra paródia. No caso, da "Canção do exílio", poema de Gonçalves Dias que recebera música do maestro Luiz Amat. As estrofes da nova versão, batizada de "Minha terra tem palmeiras", de autor desconhecido, criticam as malandragens das casas bancárias, as espertezas da nobreza, o poder dos fazendeiros e a inoperância do Senado.

"Tanta mudança me faz confuso" (título atribuído) subiu ao palco na comédia "Uma véspera de reis", encenada na Bahia em 1875. Interpretada pelo ator Xisto Bahia, a canção mostrava espanto diante dos progressos ocorridos nos anos anteriores no país e na província, como a mudança do sistema de pesos e medidas, a inauguração do cabo submarino entre o Brasil e a Europa, a chegada dos bondes e a inauguração do "parafuso" – ou seja, o Elevador Lacerda, em Salvador.

São também de Xisto Bahia, um dos principais nomes da música popular na época, os versos da paródia de "Camaleão", lundu originário do Pará, que gozam a ambiguidade da classe política: "Com a cabeça diz

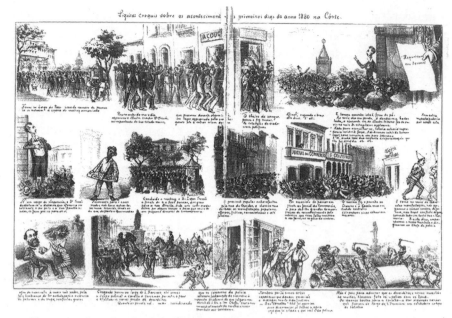

Ilustrações sobre a Revolta do Vintém publicadas no suplemento extra da Revista Ilustrada (3/1/1880). Angelo Agostini

que sim/ Com o rabinho diz que não". Já "El Rei Dom Caju" (título atribuído), da ópera cômica "A princesa dos cajueiros", de Artur Azevedo, brinca com o próprio Imperador. Numa das estrofes, ele canta a plenos pulmões: "No meu país esplêndido/ É tudo monarquista!/ Ninguém fala em república/ Ninguém diz mal de mim!".

"O Imposto do Vintém", cordel acompanhado por rabeca, composto pelo "pequeno poeta" João Sant'Anna de Maria, o Santaninha, descreve com bom humor e riqueza de detalhes a revolta popular que abalou a Corte na virada de 1879 para 1880, em protesto contra o aumento na passagem dos bondes. A indignação popular, embora brutalmente reprimida, obrigou o governo a desistir do imposto.

Já "Na chegada do Imperador", paródia de uma ária de Verdi, mostra como as viagens de Pedro II às províncias provocavam rombos nos orçamentos domésticos, tantos e tamanhos eram os gastos extraordinários das famílias com festas, roupas e outros luxos. Em "Serenata do mandarim", paródia de uma canção da opereta "Boccacio", uma autoridade chinesa vem ao Brasil organizar a migração de seus compatriotas, mas sem grandes resultados. Para não perder a viagem, Tchin-Tchan-Fó arranja uma namorada brasileira e diverte-se um bocado em nossa terra. A cançoneta "Para a cera do Santíssimo", de Artur Azevedo e Chiquinha Gonzaga, fez muito sucesso na época. Critica os irmãos que fingiam pedir esmolas para ordens religiosas, mas, por debaixo do pano, embolsavam as doações.

As duas canções seguintes vêm de Pernambuco. "Mataram Zé Mariano", paródia do coco "O lê lê, vira a moenda", fala sobre a comoção no Recife quando correu o boato de que o líder abolicionista tinha sido morto num enfrentamento com adversários políticos. O hino "Salve a Federação" dá vivas a Joaquim Nabuco pela apresentação na Câmara dos Deputados de projeto de lei restringindo os poderes do Imperador e concedendo maior autonomia às províncias. A proposta não foi aprovada.

As sete canções posteriores subiram aos palcos nos últimos anos do Império, quando as revistas de teatro atraíam multidões de espectadores. "Barão de Vila Rica" em "O bilontra" (1886), brincou com a venda de títulos de nobreza. Na mesma revista, o "Lundu do Poli Poli" partiu para cima de um italiano, misto de médico e charlatão, radicado em Niterói, que publicara artigo num jornal argentino desancando Pedro II, a princesa Isabel e o povo brasileiro.

"A rua dos pretos jê vai acabá" e o "Tango do Arredondo, Sinhá" são de 1887. O jongo da revista "O Mercúrio" traz a notícia de um dos primeiros "bota abaixo" no Rio de Janeiro. Já o tango da peça "Zé Caipora" goza o general uruguaio que se asilou no Brasil depois de uma fracassada tentativa de golpe de estado em seu país. No "Lundu do pescador", também de 1887, Xisto Bahia volta à carga contra os políticos que gostavam de pescar em águas turvas. Já o tanguinho "Ai, quem tiver o seu vintém", da revista "Abolindenrepcotchindengó" – sim, por incrível que pareça, o nome da

Xisto Bahia

O ator Francisco Correa Vasques

peça é esse mesmo –, encenada em 1889, chama a atenção para as incertezas econômicas nos meses anteriores ao fim da monarquia. "Muqueca, sinhá", da revista "O Bendegó", tem como mote a chegada à Corte do meteorito descoberto cem anos antes no sertão do Bahia. A gigantesca pedra logo virou sinônimo de trambolho e, por isso, batizou o projeto de lei de indenização dos senhores de escravos. "Cabeça de porco", da peça "Dona Sebastiana", também de 1889, volta ao tema das tentativas de demolição dos cortiços do centro do Rio, habitados pela população mais pobre da cidade.

Fecha a lista "O baile do ministro", cançoneta bem-humorada sobre o "zé povinho", que assistia embasbacado ao desfile dos nobres e políticos que chegavam a uma festa.

Nos anexos, podem ser encontradas seis canções bastante interessantes, das quais infelizmente não se conseguiu coletar partitura ou obter indicação de música. A primeira, "Palavrório", critica a discurseira interminável dos políticos. Já "O quebra-quilos" remete para a revolta ocorrida no sertão do Nordeste no final de 1874 contra a adoção dos sistemas decimais de pesos e medidas. A canção denuncia a selvagem repressão contra os revoltosos e, especificamente, a tortura do "encoletamento".

As outras quatro canções dos anexos – "Imposto do vintém", "Por causa do vintém", "Seo Zé Povinho" e "Imposto do vintém, ai" – abordam o levante popular no Rio de Janeiro contra a cobrança da taxa adicional de 20 réis nas passagens dos bondes no final de 1879.

1. "O pinto pinica o velho" (s. d)

Letra e música: autores desconhecidos.
Intérprete: João Nabuco (piano e canto).
Gravação independente.
Letra em SS. Música em AMP.

"O pinto pinica o velho" conta as aventuras e as desventuras de um senhor de idade que costumava assediar as mocinhas nos bondes do Rio de Janeiro. O lundu é do final da década de 1860, quando diversas linhas desse meio de transporte coletivo passaram a servir à população da cidade.

A letra original não dava nome ao senhor que molestava as jovens. Mas logo apareceu uma versão que dizia que o passageiro que subia e descia no bonde era o Zacarias – segundo o historiador Pedro Calmon, uma alusão a Zacarias de Góis e Vasconcelos, um dos principais políticos da época[69]. Ao que tudo indica, pura maledicência.

Baiano, ele elegeu-se deputado, foi presidente de três províncias (Piauí, Sergipe e Paraná) e comandou vários ministérios. Líder do Partido Liberal, chefiou a oposição ao gabinete conservador de

Caxias em 1861, derrotando-o nas eleições. Presidiu o Conselho de Ministros em três oportunidades – a última delas, de 1866 a 1868, durante a Guerra do Paraguai. Defendeu a redução do poder moderador do Imperador e bateu-se sem sucesso pela obrigatoriedade do ensino primário. Era um homem discreto, que defendia com paixão suas ideias, avançadas para a época. Morreu em 1877, aos 62 anos.

Em 1931, a dupla Jararaca e Ratinho, em "O testamento do véio", recorreria à primeira estrofe de "O pinto pinica o velho".

Ai! o pinto pinica o velho,
O velho salta pra trás;
As mocinhas estão dizendo
Que velho (sem dinheiro) não é rapaz.

O bonde subia,
O bonde descia,
O passageiro
Era o tio Zacarias.

Ai! é aí é que o velho baba,
No pitar do cachimbo, o cachimbo acaba.

O velho era alto
E era pimpão,
Negro entendido
Em seu violão.

---

[69] Pedro Calmon. *História do Brasil na poesia do povo*. Rio de Janeiro: Editora A Noite, 1941, pp. 262-263.

Ai! o pinto pinica o velho ...

O velho era alto,
Todo lamparina,
Ao subir pro bonde
Perdeu a botina.

Ai! é aí é que o velho baba,
No pitar do cachimbo, o cachimbo acaba.

Nunca vi rua
Pra fazer tanta poeira;
Na rua do Conde
Vinha o velho de carreira.

Ai! o pinto pinica o velho ...

2. "Minha terra tem palmeiras" (1871)

Letra da paródia: autor desconhecido.
Música ("Canção do exílio"): José Zapata y Amat.
Intérprete: João Nabuco (piano e canto).
Gravação independente.
Letra em ACB.
Partitura no CMP.

Durante o Império, era comum que recebessem música as poesias que agradavam ao público. Castro Alves, Casimiro de Abreu, Gonçalves Crespo, Gonçalves Ledo, Bernardo de Guimarães e Gonçalves Dias, entre outros, tiveram vários poemas musicados.

"A canção do exílio", escrita por Gonçalves Dias em 1846, quando ele ainda estudava Direito em Portugal, recebeu música bem mais tarde, na década de 1850 ou 1860. José Amat, espanhol de nascimento, que chegou ao Brasil em 1848, compôs melodias para cerca de uma dúzia de poesias de Gonçalves Dias.

Esta paródia, publicada com o título de "Minha terra tem palmeiras", é de autor desconhecido. Longuíssima, tem nada menos de 35 sextilhas, das quais selecionamos apenas as 14 primeiras. Deve ter vindo ao mundo em 1871 ou pouco depois, porque faz menção à condenação do "gaiato Juca-Rosa", ocorrida nesse ano no Rio de Janeiro. Misto de líder espiritual e curandeiro, o religioso negro era um homem de forte carisma. Sempre bem vestido, vivia cercado de mulheres, negras e brancas, que tinham por ele adoração. Dizia-se que era um homem de muitas amantes, inclusive esposas de comerciantes e políticos. Seu sucesso despertou a ira dos médicos, da Igreja e das autoridades. Acabou atrás das grades.

Na paródia, o autor brinca com as falências de bancos, as malandragens financeiras, as espertezas da nobreza, o poder político dos fazendeiros e a inoperância do Senado.

Minha terra tem palmeiras
Onde canta o sabiá
Macacos e bananeiras,
Papagaios, boitatá;
É terra de feiticeiras
A terra do geribá

Mas também tem mais cositas
Que o vate não quis cantar
Além das moças bonitas
Que adrede quis olvidar
Tem novelas esquisitas
Que há de a história rabiscar

Minha terra tem cantores
De imaginação fogosa
Que só cantam vãos amores
Que é modéstia lacrimosa
Esquecendo-se entre as flores
O gaiato Juca-Rosa

Minha terra é justiceira
E protetora do pobre
Quando vê que há ladroeira
No seu novo, augusto cobre
Indaga-se à brincadeira
Foi lembrança de algum nobre

Boa terra, eu te bendigo
Na sombra dos meus coqueiros,
Mas quero ver se consigo
Voto de alguns fazendeiros
Para dar fundo comigo
Nos profundos estaleiros.

Não falo desse estaleiro
Onde se bate a moeda,
Onde se funde o dinheiro
Que salva os bancos da queda,
Quando não tem padroeiro
Que desse golpe os arreda

Ah, não! Que eu tenho a mão grossa
E o azinhavre nodôa
A quem do pouco se apossa
E deixa o melhor à toa,
Só por pensar que uma coça
Não há de ser cousa boa!

Falo da casa onde a gente
Já vive mais descansado,
Onde as leis anualmente
Quase sempre orçam de lado,
Falo, enfim, do imortal ente
A que chamamos Senado.

Ah, se eu me apanhasse estendido
Naquelas fofas cadeiras
A ler da história de Dido
As anedotas guerreiras
E do futuro esquecido
Passar semanas inteiras!

Mas ... não, que se eu pretendesse
Dormindo ao leme do Estado,
Esperar que a onda viesse
Com o vento de braço dado
Levar-me o braço e a messe
Que eu nele tinha guardado.

Eu não sei o que seria
Do meu orgulho, por Deus:
Qual Quinto Carlos iria
Sepultar os dias meus
Entre os frades e ouviria
Por minha alma os cantos seus!

Safa! Não quero: essa graça
É só capaz de matar;
Meus versos nem por chalaça
Querem tal cousa provar.
Por não ouvir pela praça:
- Lá vai ele! Perfilar!

Se eu fosse rico e barão
Na terra dos capoeiras,
Que me importava o pregão
Dessas folhas jornaleiras
Se para ser-se ladrão
Não bastam provas ligeiras?

Na terra de Casimiro
Onde canta o sabiá
É eloquente o suspiro
De uma morena iaiá,
Por quem eu pasmo e deliro
Co'as flores no samburá!

3. "Tanta mudança me faz confuso" (1875)

Letra: Artur Azevedo.
Música: Francisco Libânio Colás.
Intérprete: João Nabuco (piano e canto).
Gravação independente.
Letra e partitura no IRB.

"Uma véspera de Reis", encenada no Teatro São João, na Bahia, em 1875, entrou para a história. Foi a primeira peça do maranhense Artur Azevedo apresentada para o grande público. Nas décadas seguintes, ele conquistaria o Rio de Janeiro com dezenas de comédias, operetas, dramas e, especialmente, revistas de ano, firmando-se como o principal autor teatral brasileiro da época.

Mas "Uma véspera de Reis" marcou também o começo de uma fecunda parceria entre Artur Azevedo e Xisto Bahia – ator, compositor e cantor de lundus e modinhas, que logo se mudaria para o Rio, impressionando a Corte com seu talento. Entre outras composições, Bahia assinaria obras como "Isto é bom!", "Iaiá, você quer morrer", "Camaleão" (neste capítulo), "Lundu do Pescador" (também neste capítulo), "A Mulata" (capítulo 3), "Preta Mina" (capítulo 3) e "Quis debalde varrer-te da memória".

Em "Tanta mudança me faz confuso" (título atribuído), Xisto Bahia faz o papel do papel do tabaréu Bermudes. O matuto mostra-se aturdido com as novidades que invadiam Salvador e o Brasil: a chegada dos bondes, a inauguração do parafuso em 1873 e o lançamento do cabo submarino entre o Brasil e a Europa. Parafuso, no caso, era o apelido dado pelo povo ao Elevador Hidráulico da Conceição, que passou a ligar à Cidade Alta à Cidade Baixa, obra do engenheiro Antônio de Lacerda – hoje conhecido como Elevador Lacerda.

A canção recorda ainda a mudança dos pesos e medidas, imposta de forma autoritária pelo governo imperial nos anos anteriores. A substituição da libra pelo quilo foi recebida com desconfiança em boa parte do Brasil. No Nordeste, especialmente, na Paraíba, no Rio Grande do Norte, em Pernambuco e em Alagoas, a população do sertão sublevou-se em 1874 contra a novidade que, na prática, aumentou impostos e preços. O movimento, conhecido como a Revolta do Quebra-Quilo, levou meses para ser sufocado.

Na mesma época, segundo Rodrigues de Carvalho, em "O Cancioneiro do Norte", foi composta a canção "O quebra-quilo", com poesia do Dr. S. P. e música de Joaquim de Alcântara César. Sua partitura foi impressa na Litografia Impressora E. Rensburg, no Rio de Janeiro, em 1875, mas infelizmente não se localizou nenhum exemplar desse registro (letra nos anexos).

(Bermudes)
Tanta mudança me faz confuso!
Pois se o progresso anda tão fino,
Que temos bondes e parafuso,
Temos o cabo submarino!

E até é uso
Lindas modinhas tocar o sino!
Se o que se passa cá na Bahia,
Dizer-se quer mandar à França,
Vem a resposta no mesmo dia,
E na viagem ninguém se cansa!...
Virgem Maria! Me faz confuso,
Me faz confuso tanta mudança.

(Os três)
Virgem Maria, me faz confuso
Me faz confuso tanta mudança.

(Bermudes)
Não há mais o que se invente!
Que invenções encontrar vim!
Por três tostões vai a gente
Até o fim do Bonfim!
A libra chama-se quilo,
Segundo os novos padrões!

O que nos falta é aquilo
Com que se compram
Com que se compram
Os tais melões...

(Os três)
O que nos falta é aquilo
Com que se compram os tais melões...

4. "Camaleão" (1887)

Letra: Xisto Bahia.
Música: autor desconhecido.
Intérprete: Maria Marta.
Gravação especial para álbum-brinde da
Companhia Internacional de Seguros
(1978).

"Camaleão" foi muito cantado no final do Império e nos primeiros anos da República. A letra de Xisto Bahia, com críticas à hipocrisia dos políticos, lançada em 1887, caiu no gosto popular. Mas a música original não é de autoria do compositor e cantor baiano, que apenas a recolheu no Pará, durante uma de suas excursões. Como esclareceu o historiador e folclorista Santa-Anna Nery, nascido e criado em Belém, em seu excelente livro "Folk-Lore brésilien", publicado em Paris em 1889, os versos originais referiam-se a temas mais amenos: "Fui ao mato caçar pombo/ Encontrei camaleão/ Amarra-o,

mulata, amarra-o/ Amarra-o de pé e mão/ Camaleão foi à missa/ De colete e pé no chão/ Amarra-o, mulata, amarra-o/ Amarra-o de pé e mão". O livro de Santa-Anna Nery, escrito originalmente em francês e traduzido um século depois para o português por Vicente Salles, traz trecho da partitura de "Le Caméléon".

Eu conheço muita gente,
Igual a um camaleão,
Com a cabeça diz que sim,
Com o rabinho diz que não.

Segura, meu bem, agarra,
Amarra o camaleão. (bis)

As virtudes deste bicho
São de grande estimação
Ele é filho do patronato
É sobrinho da eleição

Segura, meu bem, agarra ...

Se ele é verde ou amarelo
Responda algum sabichão
Tem as cores do estadista
Que pra si serve a Nação

Segura, meu bem, agarra ...

5. "El Rei Dom Caju" (1880)

Letra: Artur Azevedo.
Música: Francisco de Sá Noronha.
Intérprete: João Nabuco (piano e canto).
Gravação independente.
Letra em AA.
Letra e partitura manuscrita na BNP.

Pedro II era prognata. Seu queixo pronunciado apontava ligeiramente para cima. Lembrava uma castanha de caju. Daí o nome de El Rei Dom Caju, dado ao personagem principal de "A princesa dos cajueiros". A ópera cômica, com texto de Artur Azevedo e música de Francisco de Sá Noronha, estreou em 6 de março de 1880 no Teatro Fênix Dramática, no Rio de Janeiro.

Como seguro morreu de velho, na véspera da primeira apresentação, o empresário da peça convenceu os autores a mudarem o nome do personagem. Nos cantos e falas, ele passou a ser chamado de Dom Tatu. Mas o público não embarcou na mudança. Manteve-se fiel ao nome de Dom Caju e deu muitas risadas com ele. Dizem que o próprio imperador divertiu-se com a brincadeira.

A peça não fazia oposição a Dom Pedro II. Aliás, sequer versava diretamente sobre a Corte instalada no Rio de Janeiro. Narrava com música e bom humor as peripécias decorrentes de uma trapalhada montada pelo médico de uma hipotética família real. Como o rei queria uma herdeira mulher e a rainha deu à luz a um menino, a criança foi trocada pelo doutor. A patifaria só viria a ser descoberta anos depois, em meio a risadas e cenas de amor.

Mas, indiretamente, a ópera cômica brincava também com a realidade nacional. Exemplo disso são as coplas do "El Rei Dom Caju" (título atribuído), cantadas logo no início da peça, quando o soberano apresenta-se ao público. Ele deixa claro que é boa gente, mas não admite arranhões na sua autoridade. A versão abaixo segue a partitura.

Na época, a atual rua Barão de São Félix, na Gamboa, no centro do Rio, chamava-se rua Princesa dos Cajueiros.

Eu sou o rei mais pândego,
Um rei sou de mão cheia!
Pareço um rei de mágica,
Por ser original.

Por isso os meus bons súditos
Não fazem cara feia...
Pra rei de ópera cômica
Não estou de todo mal!

Aaahh!
Tur lu tu tu,
Tar lá tá tá
El Rei Caju é o que aqui está! (bis)

No meu país esplêndido
É tudo monarquista!
Ninguém fala em república
Ninguém diz mal de mim!

Se acaso algum sacrílego
Quiser meter-me a crista,
Irá para o patíbulo,
Pois ... eu cá sou assim!

Aaahh!
Tur lu tu tu,
Tar lá tá tá
El Rei Caju é o que aqui está! (bis)

Oscar Pederneiras, dramaturgo

6. "Imposto do Vintém" (1880)

Letra de João Sant'Anna de Maria (Santaninha).
Suporte musical para rabeca: Alberone da Rabeca.
Intérprete (rabeca e canto): Alberone da Rabeca.
Gravação independente com produção de Djalma Félix.
Letra em "Poesia dedicada à Guerra do Paraguai, Imposto do vintém, O célebre chapéu de sol e a Seca do Ceará", disponível na BN.

Em dezembro de 1879, o ministro da Fazenda, Afonso Celso Figueiredo, às voltas com um pesado déficit orçamentário, anunciou um novo imposto. Os usuários dos bondes no Rio deveriam pagar, além da passagem, um adicional de vinte réis, ou seja, um vintém. A reação popular foi imediata.

Mais de 5 mil pessoas saíram às ruas para protestar contra o novo imposto no dia 28 de dezembro. Apesar do enorme aparato policial, elas marcharam na direção do Campo de São Cristóvão, exigindo ser ouvidas por D. Pedro II. O imperador aceitou receber uma comissão, mas demorou tanto a tomar a decisão que passou a ideia de que não estava disposto a dialogar. Quando a resposta chegou, os manifestantes já tinham se dispersado. Liderados pelo tribuno republicano Lopes Trovão, voltariam às ruas nos dias seguintes.

No dia 1º de janeiro, data fixada para o início da cobrança do imposto, milhares de pessoas protestaram no centro do Rio de Janeiro. No início, a manifestação no Largo de São Francisco transcorreu pacificamente. Mas, depois do meio dia, o clima mudou. Populares começaram a espancar cocheiros e condutores, esfaquear burros, virar vagões, arrancar trilhos e levantar barricadas. A polícia, reforçada por tropas do exército, investiu contra os populares, sendo recebida a pedradas. Reagiu atirando contra a multidão. Pelo menos três pessoas morreram nos conflitos, mas estimativas não oficiais apontaram que o número de mortos pode ter chegado a dez, fora os feridos. Segundo a "Revista Ilustrada", do caricaturista e desenhista Ângelo Agostini, que soltou uma edição extra sobre os acontecimentos, a polícia teve um comportamento provocador durante todo o dia, estimulando desordens e depredações.

Diante da gravidade da situação, o governo suspendeu temporariamente a cobrança da taxa. Em março, caiu o gabinete chefiado por Cansanção Sinimbu. Em setembro, o imposto do vintém foi definitivamente enterrado. Ficou claro que o povo do Rio de Janeiro, sede do Império, não seria mais um espectador passivo das decisões do governo.

Muitas canções se debruçaram sobre os acontecimentos daqueles dias. Infelizmente, não se conseguiu garimpar o registro das melodias de "O imposto do vintém", "Lundu do vintém", "Sêo Zé Povinho" e "Imposto do vintém ... ai!" (ver letras nos anexos). Todas fizeram a crônica da revolta e denunciaram os erros das autoridades – em especial, a violência policial.

Mas ninguém fez isso melhor do que João Sant'Anna de Maria, o Santaninha, em "Imposto do Vintém (poesia tirada da Revolução do Imposto do Vintém, no ano de 1880, no Rio de janeiro)", composta no calor dos acontecimentos. Nos anos seguintes, ele cantaria as sextilhas nas praças do Rio de Janeiro, sempre acompanhado por sua rabeca, a "Sombrinha". Precursor da literatura de cordel, Santaninha nasceu no Rio Grande do Norte e fez carreira no Ceará, onde seu trabalho era apreciadíssimo. Deixou o Nordeste durante a seca de 1877/1878. Migrou para a capital do Império, onde passou a apresentar-se nas ruas.

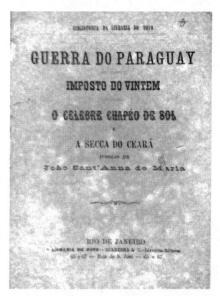

Capa do livro com os quatro cordéis mais populares do Santaninha

Tem a palavra o historiador e musicólogo Melo Moraes Filho, que, em "Fatos e Memórias", descreveu uma apresentação do pequeno poeta:

"*O Santaninha* era um mulato escuro, nortista, de barba crescida, cabeleira em gaforinha; usava óculos enfumaçados, de quatro vidros, e residia em uma estalagem à rua do Resende.

Envergando terno de sobrecasaca, impreterivelmente, das 5 para as 6 horas da tarde, deixava os penates para ir ao Largo do Paço, ao jardim fronteiro da estação de ferro, ou ao largo do Rocio, cantar os seus poemas.

Sustendo na mão esquerda um assento de lona, que oportunamente abria, e na direita a imprescindível rabeca (*Sombrinha*), que se constituía a sua lira, instalava-se o mestiço rapsódia nos indicados sítios, sem demora colocando junto a si um pires branco, de pó de pedra, em que recolhia o óbulo dos trovares.

Inteligente, vibrando a nota popular em suas incultas sextilhas, o nosso *Santaninha* dispunha de um repertório de canções próprias, tais como *A seca do Ceará, O chapéu de sol do Imperador,* etc., predominando a do *Imposto do Vintém*, enormemente aplaudida e de preferencia executada sobre o largo degrau que circula o pedestal da estátua de D. Pedro I, no largo do Rocio.

E, ao lusco e fusco, aos primeiros clarões dos candelabros do monumento, entronizado em sua cadeira de lona, retirava do saco de flanela o seu *stradivarius*, dispondo-se a começar.

Chusmas de ouvintes, assíduos *dilettanti* acercavam-se dele que, descansando a cartola, enxugando o suor, dialogava com a *sombrinha*, já em posição de artista.

– *Sombrinha*, dizia ele para a rabeca.

E a rabeca, ferida pelo arco, respondia:

– Fim ... fim ... fim ...

– Estás com fome, *Sombrinha?* insistia o menestrel.

E a rabeca, em quarta corda:

– Fom ... fom ... fom ...

– Estás disposta a cantar o *Imposto do Vintém?* Então vamos principiar."

Mais adiante, Melo Moraes Filho fala sobre a reação do público diante do talento do pequeno poeta:

"Os assistentes, ao redor, riam, pilheriavam, aplaudiam o cantador nortista que, embolsando os nickeis, para compensar a generosidade do auditório, emendava com o *Imposto do Vintém* a *Seca do Ceará*, antecedida de breve conversa com a gritadeira *Sombrinha,* cadenciando-lhe os cantares".

Penate, palavra que caiu em desuso, significa casa, lar; *dilettanti*, termo vindo da ópera, fãs.

Alberone da Rabeca, cordelista de Arcoverde (PE), compôs e executou o suporte musical para rabeca que acompanha as sextilhas.

Vai-te era de setenta,
De ti é que o mal nos vem,
Setenta e sete foi seco,
Setenta e oito também,
Setenta e nove criou
O imposto do vintém.

Setenta e sete foi seco,
Setenta e oito também,
Na província cearense
Quase não fica ninguém,
De seca, de fome e peste,
E os pobres sem um vintém.

Ah! Era cruel, tirana,
Cuido que tu ainda vem,
Com seca, com fome e peste,
Com morte aos homens de bem,
Com flagelo para o povo
Cobrando a tudo um vintém.

Setenta foi era ruim,
Dela ainda o mal nos vem,
Chegou a era de oitenta
Não está parecendo bem,
Que oitenta foi quem cobrou
O imposto do vintém.

Oitenta, diz que ele não
Que não fez mal a ninguém,
Culpem o Afonso Celso
Que é quem ideiado tem
Criar, mais o Sinimbu,
O imposto do vintém.

O Dr. Lopes Trovão
Fez algumas conferências,
Abrindo os olhos do povo,
Como homem de ciências,
Dizendo que aquele imposto
Era uma horrível imprudência.

Anunciou na Gazeta
Ao povo fazendo ver,
Que não pagasse o imposto
Porque não podia ser,
Que a pobreza trabalha
Só pra o Governo comer.

Foi na Gazeta da Noite
Este caso dado aqui,
O Governo botou guarda
Pra Gazeta não sair,
Botaram pelas janelas,
Nada valeu proibir.

A vinte e oito de Dezembro
O Dr. Lopes Trovão
Foi com quatrocentos homens
Todos sem armas na mão,
Falar com nosso Monarca
E ele não deu-lhe atenção.

No primeiro de Janeiro,
De oitenta, notem bem,
Houve no Rio de Janeiro
Um roubo entre homens de bem,
Para não pagar ao Governo
O imposto do vintém.

Quando amanheceu o dia
Os bonds correndo vem,
Rua acima, rua abaixo,
Sem não embarcar ninguém,
Só a fim de não pagarem
O imposto do vintém.

Chegando ao largo do Paço
Tinham quatro mil e cem,
Estavam de barraca feita
Pra não embarcar ninguém,
Só, sim, se não se pagasse
O imposto do vintém.

Dizia o povo – embarquemos?
Diziam os condutores – quem?
Diziam o povo – todos nós
Pra onde bem nos convém,
– Só embarcam se pagarem
O imposto do vintém.

Nisto gritou todo o povo:
– Capangas! Vocês também!
Querem por pretextos ao povo?
Que interesses vocês têm?
Peguem pau, recebam pedras
Guardem em lugar do vintém.

Ah! Travou-se uma luta
Que até a polícia vem,
Morreram alguns condutores,
Alguns cocheiros também,
Quase matam o fiscal
Pela causa do vintém.

Gritava o Assis Drummond,
Diretor que os bonds tem,
E o de Vila-Isabel;
Não lhe dar jeito a ninguém,
Pagam até a chicote
O imposto do vintém.

Foi quem primeiro apanhou
Na revolução, porém,
O povo quis foi mata-lo,
Não lhe acudia ninguém,
Se não se esconde, morria
E não cobrava o vintém.

Corria sangue na rua,
Que ainda coalhado tem,
De ferimentos de ferro,
De pau e pedra também,
Que a chuva ainda não lavou
Pela causa do vintém.

Acudiram alguns ministros:
— Povo, vocês o que é que tem?
O povo não lhes deu ouvidos
Botou-lhes pedras também,
Foram dous apedrejados
Pela causa do vintém.

Até o próprio Monarca
Vendo que não estava bem
O povo em revolução,
Sem atender a ninguém,
Julgou ver muita desgraça
Pela causa do vintém.

Muitos queriam brigar
Dizia: arma aqui não tem,
Tiremos as curvas dos trilhos,
Demos, não cacemos em quem,
Com tanto que não se pague
O imposto do vintém.

Aqui tem capoeiras
Que quatro navalhas têm,
Então repartam com os outros
Para brigarem também,
Morra gente, e não se pague,
O imposto do vintém.

Na rua da Uruguaiana
O povo desesperou,
Atravessaram os bonds
Na esquina do Ouvidor,
Aqui não passa fiscal,
Nem bonds, nem condutor.

Laport foi proibido
Pra rewolver não vender,
O povo estava zangado
Disseram a razão porque,
Um botou fogo nas portas,
Fez com querosene arder.

Na rua da Uruguaiana
Viu-se entrar de supetão,
O comandante do primeiro,
Gritou: fogo, batalhão,
Embora escapem outra gente
Matem o Lopes Trovão.

A tropa fez fogo logo
Morreram alguns brasileiros,
Também dizem que morreram
Alguns homens estrangeiros,
Ninguém sabe onde enterrou-se
Estes cadáveres forasteiros.

Virou-se bonds na rua
De Vila-Isabel também,
Muitos tiros de rewolver
Deram, não se sabe quem,
Quando o primeiro fez fogo
Não se enxergou mais ninguém.

Ficaram filhos sem pais,
Mulheres sem seus maridos,
Eles jazendo na terra,
À cinza e pó reduzidos,
Quem os matou de lereia,
Os mártires sem ser punidos.

No largo de S. Francisco
Estavam dous mil levantados
Mas o capitão do sétimo
Foi gritando a seus soldados:
Neste povo não se atira
Que está todo desarmado.

Quebrou-se muitas vidraças
De casas de homens de bem,
Até gente de janelas
Levaram pedras também,
Quando houve a revolução
Do imposto do vintém.

Gritava o Dr. Trovão
Com alguns homens de bem:
Povo! É de mais tributos
Que os brasileiros já têm,
Morra gente e não se pague
O imposto do vintém.

Mortos se sabe de oito
Feridos passou de cem,
Até a cavalaria
Levou as pedras também,
Apanhou guardas urbanos
Pela causa do vintém.

Morreram seis urbanos
Um disse adeus à mulher,
Quatro perderam os refles,
Dous perderam o boné,
Foram ter no Pão de Açúcar
Pensando que era o quartel.

Também correu dous polícias,
Seis imperiais marinheiros,
Foram ter na Barra Mansa
Sem refles e sem correeiros.
Lá perguntavam pra onde
Fica o Rio de Janeiro.

Vamos falar nas prisões
Que por esse mal provém,
Na polícia e correção
Não cabia mais ninguém;
Foram presos pra os quartéis
Pela causa do vintém.

O Dr. Lopes Trovão
Quase vai preso também.
Por ser quem gritava ao povo
Com toda a força que tem:
Antes morrer tudo em guerra
Do que pagar o vintém.

Quando houve o pega-pega
Nestas gentes pequeninas,
O Dr. Lopes Trovão
Correu com as pernas finas,
Foi ter mão na Praia Grande
Se não molhar as botinas.

Nas ruas de outra banda
Uma dona perguntou,
Vendo ele olhando pra cima:
O que caça, Sr. doutor?
Eu estou caçando o letreiro
Da Rua do Ouvidor.

A dona lhe respondeu:
Só quem chegou de Fernandes!
Isto aqui é Niterói,
Se quer tomar café, ande,
Sr. doutor não está na Corte,
Nós estamos na Praia Grande.

O doutor lhe respondeu:
O que! Dona, é possível?
Há pouco eu saí de casa
Oh! Que aviação terrível
Não me lembro que embarcasse
Acho isto impossível.

O Monarca pedira prazo
Dos dias que convém,
A fim de fazer consulta
Com os ministros que tem,
Pra ver se cobrava ou não,
O imposto do vintém.

A dezoito de Janeiro
Houve um desastre também,
Na via férrea do Rio
Que a S. Paulo, vai e vem.
Desencarrilhou do trilho
Pela causa do vintém.

Iam duzentas pessoas
Nos wagons daquele trem,
Quando desencarrilhou
Escapos bem poucos têm!
Foi por terem levantado
O imposto do vintém.

Foi isto na Barra Mansa
Como quem pra o Pombal vem,
Os wagons foram ao Rio
Paraíba, que ali tem,
Lá precipitou-se tudo
Pela causa do vintém.

Rebentaram-se os wagons
E a máquina do trem,
Morreram homens despedaçados
E cinco cavalos também,
Tudo por terem cobrado
O imposto do vintém.

Faz pena contar a morte
Do maquinista do trem,
Que morreu largando os tachos
D'água que fervendo vem,
Mesmo assim botou-se ao rio
Pela causa do vintém.

Já vai indo muitos meses,
Não aparece ninguém,
Só apareceram os mortos
Que do Rio abaixo vêm,
Roídos dos jacarés
Pela causa do vintém.

Dezesseis foram feridos
Gravemente neste trem,
E quatorze, levemente,
Foram feridos também,
Foram todos pra o hospital
Pela causa do vintém.

Está se vendo o precipício
Que da via férrea tem,
Por correr junto ao Paraíba
Com a força que lhe convém;
Não se encara nada disto,
Cobra-se sempre o vintém.

Nas estações têm baús
Afinal tem muito trem,
Está-se à espera dos donos
Porém cá mais nenhum vem,
Morreram, não pagam mais
O imposto do vintém.

Já dizem que os Cariocas
Planos de brigar não têm,
Que fazem revoluções,
Obstá-las não convém,
Quando não obstiveram
No imposto do vintém.

Desde o princípio do trilho
Que muitos morrido têm,
Uns por debaixo dos túneis,
Outros por virem no trem,
O governo não se importa,
Quer que pague o vintém.

Com o braço do governo
Não se intrometa ninguém,
Nacionais pegam em armas
E estrangeiros também,
Morreu gente e já pagaram
O imposto do vintém.

Mas o Chefe de Polícia
Vendo que não estava bem,
Oficiou ao governo
Que a pátria vergonha tem,
Pagarem tributo louco
O imposto do vintém.

O ministro da Fazenda
Vendo que não estava bem,
Mandou botar no Jornal
Que não pagasse ninguém,
Só pagasse quem quisesse
O imposto do vintém.

No dia três de Setembro
De oitenta, notem bem,
Saiu o Jornal dizendo
Que não se pague o vintém,
Nem no mar e nem na terra
Nem nos bonds, nem no trem.

7. "Na chegada do Imperador" (1881)

Letra: autores desconhecidos.
Música ("Di Provenza, il mar, il suol"):
Giuseppe Verdi.
Intérprete: João Nabuco (piano e canto).
Gravação independente.
Letra e partitura em AMP.

Nos últimos anos do Império, Dom Pedro II não suportava mais a rotina da Corte. Passou a viajar com frequência. Somente para o exterior seguiu três vezes, por longos períodos: em 1872, 1876 e 1887. Também fez longas viagens pelo Brasil: São Paulo (1878), Paraná (1880) e Minas Gerais (1881). Suas visitas às províncias reuniam multidões e motivavam grandes festas, jantares e recepções, o que não só exigia pesados gastos dos poderes públicos locais como também afetava os orçamentos domésticos das famílias.

Nesta cantiga, a jovem pede ao pai alguns presentes, mas ele não pode atende-la porque gastou demais nas festas da visita do Imperador. Explica: "Muita seda se rasgou/ Muito rico ficou pobre/ Muita casa se quebrou".

O xale de Tonquim, nome de um golfo no Vietnam, era muito cobiçado na época pelas jovens de famílias ricas.

Segundo Mario Sette, em "Arruar: a história pitoresca do Recife antigo", as quadrinhas, muito populares na capital de Pernambuco, eram cantadas com a música da ária "Di Provenza, il mar, il suol", de "La Traviata", de Giuseppe Verdi[70]. De fato, a partitura da canção recolhida em Minas Gerais por Alexina Magalhães Pinto é uma versão simplificada da composição do autor italiano. Na época, era comum recorrer a árias de ópera para paródias (ver "Senhor Neto, vá-se embora" no capítulo 1, e "Serenata do mandarim" e "Barão de Vila Rica" neste capítulo).

Meu papai, eu quero, quero
Um xalinho de Tonquim
Um anel ... e de brilhante
E um leque de marfim.

---

[70] MÁRIO SETTE. Arruar: *História pitoresca do Recife antigo.* Rio de Janeiro: Livraria Editora da Casa do Estudante do Brasil, 2ª ed, pg. 159.

Meu papai na quebradeira
Como isso pode ser?
Meu papai na quebradeira,
Como isso pode ser?

    — Na chegada do Imperador
    Muita seda se rasgou;
    Muito rico ficou pobre;
    Muita casa se quebrou.

Meu papai na quebradeira
Como isso pode ser?
Meu papai na quebradeira,
Como isso pode ser?

8. "Serenata do Mandarim" (1884)

Letra: Artur Azevedo e Moreira Sampaio.
Música (da opereta "Boccacio"): Franz von Suppé.
Intérprete: João Nabuco (piano e canto).
Gravação independente.
Letra e partitura na BN.

A revista cômica "O Mandarim", de Artur Azevedo e Moreira Sampaio, encenada em janeiro de 1884, foi um sucesso de bilheteria. Combinando música, humor e crítica social, consolidou no gosto do público o teatro de revista, que dominaria nossos palcos nas décadas seguintes.

A peça gozava as mazelas da cidade e discutia também um tema que volta e meia entrava no debate público: o recurso à migração para substituir a mão-de-obra escrava. No caso, a migração chinesa. Em 1883, o mandarim Tong-King-Sing visitou o Rio, propondo-se a intermediar a contratação de milhares de seus compatriotas. Apesar do entusiasmo dos barões do café, segundo registra Flora Sussekind em "As revistas de ano e a invenção do Rio de Janeiro", a ideia não foi adiante.

Na peça, dois personagens principais, o Barão de Caiapó e o Mandarim Tchin-Tchan-Fó, faziam as vezes de *compères* — atores que apresentavam os temas e conduziam a trama nas revistas. Para construir o personagem do barão, o ator Xisto Bahia apoiou-se na figura de um tipo esnobe, muito conhecido na cidade, chamado José Fagundes de Resende e Silva. Irritadíssimo com a brincadeira, o figurão recorreu às autoridades para interditar a peça, mas não foi bem-sucedido. Pior: o tiro saiu pela culatra. Com a polêmica, o público aumentou e o sucesso da revista cresceu ainda mais.

Na "Serenata do Mandarim", o Barão de Caiapó, que estava fazendo o possível e o impossível para convencer o visitante a trazer multidões de chineses para o Brasil, tenta joga-lo nos braços de uma cortesã brasileira. Entusiasmado, Tchin-Tchan-Fó diz então à *cocote* que tem um negócio da China para lhe propor.

A música da serenata é da opereta *Boccaccio*, do compositor austríaco Franz Suppé, encenada na Europa poucos anos antes, com muito sucesso.

(Barão de Caiapó)
Ó senhora
Sem demora
Por favor venha cá para a sala;
Que um amante
Delirante.
Tem desejos de cumprimentá-la
Eis o chin!
Tiro li ló lim!
Ei-lo enfim!
Tiro li ló lim!
Venha ver o sr. mandarim

(Mandarim Tchin-Tchan-Fó)
Ó madama
Que uma chama
No meu peito ateou repentina.
Eu desejo
Dar-lhe ensejo
De fazer um negócio da China!
Tchin-Tchan-Fó.
Tiro li ló ló!
Não vem só
Tiro li ló ló!
Traz consigo o sr. Caiapó!

(Ambos)
Quem espera
Desespera
Diz um velho, bem velho ditado;
Nesta sala
Chega à fala,
Venha ver um chinês namorado!
Venha já!
Tiro li ló lá!
Venha cá!
Tiro li ló lá!
Do contrário nós dois vamos lá.

9. "Para a cera do Santíssimo" (1884)

Letra: Artur Azevedo.
Música: Chiquinha Gonzaga.
Intérprete: Tulio Berti e o Pessoal da Velha Guarda.
Gravação independente: Programa do Pessoal da Velha Guarda (Acervo IMS).
Letra em AA.
Letra e partitura no ACG e JBM.

Esta cançoneta, fruto de uma parceria entre Artur Azevedo, o maior nome do teatro de revista brasileiro na época, e Chiquinha Gonzaga, que logo se afirmaria como uma das nossas principais compositoras, tem como alvo os "irmãos da opa". A opa, uma capa sem mangas, era utilizada na época pelos membros de algumas irmandades religiosas ao pedir esmolas nas ruas – em tese, para a igreja; na prática, para eles próprios.

A cançoneta surgiu no final de 1884, e não em 1886, como afirmam alguns autores. Pelo menos, a "Gazeta de Notícias" de 28 de dezembro de 1884, estampa anúncio do Teatro Imperial convocando o público para um espetáculo em benefício de dois atores. "Num dos intervalos o ator Mauro cantará pela primeira vez a cançoneta cômica de Artur Azevedo, música da Exma. Sra. D. Francisca Gonzaga, *Para a cera do Santíssimo*", informava o reclame.

Nos anos seguintes, a cançoneta seria um dos números mais populares nos intervalos das peças de teatro do Rio. Alcouce ou alcoice significa casa de prostituição. Balandrau é o nome de um traje maçônico.

Essa não foi a primeira canção a criticar o negócio das esmolas no Rio. Pelo menos 20 anos antes, "O Telles carpinteiro", de Januário da Silva Arvellos, já denunciara a malandragem (capítulo 2).

Em nome da irmandade
Eu ando sem cessar
Por toda esta cidade
Esmolas a tirar
É profissão nobre
Não deixo nem a pau
Pois rende muito cobre
O velho balandrau

Este emprego de sacola,
Sim, senhor, é rendosíssimo
Esmola, esmola, esmola
Para a cera do Santíssimo!

Em certos corredores
De alcouces e bordéis, (em vilas e quartéis)
Penetram andadores
Por causa de dez réis.
Porque graças ao nosso
Sistema de trajar,
Desassombrado posso
Em toda a parte entrar!

Se alguém me vê de sacola,
Digo com ar humilíssimo:
Esmola, esmola, esmola
Para a cera do Santíssimo!

Por Brígida Menezes
Apaixonado estou,
E não têm conta as vezes
Em que daqui (aponta para a sacola)
lhe dou.
De todo o rendimento
Procedo à divisão:
Não vê o Sacramento
Um níquel de tostão !

Este emprego de sacola,
Sim, senhor, é rendosíssimo!
Esmola, esmola, esmola
Para a cera do Santíssimo!

Eu vi certa criada
Em casa de um doutor,
E ... não lhes digo nada...
Entrei no corredor.
Repleto de coragem,
Subi... subi... subi!
No meio da viagem :
- Que quer você aqui?

Apontando pra sacola,
Disse todo devotíssimo:
Esmola, esmola, esmola
Para a cera do Santíssimo...

10. "Mataram Zé Mariano" (1884)

Letra e música: autores desconhecidos.
Intérprete: João Nabuco (violão e canto).
Gravação independente.
Letra em CdN e FLP.

"O lê lê, vira a moenda", tradicional canção nordestina, fala sobre a moagem da cana e a vida em torno da indústria do açúcar. O município de Itabaiana, citado nos versos, fica na Paraíba. José Lins do Rego reproduziu parte da cantiga no romance "Fogo morto".

A versão abaixo, cujo título é atribuído, tem a ver com a campanha eleitoral de 1884, quando Joaquim Nabuco disputou uma cadeira de deputado. Um de seus

principais apoiadores foi o também deputado José Mariano Carneiro da Cunha. Junto com a esposa Olegária, Mariano fundou o Clube do Cupim, importante entidade abolicionista de Pernambuco, que organizava e apoiava clandestinamente fugas de cativos.

No meio da campanha eleitoral, correu o boato de que Mariano teria sido morto num conflito com adversários políticos próximo à Matriz de São José, no Recife. Embora a notícia não fosse verdadeira, provocou comoção na capital pernambucana.

As três primeiras estrofes foram garimpadas por Rodrigues de Carvalho e Pereira da Costa[71]. A quarta foi citada pelo poeta e compositor Olegário Mariano, filho de José Mariano, em conferência pronunciada em 1950, na comemoração dos cem anos do nascimento do pai.

----

[71] CARVALHO, José Rodrigues de. *Cancioneiro do Norte*. 3a. ed. Rio de Janeiro: Instituto Nacional do Livro, 1967.
COSTA, F. A Pereira da. *Folk-Lore pernambucano.: subsídios para a história da poesia popular de Pernambuco*. Recife: Arquivo Público Estadual, 1974.

O lê lê vira a moenda,
O lê lê moenda virou.
Quem não tem uma camisa
Pra que quer um paletó?
O caixeiro bebe na venda
O patrão no varadô
Eu estava em Itabaiana,
Quando a boiada passou,

O lê lê vira a moenda,
O lê lê moenda virou.
Eu estava em Beberibe
Quando a notícia chegou:
Mataram Zé Mariano,
O comércio se fechou.

O lê lê vira a moenda,
O lê lê moenda virou.
E viva Joaquim Nabuco
Com todo seu pessoal!
E viva o cordão azul
E o partido liberal!

Olelê, vira a moenda,
Olelê, moenda virou,
Eu estava em Beberibe
Quando a notícia chegou.
Mataram Zé Mariano,
O comércio se fechou.
Mas a notícia era falsa
Graças a Deus Nosso Sinhô.
Olelê, vira a moenda,
Olelê, moenda virou".

11. "Salve a Federação" (1885)

Letra: José Izidoro Martins Junior.
Música: Tito Higino de Miranda.
Intérprete: João Nabuco (piano e canto).
Gravação independente.
Letra e partitura na Fundaj.

Em setembro de 1885, poucos depois de assumir a cadeira de deputado por Pernambuco, Joaquim Nabuco, mais conhecido por sua pregação abolicionista, apresentou projeto de lei na Câmara instituindo a Federação, restringindo os poderes do governo central e ampliando a autonomia das províncias. Vale lembrar que durante o Império os presidentes das províncias não eram eleitos, mas nomeados pelo Imperador.

Joaquim Nabuco

A iniciativa não prosperou no parlamento, mas foi saudada por José Izidoro Martins Junior e Tito Higino de Miranda, jovens apoiadores de Nabuco, que compuseram então "Salve a Federação". Na partitura, lê-se que o hino era "oferecido aos Exmos. Srs. Deputados pernambucanos Drs. Joaquim Nabuco e José Mariano".

Vem um clarão deslumbrante
Purpureando o nascente
É como um grande diamante
No engaste do azul intente

Surge agora a liberdade,
Sonho dos nossos avós.
Federação! Assim brade
O povo todo a uma voz.

Da Pátria o largo horizonte
Imerge-se em luz fecunda.
Banhemos a nossa fronte
Na aurora que o céu inunda.

Surge agora a liberdade, ... etc

Este soberbo arrebol
Que está tingindo a amplidão,
Anuncia-nos um sol,
O sol da Federação.

Surge agora a liberdade, ... etc

Saibamos Incas modernos
Saudar o astro que aponta
Em mil batalhões fraternos
Cantemos hinos sem conta

Surge agora a liberdade, ... etc

12. "Barão de Vila Rica" (1886)

Letra: Artur Azevedo e Moreira Sampaio.
Música ("La dona è mobile", em "Rigoletto"): Giuseppe Verdi.
Intérprete: João Nabuco (piano e canto).
Gravação independente.
Letra recolhida em AA.

A ária do "Barão de Vila Rica", um dos pontos altos da revista "O bilontra", brincava com a compra e a venda de títulos de nobreza, práticas correntes durante o Império.

Artur Azevedo e Moreira Sampaio usaram como mote da revista um episódio da crônica policial do ano anterior. Um pilantra – ou bilontra, termo que começava a se usar na época – havia engabelado o comendador Joaquim José de Oliveira, rico comerciante português do Rio de Janeiro, prometendo-lhe conseguir um título de barão por três contos de réis. Desembolsada a fortuna, o título não saiu. Oliveira foi à Justiça, mas sem sucesso. A cidade inteira riu da ingenuidade do português, que foi parar no palco do Teatro Lucinda, o que o deixou mais irritado ainda.

Muitas canções de "O bilontra" caíram no gosto do público, como "Lundu do Poli-poli" (próximo verbete) e "Dança dos Negros" (próximo capítulo).

Também fizeram muito sucesso as "Coplas do Escravocrata", nas quais um deputado favorável à escravidão é hostilizado ao sair da Câmara. Infelizmente, não se conseguiu garimpar sua partitura. A letra pode ser lida nos anexos do capítulo 6.

Barão estou feito
Da Vila Rica!
Eis a rubrica
Do Imperador!
'Stou satisfeito
Sou mais um furo
Que aquele obscuro
Comendador!

Brasão doirado!
Meu nome encerre
Um V e um R,
Por cima um B
Vê-lo-ei gravado,
Todo pachola
Na portinhola
Do meu cupê.

Da Vila Rica eu sou Barão!
Hei de fazer um figurão!!

13. "Lundu do Poli Poli" (1886)

Letra: Artur Azevedo e Moreira Sampaio.
Música: Gomes Cardim.
Intérprete: João Nabuco (piano e canto).
Gravação independente.
Letra e música no CCBB.

Quase dois meses depois da estreia de "O bilontra", os jornais anunciaram um novo quadro musical da peça: o "Lundu do Poli Poli". Expedientes como esse eram comuns nas revistas de acontecimentos. Ajudavam a atualizar e animar os espetáculos em cartaz, apelando para fatos recentes de repercussão.

A confusão que deu origem ao lundu começou em 21 de fevereiro de 1886, quando a "Gazeta de Notícias" informou que o Dr. J. B. Poli, médico italiano residente em Niterói, tinha desancado o Brasil em artigo publicado no jornal "Pátria Italiana", de Buenos Aires. Poli era um personagem controverso. Prometia cura para todas as doenças, da micose ao câncer. Para muitos, não passava de um charlatão. Embora famoso, seu prestígio andava em baixa.

Entre outras coisas, Poli escreveu no artigo: "No Brasil, quer-se imigrantes italianos para jungi-los aos escravos, que aqui fingem libertar, mas cuja escravidão continuará ainda depois de 1900 se a Europa não pronunciar um poderoso *quos ego* (ameaça)". Atacou Dom Pedro II: "O Imperador é um velhaco matriculado, avarento e devoto que se ajoelha na igreja e faz todo o mês de Maria em Petrópolis para dar o bom exemplo". Investiu contra a Princesa Isabel: "Sua filha, que brevemente há de reinar, foi educada pelos jesuítas e varre a igreja para dar prova de humildade". No final, bateu nos brasileiros em geral: "São uma tropa de burros que suportam a carga que o senhor lhes impõe, contanto que lhes não falte a palha para saciar os queixos e as barrigas".

A reação foi imediata. Os jornais abriram forte campanha contra o médico italiano. Tudo isso deu um bom pretexto para Artur Azevedo e Moreira Sampaio baterem bumbo contra ele no palco.

No trecho enxertado às pressas na peça, o doutor apresentava-se ao público: "Io sono quel gran medico/ Dottore enciclopédico/ Chiamato Poli ... Poli/ Poli ... Poli ... Policarpo/ Sou policrata/ Sou polímata/ Sou politécnico/ Sou policlínico/ Sou poliândrico/ E sou polígrafo/ Sou poliglota/ E mesmo alguém me chama/ De Politeama/ Io curo todas las molestias/ Principalmente l'incurabili/

Amico mio, senza modestia/ Io sono un medico admirabile".

O "doutor enciclopédico" recebeu imediatamente uma resposta à altura no "Lundu do Poli Poli", cantado pelo capadócio e pelo coro, que segue abaixo.

Em tempo: a gíria "cacaracá", usada na época, significava "coisa insignificante".

(Capadócio)
Poli Poli vem da estranja (bis)
Sem trazer nem um tostão (bis)
Mas aqui só não se arranja (bis)
Quem não for um charlatão (bis)

(estribilho)
Pobre Poli Poli
De cacaracá,
Quem conosco bole
Caro pagará

(coro)
Ah! ah! Ah!
Poli Poli
Bole bole
Mas caro pagará

(Capadócio)
Hoje o homem tem dinheiro (bis)
E uma casa levantou (bis)
Até mesmo um brasileiro (bis)
Sabe Deus se não comprou. (bis)

Pobre Poli Poli ...

14. "A rua dos preto jê vai se acabá" (1887)

Letra de Artur Azevedo e Moreira Sampaio.
Música de Abdon Milanez.
Intérprete: João Nabuco (piano e canto).
Gravação independente.
Letra em AA.
Partitura na BN.

Nos últimos anos do Império, a rua Senhor dos Passos, no centro do Rio de Janeiro, era um reduto da população negra, tanto de homens livres como de escravos de ganho.

As autoridades que pretendiam reurbanizar a área – falavam até em transformar a Senhor dos Passos numa Rue de Rivoli carioca – venderam a ideia de que a intervenção seria limitada. Só pretendiam derrubar algumas casas, as mais velhas e insalubres. Na verdade, estavam dando início à era do "bota abaixo", que ganharia força nos anos seguintes ("Cabeça de porco" neste capítulo e "O eixo da avenida" no capítulo 9).

No jongo "A rua dos pretos jê vai se acabá" (título atribuído), da revista "O Mercúrio", de 1887, os negros parecem acreditar que o objetivo das autoridades era apenas melhorar a qualidade de vida na Senhor dos Passos, e não expulsá-los do centro da cidade.

"Ocugelê" e "ocubabá" ou "acugelê" e "acubabá" são saudações em iorubá, usadas para cumprimentar respeitosamente pais, chefes e pessoas queridas (ver "Preta Mina" no capítulo 3).

A rua de nosso turo (nós todos)
Vai bem bonita ficá
Casa véia no monturo
Sinhô moço vai deitá
Ah! Huê! Ah! Huá
A rua dos preto jê
Vai se acabá
Oculelê!
Ocubabá!

15. "Tango do Arredondo, Sinhá" (1887)

Letra: Oscar Pederneiras.
Música: J. A. Pinto.
Intérprete: João Nabuco (piano e canto).
Gravação independente.
Letra integral no folheto da revista cômica "Zé Caipora".
Letra e partitura no IMS.

Em 1886, o general uruguaio José Miguel Arredondo, que havia lutado ao lado de Bartolomeu Mitre na Guerra do Paraguai, pediu baixa do exército argentino. Em seguida, participou da invasão do Uruguai que pretendia derrubar o presidente Máximo Santos. Derrotado na

Batalha do Quebracho, Arredondo fugiu para o Brasil, onde se asilou.

Oscar Pederneiras, um dos mais brilhantes autores do teatro de revista no Brasil, brincou com o episódio em "Zé Caipora", que estreou no Teatro Éden em janeiro de 1887. Aproveitou o refrão "redondo, sinhá", comum em cantos populares do Nordeste e de outras regiões do Brasil, para fazer um trocadilho com o nome do general e criticar suas trapalhadas.

Artur Azevedo e Moreira Sampaio também fizeram o público rir com as aventuras do militar uruguaio. Infelizmente, não se conseguiu garimpar a melodia da canção que ridicularizava o general na revista "O carioca".[72]

----

72 Seguem os versos da revista "O Carioca" para serem cantados com uma "música popular", possivelmente uma das variantes de "Redondo, sinhá": "Meus senhores e senhoras/ O Redondo aqui está/ Cheguei hoje às nove horas/ (coro) O Redondo cá está!/ Perseguido, precavido/ Combalido, foragido/ Vim fugido para cá/ (coro) O Redondo cá está/ (Soares) Seja bem aparecido/ (coro) O Redondo cá está/ (Doutor) Entre nós está garantido/ (coro) O Redondo cá está/ (Soares) Vendo o caso escuro/ Pôs a pele no seguro/ A lembrança não foi má/ (coro) O Redondo cá está/ (Niquelina) Chama-se isso achar um furo/ (coro) O Redondo cá está/ (Doutor) Morreu de velho o seguro/ (coro) O Redondo cá está/ (Niquelina) Quis meter-se em barafunda,/ Mas por isso enorme tunda/ Por um triz

Das guerrilhas invasoras
As novas que vem de lá
Deveras assustadoras
A ... Redondo, Sinhá!

Sinhá, minha Sinhá!
Sinhá, minha Sinhá!
Sinhá, minha Sinhá!
Ui!
Arredondo, Sinhá!
Sinhá, minha Sinhá!
Sinhá, minha Sinhá!
Sinhá, minha Sinhá!
Ui!
Arredondo, Sinhá!

Os "valientes" assaltantes
Saltaram de lá pra cá
Em quatro buques mercantes ...
A ... Redondo, Sinhá!

Sinhá, minha Sinhá! ....

Que houve sangue derramado
Nós aqui sabemos já
O mundo todo alvorotado
A ... Redondo, sinhá!

----

apanhou lá/ (coro) O Redondo cá está/ (Soares) Que política iracunda/ (coro) O Redondo cá está/ (Doutor) Que terrinha furibunda/ (coro) O Redondo cá está/ (Doutor) Deu em nada tal borrasca/ Pintus mortus est in casca/ Cá e lá más fadas há/ (coro) O Redondo cá está/ (Todos) Meus senhores e senhoras/ O Redondo aqui está/ Chegou hoje às nove horas/ O Redondo cá está".

Sinhá, minha Sinhá! ...

Ó Brasil, que és tão pacato.
Toma tento se aqui está
A pedra no teu sapato.
A ... Redondo, Sinhá!

Sinhá, minha Sinhá! ...

Nesta embrulhada abre o olho
Que a barba vizinha vá
Ardendo, põe-te de molho
A ... Redondo, Sinhá!

Sinhá, minha Sinhá! ...

16. "Lundu do pescador" (1887)

Letra e música: Xisto Bahia.
Intérpretes: Maria Martha, Luciana Rabello, Raphael Rabello, Celsinho.
Gravadora Independente.
CD: Cantares brasileiros.
Letra e partitura na BN.

Na revista "O homem", de Artur Azevedo e Moreira Sampaio, encenada em 1887, Xisto Bahia voltou a criticar os políticos, que, para ele, não passavam de pescadores de águas turvas. Como já havia feito em "Camaleão" (neste capítulo), o ator, compositor e cantor baiano aconselhou todos a ficarem de olhos bem abertos "nessa terra de interesse, nesse mundo enganador".

O lundu, com algumas diferenças na letra e com o título de "O pescador", seria gravado em 1912 por Eduardo das Neves para a Casa Edison.

O jornal "Vida Fluminense" publicou na capa da edição de 22 de setembro de 1889 uma charge com uma paródia do "Lundu do Pescador", satirizando os que se deixavam seduzir pelas benesses distribuídas pelo governo imperial: "Pescadores de água turva/ Só pescamos com cantiga/ Come bem quem bem se curva/ Quem se curva enche a barriga// Ninguém ao peixe faz guerra/ Deste anzol não tenham medo/ Está solta a isca, ferra!/ Que esta pesca tem segredo// Faço tenente/ Faço barão/ Rente, bem rente/ Beijem o chão".

Nessa terra de interesse
Nesse mundo enganador
Não há homem que não seja
Mais ou menos pescador.

Pesca o pobre, pesca o rico
Pesca aqui, pesca acolá
Pescam uns porque precisam
Pescam outros por pescar

(estribilho)
Atire a rede,

Pesca seu bem
Tem paciência
Que o peixe vem

Pescadores de águas turvas
Na política se vê
Há nas classes elevadas
Pescadores como quê.

Mas há muitos que na pesca
Tenha só contrariação
Desejando um peixe fino
Só encontra algum cação

Atira a rede ...

Se alguém vê uma menina
Na janela a namorar
Fica certo de que aquilo
É que se chama pescar

Mas cuidado sinhazinha
Nunca pesque um peixe só
Lance a três a mesma linha
Pesque seis no mesmo anzol.

Atira a rede ...

17. "Ai, quem tiver seu vintém" (1889)

Letra: Valentim Magalhães e Filinto de Almeida.
Música: Henrique Magalhães.
Intérprete: João Nabuco (piano e canto).
Gravação independente.
Letra e partitura no MIS (RJ).

Quase 80 anos antes de Stanislaw Ponte Preta ter criado o "Samba do crioulo doido", no qual o compositor perde o juízo por ter de abordar muitos temas históricos num só samba-enredo, a dupla de revisteiros Valentim Magalhães e Filinto de Almeida viu-se às voltas com o mesmo problema ao lançar o espetáculo "Abolindenrepcotchindengó". O longo e esquisito título misturava sílabas dos principais fatos e personagens do ano anterior: a abolição, a proposta de indenização aos ex-donos de escravos, o crescimento da ideia da República, a queda do ministério escravista chefiado pelo Barão de Cotegipe, a discussão sobre a migração chinesa e o traslado do meteorito Bendegó do sertão da Bahia para o Rio de Janeiro.

Título é como piada. Se for preciso explicar, é porque não funcionou. O fato é que a revista "Abolindenrepcotchindengó" foi um retumbante fracasso.

Permaneceu apenas cinco dias em cartaz. Mas uma de suas canções – "Ai, quem tiver o seu vintém" –, justamente porque falava sobre um tema que todos sentiam no bolso, logrou escapar do desastre.

Ai, quem tiver
Seu vintém
Seu vintém
Que o segure bem
Que o segure bem

18. "Muqueca, sinhá" (1889)

Letra: Oscar Pederneiras.
Música: João Alves Pinto.
Intérprete: Léa Vinocur Freitag (canto) e Eduardo Villaça (piano).
CD: "Sarau das Musas – A Canção Brasileira nos Salões (1830-1930)".
Gravação independente (1998).
Letra e partitura na BN e no MI.

Se "Abolindenrepcotchindengó" foi um retumbante fracasso (verbete anterior), a revista "O Bendegó" fez um sucesso espetacular em 1889. Escrita por Oscar Pederneiras e Figueiredo Coimbra, com música de João Alves Pinto, a peça estreou em janeiro no Teatro Recreio Dramático. Acumulou "enchentes" durante meses. Em junho, comemorou seu "centenário". Chegaria a mais de 150 apresentações, sempre com a casa cheia.

Impresso da revista "Bendegó" comemorando cem apresentações

A revista de acontecimentos teve como mote o meteorito "Bendegó", transportado em 1888 do sertão da Bahia para o Museu Nacional, no Rio de Janeiro, por ordem de Pedro II. Descoberto em 1784 numa fazenda próxima a Monte Santo, já estava ali há milhares de anos. Em 1785, as autoridades baianas tentaram levá-lo para Salvador. Mas a pedra, com peso superior a 5 toneladas, tombou do carro de bois, rolou morro abaixo e foi parar no leito do riacho Bendegó. Daí o seu nome. E lá ficou por mais de cem anos, até que o imperador Pedro II ordenou sua remoção para a capital do país.

Em pouco tempo, o meteorito caiu na boca do povo. Surgiram modelos de sapatos e bolsas, estilos de penteados e até um jornal com o nome de Bendegó. Mas, passada a surpresa, Bendegó virou sinônimo de trambolho, de coisa grande sem serventia. E assim invadiu o mundo da política.

Logo batizou o projeto de indenização dos antigos proprietários de escravos, apresentado pelo Barão de Cotegipe pouco depois da Abolição. Na sua edição de 21 de julho, a "Revista Ilustrada" registrou a derrota da proposta: "Para ele (o Senado), convergiram as atenções gerais, pelo aparecimento ali de um novo Bendegó, o meteorito de indenização, que depois de exercer as influências mais estranhas naquelas regiões, acabou reduzindo-se a pó, não podendo, por isso, ser recolhido ao Museu (...). Felizmente (...) quarta-feira última (...), por dez votos contra trinta o tal meteorito-embrulho ou como queiram lhe chamar, foi removido para longe. Finalmente! Uff!".

Em 6 de setembro, a "Gazeta de Notícias" publicou algumas quadrinhas, assinadas por Pedro Malazarte, desancando o projeto de indenização e gozando seu autor, João Maurício Wanderley, o barão de Cotegipe: "Teu posto, ó raridade, ó meu portento/ Ó tremebunda espiga/ É no Museu, e não no parlamento/ Bendegó de uma figa!// Dizem que és belo, e em tanto isto é estupendo/ Não passas de um aborto/ Sabes tu que papel estás fazendo?/ Papel de gato morto!// Tu pensas que te querem? ... Ora! Ora!// Tudo é falso e fictício!/ Fingem querer-te, mas ninguém te adora/ Nem mesmo o João Maurício!// Contigo, meu trambolho, ninguém medra!/ És arma com que gritam:/ – Arreda, ministério, que vai pedra –/ Os que por ti militam".

Infelizmente perderam-se os versos de quase todos os números musicais da revista "O Bendegó", como as "Notas Falsas de 200 mil réis", o "Coro dos Fiscais", o "Coro dos Chins" e "Caramelo", embora as partituras com suas melodias tenham sido preservadas. Felizmente chegaram até os nossos dias a letra e a música do maior sucesso da peça: "Muqueca, Sinhá".

No lundu, Aurélia Delorme anunciava com muitos dengos, meneios e requebrados a chegada à Corte do meteorito vindo da "terra do vatapá". A sensual apresentação da atriz levantou a plateia, tanto que, na noite de estreia, ela teve de repeti-la três vezes, a pedido dos espectadores. "A mais *abundante* de nossas estrelas teatrais", na avaliação do "Diário do Comércio" de 9 de maio, não se fez de rogada, levando o público ao delírio. Para alguns, a partir da performance da Delorme em "Muqueca, Sinhá", a expressão "teatro rebolado" começou a colar no teatro de revista brasileiro.

Eu sou a terra do vatapá
Muqueca sinhá,
Muqueca sinhô (bis)

Lá no fundo do sertão
Um moço bonito
Virou e mexeu
E apareceu
O Bendegó

Eu sou a terra do vatapá ...

Mulatinha assim não há
Grácil como eu sou
A flor mais gentil
Eu sou do Brasil.

19. "Cabeça de Porco" (1889)

Letra e música: Moreira Sampaio.
Intérprete: João Nabuco (piano e canto).
Gravação independente.
Letra no folheto "Dona Sebastiana" na Funarte.
Partitura no CCBB.

"Cabeça de Porco" era o nome do maior cortiço do Rio de Janeiro no final do Império. Situado perto da Estação Dom Pedro II (atual Central do Brasil), nele moravam centenas de famílias humildes em péssimas condições sanitárias. O emaranhado de construções precárias tinha no seu arco da entrada a escultura de uma cabeça de porco.

"Dona Sebastiana", que deu o nome à revista de Moreira Sampaio encenada em 1889, era a própria cidade de São Sebastião do Rio de Janeiro. No palco, o cortiço vangloriava-se por resistir às investidas das autoridades, que volta e meia anunciavam sua destruição. Contou vantagem cedo demais. Foi demolido poucos anos depois, em 1893, pelo prefeito Barata Ribeiro, abrindo a temporada de "bota abaixo" de casas populares no centro do Rio, que ganharia corpo na gestão do prefeito Pereira Passos, em 1902.

(Cabeça de Porco)
Eis a Cabeça de Porco
Que da autoridade abusa
Menos cabeça de porco
Que cabeça de Medusa!
Há cabeça de comarcas
De termos (?) cabeças há
Que valem menos decerto
Que a cabeça que aqui está

Coisa é sabida
Ninguém pode
Ai! Que pagode
Com a minha vida!

(coro)
Coisa é sabida
Ninguém pode
Ai! Que pagode
Com a minha vida!

(Cabeça de Porco)
Não há cabeça de turco
Não há cabeça de breu
Não há cabeça de prego
Que possa mais do que eu!
Mesmo a Cabeça de Negro
Que na berlinda ora está
Como a Cabeça de Porco
Nunca importância terá.

Coisa é sabida
Ninguém pode
Ai! Que pagode
Com a minha vida!

20. "O baile do ministro" (1904-1907)

Autores desconhecidos.
Intérprete: Edmundo André.
Gravadora: Odeon 40.639.

A cançoneta, embora gravada entre 1904 e 1907, deve ter sido composta ainda no Império. Certamente refere-se a um baile ocorrido antes da proclamação da República. Não faria sentido, em festa de ministro republicano, o tratamento de "senhora marquesa" ou "senhora viscondessa" dado a algumas convidadas.

Como se vê, não é de hoje que os políticos, figurões, comendadores e banqueiros são, simultaneamente, admirados e gozados pelo povinho ou pelo povão.

Este é o salão do ministro
Pras vítimas de um sinistro
Tinha organizado, o baile fantasiado
Foram logo convidados
Senadores, deputados
Era um baile afinal, excepcional

A orquestra no terraço bem a compasso
Sob os lustres, os ilustres (............)
As senhoras decotadas, formalizadas
Orgulhosas, vaidosas, bastante pintadas

Defronte à casa, em pé sobre a calçada
Bastante gente parada, com a cara embasbacada
Era o povinho, dizendo, coitadinho:
– Deixá-los se divertir, aqueles figurões
Têm em nós muitos amigos para as eleições.

(Fala)
- Balance bem, eles é que dançam e nós é que pagamos.

Ali todos os partidos estavam bem divididos
Tudo representado com gesto bom, elevado
Homens graves, barrigudos, outros magros mais canudos
Tinha que se escolher, era só dizer.

Financeiros e banqueiros, comendadores
Todos muito prazenteiros, estes senhores
Mas dançavam, e cantavam, também jogavam
E comiam ou bebiam, outros gritavam

Defronte à casa, em pé sobre a calçada
Bastante gente parada, com a cara embasbacada
Era o povinho, dizendo, coitadinho:
– Deixá-los se divertir, aqueles figurões
Têm em nós muitos amigos para as eleições.

(Fala)
- Oh, Senhora Viscondessa! Oh, Senhora Marquesa!

Houve uma lauta ceia.........as três e meia.
Com bastante pesar tiveram que voltar
(...........) convidados
Um dos caminhos (...........)
Cada um foi sonhar
Ou ressonar

Um sonhava ser eleito e satisfeito
Outro tinha um bom lugar na secretaria.
Outro tinha por ilusão uma condecoração
Mas depois, ao despertar, ai que desilusão

Defronte à casa, em pé sobre a calçada
Bastante gente parada, com a cara embasbacada
Era o povinho, dizendo, coitadinho:
– Deixá-los se divertir, aqueles figurões
Têm em nós muitos amigos para as eleições.

Moreira Sampaio

Anexos
Capítulo 5

1. "Palavrório" (s.d.)

Letra e música: autores desconhecidos.
Letra em ACB.

Esta canção, composta pouco depois do fim da Guerra do Paraguai, brinca com o palavrório dos políticos. Recorre aos chefes militares para criticar a discurseira interminável: "Quem ao Caxias/ Ou ao Osório/ Mais embaraça?/ O palavrório".

Na época, os remédios que produziam bolhas ou vesículas na pele eram chamados de vesicatórios. "Leis ânuas" eram diplomas legais que deveriam ser seguidos pelo prazo de um ano, como os orçamentos.

É dos ministros
Vesicatório
Que os atormenta
O palavrório.

Das resistências
Aprobatório
É sempre o voto
Do palavrório.

Haver leis ânuas
É ilusório
Com as empurras
Do palavrório.

Quem ao Caxias,
Ou ao Osório
Mais embaraça?
O palavrório.

Quem nos é inda
Mais vexatório
Que o ex-Lopes?
O palavrório.

Não há inferno
Nem purgatório
Que se compare
Ao palavrório:

De nossos males
O repertório
Se recopila
No palavrório.

Míseras câmaras
Pobre auditório
Que sois maçados
Do palavrório

E o nosso povo
E tão simplório,
Que ainda acredita
No palavrório?

Rezemos terço
A S. Gregório
Que nos proteja
Do palavrório

E a Santo Antônio
Um responsório,
Para dar cabo
Do palavrório

2. "O quebra-quilos" (1875)

Letra: Dr. S. P.
Música: Pedro Joaquim de Alcântara Cesar.
Letra em CdN.

A Revolta do Quebra-Quilos começou em 7 de novembro de 1874 na feira de Fagundes, distrito de Campina Grande. Em pouco tempo, espalhou-se por dezenas de vilas e localidades do sertão da Paraíba e, em seguida, pelo interior de Pernambuco, Rio Grande do Norte e Alagoas.

Inconformados com a decisão das autoridades de impor o sistema métrico decimal como padrão único para pesos e medidas, grupos de cidadãos sublevaram-se nas feiras da região, quebrando balanças e medidores. Os sertanejos alegavam que as mudanças encareciam as mercadorias.

Depois de um período de perplexidade, o governo enviou para Campina Grande tropas sob o comando de Severiano Martins da Fonseca, irmão de Deodoro da Fonseca, que reprimiram brutalmente o movimento. Dezenas de pessoas foram presas – muitas delas, torturadas. Ficou tristemente famosa a tortura do "colete de couro". Depois de amarrados, os prisioneiros eram metidos em coletes de couro cru molhado, que, ao secarem, comprimiam o peito das vítimas, asfixiando-as e impedindo-as de respirar normalmente.

A música de "O quebra-quilos" é de Pedro Joaquim de Alcântara César, professor de piano da Paraíba. O autor da letra limitou-se a registrar suas iniciais: "Dr. S. P.". Em 1875, a Litografia e Impressora Rensburg, do Rio de Janeiro, imprimiu a partitura do recitativo, conforme documentado por Rodrigues de Carvalho no "Cancioneiro do Norte". No início do século XX, o folclorista encontrou em Porangaba, no Ceará, cópia da partitura impressa. Infelizmente, não se logrou garimpar um exemplar do documento.

"Enxerga" significa colchão simples, pobre. "Baldão", pessoa vil.

Sou quebra-quilo, encoletado em couro,
Por vil desdouro, se me trouxe aqui:
A bofetada minha face mancha:
A corda, a prancha se me afligir senti.

Nas cãs, modestas, a tesoura cega!
Da minha enxerga só me resta o pó:
Esposa e filhas violentam rudes,
As sãs virtudes — seu tesouro — só.

Não há direitos: isenções fugiram
Nas leis cuspiram desleais vilões;
Crianças, velhos, aleijados, aguardam
A triste farda de cruéis baldões.

Em vão, descalços, minha esposa e filhos,
Do sol os brilhos, pranteando vêm:
Socorro imploram: piedades a tantos...
Mas de seus prantos se receia alguém!

E ao quebra-quilo, desonrado e louco,
É tudo pouco, quanto a infâmia faz:
Se ali contempla da família o roubo,
Aqui, no dobro, se o flagela mais.

Vê sua esposa, da desgraça ao cimo,
Por seu arrimo, tudo expô-la em vão:
Recorda as filhas que sem mãe ficaram,
E lhe as roubaram... que perdidas são.

Tiranos, vede que misérias tantas! ...
Nem a quebranta nem pungir nem ais:
Martírio, ultrajes de negror, fazei-me;
Porém dizei-me, se também sois pais!

A bofetada minha face mancha:
A corda, a prancha me doer senti:
A vil desonra da família querida
Tirou-me a vida ... de pudor morri!

3. "O imposto do vintém" (1880)

Letra e música: autores desconhecidos.
Letra em MF.
Disponível na BN.

"O imposto do vintém", de autores anônimos, publicado em "A Musa fluminense: nova coleção de modinhas, recitativos, lundus, etc. Rio", em 1885, faz uma viva descrição da revolta contra o aumento das passagens, atribuindo a responsabilidade pelos tumultos à ação provocadora da polícia.

Segundo o lundu, a orientação para que os agentes policiais estimulassem a violência dos manifestantes teria partido do próprio chefe de polícia do Rio, Eduardo Pindahyba de Matos.

Uma cousa tenho a te contar
Em um passeio pela Rua d'Ouvidor
Vi desordens, facadas, cacetadas;
Se tu visses, meu bem, que horror!

(Estribilho)
Apesar de todas essas desordens,
Ainda o povo se acobarda e fica bem,
Mesmo que seja à custa d'algumas vidas,
Não se paga o vil imposto do vintém.

Saí de casa, à rua de S. Pedro,
Cheguei ao campo e tomei o lado esquerdo;
As tropas que encontrei ali formadas,
Se tu visses, meu bem, metia medo!

Apesar de todas essas desordens, etc ...

Seguindo pela rua do Hospício
Encontrei um grande sarilho,
Os estudantes, inimigos do imposto,
Punham os bondes para fora do trilho.

Apesar de todas essas desordens, etc ...

Fui passar pela rua do Regente,
Para ver o imposto das donzelas.
Achei-as com tamanha alegria,
Todas elas debruçadas nas janelas.

Apesar de todas essas desordens, etc ...

Ao chegar à rua dos Ciganos,
Encontrei Pindahyba prazenteiro
No meio de seus polícias secretas,
Da indústria parecia um cavalheiro.

Apesar de todas essas desordens, etc ...

Polícia secreta e vagabunda,
Polícia que ao Pindahyba convém,
Fazerem tropelias na cidade
Só por causa do imposto do vintém!

Apesar de todas essas desordens, etc ...

Cheguei ao Largo de S. Francisco
Encontrei a pindahybada formada
Que procurava dispersar o povo,
A pau e a baioneta calada.

Apesar de todas essas desordens, etc ...

Senhor Dom Pedro Segundo
Este ministério não convém
Derrama-se o sangue estrangeiro
Só por causa do imposto do vintém.

Apesar de todas essas desordens, etc ...

4. "Por causa do vintém"

Letra e música: autores desconhecidos.
Letra em "Imposto do vintém", de
Moreira de Azevedo, na revista do
Instituto Histórico Geográfico Brasileiro,
número 58 (1895).

Em artigo publicado em 1895
na revista do Instituto Histórico
Geográfico Brasileiro, Moreira de
Azevedo reproduziu parte da letra
de um lundu chamado "Por causa
do vintém", que aplaudia a revolta do povo contra a cobrança do

novo imposto: "Se o povo se levantou/ Fez o povo muito bem".

"Xenxém" era o nome dado às moedas falsas de cobre de um vintém. Em algarismos romanos, 20 réis eram grafados com "XX".

Se o povo se levantou
Fez o povo muito bem
Se depois se acovardou
Foi por causa do vintém

Se nos bondes a passagem
Pagar mais o povo tem
Se brigarem na viagem
Foi por causa do vintém

O Brasil adiantado
caminhava muito além,
Se hoje vê-se atrasado
Foi por causa do vintém.

Foi tudo de cabo a rabo
Por um dinheiro xenxém
Se o povo fez o diabo
Foi por causa do vintém

Adeus, amigo Xingu,
Requiescat in pace, amém,
Se escrevi este lundu
Foi por causa do vintém.

5. "Sêo Zé Povinho" (1880)

Letra: Faustino Manoel Soares.
Música: autor desconhecido.
Letra em "Imposto do vintém", de Moreira de Azevedo, revista do Instituto Histórico Geográfico Brasileiro, número 58 (1895)

No mesmo artigo mencionado no anexo anterior, Moreira de Azevedo recupera alguns versos cantados na cena cômica intitulada "Sêo Zé Povinho", de Faustino Manoel Soares, com críticas ao novo imposto.

Vive o pobre amargurado
Mas vai pagando o vintém
Se quiser ser transportado
Quando vai e quando vem

Bondes, estradas de ferro,
Até o fumo também
Não tem que dizer: Não quero.
Há de pagar o vintém.

Sempre o forte contra o fraco,
O grande contra o pequeno,
Se não tem para tabaco,
Tenha o vintém pro governo.

Ainda agora esse vintém
Tantas desgraças causou,
Guerra vai e guerra vem
E afinal continuou.

Maldita praga rateira,
De tempos a tempos vem,
Não podem roer algibeira,
Mas vão filando o vintém.

6. "Imposto do Vintém" (1880)

Letra: ***.
Música: J. P. Silveira.
Letra em CB.

Melo Moraes Filho, em "Cantares brasileiros: cancioneiro fluminense", publicado em 1900, reproduziu a letra de outro lundu sobre a revolta contra o "imposto do vintém". O autor dos versos esconde-se atrás de três asteriscos. A música é creditada a J. P. Silveira. Trata-se de José Pereira da Silveira, flautista e compositor de polcas e valsas.

Na primeira estrofe, o lundu compara a desgraça do imposto do vintém ao flagelo da grande seca que havia assolado o Nordeste de 1877 a 1879.

Depois de tantos flagelos,
Agora mais um que nos vem,
Além da seca e da fome,
O imposto do vintém! ... ai!

O pobre de nada goza,
Nem mesmo trabalho tem,
Para cúmulo da desgraça,
O imposto do vintém! ... ai!

Até o ar que respira
E a luz paga também,
Paga a passagem no bonde,
E o imposto do vintém! ... ai!

Os grã-senhores da vida
Tudo gozam, tudo têm.
Além do pobre – a miséria
Paga o imposto do vintém! ... ai!

Viva a pátria e chova arroz!
Que sofra o pobre! Que tem?
É pagar; e ... (cale o bico)!
O imposto do vintém! ... ai!

Menina tem paciência,
Ninguém dá o que não tem!
Vou ficar na pindaíba.
O imposto do vintém! ... ai!

De amor e água fria
Não pode viver ninguém
Estou aqui, estou no mato!
Co'o imposto do vintém! ... ai!

Senhores da governança,
Vós hoje gozais, e bem!
Amanhã, talvez ... quem sabe?
Pra comer ... nem um vintém! ... ai!

6

Me deu cama, mas não deu banco

Introdução

O Brasil foi o último país das Américas a abolir a escravidão. Somente em 1888 terminou com o regime de cativeiro, depois de Cuba (1886), Porto Rico (1873) e Estados Unidos (1865). E bem depois da maioria dos países latino-americanos: Chile (1823), Bolívia (1826), México (1829), Colômbia (1851), Argentina (1853) e Venezuela (1854).

Na maioria desses países, o trabalho escravo estivera concentrado em atividades altamente lucrativas destinadas à exportação, como a mineração e as lavouras de cana-de-açúcar, tabaco, algodão, cacau e café. Já no Brasil ele movimentou durante séculos toda a economia. Éramos uma sociedade escravista de Norte a Sul do país e de cima a baixo das classes sociais. Pessoas de classe média possuíam cativos. Ex-escravos possuíam escravos. Havia escravos nas fazendas, nas ruas e nos lares, na produção e nos serviços.

Esse quadro somente começou a mudar a partir de 1850. Diferentemente da lei "para inglês ver", que em 1831 proibira o tráfico negreiro, mas nunca fora efetivamente aplicada, a Lei Eusébio de Queirós gerou efeitos imediatos. Os números são eloquentes: em 1849, entraram no Brasil cerca de 60 mil africanos escravizados. Em 1851, esse número foi reduzido a quase zero. Ou seja, a principal fonte de reprodução do escravismo deixou de existir.

O fim do tráfico negreiro teve efeitos fortíssimos na vida nacional. Vultosos capitais antes imobilizados no comércio transatlântico de escravos passaram a ser investidos em outras atividades, gerando modernização e progresso. Mas suas consequências não se limitaram à economia. Em pouco tempo, refletiram-se também na área social e influíram nas condições da luta política.

Com a interrupção da oferta externa, aumentou significativamente o preço dos escravos no mercado interno. Produziu-se então uma forte concentração da mão-de-obra cativa nas grandes fazendas de café do Rio de Janeiro, São Paulo e Minas Gerais. Em 1872, segundo o censo daquele ano, as três províncias já reuniam quase 55% da mão-de-obra escrava do país. Também caiu fortemente a quantidade de escravos urbanos. Em 1849, havia 110 mil cativos na Corte, ou seja, 42% dos seus 266 mil habitantes. Em 1872, esse número declinou para 49 mil, o equivalente a 18% de uma população total de 275 mil pessoas.

Tais mudanças reduziram de forma sensível a base social de apoio ao escravismo. Ele deixou de ser visto como algo natural, praticado por muitos e aceito pela maioria das pessoas livres. Progressivamente, o cativeiro passou a ser percebido como um regime de trabalho odioso e desumano, que beneficiava apenas a uns poucos.

Castro Alves

Assim, as ideias abolicionistas, antes restritas a círculos relativamente estreitos, ganharam terreno a partir dos anos 1860. Num primeiro momento, conquistaram corações e mentes de intelectuais, jornalistas, advogados, médicos e outros setores da classe média.

Em 1868, Castro Alves emocionou plateias de jovens ao declamar o poema "Navio Negreiro", que denunciava o escravagismo como uma vergonha nacional. Em 1869, Joaquim Manuel de Macedo publicou o romance "As vítimas-algozes", alertando que a violência contra os cativos um dia se voltaria contra os senhores. Nos anos seguintes, as trilhas abertas na década de 1850 por Trajano Galvão, com poemas como "O Calhambola" (corruptela de "quilombola") e "O Solau", Maria Firmina dos Reis, com "Úrsula", e Luiz Gama, com "Novas trovas burlescas", seriam ampliadas por outras obras literárias como "A escrava Isaura" (1875), de Bernardo Guimarães, e "O Mulato" (1881), de Aluísio Azevedo.

Alguns jornais assumiram abertamente posições contrárias ao regime do cativeiro, como "O Diabo Coxo", "O Arlequim", "O Mosquito" e "A Vida Fluminense". Dezenas de sociedades antiescravistas foram fundadas em todo o país entre 1869 e 1871. Em 1871, o parlamento, emparedado entre os escravocratas e o crescimento do sentimento abolicionista, aprovou a Lei do Ventre Livre. Estancou-se assim a única fonte ainda existente de reprodução da escravidão.

José do Patrocínio

A partir da segunda metade da década de 1870, o movimento abolicionista ganhou forte impulso. Novos jornais de orientação antiescravista foram fundados, como "O Mequetrefe", a "Gazeta de Notícias", a "Gazeta da Tarde" e a "Revista Ilustrada", do caricaturista Angelo Agostini. Importantes lideranças negras, como Luiz Gama, José do Patrocínio e André Rebouças colocaram-se à testa do movimento, trabalhando em estreita sintonia com personalidades como Joaquim Nabuco e João Clapp.

Luiz Gama, em São Paulo, escolheu o caminho do ativismo judicial. Explorando brechas legais, como as evidentes transgressões à "lei para inglês ver" de 1831, bateu às portas dos tribunais. Conseguiu libertar centenas de cativos. Excepcional

Luiz Gama

orador, tornou-se uma figura extremamente popular e uma referência para o movimento abolicionista, apesar de sua morte precoce em 1882.

No Rio, tiveram início as conferências-emancipadoras promovidas por Patrocínio e Rebouças. Oferecendo discursos, números musicais e récitas de poemas, os espetáculos reuniam tribunos, artistas e personalidades. Recolhiam doações para alforriar escravos, muitas vezes libertados no próprio palco, sob o aplauso emocionado das plateias. Em 1880 e 1881, foram organizadas nada menos de 44 conferências-emancipadoras.

Sete escravos alforriados no Teatro Lírico, no Rio de Janeiro, na presença da cantora lírica russa Nadina Bulicioff. Revista Ilustrada (10/08/1886)

Todas essas iniciativas deram um caráter de massas ao abolicionismo. Se até a década anterior, ele estivera marcado pelo ativismo de setores intelectuais, no início dos anos 1880 transbordou para as ruas, reunindo multidões, conquistando a opinião pública e isolando política e moralmente o escravismo. Assim, transformou-se no primeiro movimento cívico popular de caráter nacional da nossa história. Se a Guerra do Paraguai havia consolidado no Brasil o sentimento de nação, o movimento abolicionista fez irromper no país a ideia da cidadania. Nada de esperar que morresse o último escravo para que a escravidão terminasse. O regime do cativeiro teria de desaparecer como fruto da ação política dos brasileiros.

O teatro cumpriu papel relevantíssimo nessa virada, como atesta o sucesso do drama "Corja opulenta" (1884), de Joaquim Nunes, nas províncias do Nordeste. Já "A Família Salazar", de Artur Azevedo e Duarte Urbano, não conseguiu chegar aos palcos em 1882. Censurada, a peça jamais foi encenada, embora seu texto tenha sido publicado pouco depois com o título de "O escravocrata". Nos anos seguintes, o teatro musicado teria papel importantíssimo na denúncia da escravidão.

Em 1883, foi fundada a Confederação Abolicionista. Surgiram no país quase cem novas entidades antiescravistas. Em 1884, o Ceará e o Amazonas declararam extinta a escravidão em seus territórios. Muitas cidades fizeram o mesmo nos anos seguintes. O movimento abolicionista crescia em todo o país, a ponto da opereta "A Corte na roça", de 1885, com música de Chiquinha Gonzaga e texto de Palhares Ribeiro,

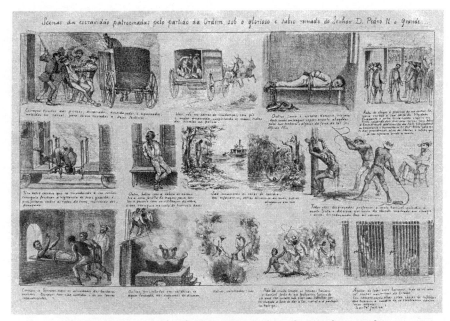
Revista Ilustrada (18/02/1886) denunciando a selvageria da escravidão

constatar em tom de blague: "Já não há nenhum escravo/ Na fazenda do *sinhô*/ Tudo é *boliçonista*/ Até *memo* o *imparadô*". A polícia exigiu mudanças no último verso, convertido às pressas para "Até *memo* o *seu dotô*".[73]

Os escravagistas, sentindo que começava a lhes faltar o chão, reorganizaram-se em torno dos Clubes da Lavoura. Somente em 1884 fundaram 50 filiais da entidade. No ano seguinte, lograram derrubar o gabinete comandado por Souza Dantas, defensor de medidas firmes contra o escravismo. Seu sucessor, José Antônio Saraiva, do Partido Liberal, ainda conseguiu aprovar a Lei dos Sexagenários, mas não durou muito no cargo. Em 1886, novas eleições deram a maioria aos conservadores. Mas eles não teriam muito a comemorar.

Nas ruas, a iniciativa permaneceu nas mãos dos abolicionistas. Em vários pontos do país, foram organizados grupos de apoio às fugas de escravos. A luta pelo fim da escravidão entrou então em sua etapa final. Depois das fases do ativismo de setores da elite e da conquista da opinião pública, o abolicionismo partiu para a desobediência civil.

---

[73] EDINHA DINIZ. *Chiquinha Gonzaga: uma história de vida*. Rio de Janeiro: Zahar, 2009, pgs. 136-137.

Multidão em frente ao Paço Imperial no Dia da Abolição. Antônio Luiz Ferreira. Acervo IMS

No Nordeste, o Clube do Cupim, que se propunha a roer a escravidão em silêncio, organizou em várias províncias uma eficiente rede de apoio às fugas de cativos. Em São Paulo, os Caifazes promoveram evasões em massa de escravos na direção de Santos, município que havia declarado ilegal o cativeiro. Em várias regiões da província, a atividade agrícola entrou em parafuso. Alguns fazendeiros chegaram à conclusão de que era melhor alforriar e assalariar os libertos do que correr o risco da desorganização total da produção.

No final de 1887, os bispos lançaram manifesto a favor da abolição. Pouco depois, os militares avisaram que não aceitariam mais perseguir escravos em fuga. Isolado, o gabinete conservador ainda tentou uma última cartada: a repressão frontal às manifestações abolicionistas. Os confrontos de rua se sucederam. No Rio, os abolicionistas formaram grupos de capoeiristas para fazer frente à ação da polícia. Logo, a própria base parlamentar conservadora se dividiu.

Em 7 de março de 1888, o Barão de Cotegipe, chefe do gabinete conservador, pediu demissão. Assumiu o cargo o conservador moderado João Alfredo, anunciando que enviaria ao parlamento projeto de lei extinguindo a escravidão. No dia 10, ele recebeu de André Rebouças um anteprojeto baseado em dois pontos: libertação dos escravos sem indenização aos proprietários e distribuição de terras para os libertos. O primeiro ponto foi adotado pelo projeto do governo; o segundo, simplesmente ignorado.

Em 10 de maio, a Câmara aprovou o texto, sacramentado no dia 13 de manhã pelo Senado. À tarde, a regente Isabel assinou a Lei Áurea. Multidões

Escravos e ministros comemorando a abolição. Revista Ilustrada (2/6/1888)

nas ruas comemoraram a abolição. O Rio de Janeiro entrou em festa por vários dias. Anos mais tarde, Machado de Assis resumiria a comoção que tomou conta da cidade: "Todos respiravam felicidade, tudo era delírio. Verdadeiramente, foi o único dia de delírio público que me lembra ter visto".[74]

Passadas as festas, a realidade falou mais alto. Os escravos estavam livres, mas não tinham como garantir sua sobrevivência. Não apenas não receberam terras, como propunha o projeto de democracia rural de Antônio Rebouças, como tampouco lhes foram oferecidas as condições mínimas para conquistar um lugar ao sol. O Censo de 1872, o mais detalhado do Império, revelara números assombrosos. Dos 1 milhão 510 mil 86 escravos existentes no Brasil na época, somente 1.503 – isso mesmo: 1.503 – sabiam ler e escrever. Ou seja, de cada mil cativos, apenas um tinha sido alfabetizado.

Um jongo recolhido mais tarde resumiu muito bem o *day after* da Lei Áurea: "Dona Rainha me deu cama, mas não me deu banco pra mim sentar". Libertou os escravos, mas não lhes garantiu condições de sobrevivência. O preço a pagar pelos ex-cativos seria terrível.

***

Foram coletadas 30 canções sobre a campanha abolicionista, o fim da escravidão e as limitações da Lei Áurea, das quais 27 com partitura ou indicação de

---

[74] "Gazeta de Notícias", 14 de maio de 1893.

Narcisa Amália,

música. Elas vieram dos mais diversos ambientes da cena cultural da época – salões, teatros, circos e cafés – e também das ruas, fazendas e senzalas.

As quatro primeiras canções nasceram nos salões, como poemas musicados. "O filho da lavandeira", escrito em 1861 por Francisco Quirino dos Santos, jovem abolicionista de Campinas (SP), recebeu melodia do maestro Sant'Anna Gomes, irmão mais velho de Carlos Gomes. "O africano e o poeta", publicado em 1872 pela jovem Narcisa Amália, foi musicado por João Gomes de Araújo. Os versos cantados no primeiro capítulo do romance "A escrava Isaura", de Bernardo de Guimarães, de 1875, despertaram a criatividade do compositor M. A. Lobo. O poema "O escravo", de Pires Ferrão, ganhou música de Luiz Pistarino. Nele, o cativo pede a Deus que o deixe morrer, abreviando seu sofrimento.[75]

Segue-se o "Hino Abolicionista", composto em 1885 pelo maestro Manuel Tranquillino Bastos, tocado e cantado nos atos que pediam o fim da escravidão na Bahia, especialmente no Recôncavo.

As cinco canções seguintes foram produzidas para o teatro musicado. "Canção da escrava" e "Canto do Africano" vieram da Bahia, compostas por Germano de Souza Limeira, regente da orquestra do Teatro São João, em Salvador. Foram cantadas no drama "Cenas da escravidão", representado em 1885. Já "O Jongo dos Sexagenários", "Ai, ai, sinhô!" e "Dança dos negros" subiram aos palcos em 1886, com o mesmo mote: a Lei dos Sexagenários. Fizeram grande sucesso. Os dois primeiros jongos foram cantados na revista "A mulher-homem", de Valentim Magalhães; o terceiro, em "O bilontra", de Artur Azevedo.

Seguem-se três lundus e uma pândega – "Mãe Maria", "Ma Malia", "Batuque na cozinha" e "Negro forro" –, sucessos nos circos de cavalinhos, talvez a maior fonte de diversões das camadas populares na época. Chegaram aos nossos dias graças aos artistas-cantores como Eduardo

---

[75] Ao que se saiba, "Navio Negreiro", de Castro Alves, escrito em 1868, jamais recebeu música.

*Missa Campal no Paço de São Cristóvão, 17/05/1888.
Foto de Antônio Luiz Ferreira. Acervo IMS*

das Neves, Bahiano, Campos e Mário Pinheiro, contratados no começo do século XX pela nascente indústria fonográfica. As canções falam sobre o cotidiano e os preconceitos vividos pelos negros nas últimas décadas do Império.

No dia 13 de maio de 1888, foi assinada a Lei Áurea. Os pontos de jongo "Cangoma me chamou" e "Pisei na pedra" e os lundus "Canoa Virada" e "Não temos mais sinhô" comemoraram a libertação. "Vou por vilas e cidades/ Até pelos arrabaldes/ Não há quem não desejasse/ O dia da liberdade", cantam os recém-libertos em "Canoa Virada". Já o "Hino da Redenção", com origem nos salões, homenageou a Princesa Isabel. "Missa Campal", paródia de uma cançoneta francesa, descreveu com malícia e bom humor o ato religioso celebrado na Quinta da Boa Vista no domingo seguinte à abolição. A missa reuniu milhares de pessoas, num clima de festa e grande comoção.

As cinco canções seguintes vieram das fazendas e das ruas, compostas e cantadas por ex-escravos. Retratam a situação imediatamente posterior à abolição. O jongo "Me deu cama, mas não deu banco" (título atribuído), recolhido pelo pesquisador norte-americano Stanley J. Stein em Vassouras, no Estado do Rio, resumiu as limitações da abolição. Sem oportunidades econômicas, os ex-escravos continuaram socialmente excluídos, submetidos ao preconceito e à opressão.

Maestro abolicionista Manoel Tranquillino Bastos

No lundu "Seu negro agora está forro" e no calango "Na panhação do café", os ex-escravos comemoram a liberdade e a Lei Áurea. Embora continuassem a enfrentar privações econômicas e preconceitos, sentiam-se mais confiantes. Já "Pai José" e "O entusiasmo do negro mina" revelam que, apesar do fim do regime do cativeiro, os afrodescendentes seguiam submetidos a castigos físicos e morais. No primeiro lundu, a sinhazinha, "tudo zangarinha", manda raspar a cabeça do Pai José com a navalha – suprema humilhação. No segundo, ela se sente no direito de dar bolos de palmatória no negro livre.

Mas, apesar de tudo, nos anos seguintes alguns ex-escravos lograram conquistar novas posições. No dueto "Mestre Domingos e sua patroa", o negro arrebata o coração da mulher branca. A canção termina com ambos dirigindo-se às pressas para a casa do mestre onde vão comer maracujá, o fruto da paixão.

Encerra a lista das canções deste capítulo o pot-pourri "Pai João", gravado por Eduardo das Neves em 1907, com trechos de quatro lundus de diferentes momentos do Império e da escravidão. No último deles, o negro comemora o fato de seu senhor passear no domingo. Assim, ele poderia ficar tomando conta de sua bela iaiá. Haja maracujá ...

Capa da partitura de "O filho da lavandeira", de Sant'Anna Gomes e Francisco Quirino dos Santos (1861). São Paulo

Nos anexos, podem ser encontradas as letras de três canções das quais não se conseguiu garimpar as músicas. O "Hino Abolicionista" é da lavra de Antônio Félix de Bulhões, líder abolicionista goiano. Já as "Coplas do escravocrata" foram cantadas na revista "O bilontra", de Artur Azevedo, em 1886. Em "Pai João" ou "Deus primita que chegue sabro", o escravo torce para que o fim de semana chegue logo, para que ele e a sinhá possam ficar juntos, sem a presença do sinhô.

1. "O filho da lavandeira" (1861)

Letra: Francisco Quirino dos Santos.
Música: J. P. Sant'Anna Gomes.
Intérprete: João Nabuco (piano e canto).
Gravação independente.
Intérprete: Alberto Pacheco e Academia dos Renascidos.
CD: "Recitativos de salão".
Gravação da Academia dos Renascidos.
Letra e partitura na BN.

"O filho da lavandeira" talvez tenha sido o primeiro poema abolicionista musicado. Seus autores, Francisco Quirino dos Santos e José Pedro de Sant'Anna Gomes, eram intelectuais respeitados em Campinas, próspera região produtora de café no estado de São Paulo.

Advogado, jornalista, romancista e poeta, Quirino defendeu desde cedo ideais abolicionistas e republicanos, tendo sido eleito deputado provincial. Morreu jovem, aos 45 anos, antes da assinatura da Lei Áurea. Escreveu o poema "O filho da lavandeira" em 1861, quando tinha apenas 20 anos, publicando-o no livro "Estrelas errantes".

Sant'Anna Gomes, irmão mais velho do compositor Carlos Gomes, legou para o país uma vasta e importante produção musical.

O pai de ambos, Manoel José Gomes, também músico, era filho de uma ex-escrava de uma fazenda de Santana do Parnaíba, em São Paulo.[76]

No recitativo, a mulher chora por ter sido trazida à força da África para trabalhar como escrava no Brasil. Não aceita que seu filho esteja condenado ao mesmo destino. Chega à conclusão de que a morte é o único caminho que lhes resta para alcançar a liberdade. Assim, estreitando a criança contra o peito, ela se lança nas águas do rio Atibaia.

O recitativo, gênero bastante comum na época, teve origem na música erudita, sendo frequente em cantatas e óperas. Mas também ganhou espaço na música cultivada nos salões, geralmente com motivos românticos. No recitativo, o cantor, acompanhado por piano ou orquestra, fica a meio caminho entre o canto e a fala.

Jucundo significa agradável, aprazível.

Um dia nas margens do claro Atibaia
Estava a cativa sozinha a lavar;
E um triste filhinho, do rio na praia,

---

[76] Lenita W. M., Nogueira. *Canções de Sant'Anna Gomes,* Revista Música, São Paulo, v.6, n.1/2: 170-189, maio/nov. 1995

Jazia estendido no chão a rolar.
A pobre criança que o vento açoitava
De frio e de fome chorava e chorava.

A mísera negra co'o rosto banhado
No pranto que d'alma trazia-lhe a dor,
Prendeu com força no seio abrasado
De mágoas, de angústia, de susto e de amor.
Pendendo a cabeça no colo da escrava
A pobre criança chorava e chorava.

"Meu filho querido, no meio dos mares,
Lá onde governa somente o meu Deus,
Lá onde se estendem mais lindos palmares
Por que não nascestes cercados dos meus?"
E a pobre criança no seio da escrava,
Fitando-a tristonha, chorava e chorava.

"Meus pais lá ficaram: são livres, cantando.
Que vida contentes que passam por lá!
E tu, meu filhinho, comigo penando,
Esperas a morte nas terras de cá".
Os ventos cresciam; o sol declinava
E a pobre criança chorava e chorava.

"Ai não! Que dos pretos as almas não morrem,
Havemos de ainda pra os nossos voltar.
As águas tão mansas dos rios que correm
Nos levam bem vivos ao largo do mar".
Nas águas já meio seu corpo nadava,
E a pobre criança chorava e chorava.

"As aves, os bosques, as serras que vemos
Não são como aqueles de onde eu nasci!
Tão doces folgares risonhos quais temos,

Tão belos, tão puros não há por aqui".
Os fundos gemidos o eco levava,
E a pobre criança chorava e chorava.

Oh! Vamos, meu filho, ao solo jucundo
Aonde a existência nos corre gentil;
Enquanto cativos houver neste mundo
Os negros não devem viver no Brasil".
A casa era perto: chamavam a escrava;
E a pobre criança chorava e chorava.

Assim soluçou; e no seio estreitando
O caro filhinho, nas águas caiu;
Depois, muito tempo de leve boiando
Sumiram-se os corpos nas voltas do rio.
Debalde procuram, procuram a escrava,
Se a pobre criança nem mais lá chorava!

2. "O africano e o poeta" (1872)

Letra: Narcisa Amália.
Música: João Gomes de Araújo.
Intérprete: João Nabuco (violão e canto).
Gravação independente.
Letra e partitura na BN.

O poema "O africano e o poeta" veio ao mundo em 1872, quando Narcisa Amália, então com 22 anos, publicou o livro "Nebulosas". A música é do maestro João Gomes Araújo, um dos mais importantes compositores do fim do Império e início da República.

Narcisa Amália foi uma mulher muito à frente de sua época. Poetisa, contista, jornalista e professora, teve intensa presença na vida literária e política do Rio. Em versos e artigos, defendeu com paixão a causa abolicionista, os direitos da mulher e os ideais republicanos.

Na modinha, o escravo, trazido à força da África e submetido a trabalhos extenuantes e a constantes castigos, lamenta sua sorte. Desesperado, pede que a morte venha libertá-lo. O poeta diz que sente e escuta a dor do africano. Promete estar a seu lado em todas as circunstâncias.

"Carme" e "precito", palavras que caíram desuso, significam respectivamente "verso lírico" e "condenado" ou "maldito". Chamam-se "simoun" ou "simum" os ventos quentes que sopram do Saara em direção ao norte da África durante o verão. Em alguns países, são conhecidos por "sirocco".

No canto tristonho
De pobre cativo
Que elevo furtivo
Da lua ao clarão
Na lágrima ardente
Que escalda meu rosto
De imenso desgosto

Silente expressão

Quem pensa? Quem pensa?
O poeta, o poeta
Que os carmes sentidos
Concerta os gemidos do seu coração

Deixei bem criança
Meu pátrio valado.
Meu ninho embalado
Da Líbia no ardor
Mas esta saudade
Quem em túmido anseio
Lacera-me o seio
Sulcado de dor

Quem sente? O poeta
Que a elísio descera
Que vive na terra
De místico amor.

Roubaram-me feros
A fervidos braços
Em rígidos laços
Sulquei vasto mar,
Mas este queixume
Do triste mendigo,
Sem pai nem abrigo,
Quem quer escutar?

Quem quer? O poeta
Que os térreos mistérios
Aos passos sidérios
Deseja elevar.

Mais tarde entre as brenhas
Reguei mil searas
Com as bagas amaras
Do pranto revel.
Das matas caíram
Com troncos mil galhos
Mas esses trabalhos
Do braço novel.

Quem vê? O poeta
Que expira em arpejos
Aos lúgubres beijos
Da fome cruel!

Depois, o castigo
Cruento, maldito,
Caiu no proscrito
Que o Simoun crestou
Coberto de chagas
Sem lar, sem amigos,
Só tendo inimigos ...
Quem há como eu sou? ...

Quem há? O poeta
Que a chama divina
Que o orbe ilumina
Na fronte encerrou

Meus Deus! Ao precito
Sem crenças na vida
Sem pátria, querida,
Só resta tombar!
Mas ... quem uma prece
Na campa do escravo
Que outrora foi bravo
Triste há de rezar.

Quem há de? O poeta
Que a lousa obscura
Com lágrima pura
Vai sempre orvalhar!? ...

3. "A cativa" (1875)

Letra: Bernardo Guimarães.
Música: M. Alves Lobo.
Intérprete: João Nabuco (piano e canto).
Gravação independente.
Letra e partitura na Fundaj.

O romance "A escrava Isaura", de Bernardo Guimarães, publicado em 1875, jogou um papel importantíssimo na denúncia da escravidão e no estímulo ao movimento abolicionista no Brasil.

José Armelin Guimarães, neto do escritor, relata no livro "Como nasceu a escrava Isaura" o episódio que levou seu avô a escrever a obra. Em 1874, Bernardo Guimarães, viajando a cavalo entre Queluz (atual Conselheiro Lafaiete) e Ouro Preto, no interior de Minas Gerais, aproximou-se de uma fazenda para pedir pousada. Em meio ao frio e à chegada da noite, deparou-se com uma cena revoltante:

> "A um canto do pátio, em frente à porta da senzala, está um preto velho, de costas nuas, amarrado a um esteio.

A cada chibatada do bacalhau já rubro de sangue, o mísero escravo deixa escapar um gemido, que não consegue abafar. Ao lado está uma outra vítima, uma inditosa mucama, de pulsos unidos pelas ferropeias, de fronte pendente, com os olhos cravados no chão, aguardando a sua vez. O instante é de extrema atrocidade. O algoz, um português implacável e corpulento, banhado de suor, descarrega, com o peso dos grossos braços, a vergasta sobre o lombo indefeso do desgraçado. Bernardo Guimarães, cuja presença ninguém nota, está gelado, não pela algidez da noite, porém pelo ignominioso ato de tortura e monstruosidade de que acaba de ser casualmente o indignado espectador. Monta de novo o seu alazão, ganha a estrada que há dez minutos deixara, e some-se nas trevas".[77]

No caminho para casa, toma a decisão de escrever um romance denunciando a escravidão. Um ano depois, publicou "A escrava Isaura".

No primeiro capítulo do romance, Isaura entoa uma triste canção. Ao cantar, ela sentia a presença da mãe, que não conhecera. Os versos, musicados pelo compositor M. Alves Lobo, possivelmente foram cantados no drama "A cativa Isaura", que Bernardo Guimarães, com base no livro, levou aos palcos em 1876. Infelizmente, o texto da peça não chegou aos nossos dias.

Desde o berço respirando
Os ares da escravidão
Como semente lançada
Em terra da maldição
A vida passo chorando
Minha triste condição.

Os meus braços estão presos,
A ninguém posso abraçar,
Nem meus lábios, nem meus olhos
Não podem de amor falar
Deu-me Deus um coração
Somente para penar.

Ao ar livre das campinas
Seu perfume exala a flor
Canta a aurora em liberdade
Do bosque o alado cantor,
Só para a pobre cativa
Não há canção, nem amor.

---

[77] Guimarães, José Armelin Bernardo. *Assim Nasceu a Escrava Isaura*. Brasília: Editora Imprensa do Senado Federal, 1985, pp.157-158.

Cala-te, pobre cativa,
Teus queixumes crimes são,
É uma afronta esse canto
Que exprime tua aflição.
A vida não te pertence,
Não é teu, teu coração!

4. "O escravo" (s.d.)

Letra: Manoel Hilário Pires Ferrão.
Música: Luiz Pistarino.
Intérprete: João Nabuco (piano e canto).
Gravação independente.
Partitura e letra no CMP.
Letra no Trovador.

O cativo lamenta sua sina. Perdeu tudo: a mulher, o filho, a família e a terra onde nasceu. Trabalha de sol a sol e sabe que nunca será alforriado. Sua mocidade foi-se no cativeiro. Já idoso, continua a ser chamado para todo serviço. Conclui: "De que serve a vida/ A quem, como eu/ Sem ter liberdade/ Já tudo perdeu?/ Só uma esperança/ Eu sempre hei de ter/ Morrendo, outra vez/ Eu livre hei de ser".

O "Cancioneiro de Músicas Populares", editado no Porto em 1893, que traz a letra e a partitura de "O escravo", registra: "Essa canção veio do Brasil e vulgarizou-se muito em Portugal". Ela é anterior a 1876, pois seus versos constam do "Trovador: coleção de modinhas, recitativos, árias, lundus, etc.", publicado no Rio de Janeiro naquele ano.

Numa alta e frondosa
Brasília floresta,
Que o sol açoutava
Em cálida sesta.

Ao som compassado
Da fouce pesada,
Que os troncos derruba,
Prepara a queimada.

Com voz rude e triste
Que ao longe ecoava,
Um pobre cativo
Tais queixas soltava:

"Em simples palhoça,
Eu livre nasci,
Mas, preso e vendido,
Cativo me vi.

O filho, a mulher,
Forçado deixei,
A pobre família
Não mais avistei.

São livres os brancos,
Não sofrem rigor;
Mas eu, por ser negro,
Eu tenho um senhor.

Com ele nem devo
Com as dores chorar;
Mas devo, sofrendo,
Chorando cantar.

A dor, o prazer,
Em mim crimes são;
Castigos por isso
No corpo me dão.

À chuva e ao sol
Sempre a trabalhar,
De pouco descanso,
Eu posso gozar.

Os frutos da terra,
Que cavo a suar,
Não são pra meus filhos,
Que vejo penar.

O ouro que ganho
Me faz não ser rico,
Por muito que dê,
Eu forro não fico.

O mesmo sustento
Que dão-me, grosseiro,
Me dão porque temem
Perder seu dinheiro

De um mau cativeiro,
Sofrendo os rigores,
Minha mocidade
Gastou-se entre dores.

Ao peso dos anos
Já hoje curvado,
Pra todo serviço
Sou inda chamado.

Ao branco, se é velho,
Têm todo o respeito!
Eu inda ao chicote
Vivo hoje sujeito.

De que serve a vida
A quem, como eu,
Sem ter liberdade
Já tudo perdeu?

Só uma esperança
Eu sempre hei de ter.
Morrendo, outra vez
Eu livre hei de ser.

Meu bom Pai do céu,
Ah! Tende clemência!
Ouvi minhas vozes,
Findai-me a existência".

Aqui o cativo,
Cansado, parou,
E co'a mão calosa
O pranto enxugou.

E o eco pausado,
Que a voz repetia,
"Findai-me a existência!"
Ao longe dizia.

5. "Hino Abolicionista" (1884)

Letra e música: Manuel Tranquillino Bastos.
Gravadora independente.
Intérpretes: Marilda Costa (soprano), Tânia Barros (mezzo soprano), Coro e Banda Mista de Câmara.
CD: "Cartas Musicaes" (2002).

Manoel Tranquillino Bastos, conhecido como "O Maestro da Abolição", nasceu em 1850 em Cachoeira, no Recôncavo Baiano, filho de um português e de uma ex-escrava. Ainda menino, aprendeu a tocar clarineta e ingressou na Banda Marcial São Benedito. Em 1870, fundou a Lira Ceciliana, integrada em sua maioria por músicos negros.

Tranquillino militou ativamente no movimento abolicionista, bastante forte em Cachoeira, cidade conhecida por sua tradição política e participação na luta pela independência. Em 1884, o maestro se associou à Sociedade Libertadora Cachoeirana e compôs o "Hino Abolicionista", que passou a ser tocado e cantado nos atos pelo fim da escravidão.

Na noite de 13 de maio de 1888, quando os telegramas vindos da Corte anunciaram que a Princesa Isabel havia assinado a Lei Áurea, uma passeata de mais de 2 mil pessoas – em sua maioria, negros recém-libertos – desfilou pela cidade cantando o "Hino Abolicionista", tendo à frente Manoel Tranquillino Bastos.

Souza Dantas e Rio Branco, citados no hino, jogaram um importante papel na aprovação de leis antiescravistas. O Visconde de Rio Branco foi o autor da Lei do Ventre Livre, aprovada em 1871. Já Manoel de Souza Dantas, político liberal baiano, chefiou o gabinete ministerial em 1884. Propôs diversas medidas para apressar o fim do cativeiro, mas durou pouco no cargo. Foi derrubado pelos escravocratas.

Brasileiros, cantai liberdade
Nossa pátria não quer mais escravos
Os grilhões vão quebrar-se num povo
De origem somente de bravos.

Em tudo inspira a santa voz da liberdade
No mar, nas selvas, na imensidade.
E já no céu se vê escrito em letras d'ouro
Redenção ao cativo é seu tesouro

O jugo do servilismo
Role em pedaços no chão
Pise altiva a liberdade
Sobre o pó da escravidão

Abaixo a crença do velho atraso
Que dos cativos venceu-se o prazo
Quebre-se os ferros da tirania,
Sejamos todos livres um dia

Nosso trono há de livre, altaneiro,
Alvorar o liberto pendão
E Dom Pedro sentado no trono
Bradará: liberdade à nação.

Rompa-se o verso infamante
A custa de esforços mil
Deus não quer, nós não queremos
Que haja escravos no Brasil.

De Rio Branco surgiu a ideia,
De Souza Dantas a epopeia.
Pedro Segundo, tua equidade
Seja a coroa da Liberdade

6. "Canção da escrava" (1885)

Letra: autor desconhecido.
Música: Germano de Souza Limeira.
Intérprete: João Nabuco (piano e canto).
Gravação independente.
Letra e partitura no Nemus.

"Canção da escrava", como muitas composições abolicionistas, bate na tecla de que é melhor morrer do que viver no cativeiro. "Como é cruel o meu fado/ Quanto é dura a minha sorte/ Queira Deus pra meu descanso/ Libertar-me com a morte", suplica a escrava no drama "Cenas da Escravidão".

Na capa da partitura, ao lado de expressivos desenhos de negros sendo açoitados diante dos filhos, há o seguinte aviso: "O produto desta obra será aplicado em favor da náufraga do vapor S. Salvador, D. Maria dos Passos". A embarcação foi a pique em meados de 1885.

Germano de Souza Limeira, baiano de Itaparica, na época com 46 anos, foi regente da orquestra do Teatro São João e professor do Liceu de Artes e Ofícios de Salvador.

Triste vida é da escrava
Sem descanso poder ter!
Condenada a trabalhar,
Trabalhar até morrer!

Logo ao romper d'aurora
Ao sinal do cristão
Corre à senzala o feitor
Com o chicote na mão
Corre à senzala o feitor
Com o chicote na mão

Levanta, escrava, levanta
Levanta pra trabalhar!
Assustada ela acordando
Põe-se logo a carregar

Como é cruel o meu fado,
Quanto é dura a minha sorte!
Queira Deus pra meu descanso
Libertar-me com a morte.
Queira Deus pra meu descanso
Libertar-me com a morte.

7. "Canto do africano" (1885)

Letra: autor desconhecido.
Música: Germano de Souza Limeira.
Intérprete: João Nabuco (piano e canto).
Gravação independente.
Letra e música no Nemus.

"Canto do Africano", do maestro baiano Germano de Sousa Limeira, também fez parte do drama "Cenas da escravidão", apresentado na Bahia em 1885 (verbete anterior). Ele investe contra a desumanização dos negros, mecanismo ideológico fundamental para a legitimação do cativeiro: "Como o branco, o africano/ Tem coração, sabe amar/ Sabe rir nos prazeres/ E na tristeza chorar".

Criou Deus o homem livre
Como é livre a natureza!
Na criação dos humanos
Revelou sua grandeza

Como o branco, o africano
Tem coração, sabe amar
Sabe rir nos prazeres
E na tristeza chorar

Criatura como o branco
Quem nega que o preto é?
E em Deus, somente n'Ele
Deposita sua fé!

O preto também tem crenças
Se inflama na caridade
Como o branco, ele é feitura
Dum Deus de justa bondade.

8. "Jongo dos sexagenários" (1886)

Letra e música: Henrique de Magalhães.
Intérprete: João Nabuco (piano e canto).
Gravação independente.
Letra e partitura na BN.

Em 28 de setembro de 1885, foi aprovada a chamada Lei dos Sexagenários, concedendo liberdade aos cativos com mais de 60 anos. Na prática, 63 anos, porque o ex-escravo, mesmo formalmente livre, ainda deveria trabalhar mais três anos para o proprietário como uma forma de indenização. Embora o impacto da lei na população escravizada tenha sido relativamente pequeno — afinal, não eram tantos os que chegavam a essa idade –, ela deu forte impulso ao movimento abolicionista.

Nessas circunstâncias, nada mais natural que a Lei dos Sexagenários tenha sido um tema recorrente nas revistas de acontecimentos encenadas nos primeiros meses de 1886. Foram compostos e cantados vários jongos sobre o assunto.

A revista "A mulher-homem", de Filinto de Almeida, baseada na história real de um homem que havia se vestido de mulher para conseguir emprego de doméstica, apresentou dois "jongos dos sexagenários". O primeiro estreou junto com a peça, nos primeiros dias de janeiro de 1886, agradando imensamente à plateia. As "enchentes" se sucederam no Teatro Santana. No início de março, segundo anúncio publicado no "Jornal do Commercio", mais de 52 mil pessoas já haviam assistido à revista. O Rio tinha na época cerca de 500 mil habitantes.

No jongo, em "língua de preto" e com várias palavras em quimbundo e umbundo, os negros proclamavam que não eram mais africanos, e sim brasileiros. Comemoravam a nova lei, que atribuíram ao "Sinhô Maneco", uma referência a Manoel Pinto de Souza Dantas, político progressista e abolicionista baiano. Souza Dantas chefiou o conselho de ministros em 1884 e no início de 1885, mas foi derrubado pelos conservadores, que se insurgiram contra seu anteprojeto da Lei dos Sexagenários, bem mais ousado do que a Lei Saraiva-Cotegipe, aprovada meses depois.

O sucesso do jongo foi tamanho que um mês após a estreia, a revista lançou um segundo "jongo dos sexagenários", também conhecido como "Ai, ai, sinhô!" (próximo verbete). Em 11 de março de 1886, a "Gazeta da Tarde", ao informar que a partitura do primeiro jongo estava à venda, publicou o seguinte comentário:

"Essa originalíssima composição, que ficará como um dos maiores sucessos do gênero ligeiro das revistas, acaba de ser editada pela Agência Musical para satisfazer à necessidade em que estavam os apreciadores de ouvi-la em casa ao piano. É um caso de parabéns. Dentro de alguns dias ouviremos por toda parte, até no mais afastado arrabalde, o piano repetindo aquelas notas saltitantes, únicas, arrebatadoras, inimitáveis, que parecem dançar e cantar de carinha preta

e carapuça vermelha, ainda
mais vivamente que os negrinhos de *A mulher-homem*".

Nosso dexô nosso téra
Nosso veio nim Brazi
Pla us sucá zi tlabaio
Pla bebê zi palaty
Olê
Nosso non é mai fricano
Nosso já é brasiréro
Nosso auóla vai ni plaça
Pla blanco fazê rinheiro
Ai! Uê mamê
Hum hum hum hum
Ai! Uê mamê
Hum hum hum hum

Pleto fruta cozi fome,
Non zi bebe, non zi come
(falado) Oia zoio ri macamba!
Aiolê, olá,
Marafonge, olê.
Aiolê, olá,
Qui zanguijo lá!
Telê, ah, eh! telê, eh, ah!
Telê, ah, eh! telê, eh, ah!
Telê, ah, eh! telê, eh, ah!
Telê, ah, eh! telê eh! ah!
A cana ija la ijú indê cunancatêijassu
Si mim dá qui rigo sá, si min dá qui
Qui si min daqui guri
Qui si min dá
A cana ija la ijú indê cunancateijó só sú

Pleto é caiongo, aluá

Nhô Manéco fazi lei
Ai! Ribedade quem dá
Nosso vai pidi zi rei
Ai uê, mamê
(ah! ah! ah! ah)
Ai uê mamê, mamê, mamê
Ai uê mamê, mamê, mamê

Macamba din balanço zere sabe rê
Macamba din balanço zere sabe rê
Mai como nosso 'ndize non sabe rizê
Mai como nosso 'ndize non sabe rizê
O co qué co qué co qué
Nosso festa rindo é
Nosso festa rindo é[78]

----

[78] Tentativa de tradução para o
português corrente:
"Nós deixamos nossa terra/ Nós viemos
para o Brasil/ Pra os trabalhos (do açúcar?)/
Pra beber os paratis, olê/ Nós não somos
mais africanos/ Nós já somos brasileiros/
Nós agora vamos na praça/ Para branco
fazer dinheiro/ Ai, minha mãe/ Hum hum
hum hum/ Ai, minha mãe/ Hum hum
hum hum// Preto furta por causa da fome/
Não se bebe, não se come/ Olha nos olhos
dos amigos/ Aiolê, olá,/ Aguardente, olê/
Aiolê, olá/ Enfeitiçado, olá!/ Telê, ah, eh!
telê, eh, ah/ Telê, ah, eh! telê, eh, ah/ Telê,
ah! eh! telê, eh, ah,/ Telê, ah, eh! telê eh!
oh!/ A cana ija la ijú indêcu nancatê ijascu/
Se me dá aqui digo já, se me dá aqui/ Que
se me dá aqui (guri)/ Que se me dá/ A cana
ija la ijú indê cunancateijó só sú// Pleto está
velho, aluá/ Sinhô Maneco faz as leis/ Ai!
Liberdade, quem dá/ Nós vamos pedir ao
rei/ Minha mãe/ Ah! ah! ah! ah!/ Ai,
minha mãe, mãe, mãe/ Minha mãe, mãe,
mãe/ Os amigos do balanço eles sabem ler/
Os amigos do balanço eles sabem ler/ Mas
como nós ('ndize) não sabe dizer/ Mas como
nós ('ndize) não sabe dizer/ O co qué co qué
co qué (o que que é?)/ Nós na festa rindo é/
Nós na festa rindo é".

9. "Ai, ai, sinhô!" (Jongo dos Sexagenários) (1886)

Letra e música: Henrique de Magalhães.
Intérprete: João Nabuco (piano) e
Ronnie Marruda (canto)
Gravação independente.
Letra e partitura na BN.

O sucesso do "Jongo dos Sexagenários" da revista "A mulher-homem" foi tamanho que seus autores lançaram um segundo jongo um mês depois da estreia da peça. A nova canção, mais conhecida como "Ai, ai, sinhô!", misturava versos em "língua de preto" com palavras em quimbundo, quicongo e umbundo, idiomas falados em Angola. Os escravos deixavam claro quem era o seu Deus. "O senhor Jesus Cristo é dos brancos. Ganazambe é que nos vale", cantavam em coro. "Ngana Zambi" significa "Senhor Deus".

No ano seguinte, o jongo seria reaproveitado na revista "Zé Caipora", de Oscar Pederneiras, com o nome de "Jongo dos pretinhos do Bié". Bié é uma província situada no centro de Angola.

Segue-se a letra, tal como está na partitura, e, em seguida, uma tentativa de tradução para o português:

Ai!Ai! Sinhô, ui!
Ai! Ai! Qui dô, ui (repete)
Moizanga mona la bambi
Nosso nom tem mero di zumbi (repete)
Ai! Blanco no mi matrata (repete)
Ai! Zi cativêlo mata
Ai! Cativêlo magoa
Ai! Blanco nom mi matrata
Ai! No mi matrata a toa
Ai! Zi cativelo matrata
Ai! Cativelo magoa

Baco, baco, bacutu
Cará, cará, cará pinheo! (repete)
Ai! Gana zambe pai di nosso ta ni céio
(repete)
Marafon quizanguyê curreu, ai! (repete)
Macotêro qui anda semple ni zi rondo
Di zundê, di zundá
Manda nossa cavacá ni tera duro
Di zundá, di zundê!
Mai si nosso non cavacá malimbondo
Di zundê, di zundá!
Fai telepo na cacunda, pulo, pulo!
Di zundá, di zundê!
Ai! Di zundê, di zundá, di zundá, di zundê, ai dizundê, ai dizundá!
Giguitê, giguitá! Ai di zundê, ai di zundá, di zundá, di zundê
Ai, di zundê! Ai, di zundá! giguitê, giquitá!
Di zundê, di zundá, di zundá, di zundê!
Di zundá! Olô, olô! di zundá! di zundê!
Pleto fuge com razon,
Di zundê, di zundá olô, olô! di zundá! di zundê

Pleto fuge com razon
Ai! Di zundá, di zundê, di zundá,
Ai, di zundê! Ai, di zundá!
Giguitê, giquitá!
Ai, di zundê! Ai, di zundá!
Di zundá! Di zundê
Ai, di zundê! Ai, di zundá!
Guiquitê, giquitá! Di zundá! Di zundê,
di zundá!

Di zundá! Di zundê, di zundê, di zundá, di zundá, di zundê!

Catxá! Catxá! Cacatxá,
Mauê, mauá, mamauê mamauá!
Catxá! catxá! Cacatxá! Catxá!
Mauê, mauá, mamuê, mamauá !
Catxá! catxá! Cacatxá! Cacatxá,
Catxá, cacatxá, cacatxa, catxá, cacatxá

Pleto é chindongo
Buruburú ah! ah!
Dança cambembê, tem zigongá, ah! ah!
Pleto é cacongo que tem zungú! ah! ah!
Dança candombe ca muluá ah! ah!
Pleto é a oia oia zi feitô!
Bota fôce! Tacatá!
Nosso a ola vai cumê!
Sô Zu Crisso mê sinhá!
Vamos savá sin balanço!
A bença! A bença! A bença!
Zumbi tem gongá di zere hun! Ha! Hun!
Zi macamba dança bare hun hê hê!
Ai uê uê ma mê!
Ca nan hun ha hun!
Ganazambe é qui nui vare hun hê hê!

Ziquiti, ziquitó, ziquiti, quizitare
Ganazambe é qui nui vare!
É qui nui vare! É qui nui vare!
Ziquiti, ziquitara, zizuiti, quizitôle!
(Fala)
Sô Zu Chrisso mê zi blanco!
Nosso vai simbola[79]

----

[79] Segue-se uma tentativa de tradução para o português atual, com a colaboração do compositor e cantor angolano Carlos Lamartine:
"Ai! Ai! Senhor!/ Ai! Ai! Que dor/ Na ilha, menino, sentimos frio/ Nós não tem medo de Zumbi/ Ai! Branco não me maltrata/ Ai! O cativeiro mata/ Ai! O cativeiro magoa/ Ai! Branco não me maltrata/ Ai! Não me maltrata à toa/ Ai! O cativeiro maltrata/ Ai! Cativeiro magoa// Baco, baco, bacutu/ E cará, cará, cará pinheo!/ Ai! Ganga Zambi, pai nosso que está no céu/ Vamos beber aguardente encantado/ Os chefes que andam sempre por perto/ Di zundê, di zendê/ Manda nós cavucá na terra dura/ Di zundê, di zundá/ Mas se nós não cavucá marimbondo/ Di zundê, di zundá!/ Faz trepo na cacunda, pulo, pulo!/ Di zundá, di zundê!/ Ai! Di zundê, di zundá, di zundá, di zundê, ai dizundê, ai dizundá!/ Giguitê, giguitá! Ai di zundê, ai di zundá, di zundá, di zundê/ Ai, di zundê! Ai, di zundá! giguitê, giguitá!/ Di zundê, di zundá, di zundá, di zundê!/ Di zundá! Olô, olô! di zundá! di zundê!/ Preto foge com razão/ Di zundê, di zundá olô, olô! di zundá! di zundê/ Preto foge com razão/ Ai! Di zundá, di zundê, di zundá! ai, di zundê! ai, di zundá!/ Giguitê, giguitá!/ Ai, di zundê! Ai, di zundá! Di zundá! Di zundê, ai, di zundê! Ai, di zundá!/ Guiquitê, giguitá!/ Di zundá! Di zundê, di zundá!/ Di zundá! Di zundê, di zundê, di zundá, di zundá, di zundê!// Catxá! Catxá! Cacatxá/ Mauê, mauá, mamauê mamauá!/ Catxá! catxá! Cacatxá! Catxá!/ Mauê, mauá, mamuê, mamauá!/ Catxá! catxá! Cacatxá! Cacatxá/ Catxá,

10. "Dança dos Negros" ("Toca zumba") (1886)

Letra: Artur Azevedo.
Música: João Pedro Gomes Cardim.
Interpretação de "Toca zumba": Mário de Andrade.
Interpretação de "Dança dos negros": João Nabuco (piano e canto).
Gravação independente.
Letra e partitura na BN ("Dança dos negros") e LG ("Toca zumba").

cacatxá, cacatxa, catxá, cacatxá// Preto é forte/ Buruburú ah! ah!/ Dança candomblé, tem os gongás (altares)! Ah! Ah!/ Preto é velho que tem casa pobre! ah! ah!/ Dança candombe com a mulher ah! ah/ Preto é o olha olha dos feitor!/ Bota foice! Tacatá!/ Nós agora vai cumê!/ Senhor Jesus Cristo é de sinhá!/ Vamos saudar sem balanço!/ A bênção! A bênção! A bênção!/ Zumbi tem o gongá (altar) dele hum ha hum!/ Os amigos na dança vale hun hê hê! / Ai uê uê, mamê!/ Canan hun ha hun!/ Ganga Zambi é que nos vale hê hê!/ Ziquiti, ziquitó, ziquiti, quizitare/ Ganga Zambi é que nos vale/ É que nos vale! É que nos vale!/ Ziquiti, ziquitara, zizuiti, quizitôle!/ Senhor Jesus Cristo é dos brancos!/ Nós vai simbora"

O sucesso de "O bilontra", de Artur Azevedo, foi decisivo para consolidar o teatro de revista como um gênero popularíssimo no Brasil. Bilontra, gíria da época, era o mesmo que pilantra ou enrolador. O título da peça foi dado em homenagem a um vivaldino que havia vendido um título de nobreza para um rico comerciante português – e não entregara a mercadoria, é claro (ver "Barão de Vila Rica", no capítulo 5). Partindo desse episódio, a revista promoveu no palco o desfile de diversos tipos de pilantras, inclusive os da política.

O texto original de "O bilontra" não trazia nenhuma canção sobre a Lei Saraiva-Cotegipe. Mas no dia da estreia da revista (28 de janeiro de 1886), os jornais anunciaram o "Jongo dos Sexagenários" como penúltimo número musical da peça. Ao que tudo indica, como o "Jongo dos Sexagenários" da revista "A mulher-homem" tinha caído no gosto do público, Artur Azevedo e Gomes Cardim produziram a toque de caixa um número musical sobre o tema. Na partitura publicada pouco depois, o jongo recebeu o título de "Dança dos Negros".

Em 1926, Luciano Gallet, no livro "Estudos do folclore", se referiria à canção como "Toca zumba", dando a entender que ela vinha do folclore, não sendo, portanto, uma criação de Gomes Cardim.

No século XXI, foi descoberta na Universidade de Indiana, nos Estados Unidos, uma gravação de 1940 de "Toca zumba", cantada por Mário de Andrade. O registro traz quase todas as quadras existentes na partitura de Gomes Cardim, menos aquela que brinca com os temores da casa-grande: "Para os blanco, que dia sinistro/ Aquele que os negro chegar a ministro". Na partitura de "Dança dos negros", há a indicação de que esta quadra deveria não apenas ser cantada, mas também bailada.

Embora as partituras da época atribuam a autoria do jongo ao maestro Gomes Cardim, é possível que boa parte do jongo tenha sido recolhida da tradição oral, como afirma Gallet, mas que Cardim tenha acrescentado ao número musical os versos e a melodia do trecho bailado.

O jongo fez muito sucesso, repercutindo bastante na imprensa da época.

(Coro)
Nosso gente já 'stá livre
Só trabalha si quizé
Si Siô!
Toca zumba zumba zumba
Toca zumba zumba zumba!
Vamos ter o nosso casa
e também nosso muié
Si Siô!
Toca zumba zumba zumba
toca zumba zumba zumba
Nosso Rei é liberá, Si Siô!
É liberá, Si-Siô!
É liberá!
Toca zumba zumba zumba
Toca zumba zumba zumba

Nosso gente já 'stá livre
Só trabalha si quizé
Si Siô!
Toca zumba zumba zumba
Toca zumba zumba zumba
Vamos ter o nosso caza
E também nosso muié
Si Siô!
Toca zumba zumba zumba
Toca zumba zumba zumba
Nosso rei todos nós convidará

Pra'os bailes impeliá,
Pra'os bailes impeliá,
Toca zumba zumba zumba
Toca zumba zumba zumba

Nossa gente já 'stá livre
Só trabalha si quizé
Si Siô!
Toca zumba zumba zumba
Toca zumba zumba zumba
Vamos ter o nosso caza
E também nosso muié
Si Siô!
Toca zumba zumba zumba
Toca zumba zumba zumba
Ai! uê! Ai! uau!
Os pleto nunca mais apanhará de
bacalhau!
Ai! uê! Ai! uau!
Os pleto nunca mais apanhará de
bacalhau!

(dança)
I! I! Par'os blanco que dia sinistro
Aquele que os negro chegur u ministro
Que os negro chegar a ministro
I! I! Par'os blanco que dia sinistro
Aquele que os negro chegar a ministro
Que os negro chegar a ministro

Nosso gente já 'stá livre
Só trabalha si quizé
Si Siô!
Toca zumba zumba zumba
toca zumba zumba zumba
Vamos ter o nosso caza

e também nosso muié
Si Siô!
Toca zumba zumba zumba
Toca zumba zumba zumba

11. "Ma Malia" (lundu de negro velho) (s.d.)

Letra e música: autores desconhecidos.
Intérprete: João Nabuco (canto e violão).
Gravação independente.
Letra e partitura em Mário de Andrade ("Ensaio sobre a música brasileira").

O escravo, em "língua de preto", pede a Mãe Maria, sua mulher, para não dar conversa para o soldado. Depois, apela para todos os santos. Em seguida, debocha da companheira, repetindo preconceitos contra a mulher negra.

O lundu, recolhido por Mário de Andrade, tem muitas semelhanças com "Mãe Maria", gravado pela Casa Edison entre 1908 e 1912 (a seguir). Já sua estrofe final retoma o mote de "Pai João" (capítulo 3).

Rossini Tavares de Lima recolheu outra versão do mesmo lundu, que denominou "Mama Maria".[80]

----

[80] Versão recolhida por Rossini Tavares de Lima em Iguape (SP), reproduzida em "Conceituação do lundu: *"Mama Maria/ Como tá tudo zangado/ Mama Maria/Com seu zóio arregalado/ Mama Maria/ Com seu beiço*

A palavra cabungo vem do quimbundo. No idioma falado na região de Luanda, as latrinas são chamadas de "kibungu". No Rio de Janeiro, os tonéis com fezes e urina eram mais conhecidos como "tigres".

Ma Malia, mia muié (bis)
Um favô eu vai ti pidi, (bis)
Quano rondo viê mi busuncá, (bis)
Ocê fala qui eu nun tá aí. (bis)

Sala-cu-saco, ma Malia, mia muié
Pelo siná di Santa Cruiz, liva num Deu
Liva santo tá nu livo zi maió
Liva santo tá nu livo zi menó
Tá pindulado S. Migué de Calacanzo
Tá pindulado S. João di Bapitita

Tengô, tengô, má famá, (bis)
Malia, mia muié, num mi fara cum sordado
Malia du Congo, num mi fara di pecado.
Hêhê! Háhá!

II
La nus caminho ri Minas (bis)
Uma onça mi roncô, (bis)
Quando eu fui zoiá para ela (bis)
Meu coração palpitô. (bis)

----

dependurado/ Mama Maria/ Com seu pé carrapaxado/ Mama Maria/ Se quiseres ganha saia/ Não me fara/ Não me canta/ Não me óia/ Pra sordado".

Sala-cu-saco, ma Malia, ma famá,
Zoio dela cumo tá rigalado
Nalizi dela cumo tá libitado
Pêlo dela cumo tá lipiado
Pata dela cumo tá calapaçado
Tengô, tengô má famá.

III
Quando eu era nu meu tera (bis)
Era rei de Zinagora (Angola) (bis)
Gora tô in terá di blanco (bis)
Zoga cabungo fora! (bis)

Sala-cu-saco, ma Malia, mia muié ...

12. "Mãe Maria" ("Lundu de preto").

Letra e música: autores desconhecidos.
Intérprete: Campos.
Gravadora: Casa Edison (1908-1912).

No rótulo do disco, a canção chama-se "Mãe Maria". Mas, no início da gravação, ela é anunciada como "Lundu de preto" pelo locutor da Casa Edison. Tem trechos bastante semelhantes a "Ma Malia" (verbete anterior), mas também estrofes inteiramente distintas. Está ambientada no Rio de Janeiro, pois menciona dois morros da cidade, o do Castelo e o do Pasmado. Uma das estrofes reúne preconceitos contra os negros: cabelo gurupinhado, olhos arregalados, nariz carapachado, beiço vermelho. Em outra, Mãe Maria é desqualificada e animalizada. Usaria ferraduras em vez de sapatos.

O negro, provavelmente livre, tem medo de ser preso pelo guarda urbano, um sinal de que esta versão do lundu é das décadas finais do Império. A Guarda Urbana foi criada em 1866. As pessoas pobres tinham pavor dos guardas urbanos ou "morcegos", assim chamados porque usavam capas azuis bem escuras, quase pretas. A corporação foi extinta após a Proclamação da República.

Todo mundo tá dizendo
Todo mundo tá dizendo
Calango não tem pescoço
Calango não tem pescoço
Casa que não tem cachoro
Casa que não tem cachoro
Galinha carega osso
Galinha carega osso

Uêê, sinhá, sinhá
Tenho medo de morê
Tenho medo de guarda urbano
Que não venha me prendê

Piriquito, piriquito, piripato,
Cabelo dele como tá gurupinhado
Os oio dele como tá arregalado
Cabelo dele como tá carapinhado
O nariz dele como tá carapachado
O beiço dele como tá vermeio
Tá vermeio de chorá

Encontrei com Mãe Maria
Encontrei com Mãe Maria
Lá no Moro do Castelo
Lá no Moro do Castelo
Comendo coxa de buro
Comendo coxa de buro
Dizia que era marmelo
Dizia que era marmelo

Uêê, sinhá, sinhá
Tenho medo de morê
Tenho medo de guarda urbano
Que não venha me prendê

Piriquito, piriquito, piripato,
Cabelo dele como tá gurupinhado
Os oios dele como tá arregalado
O nariz dele como tá carapachado
O beiço dele como tá vermeio
Vermeio de chorá

Encontrei com Mãe Maria
Encontrei com Mãe Maria
No Moro de Palamado (Pasmado)
No Moro de Palamado
Tratando zi feradura
Tratando zi feradura
Dizia que era sapato
Dizia que era sapato

Uêe, sinhá, sinhá
Tenho medo de morê
Tenho medo de guarda urbano
Que não venha me prendê

Piriquito, piriquito, piripato,
Cabelo dele como tá gurupinhado
O nariz dele como tá carapachado
O beiço dele como tá vermeio
Vermeio de chorá, vermeio de chorá ....

13. "Batuque na cozinha" (s.d.)

Letra e música: autores desconhecidos.
Intérprete: Zeca.
Gravadora: Favorite Record 1-455.457
(Casa Faulhaber).

A primeira gravação de "Batuque na cozinha", feita entre 1911 e 1913, é um exemplo de como canções com forte circulação oral mudam bastante com o correr do tempo. Tem trechos iguais ou muito semelhantes aos de outras versões do lundu, a começar pelo refrão, cujos dois primeiros versos ("Batuque na cozinha/ Sinhá não qué") são idênticos aos ouvidos por Cecília Meireles em sua infância no Rio de Janeiro[81] e reproduzidos mais tarde por João da Bahiana. Mas os dois últimos versos ("Por causa da crioula/ De Pai José") são distintos dos registrados pela escritora e pelo sambista ("Por causa do batuque/ Queimei meu pé").

----

[81] Cecília Meireles. *Olhinhos de gato*. São Paulo: Editora Moderna, 3a ed., 1983, p. 98.

A estrofe que começa com "No alto daquele morro" tem versos depreciativos quase iguais aos do lundu "Mãe Maria" (verbete anterior) quando dizem que a negra usava ferradura pensando que era sapato. Já a quadra que fala sobre o encontro com uma onça no caminho de Minas é bastante parecida com uma das estrofes de "Ma Malia" (também neste capítulo). A mesma estrofe surgiria com pequenas diferenças no rojão "Do Pilá", de Jararaca, Zé do Bambo e Augusto Calheiros, gravado em 1937, cujos versos cantam assim: "No caminho do sertão/ Uma onça me roncô/ Fugiu-me o sangue da veia/ O coração parpitô".

Versão semelhante, porém mais curta, deste lundu foi recolhida também por Baptista Siqueira, em "Lundum x lundu".

Batuque na cozinha
Sinhá não qué
Por causa da crioula
De Pai José

Auê, bambí, auê, bambí
Ziquipá, ziquipá, ziquipá, ziquipá

Cadê pringá (espingarda) prá matá quati
Quati tá no mato eu não pode pegá
Macaco tá no galho e eu não pode matá

Uauê, uauá, uauá, uií, uauê,
Uauá, uií, uauê ...

No alto daquele morro
Encontrei uma murata
Banhando zi feradura
Pensando que era sapata

Auê, bambí, auê, bambí
Ziquipá, ziquipá, ziquipá, ziquipá

Cadê pringá (espingarda) prá matá quati
Quati tá no mato e eu não pode pegá
Macaco tá no galho e eu não pode matá

Uauê, uauá, uauá, uií, uauê,
Uauá, uií, uauê ...

No caminho q´vim de Minas
Uma onça me roncó
Eu ficó com dor de perna
E a cabelo ripiô

Auê, bambí, auê, bambí
Ziquipá, ziquipá, ziquipá, ziquipá

Cadê pringá (espingarda) prá matá quati
Quati tá no mato e eu não pode pegá
Macaco tá no galho e eu não pode matá

Uauê ,uauá, uauá, uií, uauê,
Uauá, uauê, uií ...

Batuque na cozinha
Sinhá não qué
Por causa da crioula
De Pai José

14. "Negro forro"

Letra e música: autores desconhecidos.
Intérprete: Eduardo das Neves.
Gravadora: Casa Edison.
Disco Odeon 108.763 (1907-1912)

Pai Manuel reúne os amigos para comemorar sua alforria. Depois de pedir à Mãe Maria para assar uma leitoa, "faz uma saúde" pela "carta da liberdade" e deita falação num clima entusiasmado. Devido à baixa qualidade do registro fonográfico, aqui e ali perde-se algo do discurso em "língua de preto", mas o sentido geral é de agradecimento ao "sinhô brango". Pai Manuel está contente porque recebeu de presente um chapéu que pertenceu a um "defunto barão" e sua mulher ganhou uma saia de seda da "sinhora baroa".

Na etiqueta do disco, "Negro forro" é apresentada como uma "pândega" – brincadeira que misturava música, chistes e falas engraçadas, muito ao gosto das plateias dos circos de cavalinhos do final do Império e começo da República. Eduardo das Neves, que nasceu em 1874 e começou sua carreira em 1893 como palhaço de circo, trouxe para o repertório da indústria fonográfica um bom número de canções do tempo da escravidão.

- *Viva Pai Manel!*
- *Viva!!!*
- *Viva Pai Manel!*
- *Viva !!!*
- *Brigado, brigado, minha gente, brigado. Vocês tudo vieram na minha casa pra tomar uma lasca e uma prenda boa, não é? Sinhora de sinhozinho brango vem me dar os parabéns porque eu hoje fica forro. Muito obrigado, minha gente. E agora, Mãe Maria, faz o favor de vim ver. Taí seu moço que sinhá dizia que o filho tem que ficá noivo sua. Eh! Eh! Eu, seu Ambrósio, você não sabe como eu tá contente. Eu é que devia fazer carta de liberdade pra mim. Eu vai fazer meu discurso agora e eu e comadre vai matar uma leitoa pra fazer uma carne assada pra nós se deliciar.*
- *Com licença, eu pede palavra pra falar. Mulher de brango, minha sinhô, minha sinhá moça, tá tudo misturado. Hoje que é dia de minha alegria, que eu ficô forro, eu não pode deixar passar em seco esses dias, momento de desatenção quando eu ficô perto de brango. Vocês tudo brango sabe que .... brango. Você sabe que eu hoje não podia deixar de fazer essa saúde, mesmo porque eu tô liberado, bem liberado pra tudo quanto é brango. Portanto, meu sinhô. Viva meu sinhozinho brango!*
- *Viva!!!*
- *Viva tudo brango! Muito obrigado*
- *Viva!!! Eu quero desfrutá pra trazê, chama Pai Manoel, Pai João.*

- *Eu tá muito contente mesmo, agora vou cantar uma arrelia pra vocês escutá.*

Tô muito contente
Ganhei patacão
Ganhei bom chapéu
De defunto barão

Minha mulher tá na saia
De seda bem boa
Quem deu para ela
Foi sinhora baroa (bis)

Eu bebo cachaça
Brango bebe gim
Eu como carne seca
E eu como toucim

Minha mulher tá na saia
De seda bem boa
Quem deu para ela
Foi sinhora baroa (bis)

- *Viva mulher de brango!*
- *Viva !!!*
- *Obrigado, mulher de brango, obrigado !*

Eu sou um preto
De muita fumaça
Sou bem caprichoso
Eu bebo cachaça (bis)

Minha mulher tá com saia
De seda bem boa
Quem deu para ela
Foi sinhora baroa (bis)

- Oi Pai João, mas por que tinha de falá do quintal de sinhá baroa, saiu quando ela viu seu Manoel Joaquim
- Eh, Eh, ele não tem ....
.... Vão pro diabo que o carregue.

15. "Cangoma me chamou" (s.d.).

Letra e música: autores desconhecidos.
Intérprete: Clementina de Jesus.
Gravadora: Odeon.
LP: "Clementina de Jesus" (1966).
Intérprete desconhecido em "Memórias do Jongo" (2007).

No dia 13 de maio de 1888, com o regime escravocrata exausto e sem perspectivas, a Princesa Isabel assinou a Lei Áurea. O Brasil foi o último país ocidental a tornar ilegal a escravidão. A assinatura da lei levou multidões às ruas em todo o país. No Rio de Janeiro, as festas estenderam-se por diversos dias.

Telegramas correram o país dando a boa notícia. Mas, para muitos escravos, o anúncio do fim do cativeiro chegou através do batuque dos tambores – ou cangoma, corruptela de ngoma, palavra que significa tambor em quimbundo e quicongo. O ponto de jongo "Cangoma me chamou", gravado em 1966 por Clementina de Jesus,

também foi recolhido na região de Vassouras (RJ) pelo professor norte-americano Stanley J. Stein, que no final da década de 1940 coletou dezenas de cantos de ex-escravos sobre os tempos do cativeiro e o período imediatamente posterior à Abolição (ver próximo verbete).

Tava durumindo
Cangoma me chamou
Disse: levanta povo,
Cativeiro já acabou.

16. "Pisei na pedra" (s.d.)

Letra e música: autores desconhecidos.
Intérprete desconhecido.
Gravação independente.
CD: "Memória do jongo" (2007).

No final da década de 1940, o professor norte-americano Stanley J. Stein viveu durante 18 meses em Vassouras, no estado do Rio de Janeiro, recolhendo material para sua tese sobre a história da economia cafeeira na região. Impressionado com a riqueza cultural transmitida oralmente por ex-escravizados e seus descendentes, Stein gravou vários pontos de jongo e outros cantos do passado. Garimpou 81 preciosidades, que durante mais de meio século ficariam guardadas (e esquecidas) numa pequena lata de metal em algum lugar dos seus arquivos.

Em 2002, o material foi recuperado graças à curiosidade e à persistência de um jovem pesquisador brasileiro, Gustavo Pacheco, que entrou em contato com Stein e o estimulou a buscar as gravações em seus guardados. Alguns anos depois, os registros musicais estariam à disposição do público no CD que acompanha o livro "Memória do jongo – as gravações históricas de Stanley J. Stein (Vassouras, 1949)", lançado em 2007.

Além de "Cangoma me chamou" (verbete precedente), outro ponto de jongo recolhido por Stein refere-se especificamente à abolição da escravidão: "Pisei na pedra" (título atribuído). Nele, o escravo comemora o fim do cativeiro: "O mundo tava torto, a rainha endireitou". A rainha, no caso, era a Princesa Isabel. Com versos praticamente iguais, o mesmo ponto de jongo é recordado em "Olhinhos de gato", livro infantil de Cecília Meireles. Com algumas variações, ele seria gravado mais tarde pelo Jongo da Serrinha e por Beth Carvalho.

Eu pisei na pedra,
A pedra balanceô
O mundo tava torto,
A rainha endireitô

17. "Canoa virada" (1888)

Letra e música: autores desconhecidos.
Intérprete: Eduardo das Neves.
Gravadora: Casa Edison.
Disco Odeon 108.739 (1912).

O lundu "Canoa virada" é pura festa, comemorando o fim da escravidão: "Vou por vilas e cidades/ Até pelos arrabaldes/ Não há quem não desejasse, o gerê/ O dia da liberdade". Revela a crença de que, com o fim do cativeiro, a vida dos ex-escravos iria melhorar. A abolição teria deixado a canoa de cacunda para o ar. Tinha chegado "a ocasião da negrada bumbar".

"Canoa virada" tem a mesma música de "Caruru", canção preconceituosa e racista (capítulo 3), reproduzindo inclusive seu estribilho. Coincidência ou resposta intencional? O fato de que "Canoa virada" mostre as crioulas, antes tão desqualificadas, agora confiantes nos novos tempos, sugere a segunda hipótese como a mais provável.

Outra versão do lundu seria coletada mais tarde em São Paulo por Rossini Tavares de Lima em "Conceituação do Lundu". O estribilho é praticamente o mesmo. Apenas, no lugar de "bumbá", usa a palavra "arregalá". Duas de suas quadrinhas mostram que a abolição teria despertado, pelo menos num primeiro momento, fortes expectativas de mudanças. A primeira diz: "Os negrinhos antigamente/ Andavam de pulos e saltos/ Também levou o diabo/ Os tais capitão do mato". A segunda completa: "As negrinhas antigamente/ Andavam de saia de algodão/ Hoje andam de anquinhas/ Estufadas que nem pavão".

Segue-se a letra de "Canoa Virada", na interpretação de Eduardo das Neves. A expressão "Bahiano chorar" é apenas uma brincadeira do "Crioulo Dudu" com seu parceiro da Casa Edison, o Bahiano.

A viola já deu baixa
Violão não tem valia
A viola já deu baixa
Violão não tem valia
Até o 13 de maio, meu bem
Já pode marcar quadrilha

Ai, caruru arrenegado
Toda noite me atentou
Quando foi de madrugada
Foi-se embora e me deixou

As crioulas que só comiam
O puro angu com feijão
As crioulas que só comiam
O puro angu com feijão
Agora comem tainha, gerê
Até tomar indigestão.

A canoa virô
Deixá-la virá
De boca para baixo
Cacunda pro ar
Chegou ocasião da negrada bumbá

— Meu Deus! nego bom pra danado

Subi no alto do monte
Fui ver o tempo passar
Subi no alto do monte
Fui ver o tempo passar
E a crioula do lado, meu bem,
Também tempo tá a esperá

A canoa virô ...
Deixá-la virá
De boca para baixo
Cacunda pro ar
Chegou ocasião da negrada bufá

— Eêê, nego, bufa danado!

A viola já deu baixa
Violão não tem valor
A viola já deu baixa
Violão não tem valor
O preto já é livre
Grita que não tem sinhô

A canoa virô
Deixá-la virá
De boca para baixo
Cacunda pro ar
Chegou ocasião do Bahiano chorar

Vou por vilas e cidades
Até pelos arrabaldes
Vou por vilas e cidades
Até pelos arrabaldes
Não há quem não desejasse, o gerê,
O dia da liberdade

A canoa virô,
Deixá-la virá
De boca para baixo,
Cacunda pro ar
Chegou ocasião da negrada bumbá

- Upa, lelê.
- Quando eu morrer, você me enterra, iaiá?
- Enterro, ioiô.

Meu pai João, meu pai José
A folia está queimando,
A Iaiá está cantando
Prá dizer assim que é.

Ai, ai, ai,
Oi, oi, oi,
Agora somos livres,
Não temos mais sinhô.

Os negrinhos de hoje em dia
Já não tem bicho de pé,
A Iaiá está cantando,
Pra dizer assim que é.

Ai, ai, ai, ...

18. "Não temos mais sinhô" (s.d.)

Letra e música: autores desconhecidos.
Intérprete: João Nabuco (piano e canto).
Gravação independente.
Letra e partitura em RTL.

Neste lundu, recolhido no século XX por Rossini Tavares de Lima em Tubarão (Santa Catarina), os escravos comemoram o fim do cativeiro. Diz o refrão: "Ai, ai, ai/ Oi, oi, oi/ Agora somos livres/ Não temos mais sinhô".

O título é atribuído.

19. "Hino da Redenção" (1888)

Letra: Luiz Murat.
Música: Abdon Milanez.
Intérprete: João Nabuco (piano e canto).
Gravação independente.
Letra e partitura na BN.

Luiz Murat, jornalista e poeta abolicionista, e Abdon Milanez, compositor de músicas para operetas e revistas de teatro, assinaram juntos o "Hino da Redenção", oferecido à Princesa Isabel pela Confederação Abolicionista poucos dias depois da assinatura da Lei Áurea.

De certa forma, o hino reforçava a ideia lançada no dia 13 de maio por José do Patrocínio, um dos principais líderes abolicionistas, de que o país devia o fim da escravidão à princesa, a quem chamou de "Isabel, a Redentora". A tese é altamente discutível. Afinal, o país viveu durante duas décadas uma intensa luta política até conseguir pôr fim ao regime do cativeiro.

Pátria, és feliz! Os teus exploradores
Vem-te surgir bela como uma aurora;
Dize aos escravos que não há senhores,
E ao mundo inteiro que estás livre agora.

Já não carrega os teus duros ferros
Entre um coro de dores e gemidos.
Sobes da liberdade os altos cerros
Com as algemas e os grilhões partidos.

Como a tormenta que devasta
O cimo de uma penedia,
A tua mão de bronze arrasta
Um novo sol, um novo dia.

Contempla o mundo com espanto
O teu olhar redivivo;
Não ouves mais, à tarde, o canto
Triste e queixoso do cativo.

Da pugna voltam de novo,
Todos cobertos de glória,
Os defensores do povo,
Os heróis da nossa história.

20. "Missa Campal (1889).

Letra: Oscar Pederneiras.
Música ("En revenant de la revue"):
Louis-César Desormes.
Intérprete: Bahiano.
Gravadora: Casa Edison.
Disco Odeon 108.717 (1912)

No domingo seguinte à assinatura da Lei Áurea, 17 de maio de 1888, celebrou-se no Campo de São Cristóvão, no Rio de Janeiro, uma missa campal de ação de graças pela abolição da escravatura no Brasil. Segundo os cronistas da época, uma multidão de 30 mil pessoas acorreu à cerimônia, que contou com a presença da Princesa Isabel e do Conde D'Eu, além de José do Patrocínio, Machado de Assis, Ângelo Agostini e Hermes da Fonseca, entre outros. A fotografia da missa, de Antônio Luiz Ferreira, é impressionante.

Na revista "1888", Oscar Pederneiras, que teve carreira curta mas muito rica como teatrólogo, levou "Missa Campal" para o palco. Na verdade, fez uma paródia da cançoneta "En revenant de la revue", composta em 1886, que cantava as peripécias de uma família parisiense num piquenique festivo no 14 de Julho, Dia Nacional da França. Na revista de Pederneiras, o ator leva a mulher, a filha e a sogra ao Campo de São Cristóvão para assistir à missa e à festa, mas as coisas não saem tão bem como ele esperava.

Anos depois, em 1891, depois da Proclamação da República, Olavo Bilac escreveria duas outras paródias de "En revenant de la revue" – uma sobre a primeira Revolta da Armada; outra sobre a frequente falta de quórum na Câmara dos Deputados ("En revenant de la légalité" e "En revenant de la chambre", capítulo 8).

Quingombó significa quiabo em quimbundo, um dos idiomas mais falados em Angola.

Tendo um gênio vivo e pagodista
Para a bela pândega descaio
Fui com a família pra revista
Em honra do 13 de Maio
Ai, que prazer calmo e jocundo
Íamos os quatro a dois de fundo
A mãe e a filha, a frente guarda
E eu com a sogra na retaguarda

Cada um, para a viagem,
Levou matolotagem
Cá o Degas todo o pão levou
A esposa, o queijo, nada mal
A sogra preparou bolos de bacalhau
E a menina, um belo angu
De quingobós e caruru

Bem contentes, mui diligentes
A pé pra São Cristóvão fomos nós todos, afinal
Os quatro a rir, para poder assistir
Ao desfilar das tropas e à Missa Campal

Íamos de carro e, de repente,
Lá surge a tropa, bela vista!
De cada corpo, um contingente
Marchava à largo pra revista
Uma das bestas, espantada
Levou a outra em disparada
Ai, que sarilho, ai, que escarcéu
Perdi o pão, perdi o chapéu.

A pobre sogra
Ver bem não logra
Na confusão entra a gritar
Frente a mim para saltar
Porém, no repelão
Coitada, foi ao chão
De forma tal que por um triz
No olho entrou-lhe o meu nariz

Mas passado o caso desastrado
A pé pra São Cristóvão fomos, nós, afinal
Os quatro a rir pra poder assistir
Ao desfilar das tropas e à Missa Campal.

Lárálárá, lalarará, lalarará
Lárálárá, lalarará, lalarará
Lárálárá, lalarará, lalarará
Lárálárá, lalarará, lalarará

Ao Campo, enfim, eis-nos chegados
Na relva fomos nos sentar
Já pela fome torturados
Entramos logo a manducar
Tatarárá, tatarárá,
A revista a começar
Trepei nos ombros da mulher
E esta, na filha que, pra ver
Trepara mais atrás aos ombros dum rapaz
A sogra não vê bem
Trepar em todos quer, porém,
Coitada foi ao chão do alto do lampião
E foi a queda tão aguda
Que a pobre velha ficou muda

21. "A rainha me deu cama, mas não deu banco"

Letra e música: autores desconhecidos.
Intérprete não identificado.
Gravação independente.
CD: "Memória do jongo" (2007).

O ponto de jongo "A rainha me deu cama, mas não deu banco" (título atribuído), recolhido pelo professor norte-americano Stanley J. Stein em Vassouras, resumiu simbolicamente o alcance e as limitações da Lei Áurea. Os escravos conquistaram a liberdade, mas não receberam terras para trabalhar e meios para sobreviver. Amargariam, eles e seus descendentes, as limitações da abolição, que manteve quase intacta a exclusão social, o preconceito e a opressão.

André Rebouças

Bem que André Rebouças, um dos principais líderes do movimento abolicionista, dizia ser necessário distribuir terras para os libertos. Só assim eles poderiam tornar-se pequenos proprietários, abrindo caminho para uma "democracia rural" no Brasil. A proposta tinha forte apoio entre os abolicionistas, mas, na hora H, eles não conseguiram emplacá-la. Os aliados de última hora, inclusive a família real, deixaram claro que tinham chegado a seu limite ao endossar a extinção do cativeiro sem indenização aos antigos proprietários de escravos. Distribuição de terras, nem pensar.

Não me deu banco pra mim sentar,
Dona rainha me deu cama,
Não me deu banco pra me sentar

Um banco pra me sentar
Dona Rainha me deu cama,
Não me deu banco pra me sentar, ô iaiá

22. "Seu negro agora tá forro"

Letra e música: autores desconhecidos.
Intérprete não identificado.
Gravação independente.
CD: "Memória do jongo" (2007).

O ex-escravo, que conserva na memória os desaforos e as sevícias do tempo do cativeiro, comemora o fato de não precisar mais aturar os abusos dos senhores. Ele está livre.

Este canto, com título atribuído de "Seu negro tá forro", não é propriamente um jongo. Seus dois primeiros versos são muito semelhantes a uma das quadrinhas do lundu "Pai João" (capítulo 3).

No tempo do cativeiro
Aturava muito desaforo
Levantava de manhã cedo
Com cara limpa, leva o couro, ai

Agora quero ver o cidadão
Que grita no alto do morro
Vai-se Cristo (?), seu moço
Seu negro agora tá forro.

23. "Na panhação de café"

Letra e música: autores desconhecidos.
Intérprete não identificado.
Gravação independente.
CD: "Memória do jongo" (2007).

"Na panhação de café" (título atribuído), também recolhido por Stanley J. Stein em Vassouras, no Estado do Rio de Janeiro, não é um jongo, mas um calango. Reúne vários motivos de canções disseminadas na região. A quadrinha sobre o trabalho na fazenda de café, por exemplo, seria gravada mais tarde por Clementina de Jesus, em "Barracão é seu", com as palavras "balaio", "colheita" e "cintura" em vez de "peneira", "panhação" e "cadeira".

A canção retoma versos sobre o tempo do cativeiro e o momento da abolição, mas avança no tempo, pois algumas quadrinhas se referem ao trabalho assalariado na colheita do café. Curiosamente, o calango mistura os sistemas de trabalho escravo e assalariado. Diz que, se voltasse o tempo da escravidão, ele mataria o seu patrão – e não o senhor de escravos.

É que sabe combinar
Assim a Sinhá rainha é que soube combinar

Sinhá rainha é que soube combinar
Pegou na pena de ouro
E jogou no meio do mar

Treze de maio a corrente rebentou
No dia treze de maio
Minha corrente rebentou

Minha corrente rebentou
Estremeceu um pouco
No coração do senhor

A pedra balanceou
Olha, eu pisei na pedra
E a pedra balanceou

Pisei na pedra
E a pedra balanceou
Pois o mundo tava torto
Sinhá rainha endireitou

Ai, ser peneira
Na panhação de café
Mas eu queria ser peneira
Na panhação de café

E na panhação de café
Pra andar dependurado
Nas cadeiras das muié

E no tempo da escravidão
Eu queria que eu chegasse
No tempo da escravidão

Que eu chegasse
No tempo da escravidão

Eu queria ser (............)
Que eu matava o meu patrão

Ai, liberdade
Foi a rainha quem me deu
Liberdade, liberdade
Foi a rainha que me deu

Ai, foi a rainha quem me deu
Com sua pena de ouro
Ela mesmo escreveu

Entre nós não há perigo
Tu é bom, eu também sou
E entre nós não há perigo

Eu também sou
Entre nós não há perigo
Sentimento que eu tenho
De não saber mais verso antigo

24. "Pai José" (s.d.)

Letra e música: autores desconhecidos.
Intérprete: João Nabuco (violão e canto).
Gravação independente.
Letra e partitura em AMP.

Embora "Pai José" pertença ao ciclo de canções do Pai João (capítulo 3), é posterior ao fim da escravidão. Tanto que a sinhazinha já não pode mais dar pancada no negro, chicoteá-lo com o bacalhau ou amarrá-lo no tronco. Por isso, quando fica zangadinha, manda raspar a cabeça do ex-escravo com a navalha. No lugar do castigo físico, a humilhação. A canção foi recolhida por Alexina Magalhães Pinto em Minas Gerais, no início da República. Ela explica em nota ao pé da página: "*Rapar a cabeça* era imensa ignomínia para os escravos, em Minas ao menos; dizem-me que, isso, por ser antiga usança rapar a cabeça para os que iam para a Casa de Correção. As escravas exasperavam-se com o fato até o suicídio".

Em "Conceituação do Lundu", Rossini Tavares de Lima registrou uma variante desta canção, com partitura.[82]

Pai Zuzé, como está, como tem passado?
Iô tá véio, iô tá magro, iô tá cabado;
Já não come, já não bebe, já não drome
Língua de baranco tá dizendo qu'é ciúme.

---

[82] São esses os versos coletados por Rossini Tavares de Lima em Piracicaba, São Paulo. Segundo o folclorista, eles datariam do finalzinho do século XIX: "– Pai José, como passou, como tem passado?/ – Você está vendo que tô véio, tô cansado,/ Como pergunta como passou, como tem passado./ Sinhá xinga, sinhá raia, sinhá grita,/ Mexerico na cozinha tá rolando,/ E na varanda palmatória está dançando".

Sinhazinha tá na sala de conversa;
Tá pensando que zi negrinhas tá cosendo;
Zi negrinha, de ciúme, tá brigando,
Mexerico, na cozinha, tá frevendo.

Sinhá grita, Sinhá xinga, Sinhá ráia,
Sinhazinha fica tudo zangarinha
Cúmu êre já não póre dá pancada,
Manda rapá minha cabeça cú naváia.

25. "O entusiasmo do negro mina" ("Pai João")

Letra e música: autores desconhecidos.
Intérprete: Eduardo das Neves.
Gravadora: Casa Edison.
Disco Odeon 108.174 (1907).

Esta canção também é posterior à abolição. O Rio de Janeiro já é a "Capital Federal", denominação adotada na República.

O negro mina trabalha como empregado doméstico na casa da sinhá. Ao fazer compras na venda, apaixona-se pela crioula que está na janela do sobrado em frente à loja. Pede ao caixeiro que escreva uma carta de amor para ela. Quando vai entregá-la, a patroa da mulher chama-o de "negro sem vergonha", ameaçando-o com a palmatória. O mina foge em disparada, cantando o antigo refrão: "E eu saí corí-coreno/ Turú-turupicano/ Acode,

Mãe Maria/ Pai João tá apanhano". A canção mostra que, embora fosse livre, o ex-escravo continuava a ser xingado e ameaçado fisicamente.

O lundu é interpretado por Eduardo das Neves. Antes de ser cantor e compositor, ele trabalhou como palhaço de circo durante muito tempo. Muitos dos palhaços da época eram verdadeiros *showmen*. Não usavam nariz de borracha ou sapatos imensos. Cantavam, tocavam violão, imitavam figurões, contavam casos, improvisavam versos, inventavam histórias, diziam chistes, dialogavam entre si e com os espectadores. O importante era divertir a plateia. Foi nessa escola que se formaram muitos dos primeiros cantores da indústria fonográfica brasileira, como Eduardo das Neves, Bahiano, Campos e Mário Pinheiro.

No livro "O elogio da bobagem", Alice Viveiros de Castros analisa a performance de Eduardo das Neves na gravação de "O entusiasmo do negro mina": "É interessante perceber os pequenos ditos, o jeito e as graçolas que cada um dos cantores acrescenta. Percebe-se logo que Eduardo apresentou esta cena ao vivo inúmeras vezes, testando-a e amadurecendo-a antes de gravá-la. (...) A música,

mais falada do que cantada, é uma excelente amostra do estilo dos palhaços quando apresentavam a figura do preto-mina em cena. A composição é tão bem resolvida que nos permite conjecturar sobre a possibilidade de a música ter feito parte do repertório de outros palhaços".[83]

Alice Viveiros de Castro tem toda razão. No comecinho de "O entusiasmo do negro mina", Eduardo das Neves canta dois temas entoados, entre risadas e falas pelo comediante Francisco Correa Vasques na cena cômica "O sr. Anselmo apaixonado pelo Alcazar", apresentada em 1862, ou seja, 45 anos antes. Os versos são os seguintes: "Sentado à margem do rio/ Chorando a minha miséria/ Veio uma onda e me disse:/ (................................)// Destas quatro, seu bem, que ficaram/ Foram duas à função/ Deu-lhe o *tangro-no-mangro* nelas/ Acabou-se a geração".[84]

---

[83] CASTRO, Alice Viveiros de. *O Elogio da Bobagem – palhaços no Brasil e no mundo*. Rio de Janeiro: Editora Família Bastos, 2005, pp.178-180.

[84] VASQUES, Francisco Correa. *O sr. Anselmo apaixonado pelo Alcazar*. Rio de Janeiro: Tipografia Popular de Azeredo Leite, 1963, pg. 7. Provavelmente o quarto verso da primeira quadra não foi impresso devido a um erro tipográfico.

Obuô tango lo mama ôôô banduri

Iô tava na beira do rio
Cholava minha misélia
Veio uma traíra e me disse
Cangarejo não tem pescoço

Aí chegou sinhá e disse:
- Ó negro.
- Sinhá, minha sinhá.
- Suncê já fez a compra do armoço, negro
sem vergonha?
- Ainda não, minha sinhá.
- Pois então negro pega samburá e vai na
venda e fazê zi compra. Tá me escutan-
do, nego?
- Si, sinhá, ó, minha sinhá.

E iô infiô samburá no braço
I tô andano,
I tô andano,
I tô andano,

Quando iô chegô na venda de sô Joaquim,
onde sinhá compra pru mes e paga pru
sumana e tá devendo dois anos atrasados,
hehe, iô disse pra caixeiro:
- Nhonhô, folha de compra de sinhá.
Mas enquanto o caixeiro embruiava as
compras, tinha um sobrado defronte, iô
vi uma crioula na janela do sobrado.
Quando a negra me viu, piscou o dente
pra mim, eu pisquei a oreia pra nega.
- Aí, iô disse:
Casei com a negra mesmo.
I iô disse:

- Nhonhô, vamo escrevinhá uma carta
pra aquela crioula.
Caixeiro moiô o tinteiro na pena e iô tô
olhando pra ele. Caixeiro queria escrevi-
nhá, aí iô disse não escrevinha pra mais
ninguém.
Rio de Janêro, capitá de sumana federá
no meis e no dia que nós está. Maria
Francisca, minha nega di coração, iô ti
amo muito, nega. Iô ti amo lá de fundo
de bofe, de contrabofe e de rebofe de cora-
ção. Iô ti amo tanto, negra, como cachorro
ama pancada. Iô ti quero muito bem. Iô
ti faço tudo gosto. Vô manda fazé um
lenço de estopa pra tu limpá tua rosto .....

Eh bangú, eh bangú
Siricupaco, mango, mango, lucucu
Siricupaco, mango, mango, lucucu

....

- Oi, negro tá contente porque vai levá
carta de namorado pra crioula.
Mas quando iô chegô na casa da negra,
deu a carta, a dona da casa levantô e
disse:
- Ó negro, que atrevimento misturado
com pouca vergonha di você entregar uma
carta di namoro pra minha criada.
I eu disse:
- Nhanhá, o amor quando penetra no
coração do preto pode romper parede de
ferro, sinhá.
A moça disse:
- Ah, nego. Você quer casar com minha
criada, não é?

Eu disse:
- Sim, sinhá, aminhã, sinhá.
- Pois intão negro espera que eu vai buscá
presente pra seu casamento.
Sinhá entra no quarto e trouxe pramató-
ra, meu amigo.

E eu saí corí-coreno
Turú-turupicano
Acode, Mãe Maria
Pai João tá apanhano (bis)

- Ih, ih, negro quasi qui entrô nesse bolo
de pramatóra.

26. "Mestre Domingos e sua patroa"

Letra e música: Eduardo das Neves.
Intérprete: Os Geraldos (Geraldo
Magalhães e Nina Teixeira).
Disco Odeon 108.337 (1909)
Letra em TdM.
Partitura em LG.

O dueto parece ser um pouco posterior à abolição. Afinal, a sinhá já é chamada de patroa. Tudo indica que seja da autoria de Eduardo das Neves. Pelo menos, faz parte do "Trovador da malandragem", lançado em 1911, sendo precedida e seguida por várias canções da lavra do Dudu. Foi cantada por ele em circos e teatros nos primeiros anos do século XX.

Décadas mais tarde, o dueto seria recolhido por Luciano Gallet. Sem atribuir a autoria a Eduardo das Neves, o livro "Estudos de Folclore" traz uma partitura com apenas duas quadrinhas: a da pergunta inicial da dama – "Mestre Domingos, você para onde vai?" – e a da resposta do mestre – "Vim buscar meia pataca pra tomar parati".

Rolando Serigi, do Instituto Histórico Geográfico de Sergipe, em artigo publicado no Correio Paulistano de 18 de abril de 1954, reproduziu quadrinhas muito semelhantes às cantadas por Eduardo das Neves. Já o pesquisador capixaba Guilherme Santos Neves, no número 84 da revista "Folclore", da Comissão Espírito-santense de Folclore, editada em 1968, reuniu estrofes da canção ambientadas na cidade de Vitória. Rossini Tavares de Lima fez o mesmo em "Conceituação do Lundu".

Em todas as versões, a história central é a mesma: mestre Domingos, negro, convence a sinhá ou patroa, branca, a se casar com ele. No início, ela finge resistir. Depois, cede à tentação. O dueto termina com os dois em ponto de bala, prontos para comer maracujá – a fruta da paixão.

A letra abaixo é a que consta do "Trovador da malandragem", de Eduardo das Neves. Na gravação de "Os Geraldos", de 1909, não existe a estrofe sobre o "chateau" da rua do Bonfim, no bairro de São Cristóvão, no Rio, onde morou o Dudu.

Dama
"Seu" mestre Domingos,
O que vens fazer aqui?

Mestre
Pedir meia pataca
Pra tomar parati

Dama
Toma cuidado,
Não te vás embriagar.

Mestre
Eu vou ficá "pinguço"
Pra sinhá me carregar.

Dama
"Seu" mestre Domingos,
Não me vá fazer asneira.

Mestre
Sinhá, qué vim comigo?
Será minha companheira.

Dama
Não gosto de graça ...
Siga ... vá sozinho ...

Mestre
Vem cá, pombinha branca
Quero ser o teu pombinho.

Dama
Já! ... para a cozinha,
Cuidar da panela.

Mestre
Eu vou fazé quitute,
Pra comer com sinhá bela.

Dama
Negro atrevido,
Vai te lavar.

Mestre
Então sinhá descurpa;
Não precisa matratá.

Dama
Então, diz-me, agora,
Si tu tens mulher.

Mestre
Sinhá, eu sou viúvo;
Morreu Maria José,
Mas vou casá de novo
Com sinhá, si me quisé.

Dama
Meu Deus! Eu não posso
Com tal tentação ...

Dama
"Seu" mestre Domingos
Não lhe posso resistir.

Dama
Mais devagar ...
Não vamos a correr ...

Dama
Então diz baixinho,
O que é que você quer ...

Dama
Mestre Domingos
Tens casa para mim?

Dama
Então sem demora,
Sigamos para lá.

Mestre
Sinhá, rêa muchila
Já é seu meu coração.

Mestre
Sinhá, dá cá o braço,
Vamos pra casa dormir.

Mestre
Sinhá, eu tô c'o pressa,
Co' vontade de querê.

Mestre
Eu quero sinhazinha
Para ser minha muié

Mestre
"Chateau" velho de guerra,
Lá na rua do Bonfim ...

Mestre
Sinhá já tá com pressa,
Co' vontade de deitá;
Pois vamos já pra casa
Pra comê ... maracujá ...

27. "Pai João (pot-pourri)".

Letra e música: autores desconhecidos.
Intérprete: Eduardo das Neves.
Gravadora: Casa Edison.
Disco: Odeon 108.077 (1907).

Este "Pai João", *pot-pourri* com quatro lundus diferentes, gravado por Eduardo das Neves em 1907, vem a calhar como fecho para as canções sobre a escravidão.

No primeiro lundu, o negro velho, ao que tudo indica um homem livre, recusa-se a abrir a porta de casa para o delegado pois sua mulher, Catirina, "já deitô". Pai João e Catarina (ou Catirina) são nomes recorrentes de escravos e escravas em folguedos, reisados, congos e lundus, como também Pai José, Pai Francisco, Pai Miguel e Mãe Maria.

O segundo lundu é "Lá no Largo da Sé", composto em 1837 por Candido Inácio da Silva e Araújo Porto-Alegre, um marco na história da nossa música popular (capítulo 1).

Sobre o terceiro lundu, não se conseguiu obter qualquer informação.

Já o quarto lundu põe melodia na história, existente em alguns cancioneiros, do escravo que namora a bela iaiá quando o senhor vai à feira no sábado ou à missa no domingo. Um bom exemplo da aventura amorosa do escravo com a sinhá está nas quadrinhas de "Pai João" ("Deus primita que chegue sabro"), recolhidas por Rodrigues de Carvalho no "Cancioneiro do Norte" (ver nos anexos deste capítulo).

Pai João,
Abre a porta, negro
Por ordem do delegado
Pai João,
Abre a porta, negro
Por ordem do delegado

Iô não abre minha porta
Catirina tá deitado
Iô não abre minha porta
Nem que seja de inspetor
Iô não abre minha porta
Nem que seja de inspetor
Não abre porque não quero
Catirina já deitô
Catirina já deitô

Sirucupaco mango mango difamado
Maria Congo não me qué
Mas, ô pecado,
Nem portero nem rei loco
Nem pochola nem manara
Auauá, uaaá

- Seu moço brango tá falando comigo?
Como pensa que eu não tá escutando?

Lá no Largo da Sé Velha
Tá vivo um longo tutu
Tem uma gaiola de ferro
Com um bicho surucucu
Oh que cobra feroz
E que tudo ataca
Té d'algibeira
Tira a pataca.

Eh, bambu
Eh, bambu
Dê cá a espingarda
É pra matá surucucu
Dê cá a espingarda
É pra matá surucucu

Seu Manoel de ofício tem pescador
Seu Manoel de ofício tem pescador
Pesca na quarta, na quinta mangaló
Todo peixinho que pesca é roncador
Cabra tão velho no montoio tem bolor
E negu véiu nu cozinha tem calor

Eh, bambu
Eh, bambu
Dê cá a espingarda
É pra matá surucucu
Que nem porteiro nem rei louco
Nem pochola nem manara
Auauá, uaaá

- Meu deus, nego quando sente fome no dia de domingo, fica tudo entusiasmado. Catirina tá lá em casa gemendo mêmo cum fome, coitada dela

Num domingo dia santo minha sinhô vai passeá
Num domingo dia santo minha sinhô vai passeá
Iô fica tomando conta de minha bela iaiá

Sirucupaco, mango, mango difamado
Maria Congo não me qué
Mas, ô pecado,
Se quisé ganha absinto
Não me quéra discordá

- Eh, meu deus do céu, tem de abóbora de São Jerômo.

Capa da partitura do drama musicado "Scenas da Escravidão" (1885). Bahia

363

Anexos
Capítulo 6

1. "Hino Abolicionista" (1885)

Letra: Antônio Felix de Bulhões.
Música: José Marques Tocantins.
Letra em "A Poesia Goiana no século
XX".

Em 1º de janeiro de 1885, na cerimônia de fundação do Centro Libertador Goiano, no Teatro São Joaquim, na cidade de Goiás, cantou-se pela primeira vez o "Hino Abolicionista", com letra de Antônio Felix de Bulhões, principal figura abolicionista do estado, e música de José Marques Tocantins.

Nos anos seguintes, o movimento pela libertação dos escravos ganharia grande impulso em Goiás, levantando fundos para alforrias, imprimindo e distribuindo jornais, aprovando leis em câmaras municipais, organizando atos públicos e conferências. Antônio Felix de Bulhões morreu em 1887, no auge do movimento abolicionista.

(coro)
Eia! Exulta, a clamar liberdade
Quem há pouco dobrava a cerviz!
Vão quebrar-se da lei na igualdade
Os grilhões de uma raça infeliz.

De Aristides ao grito açodada
Ela a triste cabeça elevou;
E o clamor de uma nova cruzada
Pelos vastos sertões retumbou.

Eia! exulta etc.

No formoso horizonte goiano,
Retocado de cores gentis
O cruel privilégio inumano
Terminou. Já não há mais servis.

Eia! exulta etc.

O passado sepulte-se escuro
Ante a aurora que rósea brilhou:
Rio Branco liberta o futuro,
O presente ele aqui libertou

Eia! exulta etc.

2. "Coplas do escravocrata" (1884)

Letra: Artur Azevedo e Moreira Sampaio.
Música: Gomes Cardim.
Letra em AA.

Na revista "O bilontra", encenada no início de 1884, um deputado escravocrata é vaiado e perseguido por abolicionistas ao sair da Câmara. Depois, confessa aos amigos que ele mesmo havia encomendado os apupos. Precisava de um pretexto para apresentar uma moção de desconfiança ao governo.

Eu saio da Câmara,
Ao fim da sessão
E vou sorumbático,
Olhando pro chão.
Mas eis que de súbito,
Eu ouço uma voz,
Dizendo-me injúrias,
E passo veloz ...
Um grupo de vândalos
Persegue-me então ...
São eles inúmeros ...
Nem sei quanto são!

Fiô! (assovio)
Fiô! (assovio)
Escravocrata!
Lá vai batata!
Zás!
Trás!
Fiô! (assoviam todos)

C'os olhos um tílburi
Eu busco, mas qual!
Que vaia! Que escândalo!
Que piramidal!
Enfim, todo impávido,
Lá vou mesmo a pé,
E os vândalos seguem-se,
Chamando-me Zé
Nas ruas mais públicas
Quem viu coisa assim!
Os pulhas insultam-me
E zombam, de mim!

Fiô! ...

3. "Pai João" ("Deus primita que chegue sabro")"

Letra e música: autores desconhecidos.
Letra em Cancioneiro do Norte, de Rodrigues Carvalho.

Quando o senhor estava fora da fazenda, o escravo aproveitava para namorar a sinhá: "Deus primita que chegue sabro/ Que meu senhor vá pra feira/ Pra eu ficar com min senhora/ Sentadinho na cadeira". Rodrigues Carvalho, no "Cancioneiro do Norte", deu o título de "Pai João" à canção.

No pot-pourri de lundus "Pai João", gravado em 1907 por Eduardo das Neves (verbete 27 deste capítulo), há trecho com conteúdo semelhante: "Num domingo dia santo minha sinhô vai passeá/ Iô fica tomando conta de minha bela iaiá".

Deus primita que chegue sabro
Que meu senhor vá pra feira
Pra eu ficar com min senhora
Sentadinho na cadeira

    Bravos, sinhá moça
    Bravos, assim

Pai João não gosta de negro
Deus primita que chegue domingo
Que meu senhor vá pra missa
Pra eu ficar com min senhora
Comendo boa linguiça

    Bravos, sinhá moça
    Bravos, assim

Pai João não gosta de negro
Ai, se meu senhor morresse
Eu tinha muita alegria
E casando com min senhora
Tomava a carta de alforria

    Bravos, sinhá moça
    Bravos, assim

Pai João não gosta de negro
Ai, se meu senhor morresse
Eu tinha medo de uma coisa
Que sinhá não me pegasse
Botasse na mesa do carro
E eu grudado com os fueiros
Largava a boca no mundo
Acudam meus pariceiros.

7

Ganhadores, autônomos, assalariados

Introdução

ste capítulo não estava previsto no plano original deste livro. Mas, no decorrer da pesquisa, impressionaram-me a quantidade e a riqueza das canções que refletiram as mudanças no mundo do trabalho nas principais cidades brasileiras na segunda metade do século XIX. Elas dão conta de um processo social interessantíssimo: a rápida transição do trabalho escravo para o trabalho assalariado ou autônomo nos principais centros urbanos do país, em especial no Rio de Janeiro, antes da abolição da escravatura.

Até a década de 1850, quase todas as atividades urbanas eram exercidas pelos escravos de ganho – cativos que trabalhavam nas ruas e entregavam a seus senhores a maior parte do dinheiro recebido pelos serviços prestados ou pelas mercadorias vendidas. Entre eles, havia profissionais especializados como alfaiates, sapateiros, tanoeiros, carpinteiros, pedreiros, ferreiros, ourives, coureiros e barbeiros. Outros extraíam dentes e aplicavam ventosas. Mas a maioria dos ganhadores e ganhadeiras trabalhava no comércio e no transporte de cargas e pessoas – estas nas cadeiras de arruar.

Praticamente todo o comércio ambulante nas cidades estava a cargo de cativos e cativas ou de libertos e libertas. As mulheres eram a maioria nessa atividade. Vendiam de tudo: peixes, caranguejos, carnes, frutas, legumes, verduras, água, café, refrescos, carvão, capim, milho, bebidas, bolos, doces e refeições. Gravuras feitas na época por artistas como Carlos Julião, Henry Chamberlain, Joaquim Cândido Guillobel, Jean-Baptiste Debret e Johann Rugendas mostram a extraordinária variedade das atividades comerciais dos ganhadores e ganhadeiras.

Carregadores de Água. Rugendas

Os escravos também carregavam tudo que circulava pelas cidades. "Tudo que corre, grita, trabalha, tudo que transporta e carrega é negro", observou o viajante alemão Robert Avé-Lallemant, citado pelo historiador João José Reis em seu trabalho "A greve negra de 1857 na Bahia". Continua João José: "A maioria dos negros de Salvador, escravos ou não, trabalhava na rua, ou entre a casa e a rua. Eles eram responsáveis pela circulação de coisas e pessoas pela cidade. Carregavam de tudo: pacotes grandes e pequenos, do envelope de carta a grandes caixas de açúcar, tinas de águas e fezes, tonéis de aguardente e gente em cadeiras de arruar".[85]

Esse quadro mudou, entretanto, a partir do final dos anos 1850. Primeiro, de forma lenta; depois, acelerada. Em poucas décadas, a quantidade de escravos de ganho nas cidades diminuiu significativamente, enquanto crescia a olhos vistos o número de libertos e livres que trabalhavam nas ruas por conta própria, tornando-se pequenos empreendedores. No comércio ambulante, mulheres negras que se alforriaram ou já haviam nascido livres tornaram-se ainda mais numerosas, tomando conta das ruas com seus tabuleiros e bandejas. Assim,

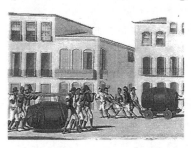

Carregadores de tonéis. Chamberlain

na década de 1880, a situação já era outra. Em vez de ganhadores e ganhadeiras, predominavam nas ruas da Corte e de outras cidades ex-escravos que haviam passado à condição de trabalhadores autônomos ou pequenos empreendedores. Também entraram no mercado do

---

[85] JOÃO JOSÉ REIS. *A greve negra de 1857 na Bahia.* Revista da USP, no 18, pg. 8. O autor aprofundou o tema no excelente livro *Ganhadores: a greve negra de 1857 na Bahia*, São Paulo: Companhia das Letras, 2019.

Vendedora de frutas, como a Sabina. Marc Ferrez, 1875. Acervo IMS

trabalho imigrantes, principalmente portugueses pobres, que chegaram ao país em grande número.

Vários fatores concorreram para essa mudança. Como já se viu, o fim do tráfico negreiro em 1850, ao interromper a oferta de africanos escravizados, produziu em pouco tempo uma forte concentração dos cativos nas lavouras cafeeiras do Estado do Rio e São Paulo. Some-se a isso o fato de que muitos escravos e escravas de ganho, graças às pequenas economias feitas ao longo de anos de trabalho, conseguiam comprar a liberdade e passavam a trabalhar por conta própria. Esse processo acentuou-se nos anos 1880 com a crise do regime do cativeiro e o crescimento do movimento abolicionista.

Por outro lado, depois de 1850, os capitais antes imobilizados no comércio transatlântico de africanos deslocaram-se para outras atividades. Ferrovias foram construídas. Oficinas, pequenas fábricas e até estaleiros abriram suas portas. Surgiram novos bancos, lojas, casas de pasto, estabelecimentos comerciais e escritórios. As cidades e os serviços urbanos passaram por notáveis transformações: calçamento de ruas, iluminação a gás, redes de esgotos sanitários, bondes puxados por burros,

Tigreiros. Henrique Fleiuss. 1861

varreduras de vias públicas. No Rio, importantes corporações foram criadas, como o Corpo de Bombeiros (1856) e a Guarda Urbana (1866).

Todos esses progressos abriram postos de trabalho, promoveram o assalariamento e estimularam a chegada de imigrantes. A partir da metade do século, categorias profissionais antes inexistentes passaram a fazer parte do cotidiano das principais cidades e, em especial, da Corte: ferroviários, empregados de casas bancárias e casas de pasto, cocheiros e condutores de bonde, funcionários da iluminação pública, garis, guardas e bombeiros.

Tais mudanças deram-se dentro de um quadro de forte crescimento econômico, graças à elevação dos preços internacionais do café. A extraordinária injeção de recursos na economia favoreceu o florescimento cultural. Foram criados novos jornais, editoras e teatros. Os circos de cavalinhos multiplicaram-se. Surgiram os cafés-cantantes e, pouco depois, os chopes-berrantes. Tudo somado, especialmente a partir da década de 1870, nossa música popular viveu um tempo de muita criação e intensas trocas. Assim, pôde captar e traduzir as importantes mudanças ocorridas no mundo do trabalho no período.

***

Foram garimpadas 31 canções que refletem as mudanças no trabalho urbano durante a segunda metade do século XIX e os primeiros anos do século XX – 25 delas com partituras ou indicações de música. Também poderiam fazer parte dessa lista "Preta Mina" e "As laranjas da Sabina", mas, por razões editoriais, elas foram incluídas nos capítulos 3 e 8, respectivamente. As mulheres dominam a cena em 13 das 25 canções com música e os homens em 12. Na seleção, há lundus, modinhas, tanguinhos e cantigas de rua, mas as cançonetas são o gênero mais frequente.

As três canções iniciais são anteriores a 1870. Uma delas, "O caranguejo", é, pelo menos, do início dos anos 1860. Quem canta é um escravo de ganho, Pai Manoel, que deixa clara sua condição ao reagir, em "língua de preto", à possibilidade de sofrer um calote de uma compradora: "Sinhá não sabia/ Que yo era cativo/ Que tem ri dá conta/ Di o mi cativeiro?/ Nô qué zi caróte/ Dacá mya rinhêro"[86]. É provável que o personagem de "O vendedor d'água" também seja um escravizado, mas não há certeza. O aguadeiro sente-se tão explorado que pede à morte que venha libertá-lo: "Morro e vivo trabalhando/ De meu não tenho um vintém/ Ah! Diabo leve esta vida/ E quem a quiser também". Já no lundu "A lavadeira", composto em 1866, dona Josefina recebe pelos serviços prestados a seus clientes.

O vassoureiro. Gomes Junior. 1899. Rio de Janeiro. Acervo IMS

As sete canções seguintes abordam atividades assalariadas que surgiram no contexto da modernização dos serviços urbanos de comércio, transporte e limpeza: "Cocheiro de bonde" (1883), "Trabalhou, mas não ganhou" (1885), "Coro dos caixeiros" (1889), "O condutor de bonde" (1900), "Coro dos garis" (1900), "O bombeiro" (s.d.) e, outra vez, "Cocheiro de bonde" (s.d.). Todos os profissionais são homens – em geral, imigrantes portugueses. Em várias canções, os trabalhadores queixam-se das condições de trabalho: serviço pesado, atrasos de salário, inexistência de folgas e risco de desemprego.

O bloco que vem a seguir, com oito canções, é quase exclusivamente feminino. Resgata o trabalho de mulheres livres, ex-escravas ou descendentes de escravas, que vivem da venda de mercadorias nas ruas

---

[86] Em português corrente: "Sinhá não sabia/ Que eu era cativo/ Que tenho de dar conta/ Do meu cativeiro?/ Não quero o calote/ Dá cá meu dinheiro".

das cidades. A canção-pregão "O sorveteiro", também conhecida por "Sorvete, iaiá", é a única exceção. O vendedor é um homem. Nas demais – "Aqui vai quitanda boa" (s.d.), "Me compra, ioiô" (1901), "A doceira" (1902), "A doceira" (s.d.), "A quitandeira" (1902), "Iaiá Fazenda etc e tal"(1904) e "A baiana dos pastéis" (s.d.) –, são as mulheres que oferecem frutas, bolos, doces, verduras, pastéis, vatapás, carurus e zorôs às pessoas nas ruas. Todas elas mostram-se orgulhosas do que fazem e confiantes em si mesmas. "Sou baiana quitandeira/ A mais querida e barateira/ Meu tabuleiro tem enguiço/ Tem feitiço", proclama a vendedora na popularíssima canção "Me compra, ioiô".

"A cozinheira" (1897), "Tecelona" (1902) e "A engomadeira (1905)", compostas por Raimundo Ramos "Cotoco" vieram das ruas de Fortaleza. Já as cançonetas "A cozinheira" (1906) e "A lavadeira" (1905), cantadas pela atriz Pepa Delgado, nasceram nos palcos do Rio de Janeiro. Nessas canções, as mulheres trabalham em casas de família ou são diaristas. Gostam do que fazem e se sentem valorizadas. Não poupam críticas aos clientes. Mas para toda regra há exceção. Uma das canções termina em casamento. "Ela ajeita com perfeição/ A minha roupa e o coração", resume, feliz, o rapaz que se enamorou da engomadeira na capital do Ceará.

A cançoneta "Vá saindo" é sobre o desemprego. Sem trabalho, o homem diz não ter como sustentar a mulher que quer viver com ele: "Estou na tinta, senhora/ Fui ontem desempregado/ Eu ando mesmo a nenê/ Vá já saindo de lado".

O vendedor de cestos. Marc Ferrez. 1895. Rio de Janeiro. Acervo IMS

Fecha esta seleção de canções uma preciosidade, cuja música estava perdida, mas foi recuperada. No lundu autobiográfico "O crioulo" (1900), Eduardo das Neves conta com graça e charme a história de sua vida, desde os tempos de moleque. Antes de se tornar o compositor e cantor popular de maior sucesso da época, teve várias ocupações. Trabalhou como ferroviário: "Entrei para a

Quitandeiras. Marc Ferrez. 1875. Rio de Janeiro. Acervo IMS

Estrada de Ferro/ Fui guarda-freio destemido/ Veio aquela grande greve/ Por isso fui demitido". Também serviu no Corpo de Bombeiros, mas durou pouco na corporação por frequentar fardado as rodas da boemia: "Na companhia/ Estava alojado/ Todo equipado/ De prontidão/ Enquanto esperava/ Brado de fogo/ Preludiava/ No violão".

Nos anexos, podem ser encontradas seis trabalhos interessantíssimos dos quais, infelizmente, não se conseguiu coletar a música. Escrito em "língua de preto", o cordel "Pai Supríço, Pai Zuão e Pai Bunito, turo zelle camrada" – ou seja, "Pai Simplício, Pai João e Pai Bonito, todos eles camaradas" –, publicado em 1850, conta a história de três carregadores de "tigres" – tonéis com fezes e urina. Os escravos, ao lançarem os dejetos em locais proibidos por ordem de seus senhores, são presos pelos "califórnios", os fiscais da Câmara Municipal do Rio de Janeiro. Em "Conversa entre Pai Joaquim e Pai João, carregadores de carroças", também em "língua de preto", dois escravos de ganho reclamam dos achaques e ataques dos vigias municipais. No lundu "Imbernizate, engraxate à la mode de Paris", o rapaz lamenta: "Que maldita é esta vida/ Sóis e chuvas a suportar/ Escovas, graxas em potes/ Eu sozinho a carregar!". Na canção "Guarda urbano", o policial lamenta a vida dura. Os cantos "Iaiá, me diga adeus" e "Ê, cuê ..." (títulos atribuídos) eram entoados pelos escravos quando carregavam cargas muito pesadas pelas ruas do Recife e de Salvador.

1. "O caranguejo" (s.d.)

Letra e música: autores desconhecidos.
Intérprete: João Nabuco (violão e canto).
Gravação independente.
Letra em ACB, FLP, Trovador, TCC.
Letra e partitura em AMP.

Este lundu é muito antigo. Aparece nos primeiros cancioneiros publicados no Brasil, na década de 1870, mas seguramente é bem anterior. Foi recolhido em Pernambuco, no Espírito Santo, em Minas Gerais e no Rio de Janeiro, algumas vezes com o título de "O vendedor de caranguejos". Em 1º de setembro de 1861, o "Jornal do Commercio" publicou anúncio da venda da partitura do lundu.

Pai Manuel, um escravo de ganho, passa em frente à casa da sinhá, vendendo fieiras de caranguejo. Na hora da compra, a mulher se dá conta de que está sem dinheiro. Pede então ao vendedor que volte mais tarde para pagá-lo. Quando ele retorna, a senhora ainda está sem as patacas.

O escravo reage indignado. Na versão de "A Cantora Brasileira", ele diz em "língua de preto": "Sinhá não sabia/ Que yo era cativo/ Que tem ri dá conta/ Di o mi cativeiro?/ Nô qué zi caróte/ Dacá mya rinhêro"*.

Os versos publicados por Alexina Magalhães Pinto bem mais tarde, em 1911, seguem abaixo. São um pouco diferentes dos existentes em "A Cantora Brasileira", editado em 1878. Graças à pesquisadora mineira, a partitura da melodia do lundu chegou até nossos dias.

Caranguejo andava atrás,
Procurando a sua estrada;
Chegou seu mestre Titio
    (– Ayuê! ...)
Vê caranguejo às cambadas.

Depois das cambadas feitas
Saí pela rua gritando
"Chega, chega, freguezinho",
    (– Ayuê! ...)
"Tá bem quentinho, Sinhá!"

— Mestre Titio, você diga
O seu nome como é
– Êh, êh, êh! ... Sinhá moça,"
    (– Ayuê! ...)
– "Eu me chama Pai Mané".

Pai Manoel, você vá
Dar um passeio ligeiro;
Na volta, quando vier,
    (– Ayuê! ...)
Venha buscar seu dinheiro.

— Menina, pegue nos caranguejos,
Bote no fogo a cozinhar,

Que o mestre Titio não tarda
(– Ayuê! ...)
A vir seu dinheiro buscar.

Palavras não eram ditas
O preto à porta bateu;
A moça pergunta: "Quem é?
(– Ayuê! ...)
Responde o preto: "Sou eu".

– Sinhá, Titio está aí
Veio buscar seu dinheiro.
– Quanto é que estou lhe devendo?
(– Ayuê! ...)
– Meia pataca, Sinhá.

A moça disse ao preto
Que o dinheiro agora não tinha;
Que esperasse um bocadinho,
(– Ayuê! ...)
Que seu marido já vinha.

Então o preto zangou-se
Ficou branco qual marfim
E quando pode fular
(– Ayuê! ...)
Começou dizendo assim:

"Vosmecê então não sabia
Que eu dava conta à Sinhá?!
Não quero sabê de nada
(– Ayuê! ...)
Bota o dinheiro pra cá".[87]

----

[87] Segue a versão integral publicada no cancioneiro "A Cantora Brasileira":

2. "O vendedor d'água" (s.d.)

Letra: João de Brito.
Música: Francisco Santini.
Intérprete: João Nabuco (piano e canto).
Gravação independente.
Letra e partitura no Nemus.

O aguadeiro reclama do trabalho extenuante e diz que não tem um vintém no bolso. O burro que carrega os tonéis é do seu senhor ou patrão. Ele pede que ninguém chore sua morte: "Para quem vive de dores, morrer é consolação". Não fica claro se o negro é um homem livre ou um escravo de ganho.

"Caranguejos andam ao atá/ Procurando sua entrada/ Veio seu mestre titio (ayuê)/ Fez dos caranguejos cambada// Depois das cambadas feitas/ Saiu pra rua gritando: Chega, chega, freguesia! (ayuê)/ Vai caranguejo, sinhá!// Moças pobres que o vêm chamam,/ E vão logo a perguntar:/ Quanto custam os caranguejos (ayuê)/ - Meia pataca, sinhá// - Mestre titio, me diga,/ O seu nome como é?/ - Sinhá pra que quê sabe (ayuê)/ Yo mi chama pai Manué!// Pois pai Manoel vosmecê/ Vá dar um passeio ligeiro,/ E quando vier de volta (ayuê)/ Venha buscar seu dinheiro// Moça leve os caranguejos/ E deite-os a cozinhar/ Que o mestre titio não tarda (ayuê)/ O seu dinheiro a buscar// Palavras não eram ditas/ Na porta o preto bateu/ Pergunta a moça – quem é?/ Responde o preto: – só yeu!// A moça veio de dentro/ Dizendo que agora não tinha/ Dinheiro para lhe dar/ Que seu marido já vinha// Então o preto zangou-se/ Ficou branco qual marfim/ E quando pode falar (ayuê)/ Começou dizendo assim:// - Sinhá não sabia/ Que yo era cativo,/ Que tem ri dá conta/ Di mi cativeiro?/ Nó que zi caróte/ Dacá mya rinhêro".

"O vendedor d'água" certamente é anterior a 1881. Nesse ano, seu autor, o maestro Francisco Santini, deixou Salvador e mudou-se para o Rio. Santini, de origem italiana, era um compositor bastante respeitado na Bahia, com larga trajetória profissional. É possível que a canção seja do início da década de 1870. O autor da letra, o poeta baiano João de Brito, pertenceu à mesma geração de Castro Alves. Costumava reunir-se com ele e outros intelectuais nos saraus na casa da rua do Sodré, em Salvador, onde viveu e morreu o autor de "Espumas flutuantes", em 1871.

A partitura, impressa na Litografia de M. J. de Araújo, uma das mais importantes da Bahia, traz na capa a ilustração de um negro conduzindo um burro com quatro barris de água pelo centro de Salvador. Abaixo do título, em letras grandes, um aviso: "primeira canção popular baiana". Na capa também se informa que o gravador responsável pela obra chamava-se Odilon – certamente Heráclio Odilon. Na segunda metade da década de 1860 e nos primeiros anos 1870, ele assinou outras capas de partituras com ilustrações muito expressivas, como "O canto de guerra do voluntário baiano"

(1865) e "O Velocípede" (1874). Foi também um dos editores do jornal "Bahia Ilustrada", que circulou em 1867, impresso na sua litografia.

Baeta é sinônimo de pano grosso.

Já vou, já vou (gritando)

Já vou em busca da fonte
Mal o sol se mostra além
Morro e vivo trabalhando
De meu não tenho um vintém
Não tenho um vintém
Não tenho um vintém

Ah! Diabo leve esta vida
E quem a quiser também
Ei! água! Ei! água!

Sempre, sempre a mesma lida ...
Entra mês, acaba mês,
Esta baeta em meu corpo
Esta sola nos meus pés
Só quem toma água fiado
É que me quer por freguês

Ah! Diabo leve esta vida
E quem a quiser também
Ei! água! Ei! água!

E dizem que há outro inferno
A quem sofre como eu,
Sempre puxando este burro,
Que nem por miséria é meu;
Subindo cada ladeira
Que parece ir ter ao céu.

Ah! Diabo leve esta vida
E quem a quiser também
Ei! água! Ei! água!

Quando eu morrer ninguém chore
O peço de coração;
Destes quatro barris velhos
Podem fazer meu caixão
Para quem vive de dores
Morrer é consolação ...

Ah! Diabo leve esta vida
E quem a quiser também
Ei! água! Ei! água!

3. "A lavadeira" (1865)

Letra e música: João Luiz de Almeida Cunha.
Intérprete: João Nabuco (piano e canto).
Gravação independente.
Letra e partitura na BN.
Letra em ACB e T.

João Luiz de Almeida Cunha, autor de "A lavadeira", compôs inúmeras modinhas e lundus nas décadas de 1860 e 1870. Sua parceria com Laurindo Rabelo, o "Poeta Lagartixa", rendeu mais de 15 canções de sucesso, abordando temas românticos e assuntos do cotidiano.

"A lavadeira" foi composta em 1865. Em junho daquele ano, o "Correio Mercantil" publicou um anúncio da partitura do lundu. Em 1869, o jornal "O Trovador" publicou os versos em que o rapaz elogia a "senhora Josefina, lavadeira empavonada", que limpa, cerze e ponteia a roupa tão bem que acaba tornando-se sua companheira: "Lava a roupa bem lavada/ Engoma com perfeição/ Nunca me levou dinheiro/ E me deu seu coração".

O lundu não deixa claro se a lavadeira era branca ou negra. É evidente, porém, que se tratava de uma trabalhadora livre.

A senhora Josefina,
Lavadeira empavonada.
Por ser muito carinhosa,
Deve ser sempre lembrada.

É perita lavadeira,
Lava a roupa bem lavada:
Muito certa pelo rol
Bem cerzida e ponteada.

Com ela nunca eu briguei,
Por causa de minha roupa;
Quer no preço, quer na paga,
Meu dinheiro sempre poupa.

Lava a roupa bem lavada,
Sem faltar um só botão,
Não levando pela roupa
Nunca mais de um tostão.

Quis um dia experimentar
Porque era tão zelosa,
E tinha tantos caprichos,
Em seu todo tão dengosa.

É perita lavadeira,
Lava a roupa com sabão
Não levando pela peça,
Nada mais que — um tostão.

Afinal me declarou
Que a roupa só lavava,
Daqueles a quem devia
E a mim, porque me amava.

É perita lavadeira,
Lava a roupa bem lavada;
Muito certa pelo rol,
Bem cerzida e ponteada.

Agora não lava mais,
Já não é mais lavadeira;
Foi morar em nossa casa,
É a minha companheira.

Lava a roupa bem lavada,
Engoma com perfeição;
Nunca me levou dinheiro,
E me deu seu coração.

4. "O cocheiro de bonde" (1883)

Letra: Artur Azevedo.
Música: Antônio Cardoso de Menezes.
Intérprete: João Nabuco (piano e canto).
Gravação independente.
Letra em AA e SS.
Partitura no MIS (RJ).

No final do século XIX, os cocheiros de bonde formavam uma categoria de trabalhadores extremamente numerosa no Rio de Janeiro. Em sua maioria, eram portugueses pobres, como o personagem desta cançoneta, Chico Marcondes, nascido em Fão, no Norte de Portugal.

Os primeiros bondes puxados a burros surgiram no Rio no fim da década de 1860, ligando a Rua do Ouvidor ao Largo do Machado. Menos de 20 anos depois, a cidade já era servida por 240 quilômetros de trilhos urbanos. A estimativa é de que cerca de 40 milhões de passageiros eram transportados anualmente pelos bondes. A população da cidade beirava então meio milhão de habitantes.

O bonde era usado por ricos, pobres e remediados. Atropelamentos de pedestres, muitas vezes fatais, ocorriam com frequência. Tudo isso é abordado pela cançoneta, que, no entanto, passa ao largo de um assunto delicado, mas corriqueiro – a bolinação durante as viagens –, tratado em muitas composições (ver "O pinto pinica o velho", no capítulo 5).

Originalmente, os bondes eram chamados de carris. Mas a primeira empresa a operar no Rio, a Botanical Garden Rail Road Company, por causa da reiterada falta de troco miúdos (ver capítulo 2), passou a vender carnês com cinco bilhetes – *bonds*, em inglês. O nome pegou.

Meu nome é Chico Zé Marcondes
Sou português nascido em Fão
Como cocheiro entrei para os bondes
Nove ou dez anos já lá vão

Que rache o frio ou chova sangue
Às três e pico 'stou de pé
No kiosque "Nova Flor do Mangue"
Tomando o belo do café

(Fala)
Acabo de tomar café ... Tiro-me para a estação ... Vira! ... Acende! ... Olha essa parelha! – Lá vem o bonde por aí abaixo

(ESTRIBILHO)
Olá, cocheiro!
Vem, passageiro!
Para ligeiro!
Travou!
Parou!

Olá, cocheiro!
Vem passa, passageiro!
Pá, pá, para ligeiro!
Travou! Parou!

Destrava o carro agora
Fustiga os animais
Multado és sem demora
Se rápido não vais (bis)

Ah! Ah! Pronto! Pronto!
Pronto, eis-nos no ponto
Pronto, eis-nos no ponto!
Travou! Parou!

Tenho atestados mil que provam
Que eu cá não sou nenhum novel;
Ha tempos fui de São Cristóvão,
Mas hoje sou Vila Isabel.
Nunca terei um desafogo
Quero dizer assim mais tal...
Se nunca for de Botafogo
Se nunca for Botanical.

(Fala)
Tim! Um passageiro! Quem é? É o Senhor Visconde de Paraty-mirim ? Tim! uma
passageira! Quem é? A Senhora Baronesa de Caiapó... Não é como na linha do Engenho Novo... Tim! Quem é? E' o Sr. Almeida da Rua do Rosário! Tim! É o seu aquele, empregado na Pagadoria das tropas... ah! (Com um suspiro.)

Olá, cocheiro, etc.

É bolear minha cachaça,
Vaidoso sou como um pavão;
Não ha dinheiro que me faça,
Servir n'um bonde de tostão.
Eu hei de dar muito cavaco
Se o meu destino inda quiser,
Que eu leve um dia um bonde ao Saco
Ou mesmo o traga ao Carceller.

(Fala)
Por um tostão, Senhores, por um miserá-
vel tostão, que de maçadas! E depois que
ruas! De vez em quando uma carroça...
Fica-se duas horas parado... "descarre-
gue isso, alma do diabo!" Espere, se qui-
ser! Eu conheci um doutor que quando
não tinha pressa, e queria fazer horas,
tomava um bonde de tostão! — Como
vai o pobre carro aos boléus por ali fora!
A todo o momento, apito! Olha o andai-
me à direita! Que inferno!

Olá, cocheiro, etc.

Se um feliz carro de praça
Vejo passar ao lado meu,
Nem mesmo um ar da minha graça,
Nem um olhar lhe atiro eu...
No meu viver só me consterna,
Bem francamente o dizer vou,
Que, sem querer, mais de uma perna
Meu pobre bonde já quebrou.

(Fala)
No dia seguinte a chapa nos jornais! "O
cocheiro conseguiu evadir-se". Pudera! Se
tem a gente de comparecer ao tribunal!...
(Interrompendo-se e coçando a cabeça.)
Um... Um tribunal é isto... (Aponta para a plateia.) *Não consegui evadir-*
-me... serei absolvido? Ora! Há de ser o
que Deus quiser!

Olá, cocheiro, etc.

5. "Trabalhou, mas não ganhou" (s.d)

Letra e música: autores desconhecidos.
Intérprete: João Nabuco (piano e canto).
Gravação independente.
Letra e partitura em GTPM.

Em Salvador, o trabalhador reclama do dono da companhia de bondes porque o salário está atrasado. Tudo indica que a cantiga é da segunda metade da década de 1880, pois a Companhia Linha Circular de Carris da Bahia, presidida pelo engenheiro João Ramos de Queiroz, somente foi autorizada a funcionar em 1883.[88]

----

[88] Segundo Guilherme Theodoro Pereira de Melo, em "A música no Brasil desde os tempos coloniais até o primeiro decênio da República", com

Eu sou, eu sou
Eu sou trabalhador,
Seu Ramos de Queiroz
Trabalhou, mas não ganhou

6. "Coro dos caixeiros" (1889)

Letra: Aluízio e Artur Azevedo.
Música: Leocádio Rayol.
Intérprete: João Nabuco (piano e canto).
Gravação independente.
Letra em AA. Partitura na BN.

A revista "Fritzmac", de Artur Azevedo e seu irmão Aluízio Azevedo, veio ao mundo com o nome um pouquinho diferente: "Frotzmac". O mote da peça foi a descoberta de um vasto esquema de falsificação de bebidas organizado pela empresa Fritz, Mack e Companhia. Os autores da revista, porém, com receio de um processo judicial, preferiram lançar a obra sem botar os pingos nos is. Mas, em três tempos, o público encarregou-se de dar o verdadeiro nome aos bois. "Frotzmac" passou a ser chamada de "Fritzmac".

----

a mesma melodia também se cantava na Bahia outra quadrinha — no caso, homenageando Dom Pedro II: *"Amor, amor/ Querido amor/ Este povo brasileiro/ É do nosso imperador".*

Em compensação, o neologismo "frotzmaquizar" entrou para o vocabulário da época — sinônimo de driblar a pressão dos poderosos ou a censura das autoridades.[89]

Um dos números musicais de maior sucesso da peça foi o "Coro dos Caixeiros". Os trabalhadores entravam em cena com broxas e baldes de piche, pedindo o apoio da imprensa para suas reivindicações. A mais importante era a folga no domingo à tarde, o chamado "fechamento das portas", formalmente aprovada em 1890. Eles ameaçavam jogar piche nas lojas que não reconhecessem seu direito ao descanso semanal.

Os caixeiros formavam uma das principais categorias de trabalhadores do Rio. Desde os anos 1860 protagonizaram movimentos reivindicatórios, que ganharam corpo na década de 1880. Em sua maioria eram portugueses pobres ou negros libertos. Em outras importantes cidades do país, como Belém, Fortaleza e Porto Alegre,

----

[89] O "Diário de Notícias" de 24 de agosto de 1889 alertava: "Na Canção do Cego, da (zarzuela) *Cádiz,* o (ator) Mattos cantará mais uma copla frotzmaquizada, o que fará com que seja, a pedido do público, *bisada".* A versão frotsmaquizada da "Canção do Cego" pode ser encontrada no verbete "A sabina, baiana dengosa", no capítulo 8.

eles também foram muito ativos na luta por seus direitos. Na revista "O bilontra", levada aos palcos em 1886, Artur Azevedo já havia dado voz aos caixeiros.[90]

(coro)
Das portas o fechamento
Nós viemos todos pedir
A imprensa neste momento
Vai nossas queixas ouvir

(um caixeiro)
Amigos da liberdade
Os maus patrões vão ficar
Embora contra a vontade
As portas hão de fechar

Quando algum deles capriche
A liberdade não der
Leva de piche
Haja o que houver

(coro)
Leva de piche, de piche, de piche
Haja o que houver!

----

[90] Seguem-se os versos de Artur Azevedo, com música do maestro Gomes Cardim, cuja partitura não foi localizada: "Viva o nosso amigo/ Nosso defensor/ Que é da nobre classe/ Nobre protetor!/ Viva o fechamento/ Que abre os corações/ Viva a caixeirada!/ Fora os tais patrões!".

7. "O condutor de bonde" (1900)

Letra: J. Willmann.
Música: "O Gary".
Intérprete: Mario Pinheiro.
Gravação: Victor Record (1910). Disco 98.937.
Letra em "O Rio Nu", 13/10/1900/

O condutor do bonde descreve como fazia a cobrança das passagens: "Faz o obséquio/ Caro senhor/Minha senhora/ Faz o favor/ Passe depressa/Que não é mau/ Faz o obséquio/ Do Nicolau". Nicolau, na gíria da época, era o mesmo que a moeda de um níquel. Também era atribuição do condutor alertar os passageiros para eventuais riscos à sua segurança, especialmente aqueles que viajavam de pé nos estribos laterais.

A cançoneta é de 1900. Foi publicada no jornal "O Rio Nu" de 13 de outubro daquele ano, que atribui a letra a J. Willmann e a música a "O Gary".

Mário Pinheiro gravou "O condutor" para a Casa Edison em 1904 e para a Victor Record em 1910. Os dois registros não trazem a segunda, a quinta e a sexta estrofes. Seus versos apresentam algumas diferenças em relação ao texto publicado em "O Rio Nu", que segue.

Condutor eu sou de bonde e sou feliz,
Ocupado na cobrança das passagens,
E contente vou passando a minha vida
Com os prazeres que me dão estas viagens;
Vivo sempre bem alegre e satisfeito,
Contratempos não são nada para mim.
Meu trabalho não tem nada de espinhoso
Pois a todo passageiro eu digo assim:

(Estribilho – agitando os níqueis)
     Faz o obséquio
     Caro senhor,
     Minha senhora
     Faz o favor;
     Passe depressa
     Que não é mau
     Faz o obséquio
     Do nicolau

Ganho pouco, muito pouco neste emprego
Mas, esperto, jamais vou na transação,
Se a presença do fiscal não me encabula
Vou chamando mui lampeiro o meu
tostão ...
Sou correto no trabalho que me entrego;
Não me escapa sem pagar nenhum bilontra,
Pois se acaso quer saltar o caradura
Pela frente a minha cara logo encontra ...

     Faz o obséquio
     Caro senhor, etc ...

Se uma dama muito gorda e muito feia
Quer subir e faz sinal para o cocheiro,
Grito logo muito amável à gorducha:
"Não senhora, que isto não é bagageiro! ..."

Mas se a dama lá consegue o seu intento,
E no bonde estabelece a equipagem,
Descompõe-me, diz-me cobras e lagartos,
E eu disfarço em receber uma passagem.

     Faz o obséquio
     Caro senhor, etc ...

Se um andaime na esquerda se levanta,
E um sujeito vai no bonde e não repara,
Grito logo com uma voz meio canalha:
"Olha o andaime pela esquerda! Livra
a cara!".
E se o bruto não conhece do manejo
Qual se diz na escovadíssima linguagem,
Quebra a cara e logo fica com o nariz
Comparável a uma célebre estalagem ...

     Faz o obséquio
     Caro senhor, etc ...

Apesar deste meu todo de cocheiro,
Sou pelintra quando quero e falo bem;
Se se trata de conquista de primeira
Deito às falas em francês como ninguém ...
Deito fraques e polainas e brilhantes,
Elegância deito logo e falo à dama,
Com cuidado pra que as minhas belas
calças
Não ostentem uma só mancha de lama ...

     Faz o obséquio
     Caro senhor, etc ...

Condutor eu sou de bonde e sou feliz,
Neste emprego vivo sempre satisfeito,
Ando é fato com o bonet meio ensebado,
Mas pra mim o mundo sempre vai di-
reito ...
Mais direito iria se Vossexcelências
Me quisessem dar aplausos às porções
Pois assim eu julgar-me-ia um talentaço
E o contrário se me dessem c'os tacões ...

8. "Coro dos garis" (1900)

Letra: Moreira Sampaio.
Música ("Remando"): Ernesto Nazareth.
Intérprete: João Nabuco (piano e canto).
Gravação independente.
Letra no folheto da revista "Inana"
disponível na Funarte.
Partitura ("Remando") disponível em
ernestonazareth.com.br

Na revista "Inana", de Moreira Sampaio, encenada em 1900, os varredores de rua reclamam do trabalho aborrecido e penoso: "Pra serviço tão maçante/ Só a paciência de Jó". E respondem aos que criticavam a qualidade do seu serviço: "A limpeza da cidade/ É mesmo X. P. T. O".

A expressão "X. P. T. O." caiu em desuso no Brasil, mas até hoje é usada em Portugal e nos países africanos de língua portuguesa. Significa uma coisa bem-feita, com qualidade. Deriva da grafia simplificada em grego antigo do nome de Cristo.

No Brasil, os varredores de rua ficaram conhecidos como garis por causa do nome do empresário Aleixo Gary, que em 1876 ganhou o primeiro contrato de limpeza pública no Rio de Janeiro.

Como indicam partituras lançadas na época, o "Coro dos garis" da revista "Inana" deveria ser cantado com a música do tango "Remando", de Ernesto Nazareth, composto anos antes.

São horas da varredura,
Toca a varrer para adiante,
Pra serviço tão maçante
Só paciência de Jó.

Falam de nós, que injustiça!
Falam de nós, que maldade!
A limpeza da cidade
É mesmo X. P. T. O.

(Imitando ruído da vassoura)
Chi! chi! chi! – chi! chi! chi!
De trabalho a gente estoura!
Chi! chi! chi! – chi! chi! chi!
E tome você vassoura!

9. "O bombeiro"

Letra: Eduardo das Neves.
Música: autor desconhecido.
Intérprete: Eduardo das Neves.
Gravadora: Casa Edison.
Odeon 108.758 (1912)

No final do Império e no começo da República, o serviço público era uma das principais fontes de emprego nas cidades, especialmente no Rio de Janeiro. Isso valia tanto para a área civil como militar. Sentar praça na Guarda Urbana ou Guarda Civil, na Guarda Nacional ou no Corpo de Bombeiros era uma alternativa de ocupação e sustento para muitos jovens de origem humilde.

Em "O bombeiro", paródia de "Saldanha da Gama" e "O Aquidaban", Eduardo das Neves descreve a rotina dos soldados do fogo. Fala com conhecimento de causa. Afinal, em dezembro de 1892, Dudu entrara para a corporação, que costumava recrutar para suas fileiras negros com habilidade musical. A Banda do Corpo de Bombeiros era famosa na época.

Mas Eduardo das Neves, o praça 390 da 4ª Companhia, durou pouco no emprego. Como costumava frequentar fardado as rodas de boêmios e chorões, foi expulso da corporação em maio de 1893, aos 19 anos.

A vida do bombeiro é triste
Porém é muito folgada
Corremos para o incêndio
Debaixo de gargalhada

Brada as armas, sentinela
Não vês ali um clarão
Não posso bradar as armas
Sem ordens do capitão

Gosto de um sinal de incêndio
Em uma noite de luar
Saímos todos correndo
As sinetas a tocar

Brada as armas, sentinela... (estribilho)

Desta vida de bombeiro
Eu nela me sinto farto
Sou trezentos e noventa
Que servi lá na guarda

Brada as armas, sentinela
Não vês o clarão em frente
Não posso bradar as armas
Sem ordens do "seo" tenente

- Fogo! Fogo! Coitado do Eduardo, nem se lembra de ...
- Obrigado, meu tenente!

10. "O cocheiro do bonde" (s.d.)

Letra e música: autores desconhecidos.
Intérprete: Eduardo das Neves.
Gravadora: Casa Edison.
Disco Odeon 108.762 (1912).

Em 1912, quando esta canção foi gravada, os cocheiros de bonde eram uma categoria profissional do passado. Sobreviviam apenas em algumas poucas linhas suburbanas no Rio de Janeiro. Nas linhas de maior tráfego, a partir de 1892, os bondes passaram a ser movidos à eletricidade, sendo conduzidos por motorneiros.

No estribilho, o trabalhador lamenta sua situação: "Andava desempregado/ Pelas ruas da cidade/ Desprezado da família/ Passando necessidade". Felizmente, conseguiu um emprego, "embora de triste lida": "Trabalha como cocheiro para ganhar sua vida".

Nos diálogos em meio à modinha, o pessoal da Casa Edison goza o cocheiro: só estava desempregado porque queria. Afinal, poderia quebrar pedra na Pedreira de São Diogo – expressão que, na gíria carioca da época, era sinônimo de trabalho pesado e mal pago.

Na plataforma de um bonde
Um cocheiro trabalhava
Entre suspiros e ais
Sua sorte lastimava

Andava desempregado
Pelas ruas da cidade
Desprezado da família
Passando necessidade

– Se quisesse trabalhar, ia na Pedreira de São Diogo, que tem muita pedra para carregar

Sob o toque da parelha
Que nas pedras (na calçada) *entoava*
Pela sua morena
Seu coração palpitava

Andava desempregado ...

– Que malandrão. Desempregado e namorando, hein?

Agora já tem emprego
Embora de triste lida
Trabalha como cocheiro
Para ganhar sua vida

Pelo toque da parelha
Na calçada entoava
Palpitava um coração
Pela jovem que amava

11. "Aqui vai quitanda boa" (s.d.)

Letra e música: autores desconhecidos.
Intérprete: João Nabuco (piano e canto).
Gravação independente.
Letra e música em AMP.

Na quadrinha bem antiga, recolhida da transmissão oral pela pesquisadora Alexina Magalhães Pinto em Minas, no Rio e na Bahia, a "mulatinha" canta as qualidades dos doces à venda no seu tabuleiro. Gamboa é um bairro do centro do Rio de Janeiro.

Não fica claro se a vendedora é uma mulher escravizada ou é livre.

Aqui vai quitanda boa
Marmelada e queijadinha
Fabricada na Gamboa,
Vendida pela mulatinha

12. "Sorvete, iaiá!" ("O sorveteiro")

Letra: Júlio Freitas Junior.
Música: autor desconhecido.
Intérprete: Mario Pinheiro.
Gravadora: Casa Edison.
Disco Odeon 108.142 (1908)
Letra em TB e no "Jornal do Brasil" (Rio de Janeiro, 2/8/1903).

O sorvete chegou ao Brasil em 1834, quando foram importadas as primeiras cargas de gelo dos Estados Unidos (ver "Lá no Largo da Sé", no capítulo 1). Em três tempos, a novidade virou uma mania na Corte, anunciada aos gritos de "sorvete, iaiá!" pelos vendedores – primeiro, escravos de ganho; mais tarde, libertos e forros.

No final do século XIX, segundo José Ramos Tinhorão em "Os sons que vêm da rua", um vendedor anônimo compôs uma canção-pregão que se tornou popularíssima na cidade: "Sorvetinho, sorvetão,/ Sorvetinho de ilusão/ Quem não tem trezentos réis/ Não toma sorvete, não/ Taí, taí,/ Chegou, chegou/ Quem não gosta de sorvete/ É porque nunca provou".

No início do século XX, a canção-pregão, já transformada em cançoneta, subiria aos palcos, nos intervalos dos espetáculos. No dia 2 de agosto de 1903, o "Jornal do Brasil" reproduziu a íntegra de sua letra. Por causa disso, duas semanas depois levou um puxão de orelhas da revista "O Malho": "O Jornal do Brasil publicou a cançoneta *Sorvete, iaiá* sem citar o nome do autor e sem ciência deste. O *Sorvete* é da lavra de nosso companheiro Júlio de Freitas Junior".

Freitas Junior, um dos editores do jornal "Cançoneta", que

havia circulado em 1902, compôs várias obras muito cantadas na época – entre elas, "A doceira" (ver mais à frente). Em 1901, jornais do Rio já noticiavam que a cançoneta "Sorvete, iaiá" era uma atração nas apresentações musicais em escolas.

Em 1902, na primeira fornada de discos da Casa Edison, "Sorvete, iaiá" foi gravada pelo Bahiano. A íntegra da sua letra seria reproduzida pelo "Trovador Brasileiro" em 1904. Em 1908, Mário Pinheiro regravou a cançoneta.

Luís Edmundo, em "O Rio de Janeiro do meu tempo", e Cecília Meireles, em "Olhinhos de gato", recordam-se da canção-pregão cantada nas ruas nos primeiros anos do século XX.

A versão integral, publicada no "Jornal do Brasil", além do refrão, tem seis estrofes. A versão cantada por Mário Pinheiro traz apenas o refrão e as duas primeiras estrofes – acompanhadas de curtos diálogos jocosos entre os integrantes da turma da Casa Edison, prática comum nas gravações iniciais da indústria fonográfica.

Sorvetinho, sorvetão,
Sorvetinho de ilusão
Quem não tem trezentos réis
Não toma sorvete, não
Taí, taí,

Chegou, chegou
Quem não gosta de sorvete
É porque nunca provou

- Sorvete, iaiá! (grito)

Não jurgue que o sorveteiro
É algum bocó, não sinhô
Moleque fino e estradêro
Dá tinta em qualquer dotô
Quando ele pula na rua
No passo da distinção
Freguesia é toda sua
Dinheiro vem aos montão

Sorvetinho, sorvetão ...

- Sorvete, iaiá! (grito)

Há muita gente que pensa
Que pra negoço fazê
Basta só tirá licença
Saí na rua e vendê
Isso sim! Tá bem servido
Si não tivé instrução
Se não fô muito sabido
Dá com o negóço no chão

Sorvetinho, sorvetão ....

- Sorvete, iaiá! (grito)

É preciso sê poeta
Pra pudê improvisá
E não fazê de pateta
Quando passa por Iaiá.

Se o cabra não tivé pêto
Se não fô bom cantadô
Negóço não sai derêto,
Sorvete cria bolô

Sorvetinho, sorvetão ....

- *Sorvete, iaiá!* (grito)

Estordia um tarvenero
Coitado, quis me imbruiá
Tomô dois sorvete intero
E não queria pagá.
Mas eu sô cabra na hora,
Comigo não tem tarvez.
Espaiei as catimplora
Nas ventas do tal freguez

Sorvetinho, sorvetão ....

- *Sorvete, iaiá!* (grito)

Doutra vez era num rolo;
Quando eu cheguei, qual o quê!
Os nego tava num bolo,
Cascando pau a valê.
Entrei dereto na dança
E fui chamando o tatu
Quando acabou a lambança
Cheirava tudo a caju.

Sorvetinho, sorvetão ....

- *Sorvete, iaiá!* (grito)

Agora basta de prosa,
Já chega de incomodá
As iaiazinhas felmosa
Há de todas descurpá.
Se seu nego foi cacete
Iaiá se vinga também.
Não lhe compra mais sorvete,
Não gasta mais um vintém.

Sorvetinho, sorvetão ....

- *Sorvete, iaiá!* (grito)

13. "Me compra, ioiô" (1901)

Letra e música: Ernesto de Souza.
Intérprete: Senhorita Odete.
Gravadora: Casa Edison.
Disco Zon-O-Phone X-622 (1902).
Letra e partitura (incompletas) no IMS.

As quitandeiras, muito numerosas e ativas, tinham forte presença no centro do Rio de Janeiro. Marcaram a vida da cidade, como relatam os lundus "Preta Mina", de Xisto Bahia, e "As laranjas da Sabina", de Artur Azevedo (capítulos 3 e 8, respectivamente). A cançoneta "Me compra, ioiô", do compositor, farmacêutico e jornalista Ernesto Souza, deve ser de 1901. Pelo menos neste ano o editor Manuel Antônio

Guimarães pôs à venda sua partitura. Em 1902, na primeira fornada da indústria fonográfica brasileira, ela foi gravada para a Casa Edison pela senhorita Odete.

Nos anos seguintes, "Me compra, ioiô", com o canto alegre da quitandeira baiana anunciando frutas e verduras, seria entoado por toda parte. Caiu especialmente no gosto das crianças, tendo se tornado um número musical frequente nos saraus, festas e recitais promovidos por clubes, escolas ou orfanatos, geralmente cantado por uma "espirituosa menina" ou uma "graciosa aluna", como dão conta as seguidas notas publicadas nos jornais no Rio de Janeiro, de 1901 a 1919.

O curioso é que a cançoneta que tanto agradou o público infantil ganhou outro significado em "Cló", um dos melhores contos de Lima Barreto, escrito em 1915 e publicado em 1918 no jornal "A. B. C". Na criação de Lima Barreto, ela tem contornos lascivos, ao ser cantada por Clotilde, moça humilde que sonha em conquistar o doutor André, deputado medíocre, mas rico. Em sua residência, com o consentimento do pai, ela se oferece ao galanteador, que sabia casado.

Conta Lima Barreto:

"A moça, pondo tudo o que havia de sedução na sua voz, nos seus olhos pequenos e castanhos, cantou a "Canção da preta mina":
"Pimenta de cheiro, jiló, quimbombô;
Eu vendo barato, mi compra yoyô!".
Ao acabar, era com prazer especial, cheia de dengos nos olhos e na voz, com um longo gozo íntimo, que ela, sacudindo as ancas e pondo as mãos dobradas pelas costas na cintura, curvava-se para o doutor André e dizia vagamente:
"Mi compra Yoyô!"
E repetia com mais volúpia, ainda uma vez:
"Mi compra Yoyô!"[91]

Ao nomear a canção, Lima Barreto cometeu um equívoco. Cló não cantou para o Doutor André o lundu "Preta Mina", de Xisto Bahia, mas a cançoneta "Me compra, ioiô", de Ernesto Souza.

Quimbobó é o mesmo que quiabo em quimbundo, idioma falado na região de Luanda, em Angola.

----

[91] Jornal A.B.C. Rio de Janeiro: 4 de maio de 1918

Sou baiana quitandeira
A mais querida e barateira
Meu tabuleiro tem enguiço,
Tem feitiço
Aaaaah! Aaaaah!

Quem gosta da boa verdura
Da fruta boa e bem madura
Comprou uma só vez
Fica logo freguês

Lá vai a laranja
Vai mexeriqueira
Eu tenho seleta
Da mais verdadeira
A couve manteiga
Repolho em canudo
Banana da terra
Maxixe graúdo

Pimenta de cheiro
Jiló, quimbobô
Eu vendo barato
Me compra, ioiô (bis)

Me compra, ioiô
Me compra, ioiô

Eu tenho tanta freguesia
Que quando bate o meio dia
Vem onde tem meu tabuleiro
Sente o cheiro
Aaaaah! Aaaaah!

Vou pra casa direitinha
Aonde tia Guilhermina
Parece descansar
Sonhar (?) e cantar

Lá vai a laranja
Vai mexeriqueira
Eu tenho seleta
Da mais verdadeira
A couve manteiga
Repolho canudo
Banana da terra
Maxixe graúdo

Pimenta de cheiro
Jiló, quimbobô ...

E quase à noite embriagado (?)
Ninguém compra paga dobrado
E vou rezando, vou de casa (?)
Vou de casa (?)
Aaaaah! Aaaaah!

Sou baianinha muito séria
Sou amiga mais do que pilhéria
Meu tabuleiro da quitanda
E nada mais ...

Lá vai a laranja
Vai mexeriqueira
Eu tenho seleta
A mais verdadeira
A couve manteiga
Repolho em canudo
Banana da terra
Maxixe graúdo

Pimenta de cheiro
Jiló, quimbobô ...

14. "A doceira" (1902)

Letra e música: Júlio de Freitas Junior.
Intérprete: João Nabuco (piano e canto).
Gravação independente.
Letra e partitura no jornal "A
Cançoneta" no 3 (Rio de Janeiro, abril de
1902).

Júlio de Freitas Junior, autor de
"Sorvete, iaiá", lançou "A doceira" em 1902, no terceiro número
da revista quinzenal "A cançoneta", publicada por ele e Ernesto
Souza. A revista durou pouco mais
de seis meses, sempre trazendo letras e partituras. Infelizmente só
foram localizados dois números da
publicação.

Em "A doceira", de Freitas
Junior, a baiana, com ginga e bom
humor, oferece ao público as delícias do seu tabuleiro: cuscuz, bons
bocados, pamonhas, pudins, bolinhos de milho, cocadas, quindins
e manuês. Como a propaganda é a
alma do negócio, ela faz questão de
proclamar alto e bom som que o
presidente Campos Sales é freguês
de suas cocadas.

Manuê é um bolo denso, de
aipim ou milho. A Rua Direita, citada na cançoneta, já se chamava
Primeiro de Março desde o fim da
Guerra do Paraguai, mas muitos
cariocas ainda insistiam em usar a
denominação tradicional.

(Estribilho)
Baiana de luxo,
Mulata faceira
Que aguenta repuxo
Que puxa fiêra
Cuscuz, bom bocado,
Pamonha, pudim
Bolinho queimado,
Cocada, quindim.

Na rua Derêta,
Ganhei freguesia
Quitanda é bem fêta,
Baiana não fia
Não farta limpeza
Papé de imbruiá
Só vendo a beleza,
Ioiô vem comprá.

Manuê bem cabado,
Bolinho de mio
Tá mais que provado
Que cura fastio
Freguês tá caindo
Que é mesmo um prazê
Baiana tá rindo,
Sabendo vendê.
Ah! ...

Baiana de luxo ...

Sou fia de mina,
Nasci na Bahia,
- Dendê papafina
Da minha arrelia.
Iaiá, vancês tudo

Me haverá de vê,
Pisando veludo
No cateretê

Ninguém fica triste
Vai vê corda bamba;
Ninguém me resiste,
Cai logo no samba,
Que o samba é gostoso,
Quebrado com fé,
Machuca de gozo,
Dá gozo no pé.
      Ah! ....

Baiana de luxo ...

Não vendo fiado,
Não sou de calote;
Quem rouba é pegado
Com a boca no pote.
Meu doce é comprado
Por muito dotô.
Bem bom deputado,
Bem bom senadô.

Pois é que vale
(Não é caçoada)
Dotô Campo Sale
Me compra cocada.
Mas chega de história,
J'é hora de andá:
Há festa na Glóra,
Baiana vai lá.
      Ah! ...

15. "A doceira" (s.d.)

Letra e música: Ernesto de Souza.
Intérprete: João Nabuco (piano e canto).
Gravação independente.
Letra e partitura no IMS.

Ernesto Souza era um homem rico. Farmacêutico, lançou o "rum creosotado", remédio contra bronquite muito vendido na época. Os versos da propaganda do medicamento nos bondes ficaram famosos: "Veja, ilustre passageiro/ O belo tipo faceiro/ Que o senhor tem a seu lado/ No entanto acredite/ Quase morreu de bronquite/ Salvou-o o rum creosotado".

Como compositor, Souza assinou algumas cançonetas muito populares, como "O angu do barão", "O arame", "Quem inventou a mulata?" e "Me compra, ioiô" (ver neste capítulo).

"A doceira" de Ernesto Souza provavelmente é um pouco posterior a "A doceira" de Júlio de Freitas Junior.

Sou doceira primorosa
Pudera se assim não fosse!
Lavo as mãos n'água cheirosa
Antes de fazer meu doce.
Ponho açúcar de primeira,
Canela, cravo, baunilha,
Água de flor verdadeira,
E limpo bem a vasilha.

Ah! Vai pé de moleque
Queijadas gostosas,
Cocadas, rosquinhas,
Mãe bentas cheirosas,
Balinhas de beijos,
Vai doce de coco
Pras notas graúdas
Um beijo de troco

Ioiô faz despesa
No meu tabuleiro,
Que não se arrepende
De gastar dinheiro,
Ioiô faz despesa
No meu tabuleiro
Que não se arrepende
De gastar dinheiro

16. "A quitandeira" (1902)

Letra e música: Costa Junior.
Intérprete: João Nabuco (piano e canto).
Gravação independente.
Letra e partitura em "O Malho" n°
13, disponível na BN e na Casa de Rui
Barbosa.

Com versos de duplo sentido, a quitandeira baiana gaba-se do sucesso que suas frutas causam entre os homens, sejam eles jovens ou velhos, a ponto de preferirem seu tabuleiro a locais mais refinados: "Deixando a confeitaria/ Só porque, coisa magana,/ Querem comer noite e dia/ A frutinha da baiana".

Costa Junior, autor da canção, foi um dos principais compositores brasileiros do final do século XIX e início do século XX, sendo responsável pelas músicas de várias revistas de teatro. Volta e meia, quando focava em temas mais sensíveis, assinava suas composições com o anagrama de Juca Storoni. É o caso de "Ora bolas pra moral", da revista "Amapá". Pela primeira vez, uma partitura trouxe impresso o termo "maxixe", a "dança excomungada". É o caso também de seu grande sucesso "Pega na chaleira", sobre os aduladores do senador Pinheiro Machado.

Tenho frutas saborosas
São frutinhas de primor
      Tão gostosas
Que é de ver com que calor
Os rapazes à porfia
      Hoje em dia
Perseguem meu tabuleiro
      Que tem cheiro

Deixando a confeitaria
Só porque, coisa magana,
Querem comer noite e dia
A frutinha da baiana.

Há velhotes que corteses
Mas com ar abrejeirado
      Vem, às vezes,
Também dar o seu recado!

Esta gente é mais rendosa
Não é prosa
Pois a velhada disputa
Minha fruta.

Deixando a confeitaria, etc.

17. "Iaiá Fazenda Etc. E ... Tal" (1904)

Letra: Fernando Pinto de Almeida Junior.
Música: Chiquinha Gonzaga.
Intérprete: João Nabuco (piano e canto).
Gravação independente.
Partitura e Letra: ACG e CdC.

Esta cançoneta, apresentada nos intervalos dos espetáculos teatrais, fez muito sucesso na primeira década do século XX. Teve sua partitura lançada nos primeiros meses de 1904, como dão conta reclames em vários jornais – entre eles, o "Tagarela", de 21 de abril. A letra é do teatrólogo Fernando Pinto de Almeida Junior; a música, de Chiquinha Gonzaga.

Na canção, a baiana apresenta com graça e dengo os quitutes à venda no seu tabuleiro: moqueca, vatapá, caruru, zorô, guisados, mexidos e frutas. "Custa caro, mas é bom", ela justifica. Pede aos clientes para não tocarem no que está exposto: "Não lhe mexa que o meu quitute pode azedar".

Alguns esclarecimentos: a) cambucá é uma fruta; b) zorô, um ensopado de camarões e quiabos — semelhante, mas não igual ao caruru; c) tarioba é um pequeno molusco, como o sururu e a amêijoa; d) pevide é o mesmo que semente.

Num dos trechos falados, a vendedora faz menção ao "Ioiô Bahia, na sua véspera de Reis". Trata-se de uma referência a Xisto Bahia e à peça "Uma véspera de Reis", encenada em 1875 (ver "Tanta mudança me faz confuso", no capítulo 5). Também composto por Xisto Bahia, marcou época o lundu "Preta Mina", sobre uma negra que vendia frutas e legumes na Praça do Mercado, no Rio de Janeiro (capítulo 5).

"Iaiá Fazenda Etc. E ... Tal...!" foi gravada pela cantora Risoleta em 1911 para a Columbia, mas não se obteve cópia do disco. Recentemente, Fernanda Takai gravou a cançoneta para a mini-serie de TV "Chiquinha Gonzaga".

(Entra da rua vestida a caráter tendo à cabeça um pequeno balaio com frutas rolando-se para fora, apregoando)

Chega!... Chega freguesia! Quem gostar... Compre, pague e vá andando!

(coloca o balaio de grutas e de humor alegre)

Agora: verdade, verdade!... Lá que todos gostam... Não há dúvida, como dizia Ioiô

Bahia, na sua véspera dos Reis!... E entonces das moquecas feitas cá pela mão de Iaiá Fazenda?... Não há este que prove... e que não saia lambendo os beiço!...

(Tomando uma fruta). *Custa caro!... Mas é bom!...*

(Canta)
Sou baiana de maçada,
Sou mais esquiva que um gamo!
Vendo fruta açucarada,
Iaiá Fazenda me chamo!
Quando ouço uma chalaça...
Dou no meu beiço um muxoxo!
Afrouxo!...
Ainda mesmo que assim faça,
Toda gente que me vê
Uê!...

Não vê!...
Que a moqueca tem dendê!...
Olá!...
Caruru! E vatapá!
Iaiá!...

Tem caroço o cambucá!
Ioiô!...
Não me derrame o zorô...
Azia!...
É moléstia da Bahia!

Costumo vender bem caro,
O marisco e a tarioba!
Conheço o freguês no faro...
Encareço a mão de obra!
Não me deixo assim levar,
Pelo primeiro que chora...
Embora!
Saiba bem ele cantar!
E mais um ou dois me dê!...
Uê!...

Não vê!... etc.

(Coloca a fruta no balaio, e com denguice e requebros)

Apois... é assim mesmo! Eu cá tenho muitos ciúmes das minhas frutas ... dos meus guisados e mexidos!... O freguês chega, vê, toma o cheiro... mas não lhe toca nem lhe mexe... antes de pagar! Isto é que não! Pois não vistes!... E quando aparece algum teimoso... algum filante que se adianta-se... Eu ponho-lhe embargo às ligeirezas, dizendo sem receio... sem rebuços... Mas entonce, com todas as meiguice!... Ó moço!... apare o Bonds!... e vá saindo de barriga!...

(Canta)
Tenha cuidado
Meu Ioiozinho
Veja a fazenda
Se quer comprar!
Mas não lhe toque!...
Mas não lhe mexa!...
Que o meu quitute
Pode azedar!...
Esta frutinha
É delicada
É saborosa
Como não há!
Não tem caroço
Não tem pevide
Mas tem o gosto
Do cambucá!
Do cambucá!
Ai!... Tudo isto é bom!
Ai!... É de encomenda!
Tudo o que tem,
Iaiá Fazenda!...
(bis)

(Olhando para fora e apregoando)
Chega! Chega, freguesia! (dizendo desconsolada)
E ninguém! Até, agora ninguém!...
Nada de féria!...
Ó ferro!... nunca vi tão pouco aço!...
Hoje parece que fico em vinte e nove!...
Também, tudo está pela hora da morte! (Apregoando) *Chega!... Chega, freguesia!...*
E nada!... Entonce... já que todo o mundo faz seus reclame!... Vou também continuando a encarecê minha fazenda.

(Canta)
Sou baiana, etc.

(Indo a sair)
Chega!... chega freguesia!... Quem gostar compre... pague... e vá andando (sai)
(Os primeiros compassos dos últimos couplets devem ser executados na Orquestra enquanto ela vai saindo)

18. "A baiana dos pastéis". (s.d.)

Letra: autor desconhecido.
Música ("Tango da quitandeira): Chiquinha Gonzaga.
Intérprete: Risoleta.
Gravadora: Casa Edison.
Disco: Columbia B-238 (1910).

"A baiana dos pastéis" é uma paródia de "O tango da quitandeira", composto em 1903 por Chiquinha Gonzaga para a revista de teatro "O esfolado", de Vicente Reis e Raul Pederneiras (capítulo 9). O autor da letra é desconhecido. Gravada em 1910 pela Risoleta, a canção receberia novo registro fonográfico em 1913, num dueto da mesma cantora e Eduardo das Neves.

Na canção, a baiana deixa claro: gosta do que faz. Trabalha

duro, mas é querida por todos e seus pastéis são bastante apreciados: "Deste mundo tamanho me orgulho/ Tudo isto foi feito pra mim /Eu no samba não faço barulho/Assim quer meu Senhor do Bonfim".

Sou baiana querida dos moços
Na gordura (?) não tenho rivais
Quando passo por eles, eu ouço
Coração, não me diz para onde vais?

Vou seguindo, batendo as chinelas
Que de leve se agregam aos meus pés
Par em par vão se abrindo as janelas
Vou vendendo sem medo os pastéis

Ao comer do angu saboroso
Com bastante pimenta pra arder (bis)
Os velhotes lambem-se de gozo
Com a linguinha de fora a mexer (bis)

Se na massa me dizem que acerto
Eu, aqui quieta, que disso não creio
Pois algum conhecido ouve perto
Quer que mude e esqueci o recheio

No trabalho não morro de inveja
Sou feliz, sou pra todo tempero
Se do bairro, a festança que enfeita
Tem correntes ao meu tabuleiro

Ao comer do angu saboroso ...

A baiana pra ter freguesia
Dorme cedo e sai antes do sol
Não se pode nascer na Bahia
Da pimenta sustenta o farol

Deste mundo tamanho me orgulho
Tudo isto foi feito pra mim
Eu no samba não faço barulho
Assim quer meu Senhor do Bonfim

Ao comer do angu saboroso ...

19. "Cozinheira" (1897)

Letra e música: Raimundo Ramos "Cotoco".
Intérprete: Mário Pinheiro.
Gravadora. Casa Edison.
Disco Odeon 108.134 (1907-1912).
Letra em CBh.

"Cozinheira" data de 1897. É uma das primeiras composições de Raimundo Ramos "Cotoco", pintor, compositor e boêmio que marcou a vida intelectual de Fortaleza na virada do século XIX para o XX (ver capítulos 3, 9 e 10). Seus versos são maliciosos, com duplo sentido – no caso, associando a labareda do fogão ao desejo sexual. Em canções posteriores sobre outras profissões femininas (ver "A tecelona" e "A engomadeira"), "Cotoco" adotaria um enfoque romântico e amoroso.

Consente atiçar teu fogo,
Quero fazer labareda;
Não consentes?... Até logo...
Arreda, morena, arreda
Arreda! Passar desejo
Em busca de outro fogão,
Visto que não aguentas
O calor deste tição.

Se tens fogão estragado
Não fui eu quem o estragou;
Queixa-te do desleixado
Que teu fogo abandonou.

Gosto de fogão de barro!
Prefiro-o a fogão de ferro...
E quando co'alguém me esbarro
Faço o fogo e ... dou um berro!

Aprende, que o fogo medra
Como se fosse um vulcão:
Aplica carvão de pedra
Que é melhor do que tição.

20. "Tecelona "(1902)

Letra: Raimundo Ramos "Cotoco".
Música: autor desconhecido.
Intérprete: João Nabuco (piano e canto).
Gravação independente
Letra e partitura em CBh.

O rapaz apaixona-se pela linda morena que trabalha numa pequena fábrica de redes. Sua paixão é tamanha que ele sonha em se empregar também como tecelão. Assim, ele e a morena teceriam juntos uma vida de amores: "Quero todo embaraçar-me/ Nos fios do seu tear/ Pouco me importa rasgar-me, unir-me, ligar-me/ Mas sendo tecido por seu doce olhar".

Tenho um amor no meu peito,
Tão grande como o de Archimedes,
Por uma linda trigueira,
      Mimosa, faceira (bis)
Que é tecelona da fábrica de redes (bis).

Quero todo embaraçar-me
Nos fios do seu tear;
Pouco me importa rasgar-me,
      Unir-me, ligar-me, (bis)
Mas sendo tecido por seu doce olhar. (bis)

Quando se quebrar um fio,
Com que prazer, com que gosto,
Eu vou apressadamente,
      Ligá-lo, contente, (bis)
Lhe dando um beijinho em seu lindo rosto. (bis)

Se acaso um dia brigarmos,
(Que Deus nos livre de tal!)
Nem um fio se embaraça ...
      Com mimo, com graça, (bis)
Farei o serviço sem causar-lhe mal. (bis)

Farei todos seus pedidos,
Serei também tecelão,
Trabalharemos juntinhos,
        E quantos carinhos ... (bis)
Que linda meiada ... de brando algodão.
(bis)

À tarde direi a ela:
Basta! Vamos descansar!
Já trabalhamos, querida ...
        Gozemos a vida, (bis)
Nós ambos trepados em nosso tear. (bis)

21. "A engomadeira" (1905)

Letra e música: Raimundo Ramos
(Cotoco).
Intérprete: Mário Pinheiro.
Gravadora: Casa Edison.
Disco Odeon 108.137
Letra e partitura em CBh.

Nesta canção de Ramos
"Cotoco", interpretada por Mário
Pinheiro para a Casa Edison, o
rapaz é só felicidade porque conquistou a engomadeira, que virou sua noiva faceira: "Ela ajeita
com perfeição/ A minha roupa
e o coração". O tom não é mais
lascivo como em "A cozinheira",
composta anos antes, mas apaixonado: "Junto com o dia eu me
levanto/ E corro em busca do
meu amor/ Ela sorrindo, cheia

de encanto/ Me dá bom dia, me
chama flor".

Os meus amores atualmente
São verdadeiros posso afirmar
Deles não quero viver ausente
Pois eles sabem me cativar.

Era em começo engomadeira
Hoje é noiva mais faceira (feiticeira)
Pois ela ajeita com perfeição
A minha roupa e o coração

Junto com o dia eu me levanto
E corro em busca do meu amor
Ela sorrindo, cheia de encanto,
Me dá bom dia, me chama flor

Extasiado com seu sorrir
Só suas frases sei repetir
Pois ela ajeita com perfeição
A minha roupa e o coração

Jamais me encontram em qualquer parte
Com o fato sujo e amarrotado
E os meus amores graças à arte
Eu vivo limpo, sempre engomado

Foi um arranjo baita e decente
Que bole n'alma de muita gente
Pois ela ajeita com perfeição
A minha roupa e o coração

22. "A cozinheira" (s.d.)

Letra e música: Francisco Telles e Luiz
Martins Correa.
Intérprete: Pepa Delgado.
Gravadora: Casa Edison.
Disco Columbia 11.626 (1910).

Vaidosa, a cozinheira cita alguns
pratos que costuma fazer: arroz,
carne assada, farofa, galinha ensopada, fritadas, sardinhas, robalos.
Ganha pouco e trabalha muito.
Mesmo assim está contente. Sente-
se valorizada profissionalmente.

Gravada pela atriz Pepa
Delgado em 1910, a cançoneta já
era cantada nos anos anteriores em
recitais infantis, como dão conta
os jornais da época. Foi publicada no livro "Palcos e salões", de
Francisco Telles e Luiz Martins
Correa, segundo a "Gazeta de
Notícias" de 9 de abril de 1907. O
pianista Martins Correa compôs
várias outras cançonetas, como
"Baiana e caixeiro" e "A criada de
servir".

Eu sou cozinheira
De tais feiticeira
Segredos não tenho
Meu fim sei fazer
Fritar o tempero
Com ar de lampeira
Fazendo petiscos
Gostosos a valer

Correndo a cidade
Não vejo rival
Não há quem
Me leve num falso arrastão
Portanto vaidosa
Eu digo em geral
Eu sou cozinheira de fogão.

Arroz, carne assada
Farofa cheirosa
Galinha ensopada
Fritada gostosa
Pequenas sardinhas
Já vou de robalo
E outras coisinhas
Que é mesmo um regalo

A minha patroa
Não come maxixe
O dono da casa
Tem birra ao jiló
A vida só leva
Dizendo é preciso
Que gosta de muito
Comer mocotó
Estando eu distante
Da tal confusão
Quitute foi feito
Pra me contentar
Fiteira, garbosa
De volta ao fogão
Eu vou pra cozinha
Inda preparar

Arroz, carne assada ...

Se algum dos senhores
Quiser, eu lhe digo
Aqui, eu não vivo
E não dão a saber
Não tenho vergonha
Se eu vivo cativa
E faço trabalho
Por pouco dinheiro
Apronto jantares
Com bom prazer
A todos agrada
O meu bom paladar
Por isso me obriga
A ter o dever
De ser cozinheira
No trabalhar.

Arroz, carne assada ...

23. "A lavadeira" (1905)

Letra: Tito Martins e João Colás.
Música: Luiz Moreira.
Intérprete: Pepa Delgado.
Gravadora: Casa Edison.
Disco Columbia 11.375 (1912).

A cançoneta "A lavadeira", da revista "Só para homens", encenada em 1905, só tem uma coisa em comum com o lundu "A lavadeira" do início deste capítulo: o título. Enquanto o lundu é romântico e canta o surgimento do amor entre o rapaz e a moça, a cançoneta é pura gozação. Ao

lavar as roupas de baixo de madamas e homens ricos, a profissional descobre segredos escondidos nas "ceroulas da ilusão". E conta para a plateia.

Tua roupa suja limpando
Esquece a gente falar
Não é por me estar gabando
Que há muito o que contar.

- Sim, isso que, uma coisa é a gente ver por aí, por essas ruas, estas madamas todas chiques e elegantes, trajando seda (............................ ....) E outra coisa é lidar-lhes com as roupas brancas. Xiii ....

Dá-lhe que dá-lhe
Ponto aqui, ponto acolá
Raro é aquela que não sabe
Roupa toda se limpar

E com os homens acontece
A mesma coisa também
Muito que rico parece
Uma só camisa tem

- E um par de meias. E um colarinho. E um ... e um par de punhos. E uma camisola.
E um filho único de sardas. De maneira que não só esta coisa tem lavar pouca coisa, como a gente lava.

Lava que lava
Traz a qual o destino cru
Enquanto a gente o secava
Ele espera a roupa nu

Sujeito que por valente
Passa de tal bazofia
Veio um perguntar a gente
No que dá a valentia

- Sim, a gente logo conhece no que dá a
valentia. Quando é um valente assim,
um freguês valente, oh, e tinha aqui de
rolo, implicâncias. Conta que tinha havi-
do um rolo, porque a lavadeira logo, logo
conhece.

Esfrega, que esfrega
Por mais que limpe o sabão
Como troféu da refrega
As ceroulas da ilusão

Tua roupa suja limpando
Esquece a gente falar
Não é por me estar gabando
Que há muito o que contar

- Se eu contasse tudo, tudo, xi, era pra
quinze dias, bem uma saída! Levava
convencendo as pessoas. E eu então pra
não aborrecer, pego na roupa e é:

Dá-lhe que dá-lhe
Ponto aqui, ponto acolá
Rara é aquela que não sabe
A roupa toda se limpar.

24. "Vá saindo" (1903-1904)

Letra e música: autores desconhecidos.
Intérprete: Mário Pinheiro.
Gravadora: Victor Record.
Disco 98.985 (1911).

Cortejado pela senhora Dona Josefa, o trabalhador, alegando que anda "mesmo à nenê", tira o corpo fora: "Um homem desempregado nesta terra não pode ter mulher, minha velha". E lhe dá um conselho: "Não queira passar miséria/ Se tem algum pretendente/ Agarre o paio de jeito/ E vá saindo de frente".

Na gíria da época, "sair de barriga" era o mesmo que "sair de fininho"; "paio", um sinônimo do órgão sexual masculino.

- Vem cá, meu nego, vem cá, meu nego.
- Oh, sua velha danada, vá saindo de
barriga, seu diabo.

Senhora Dona Josefa
Não suporto mais a espiga
O feijão vai muito caro
Vá saindo de barriga

Saia, saia, sem demora
Saia já daqui, mulher,
De lado, barriga ou frente
De banda como quiser

- *Mas, meu nego, eu não posso viver sem ti, meu amor. Eu sem ti sou capaz de morrer danada.*
- *Pode morrer pras profundas do inferno ...*

Estou na fisga, senhora
Fui ontem desempregado
Eu ando mesmo a nenê
Vá já saindo de lado

Saia, saia, sem demora ... (estribilho)

- *Meu nego, não posso, meu amor, me desculpe. Vem cá, vem cá, vem cá, meu amor.*
- *A senhora, dona Josefa, não sabe que eu, que um homem desempregado nessa terra não pode ter mulher, minha velha.*

Há mais de quatro semanas
A minha vida desanda
A carne seca é fidalga
Vá já saindo de banda

Saia, saia, sem demora ... (estribilho)

- *Mas, meu filho ...*
- *Ora, vá pro diabo, vá pro diabo, já disse que não quero, ora bolas ...*

Não queira passar miséria
Se tem algum pretendente
Agarre o paio de jeito
E vá saindo de frente

Saia, saia, sem demora ... (estribilho)

- *Ora, sabe duma coisa, vá pro diabo que o carregue. E deixe de lambança, tá ouvindo? Vá saindo de barriga, seu diabo.*
- *Ó raio!*

25. "O Crioulo" (1900)

Letra e música: Eduardo das Neves.
Intérprete: João Nabuco (violão e canto).
Gravação independente.
Letra em Trovador da Malandragem.
Música: trecho de "O Caninha em apuros" (Odeon 108.682).

A canção que fecha este capítulo é uma preciosidade. Sua melodia, que estava perdida, foi encontrada por pura sorte. "O crioulo", lundu em que Eduardo das Neves conta sua história, chegou a ser gravado por Mário Pinheiro em 1906, mas nenhum exemplar do disco chegou até os nossos dias.

Por acaso, absolutamente por acaso, ao escutar "O caninha em apuros", gravado por Eduardo das Neves em 1913, dei-me conta de que, no início do pot-pourri, Dudu canta quatro estrofes de "O crioulo", algumas praticamente iguais às publicadas por ele em "Trovador da malandragem". Como na maioria dos lundus – e "O crioulo" não foge à regra – a melodia se repete ao longo das quadras e refrões, o trecho deu uma boa base para regravar a canção, composta há mais de um século e desaparecida ao longo do tempo.

Em "O crioulo", Eduardo das Neves conta sua trajetória desde moleque, ainda na década de 1870, até 1900. Passou por vários empregos. Trabalhou na Estrada de Ferro Dom Pedro II (atual Central do Brasil), da qual foi demitido por causa da greve dos últimos dias de 1891. Engajou-se no Corpo de Bombeiros, mas durou pouco na corporação. Foi afastado em 1893 por frequentar fardado as rodas da boemia. Acabou se encontrando profissionalmente numa companhia equestre, como também eram chamados os circos de cavalinhos, talvez a maior fonte de diversão para o grande público naqueles anos.

Como palhaço, cantor, animador de circo, poeta e compositor, Dudu teve uma carreira espetacular. Tornou-se um dos principais nomes da música popular brasileira na época. Embora sua base fosse o Rio de Janeiro, apresentou-se em shows por todo o Brasil. Em 1907, foi contratado pela Casa Edison, onde gravou cerca de 200 canções. Lançou pelo menos três cancioneiros com as letras de suas composições, publicados pela Editora Quaresma.

Quando eu era molecote,
Que jogava o meu pião
Já tinha certo jeitinho,
Para tocar o violão.

Quando eu ouvia
com harmonia,
A melodia
de uma canção,
Sentia gatos
que me arranhavam
Que me pulavam
no coração.

Fui crescendo, fui aprendendo,
Fui me metendo na malandragem
Hoje sou cabra escovado
Deixo os mestres na bagagem ...

Quando hoje quero
Dar mão à lira,
Ela suspira,
Põe-se a chorar.
As moreninhas
Ficam gostando
De ver o crioulo
Preludiar.

Entrei para a Estrada de Ferro,
Fui guarda-freio destemido ...
Veio aquela grande "greve",
Por isso fui demitido.

Era um tal chefe,
Que ali havia,
Que me trazia
Sempre na pista;
Ah! Não gostava
Da minha ginga;
Foi apontou-me
Como grevista.

Como é o filho do meu pai
Do Grupo dos Estradeiros
Fui pra quarta companhia
Lá do Corpo de Bombeiros.

Na companhia
Estava alojado,
Todo equipado
De prontidão;
Enquanto esperava
Brado de fogo,
Preludiava
No violão.

Fui morar em S. Cristóvão,
Onde morava meu mestre ...
Depois de ter minha baixa;
Fui pra companhia equestre.

Sempre na ponta
A fazer sucesso,
Desde o começo
Da nova vida;
Rindo e brincando,
Nunca chorando,
Tornei-me firma
Bem conhecida.

Não me agasto em ser crioulo;
Não tenho mau resultado.
Crioulo sendo dengoso,
Traz as mulatas de canto chorado.

Meus sapatinhos
De entrada baixa,
Calça bombacha,
Pra machucar;
As mulatinhas
Ficam gostando,
E se babando,
Com o meu pisar.

Fui a certo casamento ...
Puxei ciência no violão.
Diz a noiva para a madrinha:
– "Este crioulo é a minha perdição.

Estou encantada,
Admirada,
Como ele tem ...
Os dedos leves ...
Diga-me ao menos
Como se chama ...?
– "Sou o crioulo
Dudu das Neves".

Carregadores de piano. Marc Ferrez. 1880.
Rio de Janeiro. Acervo IMS

Anexos
Capítulo 7

1. "Pai Supriço, Pai Zuão e Pai Bunito, turo zelle camrada" (1850)

Letra: autor desconhecido
Letra em "O Despertador Municipal"
(Rio de Janeiro) de 10/9/1850 na BN.

Os serviços de esgoto sanitário chegaram ao Rio de Janeiro na virada da década de 1850 para 1860 ("O progresso do país", capítulo 3). Antes, os excrementos eram recolhidos em barris, sendo depois lançados ao mar em locais previamente determinados pelas autoridades. Os barris eram chamados de "tigres". Os carregadores, de "tigrciros".

No cordel em "língua de preto" "Pai Supriço, Pai Zuão e Pai Bunito, turo zelle camrada" – ou seja, "Pai Simplício, Pai João e Pai Bonito, todos eles camaradas" –, publicado no jornal "O Despertador Municipal" de 10 de setembro de 1850, os três "tigreiros", provavelmente escravos de ganho, recebem ordens dos seus senhores para lançar o conteúdo dos barris em terra, e não no mar. Surpreendidos pelos vigias da Câmara Municipal, são presos e passam alguns dias na cadeia. Antes de serem libertados, têm os cabelos raspados e recebem ameaças dos guardas.

Alguns esclarecimentos: a) os guardas ou vigias municipais tinham o apelido de "califórnios" porque aplicavam multas a torto e a direito. Sua sede por dinheiro lembrava a dos garimpeiros da corrida do ouro da Califórnia, que começara dois anos antes, em 1848; b) "mumbundo" é o mesmo que "preto" em quimbundo, idioma falado na região de Luanda; c) "zingana" é o plural em "língua de preto" de "ngana", ou seja, "senhor" em quimbundo; d) "Quata" em quimbundo significa "cata", "agarra" ou "pega"; e) "Mercantil" é uma referência ao jornal "Correio Mercantil"; f) o chicote usado para açoitar escravos era chamado de "bacalhau"; g) nos rituais de algumas regiões da África Central Ocidental, Cariapemba é o equivalente a Exu; h) Taful é uma pessoa arrumadinha, janota; i) "Mataco" em quimbundo significa nádegas.

"O Despertador Municipal", semanário que cobrava das autoridades soluções para os problemas da cidade do Rio de Janeiro, existiu durante um ano. Atribuiu o fim da sua circulação às perseguições movidas contra o jornal e seus assinantes por algumas autoridades, em especial da Freguesia de Santana. Por várias vezes, o periódico denunciara a existência de relações promíscuas entre o fiscal da freguesia e os donos da Pedreira de São Diogo, que fornecia material para aterro de mangues e calçamento de ruas.

Apesar de sua trajetória relativamente curta, "O Despertador Municipal" publicou diversos poemas e textos em "língua de preto", geralmente denunciando os achaques e abusos cometidos pelos "califórnios" contra os escravos de ganho, como "Conversa entre Pai Joaquim e Pai João, condutores de carroças" (próximo anexo), "O califórnio namorado" (12/8), "Um pudim africano" (21/8), "Conversa" (28/9) e "Buia ri Pai Supriço cu Pai Zuão cu Zinfratô" (14/10).

Sucuta, minha zim branco,
Uma zitoria ingraçaro,
Qui fuaze zi preto turo
Ficá munto guniaro;
Zi carifornio é rimonho
Cumo cão zelle ten faro.

Zi preto turo ten medo
Di zalma ri otro mundo
Qui ri note peca ni zelle,
Qui leva lá pru zi fundo
Ri cadea ou ri riposso
Onde prende zi mumbundo.

Zingana ri pae Supriço
Manda ele conduzi
Zi tigre para banhá
Pru zim bicho no fugi;
Masi Supriço zipera
Cupanhero pru sahi.

Supriço, Zuão, Bunito,
Numa lucá turo junto,
Jura no ten masi medo
Di buro qui tá defunto;
Uma pede zi palavra
Pru trata ri esse assunto.

Primero fuala Supriço,
Fuazendo munto zim buia,
Cumo zi muleque fuaze
Ni sabbdo de zi liluia;
Zelle no ten nesse dia
Farinha ni sua cuia;

Ripose fuala Zuão,
Roncando ni sua peto,
Masi fuala munto poco
Mu conta çreto sugeto
Qui quero qui zotro dua
Cala boca cum respeto.

Cada um peca su tigre
Pru vuai levá lá nu praia,
Masi vuai turo tre junto
Mu conta de zi canaia;
Zi carifornio é riapo
Pega buro cu cangaia;

Masi chega ni caminho,
Onde sua sinhô manda,
Turo zelle larca tigre
Cada um pru sua banda;
Zi catinga di zim bicho
Pru turo parte risanda;

Tre carifornio qui tá
No zicuro cugiando
Cumo tigre fomearo
Zi presa foi sigurando
E fica cumo zi preto
A zifrazema cherando.

Quata ni preto Supriço,
Quata ni preto Zuão,
Quata ni preto Bunito,
Leva turo ni prisão;
Zelle fica criminoso
Mu conta ri zinfração.

Memo la ni zi cadêa
Supriço joca peteca,
Pai Zuão toca ricungo,
Bunito toca rubeca;
Masi turo zelle ten
Pomada ni zi quereca.

Uma poco diz in dia,
Sua zingrato sinhô
Deixa zi pobre pená
Turo cheio de bolô;
Pruçubejo, muquirana
Sangue du zelle chupô!

Carifornio checa lá,
Pru sua nomi zi crevê
Nu papé zi Mrecanti
Pru sua sinhô parecê;
Masi qua! Sua sinhô
Di zelle no qué sabê.

Roposi zi cunheciro
Rise qui zelle son fôro,
Qui foi ribaxo zi sombra
Mu conta ri desaforo;
Nungoço feto ri nôte
Tira cabelo cu côro.

Abri zoio zi cativo
Cu guarta de zi fiscá;
No vuai ni venda ri nôte
Si no are fica má;
Si leva bari ni capeça
Vuai ni praia dispejá;

Quando é dia ri santo
No vuai ni venda bebê,
Mu conta ri bacaiáu
Na bunda ri vaçucê;
Nesse dia ri rumingo
Ten muto gente qui vê.

Supriço, Zuão, Bunito,
Toma mia zi conseio;
Guenta sua cativeiro,
Abri zoio cu zi reio!
Zi cambra fica sirindo
Cu sua cofre bem cheio!

Nu dia santo ri guarta
No fuase fracassaria;
Si precisa ri rinhero
Zipera pru otro dia;
Cariapemba ni rumingo
Anda ni tafularia!

Vaçucê tá zi cativo
Puen língua nu fucarero;
Cu zi bari na capeça
No pode vuai ni pulero;
Dexa zi branco fualá,
Vuai ganhando sua rinhero.

Quando vaçucê, ni rua,
Tá chuchando bruduada,
Sua senhô, ni theatro,
Tá vuendo zopra engraçada
De Madame zala sáe
Cum gostoso gragaiada.

Supriço, toma cuidaro,
Cala sua boca, Zuão,
Bunito baxa sua zoio,
Cativo no ten razão;
Livra turo sua mataco
Di casa ri cureção.

No vuai atraz zi pretinho
Qui fuala ri cotovelo;
Qui prende turo zi otro
Nu linha de sua novelo;
Foje ri ele, qui no sreve
Pru tu zi bon modelo;

Foje ri branco qui chama
Vaçucê pru cunvreçá;
Esse é puro mangação,
Zi branco qué ti lográ;
Vaçucê fica vendiro
Sen vaçucê ziparã.

Ariesu, mia zi parente,
Aceta minha zi aviso;
Riesu qui tin dá rinheiro,
Qui tin dá tan ben zuiso;
Si no vuai turo ni fuerno,
No entra ni paraiso.[92]

----

[92] Tentativa de tradução para o português atual:
"Escuta, meus brancos/ Uma história engraçada/ Que faz os pretos todos/ Ficar muito agoniados/ Os califórnios são o demônio/ Como o cão eles têm faro!// Os pretos todos têm medo/ Dessas almas do outro mundo/ Que de noite pegam eles/ Que leva lá para os fundos/ Da cadeia ou do poço/ Onde prende os mumbundos// Os senhores de pai Suplício/ Mandam ele conduzir/ Os tigres para banhar/ Pra esses bichos não fugir/ Mas Suplício espera/ Os companheiros pra sair// Suplício, João, Bonito/ Num lugar todos juntos/ Juram que não têm mais medo/ Do burro que está defunto/ Um pede a palavra/ Pra tratar desse assunto// Primeiro fala Suplício,/ Fazendo muito essa bulha/ Como os moleques fazem/ Nos sábados de aleluia/ Eles não têm nesse dia/ Farinha nem sua cuia// Depois fala João/ Roncando no seu

2. "Conversa entre Pai Joaquim e Pai João, condutores de carroças" (1850)

Letra: autor desconhecido.
Letra em "O Despertador Municipal" (Rio de Janeiro) de 7/2/1850 na BN.

Nas interessantíssimas quadrinhas em "língua de preto", publicadas pelo jornal "O Despertador Municipal", Pai João e Pai José, escravos de ganho que transportam mercadorias em carroças no centro do Rio de Janeiro, reclamam dos constantes achaques dos vigias da Câmara Municipal. "Catam a gente de noite/ Catam a gente de dia", desabafa João. Certa feita, os vigias – ou "califórnios" (verbete anterior) –, sem qualquer motivo, apreenderam a carroça, a carga e

peito/ Mas fala muito pouco/ Por conta de certo sujeito/ Que quer que os outros dois/ Calem a boca com respeito// Cada um pega seu tigre/ Pra ir levar lá na praia/ Mas vão todos três juntos/ Por conta dos canalhas/ Os califórnios são o diabo/ Pegam burro com cangalha// Mas chegam no caminho/ Onde seu senhor mandou/ Todos eles largar o tigre/ Cada um pra sua banda/ As catingas desses bichos/ Pra toda parte desanda// Três califórnios que estão/ No escuro vigiando/ Como tigres esfomeados/ As presas vão segurando/ E ficam como os pretos/ A alfazema (?) cheirando// Cata o preto Suplício/ Cata o preto João/ Cata o preto Bonito/ Levam todos pra prisão/ Eles ficam criminosos/ Por conta da infração// Mesmo lá na cadeia/ Suplício joga peteca/ Pai João toca o congo/ Bonito toca rabeca/ Mas todos eles têm/ Pomada nas suas carecas// Um pouco de dias/ Seu ingrato senhor/ Deixa os pobres penar/ Todos cheios de bolor/ Percevejo, muquirana/ O sangue deles chupou!// Califórnio chega lá/ Para os seus nomes escrever/ No papel do Mercantil/ Pra seu senhor aparecer/ Mas qual! Seu senhor/ Deles não quer saber// Depois que os conhecidos/ Dizem que eles são forros/ Foram debaixo das sombras/ Por conta do desaforo/ Negócio feito de noite/ Tira o cabelo com couro/ Abre os olhos seus cativos/ Com a guarda dos fiscais/ Não vão na venda de noite/ Se não vai ficar mal/ Se leva barril na cabeça/ Vão na praia despejar// Quando é dia de santo/ Não vão na venda beber/ Por conta do bacalhau/ Na bunda de vosmecês/ Nesse dia de domingo/ Tem muita gente que vê// Suplício, João, Bonito/ Toma os meus conselhos/ Aguenta seu cativeiro/ Abre os olhos com os relhos!/ A Câmara fica se rindo/ Com os seus cofres bem cheios!// No dia santo de guarda/ Não faz fracassaria/ Se precisa de dinheiro/ Espera pelo outro dia/ Cariapemba no domingo/ Anda em tafularia!// Vosmecês os cativos/ Põem a língua no fogareiro/ Com os barris na cabeça/ Não podem ir no poleiro/ Deixem os brancos falar/ Vão ganhando seu

dinheiro// Quando vosmecê, na rua/ Está chuchando bordoada/ Seu senhor, no teatro/ Está vendo ópera engraçada/ Sai da sala da Madame/ Com gostosa gargalhada// Suplício, toma cuidado/ Cala sua boca, João/ Bonito baixa seus olhos/ Cativo não tem razão/ Livrem todas suas matacos/ Da casa de correção// Não vai atrás dos pretinhos/ Que falam pelos cotovelos/ Que prendem todos os outros/ Na linha de seu novelo/ Foge dele que não serve/ Pra você de bom modelo// Foge do branco que chama/ Vosmecê pra conversar/ Esse é pura mangação/ Os brancos querem te lograr/ Vosmecê fica vendido/ Sem vosmecê reparar// Adeus, meus parentes/ Aceita esses meus avisos/ Jesus que te dá dinheiro/ Que te dá também juízo/ Se não vai tudo pro inferno/ Não entra no paraíso."

os burros conduzidos pelo escravo. Quando soube do acontecido, o senhor ficou irritadíssimo com Pai João e deu-lhe um murro na cara. Pai Joaquim conta que, num episódio semelhante, também havia sido agredido. "Ah! Comico foi outro cosa!/ Sen vinten pra mió tapaco/ Quen pagou zi brincadeira/ Foi minha pobre mataco".

Em quimbundo, "mataco" significa "nádegas".

No final da conversação, os dois carregadores dizem que a culpa pelos absurdos era da própria Câmara Municipal e de seus fiscais — tatus que ficavam encolhidos nas covas, fingindo que não viam os desmandos e as violências.

A rua da Imperatriz, antiga rua do Valongo, chama-se hoje Camerino. Fica no centro do Rio.

Joaquim
Toma sentiro, parente,
Cu zhome qui tem boné,
Qui anda di traz di nosso
Zipiando pé pru pé.

João
Ah, io sabe, pae Zoaquim,
Son zhome qui trazi farta
Cu boné, cu camarão,
Qui carrega zipingarta.

Joaquim
Nô fualla nesse, Zuão,
Esse se chama sôráro;
É zotro qui peca gente
Ni rua de ze Teatro

João
Ah, Zoaquim, lembrou ben
Esse chama-zi vigia
Qui quata gente ri nôte,
Qui quata tanben ri dia.

Joaquim
Aóra sim, vaçucê
Tocou cu mão ni pandero;
Zelle no traze zibata,
Qui quero só é rinhêro.

João
É verare! ... esse sugeto
Já feze quata ni mim,
Quando passê cu caroça,
Nu greja ri São Zoaquim.

Joaquim
Zelli peca nu caroça,
Leva loco nu ripóço
Onde tem um véiozinho
Mais dua home moço.

João
Isso memo, tá e quá,
Uma dia cuteceu comico;
Eu fuallou; masi ere dice
Necro cala sua bico!

Joaquim

Feze bem, teve zuiso,
Se nó ia pru prisão
Pru rapá sua capeça
Nu casa ri correção.

João

Lá nu casa re repóço
Minha caróça ficou
Cu zi carga, cu zi burro,
Turo ri minha sinhô!

Cu medo io quize fugi,
Masi controu mai Maria
Qui me dê sua zi conseio
Qu ió tomou só nesse dia.

Ió vai ni casa tremendo
Sen caroça e sen zi burro;
Quando conté zi fracaço
Nu venta chupê um murro.

Joaquim

Ah! Comico foi outro cosa! ...
Sen vinten pru mió tupuco
Quen pagou zi brincadeira
Foi minha pobre mataco ...

João

Ió no sê, Zoaquim, qui crime
Ió fize quando foi preso;
Ió trazia minha zoio
Como fucarezo acezo;

Mais guarta tinha zoio
Como de lopo faminto;
Quando ió passê ni ripóço
Quata ni pobre Zoão Pinto!

Ió conduzio mia caroça
Cu zoio aberto, cu medo,
Outro caroça veu vindo,
Ió m'incostou ne lagedo.

Rua de Zimperatriz
É rua munto zitreto;
Pru passa dúa caroça
Precisa re munto geto.

Si câmara quero rinhero
Faze rua turo larca;
Antan mia sinhô no chora
Zi multa qui ele paca.

Zi multa qui guarta faze
Sem sua fiscá sabê,
É rungoço dilicato
Que o povo so é qui vê.

Turo dia povo chora
Suó qui paca cu multa;
Arranca sua cabelo
Se zi prisão tá injusta.

É câmara qui ten zi curpa
Di turo esse contradança,
Qui sereve pra munta gente
Enchê zi faminta pansa.

Zi tatú que tá nu cova
Nô sreve pra sê fiscá;
Si ele tá nu zincoia
Povo e câmara fica má.

Minha zimbranco predôa
Nosso zi conversação;
Cala boca, sinão nosso
Vai pará ni coreção.[93]

---

[93] Segue tentativa de tradução para o português atual:
"(Joaquim) Toma sentido, parente/ Com os homens que têm boné/ Que andam detrás de nós/ Espiando pé por pé/ / (João) Ah, eu sei, pai Joaquim/ São homens que trazem farda/ Com boné, com camarão/ Que carregam as espingardas// (Joaquim) Não fala nesse, João/ Esse se chama soldado/ É outro que pega a gente/ Na rua dos Teatros// (João) Ah, Joaquim, lembrou bem/ Esse chama-se vigia/ Que cata a gente de noite/ Que cata também de dia// (Joaquim) Agora sim, vosmecê/ Tocou com a mão no pandeiro/ Eles não trazem chibata/ O que querem só é dinheiro// (João) É verdade! esse sujeito/ Já fez cata em mim/ Quando passei com a carroça/ Na igreja de São Joaquim// (Joaquim) Eles pegam na carroça/ Levam logo no depósito/ Onde tem um velhozinho/ Mais dois homens moços// (João) Isso mesmo, tal e qual/ Um dia aconteceu comigo/ Eu falei, mas ele disse/ Negro, cala seu bico!// (Joaquim) Fez bem, teve juízo/ Se não ia pra prisão/ Pra raspar sua cabeça/ Na casa de correção// (João) Lá na casa de depósito/ Minha carroça ficou/ Com as cargas, com os burros/ Tudo do meu sinhô!// Com medo eu quis fugir/ Mas encontrei mãe Maria/ Que me deu seus conselhos/ Que eu tomei só nesse dia// Eu fui na casa tremendo/ Sem a carroça e sem os burros/ Quando contei os fracassos/ Nas ventas chupei um murro// (Joaquim) Ah! Comigo foi outra coisa! .../ Sem vintém pra melhor tabaco/ Quem pagou as brincadeiras/ Foi minha pobre mataco ...// (João) Eu não sei, Joaquim, que

Quitandeira. Marc Ferrez. Acervo IMS

crime/ Eu fiz quando fui preso/ Eu trazia os meus olhos/ Como fogareiro aceso// Mas os guardas tinham olhos/ Como de lobo faminto/ Quando eu passei no depósito/ Cata no pobre João Pinto!// Eu conduzi minha carroça/ Com os olhos abertos, com medo/ Outra carroça veio vindo/ Eu me encostei no lajedo// A rua da Imperatriz/ É rua muito estreita/ Pra passar duas carroças/ Precisa de muito jeito// Se a câmara quer dinheiro/ Faz as ruas todas larga/ Então meu sinhô não chora/ As multas que ele paga// As multas que os guardas fazem/ Sem seu fiscal saber/ É negócio delicado/ Que o povo só é que vê// Todo dia o povo chora/ O suor que paga com multa/ Arranca o seu cabelo/ Se a prisão tá injusta// É a câmara que tem as culpas/ De todas essas contradanças,/ Que servem pra muita gente/ Encher as famintas panças// Os tatús que estão na cova/ Não servem pra ser fiscal/ Se eles estão na encolha/ Povo e câmara ficam mal// Meus brancos, nos perdoa/ Nossa conversação/ Cala boca, se não nós/ Vamos parar na correção".

3. "Imbernizate, engraxate, à la mode de Paris"(s.d.)

Letra: Sr. MM. Música: Sr. V. A. B.
Letra em Trovador e ACB.

Este lundu é bem antigo, provavelmente composto em 1865, ano em que sua partitura foi posta à venda, conforme anúncio publicado no "Jornal do Commercio". Na época, eram numerosos os engraxates no centro do Rio de Janeiro, especialmente nas ruas Direita e do Ouvidor.

Na canção, o trabalhador livre – não fica claro se negro ou branco – reclama da concorrência dos colegas que, para atrair clientes, anunciavam seus serviços numa mistura de italiano e francês.

Que maldita é esta vida,
Sóis e chuvas a suportar,
Escovas, graxas em potes,
Eu sozinho a carregar!

Não sabem? Já meu retrato
No caixão mandei pregar,
Para ver se com tal luxo
Atenção vou despertar.

Porém se vejo um freguês,
Com força o colega diz:
Imbernizate, engraxate,
À la mode de Paris.

Então fico a ver navios,
Num mar de graxa atolados,
Quando os pés dos tais fregueses
Podem ser assim chamados.

Mas aos males tão cruéis
Que sente meu coração,
Encontro meus namoricos
Por terna compensação.

Namoro toda a crioula,
Seus olhos têm atração;
Das brancas nem mesma a cor
Me causa mais sensação.

Que casamento feliz
Dentro em pouco irei gozar,
Indo abrir com a crioulinha
Uma casa de engraxar.

Seremos muito felizes,
O meu coração me diz,
A ela unido pra sempre
À la mode de Paris.

4. "O guarda urbano" (1869)

Letra e música: autores desconhecidos.
Letra em OT e ACB.

Nas últimas décadas do Império, a Guarda Urbana era responsável pelo policiamento ostensivo do centro do Rio de Janeiro. Criada em 1866, ela seria extinta logo após a Proclamação da República. Os guardas urbanos, muito temidos pela população pobre, também levavam uma vida dura. A revista de teatro *O mandarim*, de Artur de Azevedo, refere-se à greve da corporação de 1883. Os guardas urbanos também eram conhecidos como "morcegos", por causa de suas capas azuis escuras, quase pretas.

Capa da partitura de "O vendedor d'água", anunciada como "a primeira canção popular baiana". Heráclio Odilon. Salvador.

Sou guarda urbano, pelas ruas vago
De espada à cinta, por não ter emprego;
E os brejeiros quando vou passando
Dizem rosnando: — sai daqui morcego!

Quando de dia vou rondar as praças
Ouço chalaças, para mais dum cento!
Nada respondo, fico mudo, e quedo,
Não por ter medo — é regulamento...

De noite fujo de passar por baixo
D'algum sobrado que tiver sacada;
Porque bem pode, qualquer um gaiato
Ou mesmo um gato dar-me uma mijada

Depois cansado de trocar as pernas
Procuro um canto para me encostar;
É justamente quando vejo ao longe
Um certo monge que me vem rondar.

Assim, andando, pelas ruas vago,
E tão mal pago de um serviço forte...
Com cara alegre, vou cumprindo o fado
Que destinado, tem a minha sorte!

Até que um dia deixarei o maço,
Dando um abraço, em D. Felícia!
Depois, capote, cinturão, espada,
De cambulhada vai para a policia.

Embora o povo, com desdém insano,
Chame o urbano, de ralé, canalha,
Não se faz caso do falar de loucos
Ouvidos moucos, nunca dando palha!

Portanto, eu peço, com pureza d'alma,
Bastante calma, com tais paisanos,
Porque nem todos podem ser polidos
E atrevidos são também urbanos.

Eu não consinto que me rasgue a farda
Embora parda— que se chama blusa,
Nesse momento, minha espada puxo,
Meto no bucho, de qualquer cazuza!

Adeus colegas, não reparem nisso
Que por feitiço, vai viver errante !
Até que um dia, seja copiado,
Mesmo rasgado por qualquer rondante.

Eduardo das Neves, o "Crioulo Dudu",
compositor, cantor e palhaço

5. "Iaiá, me diga adeus" (s.d.)

Letra e música: autores desconhecidos.
Letra em "Maxambombas e maracatus",
de Mario Sette.

Mario Sette, no livro "Maxambombas e maracatus", relata que os carregadores de piano cantavam ao fazer seu trabalho pelas ruas do Recife. "Outrora, vinham oito homens práticos no serviço. Contratados de antemão e com cuidado. Chegavam com as suas toalhinhas, formavam de quatro em quatro, e com o piano nas cabeças marchavam de rua afora, de passos militares harmonizados, em cadência impecável, cantando"[94]. Um deles puxava a primeira estrofe, os demais respondiam em coro.

A canção é das últimas décadas do século XIX, pois já menciona o barco a vapor, o telégrafo e o trem. O barco a vapor chegou ao Brasil em 1851. A primeira ferrovia de Pernambuco foi inaugurada em 1858. O telégrafo alcançou o Recife em 1873.

---

[94] MARIO SETTE, "Maxambombas e maracatus". Rio de Janeiro: Casa do Estudante do Brasil, 1938, pg. 32.

*Iaiá, me diga adeus
Olha que eu vou embarcá
O vapô entrou na barra,
O telégra deu siná...*

*(coro)
Zomba, minha negra,
Zomba, meu sinhô.
Quem quisé se embarcá
O trem de ferro já chegô...*

6. "Ê, cuê ..." (s.d.)

Letra e música: autores desconhecidos. Letra em "Ligeiras notas sobre a vida íntima, costumes e religião dos africanos na Bahia", volume 29 dos "Anais do Arquivo Público da Bahia" (1943).

O canto de trabalho "Ê, cuê ..." (título atribuído) foi recolhido em Salvador por João da Silva Campos na virada do século XIX para o século XX. Segundo o historiador, os ganhadores, em sua maioria africanos, costumavam entoá-lo quando transportavam cargas pesadas pelas ruas de Salvador.

Relata Silva Campos:
"Quando os ganhadores transportavam um móvel de muito peso, um piano, por exemplo, iam cantando monotonamente, pausadamente".

"Ê cuê" provavelmente significa "Deus". O escritor cubano Alejo Carpentier, em seu livro "Écue-Yamba-Ó", escrito na prisão em 1927, explica que esta expressão, cantada pelos escravos de origem iorubá e seus descendentes durante cultos religiosos, podia ser traduzida como "Deus, louvado seja". Segundo Enrique Alvarado Omo Obatala, em seu "Dicionário Lucumi", variante do iorubá falada em Cuba, "Ecué é um dos filhos de Abasi, criador do universo; sincretiza com Jesus Cristo".[95]

*Ê, cuê ...
Ganhadô
Ganha dinheiro
Pra seu sinhô.*[96]

Bonde puxado a burros. Rio de janeiro

---

[95] Enrique Alvarado Omo Obatala, "Diccionario Lucumi", disponível na internet em https://www.academia.edu/8818494/Diccionario_Lucumi_1

[96] Citado por João José Reis, em "Ganhadores: a greve negra de 1857 na Bahia". São Paulo: Companhia das Letras, 2019.

8

Nasce a República

(1889-1898)

Introdução

$\mathcal{G}$randes dificuldades econômicas e fortes tensões políticas marcaram os primeiros anos da República.

Dois meses depois da formação do governo provisório comandado por Deodoro da Fonseca, o novo ministro da Fazenda, Rui Barbosa, anunciou um conjunto de medidas para injetar dinheiro na economia, com o objetivo de promover o aumento do crédito, a industrialização do país, o surgimento de novas empresas, o fortalecimento do mercado de ações e a atração de investimentos externos. Tais medidas ficaram conhecidas como o Encilhamento, uma alusão ao momento no turfe em que os cavalos são selados e preparados para entrar na pista de corrida.

Os autores do pacote econômico acreditavam que fariam o Brasil dar um salto rumo à modernidade, deixando para trás a letargia do final do Império. Nos primeiros meses, pareciam ter razão. O país entrou em euforia com o forte crescimento dos meios de pagamento e com o crédito farto e barato. Muitas empresas foram criadas nos mais variados campos de atividade. Em menos de dois anos, o número de companhias listadas na Bolsa de Valores cresceu quase 500%. Simultaneamente, houve forte entrada de capitais estrangeiros, especialmente ingleses.

Mas a euforia durou pouco. Na verdade, o Encilhamento, longe de estimular um crescimento

Revolta da Armada, Morro do Castelo.
Juan Gutierrez, 1894

econômico sustentado, gerou uma bolha financeira. Favoreceu a especulação, desorganizou a atividade produtiva e jogou o país num surto inflacionário. Em janeiro de 1891, Rui Barbosa deixou o Ministério da Fazenda.

No mês seguinte, promulgou-se a primeira Constituição da República. O marechal Deodoro, chefe do governo provisório, foi eleito presidente da República pelo Congresso, tendo Floriano Peixoto como vice. Deodoro durou pouco no cargo. Nos meses seguintes, com problemas de sustentação em estados importantes, como São Paulo e Minas Gerais, o presidente partiu para o tudo ou nada. No início de novembro, dissolveu o Congresso e convocou novas eleições. O tiro saiu pela culatra. A Marinha sublevou-se, na primeira Revolta da Armada. Isolado, Deodoro foi obrigado a renunciar. Floriano assumiu o cargo.

Mas as tensões políticas continuaram a se agravar. Menos de dois anos depois, a Marinha, que se sentia alijada do poder e onde era forte a nostalgia da monarquia, voltou a se rebelar. A segunda Revolta da Armada abalou o país e, em especial, a Capital Federal. Durante seis meses, o Rio de Janeiro teve de conviver com os duelos de artilharia entre os navios da Marinha e as fortalezas do Exército. Nomes de canhões, como "Vovó" e "Bange", e belonaves, como "Javari" e "Aquidabã", tornaram-se populares na cidade. Os motivos políticos que impulsionavam o conflito, também.

Revolta da Armada, Bateria Costallat.
Juan Gutierrez, 1893

Ao cabo de seis meses, a revolta foi derrotada por Floriano, que contou com a sustentação do Exército e forte apoio popular. Se o povo havia assistido à Proclamação da República "bestializado, atônito, surpreso, sem saber o que significava", como descreveu Aristides Lobo, teve

*Os "fanáticos" de Canudos derrotam a expedição Moreira César.
Dom Quixote (21/3/1897). Angelo Agostini*

comportamento bem diferente durante a segunda Revolta da Armada. Participou ativamente do esforço de guerra para derrotar a rebelião.

O "Major", como Floriano era chamado até então, ou o "Marechal de Ferro", como se tornou conhecido a partir daí, governaria até novembro de 1894. Passou o cargo para Prudente de Moraes, o primeiro presidente da República eleito pelo voto popular.

Popular, mas nem tanto. Votaram nas eleições presidenciais de 1894 apenas 356 mil brasileiros, pouco mais de 2% da população do país na época, estimada em 16 milhões. Pela primeira constituição republicana, não tinham direito ao sufrágio as mulheres – metade da população –, os analfabetos – cerca de 85% dos brasileiros –, os índios e os militares de baixa patente.

Os quatro anos de governo de Prudente de Moraes, republicano histórico com vínculos estreitos com os cafeicultores paulistas, também estiveram marcados por grandes dificuldades econômicas e forte agitação política. Mas foram também anos de transição, como assinalou Nelson Werneck Sodré: "Ia começar a República das oligarquias: Prudente preparou-a, Campos Sales dar-lhe-ia estrutura definitiva".[97]

---

[97] NELSON WERNECK SODRÉ. *História da Imprensa no Brasil.* Rio de Janeiro, Ed. Civilização Brasil, 1966, pg. 301.

O governo de Prudente de Moraes ficou marcado pela Guerra de Canudos, um dos episódios mais trágicos da nossa história. Incomodados com as romarias em direção a Canudos e pelas pregações de Antônio Conselheiro, fazendeiros e hierarcas da Igreja da região do arraial, no sertão da Bahia, pediram às autoridades que reprimissem o movimento religioso. Em novembro de 1896, cem praças da polícia, comandados pelo tenente Pires Ferreira, marcharam contra o povoado. Sofreram uma derrota tão inesperada quanto demolidora.

O fracasso da primeira expedição fez soar o alarme na Capital Federal. A partir daí, ganharam corpo teorias conspiratórias de que Antônio Conselheiro e seus seguidores pretendiam restabelecer a monarquia no Brasil. Os sertanejos passaram a ser chamados jagunços – ou seja, bandidos ferozes – pela imprensa e pelos políticos.

Organizou-se, então, uma segunda expedição, fortemente armada, comandada pelo major Febrônio Brito, também desbaratada pelos sertanejos. Uma terceira expedição foi enviada para a região em março do mesmo ano. Liderada pelo coronel Moreira César, um dos mais experientes oficiais da Exército, sofreu uma derrota demolidora no campo de batalha. Moreira César morreu em combate.

O arraial de Canudos somente foi tomado em outubro de 1897 pela quarta expedição, da qual participaram oito mil soldados, sob o comando do general Artur Oscar e a supervisão direta do ministro da Guerra, Machado Bittencourt. A vila, que contava com cerca de 5 mil casebres, foi inteiramente destruída. Estima-se que 20 mil sertanejos – entre eles, homens, mulheres, crianças e pessoas idosas – perderam a vida no conflito. O cadáver de Antônio Conselheiro, que morrera de doença semanas antes, foi exumado. Sua cabeça, cortada a faca. Cerca de cinco mil militares tombaram nas quatro expedições.

Um período marcado por disputas políticas, econômicas e sociais de tamanha intensidade não poderia deixar de impactar fortemente a cena cultural. A imprensa participou ativamente dos debates sobre as questões da época. Jornais como a "Gazeta de Notícias", "O País", "O Estado de São Paulo" e o "Jornal do Brasil", fundado em 1891, e hebdomadários como "Semana Ilustrada" e "A Semana" publicavam artigos apaixonados em defesa de suas ideias e com críticas mordazes aos adversários. A temperatura subiu e, mais de uma vez, redações foram invadidas e jornais empastelados. Alguns jornalistas sofreram perseguições e prisões durante os governos de Deodoro e Floriano. Outros tiveram de se esconder.

Às vezes, os jornais publicavam paródias de músicas de sucesso para criticar adversários. O poeta Olavo Bilac, por exemplo, recorreu com frequência a esse expediente. Apelando para músicas de cançonetas francesas populares na época, desancou o almirante Custódio de Melo, defendeu o divórcio e debochou da baixa produtividade da Câmara dos Deputados.

O teatro musicado também teve intensa participação nas disputas políticas da época. Revistas de acontecimentos, como "A República", "Viagem ao Parnaso", "O tribofe", "Pum!", "O major", "Aquidabã", "A vovó", "A fantasia", "O jagunço", "A capital federal", "Abacaxi", "Rio Nu", "O sarilho", "O grude" e "Pontos nos iis" atraíram grandes plateias, registrando com bom humor e irreverência os conflitos daqueles anos tumultuados. Autores como Artur Azevedo, Moreira Sampaio, Valentim Magalhães, Oscar Pederneiras, Figueiredo Coimbra, Vicente Reis, Moreira de Vasconcelos e músicos como Assis Pacheco, Costa Junior, Chiquinha Gonzaga, Abdon Milanez, Henrique de Magalhães e Luiz Moreira emprestaram seus talentos a essas obras.

Mas a crônica das disputas políticas na cena cultural não se limitou aos grandes teatros, frequentados pelas pessoas de maior poder aquisitivo. Nas ruas, nos circos de cavalinhos e nos chopes berrantes, compositores e cantores de extração popular também "batiam no malho enquanto o ferro estava quente", apresentando-se para públicos numerosos e entusiasmados. O palhaço-cantor Eduardo das Neves, por exemplo, lançou nestes anos vários sucessos sobre temas políticos: "Marechal de Ferro", "Pif-Paf! Olha a granada", "O triunfo da legalidade", "A Guerra de Canudos", "A morte do coronel Moreira César" e "Cinco de novembro".

***

A produção musical sobre os fatos políticos, econômicos e sociais desse período curto, mas extremamente conturbado, mostrou-se riquíssima. Foi possível coletar nada menos de 38 canções, das quais 27 com partituras, gravações ou indicações de música. Elas abarcam praticamente todos os gêneros populares na época: lundus, tangos, cançonetas, polcas, cantigas de rua, canções portuguesas, gargalhadas e baiões (ou baianos). Muitas

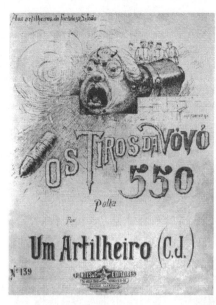

Capa da partitura da polca "Os tiros da Vovó 550"

dessas canções vieram do teatro musicado ou dos circos. Outras nasceram da irreverência das ruas ou das críticas dos círculos intelectuais da Capital Federal. Outras ainda surgiram no sertão do Nordeste durante a Guerra de Canudos.

Abre a seleção "As Laranjas da Sabina", que lembra uma brincadeira de estudantes transformada em manifestação republicana no centro do Rio nos últimos meses do Império. "A Sabina, baiana dengosa" (título atribuído), improvisada pelo "impagável ator Mattos" numa apresentação da zarzuela "Cádiz" no Rio de Janeiro, aborda o mesmo episódio. As quatro canções seguintes ("Polca das libras esterlinas", "Chegou! Chegou! Chegou!", "Deodoro e a mulata" e o "Tango do Tribofe") criticam o Encilhamento e registram as dificuldades econômicas vividas pelo povo quando a bolha da falsa prosperidade estourou. "Coro das mulheres políticas" pede em vão que o voto feminino seja autorizado pela constituição republicana.

"En revenant de la legalité", paródia da cançoneta francesa "En revenant de la révue" (ver "Missa Campal" no capítulo 6) escrita por Olavo Bilac, faz uma crítica ácida ao almirante Custódio de Melo, líder da primeira Revolta da Armada. Já a cançoneta "Todos nós somos Queiroz", vinda de Fortaleza, debocha do general José Clarindo Queiroz, que comandava a política no Ceará e usava o poder para empregar parentes e amigos.

"Pé espalhado", "O bombardeio (ou "Pif-Paf! Olha a granada"), "Triunfo da legalidade" e "Lundu da Revolta" apoiam Floriano Peixoto e desancam os chefes da segunda sublevação da Marinha. Já "Saldanha da Gama" homenageia o almirante que, depois de chefiar a revolta, uniu-se aos federalistas no Sul, morrendo no campo de batalha.

"Nada de lei! Fora o divórcio" e "En revenant de la chambre", paródias de cançonetas muito populares na época, também são da lavra de Olavo Bilac. Na primeira, o poeta critica a Câmara dos Deputados por ter rejeitado a lei que instituía o divórcio no Brasil. Na segunda, aponta vários problemas do parlamento, como a falta de quórum, as discussões intermináveis e a dispersão nos debates. "Canção do padeiro", da revista "Rio Nu", encenada em 1896, deixa claro que, no final do governo de Prudente de Moraes, o povo continuava sofrendo com a carestia.

Seguem-se seis canções sobre diferentes momentos da Guerra de Canudos: "Rosa", "Sinhô Moreira César", "Coronel Moreira César", "Zô Moreira Césa", "Moreira César, quem foi que te matou?" e "Uma velha bem velhinha". A canção "Cinco de novembro" também tem a ver com Canudos, mas seu cenário não é mais o sertão da Bahia – e sim o Rio de Janeiro. Chora a morte do ministro da Guerra, general Machado Bittencourt, vítima de um atentado na Capital Federal durante a cerimônia de recepção das tropas que retornavam dos combates. "Eu vi a fumaça da pólvora" mostra como as lembranças da Guerra de Canudos permaneceram vivas na música popular do sertão do Nordeste nos anos seguintes ao conflito.

Fecham o garimpo o "Lundu do açaí" e a gargalhada "América e Espanha". O primeiro, embora oriundo do folclore paraense, subiu aos palcos com um viés especialmente patriótico em 1896 na revista de teatro "Amapá". A peça, encenada primeiro em Belém e depois na Capital Federal, fez grande sucesso. Exaltou a resistência dos brasileiros às tropas francesas que, no ano anterior, haviam tentado invadir o território nacional a partir da Guiana. Já "América e Espanha", de Eduardo das Neves, aborda a guerra entre os dois países, que terminou com a vitória norte-americana.

Nos anexos, podem ser encontradas as letras de 11 canções muito interessantes, das quais infelizmente não se conseguiu coletar as músicas. "Os sétimos das patentes", censurados pelas autoridades republicanas

Capa da partitura de "Pé Espalhado".

Olavo Bilac.

no início de 1890, sugerem que a venda de patentes da Guarda Nacional seria mantida no novo regime. "Coplas da candidata" versa sobre o voto feminino. "Rondó do tribofe" explica de modo divertido como agiam os trapaceiros na política.

"Canto do encilhamento" critica a política econômica de Rui Barbosa. "Pum!" mostra como "o povinho de S. Sebastião" divertia-se com os duelos de canhões durante a segunda Revolta da Armada. Em "Tem uma flor no princípio" (título atribuído), da revista "O major", Artur Azevedo recorre ao bom humor para apoiar Floriano Peixoto. O nome do marechal, diz a modinha, começava muito bem. Já o do almirante Custódio de Melo começava muito mal. "O Marechal de Ferro", de Eduardo das Neves, também presta homenagem a Floriano. As "Coplas do Manifesto Restaurador" registram as mal sucedidas tentativas de restabelecimento da monarquia no país.

Três canções urbanas sobre Canudos também estão nos anexos: "A Guerra de Canudos", "A morte do Coronel Moreira César" e "Recitativo do Jagunço". Embora compostas na capital federal, não deixaram registros em partituras. Tampouco suscitaram gravações posteriores da indústria fonográfica, ainda que fossem obras de importantes autores do teatro musicado e de trovadores muito apreciados pelo grande público. É como se, com o correr do tempo, à medida em que os relatos sobre os massacres ocorridos no arraial foram chegando ao Rio de Janeiro, os versos preconceituosos contra Canudos e os seguidores de Antônio Conselheiro tivessem passado a incomodar os autores, os cantores e o povo das cidades. Melhor virar a página ...

Um cordel escrito por poetas populares durante o conflito de Canudos – mais especificamente, depois da derrota da terceira expedição, comandada por Moreira César – também poderia constar dos anexos. Mas como o "ABC da Incredulidade" tem 28 estrofes e já foi publicado por diversos autores, inclusive por Euclides da Cunha em sua "Caderneta de campo", optou-se por não incluí-lo nos anexos.[98]

---

[98] O "ABC da incredulidade" pode ser encontrado também nos livros "Canudos na literatura de cordel", de José Calasans, e a "A música de Canudos", de Eurides de Souza Santos

1. "As laranjas da Sabina" (1890)

Letra: Artur Azevedo e Aluízio Azevedo.
Música: Francisco Carvalho.
Intérprete: Pepa Delgado.
Gravadora: Casa Edison.
Disco Odeon 40.350 (1904).
Intérprete: Dircinha Batista e Orquestra do Pessoal da Velha Guarda.
Gravação: Programa "Pessoal da Velha Guarda".

Não é por acaso que "As laranjas da Sabina" está entre as primeiras canções gravadas no Brasil. Com letra de Artur Azevedo, o maior nome do teatro de revista da época, e música de Francisco Carvalho, ela foi composta para a peça "República", encenada poucos meses depois da queda do Império. A canção caiu logo no gosto do povo.

No teatro, o tango[99] – tango brasileiro, bastante diferente de seu homônimo argentino – foi cantado não por uma negra, como

---

[99] Edigar Alencar, em seu livro "Claridade e sombra na música do povo", considera "As laranjas da Sabina" um lundu carnavalesco, e não um tango, como faz a Discografia Brasileira em 78 rpm, que acompanha o registro existente no disco. Nos anúncios publicados nos jornais em 1890, tanto da peça quanto da partitura, a canção é apresentada como o "Fadinho da Sabina".

Sabina, mas pela atriz italiana Ana Manarezzi. Mais tarde, em 1902, seria gravado pelo Bahiano e, em 1904, pela atriz Pepa Delgado.

A canção faz referência a uma brincadeira de estudantes que se transformou em manifestação republicana, em 25 de julho de 1889, no Rio de Janeiro, quatro meses antes do fim da monarquia. Tudo começou quando um subdelegado de polícia proibiu Sabina de continuar vendendo frutas em frente à Escola de Medicina. Indignados, os jovens organizaram um protesto bem-humorado contra a decisão. Saíram em passeata pelo centro da cidade. À frente do desfile, uma coroa feita de bananas e chuchus trazia uma faixa onde se lia: "Ao eliminador de laranjas".

Saindo do Largo da Misericórdia, os rapazes tomaram a rua 1º de Março e depois a rua do Ouvidor, onde funcionavam as redações dos principais jornais, que visitaram defendendo o direito de Sabina vender laranjas onde quisesse. Por onde passavam, os jovens eram aplaudidos. Aos poucos, a manifestação foi engrossando e ganhando um tom nitidamente republicano, com vivas a Rui Barbosa. Depois de receber a adesão dos estudantes da Escola Politécnica, a passeata dirigiu-se para a subdelegacia de São José, onde foi depositada a coroa com frutas e legumes. "O eliminador de laranjas" não estava mais lá. Deixara o prédio antes da chegada do cortejo.

No dia seguinte, os jornais deram ampla cobertura ao protesto, ressaltando seu caráter pacífico e brincalhão e criticando as autoridades. A polícia revogou a proibição e Sabina continuou a vender frutas nas proximidades da Escola de Medicina. E, sem querer, converteu-se em bandeira republicana.

Sou a Sabina
Sou encontrada
Todos os dias
Lá na carçada
Lá na carçada da academia
Da academia de Medicina

Os rapazes arranjaram
Uma grande passeata
Deste modo provaram
Quanto gostam da mulata, ai

Sem banana macaco se arranja
E bem passa monarca sem canja
Mas estudante de medicina
Nunca pode passar sem as laranjas
As laranjas, as laranjas da Sabina

O senhor subdelegado
Homem muito resingueiro
Amandou por dois sordados
Retirá meu tabuleiro, ai.

Sem banana macaco se arranja ...

2. "A Sabina, baiana dengosa" (1889)

Letra: Moreira Sampaio.
Música ("Canção do Cego"): Federico Chueca e Joaquin Valverde.
Intérprete: João Nabuco.
Gravação independente.
Letra no Diário do Commercio (RJ) de 27/8/1889.
Partitura disponível no site da Fundación Juan March.

"As laranjas da Sabina" (verbete anterior) não foi a única canção a apoiar a manifestação dos estudantes da Escola de Medicina. No final de agosto de 1889, semanas após a passeata, a revista "O Bendegó", de Oscar Pederneiras, apresentou um novo quadro – "Laranjas na ponta" –, onde cantava e aplaudia o protesto da rapaziada. A novidade foi logo proibida pela polícia. Infelizmente não se conseguiu recuperar a letra e a música da canção.

No mesmo mês, o ator Mattos surpreendeu a plateia do Teatro

Santana, no Rio de Janeiro, durante uma apresentação de "Cádiz", zarzuela cômica-lírica-patriótica espanhola com música de Federico Chueca e Joaquin Valverde. Encenada em Madri com enorme sucesso no ano anterior, a peça, traduzida e adaptada por Moreira Sampaio, estreou no Rio de Janeiro em agosto de 1889.

Dias depois, "o impagável ator Mattos", como se dizia então, inovou. Segundo a coluna "Palcos e Salões", publicada no "Diário do Commercio" de 27 de agosto, ele arrancou palmas e risadas do público ao cantar uma nova versão da "Canção do Cego", um dos números musicais mais aplaudidos da zarzuela. As coplas saudavam a manifestação dos estudantes da Escola de Medicina em defesa da vendedora de frutas. O título "A Sabina, baiana dengosa" é atribuído.

Tin tipiripitin tipiripitin tipiripitin
Tin tipiripitin tipiripitin tipiripitin

Dona Concha, viúva saudosa
Tomando veneno defunto se fez (bis)
E Dona Ramona
Que viúva ficou vai um mês
Tomou também duas ou três
Doses de arsênico, e era uma vez
Mas a Pepita, perdendo o marido,

Tomou ... quem pensara
O que?
Estado outra vez!

A Sabina, baiana dengosa
Laranjas da China vendia sem conta (bis)
E na faculdade
Que de Hipócrates os filhos apronta
Ficou deveras muito tonta
E foi repelida, mas só por afronta
Os rapazes fizeram barulho
Levando por troça
O que? ...
Laranjas na ponta!

3. "Polca das libras esterlinas" (1890)

Letra: Oscar Pederneiras.
Música: X.P.T.O. (arranjo).
Intérprete: João Nabuco (piano e canto).
Gravação independente.
Letra e partitura: MIS-RJ.

A "Polca das libras esterlinas" retrata os primeiros meses do Encilhamento, quando o clima ainda era de otimismo com a nova política econômica. Cantada na revista de teatro "O sarilho", ela brinca com o forte ingresso da moeda inglesa no país, mas mostra uma ponta de preocupação. Afinal, "as (libras) esterlinas, nédias, belas/ Têm lindo som, têm linda cor/ Hoje o governo é todo delas/

E de seu brilho sedutor". Nédia significa brilhante, luzidia.

Infelizmente, não se conseguiu nem a letra nem a partitura de outros números musicais da revista de teatro de Oscar Pederneiras sobre temas econômicos e políticos, como a "Polca das ações" e "O voto feminino" (ver "Coro das mulheres políticas" mais à frente). Pederneiras, um dos mais criativos autores teatrais daqueles anos, morreu em agosto de 1890, um mês depois da estreia de "O sarilho". Tinha então 30 anos de idade. Raul Pederneiras, seu irmão, seria um dos principais caricaturistas brasileiros nas décadas seguintes.

As esterlinas, nédias, belas
Tem lindo som, tem linda cor,
Hoje o governo é todo delas
E do seu brilho sedutor.

Tlim! Tlim! Tlim!
Soando assim
Prazer sem fim
Quem não terá?

Tão grato som
Tim tim tim
Tim tim tim
Ouvi-lo é bom
Quem não terá?

Tão grato som
Tim tim tim
Tim tim tim
Ouvi-lo é bom
Venturas dá

(Libra)
A todo mundo a lei ditamos
Nas nossas mãos o mundo está
Prazeres, gozos, decretamos
Ventura, amor, sem nós não há

Tão grato som
Tim tim tim
Tim tim tim
Ouvi-lo é bom
Quem não terá?

(Coro)
Tão grato som
Tim tim tim tim
Ouvi-lo é bom
Quem não terá?

4. "Chegou! Chegou! Chegou!" (1891)

Letra e música: Visconti.
Intérprete: João Nabuco (piano e canto).
Gravação independente.
Letra na Trovadora Popular. Música no CMP.

Ninguém fez mais sucesso nos teatros brasileiros em 1891 do que o Visconti, excêntrico português que durante cinco meses apresentou-se nos intervalos das peças nas principais casas de espetáculos do Rio. Excêntricos eram palhaços de um tipo especial. Transformistas, faziam de tudo um pouco: cantavam, contavam piadas, imitavam figurões, vestiam-se de mulher, trocavam de fantasias e bailavam no palco. Eram especialistas na arte de surpreender e arrancar gargalhadas da plateia.

Artur Azevedo registrou o espetacular sucesso do Visconti. Num quadro da revista "O tribofe", o ator que fazia o papel do excêntrico, ao entrar em cena, era saudado por um coro de admiradores, que cantava alegremente: "Eis o Visconti, famoso/ Talento descomunal/ Que no genero jocoso/ Não tem no mundo rival!/ Demos palmas ao gênio imortal".

Nas apresentações do Visconti no Rio, a canção que fez mais sucesso foi "Chegou! Chegou! Chegou!", que ele trouxe de Portugal. O excêntrico acrescentou à versão original um bom número de quadrinhas sobre o encilhamento, o dinheiro farto para os negócios, a mulata e o abacaxi – no caso, sobre a gíria, que se popularizou na época.

As quadrinhas brincaram também com as chuvas de dinheiro que caíram naquele ano sobre o Chafariz do Lagarto, obra do mestre Valentim, na rua Conde D'Eu, atual Frei Caneca, no Rio de Janeiro. Níqueis e cédulas de pequeno valor, provavelmente lançados a partir da rua Paula Matos, no morro de Santa Tereza, situada acima do chafariz, atrairam multidões durante vários dias. A polícia não logrou descobrir nem os motivos nem os responsáveis pela precipitação monetária.

Na esteira do sucesso de "Chegou! Chegou! Chegou!", logo surgiram inúmeras paródias da canção, como "Pegou, pegou, pegou", "Xuxou, xuxou, xuxou" e "Largou, largou, largou". A que ficou mais famosa foi "Deodoro e a mulata" (ver a seguir).

Na versão abaixo, são reproduzidas apenas as duas primeiras quadrinhas e os estribilhos da canção que Visconti trouxe de Portugal, seguidas da versalhada sobre a situação brasileira.

A boa "rosa tirana"
Com o tempo já passou
Já lá vai o "chegadinho"
Temos agora o "chegou".

Chegou, chegou, chegou,
Agora, agora, agora,
Chegou há bocadinho
Inda não há meia hora.

Há talvez vinte minutos
Uma alegre rapaziada
Por aqui passou cantando
A seguinte versalhada:

Passou, passou, passou,
Agora, agora, agora,
Passou há bocadinho
Inda não há meia hora.

(.........................)

Cá no Rio de Janeiro,
Como tenho observado,
Quase todo brasileiro
Está de cobre recheado.

Chegou, chegou, chegou, etc.

Perguntando ontem o motivo
Desse enorme luzimento
Me disseram, e acredito,
Que era o grande Encilhamento!

Chegou, chegou, chegou, etc.

Do Brasil a natureza
Bem merece as palmas minhas
Mas eu acho mais beleza
Nas galantes mulatinhas.

Chegou, chegou, chegou, etc.

Uma vi na terça-feira,
Que me disse com feitiço,
Toda dengosa e faceira:
- Seu Visconti, eu não sou disso.

Chegou, chegou, chegou, etc.

A crioula que a seguia
Ficou logo como um raio
E gritou: Ave Maria!
Eu não sou treze de maio!

Passou, passou, passou, etc.

Sinhazinha, anjo adorado,
Que reside em Catumbi,
Zangou-se co'o namorado
E chamou-lhe: Abacaxi!

Chegou, chegou, chegou, etc.

Quando morreu D. Calixto,
Fazendeiro em Piauí,
O que se ouvia era isto:
A mais tempo: Abacaxi!

Passou, passou, passou, etc.

E certa sogra encrespada
Contra o genro uma vez vi,
Que estava mesmo danada,
A gritar-lhe: Oh! Abacaxi!

Chegou, chegou, chegou, etc.

Disse um sujeito outro dia:
- O Visconti inda não vi.
Esse tipo não seria
Também um "abacaxi".

Passou, passou, passou, etc.

Bela senhora ao marido
Dizer há pouco eu ouvi:
Não te descuides, querido,
Dá-me sempre Abacaxi.

Chegou, chegou, chegou, etc.

Já não é só o Tesouro
Que de dinheiro anda farto,
Há também muito bom ouro
No chafariz do Lagarto.

Passou, passou, passou, etc.

Pode hoje um cidadão
Sem quebrar o seu nariz
De pelegas ir encher-se
No famoso chafariz!

Passou, passou, passou, etc.

Cá no Rio de Janeiro
Esse povo é muito farto
Já chega a escorrer dinheiro
No chafariz do: – Lagarto.

Chegou, chegou, chegou, etc.

Embarquei no Engenho Novo,
E saltei em Caxambi
Encontrei a dois malanges
A venderem: – Abacaxi!

Passou, passou, passou, etc.

Chegou, chegou, chegou
Do jornal o entregador
Chegou há bocadinho
Este grande amolador.

Chegou, chegou, chegou, etc.

Fui ao Campo de Santana
Beber água na Cascata.
Ouvi lá dentro um gemido:
Ai, meu bem! Você me mata!

Passou, passou, passou, etc.

5. "Deodoro e a mulata" (1891)

Letra: autor desconhecido.
Música ("Chegou! Chegou! Chegou"):
Visconti.
Intérprete: João Nabuco (piano e canto).
Gravação independente.
Letra em livros citados na nota de pé de
página.
Música em CMP.

Com o prestígio do Marechal
Deodoro da Fonseca em baixa,
devido à disparada dos preços,

e a popularidade do excêntrico Visconti em alta, graças à sua performance nos palcos, o povo passou a cantar uma paródia de "Chegou! Chegou! Chegou!" que gozava o presidente da República. Suas quadrinhas foram recolhidas mais tarde por Mariza Lira, Edigar de Alencar e Mário Sette.[100]

Fui ao Campo de Santana
Beber água na Cascata
Encontrei o Deodoro
Dando beijo na mulata.

Chegou, chegou, chegou,
Agora, agora, agora,
Chegou há bocadinho
Inda não há meia hora.

A mulher de Deodoro
É uma grande caloteira
Mandou fazer um vestido
Não pagou a costureira

Chegou, chegou, chegou …

---

[100] Mariza Lira. *Brasil sonoro: gêneros e compositores populares*. Rio de Janeiro: Editora A Noite, s. d. Edigar Alencar. *O carnaval carioca através da música*. 5a ed., Rio de Janeiro: Francisco Alves, 1985, vol.1, pg. 82. Mário Sette. *Anquinhas e bernardas*. Rio de Janeiro: Livraria Martins, 1940, pp. 196-199.

6. "Tango do Tribofe" (1892)

Letra: Artur Azevedo.
Música: Assis Pacheco.
Intérprete: João Nabuco (piano e canto).
Gravação independente.
Letra em AA.
Música em "A Estação" (15/6/93), suplemento da "Gazeta de Notícias".

Em 1892, na revista de teatro "O tribofe", Artur de Azevedo debruçou-se sobre a situação caótica do país devido ao fracasso da política econômica do primeiro governo republicano (ver também "Canto do Encilhamento" nos anexos). O próprio título da peça já sugeria que a crise econômica não era fruto do acaso, mas do jogo desonesto dos altos círculos das finanças e dos negócios. No turfe, chamava-se de "tribofe" a trapaça acertada por jóqueis, proprietários e grandes apostadores para derrotar o cavalo favorito e produzir um resultado maroto.

Com o Encilhamento, os tribofes tinham tomado as rédeas do poder, como denunciava o rondó do primeiro ato da peça: "Na política há muito tribofe/ Muito herói que não sente o que diz/ E o que quer é fazer regabofe/ Muito embora padeça o país/ Quem república ao povo promete/ E, mostrando-se pouco sagaz/ No poder velhos áulicos mete/ Faz tribofe, outra coisa não faz".

A forte alta da inflação afetou diretamente os trabalhadores e a população mais pobre. Os aluguéis subiram, os preços dispararam, os empregos sumiram. Ficou muito difícil sustentar uma família ou mesmo manter um casal sob o mesmo teto, como cantou Xisto Bahia no final do segundo ato.

Um esclarecimento: Lopes Trovão foi um dos principais líderes abolicionistas e republicanos ("A Revolta do Vintém", no capítulo 5). Após a Proclamação da República, foi eleito deputado federal. Na Constituinte, defendeu o voto das mulheres. Em 1891, apresentou projeto de lei regulando a relação entre proprietários e inquilinos, mas o texto não chegou a ser votado. É a esse projeto que se refere a primeira estrofe do "Tango do Tribofe".

O tango abaixo, com algumas mudanças nos versos, voltaria a ser cantado em 1897 em "A Capital Federal", também de Artur Azevedo.

Já não se encontra casa decente
Que custe apenas uns cem mil réis
E os senhorios constantemente
O preço aumentam dos alugueis!

Anda o povinho muito inquieto
E tem ... pudera! ... toda razão
Nem já se fala no tal projeto
Do nosso amigo Lopes Trovão

Um cidadão nesta época
Não pode andar amarrado
A gente vê-se ... e até logo ...
Vai cada um para seu lado.

Das algibeiras some-se o cobre
Como levado por um tufão,
Carne de vaca não come o pobre
E qualquer dia não come pão.
Fósforos, velas, couve, quiabos,
Vinho, aguardente, milho, feijão,
Frutas, conservas, cenouras, nabos ...
Tudo se vende por um dinheirão.

Um cidadão nesta época, etc ...

7. "Coro das mulheres políticas" (1891)

Letra: Artur Azevedo.
Música (interlúdio de "O pobre Jonathan"): Carl Millöcker.
Intérprete: João Nabuco (canto).
Gravação independente.
Letra em AA. Música disponível em www.youtube.com/ watch?v=IRRk3q2G7nY

Durante a elaboração da primeira constituição da República, aprovada em fevereiro de 1891, o voto feminino entrou na pauta de discussões. Na Comissão dos 21, encarregada de analisar o anteprojeto preparado pelo governo provisório, três deputados propuseram que as mulheres tivessem direito ao voto, embora com restrições. Foram derrotados por ampla margem.

Nos debates, intelectuais e organizações da sociedade civil defenderam o direito de voto das mulheres. A jornalista e escritora Josephina Álvares de Azevedo, diretora do jornal "A família", levou ao palco do Teatro Recreio Dramático, em 1890, a peça "O voto feminino". Domingos d'Alessandro compôs uma polca com título idêntico, talvez a mesma apresentada num dos atos da revista "O sarilho", de Oscar Pederneiras.

No carnaval de 1891, o "carro de crítica" dos Democráticos desfilou com o nome de Voto Feminino. Nele, uma mulher colocava uma criança na urna e dela surgia o Amor. Segundo a "Gazeta de Notícias" de 11 de fevereiro, "uma encantadora andaluza de nove anos de idade, distribuía cartas no centro do Rio com as seguintes quadrinhas: 'Sou catita, sou mimosa/ Engraçadinha e faceira/ O frescor tenho de rosa/ E sou direita e lampeira/ Pedir ao nosso Congresso/ Com meiguice, graça

e tino/ Que dê nas leis ingresso/ Para o voto feminino'".

Mas, apesar da campanha a favor, a nova Constituição negou às mulheres o direito de votar. O preconceito terminou prevalecendo.

Assim, nada mais natural que Artur Azevedo abordasse a questão do voto feminino na revista "Viagem ao Parnaso", encenada no começo de 1891. No segundo ato, entram em cena as "mulheres políticas", que, em coro, reivindicam o direito de votar e ser votadas.

No texto da peça, há a indicação de que os versos devem ser cantados com música de Carl Millöcker, compositor austríaco, mas não se informa o nome da composição. Provavelmente trata-se do interlúdio de "O pobre Jonathan", opereta representada em Viena um ano antes. Sua melodia casa perfeitamente com os versos de Azevedo.

Não há maior iniquidade
Do que este ataque à liberdade!
Deve a mulher, haja o que houver,
Votar e ser votada!
Não há maior iniquidade
Do que este ataque à liberdade!
Se nada se alcançar,
Um rolo aqui se faz!
Zás!
Trás!

8. "En revenant de la legalité" (1891)

Letra: Olavo Bilac.
Música ("En revenant de la révue"):
Louis-Cesar Desormes.
Intérprete: João Nabuco (violão e canto).
Gravação independente.

Promulgada a primeira Constituição da República em 24 de fevereiro de 1891, o marechal Deodoro da Fonseca, chefe do governo provisório, foi eleito presidente da República pelo Congresso, tendo Floriano Peixoto como vice.

Os meses seguintes foram marcados por crescentes dificuldades econômicas. A chamada política do encilhamento fracassou, deixando como herança empresas quebradas, queda da atividade produtiva e aumento da inflação. Embora estivesse com problemas de sustentação em estados importantes, como São Paulo e Minas Gerais, Deodoro decidiu partir para a ofensiva. No início de novembro, dissolveu o Congresso e convocou novas eleições.

Mas o presidente estava isolado. Os ferroviários do Rio de Janeiro decretaram greve. Surgiram focos de descontentamento em vários estados e em setores do Exército. Na madrugada de 23 de novembro, unidades da Marinha revoltaram-se, virando seus canhões contra a Capital Federal. Tiros de advertência foram disparados contra alvos simbólicos. Um deles atingiu uma das torres da Igreja da Candelária. Entre os comandantes da Revolta da Armada, estava o almirante Custódio de Melo. Horas depois, Deodoro renunciou ao cargo. Floriano Peixoto assumiu então a presidência da República.

Meses mais tarde, o poeta Olavo Bilac, sob o pseudônimo de "O Sargento-Mor", publicou no jornal "O Combate" uma paródia da cançoneta francesa "En revenant de la révue" (ver "Missa Campal" no capítulo 6), que batizou de "En revenant de la legalité[101]. Bilac, que tinha apoiado Deodoro durante a Revolta da Armada e nos anos seguintes faria permanente oposição a Floriano, desancou Custódio de Melo – ou Custodinho, como preferiu chamá-lo pejorativamente.

---

101 SIMÕES JUNIOR, Álvaro Santos. Sátira do Parnaso: estudo da poesia satírica de Olavo Bilac: publicada em periódicos de 1894 a 1904. São Paulo: Editora Unesp, 2007, pg. 279.

I

Antes de 15 de novembro.
Era Custódio um capitão
Que andava lá, se bem me lembro,
A passear pelo Japão.
Mas, de repente, um belo dia,
Se desmorona a monarquia.
Vem nova gente e nova lei,
Manda-se à fava o reino e o rei.
  E Custodinho vem,
  Vem aderir também,
Mas o maior dos generais
Do capitão caso não faz
  E le brav'amiral,
  Pela causa legal,
  Arma a revolução.
Encouraçado em papelão,

  Conspirador,
  Começa com pavor,
  Acaba com furor
    valente e belo ...
  E foi assim,
  Que, tim-tim por tim-tim,
  Subiu ao trampolim
  — Custódio Melo ...

II

Foi para o Hospício fazer ninho
E entre os malucos se ocultar
Onde é que o bravo Custodinho
Lugar melhor podia achar?
Quando rebentou o levante,
Com voz de Júpiter Tonante,
A 23, pela manhã,

Chamou no Hospício: Aqui ... dabã!
  Logo o reboque vem,
  Vem batalhar também,
Mas o navio o capitão
Mete encalhado na Armação ...
  Puxa de cá, de lá
  Preso o navio está,
  Graças a l'amiral
De uma bravura sem igual.

  E o Aquidabã,
  Logo pela manhã,
  Dispara um tiro ... pan!
    Que tiro belo!
  Vence afinal
  A revolta legal ...
  Viv'le brav'amiral
    Custódio Melo!

III

Lucrou com isso a lavadeira
Pela ceroula que lavou ...
Batalhar não é brincadeira
Como o Custódio batalhou.
A Candelária foi ferida,
Porém o herói saiu com vida
E diz-lhe o irmão a soluçar:
— Ai, mano! Vamos almoçar!

  E o Custodinho vem,
  Vem almoçar também,
Muda as ceroulas com afã
Abençoado o Aquidabã!
  E viva o 23
  Que o Custodinho fez

E viva o seu irmão
Cronista da Revolução

E viva o herói,
Que as igrejas destrói,
E sai sem um dodói
Valente e belo! ...
Herói ideal
Que é o Boulanger naval ...
Viv'le brav'amiral
Custódio Melo!

Floriano Peixoto

9. "Todos nós somos Queiroz" (1891)

Letra: Antônio Sales e Alfredo Peixoto.
Música: Antônio Rayol e Oscar Feital.
Intérprete: João Nabuco (piano e canto).
Gravação independente.
Letra e partitura em "A modinha cearense", de Edigar de Alencar.

"A política é a mesma" – o nome da revista de teatro cearense encenada em 16 de julho de 1891 no Teatro São Luiz, em Fortaleza, não poderia ser mais claro e direto. Apesar da proclamação da República, as coisas não tinham mudado muito no Ceará, governado então pelo general José Clarindo Queiroz. Pelo menos essa era a opinião dos autores da peça, os jovens Antônio Sales e Alfredo Peixoto e os músicos Antônio Rayol e Oscar Feital. Sales foi um dos fundadores da irreverente sociedade literária "Padaria Espiritual", que se propunha a combater o beletrismo e valorizar a cultura nacional. Peixoto era tenente da Marinha. Feital, exímio flautista e compositor, era também engenheiro. O violinista, compositor e regente Antonio Rayol, maranhense, deixou uma vasta e importante obra musical. A revista foi encenada pelos integrantes do Grupo Dramático Militar, da Escola Militar.

Um dos seus números musicais, a cançoneta "Todos nós somos Queiroz", gozava o governo extremamente personalista do general. Deixava claro que o sobrenome do militar equivalia a uma carteirada. Abria portas e calava bocas. Membro de uma família tradicional cearense, Queiroz tentou controlar o estado com mão de ferro, mas durou pouco no poder. Em fevereiro de 1892, dez meses depois de eleito pela assembleia local, foi deposto pelos alunos da Escola Militar, com o apoio do governo federal então comandado por Floriano Peixoto.

Todos nós somos Queiroz
Família que não tem conta
Quem quiser dar um saltinho
Para a ponta
É só chegar-se um pouquinho
Para nós.
Boa gente somos nós
Fazendinha de bom pano.
Só anda ufano
Qualquer sicrano
Qualquer beltrano
Que tem Queiroz.

É uma asneira
Que não se exprime
É mesmo um crime
Se acaso alguém
Ao velho nome
Já tão usado
Não tem juntado
"Queiroz" também.

Não vem lá de meus avós
Meu atual sobrenome,
Pois, acompanhando a moda
Junto ao nome,
Como faz a gente toda
— De Queiroz.
É uma tolice atroz
A pessoa que ao presente
Não é parente,
Nem aderente
Da boa gente
Que tem Queiroz.

É uma asneira ...

10. "Pé espalhado" (1894)

Letra e música: Capitão João Elias da Cunha.
Intérprete: João Nabuco (piano e canto).
Gravação independente.
Letra e partitura no MI.

Quase dois anos depois do movimento militar que depôs Deodoro da Fonseca da Presidência da República, a Marinha voltou a se rebelar. A segunda Revolta da Armada teve início no dia 6 de setembro de 1893, sendo liderada pelos mais importantes chefes da força: os almirantes Custodio de Melo (ver "En revenant de la legalité"), Eduardo Wandenkolk e Saldanha da Gama.

Revolta da Armada. Sob o comando do almirante Custódio de Melo e Saldanha da Gama

Os três exigiram a renúncia de Floriano Peixoto, alegando que a Constituição determinava a convocação de novas eleições em caso de afastamento do presidente da República. Como Deodoro renunciara ao cargo, os almirantes julgavam inconstitucional a permanência do vice à frente do governo. Na interpretação de Floriano, porém, a Constituição só estabelecia esse princípio para os governantes eleitos pelo voto popular. Como Deodoro e ele haviam sido escolhidos pelo Congresso, a regra não se aplicava.

Na verdade, o problema era outro. A Marinha considerava-se discriminada, sem influência nos centros de decisão. Muitos dos seus oficiais, como o almirante Saldanha da Gama, defendiam o retorno à monarquia.

A frota sublevada, que chegou a contar com 16 navios de guerra e 14 navios civis confiscados, bombardeou e tentou tomar os principais fortes na Baía da Guanabara, mas foi repelida. Em pouco tempo ficou claro que os revoltosos, embora fossem maioria na Marinha, estavam isolados na sociedade. O Exército deu firme sustentação a Floriano. O povo, também. Tanto na Capital Federal como nos estados, a população civil apoiou a enérgica reação do presidente, que desde o primeiro momento descartou qualquer acordo com os rebeldes. Sem condições de tomar o Rio de Janeiro, os chefes da Marinha rumaram para o Sul do país. Alguns, como Custódio de Melo, asilaram-se na Argentina. Outros, como Saldanha da Gama, uniram-se à Revolução Federalista (ver "Saldanha da Gama", mais adiante).

"Pé Espalhado" era o apelido de um mendigo que vivia nas imediações da Igreja da Candelária. Teve seu pé atingido pelo estilhaço de uma bala de canhão disparada pelo encouraçado Javari – provavelmente durante a primeira Revolta da Armada. A polca, composta pelo capitão João Elias da Cunha em 1894, fez enorme sucesso e logo passou a ser cantada por toda parte.

Pé espalhado
Quem foi que te espalhou
Foi uma bala
Que o Javari mandou!

11. "O Bombardeio" ("Pif! Paf! Olha a granada!")

Letra e música: Eduardo das Neves.
Intérprete: João Nabuco (piano e canto).
Gravação independente.
Letra e partitura no Museu da Imagem e do Som (RJ).
Letra em CMB (1927).
Letra e partitura em RTL.

Eduardo das Neves, compôs "O Bombardeio" em 14 de fevereiro de 1894, ou seja, dias depois do Combate da Armação, a mais importante batalha entre as unidades sublevadas da Marinha e as tropas e os milicianos leais a Floriano Peixoto. Os rebeldes tentaram desembarcar na Ponta da Armação, perto de Niterói, com o objetivo de estabelecer uma base em terra.

Precisavam respirar depois de seis meses embarcados. Não conseguiram. Derrotados, não tiveram outra alternativa senão deixar a Baía da Guanabara e rumar para o Sul. A Revolta da Armada tinha fracassado.

Alguns episódios importantes da Revolta da Armada são mencionados em "O Bombardeio". O primeiro é o naufrágio do encouraçado "Javari". O segundo é o vai e vem do "Aquidabã", que, durante o conflito, dividiu-se entre os cenários de guerra da Baía da Guanabara e do Sul do país. O terceiro episódio é o combate da Ponta da Armação, em 9 de fevereiro.

Ardoroso partidário do Marechal de Ferro, Eduardo das Neves termina a canção prometendo que, quando a guerra acabasse, subiria ao Morro do Castelo para dar um viva a Floriano.

O folclorista Rossini Tavares de Lima recolheu na capital de São Paulo em 1896 uma versão distinta deste lundu.

Vejo a cidade abalada,
Todo o povo com receio
Arrumando suas trouxas
Por causa do bombardeio

Pif, paf! Vem granada!
Ai, como troa o canhão!
Pif, paf! Não é nada!
Viva a Constituição!

Veio um mineiro de cima,
Sem saber da novidade,
Mas voltou quando disseram:
- Bombardeio na cidade!

Pif, paf! Vem granada! ...

Vi uma velha correndo,
Com pernas de saracura,
Pois de medo eu fui atrás
Indo ter em Cascadura.

Pif, paf! Vem granada! ...

Senhor agente, um bilhete
Para a estação do Recreio
Vou fugir desta cidade
Com medo de bombardeio.

Pif, paf! Vem granada! ...

Javari, velho colosso
Temido por todo o mundo
Na passagem da Armação,
Deu três tiros ... foi ao fundo

Pif, paf! Vem granada! ...

Aquidaban, velho chefe,
Comandante da baía,
Saía por barra afora,
Entrava quando queria

Pif, paf! Vem granada! ...

A nove de fevereiro
Foi a batalha renhida
Em que soldados valentes
Caíram no chão sem vida!

Pif, paf! Vem granada! ...

Quando acabar a revolta,
Meus senhores, tenho um plano:
Subo ao morro do Castelo,
Dou um viva ao Floriano.[102]

----

[102] Versão recolhida por Rossini Tavares de Lima, em ABC do Folclore, São Paulo, Ricordi, 1968: *"No dia 6 de setembro/ Houve grande novidade/ O povo assustado,/ Bombardeio na cidade!// Pim-pão, lá vem granada/ Não se assuste, rapaziada.// Javari e Tamandaré/ E o valente Marajó,/ Juraram a seus comandantes/ Deixar cidade em pó.// Pim-pão, lá vem granada, etc.// Javari mandou uma bala/ Foi cair em S. Francisco/ Uma ruela arrebentou/ Matou o povo como cisco.// Pim-pão, lá vem granada, etc.// Uma velha, muito velha,/ Com perna de saracura,/ Pôs-se toda a carreira/ E foi parar em Cascadura. // Pim-pão, lá vem granada, etc.// Os caipiras do mercado/ Já não vendem mais marmelo/ Só de medo do Almirante/ Custódio Zé de Melo. // Pim-pão, lá vem granada, etc.// Meus senhores, minhas senhoras/ O negócio esteve feio,/ Eu também andei corrido/ Com medo do bombardeio.// Pim-pão, lá vem granada, etc.".*

12. "Triunfo da legalidade" (no dia 13 de março de 1894).

Letra e música: Eduardo das Neves.
Intérprete: João Nabuco (piano e canto).
Gravação independente.
Letra em CMB (1927).

"Triunfo da Legalidade" é uma atualização de "Bombardeio" (verbete anterior), escrita por Eduardo das Neves após a vitória das tropas leais a Floriano Peixoto sobre a Revolta da Armada. O clima é de comemoração: "Eis, enfim, chegado o dia/ Em que, repleto de glória/ Dá parabéns ao governo/ O povo, pela vitória".

Os versos de "Triunfo da legalidade" estão no cancioneiro "O cantor de modinhas brasileiras", publicado em 1927. Quanto à música, tudo indica que ela seja a mesma da canção "O Bombardeio", também conhecida como "Pif-Paf! Olha a granada!". A melodia casa perfeitamente com o "Triunfo da legalidade" desde que se adotem como refrão os versos "Quando queima o Javari,/ Soa ao longe: Pi, pi, pi!/ Quando queima São João,/ Faz ao longe: Pão, pão, pão".

Os navios Javari, Aquidabã, Tamandaré e Marajó participaram da sublevação. A Fortaleza de Santa Cruz e o Forte São João, na entrada da Bahia da Guanabara, foram decisivos para a vitória de Floriano. Bange era o nome do mais poderoso canhão do Morro do Castelo.

No dia 6 de Setembro,
Antes de nascer o sol,
Vi toda a cavalaria
De espingarda a tiracol.

> *Quando queima o Javari,*
> *Soa ao longe: Pi, pi, pi!*
> *Quando queima São João,*
> *Faz ao longe: Pão, pão, pão!*

Ninguém sabia o que era,
Entre toda a confusão:
Era um filho desta Pátria
Conspirando contra irmão

> *Quando queima o Javari ...*

Depois, passados uns dias,
No largo de S. Francisco,
Explodiu uma granada ...
Matou gente como o cisco.

> *Quando queima o Javari ...*

De repente, eis tudo muda!
Grita o povo soluçando,
Grossas trouxas, grandes malas,
Nos seus ombros carregando.

> *Quando queima o Javari ...*

E nesse vai-vem sem nome,
Receando alguns distúrbios,
Lá vão com as trouxas nas costas,
Em caminho dos subúrbios.

Quando queima o Javari ...

Mãe Joaquina que na Praça
Vende o seu cheiroso angu,
Lá vai, envolta no xale,
Tomar o trem pra Bangu.

Quando queima o Javari ...

Javari, Aquidaban,
Tamandaré, Marajó,
Comandados por seus chefes,
Vão reduzir tudo a pó.

A valente Santa Cruz,
Relampeja e: catapruz.
Queimam contra Aquidaban:
Pam, pam, pam, pam, pam,
pam, pam.

A valente, a grossa Bange,
Lá do Morro do Castelo,
Disparou n' último dia
Um garganteio tão belo.

Quando queima o Javari ...

Eis, enfim, chegado o dia,
Em que, repleto de glória,
Dá parabéns ao governo
O povo, pela vitória.

Quando queima o Javari ...

É este o canto singelo
De um peito nobre e leal,
Que enverga a farda briosa
Da guarda nacional

Quando queima o Javari ...

Viva o povo, viva a Pátria,
Glória aos bravos da conquista!
Umas palmas ao autor
Que também é legalista.

Quando queima o Javari ...

13. "Lundu da Revolta" (1895)

Letra de Artur Azevedo.
Música de Francisco Carvalho.
Intérprete: João Nabuco (piano e canto).
Gravação independente.
Letra em AA.

Floriano Peixoto passou à história como "O Marechal de Ferro" ou "O Consolidador da República". Mas no meio do povo ele era mais conhecido como "o Major". Daí o título da revista de Artur de Azevedo, encenada no início de 1895, que teve como pano de fundo a Revolta da Armada, os bombardeios dos revoltosos ao Rio de Janeiro e a vitória de Floriano.

Já no primeiro ato duas canções deixam clara a admiração de Azevedo por Floriano e sua oposição aos revoltosos e, em especial, ao almirante Custódio de Melo. A primeira delas, da qual infelizmente não se conseguiu a melodia, começa assim: "Tem uma flor no princípio/ O nome do Marechal/ Mas o nome do Almirante/ Principia muito mal" (letra nos anexos).

A segunda canção, o "Lundu da Revolta" (título atribuído), é uma paródia de "As laranjas da Sabina". Ao anunciar que vai cantar, a mulher dá a dica: "A música é de seu Chico Carvalho, aquele que fez as laranja da Manarezia". Em 1890, na revista "A República", a atriz Ana Manarezzi havia conquistado o público ao cantar "As laranjas da Sabina", com música de Francisco Carvalho (neste capítulo).

No "Lundu da Revolta", a mulher torce para que o conflito termine logo. Assim, seu namorado, o Janjão, recrutado para a Guarda Nacional, poderia dar baixa e voltar para casa: "Como sofre uma *muiê*! Eu em casa estou sozinha/ E ele *drome* no *quartê*".

O Janjão foi recrutado
Para a Guarda Nacioná;
Onte eu vi ele fardado,
Parecia um Generá. (bis)

Ai! Que vida a vida minha
Como sofre uma muiê!
Eu em casa estou sozinha
E ele drome no quarté, aiiiii!

Tomara que isso se acabe
E tenha baixa o rapaz
Pois só Deus que sabe
A falta que ele me faz, aiiiii!

14. "Saldanha da Gama" (s.d.)

Letra e música: autores desconhecidos.
Intérprete: Campos.
Gravadora: Casa Edison.
Disco Zon-O-Phone 1645 (1902).

A música, composta no final do Século XIX, foi gravada pela primeira vez em 1902. Presta homenagem ao almirante Saldanha da Gama, um dos chefes da Revolta da Armada contra o governo de Floriano Peixoto. Derrotada a sublevação, o almirante e mais 525 revoltosos buscaram asilo em navios portugueses atracados na baía de Guanabara, o que provocou o rompimento das relações diplomáticas entre Brasil e Portugal, reatadas apenas em 1895, já no governo de Prudente de Morais.

Os oficiais e praças da Marinha dirigiram-se então para o Sul. Alguns deles somaram-se à Revolução Federalista, como Saldanha da Gama, que morreu em combate, em Campo Osório (Rio Grande do Sul).

Morreu Saldanha da Gama
Um homem cheio de valor
Por amor à Monarquia
E ao seu Imperador

Saldanha, homem valente
E cheio de opinião
Na frente da marinhagem
A brotar o seu canhão

Todo brasileiro honrado
Uma lágrima derrama
Se ouviu falar no nome
Do digno Saldanha da Gama.

Morreu em Campo Osório
Lugar de sua desventura
Foi vítima de seu caráter
E cavou sua sepultura

Como Saldanha da Gama
O Brasil não tem igual
E honrou a sua família
E a Armada Nacional

Morreu em Campo Osório
Por detrás de uma montanha
Onde fizeram a traição
Ao nosso bravo Saldanha.

15. "Nada de lei! Fora o divórcio!" (1896)

Letra: Olavo Bilac.
Música (Tha ma ra boum di hé"): Henry J. Sawyer / Edouard Déransart.
Intérprete: João Nabuco (piano e canto).
Gravação independente.

No dia 11 de outubro de 1896, Olavo Bilac, sob o pseudônimo de Fantasio, publicou na "Gazeta de Notícias" paródia de uma cançoneta muito popular nos cabarés da Europa e dos Estados Unidos. Segundo Bilac, os versos deviam ser cantados com a melodia de "Tha ma ra boum di hé", do francês Edouard Déransart[103]. Na verdade, a cançoneta, com o nome de "Ta-ra-ra boom-de-ay", havia sido composta em 1891 pelo norte-americano Henry J. Sawyer para o show de variedades "Tuxedo", apresentado em Boston. Mas só chegou ao Rio de Janeiro depois de fazer escala em Paris.

Os versos de Bilac ridicularizavam a decisão da Câmara dos Deputados de arquivar o projeto de lei que instituía o divórcio no Brasil, apresentado anos antes pelo

----

[103] SIMÕES JUNIOR, Álvaro Santos. *A sátira do parnaso: estudo da poesia satírica de Olavo Bilac publicada em periódicos de 1894 a 1904*. São Paulo: Editora UNESP, 2007, pg. 267.

deputado e médico Érico Coelho, personalidade progressista e ativista dos movimentos abolicionista e republicano.

A paródia dá voz a três personagens, todos homens: o marido, o amante e o padre. A partir de interesses distintos, todos batem na mesma tecla: "Nada de lei! Fora o divórcio! Seja perpétua a escravidão!". Nenhuma mulher pronunciou-se sobre a questão, seja nos versos, seja na Câmara dos Deputados. Afinal, naquela época elas não podiam votar e ser votadas (ver "Coro dos mulheres políticas" neste capítulo).

I

Eu vivo disso! Eu vivo disso!
Se sou traído, não me ouriço:
Pois, com a cegueira e com a surdez,
Sou sempre o mais feliz dos três ...
Se vivo à custa do consórcio,
Defendo a minha profissão!
Nada de lei! Fora o divórcio!
Seja perpétua a escravidão!
> *Tha ma ra boum di hé* (bis)
> *Seja feliz quem o é!*
> *Gosto desta galé!*

II

Eu sou aquele que aproveita ...
Possuo a esquerda, e ele a direita ...
Mas, solteirão, com pés de lã,
Gozo de graça, e sou Don Juan
Conquistador, com ar mavórcio,
Defendo a minha profissão:
Nada de lei! Fora o divórcio!
Seja perpétua a escravidão!
> *Tha ma ra boum di hé* (bis)
> *Faço o meu rapapé,*
> *E aproveito a maré!*

III

Dei-te um marido bom, comadre ...
E o que uma vez te deu o padre,
Nunca ninguém te há de tirar!
Deixa-os falar! Deixa-os falar!
Aperta a igreja o nó, e torce-o ...
Quer destorce-lo a lei? Pois não!
Nada de lei! Fora o divórcio!
Seja perpétua a escravidão!
> *Tha ma ra boum di hé* (bis)
> *Viva a comadre, olé!*
> *E viva a Santa Sé!*

16. "En revenant de la chambre" (1896)

Letra: Olavo Bilac.
Música ("En revenant de la revue):
Louis-César Désormes.
Intérprete: João Nabuco (violão e canto).
Gravação independente.

Quatro anos depois de escrever os versos de "En revenant de la legalité", Olavo Bilac escreveu outra paródia da cançoneta "En revenant de la révue", do compositor francês Louis-César Désormes. Dessa vez para criticar a inoperância da Câmara dos Deputados. Segundo o poeta, ela se caracterizava pelas discurseiras, brigas e confusões – isso quando os deputados não viajavam para seus estados, deixando o plenário vazio.

Desse jeito, lamentava na canção o presidente da Câmara, Arthur Rios, o presidente da República, Prudente de Moraes, o "Biriba", não teria orçamento para governar o país no ano seguinte. Alguns dizem que o apelido seria um sinônimo de caipira – na Capital Federal, o presidente, paulista de Piracicaba, era visto como um interiorano. Para outros, a alcunha devia-se a um macaco do zoológico do Rio, chamado "Biriba", cuja barba parecia com a de Prudente de Moraes.

Francisco Lima Bacury, Manuel Py e Moraes Barbosa eram parlamentares.

"Galarim" e "exul", palavras que caíram em desuso, significam "ápice, ponto alto" e "exilado, expatriado".

A paródia, assinada com o pseudônimo de Fantasio, foi publicada na "Gazeta de Notícias" de 15 de outubro de 1896.[104]

I

Fui na passada sexta-feira
Ao galarim da Falação ...
Quis também ver a pagodeira
Dos que dirigem a Nação.
Vi mais de cem bancos vazios;
Dizia, tonto, o doutor Rios:
- Ver-me ei qualquer destas manhãs,
(Pobre de mim) cheio de cãs!

    Calco o botão: - drelim!
    Faço a chamada, enfim,
É como se chamando em vão,
Deitasse aos peixes falação ...
    Falta-me o Bacury;
    Falta-me o Manuel Py,
    O Véras e o Moraes,
E alguns noventa e sete mais ...
    Que hei de eu fazer,
    Se estou daqui a ver,
    Tudo se desfazer,
    Disperso ao vento?
    Vamos ficar
Sem ter com quem votar!
Biriba há de passar
    Sem orçamento!

---

[104] SIMÕES JUNIOR, Álvaro Santos. *A sátira do parnaso: estudo da poesia satírica de Olavo Bilac publicada em periódicos de 1894 a 1904.* São Paulo: Editora UNESP, 2007, pg. 267.

II

Isto dizendo, o doutor Rios
Calcava o tímpano ... Porém,
Olhava os cem bancos vazios,
(Pobre doutor) Sem ver ninguém!
Tinham partido os deputados,
Saudosos, para os seus estados;
E iam travar, ou bem ou mal,
Nova campanha eleitoral.
    Seguindo ao norte e ao sul,
    Voava o bando exul,
- Bando faminto de gaviões,
Já farejando as eleições.
    E o Rios, a suar,
    Não deixa de tocar:
"- Drelim! Drelim! Drelim!
Ai! Ninguém vem! Pobre de mim!
    Que hei de eu fazer,
    Se estou daqui a ver
    Tudo se desfazer,
        Disperso ao vento?
    Vamos ficar
Sem ter com quem votar ...
    Biriba há de passar
        Sem orçamento!

III

Saí da câmara contente,
Cheio de alegre comoção
Por ver que estava finalmente
Liberta deles a nação!
Não é por mal; porém confesso
Que, se é bem bom ter um Congresso,
Não ter nenhum inda é melhor,
Poupando cobres e suor ...
    Basta de discussões!
    Basta de pescoções!
Há coisas sérias a pagar!
Há muito mais em que gastar!
    E fique o Rios, só,
    Cheio de mágoa e dó,
    Por séculos sem fim:
Drelim! Drelim! Drelim! Drelim! ...
    Que há de se fazer
    Se está dali a ver
    Tudo se desfazer,
        Disperso ao vento?
    Vamos ficar
Sem ter com quem votar ...
    Biriba há de passar
        Sem orçamento!

Antônio Conselheiro, desenho da capa do livro
"O Ciclo Folclórico de Bom Jesus Conselheiro",
de José Calasans.

17. "Canção do padeiro" (1896)

Letra: Moreira Sampaio.
Música: Costa Junior.
Intérprete: João Nabuco (piano e canto).
Gravação independente.
Letra e partitura no MIS.

Quando Floriano Peixoto deixou a Presidência da República, assumiu o cargo o paulista Prudente de Moraes. A troca de comando não melhorou nem um pouco a situação da economia, que seguiu ladeira abaixo. Todos se queixavam da carestia generalizada, como mostrou a "Canção do padeiro", da revista "Rio Nu", de Moreira Sampaio. Segundo o padeiro, a culpa do preço do pão não era dele, mas do câmbio. Como a moeda nacional estava por baixo, a farinha de trigo importada saía muito cara – e o pão também.

Na época, a expressão "levar espiga" significava "tomar prejuízo" ou "ser logrado".

Triste a vida do padeiro
Neste Rio de Janeiro
No serviço do freguês (bis)
Sempre ao sol e à chuva exposto
Tudo sofrendo com gosto
Do princípio ao fim do mês.

Pães quentinhos,
Pães fresquinhos.
Que fofinhos que ele são!
Pães franceses,
Portugueses
Pães de dois e de tostão!

Há, no entanto, quem diga
Que no pão se leva espiga ...
É mentira, tal não há (bis)
Tudo no preço trepando
E por baixo o câmbio estando
Por cima a farinha está

Pães quentinhos,
Pães fresquinhos.
Que fofinhos que ele são!
Pães franceses,
Portugueses
Pães de dois e de tostão!

18. "Rosa" (1897)

Letra e música: autores desconhecidos.
Intérprete: João Nabuco (violão e canto).
Gravação independente.
Letra e partitura em ESS.

A cantiga "Rosa" refere-se à segunda expedição contra o arraial de Canudos. Em janeiro de 1897, os sertanejos enfrentaram centenas de soldados comandados pelo major do Exército Febrônio de Brito, infligindo pesadas baixas às tropas, que tiveram de abandonar a região.

É provável que Pedro Paulino, mencionado na cantiga, seja o militar e político alagoano Pedro Paulino da Fonseca, irmão de Deodoro da Fonseca, que governou Alagoas nos anos seguintes à proclamação da República.

"Rosa" foi recolhida na década de 1990 pela professora Eurides de Souza Santos com uma velha senhora, moradora da região de Canudos. Segundo Ana Josefa Bispo dos Santos, a "Dona Zefinha", "Rosa" era muito cantada nos anos 1920, acompanhando um brinquedo infantil chamado de "roda graxiada".

Em 1915, Bahiano e Eduardo das Neves gravaram para a Casa Edison a canção "Inderê" (disco Odeon 121.056), "conhecida como um hino da molecada do final do século XIX", segundo o Dicionário Ricardo Cravo Albin da Música Popular Brasileira. A composição, atribuída a Luiz Moreira, é uma versão bem brincalhona de um canto das Taieiras, mulheres afrodescendentes que desfilavam e bailavam nas festas de São Benedito e Nossa Senhora do Rosário em Alagoas, Sergipe e norte da Bahia. Sua primeira quadra tem muitas semelhanças com a segunda estrofe de "Rosa". Diz ela: "Pedro Paulino tem um neto/ Que tá homi/ Quando tem raiva, não comi/ Pega as armas e vai brigar".

Outra curiosidade: a melodia da segunda estrofe de "Rosa" é idêntica à da embolada "Bataião Navá", de Minona Carneiro, gravada em 1929.

Rosa,
você tem amor,
Ô Rosa,
Porque sabe amar

Pedro Paulino tem um neto
Que está homem
Que no fogo do Febrone
Foi danado pra brigar

19. "Sinhô Moreira César" (1897)

Letra e música: Antônio Bento de Araújo Lima.
Intérprete: João Nabuco (piano e canto).
Gravação independente.
Letra e partitura em MdA.

O coronel Antônio Moreira César chefiou a terceira expedição contra Canudos — a primeira organizada diretamente pelo alto comando do Exército.

Moreira César era um oficial experimentado. Havia participado ativamente do combate à Revolta da Armada e chefiado o esmagamento da Revolução Federalista em Santa Catarina. Para seus admiradores, era um oficial brilhante e enérgico; para os adversários, um homem frio e calculista.

Chegou a Salvador em fevereiro de 1897 à frente de um grande número de soldados. Seis canhões Krupp garantiam grande poder de fogo à artilharia da expedição. Tanto nas tropas como na opinião pública, o clima era de entusiasmo e certeza de vitória. O país parecia unido em torno da necessidade de extirpar o foco de fanatismo, messianismo e – quem sabe? – monarquismo. No Rio de Janeiro e nas maiores cidades, os seguidores de Conselheiro eram tratados como jagunços, ou seja, bandidos.

Vários estados do Nordeste enviaram soldados para reforçar as tropas sob o comando de Moreira César. Este baião (ou baiano, como está registrado na partitura) seria recolhido cerca de 30 anos mais tarde no Rio Grande do Norte por Mário de Andrade. Passa a ideia de que a vitória estava à vista. Moreira César partiu rumo a Canudos à frente de 1.300 homens bem armados. Não imaginava o que o esperava.

Sinhô Moreira César
Vamos pra Canudos
Matar Conselheiro
Com jagunço e tudo

20. "Coronel Moreira César" ou "Pra dar carne aos urubu" (1897)

Letra e música: autores desconhecidos.
Intérprete: João Nabuco (violão e canto).
Gravação independente.
Letra e partitura em ESS.

No dia 3 de março, as tropas de Moreira César investiram contra o arraial de Canudos, que durante toda a manhã havia sido castigado pelo fogo dos canhões Krupp. Ao meio dia, Moreira Cesar deu à infantaria a ordem de atacar.

Os combates foram muito mais encarniçados do que previam os oficiais do Exército. Conhecendo o terreno e movimentando-se o tempo todo, os sertanejos provocaram pesadas baixas nas tropas governistas, que bateram em retirada. Durante o recuo, Moreira César foi ferido gravemente. Morreu de madrugada.

Desnorteados devido à morte do comandante e ao grande número de baixas, os oficiais decidiram retornar para Salvador. Mas o pesadelo continuou. No dia 4, caiu em combate o coronel Pedro Tamarindo, que assumira o comando após a morte de Moreira César. Os corpos dos dois oficiais foram deixados para trás pelas tropas em debandada.

Esta quadrinha foi recolhida na região de Canudos pelo professor José Calasans, autor de "O ciclo folclórico do Bom Jesus Conselheiro: contribuição ao estudo da Campanha de Canudos", obra publicada em 1950, fundamental para o estudo do tema.

Coronel Moreira César
Morador do Rio do Sul
Foi dar fogo nos Canudos
Pra dar carne aos urubu.

21. "Zô Moreira Césa" ou "Moreira César e seu baiano" (1897)

Letra e música: autores desconhecidos.
Intérprete: João Nabuco (piano e canto).
Gravação independente.
Letra e partitura em MdA.

Como "Sinhô Moreira César", esta cantiga sobre Canudos também foi recolhida no Rio Grande do Norte por Mário de Andrade no final da década de 1920. Mas o clima de ambas é inteiramente diferente.

A primeira cantiga passava certeza na vitória e prometia "matar Conselheiro com jagunço e tudo". Já o baião (ou baiano, como está registrado na partitura) "Zô Moreira Césa" é puro desconcerto. Como entender a derrota rápida e demolidora das tropas governamentais, treinadas e armadas até os dentes, diante de simples sertanejos?

A canção foi coletada com o rabequeiro Vilemão Trindade.

Zô Moreira Césa
Fora inganado
No primeiro fogo
Saiu baliado

22. "Moreira César, quem foi que te matou?" (1897)

Letra: autor desconhecido.
Música ("Pé espalhado"): Capitão João Elias da Cunha.
Intérprete: João Nabuco (violão e canto).
Gravação independente.
Letra em José Calasans.
Partitura ("Pé espalhado") no MI.

No sertão da Bahia, a morte do coronel Moreira César deu motivo para uma paródia de "Pé Espalhado" (ver neste capítulo), polca cantada no Rio de Janeiro durante a segunda Revolta da Armada, em 1894. A versão, recolhida por José Calasans, mostra como era intensa e rápida a circulação musical no Brasil do final do século XIX, embora o país ainda não contasse com uma indústria fonográfica.

Moreira César
Quem foi que te matou?
Foi a bala dos Canudos
Que o Conselheiro mandou.

23. "Uma velha bem velhinha" (1897)

Letra e música: autores desconhecidos.
Intérprete: João Nabuco (piano e canto).
Gravação independente.
Letra e partitura em ESS.

Mal chegaram as notícias sobre o fracasso da terceira campanha, o ministro da Guerra, Carlos Machado Bittencourt, dedicou-se pessoalmente à organização de uma nova expedição, cujo comando entregou ao general Artur Oscar. Composta por duas colunas, chefiadas também por dois generais, João da Silva Barbosa e Cláudio Savaget, a quarta expedição contra Canudos deixou o Rio em abril de 1897. No auge dos combates, chegou a reunir cerca de 8 mil soldados, equipados com as mais modernas armas da época, inclusive de artilharia.

O primeiro combate deu-se em Cocorobó, no dia 25 de junho. Apesar de sofrer fortes baixas, a Coluna Savaget logrou avançar na direção do Belo Monte ou arraial de Canudos, situado a cerca de 20 quilômetros de distância. Mas, a partir daí, os progressos foram lentos devido aos problemas de abastecimento e aos constantes ataques dos sertanejos. Somente em agosto, depois da chegada de novos reforços, fechou-se o cerco sobre o arraial. Os bombardeios se intensificaram e os soldados foram ganhando terreno palmo a palmo, enquanto os sertanejos e suas famílias sofriam com a fome, a sede e as doenças.

No dia 22 de setembro, morreu Antônio Conselheiro, supostamente de disenteria. Uma parte da população rendeu-se, depois de receber a garantia de que não haveria execuções. Mas a promessa não foi cumprida. Homens, mulheres e inclusive crianças foram degolados pelos soldados, na chamada "gravata vermelha".

O arraial resistiu até o dia 5 de outubro de 1897, quando seus quatro últimos defensores foram mortos. O cadáver de Conselheiro foi exumado e sua cabeça cortada a faca. O arraial, incendiado. Contava com 5.200 casebres em ruínas. Estima-se que 25 mil pessoas morreram na guerra de extermínio contra Canudos.

As duas quadrinhas abaixo foram recolhidas por José Calasans no interior da Bahia. Socó é uma ave pequena, de pernas curtas e finas, bastante comum no Nordeste e em outras regiões do Brasil.

Um velha bem velhinha
Mais velha que a minha vó
Viu o batalhão nono
Passando em Cocorobó

Um velha bem velhinha
De perninha de socó
Viu o batalhão nono
Passando em Cocorobó

24. "Cinco de novembro" ou "A morte do Marechal Bittencourt" (1897)

Letra e música: Eduardo das Neves.
Intérprete: Roberto Silva com Benedito Lacerda e Regional e Pixinguinha.
Gravação: Programa "O Pessoal da Velha Guarda".
Letra e partitura no MIS-RJ. Letra em CMB.

Um mês depois da vitória em Canudos, durante a cerimônia de recepção aos soldados que voltavam do Norte para o Rio de Janeiro, um anspeçada – patente entre soldado e cabo – do 10º Batalhão, Marcelino Bispo de Melo, armado com uma garrucha, tentou balear o presidente da República, Prudente Moraes. O tiro, entretanto, mascou, permitindo que o ministro da Guerra e o chefe da Casa Militar se atracassem com o agressor. Antes de ser dominado, Marcelino, feriu gravemente com um punhal o ministro da Guerra, Marechal Carlos Machado Bittencourt, que teve morte quase instantânea.

O autor do atentado foi preso. Meses depois, seria encontrado enforcado na cela. As investigações apontaram como mentores intelectuais do crime alguns oficiais do Exército – entre eles, o capitão Deocleciano Mártir, ardoroso fã de Floriano Peixoto, nessa época já falecido. Deocleciano foi condenado a 30 anos de prisão numa decisão muito contestada. Deixou o cárcere em 1903.

Em homenagem ao ministro assassinado, Eduardo das Neves lançou "A morte do Marechal Bittencourt", que em alguns cancioneiros aparece com o nome de "Cinco de novembro". Nos meses anteriores, o "Crioulo Dudu" havia composto duas canções sobre a luta no sertão da Bahia, ambas criticando o fanatismo e o suposto monarquismo dos seguidores de Antônio Conselheiro e saudando as tropas que defendiam a República (ver nos anexos "Guerra de Canudos" e "A morte do coronel Moreira César").

Na gravação do programa "O Pessoal da Velha Guarda", dirigido pelo Almirante, o cantor é Roberto Silva, com Benedito Lacerda e Regional, e participação de Pixinguinha.

Cinco de novembro, a data fatal
Em que deu-se a morte desse marechal
O Brasil pranteia, brada o mundo inteiro
Chora o bravo exército, pelo audaz
guerreiro

Quem é que não sente em seu coração
A profunda mágoa de toda a Nação
Esse golpe fero, o golpe fatal
Que prostrou por terra nosso marechal

Ó minha república, prevê tais perigos
Paralisa o braço de teus inimigos
O manto sagrado cobre esse caixão
Não te mancha o sangue que é de nosso
irmão

Venho dar meus pêsames como brasileiro,
Ao valente exército, ao Brasil inteiro!
A família, em prantos, queira os receber
Pela nobre vítima, filha do dever.

Oh! Que quadro triste, tão comovedor!
A pobre viúva, a soluçar de dor!
Os filhinhos choram já na orfandade
De um pai extremoso, na cruel saudade.

Em nossa defesa, ele foi lutar,
Combatendo ao lado do Artur Oscar!
Não morreu na luta lá no sertão
Mas pelo supremo chefe da Nação

25. "Eu vi a fumaça da pólvora" (s.d.)

Letra e música ("Eu vi a fumaça da pólvora"): autores desconhecidos (domínio público).
Intérprete: Reisado do Boi do Mestre Piauí (Quixeramobim, CE).
Gravação independente, recolhida no filme "Paixão e Guerra no Sertão de Canudos" (1993), de Antônio Olavo.
Íntegra da letra no CD "Canudos e Cantos do Sertão", de Fábio Paes.
Letra e música ("Ai amor, ai amor, ai amar"): autores desconhecidos (domínio público).
Intérprete: Dona Júlia.
Gravação independente no documentário "Sobreviventes: Filhos da Guerra de Canudos" (2004), de Paulo Fontenelle.

Não se sabe ao certo quando esta canção foi composta, mas tudo indica que ela é da época da Guerra de Canudos ou um pouco posterior. Ao longo do século XX, teve ampla circulação no sertão do

Nordeste. Seus versos parecem referir-se à fase da guerra em que os sertanejos resistiam com sucesso às investidas das tropas. A terceira expedição, comandada pelo coronel Moreira César, foi fragorosamente derrotada ao arremeter do Alto da Favela sobre o arraial de Canudos.

Recolhida no domínio público, "Eu vi a fumaça da pólvora" foi muito cantada e dançada nas festas de Reis no Ceará. Talvez sua versão mais popular tenha sido a do Reisado do Boi do Mestre Piauí, de Quixeramobim, município onde nasceu Antônio Conselheiro. No final do século passado, Jurema Paes, no CD "Canudos e cantos do sertão", e Raimundo Fagner, no CD "Ave Noturna", gravaram interpretações da canção.

O documentário "Sobreviventes: Filhos da Guerra de Canudos", de Paulo Fontenelle, lançado em 2004, traz uma entrevista muito interessante com Dona Júlia, então com 90 anos, moradora de Canudos. Em meio aos balidos de cabritos, ela canta o trecho de uma canção que ouvia quando criança na região do arraial. "Quando chega o tempo da guerra/ Que já se ouve a corneta tocar/ Ai amor, ai amor, ai amor/ Ai amor, ai amor, ai amar (bis).

Os versos cantados em Canudos no início do século XX são muito semelhantes aos dos reisados do sertão do Ceará.

Eu tava na ponta da rua
Eu vi a rua se fechar
Eu vi a fumaça da pólvora
Eu vi a corneta bradar
  Eu vi Antônio Conselheiro
  Lá no Alto da Bahia
Com 180 praças,
É a falta da monarquia.

Eu tava na ponta da rua
Eu vi a rua se fechar
Eu vi a fumaça da pólvora
Eu vi a corneta bradar
  Eu vi Antônio Conselheiro
  Lá no Alto da Favela
Com 180 praças,
É amor, já passou por rebela.

Eu tava na ponta da rua
Eu vi a rua se fechar
Eu vi a fumaça da pólvora
Eu vi a corneta bradar
  Eu vi Antônio Conselheiro
  Lá no Alto do Tambor
Com 180 praças,
É amor, é amor, é amor.

26. "Lundu do Açaí" (1896)

Letra e música: autores desconhecidos.
Intérprete: Luiza Sawaya.
Gravadora independente.
CD: "Música brasileira na belle époque" (2011).
Letra e partitura na BN.

O ciclo da borracha, cujo auge durou pouco mais de 30 anos – do final da década de 1870 a 1910 –, teve grande impacto na Amazônia. As duas principais cidades da região, Belém e Manaus, viveram uma era de grande prosperidade econômica e forte crescimento demográfico. Na última década do século XIX, Belém dobrou de população, tornando-se a quinta cidade mais populosa do país. Segundo o censo, passou de cerca de 50 mil habitantes em 1890 para 97 mil em 1900.

A chamada "belle époque" foi marcada por intensa atividade cultural, com a proliferação de jornais e editoras e a fundação do Teatro da Paz, em Belém, e do Teatro Amazonas, em Manaus, onde se exibiam orquestras sinfônicas e companhias líricas nacionais e estrangeiras.

Os extraordinários lucros da extração da borracha, que tinha mil e uma utilidades para as indústrias da Europa e dos Estados Unidos (ver nos anexos as "Coplas da Borracha"), logo atraíram a cobiça de outros países e estimularam o surgimento de conflitos na região.

Em 1895, depois da descoberta de importantes jazidas de ouro no Amapá, tropas francesas sediadas na Guiana invadiram o território brasileiro, sendo rechaçadas numa batalha sangrenta em que morreram mais de 40 soldados e civis. O contencioso seria resolvido em 1900, com a arbitragem internacional que deu ganho de causa ao Brasil. Na época, o Amapá fazia parte do estado do Pará.

A agressão francesa despertou fortes sentimentos patrióticos no Brasil – em especial, na Amazônia. Assim, no início de 1896, o teatrólogo carioca Moreira de Vasconcellos lançou a revista "Amapá" no Teatro da Paz em Belém, antes mesmo de exibi-la na Capital Federal. Reuniu um time de compositores de primeira linha. Talvez o maior destaque da peça tenha sido o maxixe "Ora bolas" ou "Ora bolas pra moral", cantado e dançado por todos os atores no 1º ato. Outros números musicais também agradaram o público, como o "Lundu do Açaí", da tradição local, com arranjo de Leonardo Rayol, e os tangos

"Amapá", apenas instrumental, de Costa Junior, e "Na verdade tem razão", de Chiquinha Gonzaga.

Infelizmente não se conseguiu localizar a partitura de "Ora bolas", publicada no Rio de Janeiro meses mais tarde. Pela primeira vez, a palavra "maxixe", até então uma "dança excomungada", foi impressa numa partitura. Como registra Carlos Sandroni, o autor do maxixe, Costa Junior, por prudência, preferiu assiná-lo com o pseudônimo de Juca Storoni. Já o tango "Amapá", muito tocado até hoje, levou o seu próprio nome.[105]

"Lundu do Açaí" não é propriamente sobre política, mas, no ambiente de exaltação patriótica do momento, tinha significação política. Proclamava as virtudes e as excelências das frutas do Pará, sentimento reforçado por "Na verdade tem razão", outra canção da revista: "Tem razão/ Pois cada uma já provei/ Já provei/ E cá na minha opinião/ Todas são frutas de lei, de lei".

Meses depois, a revista "Amapá" seria encenada no Rio de Janeiro, onde fez bastante sucesso e ganhou elogios da imprensa. A editora Buschmann & Guimarães, rápida no gatilho, colocou à venda as partituras de nada menos de 11 números musicais da peça de Moreira de Vasconcellos.

Gentes, eu sou, eu sou o açaí
O açaí que vem do Pará
Melhor eu sou que o bacuri
Ai! Ai! Ai! Ai!
Lará! Lará! Lará!

Moço que chega cá ao Pará
Se me provou, gostou, ficou
Moço que chega cá ao Pará
Se me provou, gostou, ficou

Gentes, eu quero ver
O que ainda não vi
Venham todos beber
Daquele belo açaí

Bacupari nem pequiá
Chegam ao pé do açaí
O açaí vem do Pará
Ai! Ai! Ai! Ai!
Lará! Lará! Lará!

Moço que chega cá ao Pará ...

---

[105] Carlos Sandroni. *Feitiço decente: transformações do samba no Rio de Janeiro* (1917-1933). Rio de Janeiro: Jorge Zahar ed.: Editora UFRJ, 2001.

27. "América e Espanha" (1898)

Letra: Eduardo das Neves.
Música ("Laughing song"): George W. Johnson.
Intérprete: Veloso.
Gravadora: Casa Edison. Zon-O-Phone X816 (1902).
Letra em CMB.

O compositor e cantor Eduardo das Neves volta e meia incursionava também pelos temas internacionais, como fez em 1898, quando os Estados Unidos e a Espanha entraram em guerra por causa da independência de Cuba (ver também "A questão do Acre", no capítulo 10).

"América e Espanha" registra o conflito, que, começando no Caribe e se estendendo ao Pacífico, durou pouco mais de dois meses e terminou com a vitória norte-americana. Com a derrota de Madri, Washington passou a controlar as ex-colônias espanholas de Porto Rico, Guam e Filipinas. Cuba conquistaria a independência poucos anos depois, embora os EUA tenham se reservado o direito de intervir militarmente na ilha sempre que julgassem necessário. No oriente de Cuba, construíram a base militar de Guantánamo, que mantêm até hoje.

Para cantar o episódio, Eduardo das Neves fez uma paródia da canção americana "Laughing song", lançada em 1891 pelo compositor e cantor negro George W. Johnson, que, entre versos e gargalhadas, reproduzia comentários pejorativos em relação aos negros. Dudu das Neves fez inúmeras paródias de "Laughing song", mas seus versos jamais fizeram pouco dos afrodescendentes. Ao contrário, ele costumava bater de frente com o racismo.

Norte América e Espanha
Têm a guerra começada
Há de uma sair rota
E a outra esfarrapada.
No final da contradança
Teremos muito que ver ...
Obaidingo
Caracoles
Mira usted!

De gargalhada um aplauso
Eu darei ... ah, ah, ah, ah!
Ver os dois na luta a soco ...
Ah, ah, ah, ah, ah, ah, ah!
Ah, ah, ah, ah, ah, ah, ah, ah, ah, ah!
Obaidingo
Caracoles
Mira usted!

La Unión Espanhola
Lembrou-se de oferecer
Passagens a seus súditos
Para a pátria defender
Mas eles, que nem lá vão,
Passam cá vidas folgadas
Quase todos pelotaris,
Nos boliches, nas touradas.
Unha a unha, grita o povo,
Ah, ah, ah, ah, ah, ah, ah!
Ah, ah, ah, ah, ah, ah, ah, ah, ah, ah!
    Obaidingo
    Caracoles
    Mira usted!

Poderosa é Norte América
Levando a guerra por mar
Mas a Espanha grita: en tierra
Tengo hombres para brigar!
Pois era melhor que fosse
Uma por mar, outra por terra,
Uma rota, esfarrapada,
Ficará no fim da guerra!

Eis, às pazes, ora bolas!
Ah, ah, ah, ah, ah, ah, ah!
Buenos dias, señorita!
Ah, ah, ah, ah, ah, ah, ah!
Ah, ah, ah, ah, ah, ah, ah, ah, ah, ah!
    Obaidingo
    Caracoles
    Mira usted!

Finalmente, eis tudo calmo!
E da paz já tudo goza...
Se ganhou a Norte América,
É que foi mais poderosa!
Mas a Espanha tão briosa
Não perdeu sua moral!
Brigou valientemente...
Com bravura... etc. e tal.

Viva a grande brava Espanha
Ah, ah, ah, ah, ah, ah, ah!
Viva a armada americana...
Ah, ah, ah, ah, ah, ah, ah!
Ah, ah, ah, ah, ah, ah, ah, ah, ah, ah!
    Obaidingo
    Caracoles
    Mira usted!

Anúncio das partituras da revista "Amapá".

Anexos
Capítulo 8

1. "Os sétimos das patentes" (1890)

Letra: Artur Azevedo.
Música: Abdon Milanez.
Letra em AA.

Não se logrou obter a partitura dos "Sétimos das patentes" da revista de teatro "República". O trecho abaixo, censurado pelas autoridades do novo regime, dava a entender que a venda de patentes da Guarda Nacional, tão comum no Império como o comércio de comendas, seria mantida pelas autoridades republicanas.

Artur Azevedo não estava errado na sua avaliação. A Guarda Nacional, embora tenha perdido espaço na República, só seria subordinada formalmente ao Exército em 1918. Começou a ser desmobilizada em 1922, mas até 1924 ainda foram emitidas cartas-patentes de oficiais.

Seguem os versos e as falas dos personagens do trecho censurado:

Sétimos
(POVO, BRASIL, REPÚBLICA, sete OFICIAIS DA GUARDA NACIONAL, depois um SUJEITO)

OS OFICIAIS –
Rataplã! Rataplã! Plã!
Nós somos todos sete
Da Guarda Nacional
E temos capacete
De lúcido metal,
A valorosa espada,
Que ao nosso lado cai,
Batendo na calçada
Sonoramente vai,
Assim,
Tlim! Tlim!
PRIMEIRO OFICIAL –
Eu tenho uma fortuna
E trinta mil comendas!
SEGUNDO OFICIAL –
É sócio de três vendas!
TERCEIRO OFICIAL –
Um grande industrial!
PRIMEIRO OFICIAL –
Pois bem do fundo da alma,
Dizer agora venho
Que é tudo quanto tenho
Da Guarda Nacional.

SEGUNDO OFICIAL –

Sou taverneiro
Mas sou tenente
E descontente
'Stou com razão:
O meu caixeiro
Sendo eu tenente
Tem a patente
De capitão!

TODOS –

Ah! Ah! Ah! Ah! Ah! Ah! Ah!
É mais um furo
Do que o patrão.

TERCEIRO OFICIAL –

Sou funcionário.

QUARTO OFICIAL –

Sou leiloeiro.

QUINTO OFICIAL –

Sou proprietário.

SEXTO OFICIAL –

Sou sapateiro.

TODOS –

Vale a pena ser da Guarda
                    Nacional
Vale a pena vestir a farda
                    De oficial!
Pois um fardamento,
Embora de alferes,
Seduz, num momento,
                    Duzentas,
                    Trezentas,
Quinhentas mulheres!
(Evolução)
Rataplã! Rataplã! Plã!

PRIMEIRO OFICIAL –

Alto, frente! Agora, tratemos, meus se-
nhores, de exigir os nosso fardamentos
e penduricalhos. Estamos na rua do
Ouvidor.

QUARTO OFICIAL –

Eu tenho os pés em petições de miséria!
O tal exercício de ontem, no morro Santo
Antônio, quase me mata!

SEGUNDO OFICIAL (agarran-
do, pelo braço, um sujeito que passa distraído) –

Olá! Ainda bem que o encontro, meu
amigo! Então decididamente você não
quer saldar aquela continha?

O SUJEITO –

Mas ...

SEGUNDO OFICIAL –

Tenho lá mandado o meu caixeiro, capi-
tão Fabrício, uma porção de vezes!

O SUJEITO –

Desculpa ... tive umas despesas com que
não contava ... fui obrigado a fazer o
meu fardamento ... eu também sou da
Guarda nacional ... sou tenente.

SEGUNDO OFICIAL –

Ah! Se é da Guarda Nacional, já cá não
está quem falou.

O SUJEITO –

Muito obrigado, não há pressa,

SEGUNDO OFICIAL (Ao sexto
oficial) –

Toda a gente entrou para a Guarda
Nacional.

SEXTO OFICIAL –

Até os caboclos do Rossio.

SÉTIMO OFICIAL. –
Quais? Os da estátua de Pedro I?
SEXTO OFICIAL –
*Não, uns caboclos de carne e osso ...
Encontrei-os fardados!*
QUINTO OFICIAL (Ao primeiro) –
*Você tem lá em casa agora boa carne
seca?*
PRIMEIRO OFICIAL –
*Uma partida soberba que chegou ontem
do Sul. Primeira sorte.*
QUINTO OFICIAL –
*Hei de ir vê-la amanhã. Tenho que aviar
uma encomenda para Alagoas.*
REPÚBLICA (Ao Brasil) –
*Vê como é ridícula a tua Guarda
Nacional!*
BRASIL –
*Deixa-os lá. Num momento dado, po-
dem prestar muito bons serviços.*

2. "Coplas da candidata" (1903)

Letra: Vicente Reis e Raul Pederneiras.
Música: autor desconhecido.
Letra no IMS.

No terceiro ato da revista de teatro "O esfolado", de Vicente Reis
e Raul Pederneiras, encenada em
1903, as mulheres voltam a exigir
o direito de votar e ser votadas,
negado na Constituição de 1891
("Coro das mulheres políticas", no
capítulo 8).

*Eu não sei por que razão
Na reforma eleitoral
A mulher ter tal função
Não se deixou por meu mal!
Pois é claro e apurado:
Se a mulher desse o seu voto
Ficaria o eleitorado
Certamente mais devoto*

*O voto da moça bela
Não sofre contestação,
Não se conta em separado
Desempata uma eleição*

*Nunca percas a esperança,
Diz a frase corriqueira.
A colher da governança
Há de nos chegar fagueira
Até lá nós ficaremos
Mergulhadas na ilusão
Mas depois só votaremos
Em quem for do coração*

O voto da moça bela ...

3. "Rondó de O tribofe" (1892)

Letra: Artur Azevedo.
Música: Assis Pacheco.
Letra em AA.

O que é um "tribofe"? Hoje ninguém mais sabe o significado da
palavra. Mas poucos também sabiam em 1892, quando a revista de

Artur Azevedo subiu ao palco do Teatro Apolo, no Rio de Janeiro. A gíria, conhecida então apenas pelos amantes do turfe, referia-se aos acordos feitos por baixo do pano entre jóqueis e proprietários para que o cavalo favorito perdesse a corrida, dando a vitória a um azarão. Com as "enchentes" da peça – assim eram chamadas as sessões lotadas das casas de espetáculos –, o termo popularizou-se e se converteu em sinônimo de desonesto, trapaceiro.

O rondó do primeiro ato deixava claro que havia tribofes por toda parte, inclusive entre os figurões do parlamento: "Na política há muito tribofe/ Muito herói que não sente o que diz/ E o que quer é fazer rega-bofe/ Muito embora padeça o país".

Sabichão que se estafe e se esbofe
Desejoso de tudo saber.
O novíssimo termo – tribofe –
Em nenhum dicionário há de ver.

Como gíria de esporte aplica-lo
Tenho visto, e somente indicar
A corrida em que perde o cavalo
Que por força devia ganhar.

Mas a tudo se aplica a palavra,
Pois em tudo o tribofe se vê.
Qual moléstia epidêmica lavra,
E não há quem remédio lhe dê.

Na política há muito tribofe
Muito herói que não sente o que diz,
E o que quer é fazer rega-bofe,
Muito embora padeça o país.

Quem só fala do seu patriotismo,
E suspira por Dom Sebastião,
Faz tribofe, pois sebastianismo
E tribofe sinônimos são.

O sujeito que muda de estado
E na noiva não acha o melhor,
Sofre um grande tribofe, o coitado,
Eu não sei de tribofe maior!

Literato que assina e publica
Velhas coisas, mais velhas que a Sé.
Um tribofe horroroso pratica,
Outra coisa o tribofe não é.

No comércio, nas letras, nas artes,
Há tribofe, tribofe haverá,
Que o tribofe por todas as partes
E por todas as classes irá!

Mas nenhum sabichão que se esbofe,
Desejoso de tudo saber,
O novíssimo termo – tribofe –
Em nenhum dicionário há de ver.

4. "Canto do encilhamento" (1892)

Letra: Artur Azevedo.
Música: Assis Brasil
Letra em AA.

No terceiro ato de "O tribofe", revista de Artur Azevedo, o "Canto do encilhamento" proclamava o fracasso da política econômica dos primeiros anos da República, que pretendera promover a industrialização e o crescimento econômico com base no crédito fácil e na atração de capitais estrangeiros.

Quando a bolha monetária estourou, deixou como saldo o aumento da inflação, a quebra de empresas e a insolvência do Estado: "Infeliz encilhamento/ Quem te vê e quem te viu!/ Ouro, brilho e movimento/ Tudo agora se sumiu!".

Infeliz encilhamento
Quem te vê e quem te viu!
Ouro, brilho e movimento,
Tudo agora se sumiu!
O fado te foi contrário,
A sorte não te quis bem!
És um campo solitário
Onde a desgraça nos tem!
Quando a fortuna sorria,
Tu foste um ninho de heróis ...
Encilhamento hoje em dia
Não vale dois caracóis!

5. "Pum!" (1894)

Letra: Artur Azevedo e Eduardo Garrido.
Música: Assis Pacheco
Letra no libreto "Pum!", disponível no Arquivo Distrital do Porto, em Portugal.

Em janeiro de 1894, quando a Revolta da Armada ainda não havia sido dominada, estreou no Teatro Apolo, a opereta cômica "Pum!". O sugestivo nome fazia referencia aos disparos dos canhões das fortalezas legalistas e dos navios sublevados, mas o duplo sentido era óbvio. Artur de Azevedo era um florianista convicto.

No segundo ato, o personagem chamado Barbalho, que se refugiara dos canhonaços numa distante casa na Tijuca, conta como o "povinho de S. Sebastião" divertia-se com os duelos de artilharia. Os cariocas chamavam o poderoso canhão Armstrong 550 mm, da Fortaleza de São João, de "Vovó". Penate é sinônimo de residência ou lar.

O divertimento novo
Do povinho de São Sebastião
　　É dos penates sair
Pros tiros ver e ouvir!
Corre à praia todo o povo
Em ouvindo o troar do canhão
　　E quer ver se vovó
　　Ergue nuvens de pó!
　　　No tiroteio
　　Mete o povo o nariz
　　E se julga feliz
　　Que o bombardeio, afinal
　　Não lhe custa um real!
　　Nunca ao perigo
　　Vai sozinho o papai
　　A mamãe também vai
　　　Levam consigo
　　　(Os filhos?)
　　　Se os têm!

6. "Tem uma flor no princípio" (1895)

Letra: Artur Azevedo.
Música: autor desconhecido.
Letra em AA.

No primeiro ato da revista "O major", que teve como mote a vitória de Floriano Peixoto sobre a Revolta da Armada, o violeiro Zé entoa a modinha "Tem uma flor no princípio" (título atribuído), com versos legalistas de duplo sentido (ver também "Lundu da Revolta" no capítulo 7).

Ele recorre às primeiras letras dos nomes de Floriano Peixoto e Custódio de Melo, para apoiar o marechal e zombar do almirante. Depois critica o asilo dado por navios portugueses aos rebeldes. Por último, aborda a malograda tentativa de parte dos sublevados de se unir aos federalistas gaúchos, que lutavam de armas na mão contra Júlio de Castilhos.

Tem uma flor no princípio
O nome do marechal
Mas o nome do Almirante
Principia muito mal

Da vitória da Revolta
Eu duvido e faço pouco
Pois nunca se viu mulato
Dar bordoada em caboclo

Eu fui à ilha das Cobras
Fui montado numa boia
Não vi cobras nessa ilha
Vi somente uma jiboia

A intervenção do estrangeiro
Tem me causado quizília;
Estranhos nunca se metam
Em negócios de família

Rosna-se em toda a cidade
Que, por mor de s'or Castilho,
Ainda temos quer ver
Zangados o pai co'o filho

7. "O marechal de ferro" (1895)

Letra e música: Eduardo das Neves.
Letra em TdM.

Floriano Peixoto morreu em junho de 1895, poucos meses depois de passar a Presidência da República para Prudente de Moraes. Eduardo das Neves, fervoroso apoiador de Floriano, compôs então "O marechal de ferro".

Nos últimos versos, Dudu das Neves resgata um episódio ocorrido durante a Revolta da Armada que teve forte repercussão na opinião pública. O embaixador da Inglaterra perguntou a Floriano como ele receberia um eventual desembarque de tropas britânicas no Rio para proteger os interesses dos súditos de Sua Majestade. O marechal respondeu laconicamente: "À bala".

A canção fez muito sucesso na época.

Quando ele apareceu, altivo e sobranceiro,
Valente como as armas, beijando o pavilhão,
A pátria suspirou, dizendo: Ele é guerreiro,
É marechal de ferro, escudo da nação.

O brado fluminense ecoou por toda a parte ...
Rompem-se os astros nublados; somem-se turvas garoas.
Ele empunhando a espada, qual valente Bonaparte,
Pergunta ao mundo: — Conhecem-me ...
Sou filho de Alagoas.

Sim, sou filho de Alagoas, esse estado do Brasil,
Que é pequenino, é verdade, mas poderoso e viril.
Jogarei de espada e capa, e hei de mostrar como a Europa
Não me ganha nem ceitil.

E avante, brasileiros! Em prol da pátria co'ardor,
A bem do vosso direito, aniquilar o traidor!
Vamos! A pátria reclama ...
Quem seu peito não inflama
Para dar à mãe vigor?

Deusa que o gênio idolatra, pois dela é que ele nasceu,
Essa mãe que se diz Pátria, que por ela Herval morreu.
Partamos nesse momento! Eu vos darei elemento!
Quem tem o poder sou eu!

Prepare a artilharia no campo, formando ala
Das lutas na ardentia, tudo é fogo ...
Ninguém fala
E se perguntar estrangeiros: Quer auxílio de guerreiros?
Respondei: Recebo ... à bala! ...

8. "Coplas do Manifesto Restaurador" (1896)

Letra: Artur Azevedo.
Música: Assis Pacheco.
Letra em AA.

Na revista "A Fantasia", que estreou no Teatro Éden-Lavradio, no Rio de Janeiro, em 1896, entra em cena o personagem Manifesto Restaurador. Ele defende o fim da República e a volta do Império. Explica também a estratégia dos restauradores. Não levantariam a voz nem apelariam para a violência. Promoveriam o retorno da monarquia através de articulações discretas e discursos melífluos.

Nos meses anteriores, os defensores da volta do regime imperial, aproveitando a pasmaceira econômica e a falta de iniciativa política do presidente Prudente de Morais, haviam começado a se rearticular. Em fins de 1895, lançaram em São Paulo um manifesto. Em janeiro do ano seguinte, tomaram iniciativa semelhante na Capital Federal. Mas a tese não conseguiu ganhar a opinião pública.

Ninguém suponha que eu sou violento
Ninguém suponha que eu sou feroz!
Eu nada tenho de violento!
Eu nem ao menos levanto a voz!
Manhosamente, sem gritaria,
Sem uma espada, sem um canhão,
Restabeleça-se a monarquia
Faça-se a bela restauração!

> *Quem é patriota*
> *Só deseja a paz!*
> *Pela maciota!*
> *Tudo aqui se faz!*

Esperam todos naturalmente
Que um manifesto restaurador
Seja uma bomba que espante a gente,
Que a toda parte leve o terror!
Com ar melífluo, cavalheiresco,
Tudo alcançamos a murmurar:
Meus bons senhores, ponham-se ao fresco,
Queiram ceder-nos esse lugar.

> *Quem é patriota*
> *Só deseja a paz!*
> *Pela maciota!*
> *Tudo aqui se faz!*

9. "A Guerra de Canudos" (1897)

Letra e música: Eduardo das Neves.
Letra em CMB.

Poucas canções sobre o conflito no sertão da Bahia assumiram de forma tão ostensiva o discurso oficial como "A guerra de Canudos", de Eduardo das Neves. Antônio Conselheiro é rotulado de bandido vil, selvagem santarrão, caudilho desnaturado, mau filho, fera do demo, fera do norte e jagunço desalmado.

Já o coronel Moreira César, que morreu no comando da terceira expedição contra o arraial, é apresentado como um herói, enquanto o general Arthur Oscar, chefe das tropas governistas na quarta arremetida contra Canudos, surge como o vingador da civilização.

A canção fez sucesso, mas por pouco tempo. Como quase todas as composições urbanas sobre Canudos, logo caiu no esquecimento. Aos poucos, o ódio aos jagunços deu lugar a um difuso sentimento de mal-estar. Até que ponto tudo aquilo tinha sido necessário?

Lá para as bandas do norte,
Da Bahia nos sertões,
Ouço o ruído da morte,
No trovejar dos canhões!
Numa peleja sangrenta,
Que um vil bandido sustenta,
Não respeitando galões.

Quem será esse selvagem,
Esse vulgo santarrão,
Que coberto de coragem,
Fere luta no sertão?
Quem será esse caudilho,
Desnaturado, mau filho,
Que jamais terá perdão?

Não é, por certo, um guerreiro
Que uma vitória sonhou
Esse Antônio Conselheiro,
Que a pátria amaldiçoou!
Não é mais do que uma fera,
Que uma indomável pantera,
Que o demo ao mundo lançou!

Um dia sentiu-se forte,
Com seu cajado na mão;
Juntaram-se à fera do norte
Os matutos do sertão,
Proclamou sanguínea guerra,
Prostrou mil bravos por terra,
Mas usando de traição.

Traição se pode dizer,
Porque não foi valentia!
Não se dispôs a morrer,
Pois seu peito nem se via!
Durante a guerra, escondido,
Conservou-se esse bandido,
Até que chegou seu dia!!

Lutou toda a jagunçada ...
Até mulheres lutavam!
As crianças pra danada
Fera, as armas carregavam!
Já brigavam pelo tato,
Ocultos dentro do mato!
Pois assim nos derrotavam ...

Era preciso, de certo,
Ser cruel, malvado, atroz,
Quem afrontasse de perto
Esse jagunço feroz!
Marchar com ânimo e brilho,
Estrangular o caudilho
E a paz trazer entre nós.

Segue então Moreira César
Em frente da expedição!
Da Bahia segue o César
Para o fundo do sertão!
Para a um terço da viagem,
Arria toda a bagagem,
Prepara logo o canhão.

Depois segue lentamente,
E vai entrando em Canudos,
Olha, espreita, não vê gente,
Ninguém fala! Todos mudos!
Mas surge de supetão,
De jagunços um montão,
Com feros semblantes, rudos!

Então, à voz do comando,
Além suspira o canhão,
Pelos matos gaguejando,
Como gagueja o trovão!
O sangue ali corre quente ...
O bravo César na frente
Com sua espada na mão.

Nessa luta fratricida
Contra a falange selvagem,
Moreira, perdendo a vida,
Cai, mas grita: irmãos, coragem!
Pela minha farda honrada,
Pela minha nobre espada,
Rendei-me à pátria homenagem!

Muitos bravos sucumbiram,
Varados no coração,
Muitos guerreiros caíram,
Foram mortos à traição,
Enquanto o velho barbado,
Jagunço mal encarado,
Domina o vasto sertão!

Parte então Arthur Oscar,
C'uma nova expedição,
Para as feras destroçar,
Para sangrar o leão!
Teve tática de guerra,
Pôs o jagunço por terra,
Com sua espada na mão.

Ai, quanta coisa tão triste
Nesse ingente fanatismo!
Mas seu peito não desiste
Lutando com heroísmo!
Pois o bravo general,
Foi dar o golpe fatal
No santarrão desse abismo.

Morreu a fera bravia,
Jagunço famigerado!
Lá nos sertões da Bahia
Ei-lo agora sepultado!
Glória a ti, Oscar guerreiro!
Mas Antônio Conselheiro ...
Pra sempre amaldiçoado!!!

10. "A morte do coronel Moreira César" (1897)

Letra e música: Eduardo das Neves.
Letra em CMB.

"A morte do coronel Moreira César", também de Eduardo das Neves, tem um tom menos raivoso e um discurso mais político do que "A Guerra de Canudos"

(anexo anterior). Em vez de um choque entre fanatismo e civilização, o conflito é apresentado como um embate entre a República e a Monarquia, tese muito em voga na época, mas extremamente discutível.

Republicanos, avante,
Vamos, povo brasileiro!
Vamos bater os jagunços
Desse Antônio Conselheiro.

Sinto muito os brasileiros
Tramarem revolução
Sem verem como é tão triste
Lutar irmão contra irmão.

Esse Antônio Conselheiro
Quer à força a monarquia,
E por isso vai matando
Seus patrícios na Bahia.

O bravo Moreira César,
Um valente brasileiro,
Foi sucumbir em Canudos,
Nas garras do Conselheiro.

Moreira César morreu
Envolto todo de glória,
Já tendo, pela revolta,
Seu nome escrito na História.

Avante, republicanos,
Eia avante sem temer!
Haja sangue sem piedade,
Que o governo há de vencer!

Há de vencer a República,
E mil vitórias ganhar,
Enquanto bravos tiver
Do valor de Arthur Oscar.

O bravo Moreira César,
Que hoje não vive mais,
Caiu na arena, coberto
De seus louros imortais.

Quem morre assim, nunca morre
Porque começa a viver!
Quem cruza o átrio da História,
Não conhece o que é morrer!

Findou-se a guerra em Canudos,
Já todos gozamos paz
Viva o povo brasileiro!
E o Prudente de Moraes.

Sou Eduardo das Neves
— o autor desta poesia —
Republicano obscuro,
Mas algoz da tirania.

Amo a pátria, e sã virtude,
Quem me dá vida e valor,
E serei, por glória minha,
Seu constante defensor.

11. "Recitativo de O Jagunço" (1898)

Letra: Artur Azevedo.
Música: Luiz Moreira.
Letra em AA.

No recitativo da revista "O jagunço", encenada em fevereiro de 1898, quando a luta em Canudos já tinha sido decidida, Artur Azevedo lista vários tipos de jagunços. A seu juízo, eles seriam tão perigosos como o "matuto fanático e mau que nos ínvios sertões mata a gente escondido atrás de um bom pau". Entre outros, cita os que defendiam a restauração do Império, os especuladores do câmbio, os aproveitadores do Estado e os estrangeiros oportunistas.

O jagunço não é somente
O matuto fanático e mau;
Que nos ínvios sertões mata a gente
Escondido por trás de um bom pau.

É jagunço o palúrdio parola,
Que o progresso não quer da nação,
E, sem ter convicções na cachola,
Prega ideias de restauração.

É jagunço, a pedir ferro e fogo,
O bolsista caipora e incapaz,
Que, perdendo o que tinha no jogo,
Pescador de águas turvas se faz.

E também a jagunço promovo
Quem, querendo, fortuna fazer,
Especula com o sangue do povo,
Pondo o câmbio a descer, a descer.

O malandro que come do estado,
Que só sabe dizer "Venha a nós",
E não está da República ao lado,
É jagunço, e jagunço feroz.

O estrangeiro infeliz que se arranja
E, arranjado, um bom coice nos dá,
É jagunço, jagunço da Estranja,
Que é pior que os jagunços de cá.

Dos jagunços o grupo é tão forte,
Que há jagunços aos centos, e aos mil;
Há jagunços no Sul e no Norte,
Há jagunços em todo o Brasil.

9

Capoeiras e Caipiras

Introdução

A violência eleitoral era uma prática comum no Império – e, embora com menor intensidade, seguiu existindo no começo da República. Ficou famosa a "Eleição do Cacete", em 1840, vencida pelos liberais, marcada por tumultos generalizados. Mas ela não foi uma exceção. Ao contrário, durante toda a monarquia, os capangas dos chefes políticos costumavam intimidar adversários nas proximidades dos locais de votação, sumir com urnas e inventar eleitores-fantasmas.

Nos centros urbanos, especialmente no Rio de Janeiro, os capangas eram recrutados nas turmas de capoeiras – ou "maltas", como se dizia na época. Já no interior, esse papel cabia às milícias dos fazendeiros ou aos homens da Guarda Nacional, quase sempre controladas por um "coronel" ligado aos proprietários de terras.

Tais práticas, frequentemente criticadas pela imprensa, foram denunciadas em peças de teatro e canções. Em 1861, Joaquim Manuel de Macedo, autor de "A Moreninha", denunciou a violência e as fraudes eleitorais na comédia burlesca "A Torre em Concurso" (letra da canção nos anexos deste capítulo).

Duas décadas mais tarde, seria a vez do jornalista e teatrólogo França Junior fazer uma crítica demolidora aos abusos eleitorais na comédia de costumes "Como se fazia um deputado".

No dia da eleição, a turma de capoeiras, de cacete na mão, aguarda o início dos trabalhos. Charge de Raul Pederneiras, "Tagarela" (ed. 52. 1903)

Originalmente, a peça chamava-se "Como se faz um deputado", mas o autor teve de mudar o nome de obra por causa da censura. Segundo as autoridades, tais práticas seriam coisa do passado. Não eram – e todo mundo sabia disso. Mas França Junior topou trocar o nome. Sabia que o público entenderia perfeitamente a denúncia como uma referência a um problema ainda existente, embora o verbo viajasse no tempo, do presente para o passado.

O sucesso extraordinário da peça mostrou que ele tinha razão. Foram mais de 50 representações nos primeiros meses – uma marca impressionante para a época. Infelizmente não se conseguiu localizar as partituras dos números musicais da comédia (ver as letras de "Coro dos Capangas" e "Forte em duplicatas" nos anexos).

Nos centros urbanos, os capangas eleitorais, em sua maioria, provinham da capoeira, misto de arte marcial e dança praticada por escravos e negros livres. Durante a segunda metade do século XIX, ela ganhou adeptos também entre brancos e mestiços. Logo formaram-se as maltas – "isto é, grupos de vinte a cem, que à frente dos batalhões, dos préstitos carnavalescos, nos dias de festas nacionais etc., provocam desordens, esbordoam, ferem ...", explicou Melo Morais Filho em "Capoeiragem e capoeiras célebres".[106]

Não demorou muito para que as maltas fossem cooptadas pelos caciques políticos, passando a cumprir papel fundamental na violência eleitoral. Melo Morais Filho dá detalhes: "Alistados nos batalhões da guarda nacional, os capoeiras exercem poderosa influência nos pleitos eleitorais, decidiam das votações, porque ninguém melhor do que eles

---

[106] Em Festas e tradições populares do Brasil. Rio de Janeiro: Ediouro, sem data, pg. 202.

arregimentava *fósforos*, *emprenhava* urnas, afugentava votantes"[107]. *Fósforos* eram eleitores falsos, que votavam no lugar dos ausentes.

Nos últimos anos do Império, porém, a violência política não se limitou aos momentos eleitorais. Algumas turmas de capoeira receberam a missão de intimidar ou dissolver reuniões republicanas. Esse processo ganhou corpo depois da Abolição, quando as autoridades, com o apoio de José do Patrocínio, estimularam a formação da Guarda Negra, usada como tropa de choque contra manifestações antimonárquicas.

Assim, quando foi proclamada a República, uma das primeiras providências do novo regime foi dissolver a Guarda Negra. No dia 10 de dezembro de 1889, o novo ministro da Justiça, Campos Sales, e o chefe de polícia, Sampaio Ferraz, lançaram uma grande ofensiva contra os capoeiras. Em menos de uma semana, 111 deles foram parar atrás das grades, sendo enviados para a ilha de Fernando de Noronha. Nos meses seguintes, a ofensiva seguiria intensa.

Em outubro de 1890, com a publicação do novo Código Penal, a capoeira passou a ser considerada crime. O capítulo "Dos vadios e capoeiras", no seu artigo 420, estabelecia: "Fazer nas ruas e praças públicas exercícios de agilidade e destreza corporal conhecidos pela denominação de capoeiragem; andar em correrias, com armas ou instrumentos capazes de produzir uma lesão corporal, provocando tumulto ou desordens, ameaçando pessoa certa ou incerta, ou incutindo temor de algum mal. Pena: prisão celular de dois a seis meses. Parágrafo único: é considerada circunstância agravante pertencer o capoeira a algum bando ou malta. Aos chefes e cabeças se imporá a pena em dobro".

Golpes de capoeira, desenhos de K. Lixto, revista "Kosmos" (edição 3, 1906)

---

[107] Idem, ibidem., pg. 204.

Roda de capoeira. Rugendas, 1835

A forte repressão desarticulou a utilização das maltas como milícias políticas. Mas, apesar de perseguida, a capoeira continuou a ser largamente praticada na Capital Federal. Somente deixaria de ser criminalizada depois da Revolução de 30, quando foi reconhecida como manifestação desportiva e cultural.

Dez canções da época debruçam-se sobre a violência eleitoral e a ação dos capoeiras – em sua maioria, lundus, cançonetas e tanguinhos. As três primeiras são anteriores à Proclamação da República. Em "Sou do Partido Conservador" (título atribuído), da opereta "Os noivos", de Artur de Azevedo, o coronel gaba-se de ser "desabusado" nas eleições. "Os capoeiras", da revista de teatro "O Boulevard da Imprensa", de Oscar Pederneiras, mostra os conflitos entre as duas principais maltas do Rio, os nagoas e os guaiamuns, ligadas respectivamente ao Partido Conservador e ao Partido Liberal. O "Tango dos capoeiras", da revista "Dona Sebastiana", de Moreira Sampaio, faz referencias à malandragem, às cabeçadas, às pernadas e ao uso de navalhas.

As cinco canções seguintes foram compostas nos anos 1890. Quase todas lidam com a repressão das autoridades e o desterro em

Fernando de Noronha. Elas recorrem largamente às gírias da capoeira, falam sobre os diferentes golpes e descrevem os recursos para distrair adversários. "Capanga eleitoral", "Cabra da Saúde", "Capoeira" ou "Vagomestre", "Com a navalha" e "Mulato da arrelia", todas gravadas pela nascente indústria fonográfica, são saborosíssimas.

Já as duas canções seguintes – "O tango da quitandeira" e a cançoneta infantil "O Zeca Brazurura" – foram compostas na década de 1900. Mostram que cerca de vinte anos depois da Proclamação da República, apesar da fortíssima repressão inicial à capoeira, a violência continuava presente nas eleições. Aliás, continuaria presente durante toda a República Velha.

O cinematógrafo Rio Branco, no Rio de Janeiro, exibe o filme "Nhô Nastácio chegô de viage", a primeira comédia do cinema brasileiro, de Marc e Júlio Ferrez, em 1908.

***

No mesmo período de transição do Império para a República, há também uma interessante produção musical sobre outro personagem marcante da época: o caipira que visitava o Rio de Janeiro para conhecer as novidades e os progressos tecnológicos da Corte e, posteriormente, da Capital Federal. Ele costumava ficar embasbacado com o que via e conhecia.

Não se tratava de um lavrador pobre ou de um homem do interior sem recursos. Ao contrário, as diversas canções apresentavam um fazendeiro rico graças à lavoura do café em São Paulo e no Estado do Rio. O matuto – assim ele era apresentado – viajava de trem, hospedava-se em hotéis, ia ao teatro, comia em restaurantes e visitava pontos turísticos da cidade. Ou seja, tinha dinheiro para gastar.

No Rio de Janeiro, ele era alvo dos espertalhões em jogos de azar. Deparava-se com novidades do arco da velha, como cosmoramas, luz elétrica nas ruas, bondes "sem animal", bicicletas, telefones, escarradeiras, autópsias, algodão doce e, mais tarde, automóveis

O cantor-palhaço Bahiano, um dos principais intérpretes da Casa Edison.

e cinematógrafos. Quando retornava para o interior, levava a sensação de que o mundo estava cada vez mais esquisito. No fundo, o Rio de Janeiro atraía-o, mas também lhe dava medo.

Ressalte-se que, num espaço de menos de quinze anos, a fonte de seus temores mudaria radicalmente. Na última década do século XIX, o maior receio do caipira na Capital Federal era a febre amarela. Já nos primeiros anos do século XX, com as epidemias da doença controladas, o diabo que ameaçava levá-lo para o outro mundo atendia pelo nome de "astrimóvel".

Cinco canções e um poema cômico cantam as peripécias dos matutos na cidade grande. "Tango dos caipiras" passa-se nos últimos meses do Império. Já "Seu Anastácio" é de 1895. Fez tanto sucesso que rendeu pelo menos duas paródias nos anos seguintes: "O matuto na cidade", sobre as surpresas de um cearense que retorna a Fortaleza depois de haver levado um bom tempo nos seringais da Amazônia, e "O caipira", ambientado na Capital Federal.

A cançoneta "Apreciações de Nhô Juca" também se passa no Rio de Janeiro. Fecha o capítulo um poema cômico intitulado "Fui ver o Roca", apresentado nos intervalos das peças teatrais. Aproveitando a visita do presidente da Argentina, Julio Roca, ao Rio em 1899, o fazendeiro decide conhecer as novidades na Capital Federal. Fica impressionado com as mudanças, mas também preocupado com a gastança: "O governo vai gastá/ Nos pagode um dinheirão/ O café não dá prá nada/ Não dá prá nada, é exato/ Mas nóis cá os fazendeiro/ É que vamu pagá o pato".

1. "Sou do Partido Conservador" (1880)

Letra: Artur Azevedo.
Música: Francisco de Sá Noronha.
Intérprete: João Nabuco (piano e canto).
Gravação independente.
Letra e partitura na BNP.
Redução da partitura: João Nabuco.

A canção "Sou do partido conservador" (título atribuído), da opereta "Os noivos", de Artur Azevedo, recebeu música do compositor português Francisco de Sá Noronha. A peça estreou no Rio de Janeiro, no Teatro Fênix Dramática, em outubro de 1880. Nela, o tenente-coronel, proclamava alto e bom som: "Eu sou danado/ Desabusado/ Sou respeitado/ Nas eleições".

Na época, os chefes políticos locais recorriam à violência para garantir resultados favoráveis nas urnas. O desrespeito ao eleitor não era, porém, um privilégio do Partido Conservador. O Partido Liberal tinha um comportamento idêntico, apelando igualmente para vícios e truculências. Não à toa, dizia-se na época: "nada é mais parecido a um saquarema (conservador) do que um luzia (liberal) no poder".

(Tenente-Coronel)
Sou destemido!
Sou decidido!
Sou do Partido
Conservador!

(Todos)
É destemido!
É decidido!
É do Partido
Conservador!

(Tenente-Coronel)
Eu sou danado,
Desabusado
Sou respeitado
Nas eleições!
Sim, é tamanho
Meu arreganho
Que sempre apanho
Meus pescoções!

2. "Os capoeiras" (1888)

Letra: Oscar Pederneiras.
Música: Aníbal do Amaral.
Intérprete: João Nabuco (piano e canto).
Gravação independente.
Letra e partitura na BN.

Um dos números musicais mais apreciados de "O Boulevard da Imprensa" foi o lundu "Os capoeiras". A revista de Oscar Pederneiras, que estreou no final de março de 1888, um mês e meio antes da abolição da escravatura, inspirou-se na zarzuela espanhola "La Gran Via" e na revista portuguesa "A grande avenida", apresentadas anos antes no Rio de Janeiro. Cantou as principais ruas do Rio, a exemplo do que aquelas peças haviam feito em relação a Madri e Lisboa. Mas inovou. Trouxe também para o palco as sociedades carnavalescas, como os Fenianos, os Democráticos e os Tenentes do Diabo, e as turmas de capoeiras.

Na época, as duas principais turmas de capoeiras do Rio de Janeiro eram os guaiamuns e os nagoas. Os primeiros habitavam o centro antigo do Rio e costumavam cerrar fileiras com o Partido Liberal. Já os últimos, mais próximos dos conservadores, eram majoritários nas áreas de expansão recente da cidade, como a Lapa, a Glória e Santa Luzia.

O lundu menciona uma terceira turma, o Partido da Coroa. Provavelmente se trata de uma referência genérica ao forte apoio à monarquia entre as maltas da capoeiragem. A chamada Guarda Negra, formada por José do Patrocínio depois da abolição, deu forte sustentação nas ruas ao Império, combatendo os republicanos nos anos de 1888 e 1889.

Contava em suas fileiras com muitos capoeiras.

Em tempo: 1) tutu = chefe; 2) sardinha = navalha; 3) lesta = decidida; 4) pandulho ou bandulho = ventre; 5) prisco = salto; 6) risco = corte; 7) chiça = chega! ou safa!; 8) pitança = comida; 9) fervedo = agitação; 10) maçada = cacetada.

"Sario" provavelmente é uma corruptela de sarilho, sinônimo de confusão; "farse", de "faz-se".

Dos guaiamuns sou tutu
Sou do Partido da Coroa
Pois eu cá sou guaiamum, guaiamum
Sou tutu guaiamum

Sou do partido da Coroa
Dos guaiamuns sou tutu
Pois eu cá sou guaiamum, guaiamum
Sou tutu guaiamum

Ind'agorinha vimos o sinal
Uma sardinh'às vezes não faz mal
Ind'agorinha vimos o sinal
Uma sardinh'às vezes não faz mal
Às vezes não faz mal
Às vezes não faz mal

Dobrando o corpo na ginga lesta
Eu meto as bossas e lá vai testa
Dobrando o corpo na ginga lesta
Eu meto as bossas e lá vai testa

Passo-le as guias e num só prisco
Vou-le ao pandulho, faço-le um risco
Passo-le as guias e num só prisco
Vou-le ao pandulho, faço-le um risco

Chiça paizinho, como é seu jeito
Só com dois passes fico satisfeito
Chiça paizinho, como é seu jeito
Só com dois passes fico satisfeito

Olé, olé, olé,
Sario de massada, sario de massada
Olá, olá, olá
Olé, olé, sario de massada
Aqui vai hoje havê

Eh! Chega rapaziada
Eh! Chega! Eh! Chega rapaziada
Olé, olé, olé, sario de massada
Vai hoje aqui havê
Eh! Chega rapaziada

Se nós entremos em dança
Num fervedo pade sonsa
Furse logo u militança
Que sabe da geringonça

Num fado de circunstança
Ferve o grilo mas não dobra
Num fado de circunstança
Ferve o grilo mas não dobra
A gaiola né pitança
Cá pra nós qu'isso é qué obra

Entra nagôa, entra nagôa
Chega, chega, guaiamum
Avança coroa
Chega guaiamum
Entra nagoa
Avança coroa
Chega guaiamum
Entra coroa
Avança coroa
Entra nagoa
Olé, olé, olé, olé,
Olé, olé, olé, olé,
Olé, olé, olé, olé,
Olé, olé, olé, olé,

3. "Tango dos capoeiras" (1889)

Letra: Moreira Sampaio.
Música: C. Cavallier.
Intérprete: João Nabuco (piano e canto).
Gravação independente.
Letra no IMS. Partitura na BN.

A revista de teatro "Dona Sebastiana", de Moreira Sampaio, cujo personagem principal era a cidade de São Sebastião do Rio de Janeiro, também trouxe um número musical sobre os capoeiras. Apresentados como imbatíveis, eles se metiam em todo tipo de confusão, mas sempre conseguiam escapar da polícia.

Com a Proclamação da República, essa situação iria mudar. Já nos seus primeiros dias, o novo regime desencadearia forte repressão contra os grupos de capoeiras, especialmente no Rio.

(coro)
Desta escapamos
Graças à nossa perícia
Logramos a polícia
Livres estamos

(Dona Sebastiana)
Demos num rolo
Muita pancada
Pusemos a cabeçada
Tudo num bolo!

Quando um de nós
Puxa veloz
Pela navalha
Pobre da pança
Que a dita alcança
Nada há que a valha!

4. "Capanga Eleitoral"

Letra: Catulo da Paixão Cearense.
Intérprete: Barros.
Gravadora: Casa Edison.
Disco Odeon 40.195.

Embora a informação não conste nem do disco nem da "Discografia Brasileira de 78 rpm", a letra da cançoneta é de Catulo da Paixão Cearense, um dos maiores compositores da época, autor do clássico "Luar do Sertão". Não se sabe com certeza o ano em que ela foi composta, mas com toda certeza é do começo da década de 1890.

Apenas três semanas depois da Proclamação da República, no dia 10 de dezembro, o novo ministro da Justiça, Campos Sales, e o chefe de polícia, Sampaio Ferraz, lançaram uma grande ofensiva contra os capoeiras. Em menos de uma semana, 111 deles foram parar atrás das grades e, em seguida, desterrados na ilha de Fernando de Noronha.

A ofensiva da República contra os capoeiras não foi apenas um reflexo do discurso modernizador adotado pelo novo regime. Teve também caráter de retaliação à participação de grupos de capoeiras na chamada Guarda Negra. Depois da Abolição da Escravatura, a milícia, criada por inspiração de José do Patrocínio para defender a Princesa Isabel e a monarquia, atacou reuniões e comícios republicanos.

Em "Capanga eleitoral", o capoeira, já idoso, conta suas proezas e rememora as pancadarias em que se meteu na boca da urna: "De muita besta fiz um deputado/ Da monarquia fui segundo rei". Tanto fez que acabou na ilha de Fernando de Noronha.

Cuera, palavra de origem tupi-guarani, significa pessoa valente, destemida, hábil. Negros valentes e poderosos eram chamados de turunas, vocábulo também vindo do tupi-guarani. Os nagoas formavam uma das principais turmas de capoeira do Rio de Janeiro ("Os capoeiras", neste capítulo). Sampaio Ferraz, primeiro chefe de polícia do Rio depois da Proclamação da República, também era conhecido como "Cavanhaque de aço".

Foram-se os tempos em que as honras tive
D'alto fidalgo, de marquês até,
Era meu cetro meu cacete destro,
Meu trono as caras onde eu punha o pé
Quantas vitórias não contei nos dias
Do meu reinado, que já lá se vão
Cartas eu dava, bajulado eu era
Tinha excelências numa eleição

Fugir fazia de meus pulos cueras
Dez mil urbanos sempre fui de lei
Na cabeçada esbodeguei mil caras
Numa rasteira muitos tombos dei
Quando eu pulava qual cabrito novo
Gingando à frente da procissão
Alas abria num volteio doido
Rodopiava mais do que um pião

Num passe breve da navalha minha
Pelo gostinho de estreá-la só
Riscava um traço de união com sangue
Num gordo ventre, sem pesar nem dó
Tive tais honras que na própria igreja
Tirei sem mágoas muita vida ruim
A minha faca não fazia graças
E Deus parecia recear de mim

Não tinha pernas no sambar sestroso
Quando a crioula aveludando o olhar
Se desfolhava em contrações dengosas
E vinha o peito de paixão magoar
Mas ai daquele que a tentar quisesse
Num belo samba sempre fui tutu
Fazia o cujo dar no chão dois beijos
Sacava a bicha, sem mais nada, fú

Mas se a crioula desse corda ao cabra
Pagava caro por querer trair
Pois o meu ferro, sempre alerta e pronto,
Nunca fez graças pra ninguém sorrir
Eu fui turuna e fui moleque cuera
Destabocado, mas aos meus leal
No pé, no ferro, no cacete destro
Na capangagem nunca vi rival

Deixo o meu nome às tradições da pátria
Eu fui nagoa destemido, olé
A minha gente nem do rei temia
Quando eu nos rolos espalhava o pé
Hoje estou velho, esbangalhado e pobre
Mas a faceira trago sempre cá
Foram-se os tempos de prazer e glórias
Mas muito sangue derramei eu já!

Meu nome lego às tradições da pátria
Altos poderes com a cabeça eu dei
De muita besta fiz um deputado
Da monarquia fui segundo rei
Arrebatou-me a majestade um dia
Um chefe ingrato – Sampaio Ferraz.
Fui pra Fernando de Noronha logo
Que um raio o parta e me deixe em paz.

5. "Cabra da Saúde"

Letra e música: autores desconhecidos.
Intérprete: Campos.
Gravadora: Casa Edison.
Disco Columbia 11.576 (1910).

Embora o locutor da gravadora anuncie a canção como "Malandro da Saúde", o título no rótulo do disco é "Cabra da Saúde" – uma alusão ao tradicional bairro do centro do Rio de Janeiro, próximo ao cais do porto. A melodia é a mesma de "Capanga eleitoral" (verbete anterior), fato razoavelmente comum na época.

Nos versos, o malandro, depois de se gabar de ser exímio capoeira, conta que se criou nas ruas, matando aulas e se metendo em todo tipo de confusão. Está feliz com a vida que leva. Curiosamente, não faz referencias nem à política, nem à polícia.

Alguns esclarecimentos: 1) Roxura, palavra muito usada entre os capoeiras da época, significava aperto, situação difícil, confusão; 2) As expressões "Comigo é nove!" ou "Comigo é nove no baralho velho!" queriam dizer "Comigo ninguém pode!".

Nasci pra malandro, malandro hei de ser
Só quando morrer deixo a malandragem
Não há melhor vida nem tão divertida
Com a competência da capoeiragem
Gingando na rua, chapéu desabado
Lenço no pescoço, cacete na mão
Dando bofetadas, quebrando cabeças
Todos me conhecem como valentão

(Fala)
O zoeira velha cansada, comigo é nove ....

Quando desses becos sai qualquer barulho
Entro no embrulho, vou também brigar
Dando bofetadas, cortando barrigas
Quebrando cabeças pra desapartar
Se o cacete quebra, se a navalha perco
Continuo o rolo, o apito não cala
Meto a mão no cinto, puxo meu revolver
A torto e a direito vou metendo bala

Se eu tenho uma lira que não há segunda
Tomei de um caboclo numa serenata
Estava carpindo na porta da amante
No meio pinta minha mulata
Fui a um casamento no Morro do Pinto
Consertar as mágoas que o peito sentia
Fico encordoado o pinho de novo
A prima chorava e o bordão seguia

(Fala)

- *Comigo é só na roxura velha de meu tombo ...*

A noiva não pode resistir o choro
Deu-me a entender que queria amar
Formei o sarilho, o rolo foi medonho
Carreguei a noiva pra finalizar
Na briga não temo nem meu próprio pai
Sempre fui valente desde menino
Ia pra a escola de chapéu no quengo
Com calças da moda de boca de sino

(Fala)

- *Há poucos malandros aí na Cidade Nova como o Campos ....*

A gente não ia, fazia gazeta
Ficava na rua bebendo cachaça
Atirando pedras, jogando chapinha
Tombando traseira de carros de praça
Moro num cortiço ali na travessa
Não tenho podido os alugueis pagar
O senhorio me faz cara feia
Qualquer dia desses temos que brigar

(Fala)

- *A roxura é certa porque eu vou quebrar a cara do galego velho cansado ....*

6. "O capoeira" ("O vago-mestre")

Letra e música: autores desconhecidos.
Intérprete: Bahiano.
Gravação Casa Edison.
Disco Odeon 10.318.

O capoeira conta que se criou nas ruas. Sequer conheceu os pais. Para sobreviver, aprendeu a se virar desde cedo. Fala sobre rolos e brigas, aventuras amorosas e noites de serenata.

Sampaio Ferraz, citado na canção, chefe de polícia do Rio de Janeiro, comandou a fortíssima repressão aos capoeiras no início da República. Centenas deles foram presos e enviados para Fernando de Noronha (ver "Capanga eleitoral").

Os cancioneiros "Trovador da Esquina", de João Conegundes, e "Canções populares do Brasil", de Julia Britto Mendes, chamam esta cançoneta de "O vago mestre". Gravada pelo Cadete e pelo Bahiano, sua melodia é a mesma de "Capanga eleitoral" e "Cabra da Saúde" (neste capítulo).

Às vezes, os chefes das maltas eram chamados de "vago mestre", patente baixa da antiga hierarquia militar.

As estrofes marcadas com asteriscos constam apenas dos cancioneiros.

Nasci como nasce qualquer cogumelo
(vago mestre)
Não sei nem soube quem foram meus pais
Cresci nas tavernas, ao som das garrafas
Pescando de linha na beira do cais

Já cursei as aulas de todos os vícios
No jogo sou mestre, no furto sou rei
Conheço as muvucas de toda a cidade
Com água da pipa foi que me criei

Cigarro no queixo, chapéu desabado
Na cinta uma faca, cacete na mão
Gingando na rua com tipo insolente
Provoco a polícia e tomo um facão

Eu para Fernando já fui arriscado
Por causa do rolo que fiz num café
Valeu-me a firmeza que tive no pulso
Valeu-me a destreza que tive no pé

Que importa que o mundo me chame
moleque
Por viver constante na rua a beber
Pois se eu saí amante da bebida alcoólica
Por isso quero na venda viver

Se almoço, não janto, se janto, não ceio
Para mim é bastante só comer uma vez
Um só desaforo não levo pra casa
Visito a cadeia três vezes por mês

Se estou em casa, faço e aconteço
Se saio à rua, sou forçado a brigar
Não conto os estragos quebrando cabeças
Virando moleques de pernas pro ar

Se caio no meio de um samba gostoso
Ninguém me acompanha, não sei bem
porquê
E pacholamente conquisto as mulatas
Sem ter muitas vezes no bolso um vintém

Se ouço na rua tocar a charanga
Me ponho na frente, quero vadiar
Não conto desgraças quebrando cabeças
Virando os basbaques de pernas pro ar

No tombo sou chefe, no pulo sou rei
Sou um taco no alto, sou um tubarão
Não respeito ninguém quando estou com
raiva
E nem quando saio com meu violão

Quando o Sampaio era chefe de polícia
Um dia na Lapa mandou me prender
Mas custou-me caro essa minha perícia
E no embrulho em que eu fui me meter

Os meus companheiros todos se rasparam
Apanhei sozinho que foi um horror
Baixou três soldados de cavalaria
Fazendo atropelo com um inspetor

(fala)
Comigo é assim: quem se meter mesmo
com essa gente tem de levar com a navalha na cara

Em noites de escuro se tenho dinheiro (*)
Enterro-me às vezes no grosso pifão.
Em noite de lua, encosto-me à esquina
Cantando modinhas no meu violão

De noite somente por simples gracejo (*)
Apago na rua os bicos de gás
Tenho um emprego que me é rendoso
Vendendo brilhantes de Cumes de Váes

Se compor fiado não pago a quem devo (*)
Todos intimidam-se da minha navalha
E assim vou vivendo sem eira nem beira
Gozando as delícias da vida canalha.

Se o sono me pega cansado do preste (*)
Não busco outro abrigo para lá ficar
As geladas pedras me servem de leito
As portas da igreja me servem de lar

7. "Com a navalha"

Letra e música: autores desconhecidos.
Intérprete: Bahiano.
Gravadora: Casa Edison.
Disco Odeon 108.810 (1912).

O capoeira vai à Festa da Penha, que costumava reunir multidões no Rio de Janeiro no fim do século XIX e começo do século XX. Lá encontra o Trissentinha, terceiranista de capoeiragem, formado com borla e capelo na Academia do Pé Espalhado e com curso completo em Fernando de Noronha.

Os dois se estranham e começam a lutar, trocando cabeçadas. Logo as navalhas, usadas entre os dedos dos pés, entram em cena, ao serem aplicados golpes de perna.

O capoeira conta o que aconteceu: "Com a navalha/ O bucho lhe cortei/ O queixo lhe raspei/ O gajo eu liquidei/ Porque essa minha perna/ É madeira de lei".

"Com a navalha" é uma paródia da cançoneta "Com o meu chapéu", gravada nos primeiros anos da indústria fonográfica pelo ator Lino (Disco Zon-O-Phone X 554).

— Arreda na frente que lá vai poeira!

Um dia fui a Penha
E tomei um bom pifão
Fiz lá uma resenha
Que fiz mesmo figurão
E um cabra escovado
Chamado Trissentinha
Trepou para meu lado
Numa meiga embaixadinha

- Êta, ferro velho! Trissentinha é um cabra bom. É um moleque mesmo roxo. Terceiranista de capoeiragem, formado com borla e capelo na Academia do Pé Espalhado. O cabra tem o curso completo de Fernando de Noronha. Ele olhou para mim e não fez fé na figura do jarreta. Veio coriscando triste na alegria do tombo. Eu casquei-lhe o quengo na caixa do catarro. E quando vi que ele vinha feito o mesmo na fisiologia da rasteira, já sabem, aquilo era ....

Com a navalha, com a navalha
Eu disse quem beijará
Com a navalha, com a navalha
Você não venha cá
Com a navalha, com a navalha
Eu gritei: olá!
Com a navalha, com a navalha
Desgraceira dá
Com a navalha
Eu fui a cara do festivá

— Comigo é assim.

O cabra veio feito
Meteu-me o queixo aqui
Mas eu dei certo jeito
E a perna suspendi
Assim com muita manha
Nas químicas do mundo
Foi ver de perto a banha
Na roxura do meu tombo

— Ei, Nossa Senhora lá de casa!
Trissentinha pediu misericórdia. O ve-
neno espirrou que parecia coisa que não
tinha mais hidrômetro na caixa da comi-
da. Aquilo foi uma garapa. Eu disse pra
ele: "Levanta, desgraçado! Faça tento na
palavra que, eu quando me espalho, nin-
guém me junta". Aquilo já sabe, é.....

Com a navalha, com a navalha
O cabra estremeceu
Com a navalha, com a navalha
O bucho lhe cortei
Com a navalha, com a navalha

O queixo lhe raspei
Com a navalha, com a navalha
O gajo eu liquidei
Porque essa minha perna
É madeira de lei

- Comigo é assim: quem se meter comigo,
só pode é sair vomitando triste na alegria
do tombo.
- Êta, ferro!

8. "Mulato de arrelia"

Letra: autor desconhecido.
Música ("At a Georgia Camp Meeting"):
Kerry Mills.
Intérprete: José Gonçalves Leonardo.
Gravadora: Victor Record.
Disco 98.720 (1907).

O capoeira, contratado pelo chefe político, deixa claro que, para ele, tratava-se apenas de um serviço, como qualquer outro: "Eu não quero mais sabê/ Quem é que tem reizão/ Lá se pronuncia a pátria/ Eu vim fazê as inleição".

"Mulato de arrelia" é cantado com a música do cakewalk "At a Georgia Camp Meeting", de Kerry Mills, lançado em 1897. O cakewalk, dança nascida entre os escravos do Sul dos Estados Unidos na segunda metade do século XIX, tornou-se muito popular na virada para o século

XX. Em pouco tempo chegou ao Brasil.

Sou cabra da hora
Sou forte e valente
Em qualquer serviço
Bem chego e vou logo
Encarando de frente
Todo rebuliço
Sou nego rasteiro
Na ponta do pé
Faço uma folia
Por isso me chamam
De lado ou de frente
Ó cabra de arrelia

Arreda da frente, meu pessoá,
Porque eu cheguei agora
Lá de Cascadura
E venho disposto a me esbandaiá
Com o papé passado a fazer situação
Que se me apresente pela figura

Eu não quero mais sabê
Quem é que tem reizão
Lá se pronuncia a pátria
Eu vim fazê as inleição
Meto o coco, vô rompendo
Entro de carôça (carroça)
Se não rompo o cacete
À valentona

Longe da pedra
Tem mais Joaquina
No meio do mato
E vim prá cidade

Com a menina
Prá fazê espalhafato
Sou bicho que canta de sola
E se mexe no sapateado
Por isso as pequenas me chamam
De lado, ô cabra desgraçado

Pessoá de arromba lá da Saúde
No país da navalha e do arrastão
Moleque comigo perde a atitude
Se eu vou ver de perto
Encarando o grupo
Num minuto estrago um carão

Toda hora, tô sabido
Com qualquer eu brigo
Vivo metendo o pocolé
Na caixa do mastigo
Meto mesmo, vou rompendo
Entro de caroça (carroça)
Se não rompo o cacete
À valentona

Sou cabra da hora
Sou forte e valente
Em qualquer serviço
Eu chego e vou logo
Encarando de frente
Todo rebuliço
Sou nego rasteiro
Na ponta do pé
Faço uma folia
Por isso me chamam
De lado ou de frente
Ó cabra de arrelia

9. "Tango da quitandeira" (1903)

Letra: Vicente Reis e Raul Pederneiras.
Música: Francisca Gonzaga.
Intérprete: Nina Teixeira.
Gravação: Casa Edison.
Disco Odeon 10.091.
Letra e partitura: Museu da Imagem e do Som (RJ) e Acervo Chiquinha Gonzaga.

Um dos números musicais de maior sucesso da revista "O esfolado", de Vicente Reis e Raul Pederneiras, foi "Tango da quitandeira", com música de Chiquinha Gonzaga. A viúva lembra-se do defunto marido, o Garcia, um "cabra de truz" no dia da eleição. Conforme a conveniência, ele arregimentava ou afastava eleitores. Fazia e acontecia nas proximidades dos locais de votação. Bastava que lhe pagassem pelo serviço.

É interessante observar que a peça "O esfolado" foi encenada em 1903, ou seja, quase 15 anos depois da Proclamação da República e da criminalização da capoeira. Mas o estribilho do tango é um primor de duplo sentido: fala da violência eleitoral como coisa do passado, mas nas entrelinhas deixa claro que ela continuava bem viva. Pois o defunto Garcia não conseguia repousar na cova. Nos dias de votação, ele se levantava e vinha tumultuar o voto dos outros.

"Brazurura" é o mesmo que confusão.

Meu defunto marido, o Garcia,
Foi um cabra de truz na eleição
Brazurura tremenda fazia
Todos tinham do cujo um medão

Se riscava num banho a sardinha
De cacete ou navalha na mão
Tudo ali transformava em farinha
E num frege virava a seção.

Já morreu, há mais quem garanta
Mas na cova não pode pousar
Mas na cova não pode pousar
Pois quando há votação se levanta
O defunto vem sempre votar
O defunto vem sempre votar

Foi um cabra sarado na vida
Que não ia mais nesse arrastão
Se o doutor não pagava a visita
Não havia eleitor na seção

Mas se o cabra espalhava é preciso
Passo rude e tutu no arrastão
Era um rolo de doidos que vinha
Terminar a bonita eleição

Já morreu, há mais quem garanta
Mas na cova não pode pousar
Mas na cova não pode pousar
Pois quando há votação se levanta
O defunto vem sempre votar
O defunto vem sempre votar

10. "O Zeca Brazurura" (1905)

Letra: Francisco Telles.
Música: Costa Junior.
Intérprete: João Nabuco (piano e canto).
Gravação independente.
Letra e partitura no MIS (RJ).

Esta "cançoneta infantil" – assim ela é apresentada nos anúncios dos jornais em 1905 e na partitura – é de autoria do maestro Costa Junior, com letra de Francisco Telles. Na partitura, o personagem chama-se Zeca Branzurura. No rótulo do disco, Zeca Brazurura, sem o "n". No linguajar dos capoeiras, "brazurura" era o mesmo que confusão ou briga (ver "Tango da Quitandeira" neste capítulo).

O significado da maioria das gírias desta cançoneta pode ser encontrado nos verbetes anteriores. "Melado" é sinônimo de sangue. "Trumbamba", "turumbamba" ou "surubamba" é o mesmo que "pega pra capar". "Traquitanda" é uma coisa mal feita, enrolada.

No reduto não há quem me resista
Sou escovado e sagaz Zé Brazurura
Bem ligeiro no tombo e navalhista
Um bom chefe de malta e caradura;
No atirar da sardinha um tanto destro
E no quengo do arromba bem ligeiro,
Pois comigo não venhas com esse sestro
Se me espaio, já treme o cabra inteiro

(declama)
- Eu sou um cabra danado, terror deste reduto, levo tudo de arrelia e no samba de sardinha sou um cuera.

(estribilho)
Comigo é nove
Já na roxura
Só no molhado não chove
Cá pro Zeca Brazurura

Na baiana sou cuera decidido,
Sei jogar a marreta à valentona
Mas se o cabra faz jogo arresolvido
Já lhe atesto lampeiro uma tapona
Se é dos tais que risêste antão é sobra
A sardinha lhe casco arreliado
Meto o pé para dentro e lá vai obra
E assim vejo de perto seu melado

(declama)
Em quarqué trumbamba passo a mão na sardinha e Fi, Fi (assobia) lá vai samba.

(estribilho)
Comigo é nove ...

E se tenho no bucho a tal com goma
Logo faço buiento estardaiaço
E virando dum frege tudo toma
Na caixa da comida arrumo o aço
E não tremo de medo e de mistura
Levo sempre de embrulho e traquitanda
Quem assim duvidar do Brazurura
Venha de perto ver, ou vá de banda

(declama)
Sim, como sabem eu não tenho medo,
mas se houver por aí algum gajo que
queira assistir às força dos pasté no ban-
quete da arrelia, pule pra cá. (Pausa)
Oh, ninguém salta. Antonce comigo é
nove no baraio véio.

(estribilho)
Comigo é nove ...

11. "Tango dos caipiras" (1890)

Letra: Artur Azevedo e Aluízio Azevedo.
Música: Henrique Alves de Mesquita.
Intérprete: João Nabuco (piano e canto).
Gravação independente.
Letra e partitura em CB.

A cena passa-se nos últimos meses do Império. Para conhecer as novidades, os dois caipiras visitam a Corte, como era então conhecida a cidade do Rio de Janeiro. Depois da Proclamação da República, ela passaria a ser chamada de Capital Federal.

A revista de teatro "A República", escrita por Artur de Azevedo e seu irmão, Aluízio de Azevedo, subiu ao palco 45 dias depois da mudança do regime político. Marcou época. Seu maior sucesso foi o lundu "As laranjas da Sabina" (capítulo 8). Teve também uma canção censurada pelas novas autoridades ("Os sétimos das patentes", nos anexos do capítulo 8).

No "Tango dos caipiras", dois paulistas de Jundiaí contam como foram alvos de trapaceiros ao desembarcar no Rio. "Ora, meu Deus, *jurga* esta gente que se engana dois *caipira farcimenté*", espantam-se. Como de bobos não tinham nada, perceberam o truque e partiram para cima dos malandros. No jogo da vermelhinha, o espertalhão, embaralhando sem parar as três cartas, desafiava os apostadores a adivinhar qual delas era de naipe vermelho.

Nos anos seguintes, várias outras canções se debruçariam sobre o choque entre as culturas urbana e rural numa época marcada por muitas mudanças, grandes desafios e a chegada de novas tecnologias.

(Ambos)
Somos paulista de Jundiaí
Viemos à corte nos diverti,
Quando pra roça nós dois vortá
Bem boas coisa tem que contá

(1º caipira)
Lá no Campo de Santana um salafrário
Quis roubar-me cô o tal conto do vigário

(2° caipira)
Qu'um danado jogador de vermelhinha
Quis lograr-me as história da trancinha
Elas as ventas esmurrei-lhe com treis
socos

(1° caipira)
Eu quebrei-lhe quatro denti e foi pouco
Ora, meu Deus, jurga esta gente
Que se engana dois caipira farcimente

(1° caipira)
Fumus vê lá no teatro arrepresentá o
drama

(2° caipira)
E para não jurar farso vimos ver o
cosmorama

(Ambos)
Somos paulista de Jundiaí
Viemos à corte nos diverti,
Quando pra roça nós dois vortá
Bem boas coisa tem que contá

12. "Seu Anastácio" ("Impressões de um matuto") (1895)

Letra: autor desconhecido.
Música: Francisco Antônio Borges de Faria ou Candinho do Trombone.
Intérprete: José Gonçalves Leonardo.
Gravadora: Victor Record. Disco 98.719.
Intérpretes: Otávio França (voz) e Lauro Araújo (piano).
Gravação: Programa "Pessoal da Velha Guarda".
Letra na "Gazeta da Tarde" e em CB.
Partitura em CB.

Na edição de 17 de novembro de 1895, a "Gazeta da Tarde", do Rio de Janeiro, publicou, sem outras informações, a íntegra da letra de "Seu Anastácio (Impressões de um matuto)". Trata-se do registro mais antigo que se conhece dos versos da canção. Meses antes, reclames nos jornais do Rio haviam anunciado a venda de partituras do tango "Seu Anastácio", de autoria de Borges de Faria, instrumentista e professor de música do Liceu de Artes e Ofícios do Rio de Janeiro. Um deles, em "O Paiz", de 7 de setembro, informava que o tango de Borges de Faria "tem feito grande sucesso no Teatro Recreio Dramático, cantado pelo França, e tocado por todas as bandas militares".

José Ramos Tinhorão atribui a autoria da melodia a Candinho

do Trombone. Se for procedente a informação, Candinho teria composto o tanguinho aos 16 anos.

Na canção, Seu Anastácio volta para a roça depois de visitar a cidade do Rio de Janeiro, então infestada pela febre amarela. Reúne os amigos para contar as novidades. O que mais lhe impressionou foi a autópsia. Segundo o caipira, quem morria de morte matada era encafuado pela polícia dentro do necrotério, sendo depois retalhado como um porco.

A música e a letra de "Seu Anastácio" fizeram muito sucesso. Com a chegada da indústria fonográfica ao Brasil, o tango foi gravado em várias oportunidades. Só o cantor Bahiano gravou-a duas vezes. No registro mais antigo, de 1902, a maior ameaça ao caipira no Rio era a febre amarela. Na gravação de 1913, o perigo já estava nos "astrimóveis".

A melodia de "Seu Anastácio" também foi usada como base para as paródias "A mulher é um diabo de saias", "A mulher é um anjo", e "O homem".

Em 1908, a canção deu o mote para Marc e Júlio Ferrez rodarem a primeira comédia do cinema brasileiro, "Nho Anastácio chegou de viage". O ator e cantor José Gonçalves Leonardo representou o papel do herói-caipira. Ele também fez uma gravação do tango. Sua versão tem apenas sete quadras, enquanto a original tinha dez.

Os versos reproduzidos abaixo são os da versão original, publicada na "Gazeta da Tarde".

Seu Nastáço chego di viagi,
Nós viemo sabê como istá;
E di nós o que é mais coreoso
Há de tê qualquer coisa a contá.

Tem razão, meus amigo, iscute:
O rocero que vai na cedade,
Si não morre das febre amarela,
Tem certeza trazê novidade

Lá na casa qui eu fui hospedado
C'o cumpadre Rimão Lidogéro
Seu Antonho, qui é moço sabido,
Mi levô no lugar do crotéro.

Pra dizer que é egreja, não é;
Mas aquele que morre matado,
A poliça encafua lá dentro
C'umo um porco vai sê retaiado

Pois o causo qui eu vou lhes contá
Faz a gente ficá socumbida,
Só inteiro se enterra na cova
Os qui morre de morte morrida

Deu nas costas da praia do má,
Um difunto cadavre já morto,
Afirmaro os mercos presente
Que o sujêto era fio do Porto

Veio o téba mandão dos formado
E foi logo cortando o freguês
Faz a ostrópia nas tripas do cujo
Descubrir c'o homem era ingrês

Toma tento cês sábio da côrte,
Sinhá avó tantas vez nos disse isto:
Os marçono qui estuda nos livro
É que aprende c'o demo o feitiço.

Cruz canhoto, repetem em coro
Os matuto com a tal narração;
Toma figa, marvados rabudo,
Inemigo di Deus, tentação!

Um a um se esgueirou assombrado
Indo aos outros narrar o que ouviu,
Desde então ao fatal necrotério
Nunca mais um matuto afluiu.

13. "O matuto na cidade" (1903)

Letra: Raimundo Ramos (Cotoco).
Música ("Seu Anastácio"): Francisco
Antônio Borges de Faria ou Candinho
do Trombone.
Intérprete: João Nabuco (piano e canto).
Gravação independente.
Letra em CBh. Partitura em CB.

O cearense Raimundo Ramos
"Cotoco", além de excelente pintor, foi um grande compositor de
modinhas, cançonetas, valsas e
tanguinhos. Com seu talento, marcou a vida musical de Fortaleza no
final do século XIX e início do século XX (ver "A mulata cearense"
e "A cabocla" no capítulo 3, "A
cozinheira", "A engomadeira" e a
"Tecelona", no capítulo 7, e "3%"
e "Cearenses" no capítulo 10).

Nesta paródia de "Seu
Anastácio", datada de 1903, o compositor cearense registra o retorno do matuto a Fortaleza, vindo
da Amazônia, para onde migrara
na era do "tresoito" – ou seja, em
1888. Ao voltar à terra natal depois
de 15 anos na floresta, fica impressionado com as novidades: a feira
nova, o balão de Santos Dumont,
a troca do papa, o dinheiro curto,
os preços altos, os rapazes nas bicicletas, o gramofone ("a corneta do
Adisson"), a iluminação nas ruas e
os trens mais velozes que vaqueiros.

Vosmicês, eu bem seio, não inoram
Qu'eu sou disaprindido, eu sou matuto,
Mais porém tenho tado noutras terra,
Tenho andado nas águas e pelo inxuto.

Lá do Alto Juruá das almazona,
Eu voltei, cum dureza de sezão;
Conheço muito bem essas parages
Até a estremadura do sertão.

Da era dos tresoito para cá
É qui não mais eu vim à capital;
Tá tudo dimudado o Siará,
E diziam que aqui tudo ia mau.

Aqui a fêra nova me parece
Uma santa lapinha dilicada,
Tem fulores de toda versidade;
Pra sê um belo autá num falta nada.

Cuma não seio, pur isso é qui pregunto
Esta história dum tau Sonto Dumão,
Qui navega pur'riba das nuves
Dentro duma bobage qui é balão

Me contaram tombem qui o santo Papa
Morreu e já tem outro in seu lugá!
Cuma é qui se fais assim depressa
Um homem santo e botam no autá!

Disserum qui o gunverno da Ripubia
A nossa dinheirama já acabou?!
Eu bem dixe: morreu Pedro Segundo,
Nois nada semo! Tudo já favou!

Fui a a fêra de ferro. Ou qui badeja!
Qui negóço bem feito e bem tratado!
As balança parece sê de ouro ...
E a carne magra custa dois crusado!

Esses moços muntados nestas rodas
Estudaram pr'aquele maquinismo,
Ou antonce são artes do capeta,
Ou do fute, ou antão do espiritismo.

Uma coisa bonita qui eu achei
Foi no meio do largo da estação,
Aquele general qui foi das guerra,
Alumiado todo a lampião!

Achei tombem bonito as luminaras
Candescente qui é mesmo qui o luá,
Parece a estrela d'ave quando nasce
Pra se sabe que o dia vai raiá.

Mais nada me causou tamanho espanto
Nem eu no mundo já vi coisa assim
Foi aquela corneta do Adisson
Falá, tocá, cantá, o diabo, enfim.

Agora, vou-me já qui já tá tarde
E o terém do seu porto não espera
Quando corre é pilhó do qui vaquêro.
Por isso eu vou. Adeus. Té outra era.

14. "Fui ver o Roca" (1899)

Letra: autores desconhecidos.
Intérprete: Esteves.
Gravadora: Casa Edison.
Disco Odeon 108.161 (1908).
Letra em "Teatro de Pai Paulino:
monólogos, cançonetas e fados".

Este monólogo não tem música e, portanto, sua publicação foge ao padrão deste livro. Mas seu texto é tão saboroso que compensa quebrar a regra.

O matuto vem ao Rio assistir às festas em homenagem ao presidente da Argentina, Júlio Roca, que visitou o Brasil em 1899. No ano seguinte, Campos Sales viajaria a Buenos Aires para retribuir a visita.

Na virada do século, a capital federal começava a viver um período de muitas transformações, que se acentuariam ainda mais nos anos seguintes, especialmente no governo de Rodrigues Alves. Em 1899, instalou-se o primeiro sistema telefônico na cidade. Na mesma época, foi reformada a gare da Estrada de Ferro Central do Brasil, dirigida por Pereira Passos, que mais tarde seria prefeito do Rio. Os bondes movidos à eletricidade ("sem animá") já circulavam por toda parte. Volta e meia, havia corridas de bicicletas.

O fazendeiro fica impressionado com as novidades, embora desconfie de que a conta será alta – e paga pelos plantadores de café, como ele.

"Tebas" e "jigajoga", palavras usadas na época, significavam "pessoa valente" e "geringonça".

Uma curiosidade: por erro de impressão, no rótulo do disco o monólogo aparece com o nome de "Fui ver o Rola", e não "Fui ver o Roca". O lapso transmitiu-se à "Discografia brasileira de 78 RPM".

Prá vancês tudo bom dia
Eu sô um seu servidô
Me chamo Juca Faria
E sô no Pomba moradô
O qui eu ouví falá
Da festa em honra do Roca
Disse eu comigo: - Pipoca!
Pois eu vô lá na cidade

Vim, cheguei na estação
Como está bonito agora
Aumentô mais um bandão
Deve-se ao senhor Dr. Passos a melhora
Como com cisma fiquei
Do tá conto do vigário
Tomei um carro e toquei
Prá casa do comissário

Saí hoje a passeá
Prá vê as decoração
O governo vai gastá
Nos pagode um dinheirão
O café não dá prá nada
Não dá prá nada, é exato
Mas nóis cá os fazendero
É que vamu pagá o pato

Creio que não corre risco
Dos gatuno me robá
No Largo de São Francisco
Pode a gente passiá
Olha como sou pascácio
Que coreto tão bonitinho
Tá lá dentro seu Zé Bonifácio
Que parece um Santo Antoninho

Tudo hoje mudado está
Nesse Rio de Janeiro
Os bondi sem animá
Na rua novos letrêro
Os velocípe também
Faz a gente adimirá
Cumé qui os thebas corre bem
Sem ninguém os sigurá

Duas minina pegadas
Morta qui faz testamento
Qui invenção adiantada
Qui progresso, qui provento
Mais no meu caco cala
O qui eu acho surpriendente
É uma máquina qui fala
Tal e qual com a voz da gente

Os bond nos Arco passa
A obra bonita acho
Mas quarqué dia há disgraça
Vem a jigajoga atirar abaixo
Stá a Tijuca na serra
Faz gosto um homem lá i
A gente lá sobe a serra
Mas sem a serra subí

Mas o qui mais me assustô
Foi no tá du Crocovado
Quem tal negócio inventô
Foi um sujeito escovado
Se lá fô o generá
Eu creio assim e não erro
Muito se há di adimirá
Da tá estrada di ferro

Hoje tudo mudado está
Nesse Rio di Janêro
E quando eu fô prá minha terra
Muito tenho qui dizê
Por hoje fico calado
Vou prá rua do Ouvidô
Eu já massei um bocado
E eu cá num sô massadô

Chegô, chegô, chegô,
ah, chegô, chegô o Roca

É agora, aqui faço o meu desejo
Boas noite, vou me embora
Vô assistí os festejo.

15. "Apreciações de Nhô Juca" (1906-1907)

Letra: autor desconhecido.
Música ("Todos comem"): Luiz Moreira.
Intérprete: Olímpio Nogueira.
Gravadora: Casa Edison.
Disco Victor 98.717 (1907).

O caipira vem à Capital Federal e vê um monte de coisas que só poderiam ter sido inventadas pelo diabo: o bonde movido à eletricidade, o "astrimóvel" buzinando "fome-fome!", o cinematógrafo e o alto-falante. Os tempos da febre amarela tinham ficado para trás.

"Apreciações de Nhô Juca" é cantada sobre a mesma música de "Todos comem" e "Cavando", composta por Luiz Moreira (próximo capítulo).

Atirei há pouco tempo
Pra cidade vim espiar
Vi coisas do capeta
Do diabo pra estudar
Se eu não visse com esses olhos
Duvidava do que vi
É o demônio só que canta
Todas as coisas daqui

Vi um bonde correr sozinho
E um maluco à disparada
Sacudindo a campainha
Que na estriba balançava
Pendurado num arame
Faiscando fogo azulado
A correr feito um rasante
A bufar como um danado

Outro bicho que anda só
Que tá longe, e de repente,
Se a gente não tem cuidado,
Ele tá em riba da gente
Os dois olhos são de fogo
Fome! Fome! é o que ele ataca
Pois que vá comer o boi
Que eu não sou carne de vaca

Astrimóvel é que se chama
Esse bicho repelente
E é um corisco que só grita
Que tem fome atrás da gente
O danado só estrobufa
E parece que arrebenta
Não renego que essas coisas
É o demônio só que inventa

Vi um boneco que se mexe
Num pano plastificado
O tá chamado cismatógrafo
Traz povo de todo lado
Depois fui ver outro caso
Mandaram pro galinheiro
Eu gritei: não sou galinha.
Nem tenho pé pra puleiro

E quando eu passei um dia
Lá na Avenida Centrá
Descuidei-me do tinhoso
Vendo uma caixa falá
Decantava o rachadicha
Nas cornetas se esfalfando
E o hominho tava só
Tava lá a barbicha falando.

16. "O caipira"

Letra: autor desconhecido.
Música ("Seu Anastácio – Impressões de um matuto"): Francisco Antônio Borges de Faria ou Candinho do Trombone.
Intérprete: Campos.
Gravadora: Casa Edison.
Disco Columbia 11.575 (1909).

Ao chegar à Capital Federal, o caipira depara-se com "coisas do arco da véia": luz elétrica, bonde sem burros, escarradeiras, cortinas móveis nos teatros, algodão doce e bicicletas.

A cançoneta "O caipira" é cantada com a música de "Seu Anastácio – impressões de um matuto", grande sucesso da década anterior (verbete neste capítulo).

Ah, eu vim lá do sertão só pra vê
Como é a Capitá Federá
Tem coisas do arco da véia
Que faz a gente se embasbacá

Ao chegar na estação avistei
Uma luz acender sem pavio
Uma gaiola que se chama de bondi
Ia correndo por cima dos trios

No hotel onde eu fui amoitado
Tinha umas terrinas pintada na bêra
Os homens cuspia lá dentro
Nunca vi tamanha sujeira

Ao depois me levaram no teatro
Só uma coisa me fez espantá
Foi em quando assubiu a parede
Só pros homens poder conversá

Tinha um sujeito vendendo umas cousa
Embrulhado em papé japonês
É um doce que desmancha na boca
Na .... do freguês

E um sujeito correndo na rua
Amontado numa geringonça
O danado corria depressa
Ele voava e o cabra era onça.

Anexos
Capítulo 9

1. "A torre em concurso" (1861)

Letra de Joaquim Manuel de Macedo. Letra em "A Torre em concurso", disponível na Biblioteca Brasiliana Guita e José Mindlin: https://digital.bbm.usp.br/handle/bbm/3997

Na comédia burlesca "A Torre em Concurso", de Joaquim Manuel de Macedo, encenada em 1861, dois partidos – os vermelhos e os amarelos – disputam nas urnas qual deles indicará o engenheiro encarregado da construção de uma torre numa cidade do interior. A partir dessa brincadeira, a peça discute e denuncia a violência e as trapaças eleitorais, corriqueiras no Império. As comédias burlescas geralmente traziam canções saltitantes e brejeiras em meio ao texto.

Como apontou Décio de Almeida Prado, em "História Concisa do Teatro Brasileiro", "a sátira (...) tinha endereço certo. Tudo de ilícito ocorre no dia fatal da eleição: compras de votos, cambalachos de última hora, furtos de urnas, eleitores fictícios, troca de desaforos e bofetões – tudo aos gritos de 'Viva o voto livre!'".[108]

O final da canção cantada pelo coro no último ato resume com bom humor o enredo: "Qualquer meio serve/ Se der a vitória/ Vencer é o caso/ O mais é história". Infelizmente não se conseguiu recuperar sua música.

A hora é chegada
Do grande combate;
O sino se escuta
Tocando à rebate;
Chegamos ao termo
Da forte campanha.
Vencer saberemos
Por força ou por manha.
Da mesa à conquista
Marchemos agora;
No entanto a cabala
Reserva cá fora.
Miolo nas chapas
Pedido, ameaça,
Intriga, dinheiro,
Mentira, trapaça;
Violência, e pancada
(Em termos legais)
A glória preparam
Das nossas vestais.
Qualquer meio serve,

[108] Décio de Almeida Prado. História concisa do teatro brasileiro: 1570-1908. São Paulo, Editora da Universidade de São Paulo, 1999, pp. 121-122.

Se der a vitória;
Vencer é o caso,
O mais é história.

2. "Coro de capangas" (1882)

Letra: França Junior.
Música: autor desconhecido.
Letra em FJ.

Na abertura do segundo ato da comédia "Como se fazia um deputado", encenada em 1882, os capangas do major Limoeiro entram na praça da Freguesia de Santo Antônio do Barro Vermelho. Como é dia de eleição, eles têm muito trabalho pela frente. Cantam em tom ameaçador: "Pra todo aquele/ Que for canalha/ Cacete em punho/ Boa navalha".

Que o voto é livre
Ninguém duvida
Por nossos amos
Damos a vida.

Pra todo aquele
Que for canalha,
Cacete em punho,
Boa navalha.

Sejamos fortes
Em cabalar,
Que bom dinheiro
Vamos ganhar.

Pra todo aquele
Que for canalha,
Cacete em punho,
Boa navalha.

3. "Forte em duplicatas" (1882)

Letra: França Jr.
Música: autor desconhecido.
Letra em FJ.

No final do segundo ato da peça "Como se fazia um deputado", de França Junior, o povo, revoltado com as tentativas de fraude eleitoral, decide levar a urna para a casa de outro juiz de paz. Num primeiro momento, os capoeiras ameaçam investir contra os eleitores, mas o major Limoeiro, chefe político local que tinha contratado a malta, intervém para apaziguar: "Não derramemos o sangue de irmãos. Faremos outra eleição aqui, e o governo decidirá quem tem razão".

A canção "Forte em duplicatas" (título atribuído) mostra que Limoeiro confiava no seu taco.

Nem sempre a violência era necessária. Ele estava confiante de que, mais tarde, o governo reconheceria como legítima a eleição comandada por ele, e não pelos seus adversários.

(Coro)
Conduzamos esta urna
Bem longe da confusão,
Vamos ver outro juiz,
Que presida esta eleição.

(Major Limoeiro)
Ameaças não me assustam,
Que eu não conto com bravatas;
Façam lá o que quiserem,
Que eu sou forte em duplicatas.

(Coro)
Conduzamos esta urna
Bem longe da confusão,
Vamos ver outro juiz
Que presida esta eleição.

10

Tão jovem, tão velha

(1898-1906)

Introdução

Ligado aos grandes cafeicultores de São Paulo, Campos Sales foi eleito presidente da República em 1898 com quase 92% dos votos. Apenas 470 mil eleitores compareceram às urnas – menos de 3% da população do Brasil na época. Na República Velha era assim: votavam pouquíssimos brasileiros e as escolhas dos presidentes, frutos de acertos entre as elites, raramente eram questionadas ou suscitavam disputas.

Campos Sales assumiu o cargo prometendo arrumar a casa. No plano político, implantou a chamada "política dos governadores", consolidando a república oligárquica. Em troca do apoio dos caciques estaduais no Senado e na Câmara, o presidente da República deu-lhes mão forte nos estados. O resultado foi um extraordinário fortalecimento dos mandachuvas locais, o que consolidou o clientelismo nos estados e engessou a renovação política do país.

Na área econômica, Campos Sales aplicou um duríssimo programa de austeridade: renegociação da dívida externa, hipoteca da renda da alfândega do Rio de Janeiro junto aos bancos ingleses, diminuição drástica das despesas públicas, cortes de investimentos, redução do dinheiro em circulação e, acima de tudo, aumento de impostos. Todas os produtos e serviços passaram a ser "selados", isto é, a pagar impostos ao governo federal. Em três tempos, Campos Sales transformou-se em "Campos Selos". Governou em meio a imensa impopularidade. Recuperou as contas públicas, mas deixou o palácio no final do mandato debaixo de estrondosas vaias, que o acompanharam até o trem para São Paulo.

Rodrigues Alves, também paulista, assumiu o governo em condições favoráveis, graças à recuperação das finanças públicas realizada por seu antecessor. Executou um vasto programa de urbanização e modernização do centro da Capital Federal, até então um emaranhado de vielas sujas e mal cuidadas, de difícil circulação. Com o crescimento acelerado da população do Rio, que triplicara nos 25 anos anteriores, superando 800 mil habitantes, a situação tornara-se insustentável.

Avenida Central

A obra mais importante do plano de urbanização do prefeito Pereira Passos foi a criação da Avenida Central, atual Avenida Rio Branco, com 1800 metros de extensão por 33 metros de largura, ligando a Prainha (Cais do Porto) à Glória. Dezenas de quarteirões e centenas de prédios velhos, cortiços e casas de cômodos foram demolidos, num grande "bota-abaixo". Seus moradores, em geral pobres e negros, tiveram de deixar o centro da cidade, migrando para favelas e subúrbios. Apesar das críticas iniciais, em pouco tempo, o centro da capital foi reurbanizado, passando a exibir padrões semelhantes aos das mais importantes cidades europeias. A expressão "O Rio civiliza-se" sintetizou a mudança.

Mas as transformações foram mais longe. Rodrigues Alves nomeou o médico Oswaldo Cruz para a chefia do Departamento Nacional de Saúde Pública com a missão de enfrentar os gravíssimos problemas sanitários da Capital Federal, extremamente insalubre. As campanhas contra a peste bubônica, a varíola e a febre amarela deram excelentes resultados. Essas doenças, praticamente endêmicas até então, foram erradicadas.

Mas, pelo menos no caso da campanha contra a varíola, o preço político foi altíssimo. A população de alguns bairros do Rio sublevou-se contra a obrigatoriedade da vacina. A chamada "Revolta da Vacina", em 1904, só foi dominada com a intervenção de tropas do Exército. Deixou um saldo trágico: 23 mortos, dezenas de feridos, quase mil presos.

Enquanto isso, longe da Capital Federal, na Amazônia, o país vivia o auge da produção de borracha, que chegou a contribuir com quase 40% do valor das nossas exportações. O "boom" atraiu grande quantidade de imigrantes, em especial do Nordeste. Em 20 anos, entre 1890 e 1910, a população da região Norte praticamente triplicou.

Capa do semanário "Tagarela"(30/4/1903) sobre o culicídio (extermínio de mosquitos).

No final do século XIX, boa parte da Amazônia boliviana foi ocupada por seringueiros brasileiros. Quando o governo de La Paz, ausente desses territórios, tentou retomá-los, já era tarde demais. No começo de 1903, Plácido de Castro proclamou a República do Acre e pediu sua anexação ao Brasil, ação imediatamente respaldada pelo governo de Rodrigues Alves. Sem alternativa, a Bolívia teve de assinar o Tratado de Petrópolis. Cedeu o Acre ao Brasil em troca de algumas compensações territoriais em Mato Grosso e uma indenização de dois milhões de libras esterlinas.

Mas não foi apenas na economia, na política interna, nas políticas públicas e nas relações internacionais que o Brasil viveu importantes transformações durante os governos de Campos Sales e Rodrigues Alves. Na área cultural, igualmente houve muitas novidades.

A imprensa passou por intensa renovação, modernização e profissionalização. Em 1901, fundou-se o "Correio da Manhã", que se converteria num dos principais jornais do país, sobrevivendo até 1974. Muitas revistas de cultura, humor e debates vieram ao mundo nesse período, como "O Rio-Nu" (1899), "A Revista da Semana" (1901), "O Malho" (1902), "Tagarela" (1902), "Kosmos" (1904), "Fon-Fon" (1907) e "Careta" (1908).

Anúncio do catálogo da Livraria Quaresma

É dessa safra também a primeira revista infantil do país, "O Tico-Tico", nascida em 1905.

O teatro seguiu ocupando um lugar extremamente destacado na produção musical sobre os temas políticos, sociais e econômicos do período. Atraíram grande público – e lançaram canções de sucesso – as revistas de acontecimentos, as comédias musicadas e as burletas como "O gavroche", "O buraco", "O engrossa", "A Capital Federal", "Comeu!", "O esfolado", "Mambembe", "Cá e lá, "O badalo", "Avança", "Só para homens", "Nu e cru" e "Guanabarina".

Durante esses anos os cancioneiros bateram recordes de tiragem, especialmente os lançados pela popularíssima Editora Quaresma: "Lira do Trovador" (1896), "O cantor de modinhas brasileiras" (1899), com o repertório de Eduardo das Neves e Geraldo Magalhães, "Mistérios do violão" (1905), também com composições do Dudu, e "O trovador brasileiro" (1904). É desta época também "Serenatas e saraus" (1901), organizado por Melo Moraes Filho, que reeditou e atualizou antigas coletâneas. Pelo menos em dois casos – "Cantares brasileiros: cancioneiro fluminense" (1900), de Melo Moraes Filho, e "Cantares boêmios" (1906), de Raimundo Ramos "Cotoco", os cancioneiros trouxeram também partituras de canções.

Mas sem dúvida a maior novidade – ou melhor, a grande revolução – da cena musical do início do século XX no Brasil foi o surgimento da indústria fonográfica. Em 1902, a Casa Edison, do tcheco Fred Figner, gravou os primeiros discos no país. A partir daí a música popular brasileira cantada nas ruas, nos teatros, nos circos de cavalinhos, nos cafés cantantes, nos chopes berrantes, nas festas populares, nas fazendas e nos salões não dependeria apenas das partituras e da transmissão oral para circular por todo país. Registrada nos discos de cera, ela chegaria rapidamente a todas as regiões.

Muito importante: as chapas recuperaram também inúmeras melodias e canções que, nas décadas anteriores, haviam sido tocadas, cantadas e apreciadas pelos brasileiros. Preservou-se assim parte da rica memória musical do fim do Império e do começo da República. Exemplo disso é que o primeiro disco gravado pela Casa Edison foi o lundu "Isto é bom", composto por Xisto Bahia muitos anos antes.

Capa do catálogo da Casa Edison de 1902, ano do surgimento da indústria fonográfica no Brasil

***

Foram garimpadas 36 canções sobre os fatos políticos, econômicos e sociais do período, das quais 28 com partituras ou gravações. Elas abarcam praticamente todos os gêneros da música popular da época: cançonetas, lundus, gargalhadas, polcas, tangos, coplas, schottischs, modinhas, cateretês e chulas, além de paródias. Dezenove dessas canções foram registradas pela nascente indústria fonográfica brasileira.

Abrem a relação quatro composições que registram as dificuldades enfrentadas pelo povo com o aumento dos impostos e do custo de vida, especialmente no governo de Campos Sales: "Imposto do Selo", "Três por cento", "Coplas da nota de X (dez mil réis)" e "Aumento das passagens". A primeira e a última canção são da autoria de Eduardo das Neves, a segunda foi composta pelo cearense Raimundo Ramos "Cotoco" e a terceira subiu aos palcos na revista "O engrossa".

"Tango do malandrismo" e "O jogo dos bichos" debruçam-se sobre o mesmo tema: o jogo de azar praticado inicialmente com os bilhetes de entrada do Jardim Zoológico do Barão de Drummond, no Rio de Janeiro, que em pouco tempo tornou-se uma febre nacional. "Opinião Pública", de Moreira Sampaio, mostra como era imprevisível o comportamento dessa senhora. Custava a mudar de posição, mas, quando mudava, era para valer.

Capa da partitura da cançoneta "A Conquista do ar", de Eduardo das Neves, homenageando Santos Dumont.

"Santos Dumont" ou "A conquista do ar", de Eduardo das Neves, talvez tenha sido o maior sucesso da música popular brasileira do início do século XX. Saúda o feito do inventor brasileiro que, em 1901, pilotando um dirigível em Paris, assombrou o mundo ao percorrer em menos de 30 minutos um trajeto de 11 quilômetros, inclusive contornando a Torre Eiffel. Seus versos, cantados de Norte a Sul do país, diziam: "A Europa curvou-se ante o Brasil/ E exclamou parabéns em meigo tom/ Surgiu lá no céu mais uma estrela/ Apareceu Santos Dumont".

As duas canções seguintes têm a ver com a exploração da borracha na Amazônia. A gargalhada "Questão do Acre", também de Eduardo das Neves, comemora a anexação ao Brasil do território que pertencia à Bolívia, mas cuja exploração havia sido entregue pelo governo de La Paz a grupos econômicos dos Estados Unidos. Goza o general Pando, presidente do país vizinho: "Causa-me pasmo o entusiasmo do herói boliviano/ Dar barretada com um barrete que é norte-americano". Já em "Cearenses", paródia da canção portuguesa "Margarida vai à fonte", Ramos "Cotoco" lamenta a sorte de seus conterrâneos que migravam para a Amazônia em busca de trabalho nos seringais.

"Trio de lamentações", paródia da "Polca dos três jacarés" da revista portuguesa "Tim-tim por tim-tim", versa sobre a disputa entre a

Charge de J. Carlos. Rio Branco diz que o Tio Sam não passa de um guarda-costas da Bolívia. "Tagarela" (29/1/1903)

União e os estados do Rio de Janeiro, da Bahia e do Espírito Santo em torno da exploração das areias monazíticas.

O "Eixo da Avenida" refere-se às grandes obras que modernizaram o centro do Rio de Janeiro no governo de Rodrigues Alves. Já "O caso do dia" aborda alguns "escandalozinhos" da época – entre eles, denúncias sobre operações irregulares no Banco do Brasil.

"A vacina obrigatória", disco da Casa Edison.

Seguem-se nove canções sobre as reformas sanitárias levadas a cabo no Rio de Janeiro entre 1902 e 1906. As quatro primeiras – "Bolimbolacho" e três versões distintas de "Rato, rato" – descrevem as peripécias da campanha contra a peste bubônica. As duas canções seguintes, "Vacina obrigatória" e "Carnaval carioca", criticam os excessos da campanha contra a varíola. Diz a primeira: "Anda o povo acelerado com horror a palmatória/ Por causa dessa lambança da vacina obrigatória". Completa a segunda: "Ai, houve tiro de revólver, muita pancadaria/ A vacina obrigatória precisou cavalaria".

O clima de "Febre amarela" e "Os mosquitos", ambas com o mote do combate à febre amarela, é bem mais ameno. As duas cançonetas, com letras de duplo sentido, garantem que muitas senhoras, embora não admitissem de público, apreciavam bastante as picadas – da vacina, é claro. Sinal dos tempos: Oswaldo Cruz já é saudado como um vitorioso: "Entornou-se todo o caldo/ E o mosquito já não grita/ Porque o grande mestre Oswaldo/ Vai dar cabo da maldita".

Encerra o garimpo sobre as questões sanitárias o lundu "Decreto 422". Por decisão do prefeito Pereira Passos, quem cuspisse nos transportes públicos passaria a ser multado. "Estando a gente precisada/ De cuspir não tem maneira/ É engolir a cusparada/ Ou trazer a escarradeira", goza o trovador.

As cinco canções seguintes expõem vícios políticos herdados do Império, mas agravados na República. O desafio "Cabala eleitoral" reproduz um diálogo entre o "coroné" e o eleitor, em que o chefe político tenta comprar o voto do cidadão. O cateretê "O pai de toda gente" mostra um dos efeitos mais nefastos da política dos governadores: a

A atriz Pepa Delgado

concentração dos poderes nas mãos dos caciques locais, estimulando o empreguismo dos apaniguados, a perseguição aos adversários e o mau uso de verbas públicas. "Todos comem" deixa claro que a corrupção, embora não fosse uma novidade, tinha se generalizado. "Comer é verbo da moda", resume a cançoneta. "Cavando", a canção seguinte, bate na tecla de que os ricos querem se dar bem à custa do povão: "Cavar é verbo da moda/ Que todo mundo conjuga/ Cava o povo da alta roda/ Que o nosso bom sangue suga". Diante de tudo isso, a gargalhada "As eleições de Piancó" espantava-se com a paciência dos brasileiros: "Ó que grandes toleirões/ Acreditam em eleições".

Fecha o garimpo deste capítulo a paródia "Mestre Pena vai ao Norte". Cantada com a música do fado "Margarida vai à fonte", ela descreve o périplo político de Afonso Pena aos estados do Norte e do Nordeste, pouco depois de eleito presidente da República em 1906. Na viagem, ele reafirmou aos caciques locais que a "política dos governadores" continuaria de pé. Depois de três paulistas – Prudente de Moraes, Campos Sales e Rodrigues Alves –, um mineiro chegava ao Palácio do Catete. Estava começando a "política do café com leite", que duraria até a Revolução de 30. Triste República, tão jovem e tão velha ...

Os anexos reúnem as letras de oito canções sobre o período das quais não se conseguiu recolher as melodias. "Eleição de presidente" celebra a vitória de Campos Sales. "O selo" lamenta a temporada de novos impostos aberta pelo presidente. "As coplas do Boaventura" registram as promessas não cumpridas da República. "Morra, morra a companhia" critica os aumentos nas passagens de ônibus, que provocaram grandes tumultos no Rio em 1901. "A carne fresca" e "A carne verde" denunciam o monopólio da venda do produto. "Sou a borracha", vinda de Belém do Pará, exalta as mil e uma utilidades da "goma valiosa" extraída da seringueira. "Bota, bota, bota, bota" (título atribuído) brinca com o "bota-abaixo", o "bota-fora", o "bota-dentro" e o "bota-acima" dos prefeitos do Rio.

1. "Imposto do selo" (1899/1900)

Letra e música: Eduardo das Neves.
Intérprete: João Nabuco (piano e canto).
Gravação independente.
Letra em TdM. Partitura no IMS.

Com versos de duplo sentido, Eduardo das Neves reclama dos impostos que passaram a ser cobrados no governo do presidente Campos Sales e, em especial, dos selos aplicados em quase todas as mercadorias. Pede que, pelo menos, seja aberta uma exceção: "Só não quero que me selem/ A minha prima Guiomar/ Que ela não aguenta selo/ Só eu posso carimbar".

A cançoneta é de 1899 ou 1900. Só foi possível recuperar a melodia graças a uma partitura publicada bem mais tarde, que atribui a música ao compositor E. Dohmen e a letra a um certo J. G. Charanga. Os versos, no entanto, são praticamente iguais aos de algumas estrofes que constam do "Trovador da malandragem", de Eduardo das Neves, editado quase 20 anos antes. Em 1930, Dohmem compôs a música do primeiro hino do Corinthians.

Das doze estrofes do cancioneiro, a partitura reproduz apenas quatro estrofes, marcadas abaixo com asterisco.

Sobre o mesmo tema, Eduardo das Neves compôs ainda o lundu "O selo", do qual infelizmente não se conseguiu recolher a melodia (ver nos Anexos).

Capa do "Trovador da Malandragem

Pobre povo brasileiro,
Hoje vive atrapalhado.
A lei do nosso governo
É andar tudo selado.

Sapateiro já não pode (*)
Bater sola sossegado.
Se não selar as botinas,
Catapruz, está multado.

As peritas cozinheiras (*)
Fazem tempero em tigela
Levam o selo na colher
E o carimbo na panela.

Os bichos vão ser selados
Que bela manimolência!
Desta vez vão no embrulho
Os ratos da Intendência.

Eu quero entrar no Senado, (*)
Onde só fala o graúdo,
Levando um grosso carimbo,
Que eu quero carimbar tudo.

As moças que vão aos bailes, (*)
Que só dançam maxixadas,
Para serem conhecidas,
Todas devem ser seladas.

Só não quero que me selem
A minha prima Guiomar,
Que ela não aguenta selo,
Só eu posso carimbar.

Até latas de sardinhas,
Mortadelas e presuntos!
Muito breve vem decerto
Para selar os defuntos.

Quando selarem a carne,
Não selem o bacalhau.
Se não tudo aumenta o preço
E temos de roer ... pau

Os ovos selados andam;
A linguiça, carimbada.
Dessa vez eu passo mal,
Pois não como mais fritada.

O toucinho anda selado,
O que é enorme injustiça,
Imaginem, meus senhores,
A gente sem ter linguiça.

Professores e doutores,
Bacharéis e deputados,
Muito em breve eu hei de ver
Com seus carimbos chapados.

A lei do selo, senhores,
É poderosa e viril.
Sacrifica o povo calmo ...
São progressos do Brasil.

E viva a calma do povo,
Que gemeu, pagou ... pagou
Que venha agora um carimbo
Para quem tal lei decretou ...

2. "3%"

Letra e música: Raimundo Ramos
"Cotoco".
Intérprete: João Nabuco (piano e canto).
Gravação independente.
Letra e partitura em CBh.

As novas taxas e impostos que deram o tom no mandato de Campos Sales logo chegaram aos estados. Em 1905, durante o governo de Antônio Accioly (ver "O pai de toda gente", mais à frente), a assembleia legislativa do Ceará aprovou lei criando um imposto sobre as transações comerciais no estado, com alíquota de 3%. A reação foi fortíssima. Cinco meses mais tarde, as autoridades foram obrigadas a recuar.

Raimundo Ramos "Cotoco", homem de seu tempo, somou-se à campanha contra o novo imposto. Na canção "3%", entre outras coisas, ele propôs ao comércio do Ceará que entrasse em greve: "Se nada se vende/ Ganhamos a guerra".

Além dos impostos
Que são tão pesados
Vem mais três por cento
Tornar-nos favados.

Não tem cara feia
Nem constrangimento
Vai tudo pra peia
Pagar três por cento

Isto é desaforo
Que ultrapassa a tudo!
Nós não somos mouros,
Pagar é canudo.

Não tem cara feia ...

Lutar desta forma
Já não é viver!
Faça uma reforma
Que assim pode ser.

Não tem cara feia ...

Façamos conchavos
Em muitos segredos
– Não somos escravos
Porém temos medo.

Não tem cara feia ...

Se não nos atende
Mudemos de terra;
Se nada se vende
Ganhamos a guerra.

Não tem cara feia ...

E viva-se em calma
Com tanto desgosto!
Se até nossa alma
Também paga imposto.

Não tem cara feia ...

3. "Coplas da nota de X" (1899)

Letra: Moreira Sampaio.
Música: Albertino Pimentel.
Intérprete: João Nabuco (piano e canto).
Gravação independente.
Letra e partitura na BN.

As medidas restritivas tomadas pelo presidente Campos Sales simplesmente fizeram o dinheiro sumir. Na revista de teatro "O engrossa", de Moreira Sampaio, encenada em 1899, a nota de dez mil-réis conta que é muito paparicada. Todos são gentis e delicados com ela. A atenção é tanta que a moça até desconfia: "Não me apertem tanto assim/ Dinheiro não é brinquedo/ Dinheiro não é capim".

Ai, que gentileza!
Que delicadeza!
Que dedicação!
Basta, meus senhores,
Que tais favores,
Não mereço não!

Bem sei que o dinheiro
Anda muito vasqueiro
Nesta capital
Quem o tem não gasta
Mas por isso: basta
Não me façam mal.

Até já me causam medo
Não me apertem tanto assim
Dinheiro não é brinquedo
Dinheiro não é capim

A moça bonita
Com prazer me fita
Para me apanhar
O velho gaiteiro
Para ter dinheiro
Não me quer trocar

O rapaz bilontra
Quando não me encontra
Por mim chora até
Qualquer criadinha
Se me pilha a sinhá
Faz o seu filé

Até já me causam medo ...

4. "O aumento das passagens" (1898)

Letra: Eduardo das Neves.
Música ("Neh! Sartolè?"): Francesco Quaranta.
Intérprete: João Nabuco (piano e canto).
Gravação independente.
Letra e partitura em CB.

Na cançoneta "O aumento das passagens", lançada em 1898, Eduardo das Neves criticou a mudança no sistema de cobrança de bilhetes nos trens da Central do Brasil. Com bom humor, mostrou como a novidade acarretava custos extras e transtornos para a população dos subúrbios do Rio de Janeiro. Dudu aproveitou também para dar uma cutucada no engenheiro Pereira Passos, então diretor da estrada de ferro, que anos depois seria responsável, como prefeito do Rio de Janeiro, pela reurbanização da cidade. Eduardo das Neves, ex-funcionário da

Central do Brasil, tinha sido demitido da ferrovia por participar da greve dos últimos dias de 1891.

No artigo "A moeda na voz do povo", publicado em 1945 nos Anais do Museu Histórico Nacional, Yolanda Marcondes Portugal deu mais detalhes sobre o episódio: "Duzentos réis nos versos de um cantor popular. Candido das Neves, satirizando o aumento das passagens nos trens dos subúrbios na Estada de Ferro Central do Brasil. O passageiro, que não levava a passagem adquirida nas estações, pagava-a no trem com multa de 100 réis, sob pena de não descer senão em Paciência, ponto terminal da linha. Pereira Passos, então diretor da estrada de ferro, não escapou à crítica". Yolanda atribuiu a autoria da canção a Cândido das Neves, renomado compositor e violonista, filho de Eduardo das Neves, e não ao pai. Trata-se evidentemente de um lapso.

A cançoneta fez muito sucesso na época. Cecília Meireles, em "Olhinhos de gato", livro sobre sua infância, recorda a cena de uma empregada da casa, a "Dentinho de Arroz", cantando "O aumento das passagens" enquanto limpava os móveis.[109]

---

[109] Cecília Meireles. Op. Cit., pg. 33

A questão da autoria da cançoneta deu pano para as mangas. "Cantares brasileiros", de Melo Morais Filho, atribuiu a música a F. Quaranta e a letra a Neh Sartole. Trata-se de um equívoco. "Neh! Sartolè?" é o título de uma cançoneta cômica napolitana, composta por Francesco Quaranta. Cantada pelo excêntrico e transformista italiano Fregoli, fez muito sucesso no Rio em 1895.

Na verdade, "O aumento das passagens" é uma paródia de "Neh! Sartolè?", com versos de Eduardo das Neves sobre a música de Francesco Quaranta.

Na declaração que abre o "Trovador da malandragem", Dudu deixa claro que é o autor da letra da canção:

"Lá vai uma sarabanda em regra, endereçadas a todos em cujas cabeças couber a carapuça. Ei-la: por que motivo duvidais, isto é, não acreditais, quando aparece qualquer 'choro', qualquer composição minha, que agrada, que cai no goto do público, e é decorada, repetida, cantada por toda a gente, e em toda a parte — desde os nobres salões, até pelas esquinas, em horas mortas da noite? Foi isso que aconteceu com as minhas hoje popularíssimas modinhas "O aumento das passagens", "O bombardeio", "O 5 de novembro" ou "O Marechal", "A Guerra de Canudos", "A carne fresca", "O cólera", "A gargalhada hispano-americana", "Uma entrevista com Fregoli" e dezenas de outras modinhas que o Zé do Povo aprecia e canta".

Foi um Passos lá na Estrada de Ferro,
Não sei se erro por ideias minhas,
Quem inventou estes soberbos planos
Dos suburbanos comerem dobradinhas.

Se já vivíamos todos na opulência,
Temos agora mais esta vantagem:
De esperar no ponto da Paciência,
Ou pagar os trezentos da passagem.

(estribilho)
Ah! ah! ah! ah!
A portinhola do bilhete sempre aberta!
Ah! ah! ah! ah!
Em todo caso é o pobre quem se aperta.

Duzentos reis nos custa uma passagem!
Duzentos reis nos custa uma passagem!
De segunda! de segunda! de segunda!
Felizes somos de não irmos na bagagem.

Assim, viva quem pode...
Quem pode, olé!
Quem não pode vai mesmo a pé!
Pé, pé, pé, pé!
A pé, a pé!
Quem não pôde vai mesmo a pé!
A pé, a pé!

Certas famílias que habitam o Engenho Novo
Dizem que a cousa amarga como fel;
Que é muito castigar assim o povo.
Preferem bonde de Vila Isabel.

Desde então o gerente desta linha
Vai depressa, contente, sem receio,
Felicitar o Passos da Estrada
Por seus bondes andarem sempre cheios.

Ah! ah! ah! ah!
A portinhola do bilhete sempre aberta! ...

Tem muita graça um tal abatimento
De cinco por cento para o nosso futuro,
Nos tais passes de primeira ou de segunda,
Quer a gente embarque ou não, lá vai o furo!

Esta moda de andar furando os passes
Eu não creio que sejam bagatelas;
Se a gente um dia não embarca, fica em casa,
No outro dia leva duas furadelas.

Ah! ah! ah! ah!
A portinhola do bilhete sempre aberta! ...

Certos rapazes que andavam de primeira,
A namorar na alegria a mais profunda,
Hoje os vejo de cabeça abaixadinha
Atrás da porta n'um cantinho da segunda.

Na Central eles fazem uma tramóia:
Passam depressa para o carro de primeira;
Desembarcam fumando um bom charuto
Com o passe da segunda na algibeira.

Ah! ah! ah! ah!
A portinhola do bilhete sempre aberta! ...

As operárias da Imprensa Nacional
Que por seu mal habitarem no subúrbio
Vão para seus afazeres satisfeitas,
Sem recearem no trem qualquer distúrbio.

Mas se o itinerante é cabra engrossador,
E um namoro quer já ferrar com elas,
Se dão corda, passam logo de carona,
Se não dão, tem de levar as furadelas.

Ah! ah! ah! ah!
A portinhola do bilhete sempre aberta! ...

Em certo dia embarcou na Piedade
Um gordo abade que a meu lado se assentou
Mas de comprar esquecendo o seu bilhete
Não quis a multa pagar e protestou.

Eis o tal facto alarmando os passageiros,
Pois que ninguém esperava por aquela,
O doutor Passos foi logo excomungado
E o reverendo gemeu na furadela.

Ah! ah! ah! ah!
A portinhola do bilhete sempre aberta! ...

5. "Tango do malandrismo" (1899)

Letra: Artur Azevedo.
Música: Nicolino Milano.
Intérprete: João Nabuco (piano e canto).
Gravação independente.
Letra em AA. Música no IMS e no IRB.

Na revista "O gavroche", de 1899, Artur Azevedo fez subir ao palco o jogo do bicho, uma marca nacional tão exclusiva como a jabuticaba. Quem canta o tango é um dos personagens da peça, o Malandrismo. Ele queria enriquecer, mas sem trabalhar. Afinal, ninguém é de ferro.

Inventado em 1892 pelo Barão de Drummond como um expediente para manter seu zoológico que enfrentava dificuldades financeiras desde o fim do Império, o jogo do bicho logo caiu no gosto do povo. Inicialmente só participavam do sorteio os visitantes do parque. Na compra do ingresso, a pessoa recebia quatro números que correspondiam a um dos 25 animais em exposição.

O sucesso da iniciativa foi tão grande que muita gente passou a ir ao zoológico apenas para fazer uma fezinha. Não eram poucos os que, para aumentar as chances no sorteio, compravam vários ingressos.

Em três tempos, o jogo do bicho deixou o zoológico, invadiu a cidade e o país, tornando-se tão ou mais popular que as loterias.

(O Malandrismo)
Menino, o jogo dos bichos
É o jogo de mais caprichos!
Nem na roleta os esguichos
Produzem tal comoção!
Jogar é mesmo um regalo
Na borboleta ou no galo
No elefante ou no cavalo,
No camelo ou no leão!

Quem bem nada não se afoga,
Quem cai não passa do chão,
E quem nos bichos não joga
Não tem consideração

(Todos)
Quem bem nada não se afoga ...

(O Malandrismo)
Ai, meu amor, todo o dia,
Quando corre a loteria,
Sinto com mais energia
Palpitar meu coração,
E nesse instante gostoso
De expectativa e de gozo,
Corre um frêmito ansioso
Por toda a população

(Todos)
Quem bem nada não se afoga ...

6. "O jogo dos bichos"

Letra e música: Raimundo Ramos "Cotoco".
Intérprete: Luciana Gifoni.
Gravadora independente: Laboratório de Estudos da Oralidade / Museu do Ceará.
CD: Cantares Bohêmios.
Letra e partitura em CB.

A febre do jogo do bicho não ficou confinada à Capital Federal. Em pouco tempo, espalhou-se por todo o país. Raimundo Ramos "Cotoco" compôs então uma chula em que um banqueiro do jogo em Fortaleza vangloriava-se de sua competência à frente das apostas. Aceitava "boró", ou seja, os vales emitidos por diversas câmaras municipais do estado entre 1896 a 1898. Com o tempo, o termo virou sinônimo de moeda. E também pagava "bochechas" – as apostas discutíveis.

Os animais do jogo do Ceará eram os mesmos 25 do Rio. Mas, para dar um clima local à canção, Cotoco listou mais de cem bichos, muitos deles encontrados pelo povo cearense no seu dia a dia – e não apenas nos zoológicos.

Macaco, porco, jacaré, cavalo,
Águia, cachorro, camarão, peru.
Bode, elefante, paquiderme, galo,
Touro, p'requito, jaçanã, tatu.

Eu sou banqueiro
Aperfeiçoado!
Sou o primeiro
Que paga dobrado;
O coito é franco,
Aceito boró,
Pago as bochechas ...
Ninguém tenha dó.

Veado, cobra, cangati, raposa,
Pavão, marreca, guaxinim, siri.
Burro, piolho, pulga, mariposa,
Galinha, lebre, pato, paturi.

Eu sou banqueiro ...

Carneiro, mosca, jaburu, pató
Hiena, tigre, tubarão, muçú,
Urso, jumento, juriti, socó,
Perdiz, canário, sabiá, nambú.

Eu sou banqueiro ...

Guariba, gato, mucuim, pium,
Mosquito, lesma, borboleta, boto,
Preá, piaba, gargarú, mutum,
Coruja, cabra, jia, gafanhoto.
Lombriga, aranha, canguru, lagarta,
Mutuca, víbora, embuá, leão,
Girafa, espada, tapacu, barata,
Ostra, tainha, ciciê, cação.

Eu sou banqueiro ...

Camelo, zebra, dromedário, vaca,
Mocó, cassaco, guaiamum, caçote,
Cará, traíra, zabelê, tacaca,
Besouro, cisne, cururu, capote;

Eu sou banqueiro ...
Piau, calangro, verdelim, curica,
Pitu, jiboia, avestruz, capão,
Coelho, grilo, rouxinol, peitica,
Guará, jandaia, beija-flor, carão.

Eu sou banqueiro ...

7. "Schottisch da Opinião Pública" (1899)

Letra: Moreira Sampaio e Acácio Antunes.
Música: Manoel dos Passos.
Intérprete: João Nabuco (piano e canto).
Gravação independente.
Partitura na BN. Letra no IMS.

A opinião pública custa a mudar, mas, quando muda, é para valer. É o que explicam Moreira Sampaio e Acácio Antunes na revista de acontecimentos "O buraco", encenada no Teatro Politeama nos primeiros meses de 1899.

A revista teve como gancho o espetacular roubo da Joalheria Luiz do Resende, situada na rua do Ouvidor, no centro do Rio, em dezembro de 1898. Coisa de cinema, como descreve Melo Moraes Filho no livro "Fatos e Memórias": "Trabalho lento, e de penosa execução, os cautelosos e ignorados *escrunchantes*, escorregando pelo ralo das águas pluviais e tomando a direção da galeria de esgotos, brocaram para cima uma entrada comunicável com o grande compartimento de joias, pedras preciosas e outros objetos de real valor. Apropriando-se do opulento acervo, estimado em 200:000$, os salteadores evadiram-se, deixando unicamente como rastro maravilhoso da aventura, o célebre buraco, desde logo denominado pelo povo – *O buraco do Resende*".

Os "escrunchantes", isto é, os arrombadores, jamais foram capturados. A joalheria e o ralo transformaram-se em locais de visitação pública. E os antigos buracos da cidade, que não eram poucos, caíram no esquecimento. Mudou o interesse da opinião pública. Vida que segue.

A humanidade, amigo, é vária
E isso que agora te parece
Ser uma coisa extraordinária
Desde o Pai Adão acontece
Tendo a mãe Eva de aguentar
No paraíso a vida inteira
Pra ter o gosto de variar
Mudava a folha de parreira

Estás perdido infelizmente
Porquanto bem diz o povo
Ninguém troca facilmente
Pelo que é velho o que é novo

Eras um buraco afamado
Passavas regalada a vida
Quando um buraco inesperado
Fez inesperada sortida
O Zé Povinho que te amou
E por buracos tem seu fraco
De prazer e gosto exultou
Ao ver nascer outro buraco

Estás perdido infelizmente ...

8. "Homenagem a Santos Dumont" (1902)

Letra e música: Eduardo das Neves.
Intérprete: Bahiano.
Gravadora: Casa Edison.
Disco Zon-O-Phone X-621 (1902).
Letra em TdM.

Em outubro de 1901, Santos Dumont, pilotando um balão dirigível, venceu o desafio de percorrer em menos de 30 minutos um trajeto de 11 quilômetros que incluía o contorno da Torre Eiffel, em Paris. O feito teve grande repercussão em todo o mundo. Prenunciava a abertura de uma nova era – a dos transportes aéreos.

O Brasil, evidentemente, comemorou a proeza com muito orgulho. Eduardo das Neves lançou a canção "Homenagem a Santos Dumont", também conhecida como "A conquista do ar – a Europa curvou-sc antc o Brasil", o maior sucesso da música popular brasileira no início do século XX. Ela logo seria gravada pela Casa Edison.

Em 1903, Santos Dumont, que vivia na capital francesa, veio ao Brasil, onde recebeu inúmeras homenagens. Segundo José Ramos Tinhorão, em "A música popular no romance brasileiro", um dos eventos que mais o tocou foi a serenata organizada por Eduardo das Neves nos jardins da casa onde o inventor hospedou-se no Rio. Além do Dudu, participaram da seresta integrantes do primeiro time dos chorões da época, como Quincas Laranjeira, Sátiro Bilhar, Irineu de Almeida, Mário Cavaquinho e Chico Borges.[110]

Santos Dumont não foi o único brasileiro que se lançou à conquista dos ares homenageado por Eduardo das Neves. Augusto Severo, que morreu em 1902 na explosão de um dirigível nos céus de Paris, também mereceu uma canção do Dudu, intitulada "Águias do Sul".

A Europa curvou-se ante o Brasil,
E exclamou parabéns em meigo tom;
Surgiu lá no céu mais uma estrela:
Apareceu Santos Dumont.

Salve, Estrela da América do Sul,
Terra amada do índio audaz, guerreiro!
A glória maior do século vinte,
É Santos Dumont, um brasileiro!

O Brasil, cada vez mais poderoso,
Menos teme o rugir do vil bretão;
É forte nos campos e os mares,
E hoje nos ares com o seu balão.

---

[110] Tinhorão, José Ramos. *A música popular no romance brasileiro.* São Paulo: Editora 34, 2002, vol. 3, pg. 129

*A conquista do ar que aspirava
A velha Europa, poderosa e viril,
Rompendo o véu que a ocultava,
Quem ganhou foi o Brasil!*

*Por isso o Brasil, tão majestoso,
Do século tem a glória principal;
Gerou no seu seio o grande herói,
Que hoje tem um renome universal.*

*Assinalou para sempre o século vinte,
O herói que assombrou o mundo inteiro;
Mais alto que as nuvens, quase Deus,
É Santos Dumont – um brasileiro.*

9. "Questão do Acre" (1903)

Letra: Eduardo das Neves.
Música ("Laughing song"): George W. Johnson.
Intérprete: João Nabuco (piano e canto).
Gravação independente.
Letra em MV.

Em 17 de novembro de 1903, foi assinado o Tratado de Petrópolis, através do qual a Bolívia cedeu o Acre ao Brasil em troca de algumas compensações territoriais em Mato Grosso e de uma indenização de dois milhões de libras esterlinas. O Brasil comprometeu-se também a construir a Estrada de Ferro Madeira–Mamoré. Pelo tratado negociado pelo Barão do Rio Branco, o Brasil concordou ainda em pagar uma indenização ao Bolivian Syndicate, grupo de investidores norte-americanos e europeus que havia recebido de La Paz autorização para explorar com exclusividade as riquezas da região por 30 anos.

Capa do jornal "Tagarela" (23/8/1902) gozando o general Pando

No plano diplomático, a assinatura do tratado representou o reconhecimento da vitória militar da Revolução Acreana, chefiada por Plácido de Castro, desfecho de um intenso processo de ocupação de vastas extensões da Amazônia boliviana por seringueiros brasileiros. Com a elevação do preço da borracha na década de 1880, milhares de nordestinos, tangidos pelas secas em seus estados, haviam migrado para o Acre. Como a presença do Estado boliviano na área era quase nula, aos poucos eles se impuseram em toda a região. Quando La Paz tentou retomar o controle da situação, já era tarde demais. No começo de 1903, Plácido de Castro proclamou a República do Acre, ação imediatamente apoiada pelo governo brasileiro, que enviou à Amazônia Ocidental tropas comandadas pelo general Olímpio da Silveira.

A Bolívia ainda tentou recuperar a iniciativa despachando soldados para a área sob o comando do próprio presidente da República, o general Pando. Mas estrategicamente, a situação era inteiramente favorável ao Brasil, que podia transportar tropas e armamentos pelos rios navegáveis da região. Já as linhas de abastecimento dos bolivianos precisavam atravessar os Andes e navegar por rios com fortes corredeiras. Sem alternativa, La Paz aceitou os termos do acordo de paz.

Eduardo das Neves saudou a vitória militar e diplomática brasileira na gargalhada "Questão do Acre", adaptação da canção norte-americana "Laughing Song" (ver "América e Espanha" no capítulo 8). Com bom humor, ele goza o general Pando e os investidores dos Estados Unidos, além de prestar homenagem ao Barão do Rio Branco. No final, ainda responde aos racistas que chamavam pejorativamente os soldados negros do Exército brasileiro de "macacos", desqualificação usada já na Guerra do Paraguai. Segundo o compositor, o general Pando logo veria do que eram capazes os brasileiros e exclamaria, apavorado, em portunhol: "Caramba! Los macaquitos hacen la tierra tremer!".

Causa-me pasmo o entusiasmo do herói boliviano,
Dar barretada com um barrete que é norte-americano...
Mas o Brasil foi sabedor, e grandiosa expedição:
Logo mandou para o norte pra resolver a questão

La vai o Pando, coitadinho! ... ah! ah! ah! ah! ah! ah! ah!
Para livrar-se do massacre ... ah! ah! ah! ah! ah! ah! ah!
Dizer amém a seu padrinho ... ah! ah! ah! ah! ah! ah! ah!
Desta vez não como acre ... ah! ah! ah! ah! ah! ah! ah!

Eles querem nosso café para tomar com bolacha,
Para fazerem mamadeiras, querem a nossa borracha;
Mas o Brasil com precaução mostrará sua bravura,
Não lhe dá a boa teta: dá-lhe bala com fartura!

La vai o Pando, etc.

Dom Pandeiro teve um plano: mostrou de quanto é capaz;
Fazer constar que cá não vinha, preferindo então a paz.
Mas o Barão do Rio Branco, que não dorme um só momento,
Descobriu que o Pando vinha a cavalo... num jumento!

La vai o Pando, etc.

São duas bocas para um terreno neste caso singular
Mas pro Brasil tudo é o mesmo: há de a vitória ganhar,
Que não servimos para palitos, o Pando irá dizer:
Caramba! Los macaquitos hacen la tierra tremer!

10. "Cearenses" (1906)

Letra: Raimundo Ramos "Cotoco".
Música ("Margarida vai à fonte"): João Vasconcellos e Sá.
Intérprete: João Nabuco (piano e canto).
Gravação independente.
Letra em CBh.

Nesta paródia de "Margarida vai à fonte", canção portuguesa que fez muito sucesso no Brasil, Raimundo Ramos "Cotoco" abordou as agruras vividas pelos nordestinos que deixavam seus lares para trabalhar nos seringais da Amazônia. O processo de migração, muito intenso a partir da década de 1880, foi provocado por dois fenômenos complementares: as secas no Nordeste e a elevação do preço internacional da borracha. Celso Furtado, em "Formação Econômica do Brasil", estima que meio milhão de nordestinos deixaram o semiárido para tentar ganhar a vida na floresta.

Na paródia, Raimundo Ramos lamenta que muitos de seus conterrâneos tenham partido para os seringais. Sonhavam em enriquecer, mas frequentemente perdiam a saúde e a vida em meio a febres e doenças. É verdade que alguns conseguiam ganhar um pouco de dinheiro. Voltavam com chapéu de sol, cartola e terno de casimira. Mas a imensa maioria jamais retornava das florestas: "Por vantagens tão pequenas/ Qual loucos desmiolados/ Deixam as plagas amenas/ Embarcam daqui centenas/ Voltam quatro assesonados".

Cearense vai ao Norte,
Cearense vai ao Norte,
Sonhando áureo castelo
Sai daqui robusto, forte
De lá, se escapa da morte
Volta magro e amarelo.
      Sai daqui robusto e forte,
      Volta magro e amarelo

Quando ele daqui embarca,
Quando ele daqui embarca,
Vai descalço e quase nu,
Leva um cacete, uma faca
Uma rede e velha maca
Quando volta traz baú
      Leva um cacete e uma maca
      Quando volta traz baú

Vai de camisa e ceroula,
Vai de camisa e ceroula,
Às vezes rasgada em tira,
Vem de lá todo pachola,
De chapéu de sol e cartola
Em terno de casimira.
      Vem de lá todo pachola,
      Em terno de casimira.

Por vantagens tão pequenas,
Por vantagens tão pequenas,
Qual loucos desmiolados,
Deixam as plagas amenas,
Embarcam daqui centenas
Voltam quatro assesonados
      Embarcam daqui centenas
      Voltam quatro assesonados

Eu por isto vou sofrendo
Eu por isto vou sofrendo
Esta terrível pobreza,
Vou chorando, vou gemendo,
Mesmo pobre vou vivendo
Não invejo tal riqueza
      Mesmo pobre vou vivendo
      Não invejo tal riqueza

11. "Trio de lamentações" (1905)

Letra: Alfredo Cândido (?).
Música ("Os três jacarés"): Nicolino Milano.
Intérprete: João Nabuco (piano e canto).
Gravação independente.
Partitura no MIS (RJ) e na CdC.
Letra no MIS (RJ).

A revista "O Malho", de 11 de fevereiro de 1905, trouxe uma charge intitulada "Trio de lamentações", assinada por Alfredo Cândido, onde apareciam três jacarés chorando – cada um deles com o rosto de um político. No topo, um esclarecimento: "O Supremo Tribunal decidiu que as areias monazíticas pertencem à União e não aos Estados". No pé do desenho, a indicação "Nilo Peçanha, Zé Marcelino e Henrique Coutinho (com música de "Tim-tim")", seguida da letra da paródia.

A dica é clara: os versos eram para ser cantados com a melodia da "Polca dos três jacarés", de Nicolino Milano, da revista "Tim-tim por tim-tim", do português Sousa Bastos, de 1892, que fez grande sucesso em Portugal e no Brasil, sendo reprisada várias vezes nos anos seguintes.

Nilo Peçanha, Henrique Coutinho e José Marcelino de Souza governaram, respectivamente, os estados do Rio de Janeiro, Espírito Santo e Bahia entre 1904 e 1908. Pelo menos no Espírito Santo e na Bahia, empresas estrangeiras exploravam e exportavam areias monazíticas com autorização das autoridades locais. O governo federal contestou na Justiça a concessão dessas licenças, alegando que as areias radioativas, por estarem em terrenos da Marinha, pertenciam à União. O Supremo Tribunal Federal reconheceu como procedentes os argumentos sustentados pelo então Procurador Geral da República, Epitácio Pessoa.

Leopoldo Bulhões, chefe político em Goiás, a quem se roga uma "escura morte" na segunda quadrinha, comandou o Ministério da Fazenda durante os quatro anos do governo Rodrigues Alves (1902-1906). Seu sobrinho-neto Otavio Gouveia de Bulhões seria ministro da Fazenda do marechal Castelo Branco depois do golpe militar de 1964.

Somos os três, três, três, ai!
Os três jacarés
E nas areias gordas
Nunca mais pomos os pés!

Por despedida, vamos
Chorar a dura sorte
E ao Bulhões rogamos
Uma escura morte!

12. "O eixo da Avenida" ou "A menina do eixo" (1904)

Letra: Álvaro Peres e Álvaro Colás.
Música: Assis Pacheco.
Intérprete: Pepa Delgado.
Gravadora: Casa Edison.
Disco Odeon 10.065 (1904).

Ao assumir a Presidência da República, Rodrigues Alves nomeou o engenheiro Pereira Passos prefeito da Capital Federal.

Pereira Passos, que havia dirigido a Central do Brasil em duas oportunidades, era considerado um profissional competente, talhado para conduzir o projeto de modernização da cidade do Rio de Janeiro.

A proposta básica de seu plano de reurbanização consistia na abertura de avenidas e no alargamento de diversas ruas no centro da cidade, até então tomado por vielas estreitas e degradadas. Para isso, seria indispensável demolir um grande número de prédios velhos, cortiços e casas de cômodos, habitados pela população pobre.

A obra mais importante de Pereira Passos foi a criação da Avenida Central. A nova avenida, com 1800 metros de extensão por 33 metros de largura, ligando a Prainha (Cais do Porto) à Glória, converteu-se na principal artéria de circulação e modernização de toda a cidade.

Os trabalhos tiveram início no começo de 1904. Seis meses mais tarde, o chamado "eixo da avenida" estava aberto de ponta a ponta. Passou-se então à segunda fase das obras: calçamento, iluminação, arborização e esgotamento. A Avenida Central, hoje Rio Branco, foi entregue à circulação em 15 de novembro de 1905. Mesmo os críticos tiveram de reconhecer: a cidade era outra.

Segundo as autoridades, a abertura da avenida exigiu a demolição de quase 700 imóveis, desalojando cerca de 4 mil pessoas. Mas há estimativas de que o número teria sido quatro vezes maior. A população pobre expulsa do centro do Rio deslocou-se para os subúrbios ou para as favelas nos morros da Providência, São Carlos e Santo Antônio, até então pouco habitados.

A cançoneta "O eixo da Avenida", também conhecida como "A menina do eixo", é da revista "Avança", do final de 1904. Cantada pela atriz Pepa Delgado, registra o momento em que terminaram os trabalhos de demolição, passando-se à fase de construção e urbanização da nova via. Maliciosa, a cançoneta associa a abertura do eixo da avenida à perda de virgindade da moça. Ela começa lamentando-se por ter caído na conversa do noivo, mas, ao final, descobre que há males que vêm para o bem: "Enganou-me o vilão, foi esperto!/ E a culpada fui eu! É bem feito!/ Mas agora que está o eixo aberto/ Vou ter noivos a torto e a direito".

Já não tenho prazer nesta vida
Infeliz, como eu sou, jamais vi...
Pois por causa da tal avenida
O meu noivo querido perdi
Era um moço de louro cabelo
Olhos grandes, chamava-se Aleixo
Mas, fugiu! Nunca mais pude vê-lo...
Desde que houve...a abertura do eixo.

A princípio, era bom, amoroso
Sempre amável e sempre a sorrir...
Tão gentil, tão...tão...tão carinhoso!
E tão mau afinal me sair!
Enganou-me o tratante, o malvado!
Desse engano é que, aflita, me queixo
Percebi que me havia enganado
Só depois... da abertura do eixo!

Conheci-o num baile valsando...
Vê-lo e amá-lo foi quanto bastou!
Ai, Jesus! Chorarei até quando?...
Que infeliz! Que infeliz, ai que eu sou!
Enganou-me o vilão, foi esperto!...
E a culpada fui eu! É bem feito!
Mas agora que está o eixo aberto
Vou ter noivos a torto e a direito.

13. "O caso do dia" (1904)

Letra: Tito Martins e Bandeira de
Gouveia.
Música: José Nunes.
Intérprete: Pepa Delgado.
Gravadora: Casa Edison.
Disco Odeon 10.036 (1904).

A revista "Cá e lá", de Tito Martins
e Bandeira de Gouveia, com números musicais inovadores, provocou "enchentes" de público
no Teatro Recreio Dramático em
1904. Pela primeira vez, o maxixe subiu aos palcos com "O gaúcho", de Chiquinha Gonzaga, mais
conhecido como "O corta jaca".
Outras canções fizeram muito sucesso. "Abacate", cançoneta de
duplo sentido, garantia que o fruto
tinha poderes afrodisíacos. "Deu
duas?", perguntava um dos atores.
"Deu três", respondia a cantora
Pepa Delgado, levando a plateia ao
delírio. "Avenida Central", sobre o
"bota-abaixo", também foi gravada
pela atriz (Odeon 40.307), mas não
se conseguiu recuperar o disco.

Já em "O caso do dia", Pepa
Delgado, em sacudida interpretação, recordava alguns "escandalozinhos" do ano anterior. Ao menos, três deles foram abordados na
canção.

O primeiro envolveu o pa-
quete de luxo francês Magellan,

que fazia regularmente a rota Bordeaux–Rio de Janeiro–Buenos Aires. Perto da Bahia, as máquinas do navio apresentaram problemas, obrigando-o a fazer uma escala não prevista em Salvador – a arribar, em linguagem técnica. Dias depois, com as avarias aparentemente resolvidas, o Magellan retomou a viagem. Mas entrou em pane novamente nas proximidades de Santos, tendo de retornar ao Rio de Janeiro em marcha lenta, causando grandes transtornos aos passageiros.

O segundo "caso do dia" lembra o pedido de instalação de uma comissão de inquérito na Câmara dos Deputados para apurar denúncias de que operações do Banco da República teriam favorecido políticos importantes, a começar pelo presidente do estado de São Paulo, Bernardino de Campos. O autor do pedido, o jornalista e deputado gaúcho Alfredo Varela, era conhecido pelos discursos apaixonados contra as oligarquias. O governo mobilizou sua base parlamentar na Câmara e arquivou o requerimento de formação da comissão de inquérito. No ano seguinte, Varela teria participação ativa na Revolta da Vacina.

O terceiro "escandalozinho" tem como personagem uma suposta princesa russa que chegou ao Rio de Janeiro em março de 1903, depois de ter vivido algum tempo em Buenos Aires. Hospedou-se no quarto mais luxuoso do Hotel White, na Tijuca. Trazia 14 malas. Maita Selleznoff, a bonita e irrequieta mulher, logo meteu-se numa confusão. Quando o dono do hotel pediu que quitasse a conta da semana, ela se sentiu ofendida e abandonou o estabelecimento, deixando para trás as malas. Mais tarde, seu secretário tentou liberar as valises e entrou num bate-boca com um delegado. Preso por desacato, ficou três meses na Casa de Detenção.

O assunto rendeu muitas matérias nos jornais da Capital Federal. No carnaval de 1904, deu motivo para uma canção do "carro de crítica" do desfile dos "Turunas engarrafados": "Mas pra pagar fazendo escaramuça/ De os níqueis dar, já sem vontade está/ E aos credores a tal princesa russa/ Responde altiva: *Je ne comprend pas!*".[111]

O caso do dia, fresquinho,
Ei-lo aqui a palpitar
Trouxe pelo jeito escandalozinhos
Fazendo arrepiar

---

[111] Correio da Manhã, 14 de fevereiro de 1904.

Sou a difícil mania
O filho que a mãe espoliou
A prece cada dia
Do vigário consertou

Ora aqui está apresentado
O caso do dia, olá,
Pronto e variado
O Magellan entrou
O que dará? Atravessou!
Três vezes a tentar
Tendo três vezes arribado

Todo Congresso a lanterna
Segurando nos anais
Luta singela pro Varela
Papagaios federais

O tal segredo cantado
Que a imprensa deu pra valer
O signatário Estado
Morto já ou por nascer

Ora aqui está o tal desvário
O caso do dia, olá,
Vem no noticiário
Princesa russa entrou
O que a carona brigou
Enquanto só deixavam
Malas presas e secretário

O caso do dia, fresquinho,
Ei-lo aqui a palpitar
Trouxe pelo jeito escandalozinhos
Fazendo arrepiar

Sou a difícil mania
O filho que a mãe espoliou
A prece cada dia
Do vigário consertou

Ora aqui está apresentado
O caso do dia, olá,
Pronto e variado
O Magellan entrou
O que dará? Atravessou
Três vezes a tentar
Tendo três vezes arribado

14. "Bolimbolacho" (s.d.)

Letra e música: autores desconhecidos.
Intérprete: Bahiano.
Gravadora: Casa Edison.
Disco Odeon Zon-O-Phone 10.002
(1902).

"Bolimbolacho", interpretada pelo Bahiano, foi a segunda canção gravada em disco no Brasil, em 1902. No lundu, bastante antigo, as quadrinhas costumavam variar de acordo com a criatividade do cantor e o gosto do público. Mas mantinham sempre o mesmo refrão e o tom de brincadeira.

Nesta versão, Bahiano, entre outras coisas, pede distância de beijo de mulher velha, mas diz que adora beijo de moça solteira. Seja como for, não quer nem ouvir falar em casamento: "A mulher quando é solteira/ Seu perfume é água tônica/ Depois que se apanha casada/ É pior do que a peste bubônica".

Até o comecinho do século XX, a doença fazia enormes estragos no Rio de Janeiro, em Belém e em outras cidades do país. Somente deixaria de ser um problema de graves proporções nos anos seguintes, durante o governo de Rodrigues Alves, graças às medidas saneadoras comandadas pelo médico Oswaldo Cruz.

Bolimbolacho,
Bole em cima, bole em baixo
Bolimbolacho,
Por causa do caruru
Quem não come da castanha
Não percebe do caju
Quem não come do caju
Não percebe da castanha
Quem não come da castanha
Não percebe do fubá

Quem dá beijo em mulher velha
Que tem boca desdentada
Logo fica com dor de dente
E a barriga destemperada

Bolimbolacho, ...

Eu comprei uma camisa
Por cinco mil e quinhentos
Toda vez que visto ela
Acho logo um casamento

Bolimbolacho, ...

- Ó ferramenta velha, cansada

Meu galinho da campina
Rouxinol de laranjeira
Não há dinheiro que pague
Beijo de moça solteira

Bolimbolacho, ...

Eu plantei no meu quintal
A semente do repolho
Nasceu uma velha careca
Com uma batata no olho

Bolimbolacho, ...

- Aguenta firme, seu Juca.

A mulher quando é solteira
Seu perfume é água tônica
Depois que se apanha casada
É pior do que a peste bubônica

15. "Rato, rato" (1904)

Letra: Claudino Manoel da Costa.
Música: Casemiro Gonçalves da Rocha.
Intérprete: Claudino Manoel da Costa.
Gravadora: Casa Edison.
Disco Odeon 120.062 (1913).

Em 1902, depois de uma epidemia de peste bubônica no Rio de Janeiro, o médico Oswaldo Cruz, recém--nomeado diretor da Saúde Pública, lançou uma grande campanha para reduzir o número de ratos na cidade. A doença transmite-se através de pulgas aninhadas nos roedores.

Um esquadrão de 50 "homens da corneta" passou a percorrer os bairros pobres espalhando raticida, removendo lixo e pagando à população cem réis por animal morto. Chegou-se a criar o cargo público de "caçadores de ratos". Milhões de roedores foram abatidos. Como consequência das medidas sanitárias, em três tempos surgiu um intenso comércio de ratos, havendo até quem tenha passado a criá-los para vendê-los às autoridades.

Várias músicas foram compostas sobre o assunto, usando como mote o pregão dos compradores: "Rato, rato, rato!". Esta polca, com música de Casemiro da Rocha, pistonista da Banda do Corpo de Bombeiros, recebeu letra de Claudino Costa.

Rato, rato, rato
Assim gritavam os compradores ambulantes
Rato, rato, rato,
Para vender na academia aos estudantes
Rato, rato, rato
Dá bastante amolação
Quando passam os garotos, todos rotos
A comprar ratos a tostão

Quem apanha ratos?
Aqui estou eu para comprar, para comprar
Ratos baratos
São necessários para estudar, para estudar
Já que vens saber
Que este viver é minha sina
Rato, rato, rato, rato
Só pra fazer vacina

Rato, rato, rato
Só se vê aqui no Rio de Janeiro
Rato, rato, rato
Quem os tiver já não passa sem dinheiro
Rato, rato, rato
É a nossa salvação
Pra esses nossos malandrotes não passarem
Todo dia sem o pão

Tem vendedor que compra ratos
Nunca tive um casamento
Nem procuro trabalhar
Ratos quando estou em casa estou prendendo
Ratos que no outro dia estou vendendo
Com anunciante conhecido
Nem por isso meu negócio assim produz
Tem que trazê-lo na memória,
O belo tempo de glória, dr. Oswaldo Cruz

Rato, rato, rato
Assim gritavam os compradores ambulantes
Rato, rato, rato,
Para vender na academia aos estudantes
Rato, rato, rato
Dá bastante amolação
Quando passam os garotos, todos rotos
A comprar ratos a tostão.

16. "Rato, rato" (1904)

Letra: Orestes Matos.
Música: Casemiro da Rocha.
Intérprete: Ademilde Fonseca.
Gravadora: Continental (1945).

Esta versão de "Rato, rato", com letra de Orestes de Matos e a mesma melodia da polca-choro de Casemiro da Rocha (verbete anterior), fez muito sucesso no carnaval de 1904. Mas não chegou a ser gravada na época. Apenas em 1910 seria lançada em disco, pelo próprio Matos. Sua letra, porém, prevaleceu na memória musical difusa da sociedade, talvez devido a seus primeiros versos, muito fortes: "Rato, rato, rato/ Por que motivo tu roeste o meu baú/ Rato, rato, rato/ Audacioso e malfazejo gabiru".

Nas décadas seguintes, a canção entraria para o repertório de vários intérpretes. Em 1945, a cantora Ademilde Fonseca

gravou a polca-choro em ritmo de samba.

Rato, rato, rato
Por que motivo tu roeste o meu baú
Rato, rato, rato
Audacioso e malfazejo gabiru
Rato, rato, rato
Eu inda hei de ver o teu dia final
Que a ratoeira te persiga e consiga
Satisfazer meu ideal

Quem te formou?
Foi o diabo, não foi outro, podes crer
Quem te gerou?
Foi uma sogra pouco antes de morrer
Quem te criou?
Foi a vingança, digo eu
Rato, rato, rato
Emissário do judeu
Quando a ratoeira te pegar
Monstro covarde
Não te venhas a gritar, por favor
Rato velho, descarado roedor
Rato velho, como tu faz horror
Nada valerá teu qui-qui
Morrerás e não terás quem chore por ti
Vou provar-te que sou mau
Meu tostão é garantido
Não te solto nem a pau.

17. "Rato, rato" ("Avança!") (1904)

Letra: Álvaro Péres e Álvaro Colás.
Música: Assis Pacheco.
Intérprete: Alfredo Silva.
Gravadora: Casa Edison.
Disco Odeon 10.060 (1904-1905).

A revista de teatro "Avança!", de Álvaro Peres e Álvaro Colás, encenada em 1904, trouxe vários números musicais que arrancaram gargalhadas da plateia (ver "O eixo da Avenida"). Nas coplas cantadas pelo personagem Ratazana, o espertalhão gabava-se de ter descoberto um grande negócio. Comprava ratos da população para revendê-los às autoridades, faturando em cima da diferença de preços. Bom empreendedor, usava uma gaitinha para atrair a clientela. O negócio mostrou-se tão rentável que o sujeito montou um sindicato – uma espécie de empresa compradora – para ganhar mais dinheiro ainda. Acabou atrás das grades.

"Cavar", gíria muito usada na época, era o mesmo que arranjar uma boquinha.

Sou uma grande ratazana
Faço negócio de ratos
Sustento um mano e uma mana,
Três filhos e quatro gatos.
Mas o que me faz afligir,
Agora o que mais me dói,
E não poder impingir
Mais ratos em Niterói!
Pois assim mesmo! Ando cavando
Sempre com espalhafato!
Por essas ruas vou comprando
Rato, rato, rato, rato!

– Ah, mas é o diabo. Agora é uma trapalhada dos diabos. Exigem atestado de vacina, certidão de batismo. Depois nem todos os ratos servem ...

Para o negócio exercer
Arranjei um sindicato
Meti gente a comprar rato
Para tornar a vender!
Escangalharam-me a ideia
Mataram-me a comilança
Meteram-me na cadeia
E acabou-se aquele avança!
Pois assim mesmo ando cavando
Sempre com espalhafato
Na minha gaita vou tocando
Rato, rato, rato, rato!

– Ah, mas é o diabo. Assim não posso viver. Já exigem ratos em conserva.

Tenho muito concorrente,
Tudo de lata e gaitinha,
Mas esta invenção é minha
Aproveitou-se essa gente!
Neste negócio da China
Fui o primeiro a avançar!
Pensavam que era uma mina ...
E quiseram-m'a furar!
Mas assim mesmo ando cavando

18. "Vacina obrigatória" (1904)

Letra e música: autores desconhecidos.
Intérprete: Mário Pinheiro.
Gravadora: Casa Edison.
Disco Odeon 40.169 (1904).

De todas as campanhas sanitárias do início do século XX no Rio de Janeiro, a que despertou maior resistência foi a da vacina obrigatória contra a varíola.

Em parte por causa do descrédito da população na eficácia da medida, em parte porque as autoridades queriam higienizar a Capital Federal a qualquer custo, num comportamento classificado de "despotismo sanitário", a campanha acabou provocando uma sublevação popular só sufocada com a intervenção de tropas do Exército. O saldo da "Revolta da Vacina" foi trágico: pelo menos 23 mortos, dezenas de feridos, quase mil presos.

A lei tornando obrigatória a vacinação foi aprovada pelo Congresso em 31 de outubro de 1904. Menos de uma semana depois, a oposição criou a Liga contra a Vacina Obrigatória. Em 10 de novembro começaram os confrontos entre populares e forças policiais. No dia 14, os cadetes da Escola Militar da Praia Vermelha aderiram ao movimento. O governo ordenou, então, o bombardeio dos morros do bairro da Saúde, no centro do Rio, reduto da insurreição. No dia 17, a polícia ocupou o bairro, com o apoio do Exército e da Marinha.

A cançoneta provavelmente foi composta em 1904. Mais precisamente, antes do começo da revolta, pois não faz menção aos choques com a polícia e o Exército, mas após o início dos debates que precederam à aprovação da lei, pois revela disposição para resistir à sua implantação.

Em vários momentos, a letra associa a vacinação ao ato sexual, com duplo sentido, expediente muito comum nas cançonetas.

Anda o povo acelerado com horror a palmatória
Por causa dessa lambança da vacina obrigatória
Os manatas da sabença estão teimando desta vez
Em meter o ferro a pulso bem no braço do freguês

E os doutores da higiene vão deitando logo a mão
Sem saberem se o sujeito quer levar o ferro ou não
Seja moço ou seja velho, ou mulatinha que tem visgo
Homem sério, tudo, tudo leva ferro, que é servido.

Bem no braço do Zé Povo, chega um tipo e logo vai
Enfiando aquele troço, a lanceta e tudo o mais
Mas a lei manda que o povo e o coitado do freguês
Vá gemendo na vacina ou então vá pro xadrez

Contam um caso sucedido que o negócio tudo logra
O doutor foi lá em casa vacinar a minha sogra
A velha como uma bicha teve um riso contrafeito
E peitou com o doutor bem na cara do sujeito

E quando o ferro foi entrando fez a velha uma careta
Teve mesmo um chilique eu vi a coisa preta
Mas eu disse pro doutor: vá furando até o cabo
Que a senhora minha sogra é levada dos diabos

De um casal de namorados eu conheço a triste sina
Houve forte rebuliço só por causa da vacina
A moça que era inocente e um pouquinho adiantada
Quando foi para pretoria já estava vacinada

Eu não vou nesse arrastão sem fazer o meu barulho
Os doutores da ciência terão mesmo que ir no embrulho
Não embarco na canoa que a vacina me persegue
Vão meter ferro no boi ou nos diabos que os carregue.

19. "Carnaval Carioca"

Letra e música: Juca Storoni.
Intérpretes: não identificados.
Gravação: Favorite Record 1-457.027
(1912).

Esta coletânea de canções de carnaval, gravada em 1912, foi reunida pelo compositor Costa Junior, que às vezes assinava suas obras com o anagrama de Juca Storoni. A marcha que abre o pot-pourri critica a vacina obrigatória e a repressão contra a Revolta da Vacina, em 1904 (verbete anterior).

A música do refrão é a mesma de "No bico da chaleira", de Juca Storoni, grande sucesso do carnaval de 1909, que gozou os puxa-sacos do senador Pinheiro Machado, um dos homens mais poderosos da política na época.[112]

"Abre alas", de Chiquinha Gonzaga, é uma das marchas do pot-pourri. O tango "Vem cá, mulata", de autoria do próprio Costa Junior, também.

---

[112] Esses são os versos de "No bico da chaleira": *"Iaiá, me deixe subir esta ladeira/ Que eu sou do grupo do pega na chaleira.// Quem vem de lá,/ Bela Iaiá,/ Ó abre alas/ Que eu quero passar.// Sou Democrata,/ Águia de Prata/ Vem cá mulata/ Que me faz chorar".*

- Anda, boneca, manda a formar o cordão. Vamos cantar a primeira marcha.

Eu vou-me embora, pai, tô indo embora.
Para livrar-me da vacina obrigatória.
Eu vou-me embora, pai, vamos embora.
Para livrar-me da vacina obrigatória.
Ai, houve tiro de revólver, muita pancadaria,
A vacina obrigatória precisou cavalaria.
Eu vou-me embora, pai, vamos embora.
Para livrar-me da vacina obrigatória.
Toca, toca o telefone lá vem a cavalaria,
Fazendo pouco do povo, da forma que ela queria.
Eu vou-me embora, pai, vamos embora.
Para livrar-me da vacina obrigatória.

- Agora ... vamos passar.

Ai, quem vem de lá,
É ela,
Ó abre alas
Que eu quero passar.

Sou Democrata,
Sou bom de lata,
Vem cá, mulata
Que me faz chorar.

- E vem o samba!

Crioula,
Mulata
As tuas cadeiras
Também me mata

- Chega!

Eu pulo, eu pulo,
Eu meto o pau ...
Eu tô sentado
Eu tô sentado

- Agora vamos cantar Itapiru!

Caprichoso de Itapiru
Faz um ano que eu não te vejo
Eu quero, iaiá, eu quero,
Eu quero te dar um beijo

Eu com tantas cores
tendo um anjo do meu lado
Para coroar
O cliente do pedaço

Viva o Jornal do Brasil! Viva os
Tenentes! Viva Os Democráticos/ Viva
Os Fenianos!

20. "Febre amarela" (1903-1904)

Letra e música: autores desconhecidos.
Intérprete: Geraldo Magalhães.
Gravadora: Casa Edison.
Disco Odeon 40.493 (1904-1907).

No final do Século XIX e no início do Século XX, o Rio de Janeiro era uma cidade tão insalubre que chegou a ser chamada de "túmulo de estrangeiros". Estima-se que entre 1897 e 1906 tenham morrido cerca de 4 mil imigrantes, vítimas da febre amarela, na época atribuída pelo povo e por muitos médicos aos "ares pestilenciais".

Como parte do esforço de modernização da capital da República, o presidente Rodrigues Alves convocou o médico Oswaldo Cruz para comandar a reforma sanitária da cidade. Apoiando-se na descoberta do médico cubano Carlos Finlay de que a febre amarela era transmitida pelo mosquito *Aedes aegypti*, Oswaldo Cruz formou brigadas de "mata mosquitos", responsáveis por percorrer casas, cortiços e barracos, eliminando os focos do inseto com a queima de enxofre, piretro e outras substâncias químicas. Foi fixada a meta de livrar a cidade da doença até 1907.

A campanha iniciada em 1903 deu excelentes resultados. No primeiro semestre de 1903, ocorreram 469 mortes por febre amarela. No primeiro semestre do ano seguinte, o número de óbitos caiu para 39. Em 1906, o Rio estava livre da doença.

Os visitadores sanitários, porém, frequentemente cometiam excessos. Entravam à força nas casas e, no caso do combate à varíola, vacinavam as pessoas contra sua vontade, o que motivou protestos dos moradores e serviu de pretexto para a eclosão da famosa Revolta da Vacina.

"Febre amarela", cantada por Geraldo Magalhães, faz menção a tudo isso. Brinca até com a hipótese de que Oswaldo Cruz pudesse vir a comprar esqueletos de mosquito, a exemplo do ocorrido com os ratos na campanha contra a peste bubônica (ver "Rato, rato"). Mas não há mais ceticismo como nas canções anteriores. O clima é de confiança: "Porque o grande mestre Oswaldo/ Vai dar cabo da maldita (febre amarela)".

Em tempo: "istrigomia" e "faciata" são referências a "estegomia faciata", um dos nomes científicos do mosquito transmissor da doença, adotado no início do Século XX. Manata, termo usado à época, é sinônimo de figurão, pessoa importante, magnata.

Hoje em dia é voz corrente
Acabou-se a suadela
Por que, nosso presidente,
Não há mais febre amarela

Entornou-se todo o caldo
E o mosquito já não grita
Porque o grande mestre Oswaldo
Vai dar cabo da maldita

E o istrogomia foi de embrulho,
Foi de embrulho a faciata
Um manata fez barulho,
Arrumou-lhe a grande lata
Diz o Oswaldo da amarela
Que lhe tira o seu topete
Antes de 7 de março
De 1907

(Ri)

Só em compras fez o Oswaldo
O soberbo figurão
Ratos 300 réis
Camundongos a tostão
Hoje todo vale cobre
E o micróbio não dá grito
Porque o Oswaldo anda comprando
Esqueleto de mosquito

E o istrogomia fez barullho,
Foi de embrulho a faciata,
Um manata fez barulho,
Arrumou-lhe a grande lata
Diz Oswaldo da amarela
Que lhe tira o seu topete
Antes de 7 de março
De 1907

(Ri)

Se ela acaba ou não acaba
Se apertarmos suas varetas
Mas o caso do micróbio
Eu estou vendo as coisas pretas
Quero o tal mata-mosquito

Pra que não se faça feio
Que se bote escarradeira
Que tem mais de metro e meio

E o istrogomia foi de embrulho,
Foi de embrulho a faciata
Um manata fez barulho,
Arrumou-lhe a grande lata
Diz Oswaldo da amarela
Que lhe tira o seu topete
Antes de 7 de março
De 1907
(Risos)

21. "Os mosquitos"

Letra e música: autores desconhecidos.
Intérprete: Bahiano.
Gravadora: Casa Edison.
Disco Odeon 108.716 (1912).

Nas cançonetas, era comum a confusão deliberada entre assuntos sérios e temas picantes, tudo embrulhado em letra maliciosa, com duplo sentido. Aqui o cantor Bahiano brinca com a campanha de vacinação comandada por Oswaldo Cruz contra o mosquito transmissor da febre amarela (verbete anterior). Mas dá a entender que muitas senhoras, a começar pela sua sogra, apreciavam muito as picadas. Dos insetos?

"Culicídio" significa extermínio de mosquitos.

Anda o querosene numa viva roda
Por causa da moda que veio de Cuba
E o mosquito agora está condenado
A gemer coitado na velha suruba

Cozinheiro, lorde, gente pobre ou rica,
Dizem que ele morde, dizem que ele pica

Boa gente afirma que uma picadela
A febre amarela facilmente expande
E o pobre mosquito, Judas na Aleluia,
Vai tomar na cuia como gente grande

Até minha sogra que toda se pela
Livrar-se não logra da tal picadela

Cidadãos passados, cabras de restolho
Abram bem o olho, olhem o zum-zum
Que o tal culicídio de pança rajada
Não respeita nada, pica em qualquer um

Dona Ana Trancoso, a rir sempre fica
Me diz se é gostoso, se acaso ele pica

Diz o mosquitinho para a mosquitinha:
Companheira nossa, vamos passear.
Deixa de lambança, não me entorne o
caldo
Que o doutor Oswaldo lá nos vem pegar

Marocas Benfica, boa rapariga
Diz quando ele morde incha-lhe a barriga

- ..... Quem gosta de picadela de mosqui-
to é minha sogra, é doida por isso ...

22. "Decreto 422" (1903)

Letra e música: autores desconhecidos.
Intérprete: Mário Pinheiro.
Gravadora: Victor Record.
Disco C-9205 (1910).

No afã de sanear a Capital Federal, as autoridades não se limitaram às campanhas contra a peste bubônica, a varíola e a febre amarela. Também tomaram providências para melhorar a higiene nos transportes públicos. Em 1903, o prefeito do Rio, Pereira Passos, baixou o decreto 422, proibindo os passageiros de cuspir nos bondes, sob pena de multa.

Logo apareceu um lundu gozando a decisão do prefeito: "Estando a gente precisada/ De cuspir não tem maneira/ É engolir a cusparada/ Ou trazer a escarradeira".

Os versos são um primor de duplo sentido malicioso, muito comum nas cançonetas da época. Tomando como mote um ditado muito popular – "com cuspe e jeito tudo se arranja" –, o palhaço-cantor Mário Pinheiro sugere que até o ato sexual ficaria complicado depois do decreto 422: "Pois, sem cuspe e jeito, não se arranja a filhinha".

"Peco", palavra que quase não se usa mais, significa "estúpido".

Anda agora em editais
Eu mesmo não sei de aonde
O prefeito não quer mais
Que a gente cuspa no bonde
(Ah, ah, ah, ah, ah, ah, ora, essa é boa)
Estando a gente precisada
De cuspir não tem maneira
É engolir a cusparada
Ou trazer a escarradeira

Já não cospe o cidadão
Sem licença do prefeito
Do prefeito, é lamentar,
Pois que à multa está sujeito
Jaboti dentro da linha!
Pois não é sem cuspe e jeito
(O que é se faz sem o cuspe e jeito, seu
Mário?)
(Ora, minha filha, o que não se faz sem
o cuspe e jeito, não ...).
Não se arranja a filhinha.

— Qual, você inventa cada coisa ...

Carolina conta a Henrique
Que na noite do casamento
Quase teve um tremelique
Por causa do tal jeito
E o marido desalmado
Que não é sujeito peco
Com medo de ser multado
— O que é que ele fez?
— Ora, o que ele fez?
Fez a festa toda em seco!

Já não cospe o cidadão
Sem licença do prefeito
Do prefeito, é lamentar
Pois à multa está sujeito
Jaboti dentro da linha!
Pois não é sem cuspe e jeito
(O que é que se faz sem cuspe e jeito?)
(Oh, minha filha, eu já não disse que
sem cuspe e jeito, oh)
Não se arranja a filhinha.

Pois o velho derrubado
Que é vendeiro lá da esquina
Que casou-se o mês passado
Com Josefa de Ananias
(Olha, vão ver os senhores o que aconte-
ceu com esse homem, coitado)
Pelo muito me faz rir
E me faz chorar até
Quando ela quer cuspir
(Onde é que cospe, Seu Mário?)
(Ora, onde é que cospe?)
Cospe na cabeça do Zé
(ah, ah, ah, ah)

Já não cospe o cidadão
Sem licença do prefeito
Do prefeito, é lamentar
Pois à multa está sujeito
Jaboti dentro da linha!
Pois não é sem cuspe e jeito
(Qual, o cuspe e jeito facilita a coisa)
Que se arranja a filhinha

23. "Cabala eleitoral"

Letra e música: autores desconhecidos.
Intérpretes: Bahiano e Cadete.
Gravadora: Casa Edison.
Disco Odeon 120.035.

Bahiano e Cadete, duas das principais estrelas dos primeiros tempos da Casa Edison, geralmente cantavam separados, mas às vezes apresentavam-se em dupla, como neste desafio. A canção tem mais de cem anos, mas a prática que ela satiriza existe até hoje: a troca do voto por favores. O chefe político (o "coroné") pede o voto ao eleitor. Promete, em troca, dar emprego, terno e cavalo ao cidadão. Mas o sujeito, escolado, sabe que não se pode confiar em promessa de político nas vésperas da eleição. Quer garantias: "Hoje você me dá tudo/ Amanhã me mete o pé". E vai até o fim do desafio sem prometer votar no candidato do 'coroné'.

É curioso como os versos acima são parecidos com os do samba "Candidato caô caô", de Bezerra da Silva, escritos quase um século depois: "Hoje ele pede seu voto/ Amanhã manda a polícia lhe bater".

Desejo, prezado amigo,
Com grande satisfação
De ter o vosso votinho
Na próxima eleição

Não posso, meu coroné,
O voto de graça eu não dou
É breve lição do meu pai
Conselho do meu avô

Eu prometo meu amigo
De lhe dar colocação
Se vancê votar comigo
Ao menos nesta eleição

Tenha a santa paciência,
Meu ladino coroné,
Meu voto eu dou de espontâneo
A quem quer que me faça o pé

Eu vos dou terno de roupa
Dou cavalo, dou terneiro
Em troca do vosso voto
Dou até mesmo dinheiro

Já tenho calo na sola
Meu ladino coroné,
Hoje você me dá tudo
Amanhã me mete o pé

Eu vos quero muito bem
Meu caro eleitor amigo
Não seja tão emperrado
Venha cá votar comigo

Vai armar pra quem quiser,
Coroné, sua arapuca
Eu cá sou macaco velho
Não meto a mão na cumbuca.

24. "O pai de toda a gente" (1907-1912)

Letra e música: Eduardo das Neves.
Intérprete: Idem.
Gravadora: Casa Edison.
Disco Odeon 108.761 (1912).

Este cateretê critica um aspecto marcante da política brasileira na época: a concentração de poder nas mãos das oligarquias estaduais. O "pai de toda a gente" é Antônio Pinto de Nogueira Accioly, que mandou e desmandou no Ceará durante mais de 30 anos – de 1878, ainda no Império, até 1912, na Primeira República.

Filho do coronel José Pinto Nogueira, ele fez carreira em Icó, sua terra natal, casando-se mais tarde com a filha do famoso Senador Pompeu, que chefiava o Partido Liberal no estado. Com a morte do sogro, substituiu-o no comando do partido.

Sua ascensão, porém, só se consolidou no início da República. Aproveitando-se do apoio de Floriano Peixoto, elegeu-se governador do Ceará. Em seguida, no governo de Campos Sales (1898-1902), beneficiou-se com a "política dos governadores" – em troca do apoio dos chefes políticos estaduais no Senado e na Câmara, o presidente da República dava-lhes mão forte nos Estados.

Com carta branca do governo central, Accioly não se fez de rogado: usou e abusou do poder. Nomeou amigos e parentes – e como tinha parentes o "pai de toda a gente", debochava Eduardo das Neves – no Executivo, no Legislativo e no Judiciário, usou verbas públicas para fazer política, mandou empastelar jornais, perseguiu desafetos e reprimiu manifestações e comícios da oposição.

Capa do jornal "Tagarela (3/9/1903) criticando Acioly, o pai de toda gente, todos mamando nas tetas do Estado

O descalabro chegou a tal ponto que, mesmo fora do Ceará, "acciolysmo" converteu-se em sinônimo de empreguismo familiar nos cargos públicos, como registrou Affonso D'Escragnolle Taunay em seu livro "Léxico de lacunas – subsídios para os dicionários da língua portuguesa", publicado em 1914: "Pitoresco neologismo da imprensa brasileira, que designa a monopolização de cargos públicos por uma família dominante na política (De *Accioly*, nome próprio)".[113]

Alguns esclarecimentos: o oligarca usava sedoso cavanhaque; naquela época, os governadores eram chamados de presidentes; cutuba é sinônimo de valente, importante, forte; comandatuba, um tipo de barco. Quanto ao Brígido mencionado na música, trata-se de João Brígido, professor, deputado, senador e jornalista, ferrenho adversário de Accioly na política cearense.

Aliás, "o pai de toda a gente" não foi a única música que satirizou Accioly. No livro "Claridade e sombra na música do povo", Edigar Alencar registrou outra marchinha, cantada em Fortaleza

---

[113] Affonso D'Escragnolle Taunay. *Léxico de lacunas: subsídios para os dicionários da língua portuguesa.* Tours, França: Imprimerie E. Arrault, 1914, pg. 17.

nos dias que precederam à queda do oligarca: "Vamos ao palácio arrancar à unha o velho Accioly/ E o Carneiro da Cunha/ Viva o Ceará/ Viva, viva, viva!". Ao que tudo indica, a marchinha nunca foi gravada.

Vem comigo, mulata,
Mulata, meu bem, embarca.
Vem comigo, mulata,
Mulata, meu bem, embarca.
Vamos lá pro Ceará
Vamos ver os oligarcas
Vamos lá pro Ceará
Vamos ver os oligarcas

Vem, vem, vem
Minha gente, meu bem, embarque
Vem, vem, vem
Minha gente, meu bem, embarque
Vamos ver o grande homem
Que tem grande cavanhaque

Que cavanhaque sedoso
Que cavanhaque decente
Que cavanhaque sedoso
Que cavanhaque decente
Ele é o presidente
E é pai de muita gente
Ele é o presidente
E é pai de muita gente

É um caboclo ilibado
É um caboclo cutuba
É um caboclo ilibado
É um caboclo cutuba
Ele vem a capitá federá
Dentro de um comandatuba
Ele foi à capitá federá
Dentro de um comandatuba

Oia só, mulher, queridinho,
O Accioly é pai de toda gente
Seu Brigído não tem ninguém
A vida se faz com amor
Assim dizia, meu bem

Meu Deus, que homem valente
Que cabeça ilustrada
Meu Deus, que homem valente
Que cabeça ilustrada

É um grande presidente,
Mas também que filharada
É um grande presidente,
Mas também que filharada

Se ele fosse sustentar
Em filharada o povão
Garanto que não ganhava
Nem para lhe dar o feijão

(Fala)
Não dava pro feijão pra aquilo tudo,
meu Deus,
O Ceará é grande, é uma filharada, é
sobrinho, é parente, é tio, é avó.

25. "Todos comem" (1902-1904)

Letra e música: Luiz Moreira.
Intérprete: João Barros.
Gravadora: Victor Record.
Disco 98.773.

Este cançoneta, gravada pela primeira vez em 1904 por Mário Pinheiro, fez tanto sucesso que, nos anos seguintes, seria registrada novamente não só pelo mesmo cantor como também pelo Cadete – nas chapas da Casa Edison, às vezes ele assinava K.D.T. – e por João Barros. Nos primeiros registros, não há menção ao autor. No último, a autoria é atribuída a Luís Moreira, que compunha regularmente para o teatro de revista.

A cançoneta segue a tradição da música de rua, dos cafés dançantes e chopes berrantes, recorrendo à letra maliciosa, com duplo sentido. No caso, triplo sentido. O verbo "comer" tanto se refere à alimentação como ao ato sexual. De quebra, também é usado como sinônimo de corrupção. A melodia de "Todos comem" é a mesma de "Cavando" (próximo verbete).

A revista cômica "Comeu!", de Artur de Azevedo, com música de Abdon Milanez, encenada em 1902, também havia abordado com sensibilidade o problema da corrupção. "As coplas do carnaval", cantadas no 1o ato, das quais não se recuperou a melodia, alertavam: "Entretanto, o que me irrita/ É ver que, nessa cambada/ Quem mais come é quem mais grita/ Contra quem não comeu nada!/ Como errar é próprio do homem/ Inocentes há punidos/ Porque há muito que não comem/ E outros são até comidos/ O Povo que acredita/ Em tudo que leu/ Ao dar com eles, grita:/ Comeu! Comeu! Comeu!".

Comer é verbo da moda
Nem já se conjuga mais
Comeu diz a gente toda
Não quer ninguém jejuar
Todos comem neste mundo
Comem o fidalgo e o plebeu
É portanto erro profundo
Dizer: fulano comeu
Sem comer morre-se à fome
Come você, como eu
Come o moço, o velho come
Porque a Mãe Eva comeu

Senador ou deputado
Que só faz oposição
E nunca diz apoiado
Ao governo da nação
Se um dia o governo apoia
O mesmo que combateu
Berra o povo: "Foi tramoia"
E as galerias: "Comeu"
Sem comer morre-se à fome
Come você, como eu
Come o moço, o velho come
Porque a Mãe Eva comeu

Ninguém foge à lei da fome
Pois é fato bem sabido
Que neste mundo quem come
Acaba sendo comido
Enquanto a morte não come
Como o fidalgo e o plebeu
Sem comer morre-se à fome
Comigo mesmo diz que comeu

Come a velha, a moça come
Porque a Mãe Eva comeu
Ninguém a mal isto tome
Ninguém mais diz que comeu.

26. "Cavando" (s.d.)

Letra: autor desconhecido.
Música: Luiz Moreira.
Intérprete: Barros.
Gravadora: Casa Edison.
Disco Odeon 10.183 (1905-1906).

No início do século XX, "cavar" era o verbo da moda. Significava "levar vantagem". Segundo a cançoneta, todos cavavam: a moça, o padre, o soldado, o boêmio, a sogra e o compadre. Mas os campeões nessa prática eram os graúdos, "o povo da alta roda". Já os pobres pagavam a conta: "Se cavarem mais arame/ Que triste situação/ Por mais que o povo reclame/ Nunca sai da prontidão".

Arame, na época, significava dinheiro. Prontidão, falta de dinheiro.

A melodia de "Cavando" é a mesma de "Todos comem" (verbete anterior).

Os tempos andam bicudos
E todos vivem apitando
Até os mais patacudos
Vivem um meio estudando

Se cavarem mais arame
Que triste situação
Por mais que o povo reclame
Nunca sai da prontidão

Cavar é verbo da moda
Que todo mundo conjuga
Cava o povo da alta roda
Que o nosso bom sangue suga

Quem não cava nesta terra
Não passa de toleirão
Já é vício, não aterra
Essa grossa escavação

O mal nos tapa, fascina
E nos fala em casório
Já sabe a linda menina
Quer cavar, isso é notório

Um padreco com muito estudo
Que só vive de sermões
Está cavando o pançudo,
A mulher nas cavações

Cava o moço e cava a moça
Cava o soldado e o padre
Cava o boêmio a troça
Cava a sogra e o compadre

É bem grande e boa a lista
Dessas escavantes almas
Até o cançonetista
Quer cavar algumas palmas

27. "As eleições de Piancó" (s.d.)

Autores desconhecidos: domínio público.
Intérprete: Eduardo das Neves.
Gravadora: Casa Edison.
Disco Odeon 108.760 (1912).

A gargalhada, gênero musical muito popular na época (ver "Questão do Acre", "América e Espanha" e "Febre amarela"), faz uma crítica demolidora ao sistema eleitoral da República Velha, em que o voto não era secreto, mas "a descoberto", ou seja, o eleitor era obrigado a assinar a cédula. Além disso, os sufrágios depositados nas urnas valiam menos do que as atas produzidas pelos membros das seções eleitorais – a famosa "eleição a bico de pena". A canção goza também a "degola". Antes da posse, os eleitos precisavam passar pelo crivo das comissões revisoras das câmaras municipais, do Senado e da Câmara, que tinham poderes para confirmar ou não os mandatos legislativos. Frequentemente, nos bastidores, os vencedores transformavam-se em vencidos, e vice-versa. Para Eduardo das Neves, diante de um quadro viciado como esse, os eleitores não passavam de "toleirões". "Acreditam em eleições", espantava-se o compositor.

Em tempo: a legislação da época permitia a inscrição de candidatos avulsos, ou seja, sem partido.

A referência a Piancó, cidade do interior da Paraíba, parece ser fortuita. Os fatos e procedimentos criticados não ocorriam apenas no município paraibano, mas obedeciam a um padrão existente em todo o país.

Embora a música tenha sido gravada em 1912, deve ter sido composta na segunda metade da década de 1900, pois ainda se refere à Avenida Central, que passaria a ser chamada Rio Branco em 1912. Além disso, dá a entender que o automóvel ainda era uma novidade. Em 1906, havia apenas seis automóveis na Capital Federal; em 1910, eles já haviam saltado para 615, um número bastante razoável para a época.

Anda um certo fato
Neste Rio de Janeiro
Correm tantos boatos
Que circulam o mundo inteiro.

Agora há nessa época
De tantas revoluções
O quadro que nos inspira
É o das tais eleições.

(fala)
- *Ora, deixe dissu omi*
- *Porque quem foi eleito foi o Sr. Fulano dos Anzóis Carapuça etc e tal, General.*
Diz o outro:
- *Não, senhor, quem foi eleito foi o Sr. Dos Anzóis Carapuça etc. e tal, Civil.*
- *Ora, senhor, eu então entro no meio dessas conversações e discussões.*
- *Meus camaradas, sabe quem foi eleito? Fui eu. Pelo Estado Maior da cidade de Bananeiras, onde eu sou vereador municipal, sou intendente, e sou general, sou comandante das Forças de Operações. Onde os sujeitos ficam todos babosos pela minha alta posição e eu saio rindo.*

(Ri)
Ah! Ah! Ah!
Eh! Eh! Eh!
Ó que grandes toleirões
Ah! Ah! Ah!
Eh! Eh! Eh!
Acreditam em eleições.
Ah! Ah! Ah!
Eh! Eh! Eh!
Isso não passa de brincadeira
Ah! Ah! Ah! Ah! Ah!
Eleições são verdadeiras.

(Ri e fala)
- *Ah, ah, ah, ah. Eleições nada... Se houvesse eleições sérias, minha vó seria ministra da Guerra.*

Se houvesse eleições que fossem sérias
Eu então diria prum certo vereador:
Meu compadre, por amizade,
Seria um grande doutor
Haveria de ser contente
O nosso presidente

E então lá do Palácio
Ah! Ah! Ah!
Eh! Eh! Eh!
Ele ia comandar o povo
Ah! Ah! Ah! Ah! Ah! Ah! Ah!
Um tantinho de eleição
Ih! Ih! Ih!
Ih! Ih! Ih!
E fazia tudo novo
Ah! Ah! Ah! Ah! Ah! Ah! Ah!

(Fala)
- Faz uma ideia do meu compadre, que é
lá do Piancó, como presidente do Palácio.
Que coisa bonita não fazia...

Vai de carruagem só
Pela rua, então, então
A fazer o seu bonito
Fon, fon, fon
Fon, fon, fon
Em um tal de automóvel
Pela rua a passear
Estão andando na avenida
Que o povo chama Centrá

(Fala)
- E eu então todo recostado ao lado do
meu compadre presidente.
- E eu como ministro, já sabe? Foi nas
eleição que fui eleito, embora fosse a ca-
cete, ou a pedrada, não sei. Fui eleito e
tenho que ser reconhecido avulso. Porque
meus camarada lá em Piancó, de cada
família que tem lá por trás, lá na casa da
Chica Pé de Ganso, tem um compadre
que também foi eleito. Então quando ele
passa por mim me cumprimenta:

O compadre como vai
Ah! Ah! Ah!
Cumprimenta bem contente
Eh! Eh! Eh!
Agora vereador
Ah! Ah! Ah!
Mais tarde sou presidente
Eh! Eh! Eh!

28. "Mestre Pena vai ao Norte" (1906)

Letra: Barriguinha de Inveja.
Música ("Margarida vai à fonte"): João Vasconcelos e Sá.
Intérprete: João Nabuco (piano e canto).
Gravação independente.
Letra no jornal "O Rio-Nu" (6/6/1906).

Depois de três paulistas na Presidência da República – Prudente de Moraes, Campos Sales e Rodrigues Alves – chegou ao governo um mineiro: Afonso Pena. Começava a política do "café com leite", através da qual São Paulo e Minas se revezariam no Palácio do Catete. Combinada com a "política dos governadores", que havia fortalecido os chefes políticos nos estados, ela promoveu a consolidação da República Oligárquica.

Capa de "O Malho"(19/5/1906) mostra Afonso Pena chegando a Salvador

Eleito em março de 1906, Afonso Pena só tomaria posse em 15 de novembro. Em maio, embarcou para o Norte e o Nordeste do país. Visitou a Bahia, Sergipe, Alagoas, Pernambuco, Rio Grande do Norte, Ceará, Maranhão, Pará e Amazonas. O padre Olímpio de Campos, ex-governador de Sergipe, citado na música, foi assassinado meses mais tarde, em novembro de 1906. O pajé do Ceará, "pai como outro não há", certamente é o governador Antônio Accioly (ver "O pai de toda a gente" neste capítulo).

"Mestre Pena vai ao Norte" é uma paródia da popularíssima canção portuguesa "Margarida vai à fonte". A letra, assinada por alguém que se protegeu atrás do pseudônimo "Barriguinha de inveja", foi publicada no jornal "O Rio-Nu", periódico humorístico ilustrado do Rio de Janeiro.

Mona é sinônimo de bebedeira; bródio, de festa ou farra.

I
Mestre Pena vai ao Norte,
Mestre Pena vai ao Norte,
Pra visitar os Estados
Boa mamata e transporte ...
Vai contente, nédio e forte,
Leva muitos convidados,
    Boa mamata e transporte,
    Leva muitos convidados.

II

Todos eles de carona,
Todos eles de carona,
Vão comer a la gordaça
Podem tomar muita mona
(Coisa que não desabona)
De champagne ou de cachaça!
    Podem tomar muita mona
    De champagne ou de cachaça!

III

A bordo do Maranhão,
A bordo do Maranhão,
Grande bródio vai haver,
E o povo, na cavação,
Faz das tripas coração
Por não ter o que comer!
    E o povo, na cavação,
    Por não ter o que comer!

IV

Mestre Pena vai sorrindo,
Mestre Pena vai sorrindo,
Aos discursos e aos abraços;
Num louco prazer, infindo,
Vai achando tudo lindo.
Caminhando em doces passos!
    Num louco prazer, infindo,
    Caminhando em doces passos!

V

Na Bahia come angu,
Na Bahia come angu,
E sobe no Elevador ...
Em Mossoró, girimu
Tem, em vez de caruru,
Pra mitigar qualquer dor ...
    Em Mossoró, girimu
    Pra mitigar qualquer dor ...

VI

Come o bom abacaxi,
Come o bom abacaxi.
Em Pernambuco – o leão.
E come arroz de cari,
Provando o tal bacuri,
Nas terras do Maranhão!
    E come arroz de cari,
    Nas terras do Maranhão!

VII

Aportando ao Ceará,
Aportando ao Ceará,
Vai visitar o pajé,
Um pai como outro não há!
Um grão cacique, um paxá,
Um bondoso pinagé!
    Um pai como outro não há!
    Um bondoso pinagé!

VIII

Ao saltar em Maceió,
Ao saltar em Maceió,
Vai pescar pirarucu ...
E o padre Olímpio, liró,
Vai saudá-lo, ao portaló,
Em nome de Aracaju.
        E o padre Olímpio, liró,
        Em nome de Aracaju.

IX

Ao chegar lá no Pará,
Ao chegar lá no Pará,
Há de ter borracha a rodo ...
E no Amazonas terá
(Com que se consolará)
Um grande seringal, todo ...
        E no Amazonas terá
        Um grande seringal, todo ...

X

Na volta do Presidente,
Na volta do Presidente,
Vai haver grande festança.
Toda gente é pretendente
De um empreguinho decente,
De uma bem gorda papança!
        Toda gente é pretendente
        De uma bem gorda papança!

Anexos
Capítulo 10

1. "Eleição de presidente" (1898)

Letra e música: Eduardo das Neves.
Letra no CMB.

O paulista Campos Sales foi eleito presidente da República no dia 1º de março, sucedendo o também paulista Prudente de Moraes. Em "Eleição de presidente", Eduardo das Neves saudou a vitória do novo mandatário. Mas assim que Campos Sales tomou posse, aumentou fortemente a carga tributária. O "Crioulo Dudu" passou de mala e cuia para a oposição (ver "Imposto do selo", no capítulo 10), tornando-se um ácido crítico de "Campos Selos".

Em alguns cancioneiros, "Eleição de presidente" aparece com o título de "Primeiro de março".

Primeiro do mês de março,
Foi o dia da eleição;
Foi eleito o Campos Sales
Pra governar a Nação.
Parabéns ao novo chefe,
Seus passos serão leais,
Como foram os do nosso
Bom Prudente de Moraes.

O Prudente de Moraes
Deixa saudade a seu povo
Ao entregar a cadeira, –
Conquista do chefe novo,
– Parabéns ao novo chefe –
Grita o povo brasileiro;
Parabéns ao Campos Sales,
Patriota verdadeiro.

A brasileira República
Criança recém-nascida,
Já conta com maiores glórias
Que a França constituída!
Deodoro empunha a espada!
Floriano a glória alcança!
Prudente – muito critério!
Campos Sales – esperança!

E, por isso, ó brasileiros,
A nada deveis temer,
Do vosso governo ao lado
Cumprindo o vosso dever.
Viva o doutor Campos Sales
Proclama o Brasil inteiro!
Cubram louros toda a fronte
Do soldado brasileiro.

O autor deste improviso,
Que aplaudir agora deves,
É vosso amigo e patrício!
– O Eduardo das Neves,
Eu defendo a minha pátria,
Eu defendo o meu país!
Se morrer por ele, em luta,
Morrerei calmo e feliz!

2. "O selo" (1899/1900)

Letra e música: Eduardo das Neves.
Letra em CMB.

Em "O selo", Eduardo das Neves volta a criticar a decisão do governo Campos Sales de instituir a cobrança generalizada de impostos sobre mercadorias e serviços ("Imposto do selo", no capítulo 10). Em três tempos, o novo presidente mergulhou num mar de impopularidade.

Com bom humor, Dudu diz que até cachorros e mulheres de vida fácil estavam sendo selados: os primeiros, nos focinhos; as últimas, "em certa parte que não fica bem dizer".

Jacintho Lopes era dono de uma das principais chapelarias do centro do Rio de Janeiro, situada na rua do Ouvidor.

Que festança na cidade
Deste Rio de Janeiro!
As portas estão fechadas
Das casas de sapateiro.

(estribilho)
Tem feito grande sucesso
Esse imposto tão falado! ...
É grande o nosso progresso,
Deve dar bom resultado.

Diz o fino fabricante
Que o selo é muito pesado,
Não sei porque, pois do povo
É que sai esse cruzado.

Anda o povo cabisbaixo
Pede ao governo socorro,
Por ver que em breve andaremos
Com sapatos de cachorro.

Pois muito breve veremos
Mulatos, pretos e brancos
De casaca e de cartola,
Arrastando seus tamancos.

Também paga o seu imposto
De fácil vida a mulher;
Leva o selo em certa parte,
Que não devo aqui dizer.

A que tiver seu cachorro,
Belo, manso e felpudinho,
Deve pregar-lhe um bom selo
Bem na ponta do focinho!

Com chapéu nacional
Ou mesmo vindo da Europa,
Paga multa quem andar
Sem ter um selo na copa.

Por isso o Jacintho Lopes,
Que não é de caçoada
Já fez com que seus fregueses
Andem de copa selada.

E dizem que os congressistas
Provectos homens, honrados,
Nos querem também dar selos,
Porque só andam selados.

3. "Coplas do Boaventura" (1899)

Letra: Artur de Azevedo.
Música: Nicolino Milano.
Letra em AA.

Dez anos depois da Proclamação da República, Artur Azevedo cobrou do novo regime as mudanças prometidas no momento da queda do Império. Nas "Coplas do Boaventura", da revista "Gavroche", o teatrólogo destilou desencanto e desesperança: "Acreditam que a fortuna/ Sem o braço de um turuna/ Ao Brasil volte por fim/ Pois sim! Pois sim".

Depois das turbulências iniciais dos governos de Deodoro e Floriano, do governo burocrático de Prudente de Moraes e do trauma da Guerra de Canudos, o clima continuava pesado. E a economia não dava sinais de recuperação...

Quando em 15 de novembro
A república foi feita,
Se dizia — eu bem me lembro —
Desta feita
Tudo, tudo se endireita!
Já nove anos são passados ...
'Stamos mais adiantados?
'Stamos mais assim assim?
Pois sim!
Pois sim!

A lavoura tá no extremo
Tá no extremo a nossa praça
E da indústria não falemo
Que isso é memo
Que isso é memo uma desgraça!
Acreditam que a fortuna
Sem o braço de um turuna
Ao Brasil volte por fim?
Pois sim!
Pois sim!

4. "Morra, morra a companhia" (1902)

Letra: Artur de Azevedo.
Música: Abdon Milanez.
Letra em AA.

Em junho de 1901, a Companhia Ferro-Carril de São Cristóvão aumentou o preço das passagens dos seus bondes. A população reagiu atacando carros, funcionários e escritórios da empresa. Os tumultos tomaram conta da cidade. Três dias depois, a companhia suspendeu o aumento.

Na revista "Comeu!", encenada em 1902, Artur Azevedo e Abdon Milanez abordaram o episódio na canção "Morra, morra a companhia!" (título atribuído). Os versos não se limitaram a criticar a empresa. Também investiram contra as autoridades: "A culpa é da cambada/ Que a concessão te deu/ O povo, que a marmita/ E a bola forneceu/ Ao dar com eles, grita:/ Comeu, comeu, comeu!".

Comer, na época, significava receber propina ("Todos comem!", capítulo 10).

(Coro)
Morra, morra a companhia
Que as passagens aumentou
E que a cólera sombria
Do povinho provocou.
Morra! Morra! Morra! Morra!
Sem haver quem a socorra,
Morra, morra a companhia!

(A Companhia)
Triste sorte a minha sorte,
Pior fado ainda não vi!
Oh, meu deus! Antes a morte
Que sofrer o que sofri!
Toda a espécie de maldade
Sofrerei sem me queixar
Mas à impopularidade
Não posso resignar!

(Coro)
Morra! Morra! Morra! Morra!
Mas tu não és culpada
A culpa é da cambada
Que a concessão te deu.
O povo, que a marmita
E a bola forneceu.
Ao dar com eles, grita:
Comeu, comeu, comeu!

5. "A carne fresca" (1899)

Autor: Eduardo das Neves.
Letra em CMB e no jornal "O Rio-Nu"
(10/5/1899).

Nesta canção, lançada em 1899, Eduardo das Neves criticou o aumento dos preços da carne fresca no Rio de Janeiro, cuja venda era monopólio da Empresa de Carnes Verdes, que detinha a concessão da Prefeitura do Rio de Janeiro. As autoridades alegavam que só assim era possível garantir a fiscalização sanitária. Mas, para muita gente, o motivo do monopólio era outro: o estreito relacionamento da companhia com políticos poderosos.

Três anos mais tarde, quando o prazo de vigência da concessão estava para expirar, o assunto voltaria à baila, motivando intenso debate na imprensa e manifestações violentas nas ruas da Capital Federal (ver "A carne verde", a seguir).

Alguns pesquisadores afirmam que "A carne fresca" teria sido composta em 1902, em meio à polêmica sobre o fim do monopólio e os protestos nas ruas. Trata-se de um equívoco. Dudu das Neves lançou-a em 1899. Sua letra foi publicada no jornal "O Rio-Nu" de 10 de maio e integrou também a primeira edição de "O cantor de modinhas brasileiras", da Livraria Quaresma, que veio à luz na mesma época.

Que confusão, ai, que escarcéu de novo!
Murmura o povo pela rua afora!
A carne fresca geme aos quatro ventos:
— "Mil e duzentos quem quiser-me agora".

Mas onde vamos com tamanho embrulho;
Grande barulho faz o boi aqui!
Vindo de Minas para o matadouro,
Vai ao Tesouro e ao Itamaraty.

Na Prefeitura vai o boi tão pobre,
Taxam-lhe um cobre por que não espera,
Raivoso fica, a nos mostrar o dente,
Lança-se à gente, qual sanhuda fera.

— "Agora pegue-o, quem puder pegá-lo,
Que eu nem me abalo" — diz o carniceiro;
— Paga o ricaço, que não se consome,
Morre de fome quem não tem dinheiro.

O pasteleiro, que, por uns mil réis,
Dava aos manéis esse manjar patife,
Diz-lhe na cara terem bolso leve,
Se algum se atreve a lhe pedir um bife.

O bife agora tem patente nobre,
Não é para o pobre lhe meter o dente?
Se é chã de dentro, é vago-mestre, olé!
Sendo filé, é capitão tenente.

6. "A carne verde" (1902)

Letra: autor desconhecido ou Eduardo das Neves.
Música ("Primeiro de março" ou "Eleição de presidente"): Eduardo das Neves.
Letra e indicação de música no TdM.

Em 1902, quando estava prestes a expirar o prazo do monopólio da Empresa de Carnes Verdes (ver "A carne fresca", anexo anterior), o debate sobre a questão ganhou corpo no Rio de Janeiro. Outras companhias desejavam entrar no mercado, em franca expansão com o forte crescimento da população da Capital Federal. Além disso, por baixo do pano, vários matadouros clandestinos, que não se submetiam à fiscalização sanitária, já ofereciam seus produtos aos consumidores, a preços mais baratos.

O tema invadiu a imprensa carioca, especialmente depois que o "Correio da Manhã" expôs à frente das suas portas vísceras bovinas contaminadas, provenientes de um animal abatido pela empresa monopolista. O episódio ficou conhecido como o "fígado apostemado". A Justiça liberou então a venda de carne para todos os matadouros — suspendendo, na prática, o monopólio da empresa concessionária.

Mas a vigilância sanitária, ligada à Prefeitura, também descobriu carne estragada entre os produtos oferecidos pelos concorrentes da empresa monopolista. Determinou sua apreensão e inutilização. Revoltada, a população passou a saquear as carroças de distribuição de carne, recebendo a polícia a pedradas e aos gritos "Abaixo o monopólio", "Viva a matança livre" e "Toca a distribuir"[114]. Em pouco tempo os protestos se alastraram pela cidade. Bondes foram incendiados, postes arrancados e barricadas levantadas.

Após quatro dias de protestos, o prefeito Xavier da Silveira demitiu-se do cargo. Pouco depois, aboliu-se o monopólio da venda de carnes. Os preços caíram por algum tempo, mas logo voltaram a subir.

Embora a modinha "A carne verde" faça parte do "Trovador da Malandragem", cancioneiro organizado por Eduardo das Neves em 1911 com muitas de suas composições, ela pode não ser de autoria

---

[114] "Jovens portugueses: histórias de trabalho, histórias de sucessos, histórias de fracassos", de Lená Medeiros de Menezes, em "Histórias de imigrantes e de imigração no Rio de Janeiro", de GOMES, Ângela de Castro (org.), Rio de Janeiro 7Letras, 2000".

do "Crioulo Dudu". Afinal, o próprio cancioneiro, na página 76, ao apresentar a canção "Quando meu peito", assinala: "esta modinha e as mais que se seguem não são da lavra do sr. Eduardo das Neves, mas de diversos autores". Como "A carne verde" vem mais à frente, é provável que os versos sejam outra pessoa.

De qualquer forma, a modinha fazia parte do repertório do Dudu. Segundo o cancioneiro, deveria ser cantada com a música de "Primeiro de Março" (ou "Eleição de presidente"). Infelizmente não se obteve nenhum registro da melodia.

No dia 25 de maio,
Houve grande barulhada.
Por causa das carnes verdes,
Muita gente levou pancada.

Houve tiros de revolvers
E muita pancadaria.
Pra defesa das carnes verdes
Foi preciso a cavalaria.

Então os monopolistas
A questão queriam vencer.
Mas o povo levantou-se,
Tiveram mesmo que perder.

Por toda a capital,
Muita carroça foi virada.
Em Santo Cristo e na Saúde,
Muita carne foi queimada.

Pelas ruas da cidade,
O povo foi sempre herói.
Dando morras a Santa Cruz,
Viva a carne de Niterói.

O povo já está contente
Pela questão não ser perdida.
Já se come carne barata.
Já se pode encher a barriga.

7. "Sou a borracha, a goma valiosa" (1904)

Letra: João Marques de Carvalho.
Música: Assis Pacheco.
Letra em "A bubônica", disponível na
internet em www.dramaturgiamazonida.
ufpa.br.

Numa das cenas de "A bubônica",
revista paraense escrita por João
Marques de Carvalho e musica-
da pelo maestro Assis Pacheco, a
borracha enumera suas qualidades
e usos. Aproveita também para
reclamar de dois personagens: o
sindicato de compradores, que trabalhava para derrubar a cotação do
látex, e o sernambi, goma de baixa
qualidade, igualmente extraída da
seringueira.

Encenada em Belém em
1904, em plena "belle époque" e
no auge do ciclo de borracha, a revista ecoa também a conquista do
Acre pelo Brasil, ocorrida no ano
anterior ("A Questão do Acre", no
capítulo 10). Em 1898, Marques
Carvalho já havia escrito e encenado com Frederico Rhossard a peça
"O seringueiro", talvez a primeira
revista de teatro paraense.

Infelizmente, não foi possível
obter a partitura de "Sou a borracha, a goma valiosa" (título atribuído). Para facilitar o entendimento,
o trecho abaixo reproduz também
os diálogos que acompanham a
canção.

Carapanã é sinônimo de per-
nilongo, muriçoca.

CENA 13
(Carapanã, Jornalista, o Homem do
Sindicato, Sernambi, a Borracha)

JORNALISTA – (reparando)
Moderno é o grupo que vem se aproximando.

(Entra a Borracha a gracejar entre
os afagos do Homem do Sindicato
e os beliscões de Sernambi).

BORRACHA
Deixem-me. Tanto desprezo as carícias
interesseiras de um como os desdéns inve-
josos do outro. Ambos são suspeitos.

(Ao Homem do Sindicato) *Tu representas o monopólio que avilta o meu preço.*
(Ao Sernambi) *Tu és o fiel traiçoeiro da serpente a rastejar no pau. Vale apenas dez tostões, enquanto eu sou cotada a 5 e 6 mil réis.*

JORNALISTA – (lisonjeiro)
A senhora merece muito mais...

CARAPANÃ - (à parte)
Que magnífico fazendão!
(À Borracha) *Quem é V. Ex.ª?*

BORRACHA
Sou a Borracha, a goma valiosa.
Feita de leite puro e sem igual.
De longes terras venho donairosa
Suplantando este mísero rival.
(Designa Sernambi)

Desço das selvas, desço das florestas
Do Amazonas imenso e o coração
Sinto ainda a ecoar o som das festas
Que o Acre fez na sua redenção.

Ao velho mundo vou levar a fama
Dos seringais daquele céu de anil
Terra de heróis! Ah! Dize quem não te ama
Quem não te ama, esplêndido Brasil

VOZES
Vivam os acrianos! Viva!

CAPARANÃ
Você, na realidade, tem aplicações infinitas: galochas, gaxetas, válvulas, tapetes, capachos, pneumáticos ...

BORRACHA – (fazendo um gesto sobre o peito)
Colos para senhoritas desprovidas de naturais encantos...

JORNALISTA – (fazendo um gesto sobre quadris)
E de várias outras redondezas ...

CARAPANÃ
Canetas, capotes e capas impermeáveis, elásticos, pentes, contas, tubos de irrigação ...

BORRACHA
Toda a espécie de irrigações ...

CARAPANÃ
E seringações.

JORNALISTA
De borracha faziam-se outrora cabacinhas para o entrudo.

CARAPANÃ
E dela faz a indústria americana umas películas transparentes de grande utilidade ...

BORRACHA –

Botões, balões para reclames e bonecos de feitios vários, bicos de mamadeira …

CARAPANÃ

E chupetas!

JORNALISTA – (à Borracha)

Enfim, você é de chupetas; é o verdadeiro Proteu moderno.

BORRACHA

Com a vantagem sobre o antigo de espichar e encolher.

CARAPANÃ

E ser por igual amada de altistas e baixistas.

BORRACHA

Todos eles especulam à minha custa. E eu, generosa e magnânima, a todos dou a ganhar.

VOZES

Bravos à Borracha!

8. "Bota, bota, bota, bota!" (1906)

Letra: Artur Azevedo.
Música: autor desconhecido.
Letra em AA.

Na revista "Guanabarina", Artur Azevedo encheu a bola do prefeito Pereira Passos, que havia reurbanizado o centro do Rio de Janeiro nos anos anteriores. Tendo como mote a expressão "bota abaixo", usada para designar a derrubada de casas de cômodos e cortiços no centro da cidade, o teatrólogo criou diversas variantes para o "Bota, bota, bota, bota!" (título atribuído) cantado por um coro de operários, vinculando-as a diferentes prefeitos.

Abre a série o "bota-abaixo", ou seja, o prefeito Barata Ribeiro, que assumiu o cargo em 1893 e mandou demolir inúmeros prédios velhos no centro da Capital Federal ("Cabeça de porco", no capítulo 5). Em seguida, surge o "bota-fora", uma referência ao prefeito Fernando Furkin Werneck de Almeida, médico e parteiro, que comandou a cidade de 1895 a 1897. Não se logrou identificar o alcaide que recebeu o malicioso apelido de "bota-dentro". Aliás, uma nota de pé de página na peça em "Teatro de Artur Azevedo" sugere que o "bota-dentro" acabou sendo suprimido. Diz o texto: "riscada aqui esta estrofe e também omitida em 1906".

Fecha o ciclo o "bota-acima": Pereira Passos, o "velho novo" que assumiu a Prefeitura com 66 anos e governou até os 70. O texto da peça explica a pirueta dada pelo apelido: "Quando uma casa é derrubada, logo outra surge, nova e garbosa, no mesmo lugar! Bota-acima. Este prefeito tem posto acima o Rio de Janeiro, que estava muito por baixo".

Sempre que qualquer prefeito
Lá na Prefeitura pousa
Pelo Zé Povinho é feito ...
Que risota! Que chacota!
Bota, bota, bota, bota,
Bota, bota-qualquer-coisa

Um, que foi muito levado,
E fez coisas do diacho
Logo foi cognominado
Que risota! Que chacota!
Bota, bota, bota, bota,
Bota, bota, bota-abaixo!

Outro, sendo um bom parteiro,
Foi chamado sem demora
Pelo público brejeiro
Que risota! Que chacota!
Bota, bota, bota, bota,

Bota, bota, bota-fora!

Outros, por misteriosos
Motivos em que não entro,
Chamaram-lhe os maliciosos ...
Que risota! Que chacota!
Bota, bota, bota, bota,
Bota, bota, bota-dentro!

Este agora, um velho novo,
Que por intrépido prima
É chamado pelo povo ...
Que risota! Que chacota!
Bota, bota, bota, bota,
Bota, bota, bota-acima!

Siglas e abreviaturas

AA	"Teatro de Artur Azevedo".
ACB	"A Cantora Brasileira". Cancioneiro .
ACG	Arquivo Chiquinha Gonzaga.
ADP	Arquivo Distrital do Porto.
AMP	"Cantigas das crianças e do povo e danças populares". Alexina Magalhães Pinto.
ATP	"A Trovadora Popular". Cancioneiro .
AVS	Acervo Vicente Salles (UFPA).
BAN	Biblioteca Alberto Nepomuceno.
BN	Biblioteca Nacional.
BNP	Biblioteca Nacional de Portugal.
CB	"Cantares Brasileiros: cancioneiro fluminense". Melo Morais Filho .
CBh	"Cantares Bohêmios". Raimundo Ramos "Cotoco"
CdC	Casa do Choro.
CdN	"Cancioneiro do Norte". Rodrigues de Carvalho.
CG	"Cancioneiro Gaúcho". Augusto Meyer.
CMB	"O Cantor de Modinhas Brasileiras". Eduardo das Neves .
CMP	"Cancioneiro de Músicas Populares" (Portugal). César das Neves.
CPB	"Cancioneiro Popular Brasileiro: o Império e as regências". José Maria Vaz Pinto Coelho.
CPMB	"Cancioneiro Popular de Modinhas Brasileiras". Catulo da Paixão Cearense.
EC	Estação Capixaba.
ESS	"A Música de Canudos". Eurides de Souza Santos
FJ	"Teatro de França Junior".

FLP	"Folk-Lore Pernambucano". Pereira de Carvalho.
Fundaj	Fundação Joaquim Nabuco.
GTPM	"A música no Brasil desde os tempos coloniais até o primeiro decênio da República". Guilherme Theodoro Pereira de Melo.
IHGB	Instituto Histórico Geográfico Brasileiro.
IMS	Instituto Moreira Salles.
IPB	Instituto Piano Brasileiro.
IRB	Instituto Ricardo Brennand.
JA	"Jornal do Agricultor de 1888".
JBM	"Canções Populares do Brasil". Julia Brito Mendes.
LPB	"Lira Popular Brasileira". Cancioneiro.
LdA	"Lira de Apolo". Cancioneiro.
LdT	"Lira do Trovador". Cancioneiro.
MdA	"Danças dramáticas". Mário de Andrade.
MF	"A Musa Fluminense". Cancioneiro .
MHN	Museu Histórico Nacional.
MI	Museu da Inconfidência.
MIS	Museu da Imagem e do Som do Rio de Janeiro.
MV	"Mistérios do violão". Eduardo das Neves.
Nemus	Núcleo de Estudos Musicais (UFBA).
OA	"Melodias Registradas por Meios Não-Mecânicos". Oneyda Alvarenga.
RTL	"Conceituação do Lundu". Rossini Tavares de Lima.
SS	"Serenatas e Saraus". Melo Morais Filho.
TB	"Trovador Brasileiro". Cancioneiro.
TCC	"Trovas e Cantares Capixabas". Afonso Cláudio.
TE	"Trovador de Esquina". João Conegundes .
TdM	"Trovador da malandragem". Eduardo das Neves
Trovador	"Trovador: coleção de modinhas, recitativos, árias, lundus, etc". Cancioneiro.
T	"Trovador: jornal de modinhas, recitativos para piano, lundus, romances, árias, canções, etc., etc."

Bibliografia

Cancioneiros

CARVALHO, José Rodrigues de. *Cancioneiro do Norte*. 3a ed. Rio de Janeiro: Instituto Nacional do Livro, 1967.

CEARENSE, Catulo da Paixão. *O cantor de modinhas brasileiras contendo as modinhas do ilustre cantor Eduardo das Neves e as do barítono cancionista Geraldo Magalhães*. Rio de Janeiro: Quaresma, 1927.

_____. *Cancioneiro popular de modinhas brasileiras*. Rio de Janeiro: Quaresma, 25a ed., 1908.

CLÁUDIO, Afonso. *Trovas e cantares capixabas*. Rio de Janeiro: MEC, 1980.

COELHO, José Maria Vaz Pinto. *Cancioneiro popular brasileiro: o Império e as Regências de 1822-1840*. Rio de Janeiro: Carioca, 1879.

CONEGUNDES, João de Souza. *Lira de Apolo: álbum de modinhas, recitativos, lundus e canções*. Rio de Janeiro: Quaresma, 1905.

_____. *Trovador de esquina ou Repertório do capadócio*, 15a edição. Rio de Janeiro: Quaresma, 1901.

GOES, Carlos. *Mil quadras populares brasileiras (contribuição ao folclore)*. Rio de Janeiro: F. Briguiet & Cia. Editores, 1916.

HOUSTON, Elsie. *Chants Populaires du Brésil*. Paris: Librairie Orientaliste Paul Geuthner, 1930. Cópia digital disponível em gallica.bnf.fr

LESSA, Barbosa. *Cancioneiro do Rio Grande*. São Paulo: Seresta, 1963.

LOPES NETO, J. Simões. *Cancioneiro guasca*. Porto Alegre: Editora Globo, 2a ed. 1960.

MENDES, Julia de Brito. *Canções populares do Brasil*. Rio de Janeiro: J. Ribeiro dos Santos, s.d.

MEYER, Augusto. *Cancioneiro gaúcho*. Rio de Janeiro: Globo, 1959.

MORAIS FILHO, MELLO. *Cantares brasileiros: cancioneiro fluminense*. Rio de Janeiro: Inelivro, 1981.

_____. *Serenatas e saraus*. Rio de Janeiro: Garnier, 1901 (3 vols.).

NEVES, Cesar das. *Cancioneiro de músicas populares*. Porto: Typographia Occidental (3 vols.) (1893, 1895, 1898).

NEVES, Eduardo das. *Mistérios do violão: grandioso e extraordinário repertório de modinhas brasileiras*. Rio de Janeiro: Quaresma, 1905.

_____. *Trovador da malandragem*. Rio de Janeiro: Quaresma, 1911.

PINTO, Alexina de Magalhães. *Cantigas das crianças e do povo e danças populares*. Rio de Janeiro: Livraria Francisco Alves, 1911.

PONTES, José Vieira. *Lira Popular Brasileira*, 6a edição. São Paulo: C. Teixeira & Cia.

PORTO ALEGRE, Apolinário. *Cancioneiro da revolução de 1835*. Porto Alegre: Globo, 1935.

RAMOS, Raimundo. *Cantares Bohêmios*. Fortaleza: Museu do Ceará, 2006.

SANT'ANNA DE MARIA, João. *Guerra do Paraguai: Imposto do Vintém: O célebre chapéu de sol: A seca do Ceará*. Rio de Janeiro: Livraria do Povo – Quaresma, s.d.

SILVA, Joaquim Norberto de Souza (org.). *A Cantora Brasileira: nova coleção de hinos, canções e lundus tanto amorosos como sentimentais*. Rio de Janeiro: Garnier, 1878.

SILVA, Leonardo Dantas. *Cancioneiro pernambucano*. Recife: Secretaria de Educação e Cultura, 1978.

A musa fluminense. Nova coleção de modinhas, recitativos, lundus, etc. Rio de Janeiro: Typ. Camões Fonseca, Irmão & Souza Lima, 1885.

A Trovadora popular. Rio de Janeiro: Tipografia da Escola do editor Serafim José Alves, 2a ed, s.d.

Jornal do Agricultor. Tipografia Carioca. Rio de Janeiro, 1888.

Lira do Trovador: coleção de modinhas, recitativos, lundus, canções etc. Rio de Janeiro: Livraria J. G. De Azevedo, 1896, 3a ed. (2 vols).

O novo trovador da malandragem. Rio de Janeiro: Livraria João do Rio, 1929, 2a ed.

O sorriso. Jornal de modinhas, recitativos, lundus e poesias diversas. Rio de Janeiro. Tipografia J. M. Aguiar, 1872.

Teatro de Pai Paulino: monólogos, cançonetas e fados. Porto: Ed. Nova Livraria do Porto, s.d.

Trovador brasileiro ou Novíssimo Cantor de Modinhas. Rio de Janeiro: Quaresma, 1904.

Trovador: coleção de modinhas, recitativos, árias, lundus etc. Rio de Janeiro: Livraria Popular, 1876, (5 vols).

Trovador: jornal de modinhas, recitativos para pianos, lundus, romances, árias canções, etc. Rio de Janeiro: Tipografia Indústria Nacional de J. J. C. Cotrim, 1869.

Livros

(Anônimo). *Conversação de Pai Manoel com Pai José na estação de Cascadura sobre a questão anglo-brasileira e Guerra do Paraguai*. Rio de Janeiro: Tipografia Perseverança, 1865.

ABREU, Martha. *Da senzala ao palco: canções escravas e racismo nas Américas (1870-1930)*. Campinas, SP: Editora da Unicamp, 2017.

_____. *O Império do Divino: festas religiosas e cultura popular no Rio de Janeiro (1830-1900)*. Rio de Janeiro: Nova Fronteira, 1999.

ALENCASTRO, Luiz Felipe de. *O Trato dos viventes: formação do Brasil no Atlântico Sul*. São Paulo: Companhia das Letras, 2000.

ALENCASTRO, Luiz Felipe de e NOVAIS, Fernando A. (orgs). *História da vida privada no Brasil* (vol. 2): *a corte e a modernidade nacional*. São Paulo: Companhia das Letras, 1997.

AGUIAR, Flávio (org.). *A aventura realista e o teatro musicado*. São Paulo: Editora SENAC São Paulo, 1998.

ALBIN, Ricardo Cravo. *O livro de ouro da MPB: a história de nossa música popular de sua origem até hoje*. Rio de Janeiro: Ediouro, 2003.

_____. *Dicionário Houaiss Ilustrado: Música Popular Brasileira*. Rio de Janeiro: Instituto Antônio Houaiss; Instituto Cultural Cravo Albin; Editora Paracatu, 2006.

ALENCAR, Edigar de. *A modinha cearense*. Fortaleza: Imprensa Universitária do Ceará, 1967.

_____. *Claridade e sombra na música do povo*. Rio de Janeiro: Francisco Alves, 1984.

_____. *O carnaval carioca através da música*. 5a ed., Rio de Janeiro: Francisco Alves, 1985, 2 vol.

ALMEIDA, Renato. *Compêndio de história da música brasileira*. Rio de Janeiro: F. Briguiet & Cia Editores, 2a ed. 1958.

_____. *História da música brasileira*. Rio de Janeiro: F. Briguiet & Cia Ed., 2 ed. 1942.

ALONSO, Angela. *Flores, votos e balas: o movimento abolicionista brasileiro*. São Paulo: Companhia das Letras, 2015.

ALVARENGA, Oneyda. *Música popular brasileira*. São Paulo: Duas Cidades, 1982.

_____ (org.). *Melodias Registradas por Meios Não-Mecânico*s. São Paulo: PMSP/Departamento de Cultura, 1946.

AMARAL, Amadeu. *Tradições Populares*. São Paulo: Instituto Progresso Editorial.

ANDRADE, Mario de. *Aspectos da música brasileira*. Belo Horizonte: Villa Rica, 1991.

_____. *Danças dramáticas*. São Paulo: Livraria Martins Editora, 1959 (3 vols.).

_____. *Dicionário Musical Brasileiro*. Belo Horizonte: Editora Itatiaia, 1989.

_____. *Ensaio sobre a música brasileira*. São Paulo: Livraria Martins Editora, 3a ed., 1962.

_____. *Música, doce música*. São Paulo: Livraria Martins Editora, s.d.

_____. *Música e Jornalismo*. São Paulo: Edusp. 1933.

_____. *Pequena história da música*. São Paulo: Livraria Martins Editora, 1944.

AQUINO, Rubim Santos Leão de, VIEIRA, Fernando Antônio da Costa, AGOSTINO, Carlos Gilberto Werneck e ROEDEL, Hiran. *Sociedade brasileira: uma história através dos movimentos sociais: da crise do escravismo ao apogeu do neoliberalismo*, Editora Record, 2a edição, Rio de Janeiro, 2000.

ARAGÃO, Pedro. *O baú do Animal: Alexandre Gonçalves Pinto e o choro*. Rio de Janeiro: Folha Seca, 2013.

ARAÚJO, Mozart de. *As modinhas e os lundus no século XVIII – uma pesquisa histórica e bibliográfica*. São Paulo: Ricordi Brasileira, 1963.

ASSIS JUNIOR, A. de. *Dicionário Kimbundu–Português*. Luanda: Argente, Santos & Cia. Ltda, s.d.

AUGUSTO, *Antonio J. Henrique Alves de Mesquita: da pérola mais luminosa à poeira do esquecimento*. Rio de Janeiro: Folha Seca, 2014.

AZEVEDO, Artur. *Teatro de Artur Azevedo*. Rio de Janeiro: Funarte, 2a ed., 1995 (6 vols.).

AZEVEDO, Artur e GARRIDO, Eduardo. *Pum!: peça de grande espetáculo.* Lisboa: Livraria Popular de Francisco Franco, s.d. Disponível no Arquivo Distrital do Porto.

AZEVEDO, Miguel Ângelo (Nirez). *A história cantada no Brasil em 78 rotações.* Fortaleza: Editora UFC, 2012.

BARROSO, Gustavo. *A guerra do Lopez: contos e episódios da Campanha do Paraguai.* São Paulo: Companha Editora Nacional, s. d.

_____. *A guerra do Rosas: 1851-1852.* Fortaleza: Secult, Programa Editorial da Casa José de Alencar, 2000.

_____. *Ao som da viola (folclore).* Rio de Janeiro, Departamento de Imprensa Nacional, 1950.

BASTOS, Sousa. *Carteira do artista: apontamentos para a história do teatro português e brasileiro.* Lisboa: Antiga Casa Bertrand, 1898.

BLAKE, Augusto Victorino Alves Sacramento. *Dicionário Bibliográfico Brasileiro.* Rio de Janeiro: Tipografia Nacional, 1883, (7 vols.). Reimpressão em off-set, Conselho Federal de Cultura, 1970.

BIARD, François. *Deux années au Brésil.* Paris: Librairie de L. Hachette & C., 1862.

BITTENCOURT, Anna Ribeiro de Góes. *Longos Serões no Campo.* Rio De janeiro: Nova Fronteira, 1992.

BURKE, Peter. *Cultura popular na Idade Moderna: Europa 1500 – 1800.* São Paulo: Companhia das Letras, 2010.

CALASANS, José. *O ciclo folclórico do Bom Jesus Conselheiro: contribuição ao estudo da Campanha de Canudos.* Salvador: EDUFBA: UFBA/ Centro de Estudos Baianos, 2002.

_____. *Canudos na literatura de cordel.* São Paulo: Ática, 1984.

CALMON, Pedro. *História do Brasil na poesia do povo.* Rio de Janeiro: Editora A Noite, 1941.

CAMPOS, João da Silva. *Ligeiras notas sobre a vida íntima, costumes e religião dos africanos na Bahia.* Salvador: Anais do Arquivo Público da Bahia, vol. 29 (1943).

CARVALHO, Gilmar de. *Música de Fortaleza.* Fortaleza: Expressão Gráfica e Editora, 2016.

CARVALHO, João Marques de. *A bubônica: revista de sucessos paraenses.* Belém: Seção de Obras d'A Província do Pará, 1904.

CARVALHO, José Murilo de. *A formação das almas: o imaginário da república no Brasil*. São Paulo: Companhia das Letras, 1990.

_____. *D. Pedro II*. São Paulo: Companhia das Letras, 2007.

CARVALHO NETO, Paulo de. *Folklore del Paraguay: sistemática analítica*. Assunção: Editorial El Lector, 1996.

CASCUDO, Luís da Câmara. *Vaqueiros e cantadores: folclore poético do sertão de Pernambuco, Paraíba, Rio Grande do Norte e Ceará*. Rio de Janeiro: Ediouro, 1994.

CASTRO, Alice Viveiros de. *O Elogio da Bobagem – palhaços no Brasil e no mundo*. Rio de Janeiro: Editora Família Bastos, 2005.

CASTRO, Yeda Pessoa de. *Falares Africanos na Bahia: um vocabulário afro--brasileiro*. Rio de Janeiro: Topbooks Editora, 2ª ed., 2005

CERQUEIRA, General Dionísio. *Reminiscências da campanha do Paraguai (1865-1870)*. Rio de Janeiro: Edição da Biblioteca Militar

CHIAVENATTO, Julio José. Genocídio americano: a Guerra do Paraguai. São Paulo: Editora Brasiliense. 1980.

CINTRA. Assis. *O homem da independência: História documentada de José Bonifácio, do seu pseudo-patriarcado e da política do Brasil em 1822*. Caieiras, São Paulo e Rio: Companhia Melhoramentos de São Paulo, 1921.

CLÁUDIO, Afonso. *Insurreição de Queimado: episódio da história da Província do Espírito Santo*. Vitória: Editora da Fundação Ceciliano Abel de Almeida, s.d.

COARACY, José Alves Visconti. *Galeria teatral: esboços e caricaturas*. Rio de Janeiro: Typ. e Lith. de Moreira, Maximino, 1884. Cópia digital disponível na Biblioteca Brasiliana Guita e José Mindlin.

COSTA, F. A Pereira da. *Folk-Lore pernambucano: subsídios para a história da poesia popular de Pernambuco*. Recife: Arquivo Público Estadual, 1974.

COSTA-LIMA NETO, Luiz. *Entre o lundu, a ária e a aleluia: música, teatro e história nas comédias de Luiz Carlos Martins Penna (1833-1846)*. Rio de Janeiro: Folha Seca, 2018.

CUNHA, Maria Clementina Pereira. *Ecos da folia: uma história social do carnaval carioca entre 1880 e 1920*. São Paulo: Companhia das Letras, 2001.

_____. *"Não tá sopa": sambas e sambistas no Rio de Janeiro, de 1890 a 1930*. Campinas, SP: Editora Unicamp, 2015.

CYMBRON, Luísa. *Francisco de Sá Noronha (1820-1881): um músico português no espaço atlântico*. Vila Nova do Famalicão, Portugal: Edições Húmus, 2019.

DAMASCENO, Athos. *Imprensa caricata do Rio Grande do Sul no século XIX*. Porto Alegre: Editora Globo, 1962.

_____. *Palco, salão e picadeiro em Porto Alegre no século XIX*. Porto Alegre: Editora Globo, 1956.

DINIZ, Alai Garcia e OLIVEIRA, Gilvan Müller de (org.). *Conversação: cordel de cultura afro-brasileira*. Florianópolis: Universidade Federal de Santa Catarina, Núcleo de Estudos Portugueses, 1999.

DINIZ, Edinha. *Chiquinha Gonzaga: uma história de vida*. Nova edição, revista e atualizada. Rio de Janeiro, Zahar, 2009.

DORATIOTO, Francisco. *General Osório*. São Paulo: Companhia das Letras, 2008.

_____. *Maldita Guerra: nova história da Guerra do Paraguai*. São Paulo: Companhia das Letras, 2a ed., 2003.

ENCICLOPÉDIA DA MÚSICA BRASILEIRA: erudita, folclórica e popular. São Paulo: Art, 1977.

EDMUNDO, Luiz. *O Rio de Janeiro do meu tempo*. Rio de Janeiro: Semente, 1984.

_____. *O Rio de Janeiro no tempo dos Vice-Reis – 1763-1808*. Brasília: Senado Federal, Conselho Editorial, 2000.

EFEGÊ, Jota. *Figuras e coisas do carnaval carioca*. Rio de Janeiro: Edição Funarte, 1982.

_____. *Maxixe, a dança excomungada*. Rio de Janeiro: Conquista, 1974.

_____. *Meninos, eu vi*. Rio de Janeiro: Funarte, 1985.

ELTIS, David e RICHARDSON, David. *Atlas of the Transatlantic Slave Trade*. Yale University Press, 2010.

FARIA, João Roberto (dir.). *História do teatro brasileiro, volume I: das origens ao teatro profissional da primeira metade do século XX*. São Paulo: Perspectiva: Edições SESCSP, 2012.

FERREIRA, Procópio. *O ator Vasquez*. Rio de Janeiro: Serviço Nacional de Teatro, 2a ed., 1979.

FLORENTINO, Manolo. Em costas negras: uma história do tráfico de escravos entre a África e o Rio de Janeiro (séculos XVIII e XIX). São Paulo: Editora Unesp, 2014.

FLORES, Hilda Agnes Hübner. *Mulheres na Guerra do Paraguai*. Porto Alegre: EdiPUCRS, 2010.

FRANÇA JUNIOR, Joaquim José de. *Política e costumes: folhetins esquecidos.* Rio de Janeiro: Editora Civilização Brasileira, 1957.

_____. *Teatro de França Junior.* Rio de Janeiro: Serviço Nacional de Teatro, Funarte, 1980 (2 vols.)

FRANCESCHI, Humberto M. *A Casa Edison e seu tempo.* Rio de Janeiro: Sarapuí, 2002.

FRIEDENTHAL, Albert. *Musik, Tanz und dichtung bei den Kreolen Amerikas.* Berlim-Wilmersdof: H. Scnnippel, 1913. Cópia digital disponível em archives.org.

_____. *Stimmen der Völker en Liedern, Tänzen und Charakterstücken.* Berlim: Achlesinger, 1911. Cópia digital disponível em musopen.org

GALENO, Juvenal. *Lendas e canções populares* (vol. I). Fortaleza: Imprensa Universitária do Ceará, 1965.

GALLET, Luciano. *Estudos de Folclore.* Rio de Janeiro: Carlos Werhs, 1934.

GALVÃO, Trajano. *Sertanejas.* Rio de Janeiro: Edição da Imprensa Americana Fábio Reis, 1898.

GODOI, Rodrigo Camargo de. *Um editor no Império: Francisco de Paula Brito* (1809-1861). São Paulo: Editora da Universidade de São Paulo, Fapesp, 2016.

GOMES, Ângela de Castro (org.) *Histórias de imigrantes e de imigração no Rio de Janeiro.* Rio de Janeiro: 7Letras, 2000.

GOMES, Laurentino. *1822: como um homem sábio, uma princesa triste e um escocês louco por dinheiro ajudaram Dom Pedro a criar o Brasil – um país que tinha tudo para dar errado.* São Paulo: Globo, 2015, 2a ed.

_____. *1889: Como um imperador cansado, um marechal vaidoso e um professor injustiçado contribuíram para o fim da Monarquia e a Proclamação da República no Brasil.* São Paulo: Globo, 2014.

GODOI, Rodrigo Camargo de. *Um editor no Império: Francisco de Paula Brito (1809-1861).* São Paulo: Editora da Universidade de São Paulo, Fapesp, 2016.

GUIMARÃES, Armelin. *E assim nasceu a Escrava Isaura: a vida boêmia de Bernardo de Guimarães.* Brasília: Senado Federal, Centro Gráfico, 1985.

GUIMARÃES, Francisco Pinheiro. *Punição: drama em um prólogo e três atos*. Rio de Janeiro: Editor A. M. Coelho da Rocha, 1864.

GUIMARÃES, Pinheiro. *Na esfera do pensamento brasileiro*. Rio de Janeiro: Oficinas de I. Amorim, 1937 (2 vols.).

KIEFER, Bruno. *História da música brasileira, dos primórdios ao início do sec. XX*. Porto Alegre: Movimento; Brasília: Instituto Nacional do livro, 1976.

LARA, Silvia Hunold Lara e PACHECO, Gustavo. *Memórias do jongo: as gravações históricas de Stanley J. Stein. Vassouras, 1949*. Rio de Janeiro: Folha Seca; Campinas (SP): CECULT, 2007

LIMA, Ivana Stolze. *Cores, marcas e falas: sentidos da mestiçagem no Império do Brasil*. Rio de Janeiro: Arquivo Nacional, 2003.

LIMA, Rossini Tavares de. *ABC de folclore*. São Paulo: Conservatório Dramático e Musical de São Paulo, 1952.

_____. *Abecê do folclore*. São Paulo: Ricordi, 4a ed., 1968.

_____. *Conceituação do Lundu*. São Paulo, 1953.

LIRA, MARIZA. *Brasil sonoro: gêneros e compositores populares*. Rio de Janeiro: Editora A Noite, s. d.

_____. *Cânticos militares*. Rio de Janeiro: Imprensa nacional, 1942.

_____. *Chiquinha Gonzaga, grande compositora popular brasileira*. Rio de Janeiro: Funarte, 3ª ed., 1997.

LISBOA JR., Luiz Américo. 81 temas da *Música Popular Brasileira*. Itabuna: Agora, 2000.

LUSTOSA, Isabel. *D. Pedro I: um herói sem nenhum caráter*. São Paulo: Companhia das Letras, 2006.

MACHADO FILHO, Aires da Mata. *O negro e o garimpo em Minas Gerais*. Belo Horizonte: Editora Itatiaia, 1985.

MAGALDI, Cristina. *Music in Imperial Rio de Janeiro: European culture in a tropical milieu*. Lanham, MD: Scarecrow Press. 2004.

MAGALHÃES JUNIOR, Raymundo. *Teatro I*. Rio de Janeiro: Editora MEC / Fename / Bloch, 1980.

MAIOR, Armando Souto. *Quebra-quilos: lutas sociais no outono do Império*. São Paulo: Companhia Editora Nacional, 1978.

MARINGONI, Gilberto. *Angelo Agostini: a imprensa ilustrada da Corte à Capital Federal, 1864-1910*. São Paulo: Devir, 2011.

_____. *Barão de Mauá: o empreendedor*. São Paulo; AORI, 2007.

MARIZ, Vasco. *A canção brasileira: erudita, folclórica, popular.* Rio de Janeiro: Civilização Brasileira, 3a ed., 1977.

_____. *A canção popular brasileira.* Rio de Janeiro: Francisco Alves, 6a ed., 2002.

MARQUES, Xavier. *O Sargento Pedro: tradições da independência.* Salvador: Livraria Catilina, 2a ed., 1921. Disponível em archive.org

MARTINS, Franklin. *Quem foi que inventou o Brasil? – a música popular conta a história da República.* Rio de Janeiro: Nova Fronteira, 2015, 3 vols.

MARZANO, Andrea. *Cidade em cena: o ator Vasques, o teatro e o Rio de Janeiro (1839-1892).* Rio de Janeiro: Folha Seca / FAPERJ, 2008.

MEIRELES, Cecília. *Olhinhos de gato.* São Paulo: Editora Moderna, 3a ed., 1983. Disponível em portugues.seed.pr.gov.br/arquivos/File/Olhinhos de Gato

MELO, Guilherme Theodoro Pereira de. *A música no Brasil desde os tempos coloniais até o primeiro decênio da República.* Bahia: Tipografia de S. Joaquim, 1908. `

MENCARELLI, Fernando Antonio. *Cena aberta: a absolvição de um bilontra e o teatro de revista de Arthur Azevedo.* Campinas, SP: Editora da Unicamp / Centro de Pesquisa em História Social da Cultura, 1999.

MENDONÇA, Renato. *A influência africana no português do Brasil.* Brasília: Funag, 2012.

MORAES, José Geraldo Vinci de e SALIBA, Elias Thomé (org.). *História e música no Brasil.* São Paulo: Alameda, 2010.

MORAIS FILHO, MELO. *Artistas do meu tempo.* Rio de Janeiro e Paris: Garnier, 1904.

_____. *Festas e tradições populares do Brasil.* Rio de Janeiro: Ediouro, sem data.

_____. *Fatos e Memórias.* Rio de Janeiro: H. Garnier, 1904.

MOTA, Leonardo. *Cantadores: poesia e linguagem do sertão cearense.* Rio de Janeiro: Livraria Castilho, 1921.

_____. *Violeiros do Norte: poesia e linguagem do sertão nordestino.* Fortaleza: ABC, 2002.

NADAF, Yasmin Jamil. *Rodapé das misceláneas – o folhetim nos jornais de Mato Grosso (séculos XIX e XX).* Rio de Janeiro: 7Letras, 2002.

NASCIMENTO, Noel. *Arcabuzes.* Florianópolis: Ed. UFSC, 1997.

NERY, Santa-Anna F. J. de. *Folk-Lore brésilien*. Paris: Librairie Academique Didier, 1889.

_____. *Folclore brasileiro*. Tradução de Vicente Salles. Recife: FUNDAJ, Ed. Massangana, 1992, 2ª ed.

PAIVA, Salvyano Cavalcanti de. *Viva o Rebolado: vida e morte do teatro de revista brasileiro*. Rio de Janeiro: Nova Fronteira, 1991.

PEDERNEIRAS, Oscar. *O Zé Caipora: revista cômica*. Rio de Janeiro: Editora Diário de Notícias, 1887.

PENA, Martins. *Comédias*. Rio de Janeiro: Garnier, s.d. Cópia digital disponível na Biblioteca Brasiliana Guita e José Mindlin.

PIMENTEL, J. S. de Azevedo (general). *Episódios militares*. Rio de Janeiro: Biblioteca do Exército, 1978.

PINTO, Alexandre Gonçalves. *O choro: reminiscência dos chorões antigos*. Rio de Janeiro: Acari Records, 2014.

PORTO-ALEGRE, Araújo. *Teatro completo de Araújo Porto-Alegre, I*. Rio de Janeiro: Inacen, 1988

PRADO, Décio de Almeida. *História concisa do teatro brasileiro (1570-1908)*. São Paulo: Editora da Universidade de São Paulo, 2003.

PRIORE, Mary del. *Histórias da gente brasileira: volume 2:* Império. São Paulo, Leya, 2016.

QUERINO, Manuel. *A Bahia de outrora*. Salvador: Livraria Progresso Editora, 3a. ed., 1946.

RAMOS, Arthur. *O folclore negro do Brasil. Demopsicologia e psicanálise*. São Paulo: WMF Martins Fontes, 2007.

REIS, João José (org.). *Escravidão e invenção da liberdade: estudos sobre o negro no Brasil*. São Paulo: Brasiliense, 1988.

_____. *Ganhadores: a greve negra de 1857 na Bahia*. São Paulo: Companhia das Letras, 2019.

REIS, João José e GOMES, Flávio do Santos (orgs.). *Liberdade por um fio: história dos quilombos no Brasil*. São Paulo: Companhia das Letras, 2011, 5a reimpressão.

REIS, João José e SILVA, Eduardo. *Negociação e conflito: a resistência negra no Brasil escravista*. São Paulo: Companhia das Letras, 1989.

REIS, Vicente e PEDERNEIRAS, Raul. *O Esfolado: revista de acontecimentos em 3 atos e 14 quadros: parte cantante*. Rio de Janeiro: Teatro Apollo, 1903. Disponível no Instituto Moreira Sales.

RIO, João do. *A alma encantadora das ruas*. São Paulo: Companhia das Letras, 1997.

ROMERO, Sílvio. *Cantos populares do Brasil* (vol. 1). Lisboa: Nova Livraria Internacional, 1883.

_____. *Estudos sobre a poesia popular do Brasil*. Rio de Janeiro: Tipografia Laemmert, 1888.

_____. *Outros estudos de literatura contemporânea*. Lisboa: Tipografia A Editora, 1906.

REZENDE, Carlos Penteado de. *Tradições musicais da Faculdade de Direito de São Paulo*. São Paulo: Edição Saraiva,1954.

RUIZ, Roberto. *O teatro de revista no Brasil: das origens à Primeira Guerra Mundial*. Rio de Janeiro: Inacen, 1988.

SALLES, Vicente. *A modinha no Grão-Pará: estudos sobre a ambientação e a (re)criação da modinha no Grão-Pará*. Belém: Secult/IAP/AATP, 2005.

_____. *A tapuia: um caso de irradiação cultural*. Brasília: Microedição do autor. 2010.

_____. *Lundu: Canto e dança do negro no Pará*. Brasília: Microedição do autor. 2012.

_____. *Música e Músicos do Pará*. Belém: Fundação Cultural do Estado do Pará, 3a ed., 2016

_____. *Os mocambeiros e outros ensaios*. Belém: Instituto de Artes do Pará, 2011.

SAMPAIO, Moreira. *Dona Sebastiana*. Sem indicações de editora, 1889. Disponível na Biblioteca da Funarte.

SANDRONI, Carlos. *Feitiço decente: transformações do samba no Rio de Janeiro (1917-1933)*. Rio de Janeiro: Jorge Zahar ed.: Editora UFRJ, 2001.

SANTOS, Alcino; BARBALHO, Grácio; AZEVEDO (NIREZ), Miguel Ângelo; SEVERIANO, Jairo. *Discografia Brasileira 78 RPM, de 1902 a 1964*. Rio de Janeiro: Funarte, 1982, 5 vol.

SANTOS, Eurides de Souza. *A música de Canudos*. Salvador: Secretaria de Cultura e Turismo, Fundação Cultural do Estado, EGBA, 1998.

SANTOS NEVES, Guilherme. *Coletânea de estudos e registros do folclore capixaba - 1944-1982*. Seleção, organização e edição do texto: Reinaldo Santos Neves. Vitória: Centro Cultural de Estudos e Pesquisas do Espírito Santo, 2008.

SANTOS NEVES, Luiz Guilherme. *Queimados: documento cênico*. Vitória: 1977.

SAWAYA, Luiza. *José de Almeida Cabral: o último modinheiro do 2º Império do Brasil*. Lisboa, ACD Print, 2017.

SCHWARZ, Lilia Moritz. *As barbas do imperador: D. Pedro II, um monarca dos trópicos*. São Paulo: Companhia das Letras, 1998.

_____. *Lima Barreto: triste visionário*. São Paulo: Companhia das Letras, 2017.

SCHWARZ, Lilia Moritz e STARLING, Heloísa. *Brasil, uma biografia*. São Paulo, Companhia das Letras, 2016.

SCHWARZ, Lilia Moritz e GOMES, Flávio dos Santos (orgs.). *Dicionário da escravidão e da liberdade*. São Paulo: Companhia das Letras, 2018.

SETTE, Mário. *Anquinhas e bernardas*. Rio de Janeiro: Livraria Martins, 1940.

_____. *Arruar: História pitoresca do Recife antigo*. Rio de Janeiro: Casa do Estudante do Brasil, 2ª ed, s.d.

_____. *Maxambombas e maracatus*. Rio de Janeiro: Casa do Estudante do Brasil, s.d.

SEVERIANO, Jairo. *Uma história da música popular brasileira: das origens à modernidade*. São Paulo: Editora 34, 2008.

SILVA, Ermínia. *Circo-teatro: Benjamim de Oliveira e a teatralidade circense no Brasil*. São Paulo: Altana, 2007.

SILVA, José Rodrigues da Silva. *Recordações da campanha do Paraguai*. São Paulo: Melhoramentos, 1924.

SILVA, Lafayette. *Artistas de outras eras*. Rio de Janeiro: Imprensa Nacional, 1939.

_____. *Figuras de teatro*. Rio de Janeiro: Livraria Editora Leite Ribeiro, 1928.

_____. *História do Teatro Brasileiro*. Rio de Janeiro: Ed. Ministério da Educação e Cultura, 1938.

SIMÕES JUNIOR, Álvaro Santos. *A sátira do parnaso: estudo da poesia satírica de Olavo Bilac publicada em periódicos de 1894 a 1904*. São Paulo: Editora UNESP, 2007.

SIQUEIRA, Baptista. *Lundum x lundu*. Rio de Janeiro: Universidade Federal do Rio de Janeiro – Escola de Música, s.d.

SODRÉ, Nelson Werneck. *História da Imprensa no Brasil*. Rio de Janeiro: Civilização Brasileira, 1966.

_____. *História militar do Brasil*. Rio de Janeiro: Civilização Brasileira, 1965.

SOUZA, Bernardino José de. *Dicionário da terra e da gente do Brasil: Onomástica geral da geografia brasileira*. Companhia Editora Nacional, 1939, 4a edição.

SOUZA, Silvia Cristina Martins de. *Carpinteiros teatrais, cenas cômicas & diversidade cultural no Rio de Janeiro oitocentista: ensaios de história social da cultura*. Londrina: Eduel, 2010.

SUSSEKIND, Flora. *As revistas do ano e a invenção do Rio de Janeiro*. Rio de Janeiro: Nova Fronteira: Fundação Casa de Rui Barbosa, 1986.

TAUNAY, Alfredo D'Escragnolle Taunay. *A retirada da Laguna*. São Paulo: Melhoramentos, 13a ed., 1963.

TINHORÃO, José Ramos. *História Social da Música Popular Brasileira*. São Paulo: Editora 34, 2a ed., 2010.

_____. *A música popular no romance brasileiro*, Volume I: Séculos XVIII e XIX e Volume II: Século XX (1a parte), São Paulo: Editora 34, 2000.

_____. *A música popular que surge na era da revolução*, São Paulo: Editora 34, 2009.

_____. *A música popular: Teatro & Cinema*. Petrópolis: Vozes, 1972.

_____. *As origens da canção urbana*. São Paulo: Ed. 34, 2011.

_____. *Cultura popular: temas e questões*. São Paulo. Ed. 34, 3a. ed., 2001.

_____. *O rasga: uma dança negro-portuguesa*. São Paulo: Ed. 34, 2006.

_____. *Os sons dos negros no Brasil: cantos, danças, folguedos: origens*. São Paulo: Editora 34, 2008.

_____. *Os sons que vêm da rua*. São Paulo: Ed. 34, 2a ed., 2005,

VALE, Flausino Rodrigues. *Elementos de folclore musical brasileiro*. São Paulo: Companhia Editora Nacional, 3ª ed., 1978.

VASCONCELOS, Ary. *Raízes da Música Popular Brasileira*. Rio de Janeiro: Rio Fundo Ed., 1991

_____. *A nova música da República Velha*. Rio de Janeiro: Editora do Autor (brochura), 1985.

VENÂNCIO, Renato Pinto (org.). *Panfletos abolicionistas: O 13 de maio em versos*. Belo Horizonte: Secretaria de Estado de Cultura de Minas Gerais, Arquivo Público Mineiro, 2007.

VENEZIANO, Neyde. *Não adianta chorar: teatro de revista brasileiro ... Oba!* Campinas (SP): Editora da Unicamp, 1996.

VIANNA, Arievaldo e LIMA, Stélio Torquato. *Santaninha: um poeta popular na capital do Império.* Fortaleza: Editora IMEPH, 2017.

VIANNA FILHO, Luiz. *A sabinada: a República baiana de 1837.* Rio de Janeiro: Livraria José Olympio Editora, 1938.

VIVACQUA, Renato. *Crônica carnavalesca da história: a história cantada e contada pela música carnavalesca.* Brasília: Thesaurus, 2004.

Artigos e Teses

ABREU, Martha. *O legado das canções escravas nos Estados Unidos e no Brasil: diálogos musicais no pós-abolição.* Revista Brasileira de História, vol. 35, nº 69. São Paulo, jan-jun 2015.

_____. *Sobre Mulatas Orgulhosas e Crioulos Atrevidos: conflitos raciais, gênero e nação nas canções populares (Sudeste do Brasil, 1890-1920).* Tempo, Rio de Janeiro, nº 16, pp. 143-173, 2003.

_____. *O "crioulo Dudu": participação política e identidade negra nas histórias de um músico cantor (1890-1920).* Topoi, v. 11, nº 20, jan.-jun. 2010, p. 92-113.

_____. *Outras histórias de Pai João: conflitos raciais, protesto escravo e irreverência sexual na poesia.* Afro-Ásia, no. 31, 2004, pp.235-276.

ABREU, Martha e DANTAS, Carolina Vianna. *É chegada «a ocasião da negrada bumbar»: comemorações da abolição, música e política na Primeira República.* Em Vária, vol. 27, nº 45, Belo Horizonte, jan-jun 2011.

ALCKMIN, Tânia e LÓPEZ, Laura Álvarez. *Registros da escravidão: as falas de pretos-velhos e de Pai João.* Stockholm Review of Latin American Studies, nº 4, março 2009.

ANDRADE, Mário de. *Lundu do escravo.* Revista da Antropofagia, São Paulo, nº 5, pp. 5-6, 1928. Cópia digital disponível na Biblioteca Brasiliana Guita e José Mindlin.

AZEVEDO, Janaína Mércia Carvalho de. *Considerações sobre o canto do ator no teatro brasileiro.* Dissertação de mestrado em Artes Cênicas na Universidade Federal da Bahia, Salvador, 2012.

AZEVEDO, Moreira de. *Imposto do vintém.* Revista Trimestral do Instituto Histórico Geográfico Brasileiro, Rio de Janeiro, tomo LVIII, parte 1, 1895.

CALASANS, José. *Os ABC de Canudos*. Bahia: Cadernos Antonio Vianna, Comissão Baiana de Folclore, 1969.

CARVALHO, Vinícius Mariano de. *Observações acerca da música militar na Guerra do Paraguai*. Cópia digital disponível em www.defesa.ufjf.br.

CARVALHO NETO, Paulo de. *Folclore da Guerra do Paraguai*, no *Journal of Inter-American Studies (University of Florida)*, vol. III, jan. 1961, pp. 273-280.

CASTRO, Yeda Pessoa de. *Marcas de africania nas Américas: o exemplo do Brasil*. Uneb: Revista Africanias, nº 6, 2014.

CEBUKIN, Marcelo Leal. *Dos picadeiros para as machinas fallantes: Bahiano, a Casa Edison e o início da indústria fonográfica no Rio de Janeiro*. Monografia de Licenciatura em Música do Instituto Villa-Lobos, Centro de Letras e Artes da UNIRIO, Rio de Janeiro, 2012.

CHERNAVSKY, Anália. *A construção dos mitos e heróis do Brasil nos hinos esquecidos da Biblioteca Nacional*. Programa Nacional de Apoio à Pesquisa, Biblioteca Nacional, 2009.

COSTA, Manuela Areias. *A trajetória de Manoel Tranquilino Bastos: um maestro abolicionista no Recôncavo Baiano (1884-1935)*. XXVII Simpósio nacional de História, Natal, 2013.

DEIAB, Rafaela de Andrade. *A mãe-preta na literatura brasileira: a ambiguidade como construção social (1880-1950)*. Dissertação de Mestrado na Faculdade de Filosofia, Letras e Ciências Humanas da USP, São Paulo, 2006.

FELIX JUNIOR, Osvaldo. *Repensando a Guerra (a participação da Bahia na Guerra do Paraguai) 1865-1870*. Dissertação em História da Universidade do Estado da Bahia (UNEB), Santo Antônio de Jesus, 2009.

FERLIM, Uliana Dias Campos. *A polifonia das modinhas: diversidade e tensões musicais no Rio de Janeiro na passagem do século XIX ao XX*. Dissertação de Mestrado no Instituto de Filosofia e Ciências Humanas da Unicamp, Campinas, 2006.

JESUS, Ronaldo Pereira de. *A revolta do vintém e a crise na monarquia*. Revista de História Social, Campinas, vol. 12, 2006.

LEÃO, Sionei Ricardo. *Os Zuavos Baianos*. Disponível em www.palmares. gov.br.

LIMA, Ivana Stolze. *Cabra gente brasileira do gentio da Guiné: imprensa, política e identidade no Rio de Janeiro (1831-1833)*. In NEVES, Lúcia Maria Bastos P; MOREL, Marco; Ferreira, Tania Maria Bessone da C. *História e imprensa: representações culturais do poder*. Rio de Janeiro: DP&A/Faperj, 2006.

LISBOA JUNIOR, Luiz Américo. *Xisto Bahia: o mais importante artista baiano do século XIX*. Universidade Estadual de Santa Cruz. Disponível na internet em http://www.uesb.br/anpuhba/artigos/anpuh_II/luiz_americo_lisboa_junior.pdf.

MARQUES, Danilo Luiz. *Folga negro, branco não vem cá: o quilombo como arte da memória negra sobre Palmares*. 7o Encontro Escravidão e Liberdade no Brasil Meridional, Curitiba (UFPR), 2015.

MARTINS, Ana Luiz Rios. *Músicos e músicas na "belle époque" de Fortaleza (1888-1920)*. Revista Travessias, Unioeste, vol. 6, no.1, 2012.

_____. *Entre o piano e o violão: a modinha e a cultura popular em Fortaleza* (1888-1920). Dissertação de Mestrado na Universidade Estadual do Ceará, 2012.

MATTOS, Hebe e ABREU, Martha (orgs.). *Escravidão, pós-abolição e a política da memória*. Passados presentes. Rio de Janeiro: Laboratório de História Oral e Imagem, Universidade Federal Fluminense, 2005-2011.

NEVES, Guilherme Santos. *Lundu de Mestre Domingos*. Revista Folclore, da Comissão Espírito-santense de Folclore, n° 84, Jan-jun 1968.

_____. *Lundu do Negro*. Revista Folclore, da Comissão Espírito-santense de Folclore, n° 82, jan-dez 1966.

NOGUEIRA, Lenita W. M. *Canções de Sant'Anna Gomes*. Revista Música, São Paulo, v.6, n.1/2: 170-189, maio/nov. 1995

PACHECO, Alberto José Vieira e TEIXEIRA, Andréa Luísa. *Editando e interpretando recitativos de salão*. Caderno de resumos do Congresso Internacional "Música Transatlântica: um momento para reflexão", Universidade Nova de Lisboa, 2018.

PALOMBINI, Carlos. *Fonograma 108.077: o lundu de George W. Johnson*. Per musi [online]. 2011, n.23, pp.58-70.

PANDOLFI, Fernanda Cláudia. *A abdicação de D. Pedro I: espaço público da política e opinião pública no fim do Primeiro Reinado*. Tese de doutorado na Faculdade de Ciências e Letras da Universidade Estadual Paulista. Assis, 2007.

PEQUENO, Mercedes Reis. *Rio Musical, crônica de uma cidade: exposição comemorativa do IV centenário da cidade do Rio de janeiro*. Rio de Janeiro: Biblioteca Nacional, 1965.

REIS, João José. *A greve negra de 1857 na Bahia*. Revista da USP. São Paulo, nº 18, 1993, pp.6-29.

_____. *De escravo a rico liberto: a trajetória do africano Manoel Joaquim Ricardo na Bahia oitocentista*. Revista de História, São Paulo, 2015.

_____. *De olho no canto: trabalho de rua na Bahia na véspera da Abolição*. Afro-Ásia, nº 24, 2000, pp.199-232.

RODRIGUES, Marcelo Santos. *Os (in)Voluntários da Pátria na Guerra do Paraguai (a participação da Bahia no conflito)*. Dissertação de mestrado na Faculdade de Filosofia e Ciências Humanas da UFBA, Salvador, 2001.

SANDRONI, Carlos. *El tango brasileño antes de Ernesto Nazareth*. Centro Nacional de Documentación Musical Mauro Ayestarán, Montevideo, 2014

_____. *Música, performance vocal e 'língua de preto' em um lundu interpretado por Eduardo das Neves*. UFPE, 2013.

SEIGEL, Micol e GOMES, Tiago de Melo. *Sabina das Laranjas: gênero, raça e nação na trajetória de um símbolo popular, 1889-1930*. Revista Brasileira de História, vol. 22, nº. 43, São Paulo, 2002.

SILVA, Daniel Marques da. *O palhaço negro que dançou a chula para o Marechal de Ferro: Benjamim de Oliveira e a consolidação do circo-teatro no Brasil – mecanismos e estratégias artísticas como forma de integração social na "Belle époque" carioca*. Rio de Janeiro, 2004. Tese (Doutorado em Teatro). Centro de Letras e Artes. Programa de Pós-graduação em Teatro, Unirio.

SILVA, Ricardo Tadeu Caires. *A escravidão em cena: teatro e abolição na Bahia oitocentista (1884-1888)*. XXVII Simpósio nacional de História, Natal, 2013.

SILVA JUNIOR, Jonas Alves da. *Doces modinhas pra iaiá, buliçosos lundus pra ioiô: poesia romântica e música popular no Brasil do século XIX*. Dissertação de Mestrado, Faculdade de Filosofia, Letras e Ciências Humanas da USP, São Paulo, 2005. Tese de doutorado submetida ao programa de pós-graduação em teatro do centro de Letras e Artes da Universidade Federal do Rio de Janeiro, 2004.

SOUZA, Sílvia Cristina Martins de. *Brasilianas, danças características: reflexões sobre brasilidade e miscigenação a partir de partituras musicais (Rio de Janeiro, fim do século XIX e início do século XX)*. Revista Maracanan, vol. X, n° 10, jan-dez. 2014, pp. 93-107.

_____. *Cá estou outra vez em cena: diálogos políticos nas 'scenas comicas' de Francisco Correa Vasques*. Sæculum - Revista de História, n° 12, João Pessoa, jan-jun. 2005.

_____. *Cantando e encenando a escravidão e a abolição: história, música e teatro no Império brasileiro (segunda metade do Século XIX)*. 4o Encontro Escravidão e Liberdade no Brasil Meridional, Curitiba, 2009.

_____. *Crise! Crise! Crise! A quebra da Casa Souto nas letras de lundus compostos no Rio de Janeiro na segunda metade do século XIX*. Topoi, vol.15, n° 29, Rio de Janeiro, jul-dez 2014.

_____. *Cultura e política no Rio de Janeiro: os caixeiros e o teatro de São Januário na segunda metade do século XIX*. LPH: Revista de História da Universidade Federal de Ouro Preto, n° 18, Mariana, 2008.

_____. *Do tablado às livrarias: edição e transmissão de textos teatrais no Rio de Janeiro da segunda metade do século XIX*. Varia História", n° 62, Belo Horizonte, 2009.

_____. *História e Política em Canções, Poemas e Crônicas Publicadas no Rio de Janeiro no Tempo da Revolta do Vintém*. V Congresso Internacional de História, 2011.

_____. *"Música de todo preço, música barata e música de alto coturno": história, política e partituras musicais no Rio de Janeiro na segunda metade do século XIX*. Sæculum - Revista de História, n° 28, João Pessoa, jan-jun. 2013.

_____. *O bonde nos trilhos da poesia e da prosa: História, literatura e transporte coletivo no Rio de Janeiro (1859-1881)*. Revista de História Regional, vol. 20, no. 1, 2015.

_____. *Que venham negros à cena, com maracas e tambores: jongo, teatro e campanha abolicionista no Rio de Janeiro*. Afro-Ásia, n° 40, 2009, pp. 145-171.

_____. *"Rocambole no Rio de Janeiro": Teatro musicado, romance, folhetim e sensibilidades na cena cômica de Francisco Correa Vasques (Rio de Janeiro, segunda metade do século XIX)*. Anais do XXVI Simpósio Nacional de História – ANPUH. São Paulo, julho 2011.

_____. *Um Offenbach tropical: Francisco Correa Vasques e o teatro musicado no Rio de Janeiro da segunda metade do século XIX.* História e perspectivas, n° 34, Uberlândia, 2006.

_____. *Um "sistema telefônico" aplicado à composição teatral: dramaturgia e práticas teatrais no Rio de Janeiro na segunda metade do século XIX.* Antíteses, v. 10, n° 19, 2017. Antíteses, , v.10, n° 19, p. 41-63, jan./jun. 2017.

TAVEIRA, Leonardo de Mesquita. *A mulata e o malandro: aspectos vocais do personagem-tipo na música do teatro de revista brasileiro, entre as décadas de 1880 e 1930.* Dissertação de Mestrado em Música do Centro de Letras e Artes da Unirio, Rio de Janeiro, 2009.

TERRA, Paulo Cruz. *Conflitos cotidianos e motins: os usuários de bondes no Rio de Janeiro no final do século XIX e início do XX.* História Social, n° 25, Campinas, 2015.

TIBAJI, Alberto. *As revistas de ano de Artur Azevedo: espaços de heterogeneidade cultural.* Remate de Males, v. 28, n. 1, 1/2008 a 6/2008

ULHÔA, Martha Tupinambá e COSTA-LIMA NETO, Luiz. *Cosmorama, lundus e caxuxas no Rio de Janeiro (1821-1850).* Revista Brasileira de Música, vol. 28, n° 1, Rio de Janeiro, Jan-jun. 2015.

_____. *Jornais como fonte no estudo da música de entretenimento no século XIX.* XXIV Congresso da Anppom, São Paulo, 2014.

VENEZIANO, Neyde. *É Brasileiro, Já Passou de Americano.* Revista Poiésis, n° 16, dez. 2010.

_____. *O sistema vedete.* Repertório, n° 17, Salvador, 2011.

VIANNA, Hildegardes, *Um velho lundu.* Revista Folclore, da Comissão Espírito-santense de Folclore, n° 85, jul-dez 1968.

WEID, Elizabeth von der. *O bonde como elemento de expansão urbana no Rio de Janeiro.* Rio de Janeiro: Fundação Casa de Rui Barbosa, 1994.

Portais e sites

HEMEROTECA DA BIBLIOTECA NACIONAL
   http://bndigital.bn.gov.br/hemeroteca-digital/
CPDOC da FUNDAÇÃO GETÚLIO VARGAS
   http://cpdoc.fgv.br
DICIONÁRIO CRAVO ALBIN DA MÚSICA POPULAR BRASILEIRA
   www.dicionariompb.com.br
FUNARTE: MEMÓRIA DAS ARTES
   http://www.funarte.gov.br/brasilmemoriadasartes
FUNDAÇÃO JOAQUIM NABUCO
   www.fundaj.gov.br
INSTITUTO MEMÓRIA MUSICAL
   www.memoriamusical.com.br
INSTITUTO MOREIRA SALLES
   www.ims.uol.com.br

pólen soft 80 gr/m2
tipologia garamond
impresso no outono de 2022